Orson Welles und Peter Bogdanovich

Hier spricht Orson Welles

Orson Welles und Peter Bogdanovich

Hier spricht Orson Welles

Aus dem Amerikanischen
von Heide Sommer
und Oivin Ziemer

BELTZ
Quadriga

Titel der Originalausgabe:
Orson Welles/Peter Bogdanovich. This is Orson Welles.
© 1992 Oja Kodar, Jonathan Rosenbaum, Peter Bogdanovich.
Erschienen im Verlag HarperCollins, New York.

© 1994 Quadriga Verlag, Weinheim, Berlin
Lektorat: Claus Koch
Herstellung: Iris Müller
Umschlaggestaltung: Dieter Vollendorf, München
Satz: Fotosatz Horst Kopietz, Hemsbach
Druck und Bindung: Druckhaus Beltz, Hemsbach
Printed in Germany
ISBN 3-88679-228-5

Inhalt

DANKSAGUNGEN

8

ZUR DEUTSCHEN AUSGABE

9

VORWORT

von JONATHAN ROSENBAUM

11

EINLEITUNG

„Ein hübsches kleines Buch"
von PETER BOGDANOVICH

19

1.

ROM

Theater • *Moby Dick – Rehearsed* • Rundfunkauftritte •
D. W. Griffith • Hollywood • John Barrymore • *The Green Goddess* •
John Ford • *Heart of Darkness* • *The Smiler with a Knife* • *Too much
Johnson* • *Hearts of Age* • Stierkampf • Irland

49

2.

GUAYMAS

Citizen Kane • Hearst • Preston Sturges • Herman J. Mankiewicz •
Musik • Tiefenschärfe • Gregg Toland • „Ceilings" und
Kamerapositionen • Eltern • Dr. Bernstein • Roger Hill • Make-up •
The March of Time • Farbe contra Schwarz-weiß • Uraufführung von
Kane • Oscars • Grand Detour

113

3.

NEW YORK

The Magnificient Ambersons • Tarkington und Twain • *Don Quixote* •
The Deep • *Chimes at Midnight* • *Black Magic* • Greta Garbo •
Cyrano de Bergerac • Alexander Korda • Russische Dichter • *Around the World in 80 Days*

182

4.

VAN NUYS

Charlie Chaplin • *Monsieur Verdoux* • Greta Garbo • W. C. Fields •
Frank Capra • Federico Fellini • Jean-Luc Godard • Zensierte
Äußerungen • Kenji Mizoguchi • Vittorio de Sica • Regiearbeit • James
Cagney • Eisenstein und *Iwan der Schreckliche* • Carl Dreyer • Harry
d'Arrast • Cecil B. De Mille • Sternberg und Stroheim • *It's All True* •
Robert Flaherty • Der Verkauf der RKO • *Journey into Fear* • Über
das Filmesehen

236

5.

BEVERLY HILLS

The Other Side of the Wind • *The Stranger* • *Jane Eyre* • *The Mercury
Wonder Show* • Zauberkünste • *Follow the Boys* • *Tomorrow Is
Forever* • FDR • *Duel in the Sun* • *The Lady from Shanghai* • Memo
an Harry Cohn • Kamera-Standpunkte • Jacques Tati • Dummköpfe,
Katzen, Martyrium

288

6.

HOLLYWOOD

Macbeth in dreiundzwanzig Tagen • Shakespeare • Jean Renoir •
Kinopublikum • Kritiken: Europa contra Amerika • *The Third Man* •
David O. Selznick • *Othello* • *Mr. Arkadin*

333

7.

PARIS

The Trial • Motivsuche • *Chimes at Midnight* • *The Immortal Story* •
Isak Dinesen • Film schneiden • Film lehren • Die Perspektive des
Spiegels • Rollen spielen des Geldes wegen • *Treasure Island* • Pier
Paolo Pasolini • Jiddisches Theater • Träume

387

8.

CAREFREE

The Fountain of Youth • Andere TV-Pilotprojekte • „Twilight in the
Smog" • Über den Adel • *Compulsion* • *Touch of Evil* • *Julius Caesar* •
Howard Hughes • Mit Schauspielern arbeiten • Drogen • Marlene
Dietrich • Arbeiten in Amerika

451

9.

DIE KARRIERE DES ORSON WELLES

Eine Chronologie

501

ANMERKUNGEN

591

REGISTER

619

FILMOGRAPHIE

629

BILDVERMERKE

636

DANKSAGUNGEN

Für unschätzbare Hilfe bei der Herstellung dieses Buches in allen seinen Phasen möchte Peter Bogdanovich danken: dem verstorbenen Eugene Archer, Sherry Arden, Eileen Bowser, Iris Chester, Gary Graver, dem verstorbenen Richard Griffith, der verstorbenen Margaret Hodgson, Oja Kodar, Joseph McBride, Craig Nelson, Polly Platt, Peggy Robertson, Ann Rogers, Jonathan Rosenbaum, Andrew Sarris, Daniel Selznick, Sybill Shepherd, L. B. Straten, Daniel Talbot, Beatrice Welles-Smith, Elizabeth Wilson, dem verstorbenen Richard Wilson und Mae Woods.

Für Unterstützung in den letzten Phasen der Herstellung möchte Jonathan Rosenbaum folgenden Personen seinen Dank aussprechen: Piet Adriaanse, Jr., Adriano Aprà, Sherry Arden, Frank Beacham, Catherine Benamou, John Berry, Peter Bogdanovich, Fred Camper, Rebecca Cape, Iris Chester, Michael Dawson, David Ehrenstein, Bernard Eisenschitz, Pamela Falkenberg, George Fanto, Carolyn Fireside, Tag Gallagher, Ciro Giorgini, Miriam Hansen, J. Hoberman, Dave Kehr, Oja Kodar, Allan Zola Kronzek, Todd McCarthy, J. Fred McDonald, Alain Maes, dem verstorbenen Fletcher Markle, James Naremore, Craig Nelson, James Pepper, Bill Reed, Michael Rosenbaum, Alexander Sesonske, Alessandro Tasca di Cuto, Sandra Taylor, Beatrice Welles-Smith, Bart Whaley und Bret Wood.

Ganz besonderen Dank schulde ich Bill Krohn, Gary Graver und dem verstorbenen Richard Wilson für ihr hingebungsvolles, gewissenhaftes und unermüdliches Engagement.

ZUR DEUTSCHEN AUSGABE

Als die Übersetzung dieses Buches fast abgeschlossen war, geriet Orson Welles in Deutschland, etwa zehn Jahre nach seinem Tod, wieder in die Schlagzeilen des Feuilletons. Grund dafür sind Überlegungen, seinen gesamten Nachlaß im Münchner Filmmuseum zu archivieren und neu auszuwerten. „Einer, der Hollywood den Rücken kehrte", schrieb die Frankfurter Allgemeine Zeitung im Juli 1994, „kein Geringerer als Orson Welles, will nun genau dorthin, wo die ‚Independents' ausgezogen sind, nämlich ins Münchner Filmmuseum. Jedenfalls ist die Restaurationskunst gefragt, wenn es nicht weniger als 1,8 Tonnen Filmmaterial auszuwerten gilt." Es könnte also sein, daß Orson Welles' künstlerisches Vermächtnis, sein Film *The Other Side of the Wind* mit Darstellern wie John Huston, Peter Bogdanovich, Lilli Palmer, Susan Strasberg, Norman Foster, Dennis Hopper, Claude Chabrol, Stéphane Audran u. a. in absehbarer Zeit in unsere Kinos kommt.

Was die deutschsprachige Ausgabe des Buches „This is Orson Welles" betrifft, möchten wir auf folgende Veränderungen gegenüber der amerikanischen Originalausgabe (1992) hinweisen: Das Originaldrehbuch *The Magnificent Ambersons* ist in der deutschen Ausgabe nicht enthalten. Es handelt sich um die Seiten 454–490 (Appendix: The Original *Ambersons*) der amerikanischen Ausgabe. Der Verlag behält sich eine separate zweisprachige Veröffentlichung vor. Das 9. Kapitel „Welles' Career: A Chronology" wurde von der Übersetzerin redaktionell gestrafft und ist, wie wir meinen, jetzt übersichtlicher und besser zu lesen. Bis auf zwanzig Daten sind alle Eintragungen aufgeführt. Wenige Kürzungen wurden in den Anmerkungen zum 2. Kapitel/Guaymas vorgenommen. Das Register wurde um einige

Stichworte gekürzt, andererseits um zusätzliche Namen erweitert, die in der amerikanischen Ausgabe unberücksichtigt geblieben und besonders in Europa von Interesse sind.

Aus der „Chronologie" wurden in das Register sämtliche Filme und Theaterproduktionen von Orson Welles aufgenommen, aber nur solche Personen, die im Gespräch zwischen Peter Bogdanovich und Orson Welles nicht erwähnt werden und die von besonderem Interesse sind. Die vielen Fernsehproduktionen, die Orson Welles gemacht oder in denen er mitgewirkt hat, wurden – bis auf wenige Ausnahmen – im Register nicht berücksichtigt; diese sind aber in der „Chronologie" enthalten. Sämtliche Filmtitel, die im Gesprächsteil dieses Buches in englischer Sprache übernommen wurden, haben wir im Anschluß an das Register in einer Filmographie erfaßt, so daß die Leserinnen und Leser die Möglichkeit haben, den deutschen Titel, den Regisseur und das Entstehungsjahr schnell nachzuschlagen; die Filme von und mit Orson Welles erscheinen kursiv.

Zu guter Letzt möchten wir uns bei allen bedanken, die uns bei unserer Arbeit, insbesondere auch bei der umfangreichen Recherche für die deutsche Ausgabe, geholfen und unterstützt haben. Bedanken auch bei einigen Menschen unserer nächsten Umgebung für ihre Geduld, wenn wir monatelang völlig in die Welt des Orson Welles eingetaucht waren. Alle Ergänzungen und Korrekturvorschläge – bei großen Werken dieser Art immer notwendig – sind willkommen und werden bei der nächsten Auflage des Buches berücksichtigt.

Hamburg/Heidelberg, im August 1994

Claus Koch
Heide Sommer

VORWORT

VON

JONATHAN ROSENBAUM

Die Gespräche in diesem Buch sind mit dem Tonband aufgezeichnet worden. Warum es so lange gedauert hat, bis sie veröffentlicht wurden, ist eine komplizierte Geschichte.

Als Peter Bogdanovich gegen Ende 1968 Orson Welles in Los Angeles kennenlernte, hatte er bereits Monographien über Welles, Howard Hawks und Alfred Hitchcock für das Museum of Modern Art geschrieben, außerdem Interviews mit John Ford und Fritz Lang in Buchform herausgebracht und einen Spielfilm *(Targets)* gedreht. Während eben dieser Jahre hatte Welles bereits seine Filme *The Trial* (1962) und *Chimes at Midnight* (1966) gemacht und in einer ganzen Reihe anderer Filme mitgewirkt, weil er sich Geld für weitere eigene Projekte beschaffen wollte.

Bogdanovichs sechzehnseitiger Aufsatz *The Cinema of Orson Welles* (1961), der für die erste, von Bogdanovich im Auftrag des Museum of Modern Art organisierte Welles-Retrospektive in den Vereinigten Staaten geschrieben wurde, weicht doch ganz verblüffend von anderen amerikanischen, eher kritischen Abhandlungen aus dieser Periode ab. Bogdanovich argumentiert, Welles habe sich nach *Citizen Kane* „sowohl technisch wie intellektuell stark weiterentwickelt" und schreibt: „Seine Kameraführung und was von der ursprünglichen Fassung *[Mr. Arkadin]* noch übrig ist, gilt vielleicht bis heute als Welles' ehrgeizigster Film." „Technisch gesehen ist *Touch of Evil* Welles' ausgereiftester Film."

Bogdanovich erinnert sich in der hier anschließenden, eigens für diesen Band geschriebenen Einleitung an das erste Zusammentreffen mit Welles im Jahre 1968 und an ihrer beider Entschluß, zusammen ein Buch zu machen. Die Interviews begannen in Welles' Bungalow auf dem Gelände des Beverly Hills Hotels und wurden fortgesetzt, als Bogdanovich Welles bei den Dreharbeiten zu *Catch-22* in Guaymas, Mexiko, aufsuchte. Danach trafen sich beide sporadisch an verschiedenen Orten in Europa und in den Vereinigten Staaten. Während dieser Jahre – 1969 bis 1972 – veröffentlichte Bogdanovich zwei massive Attacken, in denen er Welles gegen seine Verunglimpfer verteidigte: „Is It True What They Say About Orson?" in der *New York Times* und „The *Kane* Mutiny" („Der *Kane* war sein Schicksal") in *Esquire*.

Laut Bogdanovich stammen die collageartige Struktur des vorliegenden Buches sowie der nachdrücklich gewünschte Hinweis darauf, daß die Gespräche an verschiedenen Orten stattgefunden haben, von Welles selbst; in diesen beiden Ideen für die Konzeption des Buches sind ziemlich genaue Parallelen zur Machart der Filme erkennbar, die Welles während dieser Periode gedreht hat – die schwindelerregende Weltenbummelei in *F for Fake* und *Filming Othello* sowie die Sammlung diverser, sich überschneidender „dokumentarischer" Materialien in seinem bis heute unveröffentlichten Film *The Other Side of the Wind*.

Bogdanovich beschreibt seine weitere Vorgehensweise dann so, daß er das Material nach der schriftlichen Übertragung redigierte, es ordnete und Ausfertigungen der einzelnen Abschnitte an Welles übersandte. Monate später schickte Welles diese endlich zurück, entweder neu getippt oder mit handschriftlichen Korrekturen versehen; einige Kapitel mußten zwei oder drei solcher Bearbeitungen über sich ergehen lassen, wobei Welles häufig die Bemerkungen von Bogdanovich, aber auch seine eigenen neu formulierte.

Bei den vielen Verpflichtungen, die Bogdanovichs rasante Karriere als Hollywood-Regisseur mit sich brachte – besonders seit dem enormen Erfolg von *The Last Picture Show* (1971), *What's Up, Doc?* (1972) und *Paper Moon* (1973) – und angesichts Welles' kontinuierlicher (wenn auch erfolgloser) Versuche, eigene neue Filme zu starten, gingen Monate und Jahre ins Land. Das Buch durchlief zwei Verträge – einen mit Atheneum, den anderen mit Harper's Magazine Press –, ohne Wurzeln zu schlagen. Dann wurde das Projekt gänzlich fallengelassen, nachdem Welles noch einen Vertrag für seine Memoiren unterzeichnet hatte. Als sie dann die Vorschüsse der Verleger zurückzahlen sollten, die sie gleichmäßig unter sich aufgeteilt hatten, war Bogdanovich flüssiger als Welles und erledigte das für beide. (Ähnlich war es auch, als Welles' Plan, seine Memoiren zu schreiben, nur wenige Seiten zeitigte – veröffentlicht in der Weihnachtsausgabe der französischen *Vogue* 1982 – und Oja Kodar, eine jugoslawische Bildhauerin, Schauspielerin, Schriftstellerin und Welles' Lebens- und Arbeitsgefährtin seit den frühen sechziger Jahren, den damaligen Vorschuß zurückzahlte.) Welles und die Kodar lebten in Bogdanovichs Haus, wo auch Teile des Films *The Other Side of the Wind* gedreht wurden. Die Handlung – geschrieben von Welles und Ms. Kodar – handelt von einer Geburtstagsparty für einen alternden Filmregisseur, den Macho Jake Hannaford (gespielt von John Huston), und Bogdanovich war zuerst in der Rolle eines Interviewers besetzt und spielte dann – als Ersatz für Rich Little – in einer weitaus wichtigeren Rolle einen erfolgreichen Regisseur und Freund Hannafords auf dieser Party; die Kodar hatte die Rolle der Hauptdarstellerin in Hannafords jüngstem Film.

Etwa zu dieser Zeit geriet Bogdanovich selbst – mit seinen Filmen *Daisy Miller* (1974), *At Long Last Love* (1975) und *Nickelodeon* (1976) in eine wirtschaftlich prekäre Situation, und ein Großteil seiner Habe – einschließlich der Materialien zu dem Welles-Buch – landeten in einem Möbellager. Weil ihre Glückssträhnen doch recht unterschiedlich waren, und aus den Versuchen, einige Filmprojekte gemeinsam zu realisieren, immer wieder nichts wurde, kühlte die Freundschaft zwischen Welles und Bogdanovich gegen Ende der siebziger Jahre ab. Gleichwohl blieben sie in Kontakt. Während dieser Zeit unterstützte Bogdanovich Welles auch weiterhin bei seinen Projekten und in seiner Karriere. Inoffiziell unterstützte er auch die Bemühungen des American Film Institute, Welles zum dritten Mal für sein Lebenswerk zu ehren und ihm den Life Achievement Award 1975 zu verleihen.

Bogdanovichs Leben nahm 1980 eine düstere Wendung, als Dorothy Stratten, seine Lebensgefährtin, brutal ermordet wurde. Sie war gerade in seinem Film *They All Laughed* groß herausgekommen; ihr Tod war eine Tragödie, die er in seinem Buch *The Killing of the Unicorn* (1984) sowie in seinem Fernsehfilm *Death of a Centerfold* (1981) ausführlich behandelt hat; auch Bob Fosses Film *Star 80* (1983) handelt davon. Im Jahre 1985 war Bogdanovich dann pleite, nachdem er *They All Laughed* selbst finanziert und vermarktet hatte. In der Folge dieses wechselvollen Auf und Ab waren die Aufzeichnungen für dieses Buch dann fünf Jahre lang tatsächlich verschollen; Bogdanovich wußte, daß alles irgendwo bei seinen eingelagerten Sachen sein mußte, war aber unfähig zu sagen, wo.

Welles starb am 10. Oktober 1985, und bei der sehr bewegenden Trauerfeier in der Directors Guild in Hollywood (an der ich auch teilgenommen habe), führte Bogdanovich durch das Programm, und Oja Kodar hielt eine Rede. Einige Wochen danach lud ich beide zu einer weiteren Gedenkveranstaltung ein, die ich auf dem Rotterdamer Film Festival geplant hatte; Peter war damals zu beschäftigt und konnte nicht kommen, aber Oja sagte zu, und dort lernten wir uns dann Anfang 1986 kennen. (Erst drei Jahre später machte ich dann auf dem selben Festival auch Peters Bekanntschaft.) Das ganze nächste Jahr über versuchte ich, Oja zu überreden, eines von Welles' letzten, noch nicht aufgeführten Bühnenwerken zu veröffentlichen: *The Big Brass Ring* (1987), wozu ich ein Nachwort verfaßte.

Dann, im Spätsommer 1987, nachdem Bogdanovich mitgeteilt hatte, er hätte keine Zeit, das Manuskript in eine endgültige, druckreife Form zu bringen, bat Oja mich, dieses Buch zu

edieren – das legendäre Manuskript, von dem ich schon seit
Anfang der siebziger Jahre gehört hatte. Ein paar Jahre später, in
Chicago, erhielt ich nach und nach, in mehreren großen Brief-
umschlägen, eine Kopie der letzten Fassung des Manuskripts
zugeschickt – dreizehnhundertundeine Seite und immer noch
nicht vollendet! Was mich an dem Manuskript im Laufe der
Lektüre am meisten beeindruckte war, daß Welles sein Werk und
seine Karriere ganz anders beurteilte als wir andern alle. Da war er
nun, auf der Höhe seines Ruhms als Filmregisseur mit einem sehr
ausgeprägten Stil, zu einer Zeit, da amerikanische Regisseure
beachtet und gepriesen wurden wie nie zuvor und Welles sich in
den meisten Köpfen als das veritable Symbol einer Regie-Autori-
tät eingenistet hatte – und erklärte, daß die Bedeutung des
Filmregisseurs gewaltig überschätzt würde, speziell im Verhältnis
zur Bedeutung des Schauspielers. Der gloriose Ikonoklasmus,
den er wiederholt als Künstler gezeigt hat, indem er einen Film
(oder ein Hörspiel oder eine Inszenierung) nie so ablieferte, wie
man es von ihm erwartete, sondern seinen Kritikern geistig
immer einige Schritte voraus blieb, diese Demontage des eigenen
Image also offenbarte sich auch in den faszinierenden Ansichten,
die er über sein Werk und so viele andere Dinge äußerte.

Etwa ein Jahr später erhielt ich dann die Tonbänder (die Peter
1987 wiedergefunden und Oja übermittelt hatte) – es handelte
sich um annähernd fünfundzwanzig Stunden Interview, etwa
fünf Sechstel des Originalmaterials, was meine Auswahlmöglich-
keiten noch erweiterte (einige Bänder waren leider verlorenge-
gangen).

Die früheren Entwürfe – oder soviel man davon in den
verschiedenen Kartons auf dem Lager fand, wo noch Tausende
Seiten lagen – erreichten mich Anfang 1991; dann, während
meines kurzen Besuches in Los Angeles im darauf folgenden
Sommer konnte Oja weitere Manuskriptseiten mit Welles' Änderungen ausgraben. Ebenso wie Welles' Gesamtwerk, das ich
fortlaufend zu katalogisieren versuchte, wucherte dieses Buch

beständig zu immer größerem Umfang aus, kaum daß ich es unter Kontrolle zu haben glaubte.

So ist dieses Buch für mich von Anfang an eine Art Fortsetzungsgeschichte gewesen, voller unaufgelöster Rätsel, voller Spannung bis zur nächsten Folge und voller überraschender Enthüllungen – auf den Weg gebracht durch tatkräftige Unterstützung und Beratung von Peter (der während dieser Zeit an vier verschiedenen Filmen arbeitete), von Oja (die gerade ihren ersten Spielfilm drehte) und von vielen anderen. An erster Stelle sollte ich aber Bill Krohn erwähnen, der Freund, der mich mit Oja bekannt gemacht hat und der ein unermüdlicher Quell der Hilfe für dieses Buch war – und zwei von Welles' treuesten Mitarbeitern, Gary Graver und den verstorbenen Richard Wilson, die ebenfalls unermüdlich und generös zu diesem Projekt beitrugen.

Es ist schon traurig, daß – als Orson Welles im Herbst 1985 starb – die Reaktionen in den Vereinigten Staaten von denen der ganzen restlichen Welt scharf abwichen. Während die Nachrufe außerhalb Amerikas sich ausnahmslos mit dem beschäftigten, was Welles in über einem halben Jahrhundert erreicht hatte, schienen sich die Kommentatoren in seinem Heimatland wiederholt und einstimmig auf sein Körpergewicht zu konzentrieren und auf das Spektrum seiner Mißerfolge – beinahe so, als ob diese beiden festen thematischen Punkte einander „bedingten" oder rechtfertigten. In einer Kultur, die zunehmend dazu neigt, Erfolg, Vergangenheit und Realität in aktuell vermarktbaren Artikeln zu definieren, schien Welles' Karriere aus einem spektakulären Debut, gefolgt von einer etwa vierzig Jahre dauernden Tatenlosigkeit zu bestehen.

Dieses Bild ist irgendwie tröstlich für alle diejenigen, die glauben, der Platz am Markt und die in unserem Auftrag getroffene Auswahl der Filmindustrie seien immer richtig. Aber für alle, die Welles' Karriere näher verfolgt haben, läßt seine schon zu Lebzeiten abnehmende Präsenz als Filmemacher einen höchst beunruhigenden Widerspruch in sich selbst vermuten –

daß nämlich der global am meisten verehrte aller amerikanischen Filmemacher sich während der letzten drei Jahrzehnte seines Lebens außerstande sah, auch nur einen einzigen Film zu produzieren. Die Gründe für diesen völligen Stillstand sind zu vielschichtig, als daß sie an dieser Stelle adäquat behandelt werden könnten; dennoch ist es wichtig, zwei Faktoren herauszustreichen: daß Natur und Neigung der Filmindustrie *diesem* „Versagen" ebenso Vorschub geleistet haben wie Welles' eigene Exzentrik, und daß er – weit entfernt von Tatenlosigkeit – sein ganzes Leben immer kreativ gearbeitet hat, sogar dann, wenn er diese Arbeit selbst finanzieren mußte. Aus diesem Grunde – neben anderen – bleiben Welles' Werk und seine Karriere eine exemplarische und höchst subversive Entkräftung vieler etablierter Ideen über Kunst und Kommerz, die immer noch in dieser Kulturwelt herumgeistern; sein Leben und sein Werk sind ideologische „Störfaktoren" im besten Sinne.*

Während wesentliche Teile des Werks von Orson Welles immer noch (aus verschiedenen Gründen) unzugänglich, und viele andere Teile unbekannt oder vergessen sind, schien die Notwendigkeit, sein Vermächtnis im einzelnen zu sichten, nie dringlicher als jetzt. Welles' jüngste Tochter, Beatrice Welles-Smith, genehmigte kürzlich die Restauration und Wiederaufführung des Films *Othello*, und Oja arrangierte eine Erstaufführung von *Don Quixote* in Spanien. Wenn noch gewisse rechtliche und finanzielle Hürden genommen werden können, wird *The Other Side of the Wind* endlich auch das Licht der Welt erblicken. Die beiden am meisten vernachlässigten Gebiete in Welles' Werk – seine gewaltigen Leistungen im Rundfunk und sein extensives

---

* Das einzig wichtige Gebiet, auf dem es überhaupt verlegerische Differenzen gab, könnte man als soziale und politische Etikette beschreiben. Welles blieb in seiner ganzen Karriere immer ein leidenschaftlich Progressiver, und auch seine Respektlosigkeit blieb ungebrochen; ich persönlich war mit einigen kosmetischen Veränderungen seiner Sprache und der Streichung bestimmter Bemerkungen nicht einverstanden – Änderungen, die, wie Peter behauptet, Welles aber selbst vorgenommen hätte.

Engagement in der Politik – habe ich in den ersten acht Kapiteln dieses Buches nur gestreift. In der am Schluß des Buches stehenden Karriereübersicht, die auch zusätzliches Interviewmaterial und Informationen über einige seiner weniger bekannten Theater- und Filmengagements enthält, habe ich diese Gebiete aber ausführlich behandelt. Welles-Fans, die sein Werk hauptsächlich nach der Handvoll eigener Filme beurteilen, sollten sich in Erinnerung rufen, daß die produktivste Phase seiner Karriere vor seinem Gang nach Hollywood lag. Er war erst wenig über dreiundzwanzig, als er den Sprung auf das Titelblatt von *Time* schaffte.

Sofern es möglich war, habe ich versucht, Welles' und Bogdanovichs Intentionen zu respektieren, als ich das beste Material aus all den Quellen, die mir zugänglich waren, herausfilterte. In Fällen, wo Welles' Fakten von denen abweichen, die mir zur Verfügung standen, oder wo ich glaube, daß andere Quellen und Informationen hilfreich sein könnten, habe ich das in meinen Anmerkungen zu den einzelnen Kapiteln – am Schluß des Buches – erwähnt.

EINLEITUNG
„Ein hübsches kleines Buch"

VON

PETER BOGDANOVICH

„Jetzt werde ich Ihnen etwas über einen Skorpion erzählen. Dieser Skorpion wollte einen Fluß überqueren. Also bat er einen Frosch, ihn hinüberzutragen. ‚Nein', sagte der Frosch. ‚Nein danke. Wenn ich dich auf meinen Rücken lasse, könntest du mich stechen, und der Stich eines Skorpions bedeutet Tod.' ‚Nun, wo ist denn', so fragte der Skorpion, ‚die Logik in dieser Geschichte?' – (denn Skorpione versuchen immer, logisch zu sein). ‚Wenn ich dich steche, wirst du sterben, ich aber muß ertrinken.' Dies überzeugte den Frosch, und er gestattete dem Skorpion, sich auf seinen Rücken zu setzen. Aber genau in der Mitte des Flusses spürte der Frosch einen schrecklichen Schmerz und erkannte, daß der Skorpion ihn *doch* gestochen hatte. ‚Wo ist die Logik!', rief der sterbende Frosch, als er unterging, den Skorpion auf dem Rücken. ‚Das ist doch nicht logisch!' – ‚Ich weiß', sagte der Skorpion, ‚aber ich kann doch nichts dafür – so ist nun mal mein Charakter.' – Laßt uns auf den *Charakter* trinken…"

ORSON WELLES, in *Mr. Arkadin* (1955)

Der Anfang zu diesem Buch lag für mich in einem Beitrag für das Programmheft zu Welles' Film *Othello*, den ich vor über zweiunddreißig Jahren für ein New Yorker Filmkunsttheater geschrieben habe. Dieser kleine Beitrag – ich bezeichnete den

Film darin als die beste Shakespeare-Verfilmung aller Zeiten –
wurde vom Kurator der Filmbibliothek des Museum of Modern
Art gelesen, der mich daraufhin bat, die erste Welles-Retrospektive in Amerika überhaupt zu organisieren und begleitend eine
Monographie zu seinen Filmen zu schreiben. Welles konnte
keine der Vorstellungen besuchen, die vom 11. Juni bis zum 12.
August 1961 im Museum of Modern Art stattfanden. Er war
gerade in Europa und bereitete seinen Film *The Trial* vor.
Dadurch hatte ich nicht die Möglichkeit eines Gedankenaustau-
sches mit ihm – weder bezüglich der Aufführung der Filme noch
im Blick auf meine kleine kritische Studie, obgleich ein Exemplar
an seine Adresse in Übersee geschickt worden war. Ich wußte
nicht, ob er sie überhaupt erhalten hatte – sieben Jahre lang.

Bis eines Nachmittags mein Telephon klingelte – ich hatte
inzwischen zum ersten Mal geheiratet und war nach Los Angeles
gezogen –, und ich den Hörer abnahm. Eine mir vertraute
männliche Stimme fragte nach mir und sagte, als ich mich zu
erkennen gab: „Hallo, hier spricht Orson Welles – ich kann Ihnen
gar nicht sagen, wie gern ich Sie kennenlernen möchte." Ich lachte
– er hatte „angebissen" – und fragte ungläubig: *warum?* „Weil Sie
das *Treffendste* über mich geschrieben haben, das je veröffentlicht
worden ist", sagte er und fügte hinzu: „... auf englisch." Ob ich
ihn in der Polo Lounge des Beverly Hills Hotels morgen um drei
auf einen Kaffee und ein Gespräch treffen könnte?

Es war gegen Ende 1968, und ich war seit dreizehn Jahren in
der Branche tätig – ich hatte als Schauspieler und Regisseur ohne
den ganz großen Durchbruch am Theater gearbeitet, ganz
ordentliche Beiträge für eine Theaterzeitschrift geschrieben,
einige kleinere Filmbücher und Monographien (die über Welles
war meine erste gewesen) veröffentlicht, Regie geführt (und selbst
mitgewirkt) bei einem Film mit außerordentlich kleinem Budget.
Ich hatte bereits etliche der großen Legenden im Filmgeschäft
kennengelernt und interviewt – angefangen von John Ford über
Alfred Hitchcock bis hin zu Cary Grant und John Wayne. Aber

Orson Welles war der erste, dessen Gegenwart mir nicht Ehrfurcht einflößte, sondern vielmehr eine Offenheit und Wohligkeit in mir erweckte, die ich nicht erwartet hatte, da uns immerhin ein Vierteljahrhundert an Jahren trennte. Es war ein seltsam konspiratorisches Harmoniegefühl, das sich beinahe umgehend zwischen Orson und mir einstellte: ich fühlte mich, als ob wir uns schon lange kannten.

Er war so umwerfend entwaffnend, daß ich mir zutraute, ihm nichts als die Wahrheit zu sagen: Ich sagte ihm sogar, der einzige Film von ihm, den ich nicht mochte, sei *The Trial*. Er sagte, explodierend: „Den mag ich *auch* nicht!" Dieses gegenseitige Eingeständnis schien mir unsere Übereinstimmung in allen möglichen Fragen zu konsolidieren. Nach zwei Stunden, als wir das Restaurant verlassen wollten, blätterte Welles durch die Seiten meines soeben als Buch erschienenen Interviews mit John Ford (der Orsons amerikanischer Lieblingsregisseur war; ich hatte Welles zitiert und ihm ein Exemplar mitgebracht). „Es ist doch zu schade", sagte Orson, „daß Du nicht so ein hübsches kleines Buch wie dieses hier über mich machen kannst."

Warum eigentlich nicht? Da ich gerade wieder Regie führte (mein erster Film war in eben jenem Jahr herausgekommen), meinte er wohl, ich hätte keine Zeit dazu. Ich sagte, daß ich sehr gerne ein Interview-Buch mit ihm machen würde, und daß es eigentlich nicht allzuviel Zeit in Anspruch nehmen sollte. „Fein", sagte Orson, „dann laß es uns doch machen." Ich war damals neunundzwanzig Jahre alt, und Welles war dreiundfünfzig – genauso alt wie ich heute, da dieses „hübsche kleine Buch" endlich erscheint.

Warum es so lange dauerte, hat auch ein wenig mit dieser „Skorpion-Frosch"-Fabel zu tun, die Orson so eindrucksvoll in *Mr. Arkadin* erzählte: einer Metapher für die grundsätzliche Unfähigkeit der Menschen, ihre wahre Natur zu ändern oder dem Schicksal zu entrinnen, in welches ihre Persönlichkeit sie führt. Selbst bei unserer sofortigen – aus meiner Sicht euphorischen –

geistigen Übereinstimmung stellte sich einiges später als ganz anders heraus, als ich es anfänglich verstanden hatte. Noch nicht einmal ein Jahr später sprachen wir wieder über *The Trial*, und als ich im einzelnen darlegen wollte, was mich daran störte, sagte Orson plötzlich scharf: „Ich wünschte, Du würdest das nicht immer wieder *aussprechen*." „Oh", sagte ich da, „ich war der Meinung, Du mochtest den Film auch nicht." „Nein, ich habe das nur Dir zuliebe gesagt, ich mag den Film sehr", sagte Orson. „Ich habe eine viel schlechtere Meinung von meinem Schaffen, als Du Dir vermutlich vorstellen kannst, und jede negative Bemerkung, die ich höre oder lese, von Freunden, oder von Menschen, die ich halbwegs respektiere, macht den kleinen Schatz, den ich in mir trage, noch kleiner." Natürlich fühlte ich mich jetzt sehr schlecht, aber Orson gewöhnte es sich an, immer wieder darauf herumzureiten und von *The Trial* nur noch als von dem Film zu sprechen, „den du haßt". Aber inzwischen hatten wir unseren Weg über den Fluß schon angetreten.

Orson und ich spielten mehr als einmal Skorpion und Frosch miteinander, tauschten dabei mehr als einmal die Rollen. Diese „alte arabische Fabel", die Orson irgendwann gehört und in seinen Film eingearbeitet hatte, ist Ausdruck seines wohl wichtigsten Themas – der Erkenntnis, daß die meisten Menschen, wie Orson selbst, in ihrem Leben beides sind, Skorpion und Frosch, Opfer des Wesens und Schicksals anderer als auch des eigenen. In seinen Filmen verkörperte Welles brillant so unterschiedliche Skorpione wie Charlie Kane und Harry Lime, so unvergleichbare Frösche wie Othello und Falstaff, Skorpion-Frösche wie den Polizisten aus dem Film *Touch of Evil*, über den eine Zigeunerin nach seinem Tod sagt: „*Auf jeden Fall war er ein Mensch. Es spielt doch keine Rolle, was man den Menschen nachsagt?*"

Orson schrieb diesen Satz und wünschte sich, daß es ihn kalt lasse, was die Leute über ihn sagten, wohl wissend, daß es das nicht tat; der Hauptgrund, warum ihn das so sehr berührte, waren die oft grob fehlerhaften Geschichten über ihn und die übertriebenen Schilderungen seiner Ausbrüche, die ihm seine Arbeit als Filmemacher sehr erschwerten. Das Buch, das er mit mir machen wollte, sollte die Dinge zurechtrücken, „to set the record straight", anscheinend über fast alles, das sich in seinem Leben ereignet hatte. Nun, in diesem letzten der sechziger Jahre, dem Jahr, in dem wir Freunde wurden, war er schon beinahe vierzig Jahre als Profi im Geschäft, als Regisseur und Schauspieler; hatte er sich alle bekannten Medien – Theater, Rundfunk, Film – erobert, ehe er noch fünfundzwanzig Jahre alt war; hatte er, wie sich herausstellte, alle Dramen inszeniert und – bis auf zwei Dokumentarfilme und einen bis heute unveröffentlichten Spielfilm – alle Filme gedreht, die er in seinem Leben machen sollte, das immerhin noch fast zwei Jahrzehnte dauerte.

Bei unserem ersten Zusammentreffen erkannte ich nicht, in was für einer verzweifelten und mißlichen Lage Orson sich befand – sein Privatleben war in Unordnung, seine kontinuierliche Arbeit als Filmregisseur in Gefahr. Dennoch hatte er in den letzten sechs Jahren zwei seiner ehrgeizigsten Projekte fertiggestellt: die Verfilmung von Kafkas *Der Prozeß* und die Adaption von Shakespeares *Falstaff* in *Chimes at Midnight,* seinem wohl besten Film. Doch keine dieser mit relativ kleinem Budget gedrehten europäischen Koproduktionen wurde adäquat vermarktet, noch wurden die Filme – obgleich sie ganz ordentliche Kritiken hatten – in Filmkunsttheatern aufgeführt. Nach diesen beiden Filmen und einer denkwürdigen französischen Fernsehproduktion nach *The Immortal Story* von Isak Dinesen (alias Karen Blixen, d. Ü.), seiner ersten Arbeit mit Farbe, versiegten Welles' europäische Geldquellen. Wo er lange gehofft hatte, er könnte selbst Joseph Hellers Roman *Catch-22* verfilmen, mußte er nun in den sauren Apfel beißen und in der Verfilmung von Mike Nichols eine kleine Nebenrolle annehmen.

Wir verabredeten, mit dem Aufnehmen der Interviews am nächsten Tag oder bald darauf in seinem Bungalow zu beginnen; dann sollte ich nach Guaymas, Mexiko, kommen, wo er in dem Nichols-Film seine Rolle abdrehte, um weitere Tonbandaufzeichnungen zu machen. Hierüber habe ich Anfang der siebziger Jahre etwas in *Esquire* veröffentlicht:

> Eines Nachmittags… hatten Orson und ich uns in einer eleganten Bar ein wenig angesäuselt… Man hatte ihm fast den ganzen Tag freigegeben, und wir zogen uns zurück, um unsere Tonbandinterviews fortzusetzen… Nun, Orson spricht ja nicht gern über sich, und besonders nicht über seine Filme – es ist für ihn, ohne Übertreibung, wie Zähneziehen; also nahmen wir, um die Pein zu lindern, ein paar Drinks. Tatsächlich wurde Orson nicht *betrunken* – er wurde nur gesprächiger, erhob seine Stimme etwas stärker und reagierte emotionaler als sonst. (Übrigens trinkt er inzwischen überhaupt nicht mehr.)
>
> Am Abend zuvor hatte ich ihm noch gesagt, wie schwierig es für viele ältere, von uns beiden bewunderte Filmregisseure sei, einen Job zu bekommen. Das war eigentlich nichts Neues. Die Filmbranche ist schon immer mit ihren alten Herren grausam umgegangen. Griffith, dem die Branche so viele Impulse verdankte, hat in den letzten siebzehn Jahren seines Lebens keinen einzigen Film mehr gedreht.

Es folgte eine kommentierte Liste berühmter Regisseure, deren Lebensgeschichten absolut identisch waren: Josef von Sternberg, Fritz Lang, King Vidor, Jean Renoir – alle hatte ich persönlich interviewt und dabei auch einiges erfahren; also konnte ich aus erster Hand berichten:

> Ich hatte mich mit Orson auch darüber unterhalten und gesehen, daß es ihn tief berührte… Am nächsten Tag (wir waren jetzt in der Bar) kam er noch einmal darauf zu

sprechen. „Du hast mir gestern abend von diesen alten
Regisseuren erzählt, über die man in Hollywood sagt, sie
seien ‚weg vom Fenster‘, und das hat mich so krank
gemacht, daß ich nicht schlafen konnte. Ich habe an all die
Dirigenten gedacht – Klemperer, Beecham, Toscanini –
ich könnte Dir Dutzende nur aus dem letzten Jahrhundert
nennen –, die mit fünfundsiebzig und älter auf der Höhe
ihrer Schaffenskraft waren. Und noch mit achtzig
dirigierten. Wer sagt denn, *sie* seien ‚weg vom Fenster‘!"

Der Kellner kam, aber Orson winkte ab. „Es ist
entsetzlich", sagte er. „Ich finde, es ist ganz schrecklich,
was mit den Alten geschieht. Aber die Öffentlichkeit
interessiert sich nicht dafür – und hat es nie getan. Darum
haben die Leute die Tragödie von *König Lear* auch immer
gehaßt."

„Du glaubst nicht, daß Lear senil geworden ist?"

„Er ist senil geworden, weil er seine *Macht* abgegeben
hat. Das einzige, was die Menschen im Alter am Leben
erhält, ist Macht... Nimmt man de Gaulle seine Macht,
oder Churchill, oder Tito, oder Mao, oder Ho, oder allen
anderen alten Männern, die die Welt regieren – diese
Welt, die nur den jungen Menschen gehört – dann bleibt
nichts als ein ‚plappernder, schlurfender Tattergreis‘."

Eine lange Pause schloß sich an. Ich dachte, wie leicht
es doch für junge Männer sei, einen Regieauftrag zu
bekommen. So hatte ich kürzlich nicht nur scherzhaft
gemeint, daß seit *Easy Rider* die beste Voraussetzung,
einen Film zu machen, die Tatsache sei, daß man noch nie
vorher einen gemacht habe.

„Nur wenn wir in unseren zwanzigern, oder in unseren
siebzigern und achtzigern sind, schaffen wir unsere
größten Werke", fuhr Orson fort. „Der Feind der
Gesellschaft ist die Mittelschicht, der Feind des Lebens ist
das mittlere Lebensalter. Jugend und Alter sind großartige

Phasen – und wir müssen das Alter in Ehren halten und
dem Genie dazu verhelfen, auch im hohen Alter noch
tätig zu sein – und nicht die Alten wegschicken…"

Am Tag danach teilte mir Orson mit, er plane, seinen
nächsten Film über genau dieses Thema zu machen: die
letzten Tage eines alternden Filmregisseurs; hieraus
entstand schließlich *The Other Side of the Wind*, der
inzwischen legendäre Film von Welles, den er gegen Ende
des Jahres 1970 mit seinem eigenen Geld zu drehen
begann und dann im Laufe mehrerer Jahre immer weiter
ergänzte. John Huston spielte den Regisseur, und
außerdem spielten Lilli Palmer, Mercedes McCambridge,
Edmond O'Brien, Pat O'Brien, George Jessel, Jack
Nicholson, Henry Jaglom, Paul Mazursky, Oja Kodar,
Dennis Hopper, viele, viele andere und ich. Das Wenige
das ich gesehen habe… gehört zu dem Besten, das Welles
je gemacht hat.

Dieser letzte Absatz erschien 1985, dem Jahr, in dem Orson
starb; der Film ist immer noch unter Verschluß, der Schnitt
unvollendet.

Es gibt so viele Erinnerungen und Geschichten über Orson –
zu viele, die den Rahmen dieses Buches sprengen würden: Wie
Orson nachmittags hurtig durch mein Arbeitszimmer huscht, auf
dem Weg in sein Schlafzimmer, um auch ja nicht eine Sekunde
von der Wiederholung seiner Lieblingssendung *The Dick Van
Dyke Show* zu versäumen. Oder das eine Mal, wo er versehentlich eine brennende Zigarre in die Tasche seines weißen Bademan-
tels steckte, der nach einer Weile Feuer fing; er schmiß ihn Richtung Badewanne – traf daneben und verbrannte so noch einen Teil
der weißen Fußmatte. Orson in Paris, wie er die Straße auf und ab
tigert und mit sich ringt, wer denn nun den alten Regisseur spielen
sollte, er oder Huston – einerseits wünschte er sich die Rosine aus
dem Kuchen für sich selbst: „Warum sollte ich diese große Rolle

abgeben?" – andererseits fühlte er, daß Huston geeigneter wäre. Ich erinnere mich an Orson auf dem Beifahrersitz, wie er – aufgefordert, sich anzuschnallen – sich den Gurt wie einen Schal über die Schulter wirft; oder Orson, der in New York in ein Taxi springt, die Adresse angibt und großspurig hinzufügt: „... und einen Golddukaten, wenn wir noch vor Einbruch der Nacht ankommen!"

Als zentrales, uns verbindendes Motiv für alles, was wir hier machten (ich glaube zwar nicht, daß wir das jemals deutlich ausgesprochen haben), hatten wir nur ein einziges wichtiges Thema: gute Filme. Jeder auf seine Weise, waren Orson und ich nicht nur in Filme verliebt, sondern auch in das gewaltige Potential des Mediums Film. Dieses Potential erhielt neue Energie, wenn gute Filme gemacht wurden und wurde geschwächt, wenn die schlechten dominierten. Gegen Ende der sechziger Jahre war das goldene Zeitalter des Films mit Sicherheit schon vorüber, aber wenn Orson Welles weiterhin arbeiten konnte, war noch nicht alle Hoffnung verloren.

Dieser Gedanke wurde mir zum Leitfaden in meiner Arbeit, obgleich viele Leute meine Aktivitäten auch anders interpretiert haben und dieses sich negativ für Orson und mich ausgewirkt hat. Ich erinnere mich, daß wir uns einmal fertig machten, um zusammen zu einer großen Hollywood-Party zu gehen. Das war Mitte der siebziger Jahre, auf dem Höhepunkt meines ersten Erfolges und auf dem Höhepunkt des Interesses an Orsons (endgültiger) Rückkehr nach Hollywood. Er sagte, daß wir unter gar keinen Umständen gemeinsam auf der Party erscheinen dürften. „Warum nicht?" fragte ich. „Oh Gott", sagte er, „man haßt uns schon genug. Kannst Du Dir das nicht vorstellen? Wir kommen herein, Arm in Arm – das muß doch jeden einzelnen hier im Raum ärgern." Ich lachte, aber wollte ihm eigentlich nicht glauben.

Natürlich war es Welles, der die Form „des Buches" – wie wir es immer nannten, weil wir keinen Titel fanden, der uns beiden gefiel – bestimmte. Er sagte, wir sollten die Interviews im Buch an Orten stattfinden lassen, wo wir schon einmal zusammen gewesen waren, auch wenn wir dort nicht unbedingt ein Tonband besprochen hätten. Er meinte auch, die Gespräche müßten nicht unbedingt chronologisch, gemäß seinem Lebenslauf, gedruckt werden, sondern in loser Folge, wie unsere Unterhaltungen auch stattgefunden hätten. Und sie sollten aufgelockert werden mit wichtigen Briefen, Memos, Rezensionen usw., die im Welles-Mercury-Archiv gesammelt waren, das der verstorbene Richard Wilson – einer von Orsons getreuesten ehemaligen Weggefährten – jahrelang geführt hatte. (Fast das gesamte Archiv befindet sich jetzt in der Lilly Library an der Indiana University.) Dann ordnete ich alles und teilte das Material in Kapitel ein und schickte sie ihm einzeln zu – die linke Hälfte jeder Seite wunschgemäß frei für seine Neuformulierungen.

Schließlich und endlich, nach ein paar Monaten, erhielt ich dann ein Kapitel nach dem anderen zurück, gründlich durchgesehen, manchmal heftig redigiert (wobei er sogar einige meiner Ausführungen nicht verschonte). Mir fiel auf, daß Orson gelegentlich Dinge aus dramaturgischer Sicht geändert hatte: wenn es unserer „Sache" dienlich schien, mich ein wenig plump und aufdringlich zu machen – wäre das denn so schlimm? Nur eine Anekdote hat sich tatsächlich nicht so ereignet wie hier beschrieben: die Geschichte, wie ich bei dem De Filippo-Stück in Rom vorzeitig das Theater verlassen hätte (siehe Kapitel 1). Weil dies aber eine Möglichkeit war, ein gutes Argument kurz und knapp zu veranschaulichen – meinetwegen... Rückblickend war ich damals tatsächlich nur an amerikanischen Themen interessiert und an Regisseuren, die ihre Stücke selber schrieben, wobei meine Lebens- und Arbeitserfahrung noch äußerst gering waren – besonders gemessen an Orson.

Zusätzlich zu den Gesprächen war es notwendig, so meinte Welles, und ich stimmte ihm zu, seine Version der Geschichte seiner Karriere konkret zu belegen. Dies schien umso dringlicher, als drei Bücher (von Charles Higham, Pauline Kael und John Houseman), die Ende der sechziger und Anfang der siebziger Jahre erschienen waren, Orson sehr geschadet hatten und nichts dazu beitrugen, seine Chancen als Regisseur zu verbessern. Eines dieser Bücher gönnte ihm zähneknirschend wenigstens den *Kane*, die anderen beiden machten sogar diesen Film noch schlecht.

Ganz persönlich konnte ich sehen, was diese Machwerke ihm antaten, wie tief er durch sie entmutigt und demoralisiert wurde. (Ich hatte schon bemerkt, wie empfindlich er Kritik gegenüber war: Ziemlich taktlos hatte ich einmal gesagt, an einem frühen Entwurf für eines seiner Drehbücher *„müsse gearbeitet"* werden, woraufhin er explodierte: „An jedem Drehbuch *‚muß gearbeitet'* werden! Es gibt kein Drehbuch, an dem *nicht* ‚gearbeitet werden' muß! Ich hasse dieses Wort!" Nie wieder hat er über dieses Projekt mit mir gesprochen.) Um sie eventuell auch in unserem Buch zu verwenden, schrieb ich einige Artikel für die *New York Times* und für *Esquire* und versuchte, darin die Anwürfe und Aussagen in jenen drei Büchern zu widerlegen, versuchte, mit großer Unterstützung anderer wichtiger Zeitzeugen, Orsons Ansichten eine Chance zu geben (siehe Anmerkungen des Verfassers zu Kapitel 2 und 4).

Von 1969 bis 1977 fungierte ich – neben meiner gelegentlichen Arbeit an dem Buch und an zahlreichen Filmprojekten von ihm, von mir und von uns beiden – auch eine Zeitlang als Orsons Agent: Ich ermutigte ihn, nach Amerika zurückzukehren und zu versuchen, dort wieder Filme zu drehen. So verhalf ich ihm zu seinen ersten triumphalen Fernsehauftritten in David Frosts Sendereihe und in der Dick Cavett Show. Nach einem dieser Auftritte ging Orson mit Norman Mailer zum Essen, und ich schloß mich an. Als wir uns setzten, fragte Norman ihn als erstes nach einer bestimmten Einstellung aus dem *Kane*, und Orson antwortete mit einem Stöhnen: „Oh nein, bitte Norman, nicht *Citizen Kane!"* Mailer schaute einen Moment überrascht, nickte dann und sagte: „Oh, yeah, klar – das ist wohl wie bei mir mit *The Naked and the Dead."* – „Yeah", sagte Orson und röhrte vor Gelächter. Der Film, über den die Leute ihn immer wieder befragten, war der, über den er am *wenigsten* gern sprechen wollte, vielleicht hauptsächlich deswegen, weil es der *einzige* war, den die Leute überhaupt erwähnten. Tatsache ist, daß er überhaupt nicht gern über seine früheren Filme sprach.

In dieser Zeit – während ich selbst meinen zweiten Film vorbereitete – begleitete ich ihn häufiger zu Essensverabredungen mit potentiellen Geldgebern und Produzenten. (Orson übernahm dabei oft die Rechnung, obwohl er immerzu pleite war; und damals war ich es auch.) Bei diesen gesellschaftlichen Anlässen wirkte Welles immer besonders strahlend – mit übermütigen Geschichten, Freundlichkeit und Charme, faszinierend, wenn er einen Film beschrieb –, aber die ganze Zeit spürte ich schon, daß seine finanziellen Wunschpartner mit nichts überkommen würden. Nach einem dieser Abendessen in New York sagte ich auf unserem Weg zurück ins Hotel, der Umstand, daß er diese Leute so wunderbar unterhalte und vermutlich nichts als Gegenleistung bekomme, habe mich traurig und wütend gemacht. Er sah mich an, erst ein wenig verwundert, dann leicht verwirrt über meine Reaktion. „Es ist schon komisch", sagte er, „ich mache das nun schon so lange, ich glaube, ich habe mich daran gewöhnt." Die Wahrheit ist aber, daß Orson künstlerisch bei Filmen fast immer richtig lag; sein Geschäftssinn allerdings war nicht vom gleichen Kaliber. Ebensowenig seine Fähigkeit, sich diplomatisch zu verhalten – manchmal hat er mit dummen Leuten kurzen Prozeß gemacht. Manche Menschen hatten Angst vor ihm. Einmal habe ich ihm erzählt, jemand habe Angst vor ihm, und er reagierte gereizt: „Oh, ich hasse das!", sagte er. „Und was soll ich nun machen? ,Boo!' sagen?"

Eine von Orsons ergreifendsten Eigenschaften war, so glaube ich, seine scheinbar ewige Jugend: er war nie ein alter Veteran, ein grauer, weiser Mann; er erhielt sich bis zum Ende einen Hauch von diesem ersten Aufblitzen seines respektlosen, innovativen Genies, mit dem er alle Kunstformen bombardierte, die er berührte, all die andern Künstler, die er inspirierte. *Citizen Kane* war sicherlich der erste *moderne* amerikanische Spielfilm, der erste mit der Aussage: „Laß uns aufhören mit dem Blödsinn: die

Dinge sind eben nicht so, wie man euch gelehrt oder glauben gemacht hat – das Leben sieht oft eher so aus wie hier." Ich erinnere mich, wie sich Orson – es muß etwa 1974 gewesen sein – über den Frühstückstisch beugte und eine erstaunte Cybill Shepherd anbrüllte (erstaunt mehr über seine Heftigkeit denn über den Inhalt des Gesagten): „Alles, was du auf der Schule gelernt hast, ist Scheiße! Verstehst du? Scheiße!"

Ganz gewiß hat niemand außer ihm 1941 in einem amerikanischen Film die These vertreten, Kapitalismus und Erfolg könnten unter Umständen zu geistiger Verarmung und dem Zusammenbruch des Gefühlslebens führen. In seiner Machart hatte der Film noch etwas anderes, einzigartiges: ein absolut sicheres Gespür für den „Sound", den „Look" und das Selbstgefühl Amerikas, gepaart mit aristokratischer Weltklugheit und Urteilskraft. Einer der beunruhigendsten Aspekte in Welles' Werk liegt in der Spannung zwischen dem fundamentalen Pessimismus seiner Sichtweise und dem fundamentalen Optimismus, den die Brillanz seines Stils vermittelt. Er hat dies am Ende seines Dokumentarfilms *F for Fake* sehr poetisch resümiert, wenn er zu dem Schluß kommt, daß schließlich und endlich alle Errungenschaften der Menschheit zu Staub werden, aber: „Keep on singing!"

Als meine nächsten beiden Filme Erfolg hatten, war ich in der Lage, Orson viel besser helfen zu können, und beinahe hätten wir nun tatsächlich einige Filme zusammen gemacht. Aber irgendwie ging immer etwas schief: ein Thriller mit der BBS/Columbia; eine Romanvorlage von Joseph Conrad für The Directors Company/ Paramount (Orson bekam Geld für sein Drehbuch, aber dann klappte es mit den Rechten nicht). Ich glaube, das war das letzte Mal – es war in den Mittsiebzigern –, daß Welles als Autor oder Regisseur von einer der großen Filmgesellschaften bezahlt wurde. Ungefähr in diese Zeit fiel die dritte Verleihung des Life Achievement Award der AFI an Welles, was etliche der konservativen Hollywoodianer irritierte, speziell jene, die erfolgreicher waren als er und die Anerkennung vor ihm verdient zu haben glaubten:

die ältere Generation sah in ihm immer noch einen lästigen und überschätzten Emporkömmling. Ich befand mich plötzlich zwischen allen Stühlen, als ich versuchte, dem Produzenten George Stevens jr. bei der Organisation eines phantastischen Showprogramms für die Feier zu helfen und gleichzeitig Orson gerecht zu werden, der wegen der ganzen Sache sehr nervös war – er machte sich Sorgen, daß es so aussehen könnte, als sei er als aktiver Filmregisseur erledigt. Er hielt eine bemerkenswerte Ansprache, mit der er den „Einzelkämpfern" Mut machen wollte, die sich – wie er – krummlegen mußten, um das machen zu können, woran sie glaubten. Alle waren zu Tränen gerührt und applaudierten wie verrückt – aber niemand bot ihm einen Job oder Geld.

Als ich wegen einiger Flops an Einfluß verlor, hatte ich plötzlich auch noch Mühe, die Filmgesellschaft zu vergattern, Orson wenigstens die normale Schauspielergage für seine Rolle in dem Film, den ich gerade machte, zu bezahlen. Als dieses Projekt dann wegen eines Streits mit der Gesellschaft (in dem Orson mich ermutigt hatte, für meine Qualitätsansprüche zu kämpfen) auch noch abgesagt wurde, machte er eine Bemerkung, die mir damals sehr seltsam vorkam: „Nun, das ist wohl das Ende meiner Karriere in Hollywood." Das klang so, als ob eigentlich *ich* das hätte sagen müsen, aber wie so oft hatte Orson recht – in Amerika konnte er keinen Blumentopf mehr gewinnen.

Bis zu diesem Punkt waren wir einander schnell recht nahegekommen, danach gingen wir wieder eine Weile getrennte Wege. Er bieb (insgesamt annähernd zwei Jahre) in meinem Haus in Bel Air, ob ich nun zu Hause war oder auf Reisen. Er drehte dort viele Szenen für seinen Film *The Other Side of the Wind*. Ein Regieangebot hätte beinahe noch für Orson geklappt, aber nach vielen Verzögerungen wollten zwei der Geschäftspartner dieses Projekts, daß *ich* Regie führte, und weil ich einem der beiden rechtlich und persönlich verpflichtet war, sah ich mich gezwungen, den Film zu machen. Orson sagte, er verstünde das, aber tatsächlich hat das unsere Zusammenarbeit beendet. Was da als eine Art Gespenst hinter unserer Freundschaft gesteckt – daß ich in gewisser Weise den Prinz Heinz für seinen Heinrich IV. (oder Falstaff) spielte – ist schließlich zu einer Realität geworden, die keiner von uns gewollt hat. Es war dies die Rolle, die ich tatsächlich neben Hustons alterndem „König" in *The Other Side of the Wind* hatte – der alte Regisseur wurde von dem jüngeren verdrängt oder – mythisch ausgedrückt – umgebracht. In meiner Freundschaft zu Orson hatte ich das so nie gesehen, aber ganz sicher sah er es so, denn sonst hätte er der Rolle in seinem Film nicht so viel von mir mitgegeben (jedenfalls was die äußeren Umstände betraf). Die dramatische Spielsituation entsprach der, wie Orson sie in zahlreichen Filmen verwendet hat (auch in einem Film über den Stierkampf, den er vor langer Zeit geschrieben hatte: junger Matador versus alternder Matador); daß wir diese Situation nun im richtigen Leben ausspielen mußten, führte zum Bruch zwischen uns.

Damals hatte er mir bereits mitgeteilt, daß unser Buch – für das wir von zwei Verlegern schon Vorschüsse angenommen hatten – in nächster Zukunft nicht erscheinen könne. *McCall's* hatte ihm eine Viertelmillion Dollar für seine Memoiren geboten, und er hatte keine andere Wahl als zu akzeptieren. Ich hatte nichts dagegen: es war schließlich *sein* Leben und eine der wenigen Möglichkeiten, die er hatte, Geld zu verdienen – nicht nur für den Lebensunterhalt seiner Familie, sondern auch für seine eigentliche Arbeit, die vielen Regievorhaben.

Orson erkannte natürlich seine schwierige Lage nur zu gut. Einmal machte er eine Bemerkung darüber, daß ich „ein bekannter Künstler" sei, und ich fragte ihn, ob er das herabsetzend meinte. „Nein", antwortete er mit leicht amüsierter Verwirrung und meinte boshaft: „das war nicht herabsetzend gemeint, sondern eher als Feststellung – du *bist* ein bekannter Künstler. Shakespeare war ein bekannter Künstler. Dickens war ein bekannter Künstler. Die Künstler, die ich persönlich am liebsten mag, sind bekannte Künstler. Ich *wünschte*, ich wäre auch einer –

aber ich bin es nicht. Ich bin eher wie Céline – schreibe immer an Büchern, die kein Mensch liest." Dann brach eine Salve wild explodierenden Gelächters aus ihm heraus. Wenn auch die Öffentlichkeit nicht immer sein Werk zur Kenntnis nahm, so haben es doch andere seriöse Filmleute gesehen, und dadurch war sein Einfluß überall. Und doch fühlte *er* sich dadurch nicht wirklich bestätigt.

Welles' Vater war Erfinder gewesen, seine Mutter Künstlerin, und in Orson hatten sich die Charakteristika von beiden vermischt. Er hatte etwas von der Ungeduld eines von Visionen besessenen Erneuerers, der sein Werk vor seinem geistigen Auge und tief in seinem Herzen so klar und deutlich vor sich sieht, daß die Ausführung dagegen enttäuschend abfallen muß und das fertige Produkt nie die Chance hat, seine Idealvorstellung zu erreichen; der Prozeß des Produzierens wird zu sehr verkompliziert – durch die Politik, die Finanzen, die Geschichte und die Imponderabilien menschlichen Verhaltens -, als daß die originale, reine Form verwirklicht werden könnte. Ein Gentleman-Erfinder – wie Orsons Vater einer war und Joseph Cotten in dem Film *The Magnificent Ambersons* – ist ein Mensch, der seine Erfindungen nicht wegen des Geldes macht, sondern für das Allgemeinwohl und für den Spaß an der Sache. Wenn so ein Mensch für seine Erfindung keine Unterstützung bekommen kann, so ist doch ein Teil von ihm zufrieden, weil er seine Erfindung ja vor seinem geistigen Auge gesehen hat, auch wenn niemand außer ihm sie je erblicken wird.

Andererseits war Welles Künstler – ein düsterer Poet, seinen Visionen treu, wie unpopulär sie immer sein mochten. Welles hatte – wie Robert Graves (einer seiner Lieblingsautoren) es ausgedrückt hätte – der Muse, der er sich verschrieben hatte, den äußersten Tribut gezollt.

> Ein großer und mächtiger König fragte einst einen
> Dichter: „Was könnte ich dir von allem, was ich habe,
> schenken?" Dieser antwortete weise: „Alles, Sir…, außer
> dem Geheimnis Ihres Lebens."
> Orson Welles' erste Worte in *Mr. Arkadin*

Robert Graves hat auch gesagt, es sei unmöglich für einen
Künstler, nicht ein Teil der Zeit zu sein, in der er lebt – wobei es
keine Rolle spielt, ob er seiner Zeit voraus oder hinterher sei.
Orson war beides. Und hypersensibel. Er war ein Mann, der
unter der tragisch-verwirrenden und bestürzenden Verquickung
historischer und künstlerischer Ereignisse litt, die sich von jenem
6. Mai 1915 an ereigneten – der Erste Weltkrieg war schon
ausgebrochen, Frauen durften noch nicht wählen, der erste große
amerikanische Spielfilm *The Birth of a Nation* wurde in jenem
Jahr uraufgeführt – und in dieser Kette von Ereignissen sollte er
schließlich selbst eine sehr bemerkenswerte Rolle spielen – bis
zum 10. Oktober 1985. Hinzu kamen die Einflüsse seiner Eltern,
die typische Mittelwestler aus dem vorigen Jahrhundert waren. In
einer ohnehin schon außer Kontrolle geratenen Welt ging in
Orsons persönlichem Leben alles schief, als er noch sehr jung
war: seine Mutter starb, als er neun Jahre alt war, sein Vater, als er
fünfzehn war. In was für einem Paradies er auch gelebt haben mag
– in diesem Buch erwähnt er nur ein einziges –, er wurde bereits in
sehr jungen Jahren daraus vertrieben.

In Welles' wenig bekanntem, äußerst brillantem, aber ruinier-
tem Film *Mr. Arkadin* engagiert dieser sagenhaft reiche, international umtriebige, mächtige Mann einen jungen Abenteurer, der
seine Vergangenheit durchleuchten und einen vertraulichen
Bericht darüber anfertigen soll. Arkadin, der Skorpion in dieser
Erzählung, wünscht, daß Van Stratten, der Frosch, den gesamten
Schmutz aus seinem Vorleben aufspürt, damit er dann alle Beweise vernichten und alle Zeugen beseitigen kann. Drehbuch und
Idee waren von Orson, und es gab Zeiten, da schien ich im

Verhältnis zu Orsons ganz persönlicher Variante des Arkadin eine Art Van Stratten zu sein, denn während unserer Gespräche (ob privat oder für das Buch) wurde er besonders aufgeregt und ärgerlich, wenn man auf Zusammenhänge zwischen seiner Arbeit und seinem Privatleben schloß.

Einmal, als er bei mir in L.A. wohnte, hörte ich im Wohnzimmer jemanden ganz leicht ein paar Töne auf dem Klavier anschlagen, und als ich nachschaute, fand ich Orson über die Tastatur gebeugt und nachdenklich mit einer Hand ein paar Akkorde greifen. Oh, sagte ich, ich hätte nicht gewußt, daß er spielen könne. „Kann ich auch nicht", sagte er und hörte auf. „Hab ich auch nicht, viele Jahre. Früher habe ich gespielt." Ich fragte ihn, warum er aufgehört hätte. „Ich habe aufgehört, als meine Mutter starb. Danach habe ich keine Taste mehr angerührt." Aber als ich versuchte, eine Verbindung zu sehen zwischen dem Tod von Orsons Mutter und Kanes Verlust *seiner* Mutter – und damit auch des „Rosebud" seiner Jugend –, wollte er nichts davon wissen. Ärgerlich verneinte er jegliche derartige Verbindung und attackierte gleichzeitig die ganze moderne Richtung der Kritik, die das Leben von Autoren ihrem Werk zuordnet. Aber, so wandte ich ein, die Franzosen glauben, es zähle nicht das Werk, sondern nur der Autor. „Nun, da bin ich anderer Meinung", sagte Orson hitzig, „ich glaube, es gibt nur das Werk."

Doch Orsons seltsame, alptraumhafte Beschreibung des Todes seiner Mutter (veröffentlicht in einer französischen *Vogue*-Ausgabe des Jahres 1982) läßt vermuten, daß dieser Tod ein weit größerer Verlust für ihn war als er sich selbst eingestehen wollte. Die Großaufnahme der Mutter in *Citizen Kane*, wenn sie nach ihrem Sohn ruft, um ihn dann wegzuschicken; die Großaufnahme von Kane, wenn er auf die Bemerkung „Sie wissen doch, wie Mütter sind" wehmütig und leise mit „Ja" antwortet; die Bitte des Sohnes am Schluß des *Amberson*-Films, seine tote Mutter möge ihm verzeihen – dies sind vielleicht die wärmsten, bewegendsten Augenblicke in Orsons Filmschaffen. In einem

Gespräch über John Fords Neigung, seine weiblichen Rollen
sentimental anzulegen, kamen wir irgendwie auf eine Geschichte
über Orsons Mutter zu sprechen: Im Alter von sechs oder sieben
Jahren bekam Orson eines Nachmittags einen Wutanfall über die
Notwendigkeit des Klavierübens. Um dies seinem Lehrer ein-
dringlich klarzumachen, kletterte Orson auf den Fenstersims des
Apartment-Hauses und drohte hinabzuspringen, falls dieser auf
weiterem Üben bestand. Der arme Mann war in Panik zu Orsons
Mutter gerannt: „Mrs. Welles, er sagt, er wird springen!" Außen
auf dem Fenstersims konnte Orson die ruhige Antwort seiner
Mutter hören: „Nun", sagte sie, „wenn er meint, er muß
springen, dann muß er springen…" Schon bald darauf, so
erzählte Orson, sei er lammfromm an sein Klavier zurückge-
kehrt.

Welles hätte derartige Ereignisse ebenso wenig mit seiner
Arbeit in Verbindung bringen wollen, wie er sich nicht ohne
Make-up hätte ablichten lassen (die einzige Rolle, die er je ohne
Make-up gespielt hat, war die des Harry Lime in *The Third Man*)
– noch weniger hätte er es zugelassen, daß jemand in seinen
Filmen so lachte wie er. Sein explosives, ansteckendes Lachen ist
so sehr ein Teil der Erinnerung an ihn – laut und anhaltend rollte
es donnernd und in extremer Länge und Heftigkeit durch die
weiten Gefilde der labyrinthartigen Komödie des Lebens. Als ich
einmal versuchte, dieses Lachen in eine Filmrolle einzuarbeiten,
die wir für ihn vorgesehen hatten, wurde er ungehalten und
wollte nichts davon wissen. Das gehörte ausschließlich zu seiner
Privatsphäre. Eine düstere Bemerkung, die er einst machte – „Der
Mond ist sehr wichtig für mich" – konnte auf den mondbesesse-
nen Poeten hinweisen, von dem Graves in *The White Goddess*
schreibt, ein Buch, das mir Orson Mitte der siebziger Jahre zum
Lesen empfahl (zusammen mit Graves' *Griechischer Mythologie*).
Ein anderes Mal fragte ich ihn nach seiner Religion, und er sagte
schroff, das gehe mich nichts an – dann etwas milder, er sei
katholisch erzogen. „Und", sagte er mit leicht ironischem

Lächeln, „einmal katholisch, immer katholisch, so heißt es doch."

Unsere Arbeit an dem Buch brachte uns einander näher, und es war unvermeidlich, daß wir uns auch gegenseitig unser Privatleben entdeckten. Welles war in vieler Hinsicht ein Gentleman aus der Alten Welt und entsprechend diskret, was seine persönlichen Beziehungen anging. Bei offiziellen Anlässen in der Öffentlichkeit, wurde er manchmal von seiner dritten Frau Paola Mori und beider entzückender Tochter Beatrice begleitet. Tragischerweise kam Paola etwa ein Jahr nach Orsons Tod bei einem Verkehrsunfall ums Leben. Seine engste Freundin und Vertraute während aller Jahre, die ich ihn kannte, war Oja Kodar, die kroatische Schauspielerin, Bildhauerin und Schriftstellerin; sie hatte in den letzten zwanzig Jahren seines Lebens an fast allen seinen Projekten mitgearbeitet. Daß wir die gleiche Muttersprache hatten (Serbo-kroatisch), war für mich ein großes Glück.

Orson hat nie seine Memoiren geschrieben. Als er sich schließlich erkundigte, was aus unserem Buch geworden sei, war das Manuskript irgendwo in den Tiefen eines Möbellagers verschollen, und ich durchlebte gerade eine persönliche und finanzielle Krise (die im Sommer 1985, nur wenige Monate vor Orsons Tod, zum Bankrott und meinem allgemeinen Zusammenbruch führte). In einem Telephongespräch sagte er noch zu mir, er hoffe, ich würde das Buch nicht einfach nach seinem Tode veröffentlichen – und unterstellte mir dabei, daß ich wüßte, wo das Manuskript sei, die Publizierung aber hinauszögere. Das hat mich so geärgert, daß ich alle Aufzeichnungen nahm und an Orson schickte, kaum daß wir an das Lager konnten und die Kartons wieder aufgetaucht waren. Ich machte mir keine Kopie, legte einen Zettel dazu und schrieb, es sei schließlich sein Leben, und nun sei es an ihm, damit zu machen, was er für richtig halte. Orson rief mich an, sobald er die Papiere bekommen hatte; er sei sehr gerührt, sagte er, und dankte mir überschwenglich. Er fuhr fort, mir zu erklären, daß er nicht viel habe, was er Oja hinterlassen könnte, und er hatte vor, ihr das Buch zu vermachen, für den Fall, daß ihm etwas zustoßen sollte.

Als Oja mich dann bat, das Buch für die Veröffentlichung vorzubereiten, war ich beruflich und privat immer noch nicht in der Verfassung, daß ich mir zeitlich irgend etwas anderes hätte erlauben können. Ich hielt allerdings ihre Idee, Jonathan Rosenbaum zu bitten, das Buch zu bearbeiten, für ausgezeichnet. Später brachte ich sie mit meinem Literaturagenten zusammen, der dann auf Rosenbaums Vorschlag hin das Manuskript an Craig Nelson bei HarperCollins schickte. Craig und Jonathan Rosenbaum hatten schon früher zusammen gearbeitet und waren dann eine große Hilfe, dieses Manuskript in eine Form zu bringen, die der, die Orson und ich im Sinn gehabt hatten, sehr nahekam. Weder Orson noch ich hatten je die Zeit gefunden, eine richtig ausgefeilte Endfassung dieses Manuskripts anzufertigen, und ich kann heute noch nicht mit Sicherheit sagen, welche Stellen er endgültig gestrichen hätte und noch weniger, was er zweifellos noch gern hinzugefügt hätte. Ich weiß, daß in dieser Fassung einige negative Meinungen über andere Künstler erhalten geblieben sind, die er vielleicht herausgenommen hätte. Ich hätte dem zugestimmt: Orson pflegte zu sagen, es gebe genug Kritiker – Künstler müßten nicht unbedingt zu ihrer Vermehrung beitragen.

Es gibt durchaus einiges, worüber Orson und ich damals geteilter Meinung waren, doch heute stimme ich ihm unumwunden zu. Alter und Erfahrung bringen es! Immer noch denke ich anders als er über John Wayne und Josef von Sternberg sowie einige Filme von John Ford (besonders *The Grapes of Wrath* und *How Green Was My Valley*, die für mich zu den eindrucksvollsten Filmen dieses Regisseurs gehören). Ich bin ganz und gar mit Orson einig, daß die Bedeutung des Schauspielers im Film eine Zeitlang sehr unterbewertet und die des Regisseurs heftig überschätzt wurde.

Und noch etwas habe ich erst heute richtig verstanden – den Film *The Trial.* 1973 oder 1974 waren wir in Paris, und Orson sagte: „Weißt Du, warum Du den *Prozeß* nicht magst? Du hast nicht gemerkt, wie komisch der Film ist – wie komisch ich alles gemeint habe. Tony Perkins und ich haben während der gesamten Drehzeit laut gelacht." Um dies zu belegen, lud er mich ein, ihn zu einer Sondervorführung des Films in Paris zu begleiten – einer Art Gala-Vorstellung, auf der Orson einen Preis bekam. Während dieser Vorstellung und neben Orson sitzend verstand ich plötzlich seine Intentionen ganz genau – es sollte eine Art tragischer Satire sein über die Macht, mit der das Gesetz das dem Menschen angeborene Gefühl für Schuld dominiert, auch wenn man dies manchmal nicht genau definieren kann. Wir beide lachten bei allen möglichen Szenen, die niemand sonst in diesem spießigen, akademisch-steifen Publikum auch nur andeutungsweise komisch fand, denn: immerhin galten Kafka und Welles als seriöse Künstler, die ernstzunehmende Kunst machten. Die Leute haben die ganze Zeit versucht, Orson und mich durch leises Zischen zum Schweigen zu bringen. Immerhin handelt es sich hier um die schwärzeste Art von schwarzem Humor. Orson erzählte mir am nächsten Tag, der Film sei zur gleichen Zeit auf der *Rive gauche* gelaufen, und das unkonventionelle Künstlervolk habe die ganze Zeit gelacht.

Fünfzig Jahre nach seiner Entstehung wurde *Citizen Kane* im Jahre 1991 wieder zum Leben erweckt und erfolgreich in vielen Filmtheatern unseres Landes aufgeführt. Die Leute sprachen darüber, wie modern der Film wirkte. Hier war Welles seiner Zeit um fünfzig Jahre voraus gewesen. Auch ist das, was er in der verlorengegangenen Originalfassung von *The Magnificent Ambersons* über die Zerstörung der Umwelt und der Lebensqualität durch die Technologie sagt, allzu deutlich eingetroffen. Der Verlust der vollständigen Fassungen der Filme *Amberson* und *Greed* ist mit Sicherheit das tragischste Ereignis in der amerikanischen Filmgeschichte. Beide zeigten eine außerordentlich düstere Vision der Probleme Amerikas, die aus heutiger Sicht – unglückseligerweise – weniger pessimistisch, sondern eher prophetisch wirkt.

Was die Leute über Welles immer noch brennend interessiert ist: Was geschah nach *Citizen Kane*? Dieses Buch sollte auch geschrieben werden, um diese Frage abschließend zu beantworten, damit Orson fortfahren konnte, „sein Versprechen einzulösen". Nun, ich hoffe, daß es einige Antworten für diejenigen bereithält, die sich in Zukunft von Welles' Werk inspirieren lassen wollen.

Er war ein bemerkenswert couragierter Mensch, gleichzeitig gefährlich sensibel und verletzlich auf weit schmerzlichere Weise, als es sein selbstbewußtes Auftreten und derbes Äußeres vermuten ließen. In ihm vereinte sich enorme Selbstsicherheit mit enormer Unsicherheit. Als ich mich erkundigte, ob er seine beiden Lieblingsschriftsteller – Isak Dinesen und Robert Graves – jemals persönlich kennengelernt hätte, schüttelte er den Kopf: „Nein." – „Warum nicht?", fragte ich. Er sagte: „Ich dachte, ich würde sie langweilen." Ich lachte, aber er meinte es todernst. Es gab auch Menschen, die ihm vorwarfen, er habe die Nerven verloren: jahrelang gesagt zu bekommen, man tauge nichts, nicht die Möglichkeit zu haben, auf seinem Gebiet zu arbeiten – das kann normalerweise zu Anfällen von Mutlosigkeit, Depression, ja sogar Lebensangst führen. Dennoch behielt Orson auch auf seinem absoluten Tiefpunkt sein tapferes Naturell, das im Angesicht der Unbilden, gegen die er sein Leben lang ankämpfte, immer unzerstörbarer wirkte.

Die bessere Frage, die man zu Welles stellen sollte, wäre folgende: Wie hat er in einem kommerziellen Medium überhaupt soviel erreichen können, ohne jemals einen wirtschaftlichen Erfolg zu haben? Wir sprachen einmal über Greta Garbo, und ich sagte, wie schade, daß sie nur in zwei wirklich guten Filmen mitgewirkt hat. Und Orson sagte: „Na und? Man braucht nur *einen*." Gemessen an seinen eigenen Normen ist sein „kleiner Schatz" in seinem Inneren also unermeßlich groß. Während sein Ruhm und seine Größe posthum wachsen, erinnere ich mich, daß er auch das ganz genau vorhergesagt hat (aber keineswegs glücklich darüber war), indem er tonlos murmelte: „Oh, wie werden sie mich alle lieben, wenn ich tot bin."

Für einige von uns war Orson eine Art künstlerisches Gewissen. Sein Einfluß hinterließ eine unauslöschliche Prägung in meinem Leben und Werk. Er versuchte, als Regisseur seine Integrität und Reinheit zu wahren; um seine Regietätigkeit zu finanzieren, ertrug er als Schauspieler und Mensch eine Degradierung und Abqualifizierung in seiner Karriere. Daß derjenige amerikanische Künstler, der die amerikanische Theaterbühne elektrifizierte, den Rundfunk revolutionierte und zu dem machte, was er heute ist, den Weg in Richtung Fernsehen aufzeigte (auf dem ihm niemand folgte), der Filme machte, mit denen er mehr Filmemacher inspirierte als jeder andere Regisseur seit D. W. Griffith – daß ausgerechnet dieser amerikanische Künstler es eines Tages nötig haben würde, im Fernsehen für den Verkauf von Wein zu werben, scheint mir eher symptomatisch für den kulturellen Niedergang unserer Gesellschaft denn für Orsons persönliches Unglück.

Als ich irgendwann jammerte, das Goldene Zeitalter des Films sei schon vorbei, lachte Orson und sagte: „Ach, dummes Zeug – was erwartest du denn? Sogar die Renaissance dauerte nur sechzig Jahre!" Gemäß diesem Ausspruch sollten wir uns nicht mit der Frage beschäftigen, was wir alles nicht von Orson Welles bekommen haben, sondern eher, wieviel er erreicht und geschaffen hat, das von dauerhaftem Wert ist. G. B. Shaw hat gesagt, es sei sehr schwierig, als Schriftsteller dauerhaften Einfluß zu haben: entweder man ist erfolgreich und wird zum Klassiker, den keiner mehr liest, oder man wird zum Entertainer und nicht ernst genommen. Um wieviel schwieriger ist es aber, wenn ein seriöser Künstler sich von dem Entertainer in ihm subventionieren lassen muß. So einen Drahtseilakt über einem Abgrund mußten viele amerikanische Künstler ausführen, und eingedenk dieser zusätzlichen Erschwernis scheint Orsons Erbe nur noch bedeutender.

Max Beerbohm, ebenfalls einer von Welles' Lieblingsschriftstellern, teilte die Menschheit in zwei Kategorien ein: Gastgeber und Gäste. Orson zählte sich ganz offensichtlich zu den Gastgebern, gab aber zu, daß er gelegentlich, wenn auch widerwillig, Gast sein konnte, der dann aber als letzter ging. Als ich ihn für unser Buch befragte, ob er seine Welt in Skorpione und Frösche einteile, sagte er mit einem Lächeln: „Nein, es gibt noch eine Menge anderer Tiere." Die Haie zum Beispiel, die sich in Welles Film *Lady from Shanghai* gegenseitig fressen; am Ende fressen sie sich selbst. Orson empfand eine tiefe Faszination für die widersprüchlichen Elemente in den Menschen und ihrem Verhalten, vielleicht deshalb, weil er selbst ein so widersprüchlicher Mensch war. Gegen Ende der siebziger Jahre sah ich ihn einmal in einer Fernseh-Talk-Show, und die Haltung, die er über mich in der Sendung zum Ausdruck brachte, wirkte nicht gerade sehr freundschaftlich. Ich schickte ihm einen Gruß und schrieb, daß ich eingeschaltet hätte, um zu sehen, wie es ihm ginge, was ich ja nun gesehen hätte. Am nächsten Tag kam ein Umschlag von Orson, der – wie sich herausstellte – zwei separate Briefe enthielt, die er mir geschrieben hatte, und dazu noch eine Notiz. Der erste Brief bestand aus zwei knappen, unterkühlten Absätzen des Inhalts, daß ich sehr wohl ein wenig üble Nachrede verdiente und nicht so überempfindlich sein sollte. Der zweite Brief war viel länger, eine unterwürfige Rechtfertigung, und bejammerte seine Handlungsweise als eine Art von Verrat. Die Notiz, die er beigelegt hatte, besagte, beide Briefe seien richtig, darum schicke er sie mir alle beide.

Der Schauspieler und Dichter Micheál Mac Liammóir, der als Orsons Gegenspieler in *Othello* den Jago spielte, kannte Orson viel besser, als es mir jemals möglich gewesen wäre, und zwar von seinen ersten professionellen Rollen an, die Orson als Sechzehnjähriger gespielt hatte. Mac Liammóir schrieb:

Orsons Courage und alles andere an ihm – Imagination, Geltungsdrang, Generosität, Rastlosigkeit, Nachsichtigkeit, Ungeduld, Sensibilität, Schwerfälligkeit und Phantasie – ist auf wundervolle Weise total überdimensioniert.

Und der große französische Dichter und Filmregisseur Jean Cocteau schrieb:

Orson Welles ist ein Riese mit dem Gesicht eines Kindes, ein Baum voller Vögel und Schatten, ein Hund, der sich von der Kette gerissen und auf einem Blumenbeet schlafengelegt hat. Er ist ein aktiver Müßiggänger, ein weiser Tor, ein einsamer Fels, umwogt von Menschlichkeit.

Ich habe diese Zitate in meiner Monographie verwendet, ehe ich Orson kannte und entdeckte nun, wie zutreffend sie waren. Ich hatte auch einen Satz zitiert, der vor dreißig Jahren wie Orsons Credo geklungen hat – und es noch heute tut:

Ich möchte die Filmkamera wie ein Mittel der Poesie benutzen.

Ich konnte den anderen Orson grollen sehen, ihn sagen hören, derartige Statements würden auf europäischen Filmfestivals abgegeben, und sein majestätisches Lachen würde mich wieder davontragen. Spielte es eine Rolle, was er sagte? Seine besten Filme enthielten die wahren Antworten, und diese Filme hatten ihren sicheren Platz unter den echten Meisterwerken dieses Zeitalters.

Nur wenige Wochen vor seinem Tod sprachen wir ein letztes Mal am Telephon zusammen. Wir hatten gelacht, und dann sagte ich etwas über einige schlimme Fehler, die ich gemacht hätte. Er sagte, plötzlich ganz ernst, daß er sehr viele Fehler gemacht habe,

und daß es ihm fast unmöglich schien, ohne unglaublich viele
Fehler durchs Leben zu gehen. Gerade da wurde Orson unterbrochen: ein Ferngespräch von Oja aus Jugoslawien; wir wollten
bald wieder miteinander sprechen. Dazu ist es nicht mehr
gekommen. Später hatte ich das Gefühl, unsere letzte Unterhaltung sei eine Art gegenseitiger Abbitte gewesen für das Unrecht,
das wir uns gegenseitig angetan hatten. Unser Gespräch war eine
nüchterne Bestandsaufnahme zweier verwundeter, irgendwie
müde gewordener, aber doch noch wachsamer Überlebender der
Kriege auf dieser Welt. Derselben Kriege, von denen schließlich
alle seine Filme handelten: den Kämpfen zwischen Männern und
Männern und zwischen Frauen und Männern, die zu deren
gegenseitiger Vernichtung führten und letztendlich in eine Welt
vor dem Abgrund.

Daß unsere Bekanntschaft am Telephon begann und endete,
scheint seltsam angemessen für zwei Arbeiter dieses technologischen Zeitalters in der Kunst, dem ersten in der Geschichte, und
uns beiden als Versuchskaninchen in diesem Experiment. Daß
unsere Freundschaft dabei so gut überleben konnte, daß wir uns
einfühlsam gegenseitig unsere Fehler eingestehen konnten,
scheint mir unter diesen Umständen irgendwie ein Wunder – so
etwa, als ob Skorpion und Frosch lebend über den Fluß gekommen wären. Dafür werde ich immer besonders dankbar sein, wie
ich es ohnehin in höchstem Maße dafür bin, daß ich Orson
überhaupt gekannt habe.

Meine liebste Erinnerung an ihn? Es gibt viele, wie ich schon
sagte, aber eine Szene sehe ich immer wieder vor mir – Orson, wie
er auf einem Spazierweg in Beverly Hills, nachts, unter Bäumen,
geschmeidig ein paar Step-Schritte hinlegte und eine Melodie aus
einem Musical dazu summte, das er mit dreizehn Jahren in der
Schule geschrieben hatte. Es war Vollmond, Orsons Gesicht
leuchtete, er strahlte uns an und sah dabei aus wie ein gefallsüchti-
ger Teenager, unbelastet von Legende, Lüge, Irrtum, Triumph
oder Fehlschlag, der sich die ganze Welt da draußen erobern will.

HIER SPRICHT ORSON WELLES

Orson Welles in seinem Büro im Mercury Theatre, Februar 1938

1.

ROM

Theater • *Moby Dick–Rehearsed* • Rundfunkauftritte • D. W. Griffith • Hollywood • John Barrymore • *The Green Goddess* • John Ford • *Heart of Darkness* • *The Smiler with a Knife* • Komödie • *Too Much Johnson* • *Hearts of Age* • Stierkampf • Irland

Orson Welles: Einige Jahre, ehe ich nach Hollywood ging, hatte Metro-Goldwyn-Mayer eine damals unbekannte Schauspielerin namens Hedy Lamarr an Walter Wanger ausgeliehen. Der produzierte dann mit ihr und Charles Boyer den Film *Algiers,* der ein rastergenaues Remake des Films *Pepe le Moko* war. Der Film und Hedy hatten großen Erfolg. Da merkten die Leute bei der Metro erst, daß sie einen neuen Star im Stall hatten und nicht genau wußten, was sie damit anfangen sollten. Eine große Konferenz wurde einberufen – alle Produzenten, Ko-Produzenten, das Casting-Team, Verwandte und Angeheiratete, sogar ein paar Schreiber – es war ein großes Council unter dem Vorsitz von Louis B. Mayer. (Ich habe diese Geschichte von Ben Hecht, und der ist dabei gewesen.) „Wir müssen uns auch so einen ausländischen Stoff suchen", sagte jemand. „Diese Dame ist exotisch – wir sollten sie in China ansiedeln oder in einem ähnlichen Land." Und L. B. sagte: „Wir müssen aber auch einen männlichen Hauptdarsteller finden, der dazu paßt. Wen hätten wir denn? Robert Young sieht irgendwie chinesisch aus, aber man kann ihn nicht gerade exotisch nennen. Wir haben niemanden, der so aussieht." (Und in der Tat, sie hatten niemanden – Rod La

Rocque war schon lange abgewirtschaftet.) Wer also sollte es sein? Hecht wagte einen Vorschlag: „Da ist doch dieser junge Schauspieler in New York – Orson Welles. Der sieht doch irgendwie merkwürdig aus…"

„Welles – den brauchen wir! Holen sie ihn her. Wer ist sein Agent?"

„Er hat keinen Agenten."

„Wie bitte?!"

„Nein, man hört ihn im Radio, und er leitet ein Theater in New York, das Mercury."

„Suchen Sie ihn."

Wegen des Zeitunterschieds ist es an der Ostküste jetzt zwei Uhr morgens; zehn Sekretärinnen sind mit dem Job beauftragt. „Holt ihn aus dem Bett", brüllt Mayer, „wo immer das sein mag. Besorgt mir diesen Welles." Die Sekretärinnen fangen wie wild zu suchen an, mit Ferngesprächen: „Wie wir hören, ist er im Stork Club." – „Nein, im El Morocco." Von Harlem bis Chinatown, das telephonische Fangnetz breitet sich über Manhattan aus; und die Konferenz dauert an, vier Stunden, fünf Stunden…

Schließlich reißt eine Sekretärin, atemlos vor Siegesfreude, die Tür auf: „Ich habe ihn für Sie", ruft sie laut, „ich habe hier Orson Welles!"

Jemand sagt: „Und was *will* er?"

Das war das vorläufige Ende meiner Filmkarriere.

| Ein Restaurant in Rom.

Peter Bogdanovich: Deine erste Liebe war das Theater.

OW: Peter, wenn das eine Feststellung ist, ist sie falsch; wenn es eine Frage ist, lautet die Antwort Nein.

PB: Aber du hast am Theater angefangen.

OW: Weil ich pleite war, und weil ich nicht zurück nach Amerika und zur Uni wollte. Ich habe mein erstes Geld am Theater verdient, aber *angefangen* habe ich mit Musik – als eine Art

Orson mit vierzehn

musikalischer *Wunderkind*-Imitation. Das war durch meine Mutter gekommen, die eine sehr begabte Pianistin war. Seit ihrem Tod habe ich keine einzige Note mehr gespielt. Ich war neun, als sie starb, und ich hatte schon angefangen zu malen. Das habe ich am meisten geliebt. Immer. Wenn ich das nur besser gekonnt hätte, würde ich immer noch malen. Schließlich bin ich deswegen nach Irland gegangen. Den ganzen Sommer bin ich dort mit einem Eselswagen und einem großen Malkasten herumgereist. Die Tage wurden kürzer, mein Geld knapper. Ich habe nur angefangen Theater zu spielen, um zu essen. Ich hatte dieses unliebsame Stipendium für Harvard. Um nicht auf die Uni zu müssen, ging ich auf die Bühne. Erst später habe ich mich ins Theater verliebt.

PB: Das kommt mir bekannt vor. Du hast mir einmal erzählt, du habest dich erst in Filme verliebt, als du selbst welche gemacht hast.

OW: Ich wünschte, ich wäre nicht ganz so hart gefallen.

PB: Wieso?

OW: Weil es zu lange dauert, bis Filme fertig sind und weil sie zu teuer sind. Weil es zu lange dauert, bis man das Geld dafür zusammen hat. Wenn man es genau nimmt, habe ich die meiste Zeit meines Lebens immer nur *versucht*, Filme zu machen. Stelle dir nur vor, wieviele Jahre ich hätte retten können, wenn ich ein wenig polygamer gewesen wäre.

PB: Und jetzt liebst du das Theater nicht mehr?

OW: Ich liebe die Theater, wenn sie leer sind.

PB: Das klingt ziemlich pervers.

OW: Während der Proben, meine ich. Ich liebe den Zustand dieser schummrigen alten Konfektschachteln, wenn die Schauspieler unter sich sind und das selbst *leben*, was dann auf der Bühne geschehen wird. In dem Moment, wo das Publikum hereingelassen wird, verliert das Theater etwas von seinem Zauber. Das ist die einzige Theaterbesessenheit, die ich je empfunden habe.

PB: Du hast ein Stück geschrieben, das als Theaterprobe konzipiert war: *Moby Dick – Rehearsed.*

OW: Die Idee war, etwas von dem Zauber eines leeren Theaters heraufzubeschwören. Natürlich mußten wir es dann vor einem Publikum im Saal spielen; es war eine Art Zaubertrick. In London hat es, glaube ich, funktioniert. Diese Aufführung war die letzte *reine* Freude, die ich am Theater hatte. Großartige Besetzung – die meisten sind heute Stars. Kenneth Williams, Joan Plowright – in ihrer ersten großen Rolle; sie war phantastisch als kleine Pip. Und Patrick McGoohan, der – davon bin ich überzeugt – heute einer der ganz Großen seiner Generation auf der Bühne sein könnte, wenn das Fernsehen ihn nicht weggeschnappt hätte. Er könnte es immer noch schaffen. Jedenfalls war er als

Welles in *Moby Dick –
Rehearsed*

Starbuck ganz hervorragend. Und außerdem waren sämtliche
Bewegungsdarsteller in den kleinen Rollen auch ziemlich sensationell. Und alle waren bereit und willens, rund um die Uhr zu
arbeiten, vierzehn bis sechzehn Stunden am Tag.

Aber das war London. Heute am Broadway neigen die
Schauspieler eher dazu, auf die Uhr zu achten und dich mit dem
Kleingedruckten in den Verordnungen der Gewerkschaft zu
konfrontieren. Eine derart heikle Aufführung wie *Moby Dick*
erfordert unmögliche, unzählige Überstunden. Allerdings hat der
Schauspieler relativ wenig zu tun, wenn die Premiere erst einmal
vorbei ist. Die Wahrheit ist doch, Peter, daß man für die zwei
oder drei entsetzlich kurzen Wochen, die man nur hat, um alles
auf die Beine zu stellen, die Vorschriften und die Stechuhren weit

wegwerfen muß, wenn man so etwas wie das totale Theater haben will. Allein schon dieser Sturm auf hoher See, weißt du – das Publikum sollte glauben, das ganze Theater sei ein Spiel der Wellen – das war eine sehr athletische, akrobatische und sehr präzise einstudierte Choreographie. In New York haben wir es nicht so gut gebracht, glaube ich, darum waren die Kritiken auch verheerend.

Kenneth Tynan schreibt am Schluß seiner Kritik im Londoner Observer *(nachgedruckt in seiner Artikelsammlung* Curtains *[New York: Atheneum, 1961]):*

„... Als Schauspieler und Spielleiter macht [Welles] eine Art endgültiges Statement über die Beziehung zwischen einem Schauspieler und seinem Publikum: ‚Haben Sie jemals‘, so sagt er, ‚von arbeitslosen Zuschauern gehört?‘ Das ist eine gute Frage; aber die Wahrheit ist, daß britische Zuschauer schon viel zu lange arbeitslos sind. Wenn solche Leute sich der Gefahr aussetzen wollen, durch reine Virtuosität auf dem Theater einen schwindeligen Kopf und glänzende Augen zu bekommen, dann ist *Moby Dick* die beste Gelegenheit dazu. In diesem Stück wird das Theater wieder zu einem Ort der Zauberei."

PB: Würdest du immer noch gern am Theater arbeiten?
OW: Nicht in New York. Das ist eine einzige Kritikerhöhle und viel zu geldorientiert – eine Friß-oder-Stirb-Gesellschaft, wo du der Beste sein mußt oder total ausgeflippt, um zu überleben. Das sorgt für eine gewisse ... Spannung.

Darum war das Theater in London, jedenfalls bis vor kurzem, noch attraktiv und amüsant. Man konnte sich einen Flop leisten und verlor doch keinen einzigen seiner Freunde. In New York ist man am „klassischen" Dramentheater praktisch nur ein Bürger zweiter Klasse, weil der Broadway heute so Musical-besessen ist, daß eine ganz „normale" Aufführung zwar als etwas Würdevolles und Schönes angesehen wird, das aber rein zufällig an einem der kleineren Häuser gelandet ist. Ich könnte mir vorstellen, ein Stück an einem Universitätstheater oder an einer Provinzbühne zu inszenieren – diesen Ausdruck finde ich lustig, er stammt aus Europa, denn wir können es nun wirklich nicht mehr „the road" nennen, da es bei uns hier keine Straßentheater, keine Tournee-theater mehr gibt. Nein, für mich liegt der wahre Theater-Glamour nicht am Broadway, sondern in der unscheinbaren, kleinen Theaterarbeit. Eine Vorstellung im Tourneezelt oder etwas ähnlichem – irgendwann möchte ich einen Film darüber drehen. Ich liebe diese Atmosphäre – „das ganze Drumherum". In Irland gibt es so etwas noch. Dort zimmern sie im Gemeinde-saal ein Podium zurecht – so etwas meine ich.

Ich bin einer der wenigen noch übriggebliebenen Schauspieler, die gerne auf Tournee gehen! Dann macht es mir auch nichts aus, immer dasselbe Stück zu spielen. Man hat jedes Mal ein anderes Publikum, und ich fahre gern herum, von Stadt zu Stadt. In meinem ganzen Leben war ich immer bester Stimmung, wenn ich in einen Zug gestiegen bin. In den dreißiger Jahren war ich – zusammen mit Katharine Cornell – sogar ein ganzes Jahr unter-wegs...

PB: Das letzte Stück, das du in New York gespielt hast, war der *Lear*, stimmt's?

OW: Ja, und während der Probenzeit haben alle (oder jedenfalls die meisten) Schauspieler um Punkt achtzehn Uhr alles stehen- und liegengelassen und sind hinausmarschiert. Ähnliche Pro-bleme hatten wir mit der Technik am Mercury. Manchmal haben wir nur so getan, als würden wir nach Hause gehen. Kaum waren die Gewerkschaftsleute weg, haben wir uns heimlich wieder hineingeschlichen und bis zum Morgengrauen an den Lichteffek-ten gearbeitet. Ich erinnere mich, daß uns eines Nachts ein Hebel am Schaltpult abgebrochen ist. Wir mußten es so hinbiegen, daß es so aussah, als wäre er erst am Morgen unter den Händen der Bühnenarbeiter abgebrochen. Unsere Beleuchtungskonzepte waren wahnsinnig kompliziert. Allein *Dantons Tod* (ein gewaltiger, donnernder Reinfall, der uns beinahe das Genick gebrochen hätte), hatte über 350 verschiedene Einstellungen. Unter normalen Bedingungen an einem kommerziellen Theater hätte das einen Aufwand an Probenzeit gekostet, der nie und nimmer zu realisieren gewesen wäre. Vielleicht ist es ja *Off* Broadway heute besser. Ich bin aber nie dort gewesen. Ich habe nicht einmal eine Vorstellung in einem Off Broadway-Theater besucht.

PB: Warum nicht?

OW: Peter, ich bin ja kaum in New York gewesen, seitdem dieser Teil der Theaterlandschaft entstanden ist. In meinem Leben habe ich wahrscheinlich weniger Theaterstücke gesehen als du glaubst oder ich gerne zugeben würde. Oh, als Kind bin ich durchaus ins Theater gegangen. Ich wurde mitgenommen – und war begeistert, daß ich mitgenommen wurde. Habe auch alle Großen gesehen – von Werner Krauss bis Kachalow. Diese Hand hier, die dich jetzt berührt, hat einst die Hand von Sarah Bernhardt berührt – kannst du dir das vorstellen? Sie hatte ein Holzbein und spielte Vaudeville. Ich glaube, ich war vier oder fünf und wurde hinter die Bühne gebracht, in ein Boudoir aus roten Rosen. Dort saß diese wundervolle alte Dame in ihrem Rollstuhl und erfrischte sich an einer Sauerstoffflasche. Die Hand, die ich dann hielt, war eher eine Klaue, mit Leberflecken auf wässrig-weißer Haut, worauf die spitzen Enden ihrer Ärmel festgeklebt waren. Als sie jung war, hatte Mademoiselle Bernhardts Hand die Hand von Madame George berührt, welche die Geliebte von *Napoleon* gewesen war!… Peter – *nur drei Handschläge von Napoleon entfernt!* Nicht die Welt ist so klein, sondern die Geschichte ist so kurz. Vier oder fünf sehr alte Männer könnten sich die Hand reichen und dich bis zu Shakespeare zurückführen. Man könnte alle Päpste seit Petrus hier in diesem Restaurant unterbringen, und immer noch müßte niemand auf einen freien Tisch warten.

Worüber haben wir gerade gesprochen? Ins Theater gehen? Nun, wir gehen heute abend. Ich lade dich ein.

PB: Großartig. Das Problem ist nur, ich verstehe kein Italienisch.

OW: Du verstehst aber Schauspielerei, oder nicht? Heute abend werden wir den bedeutendsten Schauspieler von ganz Europa zu sehen bekommen.

PB: Gerade hast du noch gesagt, du gehst nicht so viel ins Theater. Und du hast gesagt, du hast aufgehört, ins Kino zu gehen, als du nach Hollywood kamst.

OW: Ja, das Filmemachen hat die Wirkung, daß man keinen Spaß mehr daran hat, sich Filme anzusehen. Im Vordergrund jeder Szene sieht man unweigerlich den Geist des Klappen-Boy. Das ist der nur zu bekannte Effekt der Desillusionierung – ich habe durchaus Schaden genommen, als ich anfing, hinter der Kamera zu stehen. Mein Rücken hat ebenfalls Schaden genommen. Als Teenager habe ich früher Berge bestiegen – ziemlich kleine nur, aber eines Tages bin ich fürchterlich gestürzt und wäre beinahe ums Leben gekommen. Seitdem kann der schönste Theatersessel zu einer ziemlich großen Quelle von Qualen werden. Das ist der eigentliche Grund, warum ich all die Jahre keine Berührung mit dem Theater oder Kino hatte – mein schmerzender Rücken. Und doch, weißt du... sogar eine verschobene Bandscheibe kann mich nicht dazu bringen, die Pausen zu lieben.

PB: Ja, ich hörte, daß du im Mercury die Pausen vollständig abgeschafft hast.

OW: In vielen Aufführungen, ja. Wir haben auch die zweigeteilten Abende mit nur einer Pause erfunden, die heute überall üblich sind. Viele unserer Aufführungen waren ohne Pause, aber die waren dann *kurz*. Für mich – mußt du wissen – ist fast alles zu lang. Eine unserer Produktionen, *Shoemaker's Holiday*, dauerte nur knapp eine Stunde, aber niemand hat je sein Geld zurückverlangt.

PB: Ich frage mich, ob hier eine Ähnlichkeit zum Film besteht –

OW: Wieso?

PB: Ein Film läuft auch ohne Pause durch.

OW: Hier aber nicht, mein Bester – nicht in Italien. Hier sitzt man in der Pause geschlagene fünfundzwanzig Minuten und schaut der Eisverkäuferin zu, wie sie Eskimo-Happen verkauft.

PB: In jedem Film?

OW: Das wird sogar ins Drehbuch geschrieben: „Teil eins", „Teil zwei". Das ist für die Schokoriegel und das Eis am Stiel extra so eingeplant. Am schlimmsten ist immer der erste Moment, wenn das Licht angeht und alle Leute sich irgendwie ertappt fühlen, weil sie da in einem leeren Raum zusammensitzen. Aber so ist es immer im Kino. Auf der Bühne ist nichts außer einem hinter der Leinwand verborgenen Lautsprecher. Ganz egal, wieviel Besucher da sind – es bleibt ein leeres Haus.

PB: Du hast früher einmal gesagt: „Das Theater ist eine kollektive Erfahrung, Film ist das Werk *eines* Mannes – des Regisseurs."

OW: Ich hoffe, du hast das ein wenig mißverstanden. Selbstverständlich ist ein Film das Ergebnis gemeinschaftlicher Bemühungen. Wenn es sich um ein Kunstwerk handelt, braucht man nicht zu betonen, daß sich alle Mitarbeiter nach einer einzigen und einzigartigen Konzeption richten – der des Autors. Du mußt dieses Zitat aus einem der ausländischen Interviews herausgepickt haben, die in einer Sprache geführt wurden, die ich nicht sehr gut spreche. Vielleicht hat es auch durch die Übersetzung verloren.

PB: Was ist denn nun mit dem Theater als kollektive Erfahrung? Möchtest du das zurücknehmen?

OW: Nun, ich möchte das nicht für mich in Anspruch nehmen – es ist so verdammt offensichtlich. Das *lebende Theater* ist eben *lebendig* – so einfach ist das. Ein Film ist nicht nur tot, er ist auch nicht sehr *frisch*. Er kommt aus der Konserve. Einen Film zu machen – nicht nur die Dreharbeiten, sondern die Planung und den Schnitt – kostet Zeit. Weil viel Zeit darüber verstreicht, ist selbst der neueste Film notgedrungen leicht angestaubt, ein wenig veraltet. Die Filmpremiere der kommenden Woche zeigt den Film vom letzten Jahr.

PB: Du sollst gesagt haben, das Theater pfeife auf dem letzten Loch –

OW: Ja sicher...

PB: – und daß es schon immer im Sterben lag.

OW: Das haben schon viele gesagt, schon die alten Griechen. *The Fabulous Invalid* – so haben Kaufman und Hart das Theater genannt. Ich weiß ja nicht, wen *die beiden* zitiert haben, auf jeden Fall haben sie ein Stück mit diesem Titel geschrieben, und eine der Rollen hat mich zum Vorbild, kann ich stolz vermelden.

PB: Die beiden haben auch geschrieben *The Man Who Came to Dinner* – und erinnert nicht auch *diese* Rolle...?

OW: Der Herr im Rollstuhl war Alex Woollcott viel ähnlicher als mir. Aber George (Kaufman) und Moss (Hart) haben durchaus zugegeben, daß gewisse Elemente – besonders die Rundfunksendungen...

PB: Das Radio! Vielleicht können wir jetzt darüber sprechen?

OW: Okay, aber zuerst möchte ich noch einmal ganz klar sagen: ich hoffe, ich habe nicht den Anschein erweckt, ich hätte gesagt, das Theater sei am Ende. Immer wieder werden große Künstler am Theater auftreten, aber man kann damit keine Reichtümer mehr verdienen. Das Theater lebt fort als einer dieser göttlichen Anachronismen wie die große Oper (die ich sehr goutiere) und das klassische Ballett (worauf ich gern verzichten könnte). Eher eine darstellende Kunst denn eine kreative, ein Quell der Freude und der Wunder, aber es hat nichts mit dem *Hier und Heute* zu tun.

PB: Das „Hier und Heute" ist natürlich der Film?

OW: Als die Nummer eins. Dann kommt das Fernsehen, ein noch weitgehend unerforschtes Territorium...

PB: Und was ist der Rundfunk?

OW: Eine verlassene Mine.

PB: Das heißt aber, daß auch das Radio ein Anachronismus geworden ist?

OW: Sicher, wie der Stummfilm – ein Opfer der technologischen Rastlosigkeit. Das Radio funktioniert schon noch irgendwie, klar; aber der Stummfilm ist weggewischt. Das ist, als ob man keine Wasserfarben mehr benutzt, weil jemand die Ölfarben erfunden hat. Und Schwarzweiß geht denselben lachhaften Weg. Für mich ist der Rundfunk ein persönlicher Verlust, ich vermisse das Radio sehr... Was hast du denn da, um Himmels willen – noch mehr Notizen?

PB: Hier steht, daß du 1934 beim Rundfunk angefangen hast.

OW: Ja, ich war zum Vorsprechen gegangen und hatte nie einen Job an Land gezogen, bis ich Paul Stewart kennenlernte. Er ist ein ganz reizender Mann; jahrelang war er eine wichtige Stütze für

unsere Mercury-Sendungen. Man kann das nicht hoch genug bewerten. Jedenfalls hat er mir zu meinem Start verholfen – besetzte mich in einer Sendung, die – glaube ich – *Cavalcade of America* hieß – „jeden Sonntagabend präsentiert von Du Pont". Ich spielte den alten John D. Rockefeller – viel zu unsympathisch für den Geschmack der Firma Du Pont, was mich in meiner Karriere am Rundfunk eine Weile zurückwarf. Der erste Silberstreif am Horizont war dann eine Sendung ohne Werbung, was bedeutete: keine Sponsoren und sehr wenig Geld. Die Sendung lief, wenn ich mich recht erinnere, um sieben Uhr in der Früh. Sie nannten sie *School of the Air*, ein Schulfunkprogramm, und es brachte $ 18.50 pro Aufnahme. Jo Cotten und ich zählten die Wochen zu unseren besten, wenn einer von uns beiden so eine Sendung ergatterte. Und auf einmal – ich weiß nicht mehr genau, wie eigentlich, aber ganz urplötzlich – war ich zum Großverdiener geworden.

PB: Du meinst, mit deiner eigenen Sendung?

OW: Nein, mit einer ganzen Reihe von Sendungen, die alle nicht von mir waren. Ich sprach mit einem enormen Repertoire an Stimmen, und nie wurde mein Name genannt. In jenen goldenen Tagen des Rundfunks machten einige von uns ganz schön Kohle, indem sie flink von einer Soap Opera zur nächsten huschten. Schon bald machte ich so viele, daß ich nicht einmal mehr probte. Kaum hatte ich das tragische Ende irgend so einer Schnulze im siebten Stock von CBS hinter mich gebracht, raste ich in den neunten Stock (sie hielten extra die Fahrstuhltüren für mich offen), wo mir dann in dem Moment, wo schon das rote Lämpchen aufleuchtete, jemand ein Manuskript in die Hand drückte und flüsterte „Chinesischer Mandarin, fünfundsiebzig Jahre alt" – und schon ging's los. Es gab einige Tage, da mußte ich mit Blaulicht von Sender zu Sender fahren. Falls es ein Gesetz gibt, daß man krank sein muß, wenn man eine Ambulanz bestellt – ich bin deswegen jedenfalls nie festgenommen worden.

PB: In diesen Jahren hast du *The Shadow* gemacht.

OW: Lamont Cranston, der war ich.

PB: Du hast die Sachen nicht selbst geschrieben?

OW: Mein Gott, ich habe ja nicht einmal gewußt, was mit mir als Cranston geschehen würde, während die Sendung schon *lief*. Keine Proben, das war ein Teil der Absprache mit Blue Coal, dem Sponsor – das machte es ja gerade so interessant für mich. Wenn ich in einen Brunnen oder eine widerliche Schlangengrube gestoßen wurde, wußte ich nie, wie ich wieder herauskommen würde.

PB: Du hattest mit diesem wunderbaren Einleitungssatz nichts zu tun –

OW: *„Who knows what evil lurks in the hearts of men...?"* Nun, ich habe ihn jede Woche *gesprochen,* jahrelang.

PB: Und das Lachen, das dann folgte.

OW: Wieder ich – und *alle* Kinder in ganz Amerika – damals.

PB: Wunderbar – das ist Teil der amerikanischen Mythologie geworden.

Orson Welles im Rundfunkstudio in der Sendereihe *The Shadow*

OW: 185 Dollar die Woche – und ob das wunderbar war.
PB: Für die damalige Zeit war das gutes Geld.
OW: Für ein paar Stunden Arbeit ist es das heute auch noch.
Einige Sendungen wurden schlechter bezahlt, einige besser.
Ohne daß ein einziger Rundfunkhörer jemals meinen Namen
erfahren hätte, habe ich 1.500 Dollar pro Woche nach Hause
gebracht. Aber „nach Hause gebracht" ist nicht ganz korrekt;
einen großen Batzen hat die Regierung bekommen.
PB: Damals auch schon hohe Steuern?
OW: Jetzt habe ich dich aufs Glatteis geführt.
PB: Was meinst du?
OW: Steht nichts über die WPA in deinen gemeinen kleinen
Notizen da?
PB: Doch, doch – Works Progress Administration. Die Regie-
rung hat während der Depression etliche Theater betrieben, um
arbeitslosen Schauspielern Arbeit zu schaffen.
OW: Genau.

Welles führt Regie in dem Stück *Horse Eats Hat,* mit Arlene Francis, Joseph Cotten und anderen, Maxine Elliott Theatre, 1936

PB: Du hast zwar dazugehört, aber ich habe nicht den Eindruck, daß du arbeitslos warst.

OW: Ich war so beschäftigt, daß ich nicht mehr wußte, wie es ist, wenn man schläft.

PB: Du hast eins von diesen staatlichen Theatern geleitet?

OW: Deren zwei, mit Jack Houseman. Eins oben in Harlem – außer uns waren alle Mitglieder an diesem Projekt Schwarze – und das entzückende Maxine Elliott am Broadway. Es hat eine Menge solcher Projekte im ganzen Land gegeben. Das war die einzige Zeit in der Geschichte, wo Amerika so etwas wie ein nationales Theater hatte. Joe Losey gehörte auch dazu. Es gab endlose Ausschußsitzungen, wie du dir vorstellen kannst, und einen undurchdringlichen Dschungel von Bürokratie. Kerle wie

Joe brauchten gewöhnlich acht Monate, um eine ihrer Aufführungen auf die Beine zu stellen. Materialanforderungen in dreifacher Ausfertigung durch zwanzig Büros – du kennst das ja.

Unsere Stücke sind viel schneller bearbeitet worden und wurden viel ansprechender inszeniert – das hatten wir *The Shadow* und *Big Sister* und ähnlichem Zeug zu verdanken. Unsere Radio-Ausbeute verschaffte uns diesen Vorteil; das habe ich gemeint, als ich sagte, so viel von dem, was ich verdiente, ging an die Regierung. Roosevelt hat einmal gesagt, ich sei der einzige Manager in der Geschichte, der illegal Geld *in* ein Washingtoner Projekt gesteckt hat.

PB: Du hast Roosevelt in der WPA kennengelernt?

OW: Im Wahlkampf. Er hat das, glaube ich, während seines dritten gesagt.

PB: Nicht in einer politischen Rede?

OW: Himmel, nein – in einer privaten Unterhaltung, spät in der Nacht, bei einigen Drinks, im Sonderzug des Präsidenten.

PB: Das Mercury Theatre ist aus der WPA hervorgegangen. Wie war es denn mit deiner Mercury Radiosendung – ist die aus deinen Rundfunkauftritten hervorgegangen?

OW: Ja, eigentlich sind wir durch unsere Rundfunkproduktionen ans Theater gekommen. Ich war mit den meisten unserer Hauptdarsteller schon am Rundfunk zusammen gewesen – Leute wie Agnes Moorehead, Joseph Cotten, Everett Sloane, Ray Collins, George Coulouris, Erskine Sanford, Frank Readick. Die Schauspieler in *Citizen Kane* kamen alle vom Rundfunk.

PB: Welches waren nach deiner Meinung die besten Mercury-Aufführungen?

OW: *Dracula* war prima.

PB: Das würde auch einen guten Film abgeben.

OW: *Dracula* würde einen wunderbaren Film abgeben. Seltsam, daß niemand das bis heute gemacht hat; niemand hat sich bis heute über den Roman hergemacht, dabei ist es das haarsträubendste, wundervollste Buch der Welt. Es wird von vier Leuten erzählt und muß mit vier Sprechern aufgeführt werden, wie wir es auch im Radio gemacht haben. Es gibt da eine Szene, die spielt in London. Er schleudert eine schwere Tasche in eine Kellerecke, und die Tasche ist voller schreiender Babys! So etwas kann man sich vielleicht heutzutage erlauben... Bram Stoker war der Sekretär des Schauspielers und Theaterleiters Henry Irving, der das Vorbild für den *Dracula* abgab. Das war Stokers Rache an Henry Irving. Stoker – ein alter irischer Säufer – war ein sehr beachtlicher Schriftsteller und hat einige sehr gute Bücher verfaßt. Und er hat Irving seinen *Dracula* angeboten, um ein Theaterstück daraus zu machen. Der hat es aber nicht gemacht, sondern zwei Burschen namens Deane und Balderston haben dann dieses sentimentale Schauspiel in zwei Akten verfaßt. Es ist ganz schrecklich, wurde aber zu einem der größten Renner aller Zeiten. Es läßt sich wahnsinnig gut auf dem Theater inszenieren – ich habe es einmal gemacht, den Dracula gespielt und viel Spaß dabei gehabt. Und alle Filme, die es gibt, basieren auf dem *Theaterstück*, nicht auf dem Buch. Niemand hat je auf den Roman zurückgegriffen.

PB: Wie ist es denn mit dem Sprechen von Hörspielen, Orson – würdest du sagen, es ist so ähnlich wie im Film? Ich meine das so, ...

OW: ... daß man nicht so brüllen muß, um auch noch im vierten Rang verstanden zu werden? Meinst du den berühmten Unterschied zwischen Bühnen- und Filmschauspielerei? Das ist alles Nonsens, sage ich dir. Es gibt nur gute oder schlechte Schauspieler.

PB: Du glaubst nicht, daß man vor der Kamera untertreiben kann?

OW: Man kann vor der Kamera ordentlich *aufdrehen*. Und wenn genügend Power dahintersteckt, kann man gar nicht genug aufdrehen. Wenn es dann übertrieben aussieht, dann *hat* man auch übertrieben. Und das kommt dann daher, daß man ohne zu übertreiben sich gar nicht richtig ausspielen kann.

PB: Aber bestimmt gibt es doch eine Grenze, Orson. Die Kamera ist doch kein Theater.

OW: Die Kamera ist ein Auge. Und ein Ohr. Man stellt sie hin, und sie nimmt dich auf. Auf der Bühne wirst *du* hingestellt.

PB: Okay, aber willst du damit sagen, daß man vor der Kamera gar nicht genug aufdrehen kann? Daß es keine miserabel übertriebenen Darstellungen gibt?

OW: Übertreiben ist simulieren. Du öffnest nur deine Trickkiste, anstatt ans Eingemachte zu gehen. Ein richtiger Schauspieler – ein echter *Filmschauspieler* – kann gar nicht *intensiv* genug sein. Er darf aber auch nicht *zu breit* sein. Auch nicht *zu dick* auftragen. Du willst es doch nicht wie Eierkuchenpampe über die Leinwand schmieren.

Große Schauspielkunst ist nicht weitschweifig. Sie ist scharf, pointiert, aufrecht. Kraft, explosionsartige Kraft, aber niemals eine Explosion. Echte Kraft verpufft nicht, sie geht direkt ins Ziel. Übertreibung hat kein Ziel, ihr einziger Sinn ist zu gefallen. Der Schauspieler wird zur Hure, wenn er sich nicht vollkommen in den Dienst seines Stückes stellt. Die Freude der Zuschauer und ihre Begeisterung sind zufällige Belohnung.

„Vor der Kamera untertreiben?" Niemals. *Mehr geben*, heißt die Devise. Man sollte auch einer Kamera nichts *vor*spielen. Eine Kamera ist schließlich kein Mädchen. Sie ist auch kein Spiegel, vor dem man posiert. Nicht alle schlechten Schauspieler sind auf der Bühne großspurig und aufgewühlt, theatralische Sprecher – viele sind zurückhaltende Darsteller, sie lächeln über den Rand ihrer Teetasse oder schubbern sich mit ihrem T-Shirt. Cagney war einer der größten Schauspieler in der Geschichte des Films. Kraft, Stil, Wahrhaftigkeit und Selbstkontrolle – er hatte alles. Er nahm kein Blatt vor den Mund; mein Gott, wie er seine Gefühle zeigte! Und doch konnte man ihn keinen Schmierenkomödianten nennen. Er überlegte nicht lange, ob er sich zurücknehmen müsse, um in den allgemeinen Rahmen zu passen; er war viel zu beschäftigt mit seiner Rolle. Zum Beispiel Toshiro Mifune:

dessen Filmauftritte würden noch in der letzten Reihe des Kabuki-Theaters ankommen.

PB: Aber Orson, glaubst du nicht, daß es doch etwas wie Filmschauspielerei gibt?

OW: Es gibt Film-*Schauspieler*. Cooper war ein Filmschauspieler – ein klassischer. Du beobachtest ihn bei den Dreharbeiten und denkst: „Ach du liebe Zeit, die Szene muß bestimmt wiederholt werden!" Er wirkt, als sei er gar nicht *anwesend*. Dann siehst du die Bildmuster, und er beherrscht die Leinwand.

PB: Wie erklärst du dir das?

OW: Persönlichkeit. Ich würde mir nicht anmaßen, dieses Mysterium erklären zu wollen. Das ist immer von größerer Bedeutung als die Schauspieltechnik. Wer zum Beispiel wüßte mehr über Technik als Olivier? Sicher, wenn die Darstellung auf der Leinwand in besonderer Weise von der Spieltechnik vor der Kamera abhinge, hätte Larry schon dafür gesorgt, daß er die auch meisterhaft beherrscht. Und doch – so gut er auch in seinen Filmen war, er bot nur einen Abklatsch der elektrisierenden Ausstrahlung, die er auf der Bühne hat. Wieso scheint die Kamera seine Wirkung zu schmälern? Und Gary Coopers größer zu machen – wo er doch überhaupt nichts von Spieltechnik verstand?

Schaljapin – er war ein Schauspieler, dessen Genius seiner starken Persönlichkeit ebenbürtig war. Und glaube mir, Peter, das soll schon etwas heißen. Er war der bei weitem *größte und stärkste* Schauspieler unseres Jahrhunderts. [Der von Meyerhold so bewunderte Sänger und Schauspieler Fjodor Schaljapin (1873–1938) wirkte in der 1934 von G. W. Pabst gedrehten Filmversion des *Don Quixote* mit.] Er war konkurrenzlos; niemand hatte seine Statur. Und was war er auf der Leinwand? Eine wenig eindrucksvolle Randfigur... Ganz anders Frank Fay, der Vaudeville-Komödiant schlechthin. Was wäre Jack Benny ohne ihn gewesen? Fay schaffte es aus dem „Palace" auf die Schauspielbühne und kam groß heraus – aber er kam nicht nach Hollywood.

Auf der Leinwand war er ein Gespenst. Und gleich – jetzt gleich übrigens, denn es wird Zeit für uns zu gehen – wirst du ein wunderbares Beispiel für dieses Mysterium sehen, über das wir gerade gesprochen haben: Eduardo de Filippo. [Schauspieler, Dramaturg, Theaterproduzent und Filmregisseur – de Filippo wurde im Jahre 1900 in Neapel geboren und spielte in Vittorio de Sicas Film *Das Gold von Neapel* (1954) und war Koautor des Drehbuchs von *Gestern, heute und morgen* (1964)]. Auf der Bühne gibt es in Europa niemanden, der ihm das Wasser reichen könnte. Aber wirklich niemanden. Aber in Filmen findet er eigentlich nicht statt.

> Um Mitternacht in einem Straßencafé auf einer kleinen verlassenen Piazza in der Nähe des Theaters, wohin Orson mich mitgenommen hatte, um Eduardo de Filippo zu sehen. Da ich nur etwa zwei Worte italienisch spreche, habe ich nur einen Akt durchgehalten, und jetzt ist Orson verärgert; nach seiner Theorie kann man die Schauspieler sogar *besser* beurteilen, wenn man die Sprache *nicht* versteht.

OW: Man kann sich leichter auf die Darstellung konzentrieren, Peter, wenn man sich gar nicht für die Handlung interessieren kann.
PB: Ja schon, natürlich konnte ich sehen, daß er gut war –
OW: Gut? Eduardo? Um Himmels willen, er ist *phantastisch*! Aber wenn du ihn irgendwann einmal im Film erwischt, wirst du schon sehen, was ich gemeint habe. Die Kamera *liebt ihn nicht*. Das ist übrigens Akim Tamirows Theorie – nicht meine. „Därr Kasten schaut sich ainen Kärrl an", sagt er, „und därr Kasten sagt ‚Ja, därr da jefallt mirr!' Ärr schaut sich ainen andärrn an und sagt ‚Njet!'. Wärr weiß, waruum?" Er hat natürlich recht – niemand weiß, warum. Warum *liebt* die Kamera gewisse Menschen? Ein zweitklassiger Bühnenschauspieler wie Emil Jannings

– was hat ihn zu einem erstklassigen Filmschauspieler gemacht? Zugegeben – ein erstklassiger *Übertreiber*, wenn du so willst. Aber woher kam denn seine enorme Autorität vor der Kamera?

PB: *Du* wirst auch manchmal wegen Übertreibung kritisiert.

OW: Ich weiß, ich weiß...

PB: Aber wenn ich mir deine Filme ansehe, wie ich es in letzter Zeit getan habe – ich lasse sie nämlich drei- oder viermal durchlaufen –, dann fällt mir auf, daß dein Stil tatsächlich das Understatement ist.

OW: Nun, das war die Absicht.

PB: Dann wieder hast du das Understatement angegriffen –

OW: Peter, die Kamera macht das Understatement nicht obligatorisch. Jetzt sind wir wieder bei diesem geheimnisvollen Thema der Persönlichkeit. Es gibt Persönlichkeiten, die für sich genommen schon wie eine einzige Übertreibung wirken. Unglückseligerweise gehöre ich dazu. Die Kamera vergrößert mich nicht nur – sie bläst mich auf.

PB: Gerade hast du aber noch gesagt, daß nichts, was ein Schauspieler macht, zu groß sein kann –

OW: Nichts kann zu *stark* sein. Wenn du natürlich durch deine Größe selbst schon zuviel Luft verdrängst, kannst du kaum noch dagegen anspielen. Du selbst lieferst den Grund für deine Grenzen, nicht die Kamera.

PB: Aber einiges kommt in einer Großaufnahme einfach besser rüber. Gestehst du mir das wenigstens zu?

OW: Lieber Peter – ich gestehe dir alle Großaufnahmen zu, die du haben willst. Ich persönlich liebe sie nicht so sehr, wie du weißt. Ich sage immer zu meinen Schauspielern: „Paßt nur auf – wenn ihr nicht gut genug seid, müssen wir näher rangehen."

PB: Gerade jetzt hast du aber einen Film beendet, der fast nur aus Großaufnahmen besteht.

OW: *The Deep.* Nun, die ganze Geschichte spielt auf zwei kleinen Booten: Was hätte ich sonst machen können? Und ich sage dir noch etwas, Peter – es gibt natürlich auch den typischen

Laurence Harvey und Oja Kodar in *The Deep*

Großaufnahmen-Darsteller. So einer sammelt keine Punkte, wenn man ihn nicht unterhalb des Kinns abschneidet. Rin Tin Tin* und Lassie sind hierfür gute Beispiele.

PB: Man sagt, die Kamera sei ein guter Lügendetektor. Glaubst du, man kann erkennen, wann Emotionen unecht sind?

OW: Selbstverständlich, eine Art Lackmuspapier-Effekt. Was man sieht, ist die An- oder Abwesenheit von *Gefühl*. Auf die Qualität kommt es an, aber die genaue Art der Emotion wird nicht immer automatisch klar – und kann ja auch, wie du weißt, im Schneideraum nur allzu schnell verändert oder vollständig in ihr Gegenteil verkehrt werden. Ich habe gesagt, es kann gar nicht zuviel Kraft, zuviel Energie da sein. *Emotionale Ausdruckskraft* kann eine Bühnenaufführung aufwerten, aber auf der Leinwand hat man oft Mühe, sie richtig ins Bild zu setzen. Starke Gefühle

---

* Rin Tin Tin war ein Schäferhund und – wie Lassie – der Held einer Familienserie in Amerika (A. d. Ü.).

können sehr leicht daneben gehen. Die Kamera aber kann – und zwar einzigartig – *den Gedanken einfangen*. Bist du nicht auch dieser Meinung?

PB: Kann schon sein. Ich würde gern ein wenig darüber nachdenken.

OW: Das ist nun aber meine tiefste Überzeugung in diesem ganzen Filmgeschäft: Die Kamera ist nicht so sehr ein Lügendetektor als vielmehr ein Geigerzähler der mentalen Energie. Sie registriert etwas, das mit dem bloßen Auge nur vage und mutmaßlich erkennbar ist und registriert es klar und deutlich: den Gedanken. Jedesmal, wenn ein Schauspieler *denkt*, überträgt es sich direkt auf den Film.

PB: Und was ist mit dem Mikrophon?

OW: Emotionen – die sind schon eher etwas für die Tonspur. Ein unechtes Gefühl kann man *hören*, ehe man es sieht.

PB: Ich glaube, da hast du sehr recht. Was für eine Rolle spielt denn hier der Rundfunk?

OW: Ich war dort sehr glücklich, Peter, am glücklichsten in meiner ganzen Zeit als Schauspieler. Das Radio ist so... wie soll ich sagen – unpersönlich? Nein, *privat*. Es kommt der großen, ganz privaten Freude des Singens in der Badewanne am nächsten – und man wird auch noch dafür bezahlt. Das Mikrophon ist ein Freund, weißt du. Die Kamera ist ein Kritiker. Ich würde sagen, das Radio ist dem Film viel ähnlicher als das Theater – und zwar nicht nur, weil hier eine aufmerksame Maschine das Publikum ersetzt. Nein, mit dem Mikrophon hast du – genau wie mit der Kamera – eine größere Freiheit, du sitzt nicht nur schniefend da draußen im dunklen Zuschauerraum, du kannst dich bewegen, den Blickwinkel ändern.

Telegramm von Alexander Woollcott nach der Mars-Sendung des Mercury Theatre (am 30. Oktober 1938), als ein Großteil der Bevölkerung vor Angst glaubte, in New Jersey habe eine Invasion von Marsbewohnern stattgefunden; auf

Pressekonferenz nach der Hörspielsendung *War of the Worlds*, 1938

Woollcotts Konkurrenzsender lief gleichzeitig ein Programm mit Edgar Bergen und Charlie McCarthy. Orson hatte das Telegramm jahrelang in seinem Büro an der Wand:

Das beweist nur, mein guter Strahlemann, daß alle intelligenten Leute einem Dummy zugehört haben, und alle Dummen dir.*

PB: Ich habe mich oft gefragt, ob du vorher eine Ahnung hattest, daß das Hörbild *The War of the Worlds* (Der Krieg der Welten) eine derartige Reaktion hervorrufen würde.

* Edgar Bergen (Vater von Candice Bergen) war Bauchredner; seine Puppe *(dummy)* hieß Charlie McCarthy. (A.d.Ü.)

OW: Die *Art* der Reaktion, ja – auf die hatten wir uns alle schon gefreut. Das *Ausmaß* allerdings war verblüffend. Sechs Minuten nach Beginn der Sendung leuchteten bei den Sendern im ganzen Land die Lämpchen der Telephonanlagen auf – wie an Christbäumen. Die Häuser leerten sich, die Kirchen füllten sich; von Nashville bis Minneapolis hub an ein Wehklagen in den Straßen, und die Menschen zerrissen ihre Kleider. Zwanzig Minuten nach Sendebeginn hatten wir lauter verstörte Polizisten im Regieraum. Sie wußten nicht, wen sie – und warum – festnehmen sollten, aber sie gaben dem Rest der Sendung das gewisse Etwas. Uns dämmerte allmählich – während wir uns mit der Zerstörung von New Jersey mühsam weiter abplagten –, daß wir die Zahl der Spinner in Amerika unterschätzt hatten.

PB: Hinterher hast du aber deine Unschuld beteuert.

OW: In den Schlagzeilen stand, es seien Prozesse für über 12 Millionen Dollar angestrengt worden. Sollte ich mich da schuldig bekennen?

PB: Was ist aus den Gerichtsverfahren geworden?

OW: Wie sich herausstellte, existierten die meisten nur im Fieberwahn der Zeitungen. Die hatten nämlich einen Großteil ihres Anzeigengeschäfts an den Rundfunk verloren und meinten nun, hier eine prächtige Gelegenheit zu haben, dem Rundfunk eins auszuwischen. Ein paar Tage war ich so etwas wie eine Mischung aus Benedict Arnold und John Wilkes Booth*. Aber die Leute lachten viel zu sehr – Gott sei Dank, und schon bald darauf mußten die Zeitungen aufgeben.

PB: Und was war mit der CBS?

OW: Am Tag nach der Sendung konnte man nur Tonmischer und Fahrstuhlführer im Gebäude antreffen. Nicht einer der leitenden Herren ließ sich blicken. Während der Proben waren sie

---

* Benedict Arnold: Verräter im Unabhängigkeitskrieg, hat für die Engländer spioniert. John Wilkes Booth: Schauspieler, 1839–1865, Mörder von Präsident A. Lincoln, wurde auf der Flucht erschossen. (A. d. Ü.)

schon ziemlich gereizt gewesen, aber was gab es da zu zensieren? Man sagte uns, wir sollten nicht „Langley Field" sagen, weil es tatsächlich einen Ort dieses Namens gab. Also schrieben wir „Langham Field" in das Manuskript – lauter solche Kleinigkeiten, damit sich niemand beschweren konnte, wenn die Sache hoch ging. Aber wie ich schon sagte, wir waren selbst überrascht von Umfang und Ausmaß der Reaktion.

PB: Ist es wahr, daß kein Mensch dann die Nachricht über Pearl Harbour glaubte, weil…?

OW: Ganz genau. Besonders, weil ausgerechnet ich an dem Morgen eine patriotische live-Sendung für die Soldaten an der Front hatte und mittendrin unterbrochen wurde. Ich war im ganzen Land auf Sendung und las von Walt Whitman, wie schön Amerika sei, als plötzlich angesagt wurde, Pearl Harbour werde bombardiert – nun, klingt das etwa nicht so, als ob ich es noch einmal versuchen wollte? Meine Sendung wurde unterbrochen, und man sagte, es habe einen Angriff gegeben. Roosevelt hat mir ein Telegramm dazu geschickt. Ich habe ganz vergessen, was drin stand – ich habe es nicht mehr. Es war so etwas wie „blinder Alarm" und ähnliches Zeugs. Nicht am selben Tag – da war er zu beschäftigt! – aber ungefähr zehn Tage danach. [Dieser Gedanke tauchte als Dialog in Howard Hawks' Film *Air Force* (1943) auf, und zwar in einer Szene, in der Flieger die Berichte über Pearl Harbour im Radio hören. – PB]

PB: Dann hat dir die Mars-Sendung also überhaupt nicht geschadet. Würdest du sagen, sie hat dir Glück gebracht?

OW: Nun, sie hat mich zum Film gebracht. War das Glück? Ich weiß es nicht. Immerhin haben wir uns – dank der Marsmenschen – einen Radio-Sponsor geangelt und waren plötzlich eine begehrte kommerzielle Sendung, auf einer Stufe mit Benny, Burns und Allen und dem *Lux Radio Theatre* mit Cecil B. De Mille. Der nächste Schritt war Hollywood…

In den frühen sechziger Jahren schrieb Orson die folgenden Zeilen für die erste Ausgabe einer neuen spanischen Filmzeitschrift, für die Orson dem Herausgeber Juan Cobbs, der bei Chimes at Midnight *sein Assistent war, den Titel vorgeschlagen hatte. Der Titel wurde angenommen, und die Zeitschrift heißt heute noch so:* Griffith. *Der Text lautet:*

Ich habe D. W. Griffith nur einmal gesehen, und das war keineswegs ein fröhliches Zusammentreffen. Eine Cocktailparty an einem regnerischen Nachmittag an einem der letzten Tage des letzten der dreißiger Jahre. Hollywoods goldenes Zeitalter, aber für den größten aller Regisseure war es ein trauriges und leeres Jahrzehnt gewesen. Der Film mit bewegten Bildern, den er wahrhaftig erfunden hatte, war zu einem Produkt – dem exklusiven Produkt – Amerikas viertgrößter Industrie geworden, und an den Fließbändern der Mammutfabriken der Filmindustrie war für Griffith kein Platz. Er war ein Verbannter in seiner eigenen Stadt, ein Prophet ohne Ehre, ein Handwerksmann ohne Gerät, ein Künstler ohne Arbeit. Kein Wunder, daß er mich haßte. Ich, der ich nichts über Film wußte, hatte soeben die größten Freiheiten erhalten, die jemals in einem Hollywood-Vertrag festgeschrieben worden waren. Das war der Vertrag, den er verdient hätte. Mir war klar, daß er überhaupt noch nicht zu alt dafür war und konnte ihm seine Empfindung nicht übelnehmen, ich sei viel zu jung. Wir standen unter einem dieser rosafarbenen Weihnachtsbäume, wie man sie da draußen hat, wir leerten unsere Drinks und starrten einander über einen hoffnungslosen Abgrund an. Ich liebte und verehrte ihn, aber er brauchte keinen Schüler. Er brauchte einen Job. Ich habe Hollywood eigentlich nie wirklich gehaßt –

außer dafür, wie es Griffith behandelt hat. Keine Stadt, keine Industrie, keine Profession, keine Kunstform schuldet einem einzelnen Mann so viel. Alle Filmemacher, die ihm nachgefolgt sind, haben nichts anderes getan als ihm nachzufolgen. Er machte die erste Großaufnahme und bewegte als erster die Kamera. Aber er war mehr als ein Gründungsvater und Pionier, seine Werke werden seine Erfindungen überdauern. Seine Filme sind heute weit aktueller, als sie es vor einem Vierteljahrhundert waren, als wir unter dem rosa Weihnachtsbaum standen und zusammen einen Drink nahmen und ich so kläglich versagt habe und nicht ausdrücken konnte, was er mir bedeutet – uns allen. Und auch jetzt habe ich versagt. Er ist über jede Würdigung erhaben.

Ein anderes Restaurant in Rom: Cesarina – ein Stammlokal von Orson (und seinem Freund Fellini).

OW: Als ich zum ersten Mal nach Hollywood kam, wollte ich einen Film über die große Zeit des Stummfilms machen. Damals wäre das leichter gewesen. Heute könnte man zwar freier damit umgehen, aber vielleicht weniger authentisch. Heute sind wir so viel weiter davon entfernt –
PB: Glaubst du wirklich, Griffith ist der beste Regisseur in der Geschichte des Films?
OW: Nun, der „beste" ist ein schlechter Ausdruck. Auf *allen* Gebieten der Kunst zusammen gibt es nur wenige, die uneingeschränkt das Prädikat „der Beste" verdienen. Ich kann da nur an zwei denken – Mozart und Shakespeare... Velázquez vielleicht noch, aber da kann man schon geteilter Meinung sein. Mir scheint es sehr heikel zu entscheiden, wer der „Beste" ist. Aber wenn es um Filmregisseure geht und man sich entscheiden muß, sollte es dann nicht der Gründungsvater sein?
PB: Griffith wurde oft eine übermäßige Sentimentalität vorgeworfen.

OW: Dagegen kann ich ihn natürlich nicht in Schutz nehmen. Er war sehr typisch für seine Epoche. Als Schauspieler hatte er in der Tradition von Belasco* gearbeitet, und bei dieser Art von Theater gehörte Sentimentalität einfach dazu.

PB: Haben seine Filme einen Einfluß auf dich ausgeübt, hältst du das für möglich?

OW: Er hat jeden beeinflußt, der je einen Film gemacht hat.

PB: Wie gefiel dir Hollywood, als du zum ersten Mal dorthin kamst?

OW: Die Filmstadt hatte ihre köstlich lächerlichen Seiten, und niemand, der seinen Verstand beisammen hatte, hat sie ganz ernstgenommen. Aber amerikanische Filme und unsere Film-industrie – wie sie in ihren besten Tagen war – sollte man heutzutage schon ernst nehmen.

PB: Ich bin sicher, du hattest zu Hollywood nicht die Einstel-lung, die so viele Leute hatten – du weißt schon, es sei nur ein Ort des großen Ausverkaufs und es würde dort nichts Gutes gemacht.

OW: Nun ja, die Stadt ist schon ziemlich fürchterlich – die dortige Gesellschaft und das Leben, das sie führt. Aber es war auch sehr lustig – ich habe es sehr genossen. Dennoch habe ich so wenig Zeit wie möglich dort zugebracht. Kaum daß ich mit der Arbeit fertig war, saß ich schon im Flugzeug – an Wochenenden flog ich runter nach Mexiko oder rauf nach San Francisco.

Doch dies trifft nicht das, was man gemeinhin unter Holly-wood versteht – du meinst Hollywood, die Institution, und nicht die Filmkolonie. Die Institution verdiente Respekt und hat ihn von mir auch bekommen – zurückhaltend, aber aufrichtig. Ich war gut Freund mit allen Sultanen und Taipanen aus den alten Tagen. Sogar später noch, als man mir nachsagte, ich würde ganz Hollywood in die Luft sprengen, hatte ich Dinner-Verabredun-gen mit solchen Leuten wie Sam Goldwyn und Jack Warner.

---

* David B., 1859–1931, Theaterproduzent, Regisseur, Dramatiker. (A. d. Ü.)

Zum Dinner, verstehst du? Ich hütete mich, für sie zu arbeiten.
Und sie waren ebenfalls auf der Hut.

PB: Du kanntest viele der älteren Regisseure?

OW: Die meisten – Vidor, Ford, Capra, Fleming, Milly [Lewis]
Milestone, Woody Van Dyke. Sie waren damals eigentlich noch
gar nicht so alt, aber auf mich wirkten sie für ihre Epoche schon
ein wenig wie Oldtimer.

PB: W. S. Van Dyke – er war kein schlechter Regisseur.

OW: Woody hat ein paar sehr gute Komödien gedreht. Und was
für ein System er dabei hatte! Hast du gewußt, daß seine
Nachaufnahmen manchmal mehr Zeit in Anspruch nahmen als
seine gesamte ursprünglich festgesetzte Drehzeit?

PB: Wie meinst du das?

OW: Er hat zum Beispiel eine Folge von *Thin Man* oder etwas
ähnliches in ungefähr zwanzig Tagen abgedreht. Dann schaute er
es sich an und ging nochmal *dreißig* Tage zu Nachaufnahmen ins
Studio. Bei einer Komödie, wo du dir Gedanken machst, ob die
Lacher richtig kommen, scheint das durchaus sinnvoll. Er gab
mir einen Rat, den ich nie vergessen werde: „Geh nur nah ran",
sagte er, „und achte auf Bewegung."

PB: Hast du den Rat befolgt?

OW: Eigentlich nicht. Ich *hüte mich* vor Nahaufnahmen, wo ich
kann, weißt du – vorausgesetzt, meine Schauspieler sind gut
genug.

PB: Aber du achtest auf Bewegung...

OW: ... der Handlung vielleicht. Der Kamera? Nur wenn es
einen Grund dafür gibt – nicht aus Spaß an der Sache, oder um
damit anzugeben. Neulich las ich die Kritik über irgendeinen
Spielfilm – den der Kritiker haßte: „Seit *Othello*", schrieb er, „hat
es derart exzessive Kamerabewegungen nicht mehr gegeben." Ich
vermute, er meinte hier die eine kurze Szene, wo wir die Kamera
auf einen Rollschuh gebunden hatten; während die Kamera mich
filmte, schubste ich sie mit einem Stock herum. Das sollte die
Epilepsie zeigen und dauerte nur etwa dreißig Filmmeter. Die

ganze übrige Zeit haben wir nicht so unruhig gedreht. Überhaupt keine Kranaufnahmen; wir hatten nicht einmal einen Kamerawagen – nur einen Jeep, aus dessen Reifen wir ein wenig Luft herausgelassen hatten.

PB: Haben dich andere Regisseure beraten?

OW: Nein, aber alle waren sehr nett. Die großen, meine ich. Ich habe mich sehr bemüht, sie kennenzulernen, und es hat sich gelohnt – irgendwie ging Filmen mir dadurch unter die Haut...

PB: Stimmt es, daß ein Regisseur zu dir gesagt hat, du solltest die Filme nicht „movies" nennen, sondern „motion pictures"?

OW: Ah, das war einer deiner Freunde, Peter – das war George Cukor, und – erinnere dich: er kam vom Theater in New York. Das hatte wohl etwas damit zu tun. Heute muß ich sagen, ist der Ausdruck ziemlich *chic*. Es ist aber ein guter englischer Ausdruck, das Wort „movie". Wie pompös dagegen „motion pictures" klingt. Mir gefällt „films" ganz gut, Dir auch?

PB: Ja, aber ich mag das Wort „cinema" nicht.

OW: Ich weiß, was du meinst. In der Bibliothek in Eleonora Duses Villa in einer kleinen Stadt in Veneto, wo wir gerade drehen [*The Merchant of Venice*], habe ich ein altes Buch – von 1915 – gefunden, worin beschrieben ist, wie Filme gemacht werden. Darin werden Filmschauspieler „photoplayers" genannt. Wie findest du das denn? Photospieler! Ich werde nie wieder etwas anderes sagen.

PB: Ich habe ein Buch aus dem Jahre 1929, und darin sind 250 Wörter aufgeführt, wie man den Begriff Tonfilm beschreiben könnte. Die Leser wurden gebeten, ihre Lieblingsbegriffe einzusenden. „Talkie" war einer; andere lauteten etwa so: „actorgraph", „reeltaux" und „narrative toned pictures" – erzählerisch vertonte Bilder.

OW: Ich bin mit meinem Vater in New York zur Weltpremiere von Warner's erstem Vitaphone Tonfilm gegangen. Es war *Don Juan* mit Jack Barrymore in der Hauptrolle. Ich glaube, es war die Premiere. Eigentlich war es ein Stummfilm, unterlegt mit einer synchronen Tonspur, auf der Schnulzenmusik, Pferdegetrappel und Säbelrasseln zu hören waren. Doch im Vorprogramm gab es einige kurze Stücke aus echten Tonfilmen – Burns und Allen, wie George Jessel mit seiner Mutter telephoniert und wie Giovanni Martinelli mit Bravour den Fluch des *Bajazzo* schmettert. Mein Vater blieb ungefähr eine halbe Stunde, betrat dann den Gang und schleppte mich hinter sich her. „Dies", sagte er, „ruiniert den Film für alle Zeiten." Solange er lebte, ging er nie wieder in ein Filmtheater. Sowieso war er ein Kumpel von Barrymore, und das muß der schlechteste Film gewesen sein, den Jack je gemacht hat. Man hat ihm diese kleine, lockig-blonde Perücke aufgesetzt – er hat damit einfach krank ausgesehen.

PB: Ich habe eine Geschichte über Barrymore gehört. Die ereignete sich in der Zeit, als er bei RKO einen B-Film* drehte…

OW: Meinst du das eine Mal, als er in May Robsons Garderobe hineinplatzte und über die Kostüme der alten Lady pinkelte? Gegen Ende seines Lebens kultivierte Jack diese Vorliebe, sich an skandalträchtigen Orten zu erleichtern, zu seiner Spezialität. Schwache Blase, vermutlich. Aber auch noch etwas anderes. Er war ein hoch komplizierter Mann, Peter – ein „Golden Boy", ein tragischer Clown, der im Dunkeln das Gesicht verzerrte und vor Angst die Zähne zusammenbiß; ein galanter alter Akrobat, der auf einem ausgefransten Seil über den Abgrund hinkt. Aber seine Auftritte waren nicht immer traurig. Er konnte rasend komisch sein. Du weiß doch sicher, was er sich bei der Uraufführung von *Kane* geleistet hat?

PB: Nein, was ist da passiert?

OW: Das war übrigens die einzige meiner Premieren, zu der ich auch selbst hingegangen bin. King Vidor gab ein kleines Abendessen. Er fragte mich, wen ich mitbringen wollte, und ich sagte: Jack. Wir hatten ein wenig Sorge, daß er vielleicht nicht pünktlich

---

* A picture = großer, teurer Film für Erstaufführungs-Filmtheater im Stadtzentrum
B picture = einfacher, billigerer Film für das Vorstadtkino

sein könnte oder wollte, aber er kreuzte genau zur vereinbarten Zeit auf – angetan mit einem prächtigen Smoking und stocknüchtern. Und ganz offensichtlich benahm er sich auch noch allerbestens, als wir in den diversen gemieteten Limousinen zu „Grauman's Chinese" – oder wo das Essen stattfand – aufbrachen. Du weißt, wie so etwas ist – die kreischenden Fans, Scheinwerfer bis in den Himmel. „Hier kommt der Wagen von Miss Shearer!" – „Hier ist Cary Grant!" Der Grüßaugust mit den trockenen Zähnen und dem Mikrophon. Wegen meiner Radio-Show waren wir im ganzen Land auf Sendung. „Hallo, Mr. Barrymore!", sagte der Zeremonienmeister mit seiner schönsten kommerziellen Profistimme. „Wie ich sehe, sind Sie mit Mr. Welles gekommen. Dürfte ich Sie um ein paar Worte bitten – sozusagen als ein persönlicher Freund von ihm?" Jack nahm das Mikrophon und machte eine kleine Pause. „Ich bin nicht ein Freund von ihm", sagte er; „Sie könnten eher sagen, daß ich ein *Verwandter* bin." „Ein Verwandter? Wollen Sie damit sagen, daß Mr. Welles ein Barrymore ist?" Unser genialer Interviewer vom Rundfunk war sehr aufgeregt. Hier war ein brennend-heißer Knüller für all die Hörer quer übers ganze Land. „Erzählen Sie uns davon."

Jack blitzte ihn mit seinem sanften, bösartigen Lächeln an. „Ja", sagte er, „ich glaube, es ist an der Zeit, daß die Öffentlichkeit die Wahrheit erfährt – genaugenommen ist Orson der uneheliche Sohn von Ethel und dem Papst." ... Jetzt deine Geschichte.

PB: Später. Meine ist nicht lustig und wird uns – so hoffe ich – auf ein anderes Thema bringen. Du hast dich doch mit Barrymore gut verstanden, auch ehe du nach Hollywood kamst?

OW: Ich stand immer in der Seitenkulisse, wenn er *Hamlet* spielte – nachmittags, in der *matinee,* versteht sich; ich war noch ein Baby – und paßte immer auf seinen persönlichen Sektkühler auf. Jahre später wurde es mir zur Gewohnheit, nach Chicago zu fliegen und Jack dort zu besuchen, der dort festsaß, weil er in

Welles und Susan Fox in *The Green Goddess*, 1939

einer schrecklich unbedeutenden Farce mit dem Titel *My Dear Children* spielte. Noch später war ich selbst dort – nicht nur zu Besuch, sondern mit einer eigenen schrecklich unbedeutenden Farce – einer „tab"-Version von *The Green Goddess*.

PB: Was ist denn eine „tab-Version"?

OW: Der Ausdruck kommt aus der Sprache der Vaudeville-Theater – einer Institution, die schon gestorben war, ehe du geboren wurdest. Ich habe mitgeholfen, sie umzubringen.

PB: Mit der „grünen Göttin"?

OW: Mit einer komprimierten Fassung, eben einer „tab"-Version, dieses deftigen, alten hochkomödiantischen Melodramas. Ich hatte gedacht, meine Fassung träfe den sogenannten „volkstümlichen" Geschmack – ein schwerer Irrtum. Noch dazu, wo ich erst kurz zuvor eine ganze Menge Knete in das ziemlich anspruchsvolle Drama *Dantons Tod* gesteckt hatte.

PB: Also war das Melodrama eine Art Gegenreaktion darauf?

OW: Es war der zum Scheitern verurteilte Versuch, unsere Verluste wieder hereinzuspielen. In Chicago gaben wir vier Vorstellungen täglich. Und in Steubenville, Ohio, waren es sogar sechs. Als wir im „Palace" auftraten, kam Jack meistens vorbei und spielte die Nachmittagsvorstellungen mit uns.

PB: Barrymore hatte eine Rolle in dem Stück?

OW: Nun, er mogelte sich hinein, als Statist sozusagen. Man könnte auch sagen, er hat *improvisiert*. Stanislawski wäre stolz auf ihn gewesen. Stell dir bloß mal vor, wie wir beide da oben herumgealbert haben vor diesen völlig fassungslosen, kleinen Häuflein von Zuschauern. Und wenn ich „kleinen" sage, dann ist das der richtige Ausdruck. Ich habe die Vaudeville-Theater im ganzen Land dicht gemacht. Für immer.

Folgende Zeilen sind damals [1939] von einem unbekannten Mitarbeiter aus der Publicity-Abteilung des Mercury-Projekts geschrieben und bisher noch nicht veröffentlicht worden:

… Alle seine Freunde hatten Welles geraten, nicht an ein Vaudeville-Theater zu gehen. Als sie dann hörten, daß er es doch tat, sagten alle, sie hofften um seiner Karriere willen, er würde etwas Vernünftiges machen. Also machte er nicht seine Zaubernummer, sondern kürzte The Green Goddess runter auf zwanzig Minuten. Das war leicht. Wenn man die Zwanzig-Minuten-Version gesehen hat, fällt es tatsächlich schwer sich vorzustellen, wie George Arliss zwei Stunden aus diesem Stoff herausgeschlagen hat. Welles kam in Chicago mit seiner Fassung heraus, und alles lief soweit ganz gut – bis der Zeitpunkt für einen schnellen Kostümwechsel vor der letzten Szene kam. Als Maharadscha von Rook trug Welles einen Turban, schwarze Lacklederstiefel und einen langen Umhang. Darunter waren die hochgekrempelten Hosenbeine des Straßenanzugs versteckt, den er für die nächste Szene brauchte – er sollte sie ganz einfach herunterlassen. Als er diesen blitzschnellen Kostümwechsel machte, nahm ihm sein Garderobier vorsichtig den Umhang ab und legte ihn ebenso vorsichtig wieder um seine Schultern. Das passierte zweimal in der Dunkelheit. Und einiges andere

auch. Schließlich, nachdem seine Auftrittsmusik von dem
unruhigen Orchester schon zum dritten Mal gespielt
worden war und sich die Statisten auf der Bühne schon
etwas verloren vorkamen, trat Welles auf – als der
mutmaßlich lässige und makellos elegante Rajah, mit
verdrehter Krawatte, umgeklapptem Kragen,
hochgekrempelten Hosen und zerbrochener,
unangezündeter Zigarre in der Hand. Welles konnte gar
nicht verstehen, wieso er diesen herrlichen Lacher bekam,
als er seine ersten Worte sprach...

PB: Als soviel schiefgegangen war, sollst du die Zuschauer
aufgefordert haben, sich an der Kasse ihr Geld wiedergeben zu
lassen.
OW: Wohl wahr.
PB: Dafür muß die Direktion dich doch heiß und innig geliebt
haben.
OW: Es waren nicht genügend Zuschauer da, als daß es etwas
ausgemacht hätte, so oder so... Aber etwas ist komisch, Peter –
überall, wo wir hinkamen, hat sich der Inspizient als ein Bruder
von John Ford vorgestellt.
PB: Der muß aber viele Brüder gehabt haben!
OW: Wieso nicht? Bei diesen irischen Familien ist das so.

> In einem Interview für den *Playboy* hat Orson 1967 gesagt,
> daß die Filmregisseure, die ihn am meisten beeindruckt
> hätten, die „alten Meister" seien – „womit ich John Ford
> meine und John Ford und John Ford... Wenn Ford in
> Hochform ist, fühlt man, daß der Film eine reale Welt
> gelebt und geatmet hat – ganz so, als sei er mit viel Herzblut
> geschrieben."

PB: Ich vermute, du bist von einigen seiner Filme beeinflußt
worden.

OW: Es ist mir nicht bewußt, aber schließlich bin ich so ein Fan von ihm, daß es mich nicht weiter überraschen würde. Ich habe einmal – nachdem ich ein paar eigene Filme gemacht hatte – eine Art Diplom von ihm bekommen, man könnte es eine Anerkennungsurkunde nennen. Die war in der Bar eines verkommenen Fischerdorfes in Baja California entstanden; er hatte den Text in nicht allzu nüchternem Zustand auf die Rückseite eines alten Stücks Pappe geschrieben. Das Dokument wurde über und über mit prächtigen und offiziell aussehenden Aufklebern und Stempeln verziert, darunter auch etliche mexikanische Bier-Labels. Natürlich habe ich es rahmen lassen. Bis jemand es geklaut hat, war es jahrelang die einzige Ehrung, die ich als Wandschmuck in meinem Büro hatte.

PB: Was stand darauf?

OW: Der Text war kurz. Er bestand aus einer schlichten Feststellung: „Orson Welles ist gewählt worden."

PB: Als was?

OW: Der Name der Institution, die mir diese Ehre erwies, war nicht vermerkt, aber *Duke* Wayne hatte seine Unterschrift als Vizepräsident von etwas Unleserlichem quer über das „Große Siegel von Cresta Blanca" gekritzelt. Und alle anderen Namen, die du so gut kennst, Peter, waren auch mit drauf – all die haarigen, guten Kumpels aus Fords berühmtem Clan.

PB: Ich wußte nicht, daß du dazu gehört hast.

OW: Habe ich auch nicht; darum war ich ja so froh und fühlte mich geschmeichelt, dieses Dokument aus der Hand von John Ford und seiner fröhlichen Crew zu bekommen. Es bestand ja kein Zwang, jetzt zu allen Treffen zu gehen, verstehst du – es war eher eine Auszeichnung. Ich war eben... *gewählt*.

PB: Ich habe mir nie vorgestellt, daß du Anhänger eines Clans sein könntest.

OW: Nun, ich schließe mich schwer an, das stimmt. Aber ich habe in der Tat eine entfernte, stille Mitgliedschaft bei Sinatra... Ich war möglicherweise sein erster Freund in Hollywood, ich kannte ihn schon, als er noch Sänger bei einer Band war. Du hast natürlich recht, ich gehöre nicht zum „Rat Pack"*, aber Frank und ich sind immer noch ziemlich eng...

Und dann Hemingway, noch so ein Stammeshäuptling. Ich hatte früher Gastkarten für einige seiner Cliquen. Natürlich hat er sich über die Jahre immer wieder mit einem anderen Verein umgeben, aber ich glaube, er ließ nie einen Zweifel aufkommen, wer der Chef war.

PB: Du hattest wohl nie eine eigene Clique?

OW: Gott, nein. Gott behüte!

PB: War nicht das Mercury – ?

OW: Eine Familie. Eine typisch angelsächsische Familie, in der sich die einzelnen Mitglieder gegenseitig auch in Ruhe lassen konnten. Unseren gemeinsamen Spaß hatten wir bei der Arbeit – und das *war* Spaß, das kannst du glauben. Die Atmosphäre war wie bei einer großen Party in allen Räumen des Hauses. Stell dir vor, wir hatten immer einen guten Jazz-Pianisten am Set. Zwischen den einzelnen Projekten allerdings gingen wir gern unserer Wege.

PB: Du hast nie für John Ford gearbeitet, aber –

OW: Beinahe hätte ich. Er hatte mir die Hauptrolle in *The Last Hurrah* angeboten.

PB: Was ist denn dazwischengekommen?

OW: Als die Verträge unterzeichnet werden sollten, war ich zu Dreharbeiten unterwegs, und irgendein Rechtsanwalt – man kann es kaum fassen – hat damals für mich abgelehnt. Er teilte Ford mit, das Geld stimme nicht oder meine Position auf der Besetzungsliste sei nicht gut genug – oder irgend etwas ähnlich Idiotisches, und als ich wieder da war, hatte [Spencer] Tracy die Rolle.

PB: Wann hast du Ford denn kennengelernt?

---

* „Rat Pack" (siehe Mia Farrow, Quadriga 1993, S. 76: Sinatras illustre Kumpane wie Dean Martin, Sammy Davis jr., Peter Lawford und Joey Bishop).

OW: Er kam ins Studio, als ich den *Kane* drehte. Um mir Glück zu wünschen, verstehst du – und es war da mein Erster Assistent (nennen wir ihn einmal Eddie), der – wie wir später erfuhren – ein Informant der gegen *mich* gerichteten Faktion im Vorzimmer war. Die Worte, mit denen Ford ihn begrüßte, gaben uns den ersten Hinweis auf seine tatsächliche Rolle. „Well, well", sagte er „wie geht's denn unserm alten Eddie, der falschen Schlange?" Da wußte ich Bescheid.

PB: Hat Ford denn gewußt, daß du *Stagecoach* gründlich studiert hattest?

OW: Wie sollte er? Das war doch nicht öffentlich – ich habe mir den Film halt sehr oft vorgespielt.

PB: Warum gerade *Stagecoach*?

OW: Warum nicht? Ich wollte lernen, wie man Filme macht, und das ist ein so klassisch perfektes Beispiel – oder etwa nicht? Nicht direkt mein Lieblingsfilm von Ford – aber: was für ein Drehbuch!

PB: Ich meine, man kann den Einfluß im *Kane* erkennen.

OW: *Yeah?*

PB: Nun, zum Beispiel gibt es in *Stagecoach* ein paar Einstellungen mit diesen niedrigen Zimmerdecken…

OW: Ja sicher, die gibt es. Ich hoffe nur, du glaubst nicht, ich hätte jemals so getan, als ob ich die geschlossenen Räume erfunden hätte.

PB: Viele Leute behaupten das aber.

OW: Viele Leute sollten sich *Stagecoach* erst einmal genauer ansehen.

PB: Du sagst aber doch, es sei nicht dein Lieblingsfilm –

OW: Oh, ich liebe fast alle Filme von ihm – *The Informer* und *The Quiet Man* allerdings am wenigsten. Oh, und dann dieses Ding mit Duke Wayne im Südpazifik –

PB: *Donovan's Reef.*

OW: Und *Grapes of Wrath* – das hat er in eine Geschichte über Mutterliebe verwandelt. Jacks Fehler ist die Gefühlsduselei. Wenn er die ablegt, bekommst du die ganz reine Unschuld.

Young Mr. Lincoln zum Beispiel. Wie wahrhaft großartig ist das! Und was für einen Sinn er immer für die *Textur* hat – für die physische Existenz der Dinge. *The Iron Horse* – ich werde nie vergessen, welche Wirkung dieser Film auf mich hatte, als ich Kind war.

PB: Orson, du sagst doch immer, du habest dich als Kind nicht für Filme interessiert.

OW: Ich habe Filme geliebt. Es ist mir nur nicht in den Sinn gekommen, welche *machen* zu wollen. Peter, es gibt über die ganze Welt verstreut vielleicht Dutzende von Leuten, die leidenschaftlich an Film interessiert sind, aber nicht Regie führen wollen. Ich war so einer. Hey! Was ist denn mit Fords Komödien? Was ist denn mit *Judge Priest?* Er ist doch so ein toller *Comedy*-Regisseur – die Leute vergessen das so leicht.

PB: Peter Noble schreibt in seinem Buch über dich [*The Fabulous Orson Welles*, 1956], daß du während der Vorbereitung zu *Kane* auch Filme von vielen anderen Regisseuren angeschaut hast – Hitchcock, Lang, Vidor, Capra.

OW: Ich habe mit Noble nie selbst gesprochen, als er sein Machwerk verfaßt hat; er hat es aus Zeitungen und Zeitschriften zusammengeschustert, also trifft ihn keine Schuld, wenn das Buch ein komplettes Arsenal von Fehlinformationen ist. Nein, *Stagecoach* war der einzige Film, den ich mir unter diesem Aspekt angesehen habe. Sieh mal, ich konnte mir doch nicht mit Gewalt Zugang zu den Ateliers anderer Leute verschaffen. Alle hätten zwar unterbrochen und wären höflich gewesen, aber ich hätte doch nur gestört. Wenn ich aber nicht zuschauen konnte, wie sollte ich etwas lernen? So kam es dann, daß der Tag, an dem ich zum ersten Mal einen Fuß in ein Atelier setzte, auch mein erster Arbeitstag als Regisseur war. Alles, was ich wußte, hatte ich im Vorführraum gelernt – von Ford. Einen Monat lang habe ich mir jeden Abend nach dem Essen den Film *Stagecoach* angesehen – immer mit anderen Technikern oder einem Abteilungsleiter der Filmgesellschaft – und habe Fragen gestellt. „Wie wird das gemacht?" – „Warum wird das so gemacht?" Das war meine Schule.

> Orsons Schneideraum in einem Filmstudio auf dem Palatin. Ich bin etwas früher gekommen als verabredet, um ihn noch bei der Arbeit zu beobachten. Er hat einen großen Stab von Assistenten und arbeitet mit drei Moviolas*, zwischen denen er hin- und herhüpft. Als es Zeit ist für die Mittagspause, nehmen wir Sandwiches und eine Flasche Chianti mit hinaus und setzen uns unter die Bäume. Um uns herum berühmte Ruinen, die Kirche SS Giovanni Paolo ragt hinter dem Studio auf. Gerade noch habe ich diesen Glockenturm auf dem Schirm einer Moviola gesehen, und Orson – als Shylock in *The Merchant of Venice* – stehend davor. Dieselbe Szene von hinten ist auf der zweiten Moviola zu sehen. Diese Aufnahmen waren aber nicht in Rom, sondern in Venedig gemacht worden. Eine weitere Einstellung derselben Szene liegt auf der dritten Moviola – gedreht in Jugoslawien. Warum in Jugoslawien? Weil das Wetter in Venedig dies Jahr sehr früh schlecht wurde und Orson hinunter an die dalmatinische Küste ging, die, wie er sagt, einst zum venezianischen Reich gehört hatte und daher viele Bauten mit der richtigen Architektur aufwies. Die Großaufnahme von Orson vor der römischen Kirche war eine Nachaufnahme, die notwendig geworden war, weil die Negative verkratzt waren.

OW: Wir mußten dreimal die Kopieranstalt wechseln...
PB: Du hast wohl den Shylock vorher nie gespielt?
OW: Nein, aber ich habe es mir immer gewünscht. Als Olivier in London das National Theatre gründete, dachte ich, jetzt wäre meine Chance endlich gekommen. Ken Tynan, die Nummer

---

* Moviola = Schneidetisch mit senkrecht laufenden Filmrollen. (A. d. Ü.)

Zwei in der Direktion, fragte mich, was ich dort gern spielen würde. Ich sagte, den *Kaufmann*. Ken gluckste ermutigend, und seitdem sind sieben Jahre vergangen. Noch so ein Fall, wo man lange auf einen Anruf wartet. Dann, im letzten Frühling, hat Larry mich gebeten, mit ihm in der Hauptrolle die Regie zu übernehmen. Ich war leider nicht frei, aber er hatte wohl von meiner Konzeption für die Rolle des Bassanio gehört.

Du kennst doch die Geschichte von den drei Kästchen – um Porzias Hand zur Ehe zu gewinnen, muß ein Freier das richtige wählen. Nun, Bassanio ist im Grunde ein Mitgiftjäger. Als er zum ersten Mal von Porzia spricht, sagt er: „In Belmont ist ein Fräulein, reich an Erbe – *und* sie ist schön…" Das wollte ich als Aufhänger nehmen und ihm – in drei verschiedenen Verkleidungen – eine dreifache Chance einräumen. Anders gesagt sollte er als [Prinz von] Aragon, als Prinz von Marokko und als er selbst daherkommen; auf diese Weise *kann* er nicht verlieren. Larry wollte, daß ich ihm die Idee für seine eigene Produktion abtrete, aber ich bat ihn, mir diesen Trick zu lassen. So etwas geht nur einmal.

PB: Du willst viel Fernsehen machen?

OW: Nun ja, ich will Filme machen, Peter, und ich werde sie für jede Bildgröße machen, die sich anbietet.

PB: Zurück zu unserer Chronologie – war nicht ursprünglich dein Job in Hollywood, *Heart of Darkness* zu drehen?

OW: Eigentlich schon. Mir war es ganz gleich, was ich drehte, doch dann wurde im Verlauf der Vertragsverhandlung festgelegt, daß es *Heart of Darkness* sein sollte. Das war eine direkte Folge meiner Rundfunktätigkeit – wir hatten nämlich *Heart of Darkness* im Radio gebracht. Ich ging nach Hollywood und schrieb das Drehbuch, und es sollte ein Film in der ersten Person werden: die Kamera sollte Marlow sein, was für diese spezielle Art der Erzählung ideal ist; Marlow steht im Ruderhaus und kann sich selbst als Spiegelbild im Glas erkennen, durch welches man den Dschungel sieht. Auf diese Weise brauchten wir nicht den

Welles begutachtet mit seinem Regieassistenten Edward Donohue das
Modell des Tempels für *Heart of Darkness*

Aufwand mit der Handkamera, die herumschwankt und so den
Gang eines Menschen vortäuscht. Das ist ein ideales Szenario,
denn du hättest viel Text und würdest den Erzähler im Glas
reflektiert sehen, während du den Fluß hinauffährst. Das hätte
gut funktioniert, denke ich... Ich hatte mich hierauf sehr
sorgfältig vorbereitet, wie ich es nie wieder getan habe – nie
wieder konnte. Ich habe bei der Vorproduktion dieses Films mein
ganzes Pulver verschossen. Wir planten jede Kameraeinstellung
und alles andere – wir unternahmen umfangreiche Nachforschungen über die ursprünglichen Steinzeitkulturen, um ganz
sicher zu gehen, das reproduzieren zu können, wonach die
Geschichte verlangt. Ich bedaure, daß ich dann nicht die Chance
bekommen habe, den Film zu machen. Der Grund waren 50.000
Dollar, die wir nicht am Budget einsparen konnten.
PB: Einfach so?

OW: So einfach. Wir sind der Sache recht nahe gekommen, aber es war klar, daß wir die letzten 50.000 Dollar nicht wegdrücken konnten.
PB: Hattest du denn schon mit den Proben begonnen?
OW: Nein, ich habe nur eine Testszene mit Robert Coote gedreht, der später den Rodrigo in *Othello* spielte. Wir drehten eine große Szene, Coote und zwei oder drei andere Leute. Wir drehten einen ganzen Tag.
PB: Und – wie war's?
OW: Ich weiß es nicht. Wahrscheinlich gut.
PB: Was wolltest du denn ausprobieren?
OW: Eigentlich wollte ich nur sehen, was passiert, wenn ich mit einer Filmkamera in einem Atelier bin. Es schien alles zu klappen, und Coote war wahnsinnig gut in der Szene.
PB: Die Kamera als Ich-Erzähler ist dann später von Robert Montgomery in dem Film *Lady in the Lake* eingesetzt worden.
OW: Ja. Den Film habe ich nie gesehen. Wir hatten den Test mit einer von Hand gehaltenen Kamera gedreht, was damals unerhört war. Ich habe die subjektive Kamera schließlich in *The Magnificent Ambersons* eingesetzt – in einer Sequenz, die letztlich bis auf ein kleines Stück herausgeschnitten wurde. Ich fand nicht, daß es besonders gut funktioniert hat. *Heart of Darkness* ist eine der wenigen Geschichten, für die diese Aufnahmetechnik gut geeignet ist, weil sie sich in erster Linie auf erzählten Text stützt und weil dies ein Film ist, der vieler Worte bedarf. Übrigens habe ich nicht das geringste gegen viele Worte im Film.
PB: Nein, wenn die Worte gut sind...
OW: Und hier waren sie natürlich vorzüglich. Joseph Conrad – ich wüßte gar nicht, wie man Conrad ohne diese vielen Worte verfilmen könnte.
PB: Ein gewiß düsteres Stück.
OW: Das weiß ich gar nicht. Es ist tragisch, ja, es ist so dunkel, wie etwas nur dunkel sein kann. Es *ist* das Herz der Dunkelheit,

ganz gewiß. Vermutlich ist „schwermütig" das beste Wort dafür.
Aber die Geschichte ist auch so beängstigend –
PB: Was speziell hat dich daran fasziniert?
OW: Ich weiß nicht. Ich glaube, ich bin für Conrad gemacht. Ich
glaube, jede Conrad-Geschichte ist ein Drehbuch. Es hat aber
noch nie einen Conrad-Film gegeben – aus dem einfachen Grund,
weil niemand es je so gemacht hat wie es im Buche stand. Mein
Script ging außerordentlich loyal mit Conrad um. Und ich denke,
wenn alle das so machten, hätten sie sofort einen Volltreffer in der
Hand. Alle. Stell dir nur mal vor, was *Lord Jim* für ein Film hätte
sein können, wenn man nur der Romanvorlage ein wenig Beachtung geschenkt hätte.
PB: Siehst du irgendeine Verbindung zwischen *Heart of Darkness* und dem *Kane*?
OW: Überhaupt nicht. *Heart of Darkness* war eine Art Parabel
über den Faschismus. Überleg doch mal, wann ich daran gearbeitet habe – 1939 bis 1940. Der Krieg war noch nicht ausgebrochen,
und Faschismus war das große Thema der damaligen Zeit. Es war
eine sehr eindeutige Parabel.
PB: Ist es das, was dich besonders interessiert hat?
OW: Teilweise. Die Geschichte ist wunderbar interessant, und
sie hat etwas, das es auch im *Kane* gibt und was ich in Filmen sehr
liebe: die Suche nach dem Schlüssel zu irgend etwas. Das erinnert
ein wenig an die Handlung von sehr guten Märchen.
PB: Und so ist es auch in *Mr. Arkadin*.
OW: Ja, das ist richtig.
PB: Du wolltest den Marlow spielen und die Handlung erzählen?
OW: Ja. Gelegentlich würde man mich als schemenhaften Reflex
sehen. Es gab Überlegungen, ob ich auch den Kurtz spielen
sollte, aber ich habe dagegen entschieden.
PB: Wen hättest du denn in der Rolle besetzt?
OW: Ich hatte sie noch nicht besetzt – die Entscheidung, nicht
den Kurtz zu spielen, traf ich ganz am Schluß, kurz bevor das Aus

für den Film kam. Ich fand, ich war doch zu auffällig für die Rolle. Es sollte eine romantischere Persönlichkeit sein, ein nicht so schwergewichtiger Mann – selbst wenn er jung war. Ich war der Meinung, die Besetzung des Kurtz hätte einen größeren Überraschungseffekt haben müssen, als das mit mir der Fall gewesen wäre.

Naja, nachdem wir das Projekt dann aufgegeben hatten, machte ich der Gesellschaft den Vorschlag, bis ich ein ernsteres Thema vorbereitet hätte, den Film *The Smiler with a Knife* zu machen, damit das Jahr nicht ganz verloren war. Bei RKO war damals eine Schauspielerin unter Vertrag, Lucille Ball, die gerade dort drehte und meiner Meinung nach der begabteste weibliche Clown weit und breit war – sie wäre ganz hervorragend für diesen Film geeignet gewesen. Aber die Antwort lautete: „Wofür brauchen Sie Lucille Ball? Die ist doch völlig abgewirtschaftet." Das war vor dreißig Jahren – stell dir nur vor, wie idiotisch die waren. Die wußten gar nicht, wen sie da im Stall hatten. Also haben wir *The Smiler with a Knife* auch nicht gemacht.

PB: Was für ein Film sollte deiner Vorstellung nach *Smiler with a Knife* optisch sein? Etwas wie *The Lady from Shanghai*?

OW: Nein. *Lady from Shanghai* war ehrlich gesagt eine Übung in Erotik und Exotik – fast zu erotisch für seine Zeit. *Smiler with a Knife* wäre eine Komödie geworden über einen sehr liebenswerten, gut aussehenden, ungewöhnlich attraktiven jungen Mann, der Diktator von Amerika werden will – eine von diesen Geschichten, wo man nicht weiß, welcher Polizist von ihm gekauft worden ist. Was mir daran am besten gefiel ist das Mädchen, das nicht wagt, sich an die Polizei zu wenden, weil sie nicht weiß, wer der Überläufer ist.

PB: Wie geht die Geschichte aus?

OW: Oh, sie geht gut aus. *Er* nimmt ein schlimmes Ende, aber erst, nachdem *sie* im Kaufhaus den Santa Claus gespielt und eine Menge andere Dinge gemacht hat – genau das, was Lucille fünfzehn Jahre später mit großem Erfolg im Fernsehen zeigte.

Genau so etwas hatte ich damals auch mit ihr vor. Und es war das einzige Lustspiel, das ich *beinahe* gemacht hätte.

PB: Ist es wahr, daß Rosalind Russell und Carole Lombard es abgelehnt hatten, weil sie mit dir als Regisseur nicht einverstanden waren?

OW: Vollkommen unwahr. Carole Lombard war eine liebe Freundin von mir, die mir ganz besonders nahestand. Eine echte, echte Freundin. Ein häßliches Wort, denn indem ich das sage, erwecke ich den Eindruck, es habe eine Art Romanze zwischen uns gegeben. Hat es nicht. Sie war damals damit beschäftigt, sich in Gable zu verlieben und ihn zu heiraten und seine Braut zu sein. Aber wir wurden phantastische Freunde, sahen einander häufig und spielten uns gegenseitig viele Streiche. Und sie war natürlich *für* mich. Sie konnte aber von der Gesellschaft, bei der sie gerade unter Vertrag war, einfach nicht freigestellt werden. Ich glaube, Rosalind Russell könnte mich wohl abgelehnt haben. Ich meine mich zu erinnern, daß jemand mich abgelehnt hat – es könnte die Russell gewesen sein. Aber meine erste Wahl war Lucille.

PB: Solltest du eine Rolle in dem Film haben?

OW: Nein, das war nicht vorgesehen. Ich hatte seinerzeit schon die Idee zu *Citizen Kane* entwickelt, an der ich länger schreiben würde, und wir wollten *Smiler with a Knife* drehen, während ich das Buch schrieb. Hauptsächlich aus diesem Grunde wurde Herman Mankiewicz engagiert – er sollte das Drehbuch von *Kane* vorbereiten, während ich *Smiler with a Knife* machen wollte.

> Orsons Zimmer im Eden Hotel in Rom. Er hat das Abendessen ausgelassen, um die Shylock-Sequenz zu beenden und genießt jetzt spät am Abend Prosciutto und Champagner. Er steht jeden Morgen um sechs Uhr auf und schreibt, bis es Zeit ist, ins Atelier zu gehen. Im Augenblick straft er das Tonbandgerät mit sehr bösen Blicken. Ich fühle mich ziemlich schuldbewußt. Orson sagt, so solle es auch sein.

OW: Heute abend übernimmst *du* das Reden.

PB: Das ist aber kein Buch über mich, Orson.

OW: Dann soll es ein Buch über Barrymore werden. Hey! Was ist mit *deiner* Geschichte?

PB: Barrymore spielte eine Art Gastrolle in einem B-Film mit Sammy Kaye, dem Bandleader. Aus irgendeinem unerfindlichen Grunde mußte er laut Drehbuch einen von Hamlets Monologen rezitieren, und es scheint, er riß sich zusammen und machte seine Sache wirklich richtig gut. Es war einer von diesen Glücksfällen, wo selbst die Bühnenarbeiter in Beifall ausbrechen. Nur konnten sie diesmal nicht applaudieren – alle waren zu Tränen gerührt. Der Regisseur ging zu Barrymore und sagte: „Es besteht kein Zweifel, Jack, du bist immer noch der größte Schauspieler der Welt." Barrymore stieß sein berühmtes Schnauben aus. „Das kannst du mir nicht weismachen", sagte er. „Es gibt nur zwei große Schauspieler – Charles Chaplin und Orson Welles."

OW: *[nach einer kleinen Pause]:* Können wir jetzt über Chaplin sprechen?

PB: Ganz ehrlich – was hältst du von dieser Beurteilung?

OW: Größtes Kompliment meines Lebens. Ist eine ganze Fuhre Oscars wert.

PB: Aber bist du auch dieser Meinung?

OW: Über Chaplin?

PB: Nun mal ernsthaft. Was hältst du von dir als Schauspieler?

OW: Ich bin mir nicht sicher, Peter. Gewöhnlich sehe ich mich überhaupt nicht als Schauspieler. Oh, ich schäme mich dessen nicht, wie Brando –

PB: Schämt er sich wirklich?

OW: Er sagt es, und ich denke, er meint es auch. Was mich betrifft…, nun, ich habe höchst selten einen begründeten Stolz auf diesem Gebiet empfunden. Andererseits ist das wohl ein Manko, das jeder hat und unter dem jeder leidet – außer richtigen Schwachköpfen. Man könnte sogar meinen, daß man vor Selbstüberschätzung schon recht verblasen sein muß, um überhaupt fähig zu sein, dem Publikum gegenüberzustehen. Doch die interessantesten Schauspieler, die ich kenne, und zwar jeder einzelne, sind von Selbstzweifeln zermartert... Du wirst unschwer bemerken, daß ich versuche, mich aus dieser Frage herauszuwinden. Und wie gelingt mir das?

PB: Wir wollen uns der Frage auf andere Weise nähern.

OW: Laß uns doch über Chaplin reden.

PB: Also gut: bist du ein ebenso großer Schauspieler, wie er einer ist?

OW: Wir stehen nicht in derselben Liga, Peter. Noch nicht mal im selben Spiel.

PB: Bist du ein größerer Schauspieler als Barrymore?

OW: Natürlich nicht. Zu seiner Zeit (und meiner) war niemand, der unsere Sprache spricht, jemals so gut oder so schlecht wie Barrymore...
Was ich tatsächlich mit Jack gemein habe, ist ein Mangel an *Berufung.* Er für sein Teil spielte die Rolle des Schauspielers, weil das die Rolle war, die ihm das Leben zugedacht hatte. Er liebte die Schauspielerei nicht. Noch tue ich es. Wir haben aber beide das Theater sehr geliebt. Ich weiß, daß ich es verehre und achte – wie er. Berufung hat etwas mit der simplen Freude zu tun, mit der du deine Arbeit machst. Charlie war ein glücklicherer Schauspieler, weil er dazu geboren wurde... Laß uns über Charlie sprechen.

PB: Du hast meine Frage immer noch nicht beantwortet.

OW: Ich hatte eigentlich gehofft, wir hätten sie im Laufe des Gesprächs aus dem Auge verloren.

PB: Du hast die meisten der großen Rollen gespielt – Macbeth, Brutus, Othello...

OW: *Yeah,* ich habe Glück gehabt – Lear, Richard III., Falstaff. Das beweist gar nichts. Diese Partien sind für jeden Schauspieler zu groß – selbst die größten schaffen es nicht, sie vollkommen auszufüllen. Einer, der es annähernd schaffte, war Schaljapin – niemand reichte an ihn heran, an seine Größe und seine reine Intensität. Aber fast jeder „Schwachkopf" kann sich an Boris

[Godunow] oder Lear versuchen. Manchmal kommen sogar „Schwachköpfe" beim Publikum gut an. Sieh dir nur Maurice Evans an. Er hat sich praktisch alles von Shakespeare zugetraut, die Kritiker schwärmten, und die Zuschauer strömten in Massen, um ihn zu sehen.

PB: Und er war schlecht?

OW: Schlimmer – er war erbärmlich. Mrs. Patrick Campbell sagte, er habe „das Gesicht eines Liftboys". Garrick hatte übrigens auch kein so dolles Gesicht, und Evans hatte kein dolles Talent. Das hat mich mehr als alles andere nach Hollywood getrieben. Bei den Kritiken, die er bekam und dem Geld, das er machte, erkannte ich, daß für mich am Broadway nichts mehr zu holen war. Einer war zuviel in der Stadt. Ein persönliches Vorurteil, sicher – aber nenne mir einen Schauspieler, der ein gutes Haar an Evans läßt. Die großen Rollen, mein Freund, legen dem Schauspieler etwas zu Füßen, was nicht unbedingt mit seinen tatsächlichen Meriten zusammenhängt – einen guten Platz in der Hackordnung, Prestige... Können wir jetzt das Thema wechseln?

PB: Du versuchst es immer noch.

OW: Ja, wir wollen doch nicht wirklich darüber reden, was ich von Maurice Evans halte. In deiner hartnäckigen Art versuchst du, mir zu entlocken, was ich von mir selbst halte.

PB: Nur als Schauspieler.

OW: *All right,* – um sich die großen Rollen überhaupt zuzutrauen, mußt man sich schon für einen großen Schauspieler halten – willst du darauf hinaus? Nun, wenigstens mußt du denken, du *könntest* vielleicht groß sein. Soviel will ich dir zugestehen.

PB: Klingt für mich wie falsche Bescheidenheit.

OW: Nein, ich habe nie behauptet, bescheiden zu sein, aber ich bin auch nicht der Angeber, für den man mich hält. Wenn ich ein Angeber bin, dann nur aus Selbstschutz – wenn ich in die Ecke getrieben werde. Oder wenn ich meinen kühlen Kopf wegen eines Evans oder Antonioni verliere. Niemand, der eine große und schwierige Rolle übernimmt, kann es sich leisten, bescheiden zu sein. Er kann es sich aber auch nicht leisten, nicht demütig zu sein. Ist das Grammatik? Jedenfalls ist es logisch.

PB: Und du bist demütig?

OW: Ich versuche, die großen, schwierigen Aufgaben mit Demut anzugehen. Ich mag selbst vielleicht nicht gern spielen, aber ich liebe meinen Beruf, die Schauspielkunst. Egal, in welcher Gattung der Kunst du arbeitest, du mußt sie, die Institution Kunst, mehr lieben als dich selbst. Klingt pompös, aber es ist nur vernünftig.

Was für ein Schauspieler bin ich denn? OK, versuchen wir, die Frage offen und ehrlich zu behandeln. Erstens bin ich nicht mehr so gut wie ich einmal war. Nicht mehr so vielseitig. Ein dünner Mann kann einen dicken spielen, ein junger Mann einen alten, aber andersherum funktioniert es nicht. Wenn die Jahre jetzt das Spektrum meiner Rollen einschränken, gefällt mir der Gedanke, daß ich vielleicht ein wenig an Schärfe, an Konzentration gewonnen habe. Aber ich habe nicht genug Gelegenheit zu spielen. Und noch eins: Du hast eine Menge Verehrer, solange dir das gleichgültig ist. Und das ist bei mir auch nicht mehr so. Heute bedeutet es mir sehr wohl etwas, und das schließt mich vom Zen in der Kunst des Bogenschießens aus. Mir bedeutet es sehr viel mehr, als die meisten Menschen vermuten.

PB: Nun, wenn du nicht gern spielst, Orson, wie kann es dir dann soviel bedeuten?

OW: Es macht mir keinen *Spaß*. Vor der Kamera zu stehen, ist mir wahrlich kein Vergnügen – und oft nahe an der Grenze zum Erträglichen. Aber wenn ich es schon mache, dann bin ich wenigstens bemüht – sehr bemüht sogar – es gut zu machen. Selbst in den miesesten Rollen (und ich muß viele davon annehmen) gebe ich nicht weniger als mein Bestes. Die miesen Rollen laugen dich aus. Wenn du in einer schlechten Rolle schlecht bist – oder in einer kleinen Rolle klein –, dann gehst du unter. Man muß sich sehr anstrengen, wenn man *sichtbar* bleiben will.

PB: OK, ich werde jetzt das Thema wechseln.

OW: Gott sei Dank.

PB: Welche Filme hast du als Kind gern gesehen?

OW: Der erste, an den ich mich erinnern kann, ist *The Birth of a Nation* – vermutlich eine Wiederaufnahme, aber mit einem großen Sinfonieorchester unter der Leinwand. Der Film ängstigte und deprimierte mich. Ich war wild nach *Robin Hood* und *The Three Musketeers*. Mein Idol war Fairbanks – senior, natürlich. Er war übrigens auch das Idol von Olivier. Larry hat es mir selbst erzählt. Wir waren beide auf ihn fixiert. Nie wieder gab es jemanden, der so draufgängerisch war, sich so wunderschön bewegte oder auf eine so charmante, unschuldige Weise *eingebildet* wirkte wie er... *The Hunchback of Notre Dame* – das war ein großes Erlebnis. Lon Chaney. Ich habe den Film letztes Jahr noch einmal im Fernsehen gesehen, und ich denke immer noch, daß er großartig ist.

PB: Was die Darstellung anlangt?

OW: Bei Chaney war es nicht nur die Maske. Nein, das war eine hervorragende Stummfilm-Leistung. Erinnerst du dich an Laughton in der Rolle? Charles konnte großartig sein, aber als Quasimodo war er nur einer dieser watschelnden Dorftrottel... Als ich Kind war, habe ich natürlich nur Filme gesehen, in die ich mitgenommen wurde. Mit meiner Mutter bin ich ins Kino gegangen und habe – ich erinnere mich – *Nanook of the North* gesehen. Sie liebte diesen Film. Mein Vater ging ins Kino, um nachmittags ein kleines Nickerchen zu machen, aber in den komfortableren Filmpalästen zeigte man keine ausländischen oder „Kunst"-Filme; also habe ich viele der Sahnestücke aus jener Zeit verpaßt.

Als wir in China waren, und selbst in Europa, sind wir anscheinend überhaupt nicht ins Kino gegangen. Allerdings habe ich etwas vom Theater mitbekommen – russisches und europäisches – und war sehr beeindruckt.

PB: Du hast nie die deutschen Filme von Fritz Lang gesehen?

OW: Nur die, die er später in Amerika gemacht hat – du hast ein Buch darüber geschrieben, ja? [PB: *Fritz Lang in America*, 1969.] Keinen einzigen aus den großen Ufa-Tagen. Aber das macht nichts, denn ich war sowieso mehr an den Schauspielern interessiert. Und bin es noch. Schauspieler sind das große Thema, das aber in dem riesigen Haufen Filmliteratur zu kurz gekommen ist.

Ehe ich nach Hollywood kam, bin ich nur zu meinem Vergnügen ins Kino gegangen. Ich habe mich nicht sonderlich für die Regisseure interessiert. Die damals in den dreißiger Jahren als sehr gut galten, gefielen mir nicht so sehr.

PB: Zum Beispiel?

OW: Oh, zum Beispiel Mamoulian. Filme wie seine langweilten mich zu Tode. Und langweilen mich immer noch... Aber noch mehr als klassische Schauspieler liebte ich Komiker. Natürlich Laurel und Hardy – niemand hat sie je richtig beurteilt. Dann Bill [W. C.] Fields. Es ist kaum zu glauben, aber Bill war auf der Bühne sogar noch komischer. Ich wurde in Ziegfelds *Follies* mitgenommen, um ihn zu sehen, und ich habe so heftig gelacht, daß man mich besorgt hinausgeführt hat. Den ganzen nächsten Tag mußte ich im Bett bleiben. Ich hatte mich buchstäblich krank gelacht. Bill Fields brauchte ja nur durchs Zimmer zu gehen, und ich platzte schon vor Lachen. Harold Loyd – er ist mit Sicherheit von allen am meisten unterschätzt. Die Intellektuellen aber mögen Harold Lloyds *Rolle* nicht – diesen „*middle-class*", „*middle-American*", „*all-American*" College-Boy. Der Rolle fehlt die augenfällige Poesie – und sie übersehen ganz die unglaubliche technische Brillanz, die dahinter steckt. Der Aufbau von *Safety Last* zum Beispiel – ich habe mir den Film vor ein paar Jahren noch einmal angesehen. Als schön konstruierte Komödie untadelig. Feydeau hat nie eine bessere Handlung geschrieben. Er war sein eigener „*gagman*" – hat fast alle seine Witze selbst erfunden. In der Tat ein Dichter, der in Gedanken mit auf der Bühne stand, wenn du weißt, was ich meine... Für den Stummfilm, was Fred Allen für das Radio war. Eines Tages bekommt er den Platz, der ihm zusteht – und der ist sehr hoch oben. Keaton war über jedes Lob erhaben – ein sehr großer Künstler, und einer der schönsten Männer, die ich auf der Leinwand gesehen habe. Er war auch ein hervorragender Regisseur. Letzten Endes reicht keiner an ihn heran.

PB: Hast du einige von diesen Leuten kennengelernt?

OW: Alle. Lloyd habe ich durch die Zauberei kennengelernt – wir waren beide Mitglieder desselben Magischen Zirkels. Was für ein wunderbarer Mensch! Bill Fields war ein Freund meines Vaters. Ich habe ihn ziemlich oft gesehen, als ich in Hollywood war. Keaton ebenfalls. Ich hatte das große Glück, ihn gegen Ende seines Lebens noch recht gut kennenzulernen.

PB: Da ging es ihm schon schlecht?

OW: Ich nehme es wohl an – er hat es aber nicht gezeigt. Da war die Stage Door Canteen, eine Art Cabaret-Restaurant für Angehörige des Militärs, welches von Leuten aus dem Showgeschäft geführt wurde, und wir beide arbeiteten dort. Ich zauberte, und er war Tellerwäscher, um alles in der Welt. Keaton, einer unserer Giganten! Wie findest du denn *The General* – das ist doch ein wahrhaft großer Film, oder nicht? Jetzt endlich ist Keaton „entdeckt" worden. Zu spät natürlich, als daß es ihm noch etwas nützte – er lebte all die langen Jahre in der Finsternis, und dann, gerade als für ihn die Sonne wieder aufging, starb er. Ich wünschte, ich hätte ihn besser gekannt. Ein unglaublich netter Mensch, weißt du, aber auch voller Geheimnisse. Geheimnisse, wie ich sie mir kaum vorstellen kann.

PB: Was hältst du denn von Jerry Lewis?

OW: Wenn er zu weit geht, ist er himmlisch; nur wenn er nicht zu weit geht, ist er unerträglich [Gelächter]. Jetzt möchte er in der Kollegenschaft respektiert werden, und das zeigt sich in jeder Bewegung seines Körpers. Bei Gott, er *kann* komisch sein! Er hat eine Szene in einem Film, den ich vor acht Jahren in Paris gesehen habe, wo er versucht, einem Gangster einen Hut aufzusetzen –

PB: *The Ladies' Man.*

OW: Und ich habe mich krank gelacht. Es war wie in meiner Kinderzeit mit Fields. Ich hatte tatsächlich beinahe einen Herzanfall vor Lachen. Es war das Komischste, was ich in meinem ganzen Leben gesehen habe...

Über Chaplin weiß ich sehr viel mehr – sehr viel mehr. Wollen wir über Chaplin sprechen?

PB: Ja, aber später. Laß uns vorher über dich sprechen. Dein erster Film...

OW: Ach, das war ein Dokumentarfilm.

PB: Ein Dokumentarfilm? Ich habe nie davon gehört.

OW: Den habe ich genau hier in Rom gemacht – eine hochkünstlerische 8-mm-Studie über die Kirche, die deinen Namen trägt, unter besonderer Berücksichtigung „signifikanter architektonischer Details". Der ganze Film war mit der Handkamera gedreht, stell dir das mal vor, und war deshalb seiner Zeit weit voraus. Ich war von diesem Brunnen fasziniert – Antonioni hat auf dem Gipfel seines Schaffens nicht eine einzige Einstellung so lange gehalten. In genau dem Augenblick, wo mir der Film ausging, öffneten sich zu meinem blanken Entsetzen die großen Portale der Kathedrale, und der Papst wurde – unter mächtigen Trompetenfanfaren – in einer Sänfte hinausgetragen, begleitet von seiner Schweizergarde und einhundert Kardinälen. Tja, mit meiner leeren Kamera habe ich wohl die Parade verpaßt, könnte man sagen. Nach diesem Erlebnis habe ich als Filmemacher abgedankt. Wenn du jetzt „in die Tiefe" gehen wolltest, könntest du dieses Erlebnis zu den traumatischen zählen. Ich war damals neun Jahre alt.

PB: Dein erster Film, der offiziell registriert ist, besteht aus ein paar Metern Material für eine deiner frühen Bühnenproduktionen.

OW: *Too Much Johnson.* Eine unserer besten, denke ich, aber nach einer Woche gescheitert – das Stück kam über die Vorpremieren nicht hinaus. Es war in einem Freilufttheater ohne Projektionsmöglichkeit. Wir sind mit dem Stück gar nicht erst bis

Joseph Cotten auf der Flucht durch den Washington Market in *Too Much Johnson*, 1938

in die Stadt gekommen. Hey, ich glaube, den Film gibt es sogar noch.

PB: Wo denn?

OW: Irgendwo. Ich glaube, in Madrid. Vielleicht werde ich ihn Jo Cotten irgendwann zum Geburtstag schenken. Er ist nämlich unglaublich komisch darin… Es ist die Imitation einer Stummfilmkomödie – mit einer großen Jagd über die Dächer des alten Geflügelmarktes in New York.

Eine Sequenz spielt auf Kuba: ein Vulkan bricht aus, und Jo reitet auf einem riesigen weißen Pferd und trägt dabei einen wunderschönen weißen Anzug und hält einen großen weißen Schirm in der Hand. Das Pferd hatte Valentino schon in *The Sheik* gehabt; für Jo war es das erste Mal hoch zu Roß. Das ganze war wie ein Traum.

PB: Was sollte denn der Film in einem Theaterstück?

OW: *Too Much Johnson* hatte eine ausgeklügelte, witzige Handlung, die einer umfangreichen altmodischen, langweiligen Exposition bedurfte, um die Geschichte einzufädeln. Mein Gedanke war nun, das alles herauszunehmen und die Erklärungen in einen Film zu verpacken. So konnte das Stück gleich mit dem Türenknallen beginnen.

PB: Wie hast du den Film gedreht?

OW: Hab mir irgendeine Kamera ohne Ton geschnappt und einfach drauflosgekurbelt...

Ein Riesenspaß.

PB: Aber du bleibst dabei, daß du damals kein Interesse hattest, Filme zu machen?

OW: Nun, Interesse hatte ich schon.

> Später entdeckte ich dann, welcher Film offiziell als Orsons erster galt: er war 1934 auf dem Summer Festival of Drama in Woodstock entstanden; und zwar an der Schule, die Orson als Junge besucht hatte. Der Film war von William Vance, einem jungen Darsteller auf dem Festival, als Stummfilm gedreht worden. Er dauert etwas über fünf Minuten und heißt *Hearts of Age*.
> Der kleine Film erzählt auf seltsame, surreale Weise vom Tod (von Welles gespielt in der altertümlich grotesken Maske eines grinsenden Jokers), und wie dieser die alte Dame (Virginia Nicolson, die bald Welles' erste Frau werden sollte und auch bizarr geschminkt war) in ihr Grab lockt.

Faszinierend ist – abgesehen von seiner zwanghaften Beschäftigung mit dem Alter, die ihn wie ein Leitmotiv in fast allen seinen Filmen begleitet hat –, daß die Handschrift des Films unmißverständlich die seine ist. Die Aufnahmen stürzen mit unglaublicher Geschwindigkeit und Vielfalt auf den Zuschauer ein – komplexe Bilder von beachtlicher Kraft; obgleich erkennbar keine sorgfältige oder wohlüberlegte Arbeit, ist der Film doch bemerkenswert geistvoll und einfallsreich.

Etwas später, in New York, habe ich Orson dann über diesen Film befragt, nachdem ich ihm auch meine Bemerkungen zu lesen gegeben hatte.

OW: *Hearts of Age?* Ich soll dir sagen, wie der Film war?

PB: Nun, er war surrealistisch.

OW: Es war ein Ulk, Peter – nur eine Farce. Ein Sonntagsnachmittagsvergnügen draußen auf der Wiese. Ich mache mir nichts aus Surrealismus auf der Leinwand. Auch früher nicht. Aber wie zum Teufel bist du auf *diese* kleine Kapriole gestoßen?

PB: Das American Film Institute hat eine Kopie davon ausgegraben, die jetzt in der Library of Congress archiviert ist.

OW: Mein Gott! Ich liebe, was du da geschrieben hast – über meine „zwanghafte Beschäftigung mit dem Alter" – als ich nur versuchte, Werner Krauss in *Caligari* zu imitieren, weiter nichts. Damals war *Caligari* der absolute Traum aller Cineasten. Das hat sich gottlob geändert, aber früher galt er als großer Klassiker. Immer wieder, wenn man nach New York kam, hat man sich diesen Film angesehen. Diesen und *Blood of a Poet* von Cocteau und *Un Chien Andalou* von Buñuel. Mein Film war eine Mischung aus allen dreien. Ich war immer antisurrealistisch eingestellt. Aber dieser Film war eine Persiflage. Roger Hill hatte nun mal eine Filmkamera. So einfach war das. Die war für die Schule angeschafft worden.

F. Scott Fitzgerald in „Pat Hobby und Orson Welles"

„Wer ist dieser Welles?", fragte Pat den Louie, der für die Leute vom Studio der Buchmacher war. „Immer, wenn ich die Zeitung aufschlage, haben die was über diesen Welles." „Du weißt schon, das ist dieser Bart", antwortete Louie.

| Garten in den Roman Film Studios (wieder beim Lunch).

PB: Warum der Bart?

OW: Warum nicht? Das ist inzwischen eine berühmte Frage geworden – und ist für die jüngere Generation immer wieder von Interesse.

PB: Hattest du in Hollywood unterschiedliche Probleme mit den verschiedenen Generationen?

OW: Probleme hatte ich nicht, aber Unterschiede ergaben sich für mich bei Leuten, die ich kannte und Leuten, die ich nicht kannte. Die erste Gruppe war freundlich. Sogar die alten Dinosaurier unter den Produzenten, die Goldwyns und die Warners – mit allen verstand ich mich von Anfang an gut; wir sind oft und gern zusammen Essen gegangen. Ja, und der Bart – nun, den hatte ich mir für *The Green Goddess* angeschafft; ich rasiere mich äußerst ungern im Zug, und als ich in Los Angeles am Bahnhof ausstieg und merkte, wie sehr sich die Branche daran störte, hielt ich es für eine gute Idee, ihn eine Weile zu behalten. Er wäre auch für *Heart of Darkness* nützlich gewesen (wenn ich den Film gemacht hätte, was ich natürlich nicht habe). Und außerdem habe ich vielleicht gehofft, der Backenbart würde mich etwas weniger wie ein schlitzohriges Babyface aussehen lassen.

PB: Hat nicht Guinn „Big Boy" Williams dir in einem Restaurant wegen des Bartes die Krawatte abgeschnitten?

OW: Das war bei Chasen's. Wir gingen nach draußen und fingen an, uns zu prügeln, aber gute Freunde trennten uns. Das ganze war eigentlich eine Formsache, ohne große innere Überzeugung bei uns beiden. Errol Flynn hatte ihn gegen mich aufgehetzt.

PB: Ich dachte, du hast dich mit Flynn gut verstanden?

OW: Später erst. Als ich anfing, war Errol einer der Anführer der Anti-Welles-Fraktion. Ward Bond war auch einer.

PB: Dann hast du den Bart hauptsächlich behalten, um sie zu ärgern?

OW: Laß es uns so formulieren: mir schmeckte es nicht, mich einem Vorurteil zu beugen.

PB: Ich denke, es war mehr an dem Vorurteil dran als nur der Bart.

OW: Sicher. Da war noch der Vertrag. Jeder würde sich so einen Vertrag wünschen. Regisseur, Produzent, Autor und Schauspieler in einer Person und dazu die absolute künstlerische Kontrolle. Stell dir das vor! Es gibt immer einen heftigen Aufschrei, wenn man auf eine Goldader stößt. Hier war die absolut beste Goldader aller Zeiten – wie jeder sie gern gehabt hätte – und hier war ein Bursche *ohne* jegliche Filmerfahrung, der sie hatte.

PB: War dir vertraglich das Recht auf den Feinschnitt zugesichert?

OW: Zum ersten Mal in der Filmgeschichte. Aber das wichtigste war, daß niemand, absolut *niemand*, die Bildmuster sehen oder ins Atelier kommen durfte.

PB: Wie bist du darauf gekommen, dir dies auszubitten?

OW: Nun, eine ganze Weile hatte Hollywood mir Angebote gemacht, die – nach der natürlichen Ordnung der Dinge – immer besser wurden, je häufiger ich ablehnte. Ich wollte nicht besonders schlau sein, verstehst du. Filmen schien viel Spaß zu machen, aber ich war beschäftigt und glücklich mit meinem eigenen Theater und meiner Radio-Show. Je weniger ich interessiert war, desto mehr war es Hollywood. Und als man mir dann meine letzten und wildesten Forderungen erfüllte, ja dann allerdings habe ich mich nur zu gern einfangen lassen. Nicht, so glaube mir bitte, mit irgendeinem brennenden Sendungsbewußtsein, sondern eher in demselben Bewußtsein, das mich in Irland zum Schauspieler und in Spanien zum Stierkämpfer gemacht hat.

PB: Zum Stierkämpfer?

OW: Als ich Dublin verließ, hatte ich nämlich auch die Bühne verlassen –

PB: Um *Stierkämpfer* zu werden?

OW: Ich war bereit, *alles* zu werden, wenn es mich nur von der Uni fernhielte.

PB: Stierkämpfer scheint ein wenig drastisch…

OW: Ja, aber ich hatte doch dieses Stipendium für Harvard. Auch nach diesem verrückten irischen Jahr malte ich mir immer noch aus, daß mich dieses verdammte Studium noch einholen würde. Also haute ich ab an die Elfenbeinküste in Afrika, schlug mich nach Marokko durch und ließ mich schließlich in Sevilla nieder, im Zigeunerviertel von Triana. Ich hatte ein hübsches Apartment – Billy House hat es ein „fuzz castle" (Bordell) genannt – für mich allein und ganz erträglich. Hatte auch mein eigenes Fahrzeug und spendierte jedem Säufer in Andalusien seine Drinks. Fünfzig Dollar die Woche kostete mich ein Leben wie das von Diamond-Jim Brady, und die verdiente ich mir, indem ich mich von Zeit zu Zeit verkroch und hingehauene Artikel für die Schundpresse fabrizierte. Was war das für ein Jahr! Ich war beliebt und reich (eher umgekehrt) und von jeglichem Ehrgeiz unbelastet…

Du hast nach den Stieren gefragt. Nun, in dieser Ecke von Spanien – und in jenem Teil der Stadt – sind Stiere der ganze Sinn und Zweck des Lebens. Wenn du siebzehn und ein reicher junger Prinz unter den Schundschreibern wärst, könntest du auch Stierkämpfer werden, wenn du dir selber die Stiere kaufst. So habe ich das jedenfalls gemacht. Alles natürlich in ganz kleinem, provinziellen Rahmen, verstehst du, aber am Ende bekam ich sogar ein paarmal Geld dafür. Es war fast nichts, aber dennoch, ein paar Minuten lang war ich Profi – natürlich mit Todesängsten, aber es war eine tolle Zeit.

Dennoch – selbst mit diesem unermeßlichen Yankee-Reichtum von fünfzig Dollar die Woche, hätte ich mich doch nicht

ganz freiwillig dort hinausbegeben, auf diesen Sand, direkt vor
die spitzen Hörner eines *becerro* [Kalb] und vor einem Publikum
aus hitzigen, superkritischen andalusischen Experten, wenn es
mir tatsächlich etwas bedeutet hätte. Nein, was diese kleine
stierische Eskapade möglich gemacht hatte, war doch dasselbe,
was mir auch ein Jahr zuvor gestattet hatte, mich ins Showbusineß zu stürzen, und zwar nicht als Statist, sondern gleich als
Star.

PB: Erzähl mal.

OW: Also, das war in jenem Sommer, als ich mit einem
Eselskarren und einem großen Malkasten durch Irland zog.
Damals wollte ich Maler werden – das bedeutete mir viel. Und
auch heute noch wünschte ich, ich wäre gut genug gewesen.

PB: Und du warst es bestimmt nicht?

OW: Nein, verdammt nochmal.

PB: Also bist du ans Theater gegangen.

OW: Ich bin da so hineingeraten. Das war derselbe Spaß wie mit
den Stieren.

PB: Du hast fürs Spielen bezahlt?

OW: Ich hatte kein Geld – so ist das gewesen. Ich hatte unter dem
Karren geschlafen, aber inzwischen nahte der Winter, und
Harvard drohte. Die einzige Möglichkeit, meine Bildung zu
vermeiden, war irgendein Job.

PB: Dann warst du also eine Art Aussteiger.

OW: Ganz genau.

PB: Also hast du dir gesagt: „Ich möchte ein Star werden."

OW: Ich sagte, ich *war bereits* ein Star.

PB: Du warst sechzehn.

OW: Na und? – ich rauchte Zigarren, Peter – irgendwie wollte
ich mich älter machen, damit man mich nicht aufgriff und zur
Schulpflicht zwang. Ich hatte mir diese tiefe Stimme zugelegt, die
ich bis heute behalten habe (ein Spezialist hat mir einmal gesagt,
ich sei mit den Stimmbändern eines Tenors auf die Welt gekommen). Und ich log das Blaue vom Himmel herunter.

PB: Wieso haben alle dir geglaubt?

OW: Ich war aus Amerika, und im Irland jener so fernen Tage galt alles Amerikanische als wahrscheinlich – wie unwahrscheinlich es auch scheinen mochte. Ich erzählte den Regisseuren am Gate Theatre, ich sei derselbige Welles, über den sie schon gelesen haben müßten. Und nur aus lauter Jux und Dollerei sagte ich zu ihnen, ich würde es sehr begrüßen, die Erfahrung machen zu können, ein oder zwei Stücke mit ihrem Ensemble zu spielen – vorausgesetzt, daß noch größere Rollen zu vergeben seien. Heute behauptet mein lieber alter Freund, der hervorragende Regisseur Hilton Edwards, daß er mir nicht ein einziges Wort geglaubt hätte. Aber irgendwie hat er es doch geschluckt, denn er hat mir mit einer saftigen Hauptrolle zu einem Start verholfen, wie ihn ein grauer Veteran nicht besser hätte haben mögen – in *Jud Süss*. So habe ich also angefangen – gleich ganz oben. Seitdem habe ich mich nach unten vorgearbeitet.

PB: Du bist auch gleich gut angekommen, nicht wahr?

OW: Wann war das, vor achtunddreißig Jahren? Nie habe ich diesen Erfolg wiederholen können. Ganz sicher nicht in der Arena!

PB: Hattest du nicht doch ein bißchen Angst?

OW: Vor den Stieren? Es gibt wohl niemanden, der keine Angst hat. Aber Bühnenangst ist eine Krankheit, die *mit* der Erfahrung kommt. Oh, ich will nicht behaupten, als sei ich damals apathisch gewesen. Was mich auf die Bühne hinauf und hinaus in die Stierkampfarena geführt hat, war nicht ein Mangel an Nerven – es war schlicht und ergreifend ein absolut vollkommener Mangel an Ehrgeiz. In beiden Episoden habe ich für mich keine glorreiche Zukunft aufdämmern sehen.

2.

GUAYMAS

Citizen Kane • Hearst • Preston Sturges • Herman J. Mankiewicz • Musik • Tiefenschärfe • Gregg Toland • „Ceilings" und Kamerapositionen • Eltern • Dr. Bernstein • Roger Hill • Make-up • *The March of Time* • Farbe contra Schwarz-weiß • Uraufführung von *Kane* • Oscars • Grand Detour

---

Peter Bogdanovich: Was war dein erster Gedanke, als du hörtest, daß Hearst deinen Film *Citizen Kane* indizieren ließ?

Orson Welles: Wir hatten es schon erwartet, ehe es passierte. Wir hatten allerdings *nicht* erwartet, daß der Film vernichtet werden könnte. Es stand auf des Messers Schneide; es war sehr knapp.

PB: Daß beinahe die Negative verbrannt worden wären?

OW: Ja. Die sind nur deshalb *nicht* verbrannt worden, weil ich einen Rosenkranz fallengelassen habe.

PB: Was hast du?

OW: Es war eine Vorführung für Joe Breen angesetzt, damals Chef der Zensur, um zu entscheiden, ob der Film nun verbrannt werden sollte oder nicht. Es wurden nämlich unglaubliche Schmiergelder von allen anderen Studios gezahlt, damit er verbrannt werden sollte.

PB: Alles wegen Hearsts Leuten?

OW: Ja. Alle haben gesagt: „Macht bloß nicht so ein Theater, zündet das Ding doch an – wen kümmert's schon? Sollen sie doch den Schaden haben." Ich hatte mir einen Rosenkranz in die Tasche gesteckt, und als der Durchlauf beendet war, baute ich mich vor Joe Breen auf, der ein guter irischer Katholik war, und ließ meinen Rosenkranz vor ihm auf den Boden fallen. Ich sagte: „Oh, Verzeihung", hob ihn auf und steckte ihn wieder in die Tasche. Wenn ich das nicht gemacht hätte, gäbe es keinen *Citizen Kane*.

> Guaymas, Mexiko. Orson dreht dort seine Rolle in Mike Nichols' Film *Catch-22*, und er hat einen freien Tag. Also haben wir uns im Garten eines weitläufigen Hotels niedergelassen, von wo man über die ganze Bucht sehen kann. Es ist heiß, und Orson hat nur Winterkleidung dabei, weshalb er noch die leichte Armeeuniform trägt, sein Kostüm im Film. Gestern hatten wir schon versucht, über *Citizen Kane* zu sprechen und sind – ich vermute, nicht ganz unabsichtlich – vom Thema abgekommen. Also versuche ich es noch einmal, aber Orson ist darüber nicht allzu glücklich.

PB: Du benimmst dich, als ob es dir weh tut, dich an einige dieser Dinge zu erinnern.

OW: Ach ja, alles. Einfach schrecklich.

PB: Bist du bereit, jetzt über *Kane* zu sprechen?

OW: Ach, verdammt! Na schön, bringen wir's hinter uns. Ich kann eigentlich nicht sehr viel zu dem Thema beitragen, weil ich den Film ungefähr sechs Monate vor seinem Kinostart zuletzt gesehen habe – das war in einem leeren Filmtheater in der Innenstadt von Los Angeles, als ich mir die endgültige Kopie ansah.

PB: Moment mal – du bist aber doch zur Premiere gegangen.

OW: Ich war bei der Premiere, habe mich aber sofort durch die Seitentür verdrückt, als der Film anfing, wie ich es immer tue. Weil es mich nervös macht, daß ich nichts mehr *ändern* kann. Das kommt vom Theater: da geht man zur Premiere und dann hinter die Bühne, um einiges zu ändern. Wenn ich ein Theaterstück laufen habe, ändere ich immer wieder etwas – bis zur letzten

Vorstellung. Ich finde es schrecklich, wenn etwas so endgültig als Konserve abgeschlossen ist. Darum sehe ich mir meine Filme nicht an.

PB: Vermutlich ist das wie bei einigen Malern. Mein Vater ist so. Und Cézanne ist auch nach dem Verkauf seiner Gemälde in die Häuser der Leute gegangen –

OW: Ja! Die haben dann die frische Farbe gerochen und gewußt, Cézanne war da! Genauso bin ich auch. Am liebsten würde ich in den Vorführraum gehen und anfangen zu schneiden.

PB: Griffith hat das ja gemacht. Während der ganzen Zeit, da *The Birth of a Nation* lief, war er oben in der Kabine und machte Änderungen.

OW: Nun, damals war das noch einfacher. Stummfilm – keine Tonspur, um die man sich kümmern muß.

Ein Gag nach Abschluß der Dreharbeiten

Bogdanovich und Welles (mit Buck Henry, rechts) während der Dreharbeiten zu *Catch-22*

PB: Als Hearst also intervenierte...

OW: Hearst hat eigentlich nicht interveniert – man hat in seinem Auftrag interveniert. Es hatte schon schlecht angefangen, denn Louella Parsons war am Drehort gewesen und hatte einen wunderbaren Artikel über diesen herrlichen Film, den ich da vorhatte, geschrieben. Und es war Hedda Hopper, ihre alte Rivalin, die dann in ihrer Kolumne ausplauderte, daß wir bereits am Drehen waren. Denk doch nur, was das der Konkurrenz für Munition in die Hände gegeben hat! Danach waren die Häscher von Hearst hinter mir her – mehr als der alte Mann selber.

PB: Aber war Hedda Hopper nicht eigentlich eine deiner Freundinnen?

OW: Natürlich, aber was hatte sie für einen Erfolg damit – als Journalistin. Konnte ich ihr nicht verübeln. Stell dir nur mal vor, was das für Louella bedeutet hat!

PB: Nach dem *Kane* hast du einmal gesagt: „Eines Tages, wenn Mr. Hearst nicht aufpaßt, werde ich einen Film machen, der wirklich auf seinem Leben basiert."

OW: Sieh doch mal, die echte Geschichte von Hearst ist vollkommen anders als die des *Kane*. Und auch Hearst selbst – als *Mensch,* meine ich – war *ganz* anders. Und Marion [Davies] – sie war eine ungewöhnliche Frau – keineswegs wie die Rolle, die Dorothy Comingore in dem Film spielte. Ich fand immer, daß er das Recht hatte, sich darüber aufzuregen.

PB: Die Davies war in der Tat eine recht gute Schauspielerin...

OW: Und eine feine Frau. Sie versetzte jedenfalls all ihre Juwelen für den alten Mann, als er bankrott war. Oder so bankrott, daß er eine Menge *Bares* brauchte. Sie gab ihm alles, blieb bei ihm – genau das Gegenteil von Susan. *Hier* lag die Beleidigung. In anderen Worten, Kane war besser als Hearst, und Marion war viel besser als Susan – welche die Leute fälschlicherweise mit ihr gleichsetzten.

PB: Du hast einmal gesagt, Kane hätte sich gefreut, einen Film zu sehen, der auf seinem Leben basierte – aber Hearst nicht.

OW: Nun, das habe ich jedenfalls zu Hearst gesagt.

PB: Wann!?

OW: Ich war mit ihm allein im Fahrstuhl des Fairmont Hotels am Abend der Premiere von *Kane* in San Francisco. Mein Vater und er waren Kumpels gewesen, also stellte ich mich vor und fragte ihn, ob er nicht zur Premiere des Films kommen wollte. Er antwortete nicht. Und als er auf seiner Etage aussteigen wollte, sagte ich: „Charles Foster Kane hätte *akzeptiert.*" Keine Antwort... Und Kane *hätte wirklich* – weißt du. Das war sein Stil – genau wie er Jed Lelands schlechte Kritiken über Susan als Opernsängerin unterbunden hat.

PB: Woher kam denn Kanes Charakterzug, immer mehr Besitz zu erwerben?

OW: Der kommt direkt von Hearst. Und ist sehr seltsam – ein Mann verbringt sein Leben damit, Sachen bar zu bezahlen, die er sich dann nicht einmal ansieht. Ich weiß von keinem anderen Menschen, der so war wie er. Diese Elstern-Mentalität. Weil er nie Geld verdiente, weißt du; seine große Zeitungskette hat hauptsächlich Geld verloren. Er war in jeder Hinsicht ein Versager. Er hat immer nur gekauft, die meisten Sachen sind nie ausgepackt worden, blieben in ihren Kisten. Soweit ist das ein sehr treffendes Bild von Hearst.

PB: Es gibt im *Kane* nur einen Moment, wo ich dachte, deine Darstellung sei befangen –

OW: Erzähl mal. Ich sage dir dann, welchen Moment ich schlecht fand – die erste Szene mit Susan, die Großaufnahme, wo ich den Schmutz im Gesicht habe. Die Filmszene ist oberfaul. Schau dir das nochmal an – es *ist* so. Ich habe das nicht mehr gesehen, seit ich es gemacht habe, aber –

PB: Es ist gar nicht so schlecht –

OW: Nicht so schlecht, aber es ist eben ein Filmschauspieler mit Schlamm im Gesicht. Welchen Moment meinst du denn?

PB: Dein Lächeln in Großaufnahme in deinem Zeitungsbüro, wenn Cotten dich bittet, die Grundsatzerklärung, die du verfaßt hast, behalten zu dürfen –

OW: Oh, aber das *soll* ein verkrampftes Lächeln sein. Weil ich nämlich nicht der Meinung bin, daß das Dokument aufbewahrt werden sollte – ich glaube doch nicht daran.

PB: Tatsächlich?

OW: Selbstverständlich.

PB: Du meinst, Kane hat nicht ernst gemeint, was er schrieb, auch nicht, als er es schrieb?

OW: Ja.

PB: Das ist mir nicht aufgegangen.

OW: Nein. Man sollte das Lächeln nicht glauben. Er ist entsetzt, daß jemand das Dokument aufbewahren will. Das geht ihm zu weit.

PB: [*lacht*]: Na gut, dann nehme ich es eben zurück – es ist ein großartiger Moment!

OW: [*lachend*]: Es soll kein echtes Lächeln sein, sondern das Lächeln eines Menschen, der zutiefst verlegen ist, sich ertappt fühlt. Er hat schon seine Bedeutung, dieser Moment. Niemand gibt einen Hinweis darauf, aber das wollte ich auch so. Denn ich habe immer geglaubt, Kane meint das alles nicht. Er will nur die beiden Burschen überzeugen. Er will, daß sie es glauben, weil er sie als Sklaven haben will. Aber er selbst glaubt an gar nichts. Er ist ein Verdammter, weißt du. Er ist einer jener verdammten Menschen, die ich gern spiele und über die ich gern Filme mache.

PB: Es gibt einen Film von Preston Sturges, betitelt *The Power and the Glory* [1933], von dem man sagt, er habe stilistisch die Rückblenden in *Kane* beeinflußt. Stimmt das?

OW: Nein. Den habe ich nie gesehen. Ich habe nur gehört, er habe starke Ähnlichkeiten; das ist einer dieser Zufälle. Ich bin ein großer Fan von Sturges, und ich bin dankbar, daß ich den Film nie gesehen habe. Er hat mir das auch nie vorgeworfen – wir waren gute Kumpels – aber ich habe ihn wirklich nicht gesehen. Ich habe nur seine Komödien gesehen. Aber ich würde mich geehrt fühlen, etwas von Sturges zu klauen, weil ich ein großer Bewunderer von ihm bin.

PB: Ihr wart Freunde.

OW: Bis an sein Lebensende [im Jahre 1959]. Und ich kannte ihn schon, ehe ich nach Hollywood ging; genau genommen lernte ich ihn kennen, als ich ungefähr dreizehn war und die Todd School besuchte. Ein wunderbarer Bursche und ein großer Filmemacher, wie sich herausstellte.

PB: Ja, und er schrieb hervorragende Dialoge.

OW: Das fing im Krankenhaus an. Bis etwa vierzig war er Geschäftsmann. Er wurde sehr krank und lag im Krankenhaus und beschloß, ein Stück zu schreiben, *Strictly Dishonorable,* das acht Jahre oder so am Broadway lief. Dadurch wurde er zum Schriftsteller. Später wurde er dann Regisseur. Vorher hatte er nicht an so etwas gedacht.

PB: Was geschah in Europa mit ihm, in den fünfziger Jahren? Er machte dort nur einen Film.

OW: Er versuchte nur, Geld für einen Film aufzutreiben. Niemand gab ihm Arbeit. Ganz einfach.

PB: Die Idee zu der berühmten Frühstücksszene zwischen Kane und seiner ersten Frau [die neun Jahre dauernde Zerrüttung ihrer Ehe wird in einer kontinuierlichen Unterhaltung über fünf Reißschwenks hinweg erzählt] –

OW: – war geklaut, von Thornton Wilders *The Long Christmas Dinner*! Das einaktige Schauspiel ist ein langes Weihnachtsessen, das dich durch annähernd sechzig Jahre im Leben einer Familie führt –

PB: Immer beim Essen –

OW: Ja, sie sitzen alle beim Essen, und sie werden alt – Kinderwagen werden vorbeigefahren, Särge und alles mögliche. Daß sie nie die Tafel verlassen, das Leben aber weitergeht, war die Idee des Stücks. Ich machte die Frühstücksszene und bildete mir ein, ich hätte das erfunden. Es stand ursprünglich nicht so im Drehbuch. Als ich damit fast fertig war, merkte ich plötzlich, daß ich die Idee unbewußt von Thornton gestohlen hatte und rief ihn an und bekannte mich dazu.

PB: Wie hat er reagiert?

OW: Es hat ihm gefallen.

PB: Ist er immer noch dein Freund?

OW: Ja. Wunderbarer Dichter. Ich habe ihn lange Zeit nicht gesehen, aber sein jüngster Roman *The Eighth Day* ist hervorragend.

PB: Ist dir das wirklich erst am Set eingefallen?

OW: Nun, es sollten mehrere Frühstücksszenen sein – du kannst dir denken, wie wir das im Drehbuch geschrieben hätten – viele einzelne Szenen mit Überleitungen. Meine Idee war es nun, eine kontinuierliche Frühstücksszene ohne Überblendungen zu drehen, indem wir rasch hin und her schneiden. Ein Teil der Dialoge war bereits geschrieben; ganz viel wurde erst am Drehort selbst entwickelt und zwei oder drei Tage vorher, während der Probe.

PB: Wie wichtig war eigentlich [Herman J.] Mankiewicz für das Drehbuch?

OW: Mankiewicz's Beitrag? Er war enorm.

PB: Möchtest du über ihn sprechen?

OW: Liebend gern. Ich liebte ihn. Die Leute auch. Er wurde sehr bewundert, weißt du.

PB: Außer für seine Rolle beim Schreiben des Drehbuchs für den *Kane*... Nun, ich habe ja eine lange Liste seiner anderen Verdienste gesehen...

OW: Ach, zum Teufel damit – ganz viele schlechte Schreiber haben wunderbare Referenzen.

PB: Und wie erklärst du dir das?

OW: Glück. Die schlechten Schreiber hatten eben Glück und bekamen gute Regisseure, die auch schreiben konnten. Einige, wie Hawks und McCarey, konnten in der Tat sehr gut schreiben. Den Filmautoren gefiel das überhaupt nicht. Denk nur an all die alten Profis in den Filmfabriken. Die mußten jeden Morgen pünktlich antreten und den ganzen Tag in diesen fürchterlichen „Schreibfabriken" an ihren Maschinen sitzen. Aus ihrer Sicht waren die Regisseure sogar noch schlimmer als die Produzenten, denn bei den bewegten Bildern kam es am Ende natürlich auf den Mann an, der tatsächlich den Film drehte. Das System der Großstudios war schuld, daß sich die Autoren häufig wie Menschen zweiter Klasse fühlten – ganz gleich, wie gut sie auch verdienten. Sie machten gute Miene zum bösen Spiel und lieferten eine Menge des besten Vergnügens – als Hollywood, wenn du verstehst, noch ein vergnüglicher Ort war. Im Grunde aber waren viele ziemlich verbittert und deprimiert. Aber keiner war deprimierter, verbitterter und dabei vergnügter als Mank ... ein perfektes Monument der Selbstzerstörung. Aber weißt du, wenn seine Bitterkeit sich nicht direkt auf dich konzentrierte, war er der netteste Mensch der Welt.

PB: Wie hat es überhaupt mit *Kane* angefangen?

OW: Ich hatte eine alte Vorstellung gehegt – die Idee, ein und dieselbe Geschichte mehrere Male zu erzählen – und genau dieselbe Szene aus völlig unterschiedlichen Perspektiven zu zeigen. Im wesentlichen die Idee, die später in *Rashomon* verwendet wurde. Mank fand das gut, und wir fingen an, nach dem Mann zu suchen, über den der Film sein sollte. Irgendein großer Amerikaner – einen Politiker konnten wir nicht nehmen, weil wir ihn hätten abschießen müssen. Howard Hughes war unsere erste Idee. Aber ziemlich rasch landeten wir dann bei den Pressezaren.

PB: Die ersten Entwürfe waren ganz separate Fassungen; wann also ist das Gesamtkonzept des Scripts zwischen euch ausgearbeitet worden – das komplizierte Rückblendverfahren?

OW: Das tatsächliche Schreiben begann erst nach endlosen Auseinandersetzungen, natürlich..., wir waren unter uns und haben uns angebrüllt – aber nicht allzu böse.

PB: Was war mit der *Rashomon*-Idee? Bis zu einem gewissen Grade ist sie noch vorhanden.

OW: Sie entfernte sich von dem, was ursprünglich beabsichtigt war. Ich wollte, daß dieser Mann jeweils als ganz anderer Mensch erschiene – je nachdem, wer über ihn sprach. „Rosebud" war Manks Idee, die Vielschichtigkeit der Erzählung war meine. Bei Rosebud ist es geblieben, weil wir nur diese Möglichkeit sahen, die „Handlung aufzureißen", wie es in der Vaudeville-Sprache hieß. Das hat zwar funktioniert, aber ich bin heute immer noch nicht sehr begeistert, und ich denke, er war es auch nicht. Das ganze *shtick* kann eines Tages plötzlich aktuell werden – auf höchst seltsame Weise.

PB: Gegen Ende läßt du den Reporter sagen, es spiele keine Rolle, was „Rosebud" bedeutet –

OW: Wir taten alles, um die Leute auf den Arm zu nehmen.

PB: Der Reporter sagt am Ende: „Charles Foster Kane war einer von denen, die alles bekommen haben, was sie wollten, und die

alles verloren haben. Entweder war Rosebud etwas, was er nicht
bekommen hat oder was er verloren hat – aber das würde nichts
erklären…"

OW: Schätze, das nennt man einen Rückzieher – ein bißchen
sentimental noch dazu. Mehr als ein bißchen. Und er ist von mir,
leider.

PB: Ich habe das Drehbuch gelesen, das in die Produktion
gegangen ist… Du hast noch viel am Set geändert, jedenfalls nach
Drehbeginn. Bezüglich Kanes Charakter ist eine der interessantesten Szenen die, wo du vielleicht zum zwanzigsten Mal die
Titelseite neu machst. Laut Drehbuch ist Kane arrogant und
ziemlich garstig zu dem Schriftsetzer. Im Film ist er sehr nett,
beinahe zu süß. Wie hat sich das entwickelt?

OW: Nun, Charme war das einzige, was er wirklich *hatte* – außer
seinem Geld. Er war eins von diesen liebenswerten, ziemlich
sympathischen Monstren, die es verstehen, sich der Ergebenheit
der Leute eine Zeitlang zu versichern, ohne selbst allzu viel zu
investieren. Und bestimmt nicht Liebe; er wurde von einer Bank
erzogen, erinnere dich. Er setzt auf seinen Charme, wie solche
Menschen es häufig tun. Wenn er also die erste Seite ändert, dann
hat das mehr mit seinem Charme zu tun als mit echter Überzeugung… Charlie Kane war ein Menschenfresser.

PB: Nun gut, aber warum war es im Drehbuch genau umgekehrt?

OW: Ich habe mehr über seinen Charakter herausgefunden,
während ich die Rolle spielte.

PB: Und wie war Mankiewicz's Reaktion auf diese Änderungen?

OW: Nun, er hat ja den Set nur ein einziges Mal betreten. Oder
höchstens zweimal, vielleicht…

*Hier folgt ein Memo, datiert vom 26. August 1940, über
welches ich nach unserem Gespräch gestolpert bin. Es ist von
Herbert Drake, Pressesprecher der Mercury Productions:*

Re: ...Telephongespräch mit Herman J. Mankiewicz
über Schnitt-Material, das er sich angesehen hat...
    1. In Bernsteins Büro mit Bill Alland: Everett Sloane ist
ein unsympathisch aussehender Mann, und übrigens sollte
man nicht zwei Juden in einer Szene haben.
    2. Dorothy Comingore [als Susan Alexander Kane]
sieht jetzt viel besser aus, weshalb Mr. M. vorschlägt, die
Atlantic City Nachtclub-Szene noch einmal zu drehen.
[Miss Comingore war sorgfältig zurechtgemacht, um so
häßlich wie möglich auszusehen.]
    3. Es gibt nicht genügend traditionelle Stilmittel in
diesem Film, einschließlich zu weniger Großaufnahmen
und sehr wenig offenkundiger Handlung. Er gleicht zu
sehr einem Theaterstück, sagt Mr. M.

PB: Wie wurden – vor Beginn der Dreharbeiten – Differenzen
über das Drehbuch zwischen euch ausgeräumt?
OW: Das war der Grund, weshalb ich ihn schließlich sich selbst
überlassen habe, daß wir nämlich anfingen, zuviel Zeit mit
Feilschen zu verplempern.
    So kam es, daß – nach gegenseitigem Einvernehmen über
Handlung und Charakter des Stücks – Mank mit Houseman
verschwand und seine Version schrieb, während ich in Hollywood blieb und meine schrieb. Immerhin war ich es, der den Film
machte, und also mußte ich auch entscheiden. Ich nahm von
Manks Version, was ich brauchen konnte und – richtig oder
falsch – , von meiner eigenen, was mir gefiel.
PB: Wie du weißt, hat Houseman verschiedentlich geltend
gemacht, daß das Script – einschließlich Idee und Aufbau – im
wesentlichen von Mankiewicz stammte.
OW: Es ist schon komisch, daß er das tut, denn er hat selbst
einigen Anteil daran. Es ist sogar völlig falsch, denn er hat als
Junior-Autor daran mitgeschrieben und einige sehr wichtige
Ideen beigesteuert. Aber aus irgendwelchen unerfindlichen

Gründen hat er sich diesen Schuh nie anziehen wollen. Es macht ihm mehr Spaß zu sagen, daß ich es nicht geschrieben hätte.

PB: Irgendwie habe ich den Eindruck – ach, sagen wir es mal so: Glaubst du, John Houseman ist dein Feind?

OW: Um einen alten ungarischen Witz neu aufzulegen: Wenn du ihn zum Freund hast, *brauchst* du keine Feinde… Die Wahrheit ist aber, daß ich mich an die pathetische Selbsttäuschung klammere, ich hätte keine Feinde. Doch Jack macht diese Variante von *Christian Science* ein wenig schwierig.

PB: Wie hat denn eure Partnerschaft bei der Mercury funktioniert?

OW: Bei den Radio-Shows herrschte er als Oberredakteur über alle Autoren; er lieferte alle ersten Entwürfe. Und das war in gewisser Weise auch seine Funktion bei Mank während dieser sechs oder acht Wochen ihrer separaten Vorbereitung für den *Kane*. Im Theater war er der kaufmännische und – wie du auch sagen könntest – der politische Boß. Das letztere war wichtig, besonders in der WPA. Ohne sein Talent als bürokratiegewieftes Schlitzohr, hätten die Sendungen wohl kaum stattfinden können. Ich verdanke ihm viel.

Lassen wir es dabei… Das ist eine Geschichte, die ich – glaube ich – nicht erzählen will.

PB [nach einer Pause]: Es gibt eine Szene, in der Susan in ihrem Apartment zum ersten Mal für dich singt; nach einer Überblendung singt sie für dich in einem völlig anderen, viel schöneren Apartment –

OW: – das Kane ihr eingerichtet hat, ja.

PB: Und du applaudierst in dieser Szene, die in eine Gruppe von Leuten überblendet, die Cotten applaudieren, der eine Rede hält und sagt, daß „Kane in diesen Wahlkampf eingetreten ist" – Schnitt – worauf du dann mit dem Schluß des Satzes „nur zu einem einzigen Zweck" aus einer anderen Wahlkampfveranstaltung gezeigt wirst. War so etwas denn schon in der Vorbereitungsphase geplant?

Kane „tritt in diesen Wahlkampf ein“: Joseph Cotten als Jed Leland

OW: Ja, aber die letzten Phasen der Vorbereitung – da probten wir schon richtig.

PB: Das erinnert mich an die hübsch sparsamen szenischen Überleitungen beim Hörfunk.

OW: Ja, irgendwie schon, nur noch schneller als man es im Radio machen konnte.

PB: Und wie war das zum Beispiel mit der Frau, die während deines ersten Streits mit Susan während des Picknicks aus dem Off geschrien hat?

OW: Das ist nachträglich gemacht worden. Ich dachte, als ich mir die Bildmuster ansah, so etwas brauchten wir da.

PB: Als eine Art Kontrapunkt?

OW: Ja, und das Lied, das dabei gespielt wurde [„*This Can't Be Love*"], hatte ich von Nat „King" Cole und seinem Trio in einer kleinen Bar gehört. Irgendwie habe ich die ganze Szene um dieses Lied herum aufgebaut.

PB: Es gibt an einer Stelle eine Aufnahme mit einem schwarzen Sänger –

OW: Das ist er nicht, aber die Musik ist von Nat Cole – es ist sein Trio. Er singt nicht selbst – er war uns zu professionell, wir brauchten so eine ordinäre New Orleans-Stimme – aber es war seine Nummer und sein Trio.

PB: Wie hast du überhaupt mit Bernard Herrmann die Filmmusik besprochen?

OW: Sehr gründlich und genau, wie ich es jahrelang immer schon für den Rundfunk gemacht hatte. Fast jede Note. Benny Herrmann gehörte zur Familie. Seine Musik für die Oper *Salammbô* in dem Film war wundervoll. Eine köstliche Mischung verschiedenster Komponisten.

Aus einem Telegramm, das Welles am 18. Juli 1940 an Herrmann geschickt hat, nur ein paar Tage vor Beginn der Dreharbeiten zu Kane:

Opernsequenz wird vorgezogen, brauche vollständig orchestrierte aufgezeichnete Tonspur vor Drehbeginn. Susie singt im ersten Akt, wenn Vorhang hochgeht, und ich glaube, es gibt keine bedeutende Oper, wo Sopranhauptrolle solchen Mist verzapft. Darum vorschlage ein Original … von Dir – Parodie auf typischen Mary Garden-Ausdruck… Vorschlage *Salammbô*, was uns gespielte Szene im alten Rom und Karthago ermöglicht, Susie gekleidet wie neoklassische Courtisane in großer Oper… Hier ist eine Chance für Dich, etwas Witziges und Amüsantes zu schreiben – und jetzt ist die Zeit gekommen, daß Du Dich an die Arbeit machst. In herzlicher Freundschaft.

OW: Es gibt ein paar Stellen in dem Film, die Herrmann nicht komponiert hat, wie zum Beispiel die Melodie zu „Oh, Mr. Kane". Das ist ein mexikanischer Marsch, den ich einmal da unten im Norden irgendwo gehört habe.

PB: Wenn wir zu Mrs. Kanes Pension kommen, fällt Schnee, und die Musik ist lieblich, sehr lyrisch; dann trifft der Schneeball das Haus, und die Musik hört schlagartig auf, bricht mitten in der Melodie ab.

OW: Ein typisches Radio-Stilmittel. Das haben wir immer wieder so gemacht. Die Musik ist an der Stelle gerade sehr gut.

PB: Was ist mit der Glühbirne, die zersplittert, als Susans Stimme versagt und bricht? Stand das schon im Drehbuch?

OW: Nein. Das wurde natürlich nachträglich entwickelt.

PB: Wie kam denn die Aufnahme zustande, wo die Kamera den ganzen Weg von der singenden Susan bis hinauf in die Soffitten macht – zu zwei Bühnenarbeitern, und einer hält sich dann die Nase zu.

OW: Die Idee zu diesem Abschluß der Szene stammte von unserem Requisiteur. Sein Name war Red. Wir wollten eigentlich nur hinaufschwenken, um zu zeigen, wie angewidert die beiden waren. Jedenfalls war das ein starker Beitrag von ihm.

PB: Du hast mir erzählt, daß es allen freistand, etwas beizutragen – das gehörte zur Atmosphäre im Studio.

OW: Das stimmt – es war wunderbar. Es gab zwar einige Spione auf dem Gelände, wie ich schon sagte, aber alle anderen haßten sie, und also waren sie vollkommen isoliert. Allerdings arbeiteten wir die ersten beiden Wochen, ohne daß die Gesellschaft wußte, daß wir überhaupt schon drehten. Wir sagten, wir machten einige Tests, weil ich noch nie einen Film gemacht hätte. Das setzte einen Teil der großen Legende in Gang: „Stellen Sie sich nur vor, er macht schon seit vierzehn Tagen Kamera-Tests mit Statisten und Schauspielern *im Kostüm!*" Aber wir machten schon den *Film.* Weil wir anfangen und schon mittendrin sein wollten, ehe jemand es merkte.

PB: Du wolltest auch nicht unter Druck stehen.

OW: Ja, das stimmt. Perry Ferguson hatte die Idee, unser Art Director.

PB: Bist du auch André Bazins Meinung, daß Aufnahmen mit Tiefenschärfe die Ambiguität eines Films erhöhen, weil der Regisseur nicht die Auswahl für das Publikum trifft – die Zuschauer können selbst entscheiden, wen oder was sie im Bild anschauen wollen.

OW: Durchaus. Ich habe in den Anfangstagen meines Lebens als Filmemacher sehr viel darüber geredet – ich war damals noch schamloser und habe viel theoretischen Kram von mir gegeben. Ich habe sehr viel über diese These von der „Auswahlmöglichkeit des Publikums" gesprochen. Heute finde ich das ziemlich offensichtlich; ich weiß nicht, warum ich das damals so betont habe.

PB: Ich glaube, es ist nicht so offensichtlich; und besonders war es das nicht vor fünfundzwanzig Jahren. Wie war es zum Beispiel mit der Einstellung nach Susans Selbstmordversuch? Im Vordergrund steht eine Flasche, und wir sehen dich im Hintergrund durch die Tür hereinstürzen. Mußtest du eine übergroße Flasche verwenden, um alles scharf zu bekommen?

OW: Nein, es war eine ganz gewöhnliche, normal große Flasche.

PB: Es muß ziemlich schwierig gewesen sein, diese dunkle Szene, die doch noch ausreichend Licht hatte, scharf zu bekommen.

OW: Darauf kannst du wetten. Es war eine sehr dunkle Szene, bis die Tür aufgeht und ich hereinkomme – und *dann* sieht man dieses Namenskettchen, das ich aus Versehen am Arm trug, weil ich eine Freundin hatte, die das so wollte. Jedes Mal, wenn ich an diese Szene denke, fällt mir ein, wie ich dann den Arm ausstrecke und man dieses scheußliche Liebespfand sieht – das überhaupt nichts mit Kane zu tun hatte. Das ist alles, woran ich mich bei dieser Szene erinnere.

PB: Ich habe das nie bemerkt. Du mußt dich doch verflucht haben, als du die Bildmuster gesehen hast.

OW: Ja, als ich das sah, sagte ich: „Sollen wir nochmal zurückgehen und es noch einmal machen?" „Nein." „Vielleicht könnte er so ein…" „Nie hätte er so eins getragen." „Die Leute werden es nicht merken." Und wenn ich gelegentlich daran denke, mir den Film anzusehen, dann ist das der Grund, warum ich ihn nicht sehen möchte. Ich will nicht sehen, wie dieses gottverdammte Armband herunterrutscht.

PB: Ich denke, man erinnert sich immer an die Kleinigkeiten, die kein anderer Mensch auf der Welt bemerken würde.

OW: Nun, du wirst es bemerken, wenn du ihn das nächste Mal siehst.

PB: Ja, das glaube ich auch.

OW: Es glitzert auf der Leinwand!

Gregg Toland und Orson Welles

PB: Einige Leute haben behauptet, der optische Eindruck des Films *Citizen Kane* sei ein Resultat der Kameraarbeit von Gregg Toland, aber alle deine Filme tragen dieselbe optische Handschrift, obgleich du nur einmal mit Toland gearbeitet hast.

OW: Ich kann unmöglich in Worten ausdrücken, wieviel ich Gregg verdanke. Er war einfach fabelhaft.

Du weißt wohl, wie meine Zusammenarbeit mit Gregg zustande kam? Seinerzeit war er gerade als Kameramann die Nummer eins in der Welt, und ich stolperte über ihn, als er im Vorzimmer zu meinem Büro saß. „Mein Name ist Toland", sagte er, „und ich möchte, daß Sie mich in Ihrem Film einsetzen." Ich fragte ihn, warum, und er sagte, er habe einige unserer Theaterproduktionen in New York gesehen. Er fragte mich, wer die Beleuchtung gemacht hätte. Ich erläuterte ihm, am Theater kümmerten sich die Regisseure meistens selbst darum (und das taten sie damals auch), und er sagte: „*Well, fine.* Ich möchte mit jemandem arbeiten, der noch nie einen Film gemacht hat." Folglich, und zum Teil aufgrund dieses Gesprächs, nahm ich irgendwie an, die Beleuchtung beim Film werde *auch* von den *Regisseuren* geleitet. Dann habe ich – wie ein verdammter Idiot – während der ersten paar Drehtage des *Kane* wild drauflos „geleitet". Heimlich hat Gregg natürlich das Licht eingestellt und allen gesagt, sie sollten den Mund halten. Er war böse, als schließlich doch jemand zu mir kam und mir zu verstehen gab: „Wissen Sie, eigentlich ist das Mr. Tolands Job."

PB: Du meinst, er hat dich protegiert?

OW: Ja! Still und bescheiden hat er alles so aufgenommen, daß so viele meiner Ideen wie möglich funktionierten. Später sagte er zu mir: „Das ist die einzige Art, wie man etwas lernen kann – von jemandem, der keine Ahnung hat." Ach übrigens, Gregg war auch der *schnellste* Kameramann, der je geboren wurde, und er benutzte weniger Licht. Er hatte auch diese außergewöhnliche Crew, seine eigenen Männer. Du hörtest keinen Laut an Tolands Drehorten – außer von den Schauspielern und dem Regisseur.

Nie wurde gesprochen – es wurden nur Zeichen gegeben. Beinahe so professionell wie die Deutschen – alles wirkte so gedämpft. Alle trugen Schlips und Kragen. Klingt deprimierend, aber wir hatten eine Jazz-Combo, um uns bei Laune zu halten.

PB: Das hat Toland nicht gestört?

OW: Nicht daß man es gemerkt hätte. Bei aller Disziplin war er doch locker und machte nach der Arbeit gerne einen drauf.

PB: Wie hast du dich mit ihm verstanden, nachdem du gemerkt hast, daß die Beleuchtung sein Job war?

OW: Wunderbar. Ich fing an, über eine Menge seltsamer, neuer Dinge Fragen zu stellen – Tiefenschärfe und so weiter...

PB: Eine grundsätzliche Frage: Warum *wolltest* du so viel Tiefenschärfe?

OW: Nun, im richtigen Leben sieht man doch auch alle Dinge gleichzeitig scharf – warum also nicht im Film? Manchmal arbeiteten wir mit der *split screen*-Technik*, doch meistens nahmen wir ein Weitwinkelobjektiv, jede Menge Saft und hörten erst auf, wenn der Film alle war. In irgendeinem albernen Interview nannten wir das „pan focus" – aus lauter Jux und Dollerei –

PB: Das gab es gar nicht?

OW: Natürlich nicht. Aber ganz lange tauchte dieser Begriff immer wieder in Büchern und hochtrabenden Artikeln auf – als ob es tatsächlich so etwas wie „pan-focusing"** gegeben hätte!... Mein Gott, Gregg war das größte Geschenk, das man einem Regisseur – ob jung oder alt – je, jemals machen konnte. Und er hat nie versucht, uns damit zu beeindrucken, daß er Wunder

---

* split screen = Mehrfachbilder. Mehrere Bilder werden in der „Optischen Bank" gleichzeitig nebeneinander auf einen Filmstreifen kopiert, zum Beispiel: eine Aktion, von mehreren Kamerastandpunkten aus gesehen. (A. d. Ü.)

** Offenbar haben Toland und Welles den Begriff „pan focus" („alles scharf" von pan, griech. = gesamt..., all...) erfunden. Zuerst nachgewiesen in einem Artikel über Welles in der Zeitschrift *Life* vom 26. Mai 1941, kurz nach dem Kinostart des *Kane*. Siehe Anmerkungen des Verfassers. (A. d. Ü.)

vollbrachte. Er machte einfach seine Arbeit und führte sie aus. *Und schnell.* Ich verlangte Sachen von ihm – nur ein Anfänger konnte so ignorant sein anzunehmen, daß jemand das überhaupt zustandebringen konnte, aber er war einfach da und hat es *gemacht.* Sein Motto war: „Wieso, es ist kein Geheimnis dabei." Er sagte: „*Du* kannst auch Kameramann werden – in wenigen Tagen kann ich dir alles beibringen, worauf es ankommt." Also verbrachten wir das nächste Wochenende zusammen, und er ließ mich das Innere seiner Trickkiste sehen, und wie bei allen guten Zaubereien sind die Tricks lächerlich einfach. Nun, Gregg war eben so – er besaß so viel Größe. Kannst du dir jemanden vorstellen, den man heute „director of photography" – Chefkameramann – nennen würde, der zugibt, daß man sich die technischen Grundlagen der Materie an einem Wochenende einpauken kann? Wieder eine Zauberei: das Geheimnis der Tricks allein ist nichts; was zählt, sind nicht die technischen Gegebenheiten, sondern was du aus ihnen machst.

PB: Du hast Toland im Nachspann gleichberechtigt mit dir genannt, wie es Ford im Film *The Long Voyage Home* auch gemacht hatte.

OW: Bis dahin wurde der Kameramann immer zusammen mit etwa acht anderen Namen auf einem Titel geführt. Früher bekamen nur die Stars, der Regisseur und der Produzent eine Einzelnennung. Gregg hat es doch verdient, oder?

PB: Was hat dich bewogen, soviele „ceilings" anzusetzen?

OW: Ganz einfach, weil Filme immer noch so viele Lügen erzählen. Zum einen tun sie so, als gäbe es – wie im Theater keine vierte Wand, und das geht nun mal nicht anders, weil die Kamera da ist. Aber außerdem tun die Filme so, als hätten die Zimmer keine Decken – eine große Lüge, damit man all diese fürchterlichen Scheinwerfer da oben hinhängen kann. Man kann doch einen Raum nicht betreten, ohne auch die Decke zu sehen, und ich glaube, die Kamera sollte genau das zeigen, was das Auge normalerweise sieht. Mehr steckt nicht dahinter. Nicht daß ich meine, die Decke als solche habe eine besonders schöne Aussage. Mir schien es eindeutig eine schlechte Konvention vom Theater her zu sein, so zu tun, als gäbe es sie nicht.

PB: Nun, du hast auch viele Einstellungen aus der Froschperspektive gedreht, wo man nicht vermeiden kann, daß man die Zimmerdecke sieht. Und du schätzt wohl solche Aufnahmen immer noch.

OW: Ich weiß nicht, warum. Vermutlich denke ich, das Bild wirkt von unten besser. Nichts weiter. Ich glaube, in *Kane* hatte ich relativ viele Froschperspektiven – einfach weil es mich faszinierte, wie die Bilder dann aussahen. Heute mache ich das nicht mehr so oft, weil es weniger überraschend wirkt. Es gibt doch so wahnsinnig viele langweilige Interieurs – *Kane* ist voll davon –, die von Natur aus nicht sehr interessant sind, die aber besser aussehen, wenn die Kamera einen niedrigen Standort wählt. Ich glaube, ich habe es übertrieben.

PB: In der großen Szene zwischen Kane und Leland, nachdem Kane die Wahl verloren hat, wird aus extrem niedriger Perspektive gefilmt.

OW: Ja, hier lag eine bestimmte Absicht vor – das war wohlüberlegt und nicht nur, weil die Dekoration dann besser wirkte.

PB: Was war die Absicht?

OW: Ach, ich weiß nicht – ich denke, wenn es sich nicht aus sich selbst heraus erklärt – ich kann es nicht erklären. Da ist dieser gefallene Gigant... Ich denke einfach, das schrie förmlich danach, die Kamera dort unten aufzustellen. Aber es stimmt, es war sehr tief. Wir mußten ein Loch graben, und der Betonfußboden mußte für uns aufgebohrt werden, um so tief hinunter zu kommen. Und ich hatte mir einen Knöchel verstaucht, was man bei genauem Hinsehen an der Schiene erkennen kann, die ich in der Szene an der Ferse trug. Ich war in der Szene, in der ich Gettys rauswerfe, die Treppe hinuntergefallen und humpelte nun mit einer Stahlschiene herum. Es erforderte schon einen gewissen Mut, von dort unten zu drehen, mit der Stahlschiene direkt vor der Kamera, aber ich dachte ganz richtig, daß man an dieser Stelle auf Leland achten würde und nicht auf mich. Ich dachte mir die Szene ohnehin als große, fast mythische Abrechnung zwischen den beiden. Und ich wollte auch, daß es übertrieben groß aussah, weil das, was sie sagen, arg prosaisch ist und doch eine Wirkung hat – ich hatte eben so hochtrabende Ideen. Und immer noch scheint es mir gerechtfertigt, wenn ich es aus heutiger Sicht betrachte. Aber ich habe keine grundsätzliche Theorie über Froschperspektiven.

PB: Wie triffst du die Entscheidungen über den Standort der Kamera?

OW: Ich treffe keine bewußte Entscheidung – ich weiß immer sofort, wohin sie gehört. Es gibt nie einen Moment des Zweifelns. Und ich benutze überhaupt keinen Sucher mehr.

PB: Du siehst durch die Kamera, wenn sie aufgestellt ist?

OW: Nein. Ich zeige mit der Hand dahin, wo die Kamera stehen soll. Das ändert sich nie – ich weiß genau, wohin sie gehört.

PB: Aber schaust du dir danach nicht die Kulisse an?

OW: Danach. Und es bleibt dabei, und ich habe recht. Genau ins Schwarze. Kein Hin und Her – oder nur sehr selten, nur, wenn ich ein echtes Problem habe. Und dann hilft mir das Hin und Her auch nicht weiter, dann ist es besser, wenn ich nach Hause gehe oder zur nächsten Szene übergehe. Wenn ich nämlich schwanke, dann bin ich unsicher, dann stimmt etwas nicht.

PB: Es ist also wirklich instinktiv und nicht –

OW: Oh, das ist es immer. Ich glaube, ich teile mit Hitchcock die Fähigkeit zu entscheiden, welche Linse in die Kamera gehört und wo sie stehen muß, ohne einen Sucher zu benutzen oder durch die Kamera zu sehen. Er macht das genauso, glaube ich.

PB: Er zeichnet manchmal eine kleine Skizze für den Kameramann.

OW: Oh, das tue ich nicht. Ich gehe nur hin und sage: „Hier." Ich mag vollkommen daneben liegen, aber ich bin mir immer so sicher, daß mich nichts erschüttern kann. Der Standort der

Kamera ist das einzige, dessen ich mir ganz sicher bin. Bei der Darstellung – meiner eigenen oder der anderer Schauspieler – oder bei einem Drehbuch oder etwas anderem bin ich mir nie sicher. Ich bin bereit zu ändern, alles mögliche umzustellen. Aber für mich gibt es immer nur einen einzigen Punkt auf der Welt, an dem die Kamera stehen kann, und diese Entscheidung fällt gewöhnlich sofort. Wenn sie nicht sofort kommt, liegt das daran, daß mir zu der Szene nichts einfällt, oder daß ich von vornherein falsch an die Szene herangegangen bin. Das ist für mich ein untrügliches Zeichen, eine Art Lackmuspapier. Wenn ich anfange, unsicher zu werden, dann stimmt etwas nicht.

PB: Dann muß es für dich unvorstellbar sein, zum Beispiel eine Szene aus mehreren verschiedenen Perspektiven aufzunehmen, wie viele Regisseure es tun.

OW: Vollkommen richtig. Unvorstellbar. Ich weiß nicht, wonach die da herumsuchen – sie wissen nicht, wie sie die Szene anpacken sollen. Dennoch glaube ich, daß ein erstklassiger Kameraverstand noch lange keinen guten Regisseur ausmacht. Man hat ihn, oder man hat ihn nicht. Ich glaube, man kann ein sehr guter Regisseur sein und nur eine vage Ahnung davon haben, was die Kamera überhaupt macht. Ich glaube nun mal, daß ich die Kamera vollkommen beherrsche. Das mag eine Art Größenwahn von mir sein, aber ich bin mir auf diesem Gebiet absolut sicher. Alles *andere* ist mir undurchsichtig. Nie berate ich mich mit dem Kameramann. So ist es.

PB: War es bei *Kane* auch so?

OW: Ja.

PB: Von Anfang an?

OW: Von Anfang an.

PB: Instinktiv.

OW: Ja, irgendwie instinktiv, wenn du so willst – eine gewisse Arroganz bei der Bestimmung des Blickwinkels.

PB: Ich weiß, es ist schwierig, den kreativen Prozeß zu analysieren.

OW: Also, der ist noch nicht einmal kreativ, weil es eben eine Sache des Instinkts ist – wie die Intonierung bei einem Sänger. Wo die Kamera stehen soll. Auch wenn man sich absolut sicher ist, kann man sich irren, aber wenigstens hat man etwas, woran man sich halten kann. Ich bin doch bei einem Film die ganze Zeit bis oben hin voller Zweifel: daß der gesamte Ton falsch ist, die Lautstärke, der ganze Text, die Darstellung, die Betonung, was sie sagen, das Thema – immerfort taste ich mich heran, schwanke ich, hoffe und versuche ich, improvisiere und verändere. Das einzige, wovon ich felsenfest überzeugt bin, ist die Richtung, aus der ich drehe, mit welcher Linse, und so weiter. Das scheint mir nicht diskutabel. Es ist etwas, wofür ich dankbar sein muß: selbst wenn ich mich irre, nehme ich es nicht so tragisch. Dennoch finde ich in jedem Film Szenen – auch im *Kane* war es so, und auch in anderen –, wo ich nicht weiß, wie ich sie aufnehmen soll, und das nur, weil ich sie noch nicht genügend verinnerlicht habe.

PB: Stellst du sie dann zurück, bis du soweit bist?

OW: Nun, bei *Kane* bin ich einmal am Vormittag weggegangen – habe einfach an dem Tag nicht mehr weitergemacht – und bin nach Haus gegangen. War ein Riesenskandal. Ich wußte einfach nicht, was ich machen sollte. Bin am nächsten Tag wiedergekommen.

PB: Welche Szene war das?

OW: In Susans Apartment, die große Konfrontation, wenn Gettys [Ray Collins] hereinkommt. Übrigens heißt er so nach dem Vater der Frau von Roger Hill, meinem Lehrer an der Todd School. Das ist auch so eine interne Anspielung. Das war eine einfache Szene in einem Raum, aber mir kam alles so langweilig vor, ich wußte nicht, was ich machen sollte. Da bin ich einfach weggegangen.

PB: Ging es denn, als du zurückkamst?

OW: Yeah. Und ich habe es nicht einmal zu Papier gebracht. Ich halte die Szene allerdings für etwas übertrieben dargestellt, optisch. Sie ist ein wenig zu bemüht. Sie zeigt eine gewisse optische Unsicherheit, glaube ich. Heute kann ich das erkennen. Das rührt von dem einen Moment der Unsicherheit her. Ich glaube, das ist wie Löwenbändigen oder wie ein Orchester dirigieren – du mußt hereinkommen und gleich wissen, wo die Kamera ist, sonst kommen alle möglichen bösen Dämonen und attackieren dich, und deine Zweifel schlagen sich im Bild und in allem anderen nieder. Man muß die Sache immer absolut beherrschen. Oder sich nicht darum scheren. Eins von beiden.

PB: Dabei fällt mir etwas ein: Als Cotten den Betrunkenen spielte, soll er so müde gewesen sein, daß er aus Versehen „dramatic crimitism" sagte anstatt „criticism" – und du hast es drin gelassen.*

OW: Das passierte in der Probe, und dann haben wir es gespielt. Er war vollkommen übermüdet, weil er nach New York mußte, um *The Philadelphia Story* zu spielen, eine Tourneeaufführung, die er mit aus der Taufe gehoben hatte. Und wir alle haben damals vierzundzwanzig Stunden rund um die Uhr gearbeitet, um seine Rolle abzuschließen, und keiner von uns hatte ein Bett gesehen.

PB: Würdest du mir im Grundsatz zustimmen, daß *Kane* von der Regie her von dir befangener ist als jeder andere deiner Filme?

OW: Ja. Es gibt im *Kane* mehr gewollte Aufnahmen – Bilder um der Bilder willen – als in allen meinen späteren Filmen. Es sind da Sachen drin wie die Szene, wo alle um diesen Pokal herum gruppiert sind, und mit dieser Aufnahme wollten wir nur „beweisen, daß man solche Aufnahmen machen" kann. Rückschauend finde ich das nicht allzu gut.

PB: Nein, es wirkt so konstruiert.

OW: Yeah. Seitdem habe ich so etwas zu vermeiden versucht.

PB: Der *Amberson*-Film ist viel entspannter.

OW: Ja. Viel.

---

* In der deutschen Synchronisation heißt der Versprecher „...Theater-Xanthippen – äh – Theater-Kritiken..." (A.d.Ü.)

PB: Vielleicht empfindet man aber so, wenn man seinen ersten Film macht. Eine Art Hemmung, die du dann bekämpft hast, indem du waghalsig wurdest – bis hin zu einem übersteigerten Bewußtsein deines Selbst. Wohingegen *Othello* ganz selbstverständlich wirkt – wie alles, was du später gemacht hast.

OW: Ich glaube, du hast absolut recht. Nach *Kane* habe ich nicht mehr herumprobiert. Es gibt in dem Film gelegentlich eine gewisse ungerechtfertigte optische Forciertheit, die einfach aus dem Überschwang resultierte, das Medium zu entdecken. Sobald du daran gewöhnt bist und schwimmen kannst, mußt du nicht mehr so viele Muskeln anspannen. Laß uns jetzt über etwas anderes sprechen.

PB: Wir haben aber kaum die Oberfläche von *Kane* angekratzt.

OW: Sicher. Aber ich kann nicht mehr.

PB: Okay, gut. Dann laß uns über deinen Namen sprechen. Warum wolltest du mit deinem mittleren Namen Orson und nicht mit deinem ersten Namen George gerufen werden?

OW: Ich konnte mir das nicht aussuchen. Von Geburt an war ich immer Orson. Ich erfuhr erst, daß mein Rufname George war, als ich neun Jahre alt war. Das war ein fürchterlicher Schock für mich. Die anderen Kinder fingen an zu rufen: „Georgie, Porgie, puddin' and pie, kissed the girls and made them cry." Das brachte mich in Rage. Ich trat meine kleinen Spielkameraden mit Füßen und fing mir dafür ein blaues Auge ein. Es war aber ein großer Fehler! George Orson Welles – mit so einem Namen geboren werden und ihn nicht zu benutzen!

PB: Den vollständigen Namen? Du traust Leuten mit drei Namen?

OW: Mit einem Namen wie George Orson Welles hätte ich es nicht nötig, daß man mir traut – ich wäre der Herrscher der Welt!

PB: Bist du nach irgendwem genannt worden?

OW: Nach George Ade, dem großen amerikanischen Humoristen. Der Name Orson liegt in der Familie und stammt (so sagt die Legende) von den Orsinis ab. Ich habe diesen Namen auch, weil – welch seltsamer und lästiger Zufall – meine Eltern auf Urlaub in Rio waren – mit George Ade und einem Mann namens Orson Wells, ohne „e", aber mit 30 Millionen! Diese Millionen könnte ich jetzt besitzen, wenn ich meinen Paten nur ab und zu besucht hätte. Ich zögerte aber, weil ich fürchtete, der alte Mr. Wells würde meine Motive durchschauen. Heute würde ich hingehen – auf Knien. Doch als Zwölfjähriger hatte ich noch meinen Stolz. Und dann kam die Nachricht, daß er nun zu den Sternen heimgegangen sei.

PB: Hatte dein Vater großen Einfluß auf dein Leben – er war doch Erfinder?

OW: In den Jahren, da ich ihn kannte, hat er nicht viele Erfindungen gemacht. Ich bewunderte und liebte ihn, aber er stellte sich heftig gegen mein Interesse an Musik und am Malen und ähnlichen Dingen. Wenn ich unbedingt Künstler werden wollte, so war seine Einstellung, dann sollte ich lieber Cartoons zeichnen wie sein Freund George McManus. Der zeichnete „Jiggs and Maggie", auch bekannt als „Wie erziehe ich meinen Vater" – damit hätte man Geld machen können.

PB: Aber deine Mutter –

OW: – war die Künstlerin in der Familie, sie war Musikerin. Durch sie wurde ich eine Art musikalisches *Wunderkind:* als Kind schon Dirigent, Violinist, Pianist. Dann, als ich neun war, starb sie. Seitdem habe ich nie wieder Musik gemacht.

PB: Welchen Einfluß hatte dein Vormund Dr. Bernstein auf dich? Und warum hast du die eine Rolle im *Kane* so genannt?

OW: Du versuchst schon wieder, den *Kane* hereinzuschmuggeln.

PB: *Sorry.*

OW [*lacht*]: Das war ein Familienwitz. Er war überhaupt nicht wie der Bernstein im Film. Ich habe auch in unseren Rundfunksendungen immer jemanden „Bernstein" genannt – um ihn damit zum Lachen zu bringen... Ich skizzierte die Filmrolle in unseren Vorbesprechungen – Mank hat dann die besten Stellen für

Bernstein geschrieben. Ich würde sagen, *das* war das Wertvollste, was wir ihm zu verdanken haben...

PB: Woher hast du den Jed Leland [Joseph Cotten] genommen?

OW: Die Rolle des Jed war tatsächlich nach einem guten Freund aus der Kindheit konzipiert – George Stevens' Onkel Ashton Stevens. Er war sozusagen auch mein Onkel.

PB: Hast du ihm erzählt, daß sein Onkel das Vorbild für die Rolle war?

OW: Mein Gott, das brauchte ich ihm nicht zu *erzählen,* das konnte er *sehen.* Ich hatte ihm natürlich das Script geschickt, ehe wir anfingen, und als er mich an der Küste besuchte, nahm ich ihn mit ins Atelier, während wir drehten. Später schaute er sich den Film an und meinte, der alte Herr müßte begeistert sein. Nachdem *Kane* dann in den Kinos war, mußte Ashton Stevens erleben, daß seine Hearst-Redakteure ihm verboten, meinen Namen auch nur zu erwähnen... Was ich über Hearst wußte, kam noch mehr von ihm als von meinem Vater – obgleich mein Vater ihn schon gut gekannt hatte: es existiert eine lange Geschichte darüber, wie sie einen Nachttopf auf eine Fahnenstange gesteckt hatten und andere Streiche, aber ich habe nicht allzu viel aus jener Quelle bekommen. Mein Vater und Hearst standen sich nur so nah, als sie junge „Swinger" waren. Aber Ashton hatte Hearst beigebracht, wie man Banjo spielt und war darüber zum Theaterkritiker geworden, und er war sogar einer der ganz großen. Der letzte Dandy – er arbeitete annähernd fünfzig Jahre für Hearst und betete ihn an. Ein Gentleman... Jed Leland sehr ähnlich.

PB: Jed Leland hat eigentlich kein einnehmendes Wesen – also, du magst ihn, aber unsere Sympathien sind in der Szene eher bei Kane, wenn er ihn so heftig angreift.

OW: Ja, das ist doch normal – wenn ein Mensch sich auf Kosten einer persönlichen Freundschaft über Prinzipien äußert, dann müssen unsere Sympathien doch dem Opfer derartiger Selbstgerechtigkeit gelten – oder etwa nicht?

PB: Zurück zu deinem Vormund Dr. Bernstein – hat er dein kreatives Leben beeinflußt?

OW: Nun, er war ein enorm wichtiger Bestandteil meines Lebens. Aber nur in den seltensten Fällen hatten wir denselben Geschmack. Ich würde sagen, den größten Einfluß auf mich hatte Roger Hill. Er wurde Direktor der Schule, auf die ich drei Jahre lang ging, und mit ihm zusammen habe ich später vier Lehrbücher über Shakespeare verfaßt. Er ist immer noch ein phantastischer, hochgeschätzter Freund.

Roger Hills Einleitung zu Everybody's Shakespeare *[1934; später veröffentlicht als* The Mercury Shakespeare, *1939], das er zusammen mit Orson herausbrachte, beginnt wie folgt:*

WIE MAN DIE SHAKESPEARE'SCHEN DRAMEN STUDIEREN SOLL

Überhaupt nicht!

Man soll sie lesen. Sie genießen. Sie spielen.

Shakespeare wäre kaum überrascht, daß seine Werke auf der ganzen Welt immer noch Produzenten zu Geld und Schauspielern zu Ruhm verhelfen. Außerordentlich überrascht wäre er allerdings, wenn er erführe, daß sie (als Pflichtfach) im Klassenzimmer unterrichtet werden; von Wissenschaftlern erforscht, von Pedanten seziert, werden sie den Schülern in synthetischen, winzigkleinen, unschmackhaften Dosen verabreicht, vergleichbar den Pillen mit den Briefen des Cicero oder den Dragees mit der Geometrie des Euklid... Bringt Shakespeare dorthin, wo er hingehört – auf die Bühne.

OW: Roger ist jetzt über achtzig, leitet eine Chartergesellschaft in Florida und hat mir die Boote für *The Deep* besorgt, als ich auf den Bahamas drehte. Er war immer ein großer Bootsfan – auf der Schule nannten wir ihn „Skipper".

PB: Du meinst die Todd-School?

OW: Ja. Er war der Sohn des Eigentümers. Als ich dort war, unterrichtete er Sport. Er wurde erst Direktor, als ich schon abgegangen war. Aber er hatte großen Einfluß an der Schule.

PB: Wie alt warst du damals?

OW: Drei Jahre war ich dort, und in meinem letzten Jahr war ich vierzehn.

PB: Und er?

OW: Muß ungefähr achtundzwanzig oder dreißig gewesen sein – ich weiß es nicht genau. Ich kann mir mein Leben ohne ihn nicht vorstellen. Auch wenn ich ihn zehn Jahre lang nicht besuche, kommt es mir nicht so lange vor, weil ich immerzu an ihn denke. Er hatte einen starken und ganz direkten Einfluß auf mein Leben – den bei weitem größten überhaupt. Ich wollte wie er sein. Alles, was er dachte, wollte ich auch denken, und das kann man von Dr. Bernstein nicht behaupten.

PB: Und von deinem Vater?

OW: Von meinem Vater auch nicht. Mein Vater war ein sehr seltsamer Mensch. Faszinierend. Viel Esprit und ein großartiger Erzähler.

PB: Hast du mit Malen angefangen, nachdem –

OW: Ich habe immer schon gemalt, kaum daß ich laufen konnte.

PB: Stimmt es, daß du immer noch nicht sehr gut addieren und subtrahieren kannst?

OW: Wie kommst du auf die Idee, daß ich das in meinem fortgeschrittenen Alter noch lernen könnte? Ich kann es überhaupt nicht.

PB: Wirklich nicht?

OW: Nein. Ich schaffte die Schule nur, weil ich einen Jungen namens Guggenheim dafür bezahlte, daß er mir diese Plackerei abnahm. Für Geld hat Guggenheim die meisten schriftlichen

Welles in der Maske für *Kane*

Hausaufgaben in lateinischer Deklination und Geometrie für mich gemacht. Ich habe *magna cum laude* abgeschlossen.

PB: In Alva Johnstons Artikeln in *The Saturday Evening Post* [20. und 27. Januar, 3. Februar 1940], steht, daß du nie ein Kind sein, daß du der Kindheit entfliehen wolltest.

OW: Das ist wahr.

PB: Wolltest du jemals zurück?

OW: In die Kindheit? Ich bin immer noch dort, auch, seit ich ihr entwachsen bin.

PB: Ich habe gelesen, du magst den *Sommernachtstraum* nicht.

OW: Weil er in meinem ersten Lesebuch stand. Du mußt das mal ausprobieren – lies nur mal die erste Szene aus dem *Sommernachtstraum* und stell dir dabei vor, es sei das allererste, was du dir in deinem Leben zusammenbuchstabieren mußt.

PB: Nun, da du erst zwei Jahre alt warst, fällt es ohnehin schwer, sich das vorzustellen.

OW: Johnston hat das zwar geschrieben, aber ich glaube, ich habe doch erst etwas später lesen gelernt. Er hat das vermutlich von Dr. Bernstein, der gern ein bißchen dick aufgetragen hat. Ich glaube nicht, daß ich diesbezüglich sehr frühreif war. Ich war musikbegabt, okay, was aber das Lernen aus Büchern anlangt, war ich wohl eher zurück.

PB: Warst du wirklich so schlecht auf der Schule?

OW: Die ganzen drei Jahre. Ich führte eher einen Kampf mit den Schulbüchern, als daß ich sie meisterte. Ich war der Anführer von Schülerrevolten – turbulenten Streichen.

PB: Du hast in einigen Schulaufführungen mitgewirkt und sie auch geleitet. Hast du vielleicht damals schon eine bestimmte Maske bevorzugt?

OW: Ja, das habe ich schon, als ich noch ziemlich jung war. Es war mir unmöglich, Rollen zu spielen, in denen ich nicht wie ein jugendlicher Killer aussah. Jetzt werde ich älter und entdecke, daß ich mir nicht mehr diese Linien unter die Augen malen muß, und das finde ich gut.

PB: Aber *Kane* ist ein Meisterwerk der Maske.

OW: Fängst du schon wieder an – du hast dir deine Gedankenkette gut zurechtgelegt. Mein Gott, bist du raffiniert... Bei *Kane* mußte das wohl so sein. Sieh dir doch nur diese verschiedenen Altersphasen an.

PB: Nun, Filme, in denen jemand allmählich alt wird, sind gewöhnlich ziemlich schlecht.

OW: Ja, aber du hast ja keine Ahnung, wie arbeitsintensiv das war, einfach weil es schon so lange her ist. Wir hatten nicht diese raffinierten Sachen für das Make-up, die uns die Arbeit erleichtert hätten. Damals – du weißt eben nicht, wie das war – damals beim *Kane* kam ich viele Male nachts um halb drei ins Atelier, damit wir morgens um neun mit dem Drehen anfangen konnten. Es dauerte eben so lange, das Ansprühen und Aufbauen der Maske. Maurie Seiderman war einer der zwei oder drei ganz großen Maskenbildner unserer Zeit, aber es war ihm nicht vergönnt, sich beim Film so richtig zu entfalten.

PB: Weil er zu gut war?

OW: Yeah. Und wie er arbeitete! Zwei Uhr dreißig. Das war für ihn normal. Und die Kontaktlinsen, die ich tragen mußte, die machten einen damals wahnsinnig vor Schmerzen. Ich sah doch aus wie ein Baby, weißt du. Da ist es sehr schwierig, wie siebzig auszusehen und glaubwürdig zu sein. Was noch nie irgendwo zu lesen war, ist die Wahrheit darüber, wie ich in dem Film den jungen Kane spiele. Ich war damals fünfundzwanzig, vielleicht sechsundzwanzig – habe ganz vergessen, wie alt ich genau war – und mein Gesicht wurde mit Fischhaut gestrafft, und ich trug ein Korsett für die Szenen als junger Mann.

PB: Warum? Warst du dicker als du aussahst?

OW: Natürlich. Und nicht nur das – ich hatte immer so ein schrecklich rundes Mondgesicht, und das wurde alles mit Fischhaut nach oben gezogen und am Haaransatz festgeklebt. Alles. Als wäre ich ein grausliger alter Star am Ende seiner Tage [*lacht*]. Ich war also für die Rolle des jungen Mannes genau so stark zurechtgemacht wie als alter Mann! Ich konnte mich wegen des Korsetts und der Fischhaut und dem ganzen Plunder kaum bewegen.

Einmal habe ich etwas gelesen – Norman Mailer hat das eine oder andere geschrieben –, als ich jung war, wäre ich weit und breit der schönste Mann gewesen. Ja! Zurechtgemacht für *Citizen Kane*! Und das auch nur fünf Tage lang!

PB: Willst du damit sagen, du hast nie wirklich so gut ausgesehen?

OW: Nie! Ich wünschte, ich hätte! Andererseits hat Everett Sloane, der in dem Film als Bernstein mit mir altert, überhaupt kein Make-up getragen! Wir rasierten ihm nur den Schädel und machten das Weiß drumrum. Und er war bestimmt auch nicht älter als einundzwanzig. Das hat ihn zutiefst erschüttert. Er dachte nämlich: „Wie kann es möglich sein, daß ich ohne Make-up einen Fünfundsiebzigjährigen spielen kann? Es muß daran liegen, daß meine Nase zu groß ist." Und er fing an, sie verkleinern zu lassen. Er muß ungefähr zwanzig Operationen gehabt haben, ehe er sich dann doch noch umbrachte. Er muß gedacht haben: „Wenn ich mir die richtige Nase machen lasse, werde ich Hauptrollen bekommen."

PB: Aber das ist unglaublich.

OW: Schreckliche Geschichte, ja.

PB: Er war brillant in *Kane*.

OW: Ja. Viel besser als in *The Lady from Shanghai*. Sein Zerfall hatte schon begonnen. Und in den letzten zehn Jahren seines Lebens wurde er ein sehr schlechter Schauspieler. Aber in *Citizen Kane* war er wunderbar.

PB: Ja, diese Szene mit dem Reporter [William Alland] –

OW: Das war übrigens *alles* von Mank, und – es ist meine Lieblingsszene.

PB: Und die Geschichte von dem Mädchen: „Eines Tages, es war 1896, bin ich mit der Fähre nach Jersey gefahren... Als wir rausfuhren, kam eine andere Fähre herein, und ... da stand ein Mädel, das aussteigen wollte. Ein weißes Kleid hatte sie an, und sie hatte einen weißen Sonnenschirm bei sich. Ich hab' sie nur eine Sekunde gesehen, sie hat mich gar nicht bemerkt, aber ich wette, seitdem ist kein Monat vergangen, ohne daß ich an sie gedacht hab'."

OW: Die Stelle geht aber noch weiter.

PB: Ja, aber wer hat sie geschrieben?

OW: Mankiewicz – und es ist die beste Stelle im ganzen Film. „Kein Monat ist vergangen, ohne daß ich an sie gedacht hab'." Das ist Mankiewicz. Ich *wünschte*, es wäre von mir.

PB: Großartige Szene.

OW: Wenn ich in der Hölle schmorte, und man ließe mich einen Tag heraus und sagte zu mir, ‚Welches Stück aus allen Filmen, die du gemacht hast, würdest du gern sehen?‘, dann würde ich mir die Szene von Mank über Bernstein wünschen. Alles andere hätte man vielleicht besser machen können, aber diese Szene war perfekt.

PB: Du wolltest, daß alle Darsteller im *Kane* neue Gesichter waren, nicht wahr?

OW: Ja, das stimmt, – aber man hat mich ausgetrickst [*lacht*]. Mein ganzer schöner Plan, ausschließlich neue Gesichter zu besetzen, wurde schon am ersten Drehtag zunichte gemacht – der ja, wie ich schon sagte, der erste einer Reihe von Tagen war, an denen wir angeblich Kameratests machten, aber tatsächlich schon den Film drehten. Es war in der Szene im Nachtclub mit Susan, wenn sie schon alt ist. Als Kellner in diesem Nachtclub schickte mir die Casting-Abteilung einen stämmigen, kleinen, rundgesichtigen Italiener [Gino Corrado], der in allen Filmen, die gedreht wurden, den Kellner spielte! Und ich konnte ihn doch nicht mit der Begründung wegschicken, sein Gesicht sei zu bekannt, denn angeblich machte ich doch nur Kameratests. Da war er also und verdarb mir mein ganzes Konzept schon in einer der ersten Aufnahmen, die ich machte!

PB: Und du konntest auch nicht umdenken und es als *Hommage* an Hollywood betrachten, da ich weiß, daß das nicht deine Art ist.

OW: Eine *Hommage* – damit kann ich nichts anfangen. Niemand kannte gottlob damals mein Konzept, so naiv waren wir, und ich bin entschieden gegen alle Formen der *Hommage*.

PB: Ich komme allmählich auch dahin.

OW: Das brauchst du nicht zu sagen.

PB: Ich meine es aber. – Worin lag denn der große Vorteil von Schauspielern, die keine Filmerfahrung hatten?

OW: Sie waren noch frei von diesen schlimmen Unarten.

PB: War Dorothy Comingore wirklich eine Entdeckung von Chaplin?

OW: Ja, er hat sie aber nicht eingesetzt.

PB: Und du fandest sie gut –

OW: Nachdem ich etliche Stripperinnen getestet hatte. Ich testete ungefähr zehn, keine von ihnen taugte etwas. Ich habe viele für diese Rolle getestet.

PB: Und sie sollte so billig wirken?

OW: Yeah. –

PB: Hatte sie schon vorher gespielt?

OW: Ich glaube nicht. Und sie war ein toller Erfolg. Alle sagten ihr, wie wunderbar sie wäre, woraufhin sie drei Jahre lang alle Angebote ablehnte, die sie bekam. Und dann kamen keine mehr, und das war dann das Ende. Sie wartete auf eine zweite Rolle wie diese.

PB: War sie eine intelligente Schauspielerin?

OW: Ja. Allerdings kamen ihre Alters-Szenen mit enormen Tricks zustande. Wir bliesen ihr gefährliche Drogen in die Augen und sprühten ihr etwas in den Hals, so daß sie nicht mehr sprechen konnte, und alles mögliche andere. Aber dennoch war sie großartig. „Was sagt der Mensch *dazu* – es ist schon wieder Tag." Eine meiner Lieblingsstellen.

PB: Es ist unheimlich, aber sie erinnert mich ganz stark an Auftritte von Judy Holliday, Jahre später.

OW: Ja. Judy hat bei uns am Theater angefangen. Sie gehörte zwei Jahre zum Mercury.

PB: Das habe ich nicht gewußt. Vielleicht war sie von der Comingore beeinflußt –

OW: Nein, das glaube ich nicht.

PB: Aber es existiert eine markante Ähnlichkeit im Stil.

OW: Ja, sehr sogar. Sie hatte nicht den Humor und die Begabung von Judy, aber da ist eine große Ähnlichkeit.

PB: Hat sie selbst gesungen?

OW: Nein.

PB: Du mußtest dir wohl eine Sängerin suchen, die auch schlecht singen konnte.

OW: Wohl wahr. Das war Schwerstarbeit – sehr gut gemacht von dem Mädchen. Hat lange daran gearbeitet.

PB: Wie hast du Fortunio Bonanova gefunden, der ihren Gesangslehrer spielt?

OW: Ich habe ihn als männlichen Hauptdarsteller neben Katharine Cornell in *The Green Hat* gesehen, als ich etwa acht Jahre alt war. Ich konnte ihn nie wieder vergessen. Er wirkte auf mich wie der Titelheld in einem schmutzigen Film. Habe sofort nach ihm geschickt, als ich diese Rolle schrieb. Er war ein großartiger, romantischer „leading man". Er war einfach köstlich als ihr Souffleur in der Oper. Gott, war er komisch!

PB: Hatte er vorher schon einmal einen Film gedreht?

OW: Ja, ich glaube schon – er lebte in Hollywood. Aber nichts Dolles, weißt du. Er war noch eine dieser seltenen Ausnahmen im Filmgeschäft.

PB: Was sollte dieser kreischende Kakadu?

OW: Die Leute aufwecken.

PB: Tatsächlich?

OW: Yeah. Wenn es spät wird am Abend – dann ist es Zeit, alle aufzuschrecken, die eingenickt sind [*lacht*].

PB: Etwas anderes steckte nicht dahinter?

OW: Theatralischer Schocker, hochtrabend ausgedrückt – du könntest sagen, der Schrei kommt in einem Moment, wo ich *musikalisch* etwas Kurzes, Exklamatorisches haben mußte. So hat er einen bestimmten Sinn, aber keine *Bedeutung*. Was mich aber dabei faszinierte, war ein Lapsus in unserer Trick-Abteilung. Man kann direkt durch das Auge des Vogels das Szenenbild dahinter erkennen.

PB: Ich dachte immer, das sei Absicht.

OW: Wir wissen nicht, wie das passieren konnte. Irgendein Fehler... Ich habe Papageien sehr gern.

PB: In *Mr. Arkadin* gibt es auch einen.

OW: Yeah. Und ich habe einen ganz herrlichen bei mir zu Hause in Spanien.

PB: Wie hast du denn die Szene direkt nach dem Kakadu gemacht, in der Kane Susans Zimmer demoliert?

OW: Einfach drauflosgedreht, mit vier Kameras gleichzeitig – habe die ganze Dekoration in einem einzigen Take zertrümmert. Habe mir Handgelenke und Finger aufgeschlitzt. Ich blutete wie ein Schwein, als ich all das Glas und die anderen Sachen kurz und klein geschlagen hatte.

PB: William Alland soll gesagt haben: „Er kam wie befreit heraus und sagte, es sei das erste Mal gewesen, daß er eine Szene emotional gespielt habe."

OW: Aber nein. Ich bin sicher, diese Erinnerung ist eher nachträglich erfunden denn zutreffend. Ich kam mit einem blutenden Handgelenk heraus – das waren meine Emotionen, und daß ich kein Blut sehen kann, ich bin nicht so. Fünf Stunden in der Maske, und dann geht man hin und macht alles wieder kaputt. Ziemlich derbe. Aber die Dekoration war von Perry Ferguson ganz wunderbar gemacht. Ich war auch fabelhaft dafür angezogen – hat das Agieren sehr erleichtert. Mein Gott, war das ein wunderbarer Set. Ich sehe das noch wie heute vor mir. Ferguson war einfach grandios – ich meine, er hat das fabelhaft gemacht.

PB: Da gebe ich dir recht. Was hat denn Van Nest Polglase gemacht; er ist auch als Art Director aufgeführt.

OW: Das zeigt, wie jung du bist. Als es noch die großen Studios gab, hatte jede Abteilung ihren eigenen Chef, und jeder Film führte im Nachspann einen Titel für Art Direction, auf dem aber nicht der Mann genannt wurde, der es tatsächlich gemacht hatte, sondern der Chef der Abteilung. Der Mann, der tatsächlich die Arbeit machte, wurde immer nur als Assistent aufgeführt. So kam es, daß Cedric Gibbons anscheinend der Art Director aller Metro-Filme war, in Wirklichkeit aber nicht einen einzigen

Entwurf gemacht hat. Er und Van Polglase und die anderen *art*-Abteilungsleiter waren viel zu beschäftigt für irgendwelche kreative Arbeit.

PB: Dann hattest du also zu Van Polglase gar keinen Kontakt?

OW: Nur bei Budget-Verhandlungen, Kalkulationen – nicht mehr als üblich.

PB: Also, Darrell Silvera, der Regisseur am Set, hat mir erzählt, die Idee zu diesen Eis-Skulpturen von Leland und Bernstein in der Party-Szene sei dir in letzter Minute gekommen.

OW: Ja. Sie wurden vom „Brown Derby" oder einem ähnlichen Restaurant geliefert. Es dauerte lange, bis wir diese Sequenz im Kasten hatten – fünf Tage. Ich habe alle Mädchen rausgeschmissen und gewartet, bis hübschere da waren – und schließlich hatten wir wunderbare Mädchen, endlich.

PB: Hast du zu *Kane* auch selbst Skizzen gezeichnet?

OW: Ich mache zu allen Filmen Skizzen, und fast ununterbrochen entwerfe ich Shows für das Theater. Komm, laß uns noch einen Drink nehmen – wie ich sehe, zieht sich das hier noch endlos hin...

> Dem Nachrichtenteil „*News on the March*" am Anfang von *Kane* könnte man allein einen ganzen Abschnitt widmen. Abgesehen von seiner Perfektion als Kurznachrichten-Imitation ist „*News on the March*" gleichzeitig eine der teuflischsten Parodien auf den klassischen *Time*-Stil, die je geschrieben wurden: die Inversion in den Sätzen, die straffen, faktenreichen, ominösen Reportagen, die Standard-Klischees.

OW [*mit einem frischen Drink*]: Ich habe es Luce* vorgeführt. Er war einer der ersten, die den Film gesehen haben – in New York. Er und Clare Luce fanden es toll und bogen sich vor Lachen.

---

* Henry Luce = Gründer von „Time"-*magazine*. (A.d.Ü.)

PB: Die beiden haben die Parodie gesehen?

OW: Sie haben es als Parodie erkannt und als solche sehr genossen – das muß ich ihnen zugute halten. Er hat den Witz verstanden – oder war *sie* es, und er *mußte*, ihr zuliebe.

PB: In *Smiler with a Knife* ist auch eine *March of Time*-Sequenz enthalten.

OW: Ja, daher hatte ich ja die Idee, so etwas auch in *Kane* zu machen. Ich war doch jahrelang mit der *March of Time*-Sendung im Radio. Jeden Tag. Es war herrlich, diese Sendung zu machen. Ein Riesenspaß, weil wir schon eine halbe Stunde nach einem Ereignis die Sache mit Musik und Toneffekten und Schauspielern über den Äther gebracht haben. Es war eine Super-Show, wahnsinnig gute Unterhaltung.

PB: Hast du einige dieser Sendungen geschrieben?

OW: Nein, keine. Ich habe nur mitgemacht. Ich habe als gelegentlicher Sprecher angefangen, denn sie hatten ihren Schauspielerstamm, aber schließlich hat man mich aufgenommen – in den inneren Zirkel. Und dort erlebte ich dann den größten Nervenkitzel meines Lebens – ich weiß gar nicht, warum mich das so gepackt hatte (selbst jetzt tut es das noch, wo ich nur daran denke) –, wahrscheinlich fand ich es eine tolle Sache, bei *March of Time* dabei zu sein. Einmal brachten sie in *March of Time* eine Meldung über die Premiere meines „schwarzen" *Macbeth**, und ich spielte mich darin selbst. Das war für mich der Höhepunkt meiner Karriere – bei *March of Time* dabei zu sein – als Mitwirkender *und* als Nachricht. Nie wieder habe ich seit jenem Nachmittag so deutlich das Gefühl gehabt, es geschafft zu haben.

PB: Und hast du den *March of Time*-Ansager Westbrook Van Voorhies auch im *Kane* eingesetzt?

OW: Oh, nein. William Alland hat ihn imitiert. Großartige Imitation, aber er ist auch ziemlich einfach nachzumachen. [*Gibt*

---

* OW bezieht sich hier auf seine *Macbeth*-Produktion am Federal Theatre am 14. April 1936, in der er sein Gesicht schwarz geschminkt hatte. Vgl. Chronologie der Karriere von Orson Welles in diesem Buch. (A. d. Ü.)

ein Beispiel:] „In der vergangenen Woche hat der Tod, der vor keinem Menschen halt macht, auch Charles Foster Kane ereilt." Das machten wir täglich – fünf Tage die Woche! Und natürlich gab es jede Woche häufig dieses „der vor keinem Menschen halt macht", und ich spielte immer alle diese Leute. Ich spielte Zaharoff – eine meiner ersten Rollen in der Sendung. Übrigens habe ich die Idee für die Sequenz mit der versteckten Kamera in dem „Nachrichtenüberblick" im *Kane* von einer Szene, die ich für *March of Time* gemacht hatte: Zaharoff, dieser mächtige Rüstungsfabrikant, wurde in den letzten Tagen vor seinem Tod in seinem Rosengarten herumgefahren und sprach über nichts anderes als über seine Rosen. Es war eine Rundfunksendung, aber ich weiß es noch genau – ein alter Tycoon wird in einem Rosengarten umhergekarrt.

PB: Es gibt da im Nachrichtenüberblick einen wunderbar realistischen Tonschnitt in Thatchers Pressekonferenz. Eine lange Kameraeinstellung zeigt Thatcher, wie er – umgeben von all diesen Leuten – am Tisch sitzt. Dann kommt, Schnitt, die Großaufnahme, wenn er beginnt, sein Statement zu verlesen. Der Tonschnitt kommt einen Moment zu spät, wie es oft bei Wochenschauen vorkommt. Dieser realistische Touch hat mir immer sehr gefallen.

OW: Ja, eine leichte Ungenauigkeit im Tonschnitt. Ich bin froh, daß du sie bemerkt hast. Du weißt ja, wie das damals war – es gab noch kein Band, der ganze Ton war auf dem Film. Du kannst dir nicht vorstellen, was Tonmischung in jenen Tagen überhaupt bedeutete – was das für ein enormer Arbeitsaufwand war, diese kleinen Effekte zu erzielen.

PB: Ist es wahr, daß jene Pressekonferenz sich an eine echte mit J. P. Morgan anlehnte?

OW: Nein, aber es *gab* eine berühmte Pressekonferenz mit J. P. Morgan, in der er einen Liliputaner auf dem Schoß hatte. Ich weiß nur vage etwas davon.

PB: Fandest du die Wochenschau notwendig, um Zeitsprünge machen zu können?

Die Wochenschau für *Citizen Kane* wird gedreht

OW: Sie war erklärend – um mehr über Kane erzählen zu können, als es uns anders möglich gewesen wäre.

PB: Waren die Aufnahmen für die einzelnen Beiträge in der „Wochenschau" abhängig von deiner jeweiligen Aufmachung?

OW: Ja, Abend oder Tag. Hinter dem Studio gab es ein großes Gelände, und wenn wir dort von einem Drehort zum anderen unterwegs waren, sagten wir wohl: „Kommt, wir springen schnell hinten auf den Zug und machen mich mit Teddy Roosevelt", oder mit wem Kane gerade zusammen sein sollte. Es war alles halb improvisiert – die ganze Wochenschau. Es hat unglaublich viel Spaß gemacht. Und habe ich dir schon erzählt, welche Reaktionen diese Szene in Italien auslöste, als der Film dort anlief?

PB: Nein.

OW: Sie sind alle aufgestanden und haben gezischt und gebuht, weil die Filmqualität so schlecht war.

PB: Die haben ja den Witz überhaupt nicht verstanden.

OW: Tja! [*Lacht.*] Ich sage dir, seit *Citizen Kane* geboren wurde, ist der Film in Rom ganze drei Tage gelaufen – alles in allem!

PB: Das war gleich Null, oder?

OW: Yeah. Ich *bin* in Italien eine Null. Erst in den letzten fünf, sechs Jahren konnte ich dort ein wenig nach oben kommen.

PB: Und bei den Intellektuellen?

OW: Oh, immer unten. Ganz unten.

PB: Wirklich?

OW: Weil ich nach Italien ging und dort lebte. Du weißt das nicht, aber in vielen Ländern wird man nur respektiert, wenn man nicht dort lebt. Man denkt dort, daß mit dir etwas nicht stimmt, wenn du kommst und bleibst. Ich hatte eine phantastische Woche, als ich mit meinem Film *Black Magic* in Italien herauskam und die Intellektuellen der ganzen Welt anwesend waren. Danach wurde ich zum Nobody, weil ich dort lebte. „Wer ist das? Der muß nicht ganz richtig sein, sonst wäre er nicht in Italien." [*PB lacht.*] Das trifft für ganz viele Länder zu – Irland und Italien und Jugoslawien; ich kenne viele kleinere Länder, die ihre eigenen Landsleute erst anerkennen, wenn sie ins Ausland gehen, und die Ausländer nur, wenn sie bei ihnen im Lande leben. Ich beginne jetzt, in Jugoslawien mein Gesicht zu verlieren, weil ich zu oft dort bin. Das ist ganz entscheidend. Ich erinnere mich an die Tournee mit Katharine Cornell – damals, als wir in Amerika das Theater wiederbeleben wollten –, eine aufregende zehnmonatige Tournee, auf der wir überall in den Häusern spielen wollten, in denen zwanzig, dreißig, vierzig Jahre lang kein Stück mehr aufgeführt worden war. Da waren wir nun und brachten wirklich gute Schauspieler und ein Repertoire von drei Stücken mit, und die Leute sagten: „Was ist denn mit Katharine Cornell los, daß sie *hier* ist! Geht es ihr denn wirklich so schlecht?" Mit anderen Worten: wenn sie etwas taugte, würde sie in New York geblieben sein. Genau wie die Jugoslawen und die Italiener. Die wollen immer nur wissen, warum man nicht wieder in Hollywood ist!

PB: Das ist doch wie mit den amerikanischen Kritikern, die immer die Western und andere typisch amerikanische Filme schlechtmachen.

OW: Ja, nur das Ausland schätzt den Western als ernstzunehmende Form. Und Comedy. Es gibt nur sehr wenige Menschen, die Comedy ernst nehmen.

PB: Das ist wahr.

OW: Weißt du, nicht ein seriöses Filmfestival auf der ganzen Welt hat jemals einen ersten Preis an eine Komödie verliehen.

PB: Einen Oscar gibt es auch nur selten.

OW: Das ist doch idiotisch, denn es wäre ganz einfach zu beweisen, daß die vielleicht besten Filme und Theaterstücke Komödien *sind* – oder mindestens genauso gut wie jede Tragödie. Es ist doch idiotisch zu glauben, daß es sich hierbei um zweitklassige Touristen-Unterhaltung handelt. Aber diese ehrfürchtigen Blödmänner, die über Filme und alles mögliche reden, können einfach nicht einsehen, daß man eine Komödie auch ernstnehmen muß.

PB: Ja. [*Nimmt einige Notizen zur Hand:*] Warum hast du die Szene im Projektionsraum derartig dunkel aufgenommen?

OW: Weil die meisten Darsteller später auch noch andere Rollen spielen. Sie sind alle doppelt besetzt, außer diesem Kerl in der Hauptrolle. Wir haben nicht *gewagt,* mehr Licht zu geben.

PB: Das klingt ja dramatisch.

OW: Natürlich gibt es eine riesige Ausrede für diesen starken einzelnen Scheinwerfer. Es war die allererste Szene, die ich von dem Film gedreht habe.

PB: Tatsächlich?

OW: Ja, und eigentlich machte ich doch nur Kameratests – aber falls diese Einstellung gut würde, wollte ich sie behalten und für den Fall des Mißlingens lieber nicht so viele Schauspieler engagieren. Also benutzte ich die gesamte Mercury-Mannschaft, total unkenntlich gemacht durch Dunkelheit.

PB: Und du hast in einem echten Projektionsraum gedreht?

OW: Ja, wir wollten doch niemanden mit der Nase darauf stoßen, daß wir drehten. Und da sind sie nun alle – wenn du genau hinsiehst, erkennst du sie auch. Alle aus dem Film sind dabei.

PB: Du aber nicht?

OW: Doch, ich bin da.

PB: In dem Buch von Peter Noble steht, daß du zu der Szene im Projektionsraum durch einen Bühneneffekt in Sidney Kingsleys *Ten Million Ghosts* [1936] inspiriert worden seist, in dessen Theateraufführung du mitgewirkt hast.

OW: Das ist eine der größten *Schweinereien,* die ich in meinem ganzen Leben gehört habe. In *Ten Million Ghosts* gibt es folgende Szene: in einer Wohnung irgendwo in Europa wird ein privater Schmalfilm mit Greueltaten aus dem Kriege vorgeführt. Ich habe diese Szene nie gesehen, weil ich an den sechs Tagen, die das Stück gespielt wurde, während dieser Szene in meiner Garderobe war. Außer der Tatsache, daß ein privater Film vorgeführt wird, gibt es keine mögliche Verbindung zu meinem Projektionsraum. *Wow!*

PB: Ich habe *Ten Million Ghosts* leider nicht gesehen, aber –

OW: Nun, kaum jemand hat das gesehen. Ich bin bei der Premiere auf der Bühne eingeschlafen, aber das ist eine andere Geschichte. Weiter.

PB: Irgendwer hat den Darsteller des Redakteurs kritisiert, er sei miserabel; aber mir hat das so gefallen – er war eben ein Redakteur und sich der Rolle bewußt, die er spielte.

OW: Ja, es sollte eine Art Parodie sein. Das ist der Punkt.

PB: Stimmt es, daß Alan Ladd da irgendwo herumsteht?

OW: Nicht in dieser Szene. Er ist später der Chefreporter, wenn sich am Ende alle in Xanadu versammeln. Du kannst ihn nicht übersehen – es war seine erste Filmrolle, und er trug seinen Hut schon so wie später in seinen anderen dreißig Filmen.

PB: Wie bist du auf ihn gekommen?

OW: Er ist durch seine Agentin reingekommen, die später seine Frau wurde. Er hat mir vorgesprochen, und ich hielt ihn für sehr gut.

PB: Er hatte eine gute Stimme.

OW: Ja. Er war sehr eindrucksvoll und intelligent. Er ist einer der ganz wenigen in dem Film, die ich vorher nicht kannte. Es waren nur ganz wenige – nur drei oder vier. Weißt du, daß du mich zu Tode langweilst?

PB: Okay, ich werde das Thema wechseln.

OW: Nein, jetzt redest *du* mal zur Abwechslung.

PB: *Well, okay.* Ich habe eine gute Geschichte über John Ford.

OW: Laß hören.

PB: Sein Produzent kam runter ins Atelier, und Ford hörte sofort auf zu drehen. Er setzte sich hin und begann, sich mit dem Produzenten zu unterhalten. Der Produzent bemerkte, daß auch alle anderen irgendwie aufhörten zu arbeiten und sagte nach einer Weile: „Meinst du nicht, du solltest – solltest du nicht lieber weiterarbeiten, Jack? Ich meine..." Und Ford antwortete: „Oh nein! *Gee,* das wäre doch zu unhöflich. Ich meine, wenn *ich* in *dein* Büro käme, würdest du doch auch aufhören zu telephonieren, oder was du gerade machst – oder nicht? Du würdest auch nicht weiterhin Anrufe machen oder mit Leuten reden, während ich in deinem Büro bin. Du würdest dich zu mir setzen und dich mit mir unterhalten, nicht wahr? Nun, genau das tue ich jetzt auch..."

OW: Großartig!

PB: Ich hörte, daß du einmal etwas ähnliches gemacht hast. Du sollst den Mitwirkenden bei *Kane* gesagt haben, sie sollten Baseball spielen, als...

OW: Ja, genau, aber das sollte ein Streich sein und war nicht böse gemeint. Das war, als George Schaefer [Chef der Filmgesellschaft] mit all diesen Bankiers aus New York zu uns kam, und alle hatten schon von, na – diesem *crazy Welles* gehört. Wir meinten, es sei recht hübsch, wenn sie zu uns herunterkämen und uns eifrig bei der Arbeit finden würden – Baseball spielend.

PB: Ist das denn als Streich verstanden worden?

OW: Ja – es ist nochmal gutgegangen. Aber glaube nur nicht, ich hätte nicht gemerkt, wie du dich schon wieder in den *Kane* hineingeschlichen hast.

PB [*lacht*]: Also gut – du hattest fünfzehn Wochen Drehzeit.

OW: Ja, und in dieser Zeit waren alle Trickaufnahmen und alles andere enthalten. Es waren sehr viele Trickaufnahmen – der ganze Film war eine einzige große Gaukelei, voller hängender Miniaturen und Glasaufnahmen und lauter solchen Sachen. Es gab nur sehr wenige Bauten.

PB: Warst du bei der Herstellung des Films aus einem besonderen Grund so sparsam?

OW: Natürlich. Ich wollte doch noch länger in Hollywood arbeiten. Ich hatte vor dem Film schon ein Jahr dort zugebracht und gelernt, wie wichtig es war zu sparen. Damals noch wichtiger als heute, weil die Gewinne nicht so hoch waren.

PB: Die Trickaufnahmen sind sehr gut –

OW: Das hoffe ich. Mein Gott, schließlich habe ich Monate und Monate die verschiedensten Versionen abgelehnt, jeden Tag, bis sie endlich gut genug waren. Trickarbeit *kann* schon recht gut ausfallen, aber man muß da ganz brutal sein. Ablehnen, ablehnen, ablehnen, bis es besser wird.

PB: Trickarbeit in Farbe scheint fast unmöglich; das sieht sofort unecht aus.

OW: Ja, das *ist* unmöglich. Das darf man nicht in Farbe machen – Farbe sieht sowieso schon wie Trick aus. Das geht nur in Schwarz-weiß.

PB: Im Farbfilm gefällt mir der Nachthimmel am besten – wenn er richtig schwarz ist.

OW: Ich liebe Nebel und Feuer und Rauch in Farbe, und Schnee im Winter. Aber das ist ziemlich selten.

PB: Alle Überblendungen waren sehr sorgfältig ausgeklügelt, scheint mir.

OW: Sie wurden mit der Elektrik gemacht, nicht mit der Optik.

PB: Könntest du das näher beschreiben?

OW: Wir haben tatsächlich das Licht auf der Bühne langsam abgeblendet – wobei das Wichtige, das, was man noch länger sehen sollte, beleuchtet blieb – und dann auf dieselbe Weise das Licht für die neue Szene wieder aufgeblendet. Mit anderen Worten: wenn das letzte, was man sehen soll, Susan ist, dann sieht man Susan als letztes, weil alle anderen Lampen um sie herum mit einem Dimmer abgedunkelt werden, genau wie am Theater. Bei dieser elektrischen Überblendung bleibt Susan im Bild, weil nicht das ganze Bild ausgeblendet wird und nicht ein neues Gesamtbild aufgeblendet wird. Das war sehr sorgfältig ausgeklügelt. Alles, damit die Überblendung noch schöner wird. Ich mache das heute noch so.

PB: Beim Aufblenden – hast du das Objekt, das du zeigen willst, dann an eine andere Stelle gerückt?

OW: Ja, das habe ich, entsprechend dem ausgeblendeten Bild.

PB: Ich habe noch nie gehört, daß jemand so etwas gemacht hat.

OW: Das hat auch noch niemand gemacht. Ich dachte eben, daß Überblendungen so gemacht werden. Nachdem ich einige so gedreht hatte, eröffnete mir Gregg, daß man Überblendungen normalerweise ganz anders macht. Mir war die Idee, es so zu machen, eben vom Theater her gekommen. Unwissenheit hat mich dazu gebracht... Und du kannst dir denken, daß wir *diese* Bilder immer und immer wieder an die Kopieranstalt zurückschickten, bis sie endlich richtig waren.

PB: Über die Montage von *Kane* hast du einmal gesagt: „Es gab nichts zu schneiden." Was hast du damit gemeint?

OW: Als ich den *Kane* machte, wußte ich noch nicht genug über Film, aber ich wurde immerfort von Toland ermutigt, der mir – seinerseits von Ford beeinflußt – sagte: „Nimm alles in eine Einstellung – nichts zusätzlich aufnehmen." In anderen Worten, Szenen ohne Schnitt durchspielen und keine Alternativen drehen. So lag mir Toland in den Ohren. Aber zweitens *wußte* ich auch nicht, was für Variationsmöglichkeiten ich gehabt hätte. Ich konnte mir nur das vorstellen, was in der endgültigen Fassung auf der Leinwand zu sehen sein sollte. Und natürlich hatte ich eine wundervolle Besetzung.

Ich lernte erst zu schneiden, als ich nach Europa kam und Leute hatte, die kein Englisch sprachen – oder Leute, die als Komparsen nur ihre Perücken trugen und mit dem Rücken zur Kamera herumstanden –, so daß ich einiges nachdrehen und lernen mußte, wie man schneidet, um meine Nöte zu kaschieren. Jetzt bin ich ganz versessen aufs Schneiden. Überblendungen, ja – für *Kane* wußte ich instinktiv, wie ich sie machen mußte. Sie standen genauso im Buch, wie wir sie drehten und wurden nicht erst während des Schnitts erdacht. Aber ich habe nichts aus anderen Perspektiven gedreht; es gab nie eine Alternative zur Originalszene. Wenn meine Besetzung gut genug ist, sichere ich mich nie ab. Also gab es auch nichts zu schneiden. Das Material wurde nur zusammengefügt. Es gab kaum Großaufnahmen – ich glaube, in dem ganzen Film gibt es vier. Und vier haben wir auch nur gedreht. Als einziges haben wir eine zweiminütige Bordell-Szene von mir komplett herausgenommen. Das geschah schon in der ersten Phase der Montage, und wir waren uns alle einig, denn die Zensur hätte das nicht durchgehen lassen. Ursprünglich sollte sie der Revueszene folgen; ich gehe dann weg in ein Bordell –

PB: Mit denselben Frauen?

OW: Nein, mit ein paar anderen Frauen. Und das war dann nicht so gut, weshalb es auch keinen Grund gab, die Szene drin zu lassen. Das war der einzige wirkliche *Schnitt;* der Film ist nie als Preview gelaufen. Es gab keinerlei Alternativ-Version von irgendwelchen Szenen – er wurde ganz simpel so montiert wie gedreht.

PB: Warum hast du auf einen Vorspann bei *Kane* zu verzichtet? Das hatte vorher noch niemand so gemacht.

OW: Das Drehbuch schrieb das vor. Bedenke doch, was sonst noch alles kommt, ehe die Handlung beginnt: der seltsame, traumgleiche Prolog, dann „News on the March", dann die Projektionsraum-Szene – es vergeht eine lange Zeit, ehe es richtig losgeht. Und nun stell dir vor, du hättest auch noch einen Vorspann davorgeklebt. Das wäre entschieden zuviel gewesen, was man da absitzen müßte. Man hätte auch nicht gewußt, an welcher Stelle im Film man eigentlich war.

PB: In dem Prolog, den du gerade erwähnt hast: Warum geht das Licht in seinem Schlafzimmer so plötzlich aus – und einen Augenblick später wieder an?

OW: Um das Publikum neugierig zu machen. Wir befinden uns schon eine ganze Weile dort, ohne daß etwas geschieht. Wir sehen Licht im Fenster – wir kommen immer näher – und nun müßte es ausgehen, oder ein Schatten müßte sich dahinter bewegen oder irgend etwas anderes müßte sich ereignen. Darum ließ ich das Licht ausgehen – das ist alles.

PB: Dann kommt der Schnitt nach innen.

OW: Das ist richtig. Vielleicht hat die Schwester das Licht ausgemacht, weil es ihn blendete. Wer weiß? Wen interessiert's? Die andere Antwort ist, daß es den Tod symbolisiert. Kannst du folgen? *All right.*

PB: Wir können beide Antworten benutzen – in verschiedenen Kapiteln.

OW [*lacht*]: Ja, nimm sie beide. Tatsächlich hatte ich das auch beabsichtigt. Man sollte vermuten, daß er stirbt, wenn das Licht ausgeht – aber dann springt man ein paar Minuten zurück und sieht ihn wieder lebendig – wenn du schon eine Erklärung suchst. Die andere, oberflächlichere Erklärung wäre, das Publikum bei der Stange zu halten. Und beide Gründe haben ihre Gültigkeit.

PB: Was sollen die Spiegel am Schluß bedeuten, in denen Kanes Bild viele Male reflektiert wird, wenn er vorüber geht?

OW: Ich glaube, ein Filmemacher sollte die Bedeutung seiner Bilder nicht erklären. In keinem Fall. Überlassen wir das unseren Kunden. Warum sollte ich den Leuten, die vielleicht gern ihre eigenen Deutungen herausfinden mögen, den Spaß verderben?

PB: Aber du hast gerade die Bedeutung des ausgehenden Lichts erklärt…

OW: Nächste Frage.

PB: Der schwarze Rauch am Schluß ist schon als Symbol der Sinnlosigkeit seines Lebens interpretiert worden…

OW: Da bin ich mir nicht so sicher – ich hasse Symbolik.

PB: Fritz Lang sagte, er habe die Verwendung von Symbolen aufgegeben, als er nach Amerika kam, weil jemand bei MGM zu ihm gesagt hat: „Amerikaner mögen keine Symbole."

OW: Ich bin einer dieser Amerikaner. Ich verwende nie Symbole. Wenn jemand sie sucht, dann sucht er sie für sich selbst. Nie setze ich mich hin und versuche, eine Filmfigur durch ein Symbol zu definieren. Das kommt ganz automatisch, denn das Leben ist voller Symbole. Ebenso die Kunst. Man kann sie nicht vermeiden; wenn du dich ihrer *bedienst*, dann bist du schnell in „Stanley Kramer Town"*.

PB: Ich weiß, wie ungern du dir Filmtitel überlegst…

OW: Aber nein! Ich liebe es, ich *kann* es nur nicht! *Citizen Kane* stammt von George Schaefer – dem Chef der Filmgesellschaft, stell dir das vor! Ein fabelhafter Titel. Wir haben monatelang gesessen und über einen Titel für den Film nachgedacht. Mankiewicz ist nichts eingefallen, mir ist nichts eingefallen, den Darstellern auch nicht – wir hatten schon einen Wettbewerb laufen. Eine Sekretärin brachte etwas an, das war so schlecht – ich werde es nie vergessen: *A Sea of Upturned Faces*.

PB: Können wir jetzt über Lelands Verrat an Kane sprechen?

OW: Er hat Kane nicht verraten. Kane verriet ihn.

PB. Tatsächlich?

OW: Weil er nicht der war, für den er sich ausgab.

PB: Ja, aber in gewisser Hinsicht … hat nicht Leland doch –

OW: Ich glaube nicht.

---

* „Stanley Kramer Town" = die symbolträchtige Gedanken- und Themenwelt des Filmregisseurs Stanley Kramer [*Flucht in Ketten (1958); Das Urteil von Nürnberg (1961); Das Narrenschiff (1964)*]. (A.d.Ü.)

PB: Ich wollte etwas anderes sagen. Hat nicht Leland doch in Kane etwas gesehen und war dann enttäuscht, als dem nicht so war?

OW: Nun, das läuft auf dasselbe hinaus. Wenn es einen Verrat gab, dann geht er auf Kanes Konto, weil er eine Grundsatzerklärung unterzeichnete, an die er sich dann nicht gehalten hat.

PB: Warum hat man dann in der Szene, wo Leland sich betrinkt, das Gefühl, er verhält sich kleinlich und gemein zu Kane?

OW: Weil er es *hier* auch ist – nur hier, weil er sich verteidigen will. Das ist noch nicht der große Augenblick. Der große Augenblick kommt, als er später die negative Kritik schreibt. Da erst ist er ehrlich zu sich selbst, zu Kane und zur Sache.

PB: Ich weiß nicht, ob das so einfach ist, wie du es jetzt darstellst, denn wenn *du* einmal in diese Situation kommen würdest –

OW: *Ich* habe nicht seinen Charakter. Ich bin ein vollkommen anderer Mensch als Jed Leland. Ich bin kein Mitläufer, und er ist der geborene Mitläufer, und *sein* Held entpuppte sich als *kein* Held. Er ist der loyale Mitstreiter eines großen Mannes – aber Kane war nicht groß; das ist die Geschichte. Natürlich ist er kleinlich und gemein, als er entdeckt, daß sein großer Held innerlich leer ist.

PB: Könnte man meinen, daß Leland es sich hätte leisten können, eine gute Kritik zu schreiben.

OW: Nicht, wenn er ein Mann mit Prinzipien bleiben wollte. Der Schlüssel ist die Grundsatzerklärung, die Kane unterzeichnet hat. Leland konnte das nicht – kein Kritiker kann das. Er ist ein ehrlicher Mensch. Kane ist korrupt. Ich glaube nicht, daß er Kane in irgendeiner Weise verrät.

PB: Man reagiert aber emotional zugunsten von Kane, wenn man den Film sieht, und ich habe natürlich angenommen, daß Leland ihn verrät – emotional habe ich so empfunden.

OW: Nein, das tut er nicht. Du gebrauchst das Wort „Verrat" falsch. Er ist grausam zu ihm, aber er verrät ihn nicht.

PB: Nun, er verrät aber doch ihre Freundschaft.

OW: Das tut er nicht. Kane ist derjenige, der die Freundschaft verrät. Die Freundschaft basierte auf grundlegenden Voraussetzungen, denen er nicht gerecht wurde. Ich bin entschieden und ganz energisch anderer Meinung. Es gibt keinen Verrat an Kane. Der Verrat wird *von* Kane begangen.

PB: Warum habe ich dann diese gewisse Abneigung gegen Leland?

OW: Weil er seine Prinzipien über den Menschen stellt und als Mensch nicht die Größe hat, Kane wegen seiner Fehler zu lieben.

PB: Na also, das meine ich doch.

OW: Aber das ist nicht Verrat. „Verrat" ist das verdammt falsche Wort. Er hat einfach nicht die Menschlichkeit, die geistige Größe, Kane ertragen zu können.

PB: Okay, dann hat er also eine gewisse geistige Niedertracht.

OW: Das ist richtig. In diesem Moment jedenfalls. Später nicht mehr, wenn er über ihn spricht.

PB: Zu dem Reporter spricht er nicht besonders gut über Kane.

OW: Aber auch nicht schlecht.

PB: Selbst hier gibt es doch einige Zweideutigkeiten.

OW: Nicht für mich. Es ist ganz klar, wie er über ihn denkt. Ich hatte dabei keine Zweideutigkeiten in Sinn. Er hat liebevolle Erinnerungen an einen Mann, der sich als leere Hülle entpuppt hat. Mehr nicht. Es ist nicht so schlimm, wie du denkst. Und wenn doch, dann war es nicht meine Absicht. Als Autor des Films sehe ich Leland mit großer Sympathie. Ich sehe ihn nicht als schlechten Menschen – er steht weit über Bernstein.

PB: Nun ja…

OW: Er ist der einzige echte Aristokrat…

PB: In der ganzen Geschichte?

OW: Yeah. Er spricht meine Sprache. Bei all seiner Niedertracht ist er im Grunde doch ein Aristokrat. Ich empfinde starke Sympathie für ihn.

PB: Glaubst du, daß Thompson, der Reporter, durch die Recherchen an der Kane-Geschichte verändert wird? Wandelt er sich?

OW: Er ist kein Mensch. Er ist eine Maschine…

PB: Um durch die Handlung zu führen.

OW: Ja.

PB: Gab es noch irgendein anderes „Geheimnis", ehe du das Rosebud-Element gefunden hattest? Ich meine, hast du noch an etwas anderes gedacht?

OW: Ja. Ich hatte noch eine Szene in einem Mausoleum geschrieben – irgendein Zitat aus einem Gedicht, oder etwas ähnliches, ich kann mich nicht erinnern – und Mankiewicz machte sich fürchterlich lustig darüber. Da habe ich ihm geglaubt und nur gesagt, ,All right, das taugt nichts'. Vielleicht wäre es doch gut gewesen – ich erinnere mich leider nicht, weil ich mich wegen Mankiewicz's heftiger Attacke so genierte.

PB: Warum zeigst du am Anfang und am Ende des Films dieses Schild „No Trespassing" – Betreten verboten – ?

OW: Was glaubst du? Das kann jeder sehen, wie er will.

PB: Das Leben eines Menschen ist seine Privatsache.

OW: Ist das so? Theoretisch könnte das die Antwort sein, aber dann stellt sich heraus, daß es vielleicht so ist, vielleicht aber auch nicht…

PB: Ist der Name Kane ein Wortspiel auf Kain?

OW: Nein, aber Mankiewicz wurde wütend, als ich diesen Namen wählte; er sagte, genau das würden die Leute denken. Wir hatten deswegen heftigen Streit.

PB: Der ursprüngliche Name war Craig.

OW: Ja. Aber ich fand, Kane sei ein besserer Name…

PB: Weil er tatsächlich besser war…

OW: Ja. Aber Mankiewicz machte noch einen Einwand: „Die Leute werden denken, du machst ein Wortspiel mit Kain" – und all so etwas –, weil wir eine große Mordszene in unserem Original-Drehbuch hatten. Ich sagte, das werden sie nicht denken, er sagte, das werden sie wohl… Ich habe gewonnen.

Erste Reaktionen:

Hearst protestiert gegen Welles-Film
Untersagt seiner Presse die Erwähnung der
Filmgesellschaft RKO. Gleichzeitig Forderung, „Citizen
Kane" zurückzuziehen.
Chef der Filmgesellschaft zeigt sich unbeeindruckt.
Schaefer bestätigt, es werde „nicht ernsthaft erwogen",
dieser Forderung nachzukommen. Schauspieler
dementiert biographische Absicht.
New York Times, 11. Januar 1941

Die Hearst-Presse hat strikte Order, Welles zu ignorieren
– lediglich eine Reihe von Artikeln soll seine
Beleidigungen der amerikanischen Mutterrolle, der Rede-
und Versammlungsfreiheit sowie des Strebens nach Glück
anprangern.
The New Yorker, 10. Mai 1941

OW: Im Original-Drehbuch gab es eine Szene, die sich mit einer von Hearsts berüchtigten Aktionen beschäftigte, die ich auch heute noch nicht der Öffentlichkeit preisgeben kann. Ich habe die Szene herausgestrichen, weil sie nicht gut für den Film war und nicht im Einklang mit Kanes Charakter stand. Wenn ich diese Szene nicht gestrichen hätte, hätte ich von Hearst keinen Ärger bekommen. Er hätte nicht gewagt zuzugeben, daß er gemeint war.
PB: Hast du die Szene gedreht?
OW: Nein, habe ich nicht. Ich hatte mich dagegen entschieden. Hätte ich sie drin gelassen, hätte ich von da an nie mehr etwas sagen können. Die waren wirklich hinter mir her. Noch vor dem Kinostart von *Kane* hielt ich einen Vortrag, ich glaube es war in Pittsburgh oder einer ähnlichen Stadt, und als ich nach dem Vortrag mit einigen Freunden beim Essen saß, kam ein Kriminal-

beamter an meinen Tisch und sagte: „Gehen Sie nicht in Ihr Hotel. Ich bin vom Polizeihauptquartier. Meinen Namen kann ich Ihnen nicht geben." Ich sagte: „Warum nicht?" Er antwortete: „Ich gebe Ihnen nur einen guten Rat." Ich sagte: „Wovon reden Sie überhaupt?" Er antwortete: „Man hat ein vierzehnjähriges Mädchen in Ihrem Schrank versteckt, und zwei Photographen warten darauf, daß Sie ins Zimmer kommen." Ganz sicher wäre ich im Gefängnis gelandet. Und kein Weg hätte jemals da herausgeführt.

Ich bin überhaupt nicht mehr ins Hotel gegangen. Ich habe nur auf den Morgenzug gewartet. Oft habe ich mich gefragt, was wohl aus den Photographen und dem Mädchen geworden ist, die immerhin die ganze Nacht auf mich gewartet haben. Aber das war nicht Hearst. Das war ein Handlanger der lokalen Hearst-Zeitung, der wohl glaubte, sich dadurch Vorteile zu verschaffen.

PB: Wie war deine persönliche Reaktion auf die ganze Hearst-Geschichte?

OW: Wie meinst du das: „persönliche Reaktion"?

PB: Was hast du empfunden?

OW: Er hatte recht! Er hatte verdammt nochmal recht. Warum nicht kämpfen? Das hatte ich erwartet. Ich hatte allerdings *nicht* erwartet, daß sie derart kopflos würden vor Angst. Und Schaefer machte den Fehler, mir nicht zu glauben, als ich ihm den besten PR-Knüller meines ganzen Lebens vorschlug: er sollte *Citizen Kane* allüberall in Amerika in Zelten aufführen und dazu folgende Werbung machen: „Dies ist der Film, der in Ihrem Kino um die Ecke nicht gezeigt werden darf." Wir hätten damit leicht fünf Millionen Dollar verdienen können, wenn wir das gemacht hätten. Aber er konnte nicht – und ich sehe es auch ein. Dennoch *weiß* ich, daß ich heute ein reicher Mann wäre, wenn die auf mich gehört hätten. Der Film ist nämlich nicht in den großen Kinopalästen gelaufen. Er ist auch in keiner Kino-Kette gelaufen. Nie und nirgends. Er lief immer in unabhängigen Häusern. Und meine Idee war, alles hochzuspielen und den Film in riesigen Zelten zu zeigen – dann wären die Zuschauer gekommen. Das wäre großartig gewesen.

PB: Ist es wahr, daß du angeboten hast, der RKO den *Kane* abzukaufen?

OW: Ja. Als RKO den Film nicht in Zelten zeigen wollte, hätte ich das gern getan. Weil ich damit ein Vermögen verdient hätte. Wenn die ihn mir doch nur verkauft hätten! Die wären fein raus gewesen – und ich für den Rest meines Lebens unabhängig und reich, und allesamt wären wir glücklich und zufrieden. Aber die wollten das einfach nicht. Ich hätte das Geld dafür leicht auftreiben können. Alle möglichen Leute waren scharf darauf, sich hier zu beteiligen.

PB: Du hast also mit Hearsts Verärgerung gerechnet, aber nicht einkalkuliert, welche Auswirkungen sie haben würde.

OW: Natürlich nicht. Ich habe immer gedacht, effektvolle Show-Arbeit würde sich auszahlen. Auch hatte ich kein Geheimnis daraus gemacht. RKO hatte das Drehbuch gelesen, und die haben grünes Licht gegeben und das Geld dafür bereitgestellt. Schon da hätten sie bereit sein sollen, auch den zweiten Schritt zu tun, theoretisch. Obgleich ich Schaefer nicht kritisieren will, muß ich doch sagen, die Situation stellte sich im wesentlichen so dar. Nichts ist ihnen untergeschoben worden.

PB: Es wurde doch geredet, daß einige Szenen wiederholt werden müßten, oder nicht?

OW: Nein, nicht daß ich wüßte. Nur daß einiges verbrannt werden sollte.

PB: War Schaefer wirklich auf deiner Seite?

OW: Oh, er war phantastisch. Schaefer war ein Held – ein absoluter Held. Er war wunderbar zu mir.

PB: Aber er wurde danach gefeuert.

OW: Nicht deswegen. Er wurde während der *Ambersons* gefeuert, aber eher wegen des gesamten Filmprogramms, das wir drehen wollten. Er war eigentlich ein Verkaufsagent, mit Sitz in New York, und kein Produktionschef. Floyd Odlum kaufte sich in die RKO ein und übernahm die Leitung. Aber Schaefer stand hinter dem Film; wenn er nicht gewesen wäre, hätte der Film nie Premiere gehabt.

PB: Glaubst du, daß der Film wegen Hearst nicht soviel eingespielt hat, wie man erwarten konnte?

OW: Er *hat* soviel eingespielt, wie er sollte – in den Kinos, in denen er gelaufen ist. Er hat guten Umsatz gemacht. Er lief aber nicht in Kinoketten, nicht in großen Lichtspielhäusern.

PB: Mit anderen Worten: er fand nicht die nötige Verbreitung.

OW: Das stimmt. Aber wo er gezeigt wurde, war er ein sehr gutes Geschäft. Allerdings nicht in England, da war er eine Katastrophe. Auch nicht in Italien. Aber in Amerika lief er sehr gut, wo immer er gezeigt wurde – wegen meiner Reputation vom Rundfunk her.

PB: Wegen Hearst hat er aber nicht so viele Buchungen bekommen.

OW: Niemand hat den Film vorbestellt – niemand wollte ihn ins Programm nehmen. Alle hatten Angst.

Diese Angst hat oft abwegige Formen angenommen.
Einige Filmtheater zahlten zwar, um von der RKO nicht auf die Schwarze Liste gesetzt zu werden, weigerten sich aber am Ende, den Film tatsächlich aufzuführen.
Folgender Artikel erschien am 7. September 1941 in der New York Times, *über drei Monate nach der Premiere des* Kane:

Der kontroverse Film *Citizen Kane*... ist an die West Coast-Kinokette der Fox verkauft worden, eine Sektion der National Theatre Organization; er wird aber in keinem einzigen der 515 Filmtheater dieses Konzerns an der Pazifikküste, in den Mountain States sowie im Mittleren Westen laufen, obgleich National dafür bezahlt. Die Gründe für die Großzügigkeit des Konzerns sind obskur, aber wo auch immer die Motive liegen mögen, der Handel hat Orson Welles' Zorn auf einen neuen Höhepunkt getrieben...

Diese Woche äußerten Welles' Mitarbeiter, falls dieser Vertrag zum Tragen komme, werde der Schauspieler-Produzent seinen Verleih, die RKO, verklagen und die Aufführung des Films zu erzwingen suchen. In vielen Städten kontrolliert „National" alle Filmtheater, und in den anderen wird der Film in Hinterhof-Kinos verbannt, wo er keinen Erfolg haben kann, weil er vorher nicht in den Erstaufführungstheatern gelaufen ist. Laut RKO-Mitteilung überstiegen die Premieren-Einnahmen des Films in den drei Städten San Francisco, Denver und Omaha – bei normalen Eintrittspreisen – die von *Kitty Foyle* [einem der umsatzstärksten Filme der RKO].

PB: Hast du feststellen können, ob *Kane* andere Hollywoodfilme beeinflußt hat?

OW: Das konnte man nicht übersehen. Plötzlich gab es überall große Gegenstände im Vordergrund, sichtbare Zimmerdecken und viele andere Elemente aus meinen Bildkompositionen. Kaum jemand hatte bis dahin überhaupt Weitwinkelobjektive verwendet – außer für Massenszenen.

PB: Aber der Einfluß lag weniger in der Konstruktion der Handlung?

OW: Ja, die Aspekte, die ich wichtig fand, schienen außer mir nicht sehr viele Menschen zu beeindrucken. Aber die offensichtlichsten Neuerungen in der optischen Machart haben alle sofort kopiert.

PB: Ein Zitat von Andrew Sarris: „*Citizen Kane* ist das Werk, welches die Filmwelt tiefer beeinflußt hat als jeder andere amerikanische Film seit *The Birth of a Nation*."

OW: Ich glaube nicht, daß das stimmt. *The Birth of a Nation* enthielt echte Neuerungen – die Großaufnahme, Aufnahmen mit beweglicher Kamera, alles mögliche – das gesamte Vokabular der Filmsprache ist darin enthalten. Und man konnte das ganz einfach und direkt sehen. Ich glaube, *Citizen Kane* hat in den letzten Jahren mehr Filme beeinflußt als früher. Anfänglich hat der Film in den Ateliers nur ein paar Zimmerdecken eingezogen und für Tiefenschärfe gesorgt; er hat die *setups* verändert, die Einrichtung der Szenen, was herzlich wenig bedeutet. Aber der Einsatz der Zeit als Stilmittel und all diese Dinge, das hat sich erst jetzt richtig duchgesetzt. Es war kein direkter, sondern ein indirekter Einfluß.

Ich bin kein unbedingter Befürworter von Neuerungen. Aber man hält mich für einen Neuerer, und ich habe ganz im Stillen ein paarmal den Hut vor mir selber gezogen wegen all der Dinge, die ich – wie sich herausstellt – *nicht* erfunden habe. Ich *habe* durchaus einiges erfunden, aber meine großen Erfindungen habe ich im Rundfunk und am Theater gemacht. Viel mehr als in Filmen. Kein Mensch weiß das. Ich habe den Erzählkommentar im Radio erfunden.

PB: Yeah.

OW: Was [Norman] Corwin und Leute wie ihn möglich gemacht hat. Er hatte nie etwas geschrieben, bis ich angefangen habe. Ich war es auch, der die Gelatine aus den Bühnenscheinwerfern verbannt hat*.

PB: Und so das rein weiße Licht erfunden hat?

OW: Ja. Weißes Licht. Das ist die Grundlage jeder Beleuchtung. Hier weiß ich ganz genau, daß ich es war. Aber beim Film, wo ich dachte, ich hätte all diese Dinge erfunden, waren sie schon vor mir entwickelt worden. Das ist ein weiterer guter Punkt für mein Argument, daß Regisseure sich nicht zuviele Filme ansehen sollten.

PB: Die herausragende Gemeinsamkeit dieser beiden Filme ist doch, daß *The Birth of a Nation* die bis dato existierenden

---

* Gelatine wurde damals als Lichtfilter (Diffuser) verwendet. (A. d. Ü.)

technischen Möglichkeiten des Stummfilms bündelte und zu einem Höhepunkt entwickelte, was *Kane* ebenfalls tat, für den Tonfilm.

OW: Ja, er faßte die Dinge zusammen, zu einem Höhepunkt. Aber ich glaube, nicht die technischen Neuerungen machen *Kane* so wichtig; bei *Kane* ist es eher der Umgang mit der Zeit und die Art, wie die Personen geführt werden – diese Art Dinge.

PB: Vom technischen Standpunkt aus gesehen ist das Wichtigste an *Kane* vielleicht der Gebrauch der Tonspur.

OW: Ja, aber niemand ist mir hier nachgefolgt. Niemand kann das. Niemand weiß, wie. Es ist ein ganz spezieller Trick, und der hat niemanden beeinflußt. Man könnte schon lernen, wie es gemacht wird, aber niemand versucht es. Es klappt nicht, wenn man einfach sagt – „jetzt machen wir mal die Sache mit der Tonüberblendung". Aber der Trick könnte sehr leicht erlernt werden. Beim Film allerdings stellt niemand Fragen. In den großen Tagen der Malerei ging man ins Atelier und schaute zu, wie der Künstler diesen und jenen Pinselstrich machte. Heutzutage schauen sich die Leute einen Film an und sagen „das kann ich auch". Niemand möchte wirklich etwas lernen – außer im akademischen Sinne, auf theoretischer Basis.

PB: Aber in der Praxis...

OW: In der Praxis – schau dir doch mal an, wie Gregory La Cava diesen Witz rübergebracht hat. Man könnte doch zu ihm gehen, und er würde es einem zeigen. Aber niemand hat die Chuzpe, das zu tun.

PB: Also gut, wie wird es denn gemacht?

OW: Man kann es in ungefähr zwei Stunden lernen. Wir brauchen drei sehr gute Schauspieler und ein wenig Übung. Ich kann es nicht erklären, wir müßten es einmal demonstrieren.

PB: Ich habe in meinem Film *Targets* einige Versuche gemacht...

OW: Und es hat geklappt.

PB: Nein, es war irgendwie unsauber, weil man weder verstehen konnte, was gesagt wurde, noch...

OW: Das ist es ja – du mußt die Schauspieler so trainieren, daß die richtige Silbe im richtigen Augenblick kommt. Genau wie man ein Orchester dirigiert. Du mußt zum Beispiel folgendes sagen: „Jetzt bitte ‚can't‘. Und noch einmal." Weil das Wort, auf das es ankommt, „can't" ist, fängst du auf „can't" an zu sprechen. Es ist sehr, sehr mechanisch. Es muß höllisch genau sein – ganz cool, genau wie beim Dirigieren.

PB: Als du zum ersten Mal nach Hollywood kamst, sollst du gesagt haben: „Wenn die mich einen zweiten Film machen lassen, kann ich von Glück reden."

OW: Wie recht ich hatte.

PB: Du wußtest das schon, ehe du dorthin ausgezogen bist.

OW: Ja.

PB: Du warst dir immer im klaren darüber, worauf du dich eingelassen hast.

OW: Das kannst du laut sagen.

PB: Du warst dir immer deines Charakters bewußt.

OW: Und des Charakters von Hollywood.

PB: Gut, aber ich meine *dich* innerhalb deiner eigenen Lebensumstände. Zum Beispiel du und Hearst, du und die *War of the Worlds*-Sendung. Du scheinst immer genau gewußt zu haben, worauf du dich eingelassen hast. Das ist weitaus interessanter, als wenn du es nicht gewußt hättest.

OW: Hat auch mehr Spaß gemacht. Die Überraschungen haben sich gesteigert, mehr nicht.

PB: Was hast du gedacht, als du den Oscar für das „beste Original-Drehbuch" bekommen hast?

OW: Du bist eine Ratte. Ich verleugne das immer. Ich tue immer so, als ob ich nie einen Oscar bekommen hätte.

PB: Nun, der Film war damals in neun Kategorien nominiert – für die beste Regie und…

OW: Schon gut. Du verdirbst mir den Spaß.

Orson hat nicht ganz unrecht, wenn er den Oscar, in den er sich mit Mankiewicz teilte, dementiert – er war beinahe eine Beleidigung für ihn. Es ist bekannt, daß die *Academy Awards* nach Gefühl und Wellenschlag verliehen werden. Welles war der Außenseiter, und kein bescheidener dazu, über den man reichlich Kritik ausschütten konnte. Neid, Eifersucht, Angst, was auch immer – die Mehrheit in Hollywood mochte ihn einfach nicht. In allen Kategorien gingen die Preise an einen der ihren. (Und selbst der Preis für das „beste Drehbuch" war zweifelsohne eher eine Geste gegenüber dem „alten Hasen" Mankiewicz denn eine Auszeichnung für Welles.) Bester Film: Darryl Zanucks Produktion *How Green Was My Valley*, die auch den Preis für die beste Regie erhielt (John Fords dritter Oscar), für die beste Art Direction und Kameraführung (Toland war zwar Hollywoodianer, doch wurde seine bahnbrechende Kameraführung offiziell ignoriert, weil sie viel von Welles hatte). Die Auszeichnung für den besten Hauptdarsteller ging an einen alten Publikumsliebling, Gary Cooper, für Howard Hawks' *Sergeant York*. Ich wäre der Letzte, der diesen Filmen ihre Verdienste absprechen wollte, besonders da Ford und Hawks zwei meiner Lieblingsregisseure sind; gewiß, ihre Produktionen standen in vorderster Reihe aller Filme des Jahres, aber *Kane* war der Film des Jahrzehnts. Am bezeichnendsten war der Oscar für die beste Filmmusik: Bernard Herrmann war in jenem Jahr zweimal nominiert – für *Kane* und für *All That Money Can Buy* (ebenfalls im Verleih der RKO), und die Academy gab ihm den Preis für – *All That Money Can Buy*.

Als die Oscars öffentlich bekanntgegeben wurden (26. Februar 1942), drehte Welles gerade in Rio It's All True. *Am 5. April 1942 schickte er seinem Mit-Gewinner einen verspäteten Gruß:*

Lieber Mankie:
Folgendes wollte ich Dir schon nach dem Academy-
Dinner telegraphieren:
„You can kiss my half."
Ich erlaube mir, es nun mit der Post zu schicken, denn
erst jetzt ist mir eingefallen, was ich Dir als passende
Entgegnung an mich in den Mund legen könnte. Ich maße
mir nicht an, Dir Deine Wortspiele zu schreiben, aber dies
müßte dir eigentlich gefallen:
*„Dear Orson: You don't know your half from a whole
in the ground."**
                                        In Liebe, Orson

Selbst heute, nach deißig Jahren, spürt man bei *Citizen
Kane,* wie ein meisterhafter Künstler sich zum ersten Mal
von seiner gefundenen Berufung berauschen läßt. Alle
seine Leidenschaften – Theater, Zauberei, Zirkus, Radio,
Malerei, Literatur – fließen plötzlich zusammen. Das
mag erklären, warum *Citizen Kane* für so viele Menschen – auch für jene (leider nicht so vielen), die Welles'
übrige Filme gesehen haben – der absolute Favorit bleibt.
Es ist nicht sein bester Film, weder stilistisch, noch was
die Tiefe der Vision anlangt, aber sein Nimbus ist hoch-
romantisch: Nicht nur war Orson Welles erst fünfundzwanzig Jahre alt, als er den Film drehte, nicht nur sah er
in diesem Film auffallend gut aus, nicht nur wären der
Inhalt und die packende Erzählweise ausreichend Grund
für diese Romantik gewesen – das romantischste daran
war der Beginn des Werbens eines Künstlers um seine
Kunst.

---

* „Lieber Mankie: Du kannst meine Hälfte küssen."
„Lieber Orson: Du kannst Deine Hälfte nicht von einem Ganzen in der Erde
unterscheiden." (Das Wortspiel liegt in „whole" = das Ganze, phonetisch wie „hole"
= Loch.) (A. d. Ü.)

Kein anderer Filmregisseur, der dieses Medium frisch für sich entdeckte, war so bereit und so reif dafür. Die Zeichen waren günstig. Ebenso die Umstände, und die waren nie wieder so wie damals: freie Wahl des Stoffes, vollständige Kontrolle vor und während der Dreharbeiten, das letzte Wort beim Schnitt, volle finanzielle und technische Unterstützung der besten Filmateliers der Welt; nie wieder hatte Orson alle diese Vertragselemente bei einem einzigen Filmvorhaben vereint. (Es handelt sich hier auch um den einzigen seiner Filme, der zwar nicht anständig vermarktet wurde, aber doch nationale Berühmtheit und Publizität erlangte.) Darum ist *Citizen Kane* der einzige Film, in dem Orson Welles in jeder Hinsicht genau das auf die Leinwand bringen konnte, was ihm vorschwebte.

Es war jetzt schon spät in Guaymas. Die Sonne war untergegangen, aber über der Bucht lag noch ein organgefarbener Schein. Orson war ganz andächtig bei dem schönen Anblick dieser Szenerie, und wir schauten eine Weile hinaus, ohne zu sprechen. Er schien mir melancholisch. *Kane* war sein erster Film gewesen; trotz seiner inzwischen geschaffenen anderen guten Filmarbeiten erinnerten sich die Leute immer noch in erster Linie wegen *Kane* an ihn – und das war ein nicht zu unterschätzender Grund für sein Unglücklichsein. Ähnlich war es mit dem Rundfunk. So viele seiner Sendungen waren weit besser, kreativer und schöner als *The War of the Worlds*, aber das ist die einzige, worüber die Leute immer wieder reden möchten. Und hier hatten wir nun auch noch einen ganzen Tag auf *Kane* verwendet, den einen Film, den er am wenigsten gern diskutiert. Dennoch versuchte ich, einen abschließenden Kommentar von ihm zu bekommen.

PB: Mir scheint, die Erinnerung an deine Mutter findet ihren Niederschlag in den Szenen mit Kanes Mutter.

OW: Überhaupt nicht. Sie war so ganz anders, weißt du.

PB: Ich meine weniger ihren Charakter als Kanes Liebe zu ihr...

OW: Wirklich kein Vergleich. Meine Mutter war sehr schön, sehr großzügig und sehr hart. Sie war sehr streng mit mir.

PB: Gut, aber die Mutter in *Citizen Kane* war keine sentimentale Mutter...

OW: Das ist es nicht. Es gibt einfach keinerlei Verbindung.

PB: Es ist ja auch nicht so sehr die Mutter selbst, sondern die Emotion, die *Erinnerung* an eine Mutter. Nimm doch nur die Szene, wo du Dorothy Comingore kennenlernst und ihr erzählst, du seiest unterwegs auf der Suche nach deiner Jugend, und sie spricht den Satz: „Sie wissen ja, wie Mütter sind." Und du antwortest traurig und nachdenklich, voller Erinnerungen: „Ja." Das ist eine meiner Lieblingsszenen in dem ganzen Film.

OW: Nein, Peter, ich habe keine „Rosebuds".

PB: Aber hast du denn gar kein Gefühl für diesen Teil deiner Vergangenheit?

OW: Nein... Ich habe keine Sehnsucht, wieder dort zu sein... Höchstens nach einer bestimmten Zeit. Nach *einem* Ort. Mein Vater lebte manchmal in China, ansonsten wohnte er in einem winzigen Landgasthof, den er in einem Dorf namens Grand Detour in Illinois gekauft hatte. Das Dorf hatte einhundertdreißig Einwohner. Früher waren es einmal zehntausend gewesen, aber dann führte die Eisenbahnlinie daran vorbei. Und da war dieses Hotel, das erbaut worden war, um die Planwagen auf ihrem Weg nach Westen durch das südliche Illinois zu versorgen (ein richtiges Mark Twain-Land ist das dort, mit Menschen wie Booth Tarkington). Mein Vater verbrachte jedes Jahr ein paar Monate dort und hielt ein paar Freunde frei. Sie bekamen nie eine Rechnung. Und die normalen Hotelgäste, die sich anmelden wollten, hatten es nicht leicht, jemanden zu fassen zu kriegen, auch wenn sie die Glocke auf dem Tresen noch so heftig bearbeiteten. Unsere Bediensteten waren alle Rentner aus dem Showbusineß – oder „im Ruhestand". Ein Herr namens Rattlesnake-Oil Emery war unser Faktotum. Eine der Kellnerinnen hatte früher im Zirkus Vogelstimmen imitiert. Mein Vater liebte solche Menschen.

Wenn ich also eine Art „Rosebud" für mich erkennen soll, dann wäre es vielleicht diese Welt von Grand Detour. Dort eine Kindheit zu verleben – das war wie eine Kindheit im Jahre 1870. Kein elektrisches Licht, Pferdewagen, ein vollkommen anachronistisches, altmodisches, früh-Tarkington'sches, ländliches Leben mit einem ländlichen Krämerladen, der über sich den Ballsaal hatte, mit einem alten Tanzboden, der gefedert war, damit die Leute sich leichtfüßig vorkamen. Als ich klein war, hatte dort oben jahrelang kein Mensch mehr getanzt, aber ich schlich mich heimlich nachts hinauf und tanzte beim Mondenschein, und der Staub wirbelte vom Boden auf... Grand Detour war eine dieser verloren gegangenen Welten, eines jener Paradiese, aus denen man hinausgeworfen wird. Irgendwie war es auch eine Erfindung meines Vaters. Er hielt die Autos fern und das elektrische Licht. Es war wie im „lustigen, gemütlichen Alt-England". Stell dir vor: er räucherte seine Würste selbst. Du wurdest wohl am Morgen vom Lärm der Menschen in der Backstube geweckt – und dann erst die Gerüche... Von diesen kurzen Sommern kommt mein Gefühl, ich hätte meine Kindheit im vorigen Jahrhundert verbracht.

PB: Das erinnert mich an die *Ambersons*. Du hast doch eine Schwäche für die Dinge aus der Vergangenheit, obgleich...

OW: Oh ja. Weil die Menschen ihr Paradies verlieren... Das ist ein Thema, das mich interessiert. Eine Nostalgie, das Heimweh nach dem Garten Eden – das Thema kehrt immer wieder in unserer Zivilisation.

PB: Kane verliert sein Paradies, als die Bank ihn aus seinem Heim vertreibt, und du hast das deine verloren,...

OW: ...in Grand Detour? Der Ort hieß Grand Detour, weil der Rock River dort eine große Schleife macht – es ist fast eine Insel. Ich habe mir noch nicht einmal die Ruine von meines Vaters

Hotel angesehen. Es war wirklich ein wundervolles kleines Fleckchen zu seiner Zeit, etwas wie ein vergessener Ort...
PB: Wie alt warst du in diesen Jahren?
OW: Ich weiß es nicht mehr genau. Es war direkt vor und während meiner Zeit auf der Todd-School. Ein Jahr vor dem Tod meines Vaters brannte es nieder, mitsamt seiner Jade-Sammlung. Er kam im Nachthemd aus dem Feuer, als wir schon dachten, alles sei verloren – kam aus den Flammen und trug einen Vogelkäfig in der Hand und ein gerahmtes Bild von Trixi Friganza unterm Arm. Sie war eine seiner alten Freundinnen gewesen... Kann ich jetzt gehen?
PB: Okay.
OW: Gute Nacht.

3.

NEW YORK

The Magnificent Ambersons • Tarkington und Twain • *Don Quixote* • *The Deep* • *Chimes At Midnight* • *Black Magic* • Greta Garbo • *Cyrano de Bergerac* • Alexander Korda • Russische Dichter • *Around the World in 80 Days*

Orson Welles: *The Magnificent Ambersons* ist der einzige meiner Filme, den ich mir nach seiner Fertigstellung und Erstaufführung angesehen habe.

Peter Bogdanovich: Wann war das?

OW: Der Film lief in Paris, und André Gide, der mich zum Abendessen eingeladen hatte, sagte, wir würden hingehen; da saß ich in der Falle. Es war höchst unerfreulich. Ich wäre weitaus glücklicher gewesen, wenn ich nie gesehen, sondern nur *gehört* hätte, was man dem Film angetan hat. Die ersten fünf oder sechs Akte* waren gar nicht so schlecht. Ich dachte: „Ach, das geht ja noch. Da ist ja nicht zuviel dran gemacht worden – nur ein paar dumme kleine Schnitte." Aber dann kam die Hölle… Es wäre ein viel besserer Film als *Kane* – wenn man ihn so gelassen hätte, wie er war.

> Orsons Suite im Plaza Hotel. Er ist in New York, um sich auf die Aufzeichnung einiger Fernsehshows für Dick Cavett und David Frost vorzubereiten, in dessen Sendung

---

* Akt/pl.Akte = aus der Frühzeit des Kinos erhaltene Bezeichnung für die einzelnen Filmteile; heute rein technisch für eine Rolle der Filmkopie, zwischen fünfzehn und zwanzig Minuten lang. (A. d. Ü.)

The Magnificent Ambersons.

er einen Auftritt und seine dreitägige Mitwirkung als Moderator zugesagt hat. Außerdem versucht er, Geld aufzutreiben für einen Film mit dem Titel *The Other Side of the Wind.* Den ganzen Tag hat immer wieder das Telephon geläutet, und da Orson es immer schafft, sich davor zu drücken, habe ich für ihn den Hörer aufgenommen. Jedesmal gestikulierte er heftig, ich solle bloß wieder einhängen. Aber jetzt ist es später Nachmittag und ruhig.

PB: Wie kam es zu dem *Amberson*-Film?
OW: Nun, wir hatten mit dem Stoff schon im Rundfunk Erfolg; ich spielte George Schaefer einen Mitschnitt der Sendung vor,

und wir beschlossen, das Projekt zu machen. Tarkington* ist ein
ungewöhnlicher Schriftsteller...
PB: Er ist ganz aus der Mode gekommen.
OW: Zu Unrecht. Er verdiente es, sehr viel mehr gelesen zu
werden. Der *Amberson*-Film verdankt seine Qualität zum großen Teil Tarkington. Was wir nicht dem Buch entnommen
haben, wurde seinem Schreibstil sorgfältig nachempfunden. Nur
der dritte Akt war ganz allein von mir – er führt die Handlung in
eine dunklere, härtere Dimension. Ich kann Tarkington gar nicht
genug würdigen. Das Problem ist nur, was er geschrieben hat –
besonders über Kinder – ist heute hoffnungslos veraltet. Gerade
die Kinder haben sich so sehr verändert.
PB: Du meinst die *Penrod*-Geschichten.
OW: Heute kann man sich solche Kinder kaum noch vorstellen.
Aber die Geschichten an sich sind herrlich – wahnsinnig komisch.
PB: Warum ist denn aber Mark Twain noch nicht veraltet?
OW: Weil Twain nicht über Kinder in einem Mittelstands-Milieu
geschrieben hat. Er siedelte sie in einer Art erfundener anarchistischer Welt an, wo die Werte des Mittelstands nur als Parodie
vorkommen; diese Welt liegt am Rande der Zivilisation – draußen
in der Wildnis, auf dem Fluß und in Höhlen, und eben nicht im
Schatten der Ulmen an der Hauptstraße. Twain ist ein Riese, und
Tarkington ist nicht ganz so groß. Twain hat auch mehr Schund
geschrieben als Tarkington; nur seine Meisterwerke haben über-
lebt. Man kann den Rest einfach nicht lesen – ich jedenfalls nicht.
Aber man kann alles von Tarkington lesen, und sogar mit großem
Genuß. Er hatte viel Charme.
PB: Das bewunderst du am meisten, nicht wahr? Charme und
Galanterie. Kann es sein, daß der *Amberson*-Stoff – genau wie
Chimes at Midnight – eine Geschichte über das Ende der
Ritterlichkeit, das Ende der Galanterie ist?

---

* Newton Booth Tarkington, am. Erzähler aus Indiana 1869–1946; 1919 Pulitzerpreis
  für „The Magnificent Ambersons", drei Generationen umfassende Chronik einer
  Familie aus Indiana. (A. d. Ü.)

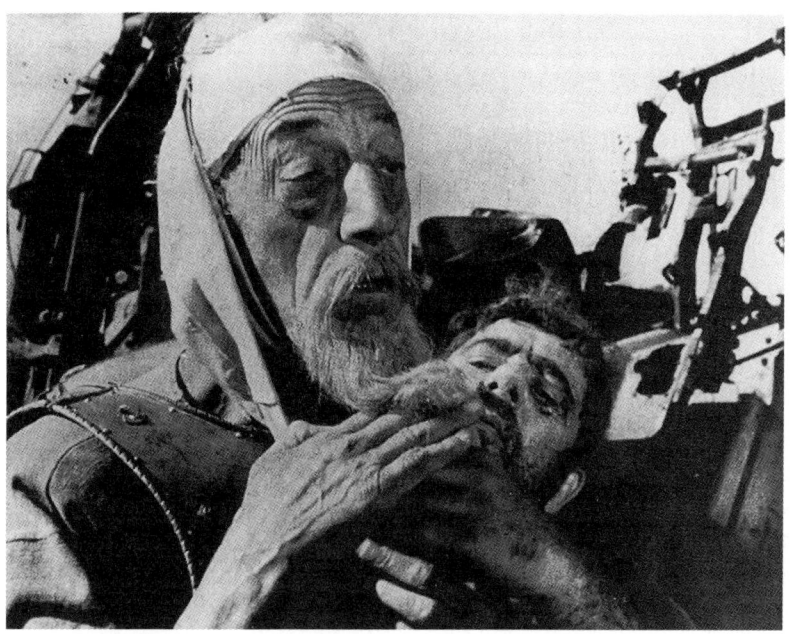

Francisco Reiguera und Akim Tamiroff in *Don Quixote*.

OW: Peter, was mich interessiert, ist die Ideologie hinter diesen überholten alten Tugenden. Und warum sie uns immer noch ansprechen, wenn sie doch, logischerweise, so hoffnungslos irrelevant geworden sind. Darum bin ich doch schon so lange von *Don Quixote* besessen.

PB: Die Idee deines *Quixote*-Films ist doch, ihn zeitgenössisch zu interpretieren?

OW: Dieser Mann kann *niemals* zeitgenössisch sein – das eigentlich ist die Idee. Er war es auch nie. Und doch lebt er irgendwie, reitet selbst heute noch durch Spanien... Daß Don Quixotes Ritterrüstung schon zu Cervantes' eigenen modernen Zeiten ein Anachronismus war, kommt heute nicht mehr sehr gut zum Ausdruck. Ich habe den Anachronismus ganz einfach übertragen. Mein Film demonstriert, daß er und Sancho Pansa zeitlos sind.

PB: Wann glaubst du, den Film beenden zu können?

OW: So werde ich den Film nennen – *When Are You Going to Finish Don Quixote?* [*Lacht.*] Wir haben immerhin 1955 angefangen. Nun, ich hoffe sehr bald. Immerhin, der *Mann von La Mancha* steht uns ins Haus. Vielleicht hätten wir das Geld nicht für *The Deep* ausgeben sollen. Ich hielt es aber doch an der Zeit zu beweisen, daß wir auch etwas *verdienen* können.

PB: *The Deep* basierte auf einem Roman?

OW: Ja, eine gute Geschichte mit dem Titel *Dead Calm* – einen tödlicheren Titel kannst du dir kaum vorstellen, oder? Die ganze Geschichte spielt auf See und in den Booten. Von Anfang bis Ende ist man nicht ein einziges Mal an Land... Wir haben vor einem Jahr, sehr spät, angefangen. Das schlechte Wetter beendete dann unsere Dreharbeiten und, schlimmer noch, unser Hauptdarsteller Michael Bryant hatte ein Engagement an ein Londoner Theater. Darum mußten wir unterbrechen und ein Jahr warten, bis er wieder frei war.

PB: Ich dachte, Laurence Harvey war euer Hauptdarsteller.

OW: Er hat die beste Rolle.

PB: Ich habe in einem Interview gelesen, du sollst Harvey gebeten haben, zu euch zu kommen und es umsonst zu machen.

OW: Larry hat *gesagt*, er habe angeboten, es umsonst zu machen, aber ich habe ihm gesagt, ich brauchte eine Woche Bedenkzeit. Das ist eine seiner komischen Geschichten. In Wirklichkeit verlangte er einen dicken Batzen von dem Film, und ich brauchte eine Woche, um mir *das* zu überlegen. Er hat ihn bekommen, den Batzen, plus 15.000 Dollar Spesen – und das für zwei Wochen Arbeit.

Während *Chimes at Midnight* den Verlust der guten alten Zeiten des Elisabethanischen England beklagt, reflektiert *The Magnificent Ambersons* den Verlust der Unschuld und des „Empfindens für moralische Werte" durch das Aufkommen des Automobils. Obgleich der Film die sterbende Plutokratie kritisiert, erweckt Orson in uns auch Mitgefühl und Sympathie für die zerbrechlichen Figuren der Handlung; gleichzeitig weckt er in uns ein schmerzliches Heimweh nach einem dieser „verlorenen Paradiese", die Orsons Werk wie ein Spuk durchziehen.

PB: François Truffaut hat einmal gesagt, wenn Flaubert den *Quixote* jedes Jahr wieder gelesen hat, warum können wir dann nicht den *Amberson*-Film sehen, so oft wir wollen? Hast du dies Zitat schon einmal gehört?

OW: Nein. Danke, daß du es mir gesagt hast.

PB: Tim Holt, der die sterbende Geldherrschaft repräsentiert, wirkt in seiner Rolle ziemlich unangenehm; und Eugene [Joseph Cotten], der Vertreter des merkantilen Maschinenzeitalters, wirkt sehr anziehend.

OW: Daß er das ganze stinkende Drum und Dran des Automobilzeitalters verkörpert, heißt ja noch lange nicht, daß er nicht ein netter Mensch ist. Er gibt ja selbst zu, daß vielleicht keine gute Sache ist, was er tut. Mein Vater hat auch so empfunden. Er war ein Pionier des Kraftfahrzeugs, hat sich aber schon früh wieder davon abgewendet.

PB: Aus welchem Grunde?

OW: Hatte es wohl satt, glaube ich. Dann erfand er eine Fahrradlampe, die letztlich auf fast allen Automobilen in der ganzen Welt montiert wurde! Er war mit Tarkington befreundet, und tatsächlich hat diese Rolle viel von meinem Vater. Ein Automobil-Fan der ersten Stunde mit einem tiefen Mißtrauen gegenüber den Folgen – einerseits davon fasziniert und andererseits sehr besorgt, was es der Welt antun werde. Cotten spielte die Rolle ganz wunderbar.

PB: Bei seiner großen Rede in der Dinner-Szene – war diese Nummer von dir, wie er da mit dem Löffel spielt, während er spricht?

OW: Ich überlege. Wahrscheinlich war das von ihm. So etwas kommt meistens von den Schauspielern.

PB: Erst als ich den Film zum vierten oder fünften Mal sah, erkannte ich überhaupt irgendein soziales Anliegen.

OW: Man soll sich des Autors auch nicht als Moralprediger bewußt werden. Wenn soziale oder moralische Aspekte zu stark herausgestellt werden, wird mir immer unwohl.

PB: Nun, in den *Ambersons* ist die soziale Komponente so stark in die Geschichte der Menschen integriert, daß sie nie aufdringlich wirkt.

OW: Mußte deswegen ziemlich aufpassen. Das einzige, was ich herausstelle, sind Probleme, die im Charakter begründet liegen.

PB: Übrigens ist Tim Holts Rolle ja sehr verschwommen gestaltet – was für deine sogenannten Schurken nicht ungewöhnlich ist…

OW: Außer daß er in gewisser Weise auch der tragische Held ist.

PB: Weil die Liebe zu seiner Mutter echt ist, auch wenn die Mutter dadurch zerstört wird – aber er wird deswegen moralisch nicht verurteilt. Nicht einmal von der Mutter…

OW: Ich bin kein besonderer Freund vom Verurteilen. Es schränkt ein und bewirkt nichts. Ich signalisiere meinem Publikum immer sehr deutlich, daß man es nicht für die Meinung des Autors halten solle, wenn im Film einer den anderen verurteilt.

PB: Du verurteilst Prinz Heinz in *Chimes* auch nicht, obgleich er sich Falstaff gegenüber schrecklich verhält.

OW: Nun, Heinz wird nicht von ungefähr später König Heinrich V. Er richtet sein kleines, gieriges, walisisches Auge auf künftigen Ruhm und Ehre, von Anfang an. Er sagt es uns das ganze Stück hindurch – er kündigt es geradezu an. Er ist ein komplizierter junger Mann mit einer seltsamen, ziemlich gespenstischen inneren Kälte. Und da ist sein Charme, diese kameradschaftliche *joie de vivre* – alles Teil seiner Berufung, die Grundausrüstung eines perfekten Prinzen im machiavellistischen Sinne. Mit anderen Worten, die schreckliche Kreatur – ein großer Mann von Macht.

Welles als Falstaff in *Chimes at Midnight*.

PB: Hier sind wir bei einem anderen Thema in all deinen Filmen – der Untersuchung der Macht und was sie den Menschen antut.

OW: Da ist dieses Dreieck: der Prinz, sein König-Vater und Falstaff, der eine Art Ziehvater für ihn ist. Im Grunde ist der Film die Geschichte dieses Dreiecks. Als Gegenspieler zu Falstaff steht der König für Verantwortung. Aber bei Shakespeare fasziniert gerade, daß der König selber ein Abenteurer ist – er, der sich widerrechtlich des Throns bemächtigt hat, plädiert für Rechtmäßigkeit. Und Heinz muß den einzig guten Menschen in der Handlung verraten, um sein zwielichtiges Erbe zu verteidigen und sein kaltblütig gewähltes Schicksal als englischer Held zu verwirklichen. Und natürlich ist Falstaff selbst die personifizierte Beleidigung all dieser königlichen und heldenhaften Ambitionen.

PB: Du nennst ihn „den einzig guten Menschen".

OW: Ich halte ihn für einen der wenigen großartigen Charaktere in der gesamten dramatischen Literatur, die einen guten Kern haben. Er ist in demselben Sinne gut, wie es die Hippies sind. Die Komik liegt in den enormen Fehlern dieses Mannes, aber diese Fehler sind so banal: seine berühmte Feigheit ist nur eine Attitüde – ein Witz, den er für sich selbst macht, und an den er auch selbst glaubt; vieles spricht dafür, daß er sogar sehr mutig ist. Aber seine Güte ist elementar – wie Brot und Wein. Er strahlt einfach vor Liebe; er verlangt so wenig und bekommt am Ende, natürlich, nichts.

Selbst wenn es die guten alten Zeiten nicht gegeben hätte – daß wir sie uns überhaupt vorstellen können, ist doch schon eine Bestätigung für die Existenz des menschlichen Geistes. Daß die Vorstellungskraft des Menschen überhaupt fähig ist, den Mythos eines toleranteren, großzügigeren Zeitalters zu schaffen, ist nicht direkt ein Zeichen von Torheit. Jedes Land hat sein „Merrie England", eine Jahreszeit der Unschuld, einen tauhellen Morgen der Welt. Shakespeare besingt diese verlorene Maienzeit in vielen seiner Dramen, und Falstaff – dieser polternde alte Schelm – ist ihre perfekte Verkörperung. All die Schelmenhaftigkeit, den Saufbold, den Lügner und Blender spielt er nur – ein kleines Lied, das er für sein Abendbrot singt. So ist er eigentlich gar nicht.

PB: In dem Film wird das klar.

OW: Aber der Film opfert auch einige der größten Elemente der Komik. Das weiß ich. Ich mußte bewußt auf einige der besten komischen Situationen verzichten, um ihn so zu spielen.

PB: Aber da ist die Träumerei nach der Vergangenheit –

OW: Natürlich, das spielen diese beiden alten Männern ganz wundervoll – Schmächtig und Schaal. Das zeigt uns, was für eine Last ihm die Erinnerungen an die Vergangenheit sind – wie

Falstaff es haßt, etwas davon zu hören. „Die Windsorglocke hat
zwölf geschlagen..."
PB: Du sentimentalisierst das nicht – ebenso wenig wie in den
Ambersons.
OW: Man muß die Erinnerung *ehren*, nicht sentimentalisieren.
Jedenfalls versuche ich es.
PB: Der Kritiker Andrew Sarris hat herausgefunden, daß es
zwischen Ford und dir mehr Gemeinsamkeiten gibt als man auf
den ersten Blick annehmen sollte – weil ihr beide große Achtung
und Liebe für die Vergangenheit empfindet.
OW: Nun, wir sind aber auf ganz verschiedene Vergangenheiten
abonniert. Ich für mein Teil bin tatsächlich am Mythos der
Vergangenheit interessiert – *als Mythos.* Jack Ford ist jemand, der
Mythen *schafft.*

Aus dem „Orson Welles-Almanach" der New York Post,
6. Februar 1945:

Kurz bevor er getötet wurde, besuchte der Prinz von
Dänemark England. Man stelle sich vor, er wäre dort
geblieben und wäre so den Geistern und Friedhöfen (die
er sowieso nicht mochte) aus dem Weg gegangen und
hätte gelebt, bis er alt und dick geworden wäre... Hat er
seinen Namen geändert?...
Shakespeares große Rollen werden in ihren großen
Augenblicken von leidenschaftlichem Abscheu gegen die
Bösartigkeit der Welt getragen. Alle – außer Hamlet. Aus
der Tragödie verbannt, lebt er sündig in London, verlacht
er die Welt – es ist das großartigste Lachen, das in unserer
Sprache existiert. Nur einmal erwischen wir ihn ohne
einen Witz auf den Lippen. „Ich bin alt", sagt der John
Falstaff von Helsingör. „...Ich bin alt."
Das gute Leben wird noch sein Tod. Er hat sich selbst
ruiniert, aber es hat ihm Spaß gemacht. Hamlet oder

Falstaff – nennen wir ihn wie wir wollen – hat seine Sünden nur bereut, weil es derer nicht noch mehr gegeben hat.

Shakespeare, ein geselliger Typ, der sich gern mit seinen Kumpels in der „Mermaid" Witze erzählte, hätte sich bestimmt gewünscht, daß Hamlet nach der Vorstellung einen Drink mit ihm nimmt. Ich denke, Falstaff ist Hamlet – ein alter und bösartiger Hamlet, der diesen Schluck mit ihm trinkt...

PB: Was bedeuten die Blicke, die Prinz Heinz, der König und Falstaff über Percys Leiche wechseln?

OW: Wenn das nicht klar wird, spricht das aber sehr gegen mich, weil die Filmszene eigentlich nicht von Shakespeare ist. Du erinnerst dich: Falstaff rückt damit heraus, er habe Heißsporn getötet (wer weiß, vielleicht ist das seine Art von schwarzem Humor). Als es herauskommt, daß er lügt, schaut der König mit Blicken auf Prinz Heinz, als wolle er sagen: „Solcher Art sind also deine Freunde..." Der Prinz könnte jetzt antworten: „Nein, *ich* habe ihn getötet", aber er sagt es nicht. Warum nicht? Aus purer Sturheit und Dickköpfigkeit in dieser Vater-Sohn-Beziehung.

PB: Faszinierend...

OW: ...wegen Gielgud – er ist außergewöhnlich gut. Es ist eine fabelhafte Rolle, und er gestaltet sie ganz hervorragend.

PB: Die Rolle ist ziemlich vielschichtig.

OW: Er ist besessen von dem Gedanken an Rechtmäßigkeit und das Mysterium der Krone, eben weil er selbst nicht der wahre Erbe ist. Die Krone, wie sie bei Shakespeare verstanden wird, trägt einen ganz besonderen, magischen Zauber. Als der Letzte der Plantagenets dahingegangen war, war auch dieser Zauber aus England gewichen. Das Rittertum starb mit ihm. Der Tod von Heißsporn, dem letzten der echten Ritter, ist der genaue Augenblick, an dem das Rittertum stirbt.

PB: Du hast dem Heißsporn aber auch etwas Lächerliches mitgegeben.

OW: Das ist Shakespeare – das ist keine Verzerrung. Wir lachen manchmal über Heißsporn, aber wir wissen auch, daß er niemals eine Freundschaft verraten könnte.

PB: Heinz könnte gewissermaßen das Symbol für den modernen…

OW: Oh, er *ist* der moderne Mann, keine Frage. Ein Mann der Renaissance, der Tudor – ein Prinz der neuen Art.

PB: Das könnte man nun auf das Automobil in den *Ambersons* übertragen. Eine zwar völlig andere Geschichte, aber –

OW: Tarkington hat nicht Shakespeare geschrieben, und ich auch nicht. Ich weiß aber, was du meinst. Es handelt sich um dieselbe moralische Erbfolge. Shakespeare war sich dessen sehr bewußt. Es begann mit der Renaissance.

PB: In *Chimes at Midnight* gibt es eine Stelle, die erinnert an Richard Bennetts Szene am Kamin in den *Ambersons*.

OW: Wenn *wir* am Feuer sitzen?

PB: Ja, alte Männer, die über ihren Tod sinnieren. Vom Anfang des Films an – wie übrigens bei all deinen Filmen – empfinde ich auch dein großes Engagement für das Alter.

OW: Das ist kein sehr attraktives Thema für einen Dramatiker, keines um darin zu schwelgen – in keinem unserer Medien –, weil es das Letzte ist, was die Öffentlichkeit interessiert. Mich hat das Alter immer fasziniert – als ich zwanzig war nicht weniger als heute, wo es mir schon bedrohlich nahe ist…

Ich hasse den Gedanken, mich zu wiederholen, aber vielleicht hast du recht. Da war dieses Feuer… Zum Teufel, in dem Raum *konnten* wir nur am Kamin sitzen. Ursprünglich sollte diese Szene im Gerippe eines Obstgartens gedreht werden, zwischen mageren kleinen schwarzen Bäumchen im Schnee. Die beiden alten Männer neben Falstaff sollten sich ein paar kleine Vögel am Spieß braten – es sollte eine richtig schlimme, schmierfingerige Altmännerszene werden. Wir verlegten die Szene dann aber nach innen, weil wir keinen Schnee bekamen. David Lean, der im Atelier nebenan *Doktor Schiwago* drehte, reiste mit einer Tausendschaft nach Finnland, Schneeflocken jagen. Ich dagegen suchte mir ein altes Haus… Soviel zu den Anklängen an den *Amberson*-Film.

PB: Du magst es zwar nicht, wenn du darauf gestoßen wirst – aber sind *das* nicht die Dinge, an denen man einen bestimmten Künstler erkennt?

OW [lacht]: Die Tatsache, daß dies ein amüsantes Element kritischer Spekulation ist, ändert nichts daran, daß ich es nicht gern habe, wenn es auf mich angewendet wird!

PB: Der Einfluß des Rundfunks im *Amberson*-Film ist sehr offensichtlich.

OW: Du meinst den Erzählkommentar? Das würde ich gern häufiger in Filmen machen.

PB: Einen Erzähler einsetzen, der ansonsten nicht mitspielt?

OW: Ja, der einfach da ist und die Handlung erzählt. Ich mag das sehr gern.

PB: Tust du das nicht auch mit *Don Quixote?*

OW: Irgendwie schon.

PB: Vermutlich ist das ganz un-cinematographisch?

OW: Ich denke eben, daß das gesprochene Wort im Tonfilm wahnsinnig wichtig ist.

PB: Mich hat der Einsatz der Stadtbewohner als Erzähler der Handlung sehr interessiert.

OW: Eine Art Chor, ja.

Dieses Stilmittel hat Orson übrigens in der Rundfunkproduktion eingesetzt, was sich im Hinblick auf den Film sehr interessant anhört. Sensibel, düster und mitreißend – alle Stärken der Sendung waren für den Film noch einmal gründlich herausgearbeitet und verbessert worden: die ungewöhnliche Konstruktion der Geschichte, Orsons wunderschöne Sprache und sein Sinn für wohlgeformte Sätze. In fast jeder Hinsicht ist die Sendung eine Art feine, klare Skizze für das spätere große Filmgemälde.

PB: Das *Amberson*-Drehbuch gehört zu den dichtesten, die je geschrieben wurden. Zum Beispiel führt der Prolog die handelnden Figuren in drei oder vier verschiedenen Situationen ein, definiert die Zeit, in der die Handlung spielt, sowie deren Sitten und Gebräuche, und alles in den ersten paar Minuten.

OW: Ich bleibe nicht gern lange auf den Dingen sitzen. Das ist einer der Gründe, warum mich Antonioni so langweilt – dieser Glaube, daß eine gute Aufnahme noch besser wird, wenn man nur lange genug draufschaut. Er zeigt uns eine Person, welche die Straße hinuntergeht. Und du denkst: „Ach, er wird doch diese Frau nicht die ganze Straße hinunter verfolgen." Aber das *macht* er. Und dann geht sie aus dem Bild, und man schaut immer noch auf die Straße, nachdem die Frau schon weggegangen ist.

PB: Du hast das Drehbuch für die *Ambersons* allein geschrieben?

OW: Ja. Zum großen Teil auf King Vidors Jacht vor Catalina. Den Rest dann in Mexiko. Mit Molly Kent, dem Scriptgirl aus dem *Kane*; sie hat die Schreibarbeiten erledigt – das beste Scriptgirl, das es je gegeben hat. Dann haben wir geprobt – länger als bei jedem anderen meiner Filme. Es war eine relativ kleine Besetzung, und wir haben alle sehr hart gearbeitet. Ich glaube, wir brauchten fünf Wochen – nicht am Drehort oder so, mit Rücksicht auf Kamerapositionen, sondern nur für Schauspielerproben. Dann nahmen wir von jeder Szene den Ton auf, um ein Bezugsband zu haben, damit wir uns immer anhören konnten, worauf wir uns einmal geeinigt hatten – auch für den Fall, daß wir einmal anderer Meinung wären, später.

PB: Hat das Zeit gespart?

OW: Das hätte es sollen, aber unser Kameramann [Stanley Cortez] war so langsam, daß wir länger drehten als bei jedem anderen Film zuvor.

PB: Du konntest Toland nicht wiederbekommen?

OW: Gregg war mit einem langfristigen Vertrag zu Goldwyn gegangen. Wir erfuhren das erst im letzten Augenblick, so daß wir selbst auch im letzten Augenblick jemand anderen suchen mußten.

PB: Im Prolog herrscht ein leicht spöttischer Unterton, mit Nostalgie gemischt.

OW: Ich glaube, der Mensch neigt dazu, die unmittelbare Vergangenheit – die noch nicht Geschichte geworden, sondern noch schwache Erinnerung ist – als leicht belustigend anzusehen. Das ist typisch amerikanisch. Ich erinnere mich, wie meine eigenen Eltern alte Photos von sich angesehen und darüber gelacht haben.

PB: Warum hast du dich über die Kleidung der Männer lustig gemacht und nicht über die der Frauen?

OW: Weil die Männerkleidung komisch *war,* die der Frauen nicht. Frauenkleider waren früher sehr schön.

PB: Mußtest du die Zeit, in der die Handlung des Films spielt, studieren, oder war sie dir noch vertraut genug?

OW: Für meinen Vater und meine Mutter war das die Zeit, in der sie lebten – und ich war nur einen Schritt davon entfernt. Es war viel leichter, diese Zeit zu bearbeiten, weil man Requisiten und Kostüme dafür auf Lager hatte. Einen Film zu machen, der im 18. Jahrhundert spielt, ist dagegen sehr viel schwieriger, weil die Kleidung, die Möbel und die Perücken nie ganz echt wirken.

PB: Also war das Studium der Zeit kein Problem für dich?

OW: Das tut man schon für einen Film, aber schließlich hat man das sein ganzes Leben lang gemacht, wenn man an solchen Dingen interessiert ist, wie ich es bin. Kostümfilme sind erfolgreicher, wenn es auf dem Theater dafür eine lebendige Tradition gibt. Darum sind die japanischen Filme so gut – die Tradition entstand direkt aus dem Kabuki, dort *weiß* man, wie man das macht. Man glaubt tatsächlich, man sei im Japan des 18. Jahrhunderts, wohingegen niemand glauben würde, im Frankreich des 18. Jahrhunderts zu sein, wenn diese Max Factor-Perücken und der Westmore-Mund, die ausgestopften Schultern und all der andere Plunder auf der Leinwand erscheinen.

Gregory Ratoff während der Dreharbeiten zu *Black Magic*.

PB: Die Haartracht der Frauen ist in Kostümfilmen nie richtig getroffen.

OW: In *Carnival in Flanders* hat der Kostümbildner – Georges Annekov – das aber durchgesetzt. Er hat auch die Kostüme für den Film über Graf Cagliostro gemacht.

PB: *Black Magic.*

OW: Ja, ich glaube, so hieß der Film.

PB: Das war deine erste Filmrolle in Europa.

OW: Ja, wir waren die erste bedeutende Filmgesellschaft, die nach dem Krieg in Europa einen Film gedreht hat. Es war ein turbulentes Erlebnis – die lustigste und amüsanteste Zeit, die ich beim Film hatte. Grischa [Gregory] Ratoff [der Regisseur] war ein drolliger Mann. Er engagierte alle Russen aus ganz Westeuropa – du konntest kein Wort Italienisch am Set hören, noch weniger Englisch. Der russische Kostümbildner hatte ein Freimaurer-Abzeichen auf meinen Hut genäht, weil Cagliostro selbstverständlich Freimaurer *war*. Als der Film dann in Amerika gezeigt wurde, nahmen die Freimaurer daran großen Anstoß, und die Gesellschaft engagierte einen Japaner, der auf jedem einzelnen Filmbild das Freimaurer-Emblem übermalen mußte – und das auf zwei Rollen. Eine gepfefferte Schablonen-Arbeit!

PB: War Ratoff gut?

OW: Ein guter Komödiant, ein großartiger Erzähler. Er war jahrelang bei der Fox – eine Art königlicher Hofnarr von Zanuck. Spielte Gin Rommé mit den großen Produzenten und verlor immer, also besetzten sie ihn in jedem ihrer Filme, um an ihr Geld zu kommen. Der arme Grischa war immer bei ihnen in der Kreide und dachte sich immer tolle Dinger für sie aus.

PB: Warum hast du diese Rolle überhaupt angenommen?

OW: Ich wollte versuchen, allmählich meine Verluste wieder auszugleichen, die ich bei dieser Bühnenproduktion von *Around the World* gemacht hatte, in die ich persönlich ungefähr 350 000 Dollar investiert hatte. Ratoff hatte mich schon jahrelang durch die Fox gescheucht und mich gelockt: „Cagliostro! Denk darüber nach! Schwertkämpfer! Liebhaber! Magier!" Aber tatsächlich war ich schon ein paar Jahre zuvor von der Garbo gebeten worden, die Rolle zu spielen. Sie interessierte sich für diese merkwürdige Frau, die seine Geliebte war. Salka Viertel war mir in ihrem Auftrag auf den Fersen, aber ich wollte mich nicht festlegen, ich weiß auch nicht warum. Es war kurz vor *Two-Faced Woman* und ihrem großen Entschluß aufzuhören.

PB: Wie fandest du sie?

OW: Die Größte…, aber ich sehe an deinem Schweigen, daß du nicht meiner Meinung bist.

PB: Ich denke nur, wenn es *Ninotchka* und *Camille* nicht gäbe, würdest du das nicht sagen, weil –

OW: Wenn es *Don Quixote* nicht gäbe, könntest du auch nicht sagen, Cervantes war der größte Dichter in der spanischen Literatur.

PB: Mein Argument ist aber, daß sie nicht so großartig war, wenn sie keinen wirklich guten Regisseur hatte.

OW: Und schon wieder machst du hier Schleichwerbung für die Regisseure.

PB: Gut ... zurück zu Historienfilmen. Einige Regisseure verwenden Monate auf die Vorbereitung einer historischen Handlung. Du auch?

OW: Nun, ich habe Monate damit zugebracht, als ich *Cyrano de Bergerac* machen wollte. Das ist eine Zeit, die ich nicht allzu gut kenne und auch nicht besonders mag. Ich finde keinen Gefallen an dieser Mischung von Leder, Spitze und Federn – das macht mich ganz kribbelig. Alexandre Trauner und ich versenkten uns gründlich wie die Deutschen in das Thema – und alles für einen Film, den ich dann nie gemacht habe! Ich glaube, jeder Mensch fühlt sich in einigen Zeitaltern mehr zu Hause als in anderen. Über einige muß man eben seine Hausaufgaben machen, weil man nicht das Gefühl hat, schon einmal dort gewesen zu sein.

PB: Ingmar Bergman hat einige historische Filme gemacht, die sehr einfühlsam sind.

OW: Ich mochte *The Seventh Seal* –

PB: Und *Wild Strawberries*.

OW: Darin hat der alte Victor Sjöström eine wahrhaft große Leistung gezeigt – er ist einer der ganz Großen. Wenn ich manchmal auf Bergman nicht so gut reagiert habe, dann ist das bei mir temperamentsbedingt: ich habe etwas gegen seine ganz eigene, nordische Welt.

PB: Du wolltest *Cyrano* verfilmen, das heißt Regie führen und die Rolle selbst spielen?

OW: Ja. Ich habe über dem Projekt etwa neun Monate verloren. Dafür bin ich von Amerika weg. Nie wäre ich nach Europa gegangen, wenn es sich nicht um *Cyrano* gehandelt hätte... Ich hatte eine neue Idee für diesen Stoff. Ich glaube, Cyrano ist in der Geschichte zu früh großzügig gegenüber Christian. Er erfährt, daß Christian auch in Roxanne verliebt ist, und schon im nächsten Augenblick sagt er: „Sehr gut, ich werde sie dir gewinnen!" In meiner Version sagt er das nur, um ihn später aufs Kreuz zu legen und sich selbst als der wahre Quell all dieser wunderschönen Worte zu erkennen zu geben. Erst als Christian in der Schlacht ums Leben kommt, fühlt er sich aus Ehre *verpflichtet*, die Lüge aufrecht zu erhalten. Das hätte ein toller Film werden können. Trauner hat wundervolle Entwürfe gemacht, alles basierte auf Bildern von Callot. Ich dachte immer, ich sei körperlich nicht geeignet für die Rolle des Cyrano; ich meine, er müßte recht kurz geraten sein – ein kämpferischer Winzling, der seine Nase zu allen Leuten hinaufstrecken muß. Darum wollte ich eine Menge Tricks erfinden, um mich kleiner wirken zu lassen. Zum Beispiel übergroße Türen und solche Sachen. Außerdem wollte ich etwas von Coquelin stehlen – das war der Schauspieler, für den das Stück geschrieben worden war. Er hat etwas sagenhaft Tolles gemacht: *seine Nase wurde in jedem Akt kleiner!* Ist das nicht phantastisch? Jedes Mal ein wenig kleiner, so daß sie im letzten Akt überhaupt nicht mehr auffällt. Das habe ich einem ungarischen Schauspieler erzählt, der das Stück letztes Jahr in Budapest probierte. Er blickte mich kühl an und sagte: „Ich spiele es mit *einer* Nase", und stolzierte davon! Übrigens sind mir die ungarischen Juden das liebste Volk auf der Welt – all diese klugen, charmanten, warmherzigen und geistreichen Männer wie [Ferenc] Molnár und Alex Korda.

PB: Wollte nicht Korda den *Cyrano* produzieren?

OW: Ja. Ich habe etliche Jahre meines Lebens damit vertan, *keine* Filme für Korda zu machen. Ich empfinde darum keine Bitterkeit; ich hatte selbst schuld, daß ich mich habe derart faszinieren lassen.

PB: Korda war doch ein recht ordentlicher Regisseur?

OW: Sehr gut, aber ohne Sendungsbewußtsein. Er wollte am liebsten Fürst Metternich sein und wäre in der Rolle besser gewesen als Fürst Metternich selbst. Kein Baron Rothschild hätte vornehmer sein können als er, und es gab niemanden in seiner

Nähe, der ihn nicht anbetete. Außergewöhnlicher Mann: der einzige Produzent, der eine Delegation von Außerirdischen mit gehörigem Aplomb empfangen könnte und auch noch wüßte, wie er die Herrschaften bei Tisch plazieren müßte.

Ich habe ungefähr sechs Filme für ihn vorbereitet, einschließlich *Henry IV* (in einem amerikanischen Kontext), *Salome, War and Peace, Around the World in 80 Days* und zwei Originaldrehbücher. Ja, und dann war da noch *Cyrano*… Nachdem ich mit Ben Hecht das neue Drehbuch vollendet hatte, ging ich mit Trauner [dem Art Director] nach Paris und arbeitete in den dortigen Museen an der Ausstattung und den Kostümen. Die Bilder sollten schon gebaut werden, als Alex zu mir kam und sagte: „Mein lieber Orson, denkst du nicht auch, dieser Mann mit der Nase ist ziemlich öde? Ich habe hier die Chance, 150 000 Dollar zu machen – in harter Währung, mein lieber Orson – darum verkaufe ich den Stoff an die Columbia. Ich weiß, du wirst nicht böse sein…" – Er hatte recht, ich war nicht böse. Und so etwas passierte dann wieder und wieder. Er brauchte Dollars. Und selbst als er auf seiner Jacht die Sau rausließ, rannte er immer noch um sein Leben.

PB: Was ist aus *War and Peace* geworden?

OW: Das war mein erster Nicht-Film für Alex. Wir wollten in der Sowjetunion drehen. Dort wollte man uns einfach alles zur Verfügung stellen – die gesamte Rote Armee für den Rückzug aus Moskau. Genau dieselbe hundertprozentige Unterstützung, die später [Sergej] Bondartschuk bekam. Alex seinerseits wollte Vivien Leigh, Larry Olivier, Robert Donat, Ralph Richardson, den alten Onkel Tom Cobbley und meine Wenigkeit beisteuern.

PB: Du solltest den Pierre spielen.

OW: Das ist meine Rolle.

PB: Du hast ein Drehbuch geschrieben?

OW: Was eine beachtliche Leistung ist für jemanden wie mich, der sich überhaupt nicht mit den Diminutiven russischer Namen auskennt.

PB: Warum wurde nichts aus dem Projekt?

OW: Der Kalte Krieg hat uns umgebracht. Außerdem trennten sich die Wege von Alex und der MGM.

PB: Wo sind denn die Drehbücher von all diesen Filmen geblieben?

OW: Ich bewahre sie immer nur so lange auf, wie ich denke, daß sie noch eine Chance haben. Die meisten sind allerdings in Spanien mit verbrannt.

PB: Zu einer Zeit wolltest du auch *Crime and Punishment* verfilmen…

OW: Nicht für Alex, aber, ja, ich hatte da so ein Angebot, aber mehr auch nicht. Ich glaube auch nicht, daß ich das gut gemacht hätte. Es gibt viele Dostojewski-Spezialisten, die besser sind als ich. Meine russischen Schriftsteller sind Tolstoi und Turgenjew, Gogol und Tschechow.

PB: Was wurde aus den anderen Korda-Projekten – zum Beispiel *Salome*.

OW: Es war viel mehr Wilde als Welles im Drehbuch, aber es war Alex' Idee. Er hatte Eileen Herlie die Titelrolle versprochen. Ich wollte ein Kätzchen, er wollte eine Katze; wir beide haßten Unstimmigkeiten, und so waren wir erleichtert, als ihm das Projekt langweilig wurde.

PB: Du hast *Around the World in 80 Days* für die Bühne produziert?

OW: Ja, mit Alex als Junior-Partner. Am Anfang, als mir die Idee für ein Musical aus diesem Stoff gekommen war, brachte ich es zu Cole Porter. Cole überredete mich dann, es von Mike Todd poduzieren zu lassen, weil Mike ein so umtriebiger Organisator war. Also schrieb ich das Script, Cole schrieb die Partitur, und dann brachten wir das Ganze zu Mike. Er sagte: „Großartig", und wir fingen mit den Proben an. Aber nach etwa fünf Tagen stellten wir plötzlich fest, daß Todd pleite war. Ich hatte nun die Wahl, all die Kids nach Haus zu schicken oder die Show am Laufen zu halten. Und ich Idiot habe dann mein ganzes Geld hineingeschossen. Oder fast alles. Alex war ein bißchen mit drin, und außerdem besaß er die Rechte an Jules Verne. – Von New York aus wollten wir mit dem Stück nach London gehen, wo Alex einen enormen Erfolg im Drury Lane vorhergesagt hatte. Aber die englischen Gewerkschaften wollten uns nicht die Benutzung unserer amerikanischen Bühnenbilder und Kostüme erlauben. Eine Neuanfertigung hätte zuviel gekostet, weshalb wir alles rausgeschmissen und verbrannt haben. Dann dachten wir daran, einen Film daraus zu machen. Als ich in Nordafrika war, drehte ich sogar ein paar Tage für den Film – lauter Zeugs, das normalerweise das Zweite Team machen würde. Wiederum schrieb ich ein Drehbuch; und wiederum verkaufte Alex es mir unter dem Hintern weg. Und wem hat er es verkauft? Mike Todd.

PB: Einschließlich des Drehbuchs?

OW: Wohl nur die Rechte, vermute ich einmal. In Todds Film waren von meinen Ideen nur noch ein paar schemenhafte Reste enthalten. Als wir zum Beispiel die Broadway Show in Angriff nehmen wollten und Mike diese produzieren sollte, erklärte ich ihm, daß die Bühnenbilder – es waren achtunddreißig – auf Filmen von [Georges] Méliès basieren würden. „Wer ist das?", fragte Mike, und ich erzählte ihm von Méliès. Jetzt beginnt Mikes Film – völlig unsinnigerweise – mit einem Ausschnitt aus Méliès' Film *Trip to the Moon*.

PB: Was hältst du von ihm?

OW: Toots Shor hat es treffend formuliert. Todd war angeblich ein alter Freund von Toots, und als er in diesem Flugzeug verunglückte, ist man zu Toots gegangen – der immer für eine Träne gut ist, wenn einer der alten Kumpane sich an die große Bar im Himmel absetzt – und hat zu ihm gesagt: „Mike Todd ist gerade mit einem Flugzeug abgestürzt." Toots sagte: „Also, ich weiß nicht, was Mike war, als er *abstürzte*, aber als er in das Flugzeug *einstieg*, war er ein verdammter Hurensohn."

PB: Warum um alles in der Welt hast du nur bei diesem TV-*Special* über Todd mitgemacht?

Around the World in 80 Days.

OW: Brauchte das Geld. Aber sein Sohn hat dann – nachdem ich meinen Auftritt hinter mir hatte – meiner Sekretärin und mir am Abend mitgeteilt, es sei kein Geld vorhanden, um uns zu bezahlen. Und da wir keinen Vertrag hatten – was sollten wir machen?

PB: Das kann doch nicht wahr sein!

OW: Doch, aber dann kam die Nachricht von der Kopieranstalt, daß einiges Material verdorben sei, und er mußte mich nochmals bitten. Einer dieser seltenen, kleinen, freudvollen Augenblicke…
PB: Und du sagtest…
OW: „Diesmal darf's ruhig ein wenig mehr sein, und bar auf die Hand, bevor wir anfangen."
PB: Deine Bühnenproduktion *Around the World*…
OW: Ich wünschte, du hättest sie gesehen, Peter.
PB: Sie gefiel dir?
OW: Ja, doch, ich geniere mich nicht, das zuzugeben.

> Bertolt Brecht hat sich eine Matinee dieser Produktion während der Vorbereitungs-Tournee (Frühling 1946) in Boston angesehen, und laut Richard Wilson, der dabei war, kam er nach der Vorstellung hinter die Bühne, um Welles zu sagen, es sei das Schönste gewesen, das er je auf dem amerikanischen Theater gesehen hätte. Wilson, der in mehreren Funktionen an der Produktion mitgearbeitet hatte, beschrieb die Aufführung als „eine *shoestring*-Produktion – sparsam, aber auf ganz großem Fuße".

PB: Haben damit nicht deine Steuerprobleme angefangen? Du durftest doch die Kosten der Produktion nicht absetzen.
OW: Ja – da hatte man mich falsch beraten.
PB: Hast du auch Filme in der Aufführung verwendet?
OW: Ja, einen Sturm auf hoher See, einen Bankraub und einige ähnliche Dinge.
PB: Hat Todd dich gebeten, eine kleine Gastrolle in seinem Film zu übernehmen?
OW: Ich bin der einzige, den er nicht gebeten hat. Aber das konnte er auch wohl nicht.
PB: Wie fandest du den Film?
OW: Es ist gar nicht so leicht, über diesen Stoff einen schlechten Film zu machen. David Niven, ein wunderbarer Schauspieler,

war in der Hauptrolle eine Fehlbesetzung. Das Besondere an Phileas Fogg ist, daß er eben kein „Swinger" ist, sondern vielmehr der größte Spießer aller Zeiten. Aber Niven, weißt du, setzt seinen Hut schräg auf. Fogg muß ihn gerade über den Ohren haben. Aber mir gefiel dieser Ballon.

PB: Warum, glaubst du, war der Film so erfolgreich?

OW: Verkaufsstrategie. Mike konnte alles verkaufen. Er hätte sogar als Jahrmarkts-Wundertäter ein Vermögen gemacht...

————

PB: Wenn man an den *Amberson*-Film denkt, sieht man immer die große Treppe vor sich.

OW: Nun, das Herz eines pompösen Hauses war seine pompöse Treppe. Das war wie in einem Palast. Hier finden zwar keine adligen Defilees statt, aber die Leute geben das nicht gern zu. Ich hatte Großtanten, die lebten in Häusern – genau wie dieses. Eines der Häuser hatte einen Ballsaal im obersten Stockwerk, genau wie bei den Ambersons.

PB: Im obersten Stockwerk?

OW: Im dritten, nicht auf dem Dachboden. Und irgendwann hat jemand daraus eine Golfanlage gemacht – ihr zweiter Ehemann, glaube ich. Ich erinnere mich an diese schrecklichen kleinen grünen Filzhügelchen, die über den ganzen alten Ballsaal verteilt waren.

PB: Tim Holt war in dem Film unbeschreiblich gut.

OW: Außergewöhnlich gut... Einer der interessantesten Schauspieler, die man je in amerikanischen Filmen gesehen hat, aber er hatte sich entschieden, nur Cowboys zu spielen. Hat zwei oder drei wichtige Filme in seiner Karriere gedreht und sich sehr gehütet, noch mehr zu machen – er ging gleich wieder zu seinen Western über, mit denen er seine Brötchen verdiente.

PB: Er lebt jetzt irgendwo in Oklahoma.

OW: Stimmt. In der Zusammenarbeit war er der beste Kumpel, den du dir vorstellen kannst. Wir haben uns alle möglichen Filme angesehen, bis wir ihn endlich gefunden hatten. Dann schauten wir uns viele Schnellproduktionen an, in denen Tim mitgewirkt hatte – und danach waren wir uns absolut sicher. Es war eine glückliche Entscheidung.

PB: Er hatte eine kleine Rolle in *Stagecoach*.

OW: Und machte eine ungeheure Menge Stunts in dem Film, über die er sagt, Ford habe sich alle erdenkliche Mühe gegeben, ihn dabei umzubringen. Er liebte Ford, aber wie jemand, der einige Kriege durchgemacht hat. Ich habe ihn ausgehorcht über Jack, stundenlang.

PB: Seine Rolle in den *Ambersons* war die größte, die er bis dahin gespielt hatte. Für Anne Baxter genauso – es war eine ihrer ersten.

OW: Ja. Sie ist übrigens Frank Lloyd Wrights Enkeltochter.

PB: Ach ja?

OW: Ja. Der alte Herr besuchte uns immerfort während der ganzen Drehzeit und machte vernichtende Bemerkungen über die Ausstattung. Ich sagte immer wieder: „Aber Mr. Wright – wir sind ganz Ihrer Meinung. Das *muß* aber so sein." Er konnte gar nicht darüber hinwegkommen, wie schrecklich es war, daß Menschen überhaupt in solchen Häusern gelebt hatten. Oh mein Gott, was für ein wunderbarer alter Mann! Was für ein Künstler und was für ein Schauspieler!

PB: Wie kamst du dazu, Dolores Costello zu besetzen?

OW: Ich hatte zuerst an Mary Pickford gedacht. Ich sprach lange mit ihr, und beinahe hätte sie es gemacht – jetzt bin ich froh, daß sie es nicht gemacht hat. Ich glaube nicht, daß sie die Richtige gewesen wäre. Schließlich dachten wir an Miss Costello. Holten sie aus ihrem tiefsten Ruhestand zurück. Man hätte nun denken können, sie wollte sich mal ansehen, worauf wir hinauswollten. In den Proben, meine ich. Aber sie war überhaupt nicht bei der Sache. Nichts Böses – sie hatte einfach keine Lust mehr, Schauspielerin zu sein.

PB: Sie war die Tochter des ersten männlichen Stummfilmstars Maurice Costello?

OW: Ja – der als Statist in *Kane* mitwirkte. Und sie war Jack Barrymores Ex-Frau, nicht zu vergessen.

PB: Hat er je zu dir irgendwelche Bemerkungen über sie gemacht?

OW: Ja, etwa „deine *bizarren* Ideen für die Besetzung" – oder so ähnlich.

PB: Es ist ein herzzerreißender Augenblick, wenn George's Mutter stirbt. Du erzählst das im Film, indem du Tante Fanny ihn umarmen und ihm sagen läßt: „Sie hat dich geliebt, George" – und dann sofort ausblendest.

OW: Diese Szene hat darunter gelitten, daß man einige der vorangehenden Szenen herausgeschnitten hat.

PB: Einiges davon ist noch da.

OW: Einiges – aber unzusammenhängend. Die vollständige Fassung machte diesen plötzlichen Schluß viel wirkungsvoller.

PB: Kürzlich las ich in einem Zeitungsinterview mit Jo Cotten, er habe gesagt, du wolltest einen neuen Schluß für den *Amberson*-Film drehen, da der alte zerstört sei.

OW: Ja, vor ein paar Jahren hätte ich beinahe die Gelegenheit gehabt, dem Film einen neuen Schluß zu geben. Aber ich habe es nicht finanzieren können. Der Typ, der den Film für mich auslösen wollte, ist von der Bildfläche verschwunden. Die Idee war, die Schauspieler, die noch am Leben sind – Cotten, Baxter, Moorehead, Holt –, zu nehmen und einen vollkommen neuen Schluß zu drehen, zwanzig Jahre danach. Auf diese Weise hätten wir den Film vielleicht neu vermarkten können, und zum ersten Mal hätte er ein großes Publikum erreichen können.

Du siehst, unsere eigentliche Absicht war, eine goldene Welt zu zeigen – eine, die es fast nur noch in der Erinnerung gibt –, um dann zu zeigen, was aus ihr geworden ist. Nachdem wir diese Traumstadt aus der „guten alten Zeit" vorgeführt hatten, war es eigentlich unsere Absicht zu zeigen, wie das Automobil alles zerstört – nicht nur die Familie, auch die Stadt. All das ist nicht mehr drin. Übrig geblieben sind nur die ersten sechs Akte. Dann hat man den Film willkürlich beendet, indem man eine Reihe plumper, übereilter Ideen hineingefummelt hat. Die schlechte, schwarze Welt war angeblich unzumutbar für das Publikum. Mein ganzer dritter Akt ging durch diese hysterische Pfuscherei verloren. Es *war* hysterisch. Sie ließen alle Leute daran herumschneiden, deren sie habhaft werden konnten...

PB: Wann hast du den Kommentar aufgenommen?

OW: In der Nacht bevor ich nach Südamerika flog, um mit den Aufnahmen zu *It's All True* zu beginnen. Um vier Uhr morgens betrat ich das Synchronstudio, nahm das Ganze auf und stieg dann ins Flugzeug nach Rio – an das Ende der Zivilisation, wie wir sie kennen...

Da Orson knapp eine Woche nach Beendigung der Dreharbeiten zu dem Amberson-*Film nach Rio aufbrach, mußte er seine Anweisungen für den Schnitt von dort aus per Telephon und Telegramm geben. Das war nicht gerade ideal, aber der Karneval in Rio, den man für* It's All True *brauchte, fing gerade an. Man konnte schließlich diesen nationalen Feiertag nicht verschieben, und also auch nicht den Tag des Drehbeginns. Robert Wise war damals der* Amberson-Cutter; *kürzlich hat er mir folgendes geschrieben:*

Während der letzten Hälfte der Aufnahmen zu *The Magnificent Ambersons* führte Orson tagsüber bei seinem Film Regie und stand zusätzlich nachts als Darsteller in dem Film *Journey into Fear* vor der Kamera; er hatte sich plötzlich entschlossen, dieses Vorhaben zu aktivieren, um seine Verpflichtungen bei der RKO abzuarbeiten, ehe er nach Rio aufbrach.

Wir hatten schon viele Vorarbeiten für den *Amberson*-Filmschnitt erledigt, als Orson wegen seiner Reise nach Südamerika plötzlich zu einer Konferenz nach Washington mußte. Über einige Teile des Rohschnitts hatte ich noch keine endgültige Entscheidung von ihm bekommen... Und jetzt reichte einfach die Zeit nicht aus, alles fertig zu machen, ehe Orson in Washington sein mußte. Also verfuhren wir wie folgt:

Ich fuhr nach Miami und ließ mich im dortigen Fleischer Cartoon Studio häuslich nieder; mit mir nahm ich etliche Rollen des Films, die noch einer weitergehenden Bearbeitung bedurften. Orson kam dann nach seiner Washingtoner Konferenz herunter nach Miami, und wir verbrachten drei Tage und Nächte rund um die Uhr mit dieser zusätzlichen Arbeit. Am vierten Morgen, kurz nach Sonnenaufgang, verabschiedete ich Orson dann, der mit dem Wasserflugzeug nach Südamerika aufbrach. Ich kehrte auf der Stelle mit dem Film nach Hollywood zurück und setzte die Fertigstellung des Schnitts, wie wir ihn festgelegt hatten, fort und komplettierte den Ton und die Filmmusik, um eine Kopie machen zu lassen, mit der ich eigentlich nach Südamerika reisen sollte, um sie Orson vorzuführen... [Jedoch] verhinderte das Flugembargo der Regierung, das gerade in Kraft getreten war, daß ich persönlich zu Orson fliegen konnte. Es war also jene Schnittfassung des Films (die ich – wieder in Hollywood angekommen – fertiggestellt hatte, als Orson nach Rio weitergereist war), die ihm dann zur Prüfung nachgeschickt wurde, und aus der wir dann, auf diese weite Entfernung, den Endschnitt herzustellen versuchten.

Der Filmschnitt ging mit aller Kraft weiter, es gab keine echten Probleme, über einen Monat lang. George Schaefer wollte unbedingt, daß der Film als Oster-Attraktion der RKO herauskäme, und da es schon Februar war, als Orson abreiste, war der Zeitdruck erheblich, wenn der Film rechtzeitig fertig werden sollte. Es gab auch Pläne, die Weltpremiere des Films in Rio stattfinden zu lassen –

einer von Orsons Vorschlägen zur Verbesserung der Beziehungen mit Südamerika –, und er beabsichtigte, den portugiesischen Erzählkommentar selbst zu sprechen, wozu er gerade die Sprache erlernte. Als das Werk kurz vor der Vollendung stand, erhielt Orson am 16. März 1942 plötzlich das folgende Telegramm von Wise:

Lieber Orson: Als ich über Stand der Dinge *Ambersons* berichtete, erbat Mr. Schaefer unerwartet Vorführung *Ambersons* heute für sich und Koerner [Charles W. Koerner, der bald – als Nachfolger von Schaefer – Chef der RKO werden sollte; er war auch maßgeblich beteiligt am verhängnisvollen Bruch zwischen Welles und der Filmgesellschaft] und für vier andere mir unbekannte Herren, vermutlich Geschäftsführer von Eastern*. Im Anschluß an Vorführung untersuchte Schaefer Möglichkeiten Länge zu kürzen. Hat angeordnet, daß ich Film für *sneak* Preview** bei *Tuesday Nite* vorbereite mit folgenden Schnitten: beide Veranda-Szenen und Fabrik. Habe Jack Moss benachrichtigt [Welles' Busineß-Manager und während seiner Abwesenheit stellvertretender Produktionsleiter].

Die erste Preview fand am darauffolgenden Tag, dem 17. März 1942, im Fox-Filmtheater in Pomona, Kalifornien, statt. In diesem Stadium dauerte der Film etwas über zwei Stunden, obwohl bereits drei von Welles' Szenen herausgeschnitten waren. Der Film lief nach The Fleet's In, *einem Dorothy Lamour-Musical, also vor einem Publikum, das*

---

* Eastern = Eastern Productions Inc., Filmgesellschaft mit Sitz in New York. (A. d. Ü.)

** sneak preview = inoffizielle erste Aufführung eines neuen Films zum Testen der Publikumsreaktion, bei der man vorher nicht weiß, um welchen Film es sich handelt. (A. d. Ü.)

nicht gerade in der richtigen Stimmung für einen Film wie
The Magnificent Ambersons *war, obgleich tatsächlich von*
den 125 eingesammelten Abstimmungskarten 53 positiv
waren. Aber die 72 negativen Stimmkarten und die hörbar
schlechte Reaktion des Publikums – das war es, was die
anwesenden Geschäftsführer beeinflußte.
Die Karten fragten unter anderem: „Hat Ihnen dieser
Film gefallen?" Hier ist eine Auswahl aus den Antworten:

Ja. Dieser Film ist hervorragend. Regie, Schauspieler,
Kameraführung und Spezial-Effekte sind das Beste, was das
Kino bis jetzt geboten hat. Es ist bedauerlich, daß die
amerikanische Öffentlichkeit, wie in diesem Theater repräsentiert, unfähig ist, gute Kunst zu würdigen. Der Film
könnte, vielleicht, wegen einiger Längen kritisiert werden...

Nein, der schlechteste Film, den ich je gesehen habe.

...Zu dramatisch und überzogen, aber in Teilen sehr
künstlerisch...

Mir nicht. Die Leute wollen lachen und sich nicht zu
Tode langweilen.

Ja. Der Film wird aber vom normalen Publikum nicht
angenommen werden, weil es im ganzen zu verdammt
ignorant ist...

Mit gefiel er nicht. Ich konnte den Film nicht verstehen.
Zu viele Handlungsfäden.

Nein. Ein schrecklicher, verzerrter Alptraum...

Ja, er hat mir gefallen, aber ich denke, er war für das Publikum zu hoch. Er war sehr deprimierend und nervenaufreibend, aber doch, wenn ich an den Film zurückdenke, kann ich seine Pluspunkte erkennen.

Großer Mist.

Der Film ist ein Meisterwerk mit perfekter Kameraführung, Ausstattung und sehr guten Schauspielern. Wahrscheinlich zu tiefgründig für den dummen Durchschnittsmenschen. Ich war angewidert von der Art, wie manche Leute diesen Film aufgenommen haben, der wahrlich Kunst in die Filmindustrie bringt. Jeder einzelne Künstler verdient ein großes Lob.

Müll.

Außerordentlich guter Film. Die Kameraführung kann es mit der hervorragenden Photographie in *Citizen Kane* aufnehmen... Schade, daß das Publikum so wenig Verständnis zeigte.

...Zu viele sonderbare Kameraeinstellungen. Der Film sollte ausrangiert werden, weil es kriminell ist, den Leuten ihr sauerverdientes Geld für einen derartig *künstlerischen* Schund abzuknöpfen, wie Mr. Welles ihn uns verkaufen möchte... Mr. Welles sollte wird wieder zum Rundfunk zurückgehen, hoffe ich.

Zu viele Schatten, und die Szenerie war zu dunkel.

Nein, er ist genauso schlecht, wenn nicht schlechter als *Citizen Kane*.

Ich meine, der beste Film, den ich je gesehen habe.

Wir brauchen keine Problemfilme, besonders jetzt nicht... Macht Filme, die uns vergessen, nicht erinnern helfen.

...Warum liebt man denn gute Kunst? Es fällt schwer, das in fünf Zeilen auszudrücken.

Previews sind als Maßstab für die tatsächliche Reaktion des Publikums bekanntermaßen unzuverlässig. Dennoch halten viele Produzenten dieses Ritual immer noch in Ehren – nur wenige haben von Darryl Zanuck gelernt: Ein Jahr vor der ersten Amberson-Preview *hatte die Fox John Fords* The Grapes of Wrath *in einer Preview gezeigt und eine fast ebenso schlechte Reaktion wie auf den Welles-Film erhalten. Mit diesem Ergebnis konfrontiert, ging Zanuck gründlich in sich und hatte bald die Antwort: „Ausliefern – und keinen Meter ändern." Seine Zuversicht wurde mehr als belohnt, denn* The Grapes of Wrath *wurde einer der berühmtesten und am besten rezensierten Filme in der Geschichte der Fox.*

RKO indes hatte keine derartigen Absichten. Nach weiteren Schnitten wurde der Film ein zweites Mal der Öffentlichkeit vorgestellt, und zwar am 19. März im United Artists Theatre in Pasadena – im Anschluß an die Fliegerstory Captains of the Clouds *mit James Cagney. Welles' Original war um 17 Minuten gekürzt worden und dauerte nun 115 Minuten. Bei dieser Vorführung waren nur 18 von 85 eingesammelten Karten negativ.*

Wäre der Film nun so belassen worden, wäre er der Originalfassung immer noch recht ähnlich gewesen; obgleich um 17 Minuten gekürzt, war der geistige Inhalt des Films nicht beeinträchtigt. Es waren keine neuen Sze-

nen mehr gedreht worden, und vor allem der entschei-
dende „letzte Akt" war noch intakt. Doch nichts konnte
offensichtlich die Erinnerung an die erste Preview aus-
löschen, und Panik setzte ein. Zusammen mit Kopien der Abstimmungskarten erhielt
Welles einen freundlichen, aber besorgten Brief von Schae-
fer, datiert vom 21. März, worin beide Previews beschrie-
ben werden. Hier einige Auszüge:

Solange ich in diesem Geschäft bin, habe ich noch nie soviel
Strafe einstecken müssen oder so gelitten wie bei der
Preview in Pomona ... besonders, wenn ich bedenke, daß
wir über eine Million Dollar in den Film investiert haben. Es
war, als ob ich einen Kinnhaken nach dem anderen bekommen hätte – zwei Stunden lang.

In unseren anfänglichen Gesprächen haben Sie die niedrigen Kosten hervorgehoben – daß Sie Filme für deihundert-
bis fünfhunderttausend Dollar machen würden, und nun
haben wir bei unseren ersten beiden Filmen schon Investi-
tionen von über zwei Millionen gemacht. Wir werden an
Citizen Kane nicht einen Dollar verdienen, und aus heutiger
Sicht werden wir noch nicht einmal unsere Kosten einspie-
len. Die endgültigen Zahlen für die *Ambersons* müssen erst
noch abgewartet wrden, aber es sieht nach „Rot" aus.

All dieses gemahnt mich an eine einzige Notwendigkeit –
daß wir uns einmal ernsthaft unterhalten müssen. Orson
Welles muß etwas Kommerzielles machen. Wir müssen
unbedingt weg von diesen „gewollt künstlerischen" Filmen
und zurück auf den Boden der Tatsachen. Das Publikum
erziehen ist teuer, und Ihr nächster Film muß für die Kasse
gemacht werden.

Danach wurde alles nur noch schlimmer. Zwischen dem
23. und dem 25. März fand ein heftiger Austausch von

Telegrammen zwischen Welles und Jack Moss statt –
wobei Moss die exakten Schnitte, die für die beiden Pre-
views gemacht worden waren, detailliert niederlegte und
noch viel drastischere Schnitte skizzierte, die von Wise,
Joseph Cotten und ihm selbst vorgeschlagen worden
waren. Welles antwortete:

Kann von hier aus ohne Bob [Wise] nichts dazu sagen ...
habe wahrscheinlich zum Teil unrecht, aber kann nicht
entferntesten Sinn erkennen in einzelnen Schnitten von Dir
Bob Joe,

...und machte den Vorschlag, nachträglich einen Satz neu
zu synchronisieren, über den man nur lachte – es wurde
allmählich klar, daß Wise nicht nach Rio kommen würde.
Eine Filmkopie allerdings kam an, und Wise schickte eine
detaillierte Analyse, wie der Film in den beiden Previews
gezeigt worden war, mit Vorschlägen für weitere Schnitte.
Am 27. März kabelte Orson acht Seiten genaue Einzel-
heiten sorgfältig erläuterter – häufig winziger – Schnitte,
die er bereit war zu machen – viele waren für seine
Verhältnisse ziemlich rigoros, wenn wir berücksichtigen,
wie er heute darüber denkt. Aber seine Änderungsvor-
schläge hätten – wie er es ausdrückte –

nichts herausgeschnitten, was wichtig für Handlung oder
Charakter der Personen, sofern nicht an anderer Stelle
enthüllt.

Viele seiner Instruktionen sind nicht angenommen worden.
Er hat sogar den Text für ein paar neue Szenen geschickt
sowie Anweisungen, wie sie gedreht werden sollten – alles
in einem verzweifelten Versuch, Form und Substanz des
Films zu erhalten:

Neue Szene (George findet Isabel bewußtlos) wird phantastisch, wenn Kamera nah genug ran- und mit runtergeht, wenn er zu Boden geht – sie in Arme nimmt für Abblende. Betone nochmals enorm wichtig, daß diese Einstellung besonders schön gestaltet wird – Musik sehr laut.

Das ist nie gedreht worden.

Er versuchte, den Film immer weiter zu verbessern und schickte Anweisungen, die in ihrer Art typisch sind für die Arbeit an Nachaufnahmen:

Erzählkommentar ... während des ganzen Films ein wenig zu leise. Konsonanten und Zischlaute zu scharf. Das muß herausgefiltert werden, auch Musik tut manchmal weh.

Welles beendete sein Telegramm so:

BLENDE AUF Eugenes Auto kommt an und hält vor der Pension. Dann Pensions-Szene durchspielen wie in jetziger Version. Einzige notwendige Änderung hier komische Schallplatte. Norman [Foster, Regisseur von *Journey into Fear*] klingt zu seriös. Nehmt euch Ray [Collins] als Gegenspieler, der wie gewitzter Vaudeville-Komödiant mit fester Stimme klingen sollte...
...Nachspann muß ornamental gemacht werden. Zur Hälfte ornamental oder Negativeffekt. Jede Form ist recht, nur nicht einzeln abgesetzte Titel wie in jetziger Version. Wenn photographische Tricks unbefriedigend, vorschlage Zeichnungen mit Feder und Tinte vereinfachter Gibson-Stil weiß auf schwarzem Feld oder ähnlich ansprechende, zarte, elegante Wirkung... [Das ist nie gemacht worden; der Nachspann blieb wie er war, in Einzeltiteln.]

PB: Warum hast du selber von Rio aus so viele Schnitte vorgeschlagen?

OW: Ich wollte versuchen, etwas zu retten. Ich saß dort unten fest. Ich konnte nicht weg, bekam eine Schreckensmeldung nach der anderen über diesen fürchterlichen Film, den ich da gemacht hatte. Nicht nur RKO – auch meine eigenen Leute bekamen es mit der Angst.

PB: Es berührt dich also doch, was deine Freunde denken und empfinden. Hatte dein Selbstbewußtsein gelitten?

OW: Gelitten? Das kann man wohl sagen. Ich erinnere mich, daß sogar Jo Cotten mir nach Südamerika schrieb. Ich hätte ja keine Ahnung, schrieb er mir, wie schrecklich beklemmend der letzte Teil wirklich sei – jetzt, wo sie den ganzen Film *vor Publikum* gesehen hätten. Also empfanden auch Menschen, die durchaus meine Interessen im Herzen hatten, daß ich zu weit gegangen war. Ich glaubte es damals nicht und glaube es immer noch nicht.

Auszüge aus Cottens Brief vom 28. März 1942, knapp zwei Wochen nach der ersten Preview:

Lieber Orson,
in Fällen wie bei dieser Großen Meinungsverschiedenheit über Montage und Schnitt des *Amberson*-Films sagen die Leute gewöhnlich „es ist nicht persönlich gemeint", als Entschuldigung dafür, daß sie sagen, was sie denken…
Ich für mein Teil habe keinerlei geschäftliche Interessen an dem *Amberson*-Film, an der Mercury oder an Dir; aber starke persönliche Gefühle gegenüber allen dreien, besonders Dir gegenüber, und was immer ich auch sage – ich weiß, Du wirst es persönlich nehmen, und ich möchte das auch.
Ich habe mich oft geirrt, wenn es zwischen uns um Drehbücher oder Handlungsabläufe ging, und ich gebe zu, daß es mir an intellektuellen Konzepten und Kunstverstand mangelt. Allerdings habe ich einen zuverlässigen Instinkt – und wie oft ich mich auch über

unsere gerade diskutierten Ideen getäuscht haben mag, so oft hatte ich doch recht, was die Reaktion des Publikums anlangte. Inzwischen kenne ich auch Deine Reaktion auf das Publikum ziemlich gut, und ich schreibe Dir heute, weil ich weiß, daß Du mit der Atmosphäre im Kino während der Vorführungen in der letzten Woche alles andere als glücklich gewesen wärest. Als der jetzige Titel *The Magnificent Ambersons – eine Mercury-Produktion von Orson Welles* auf der Leinwand erschien, gab es ein wunderbares Gemurmel froher Erwartung im Publikum, das mir warm zu Herzen ging und sich herrlich anhörte. Schon der erste Ton Deiner Stimme wurde mit Applaus begrüßt. Sicherlich war es von mir nicht vermessen anzunehmen, das Publikum sei auf unserer Seite. Und dann passierte etwas... Es geschah ganz allmählich und war entsetzlich, die Atmosphäre im Theater ging verloren, wurde fast feindselig und so kalt wie das eisige Haus, das man soeben gesehen hatte, und mein Herz wurde schwer wie das Herz von Major Amberson, der wundervolle Szenen spielte, die niemand sehen wollte.

Du hast die zweifellos werkgetreueste Adaptation geschrieben, die ein Roman je bekommen hat, und nach der Lektüre deines Drehbuchs hatte ich dieselbe Empfindung wie nach der Romanvorlage. Während Du es aber als Kommentar gelesen hast, reagierte ich genauso wie das Publikum, nur viel stärker. Der Film auf der Leinwand scheint etwas anderes zu sein. Er ist angefüllt von einer tiefen, wenn auch nebulösen psychologischen Bedeutung, die Du – wie ich meine – dem Film eigentlich nicht geben wolltest. Vom dramaturgischen Standpunkt ist der Film wie ein Schauspiel voller wunderbarer, starker Zweiter Akte, die alle auf einmal beginnen und alle denselben tragischen Inhalt haben. Dann erscheint plötzlich jemand auf dem Proszenium und verkündet, das

Spiel sei vorüber, ohne daß ein abschließender dritter Akt gespielt worden sei. Die emotionale Wucht des Scripts scheint sich irgendwo in der kalten, äußerlichen Pracht verloren zu haben, und am Ende herrscht tatsächlich ein Gefühl von Unzufriedenheit..., hauptsächlich, so glaube ich, weil wir etwas zu sehen bekommen haben, das etwas ganz Großes hätte sein müssen. Und es kann etwas Großes sein, da bin ich mir ganz sicher. Meiner Meinung nach ist alles da, mit einigen Umstellungen, Korrekturen und der Verdeutlichung einiger Punkte... Punkte, die mit zwischenmenschlichen Beziehungen zu tun haben, meine ich.

...Unsere Telegramme, die hin- und herflattern, ich weiß es, stellen alles nur sehr unbefriedigend dar. Sie müssen auf beiden Seiten häufig falsch interpretiert worden sein. Jack [Moss] tut, wie ich weiß, alles, was er kann. Er versucht sein Bestes, Bob Wise zu Dir zu schaffen. Seine Ansichten über die Schnitte – richtig oder falsch – sind, wie ich weiß, das Ergebnis aufrichtiger, nachdenklicher, zermürbender Tage, Nächte, Sonntage, Feiertage. *Niemand bei Mercury* versucht in irgendeiner Weise, einen Vorteil aus Deiner Abwesenheit zu ziehen. *Und niemand sonst* denkt, Du habest nicht einen wunderbaren, schönen, anregenden Film gedreht. Alle von Mercury sind immer auf Deiner Seite. Ich vermisse Dich schrecklich und werde erst wieder glücklicher sein, wenn Du zurückkommst.

Wir lieben Dich alle..., und bis dahin verbleibe ich wie immer – wie alle von uns –

gehorsamst

Jo

PB: Nun, mir scheint, daß viele deiner Schnitte doch auch ziemlich drastisch waren.

OW: Ich habe gefeilscht. „Läßt du mir dies, gebe ich dir das…"
Die waren so verschreckt wegen einer schlechten Preview, und
von *Kane* hatte es gar keine Preview gegeben. Stell dir nur mal
vor, was aus *Kane* geworden wäre, wenn es eine Preview gegeben
hätte! Am Samstagabend in Pomona – du kannst dir wohl
vorstellen, was da passiert wäre!

PB: Einige Briefschreibe-Szenen, die Robert Wise dann gedreht
hat, hattest du in Südamerika geschrieben. Warum?

OW: Ich wollte versuchen, einige dieser wilden Schnitte, die
gemacht wurden, zu überdecken. Ich wußte nicht, daß Robert
Wise die Szenen drehte. So hat er doch angefangen, nicht? Damit
startete er seine Karriere.

*Einen von seinen diversen Versuchen, dem Film einen
optimistischen Schluß zu geben, ohne Kompromisse einzu-
gehen, formulierte Orson in einem Telegramm vom
2. April 1942:*

Um das Publikum glücklich nach Hause zu schicken…
Neuaufnahme der Besetzungstitel wie folgt und in dieser
Reihenfolge: Erstens oval gerahmtes altes Photo, sehr
authentisch aussehend, von Bennett mit Kopfbedeckung aus
Bürgerkrieg. Zweitens Ray Collins in Filmaufnahme… mit
eleganter weißer Segeltuchhose und heller-weißem Haar als
normal, auf tropischer Veranda sitzend, hinter ihm Meer
und wehende Palmen – schwarzer Diener serviert seinen
zweiten eiskalten Longdrink. Drittens Aggie [Morehead],
glückselig und eifrig beim Bridge mit ihren Freundinnen in
Pension. Viertens rundes Medaillon mit echtem, alten Photo
von Costello mit Ringellöckchen, die sie sehr jung machen.
Fünftens Jo Cotten an Verandatür, schließt Deckel seiner
Uhr, in dem offensichtlich Photo von Costello eingelassen,
was an die vorherige Einstellung anknüpft: Geräusch eines
wegfahrenden Autos, Jo dreht sich um, sieht zur Tür hinaus

und winkt. Sechstens Tim Holt und Anne Baxter im offenen Wagen – Tim an der Gangschaltung, blickt dabei über seine Schulter; während er das tut, blickt Anne in dieselbe Richtung und winkt, dann drehen sie sich zueinander und fahren weg, beide sehr glücklich, fröhlich und attraktiv aussehend für Abblende. Dann Aufblenden Tonaufnahme für letzte Sätze von mir wie gehabt.

Diese Anweisungen sind nie ausgeführt worden. Seine verzweifelten Versuche, den Film zu retten, wurden immer sinnloser. Sowohl RKO wie die Hollywood-Abteilung der Mercury hatten inzwischen die Nerven verloren. Die Telephonverbindungen waren schrecklich schlecht und trugen nur zu dem katastrophalen Zusammenbruch jeglicher Kommunikation zwischen allen beteiligten Parteien bei. Nach Erhalt eines Telegramms von Schaefer am 9. April, in welchem er die Möglichkeit von Nachaufnahmen andeutete, war es Welles unmöglich, weitere Klarheit zu erhalten, bis er am 14. April folgendes Telegramm von Cotten und Moss erhielt:

Lieber Orson Schaefer läßt drei Szenen Amberson nachdrehen sagt ruft Dich an wegen Zustimmung. Aufnahmen beginnen Freitag. Keine weitere Nachricht von Schaefer und auch von Dir nichts gehört darum in großer Sorge. Wenn Du nicht mit Schaefer gesprochen hast solltest Du uns kontakten um Situation durchzusprechen…

Orson konnte zu niemandem durchkommen – das Telephon funktionierte nicht. Gleichzeitig hatte er schreckliche Probleme mit dem Film in Rio (It's All True), der in Zusammenarbeit mit dem Koordinationsbüro der Regierung für Lateinamerikanische Angelegenheiten gedreht wurde. Am 15. April telegraphierte Orson an Moss:

Habe inzwischen Gespräch angemeldet. Bitte kabelt alle
Einzelheiten Rechtmäßigkeit Nachaufnahmen und
Schnitte durch Studio. Meine Position ist ich kann nicht
Nachaufnahmen erlauben was kann Schaefer dagegen
machen? Ist Verbindung von Koordinationsbüro [für
Lateinamerikanische Angelegenheiten] zu hiesigem Film
[It's All True] stark genug, um mich nicht abzuberufen
oder zu suspendieren? Werde [mit Schaefer] sprechen,
sobald ich mit Euch über hiesige Situation gesprochen
habe ... wahrhaft verzweifelt ...

Am darauffolgenden Tag, von Jack Moss:

Lieber Orson nach sorgfältiger gründlicher Prüfung ...
legaliter hat Gesellschaft Schlußrechte auf Basis Film ihr
Eigentum ... Meiner Meinung nach keine Abberufung
und keine Suspendierung. Erwarte Anruf um Amberson-
Details zu berichten ...

PB: Hattest du denn keinen Vertrag, der ihnen verboten hätte,
den *Amberson*-Film neu zu schneiden? Wie damals bei *Kane?*
OW: Wenn du eine Arbeit beendet hast, können die Eigentümer
damit machen, was sie wollen. Man kann sich vertraglich nur
solange schützen, wie man daran arbeitet. Im Gegensatz zum
Code Napoléon, der die Rechte des Künstlers [in Frankreich]
schützt, garantiert das englische und amerikanische Recht nur das
Recht am Eigentum – der Autor eines Werks besitzt keinerlei
einklagbare Rechte, sofern die Person, die dafür bezahlt hat, die
Lieferung erst einmal angenommen hat.

Orson schickte dann weitere zwölf volle Seiten Instruktionen, wie man den *Amberson*-Film fertigstellen sollte. Die
meisten dieser Anweisungen wurden ignoriert, weil sich in
Hollywood die Panik nur noch verstärkt hatte. RKO hatte

begonnen, „Experten" einzuladen, die sich den Film ansehen und sagen sollten, wie man ihn retten könnte. Einer dieser Experten war der Produzent Bryan Foy, dessen filmisches Werk bis dahin Titel wie *Broadway Musketeers*, *Girls on Probation* und *Calling Philo Vance* einschloß. Nach der Vorführung – all dies laut Jack Moss – drängten sich Schaefer, Koerner und andere leitende Herren der Filmgesellschaft besorgt um Foy. „*Wha'd'ya think, Brynie?*", fragten sie. Foy ließ sie einige Augenblicke schmoren, während er nachdenklich auf seiner Zigarre kaute. Schließlich fällte er ein wohldurchdachtes Urteil: „*Too fuckin' long.*" Die Geschäftsführer rückten nun noch näher zusammen. „Aber wo, Brynie, wo?" „Den ganzen gottverdammten Film", sagte Foy. „Der ist verdammt viel zu lang. Ihr müßt da vierzig Minuten rausschmeißen." „*All right, Brynie*", sagten sie, „*was* schneiden wir?" Ohne zu zögern sagte Foy: „Nun, das beste ist, ihr werft die ganzen Filmmeter in die Luft und sammelt alles wieder ein – bis auf vierzig Minuten – es bleibt sich gleich, was zum Kuckuck ihr schneidet. Hauptsache vierzig Minuten." (Letzten Endes wurden dann mehr als fünfundvierzig Minuten von Welles Originalmaterial ausrangiert.)

Aber wer sollte das Schneiden übernehmen? RKO ist an diverse Regisseure herangetreten – darunter auch William Wyler –, aber alle weigerten sich, den Film anzurühren, aus Respekt für Welles. Das Schicksal des Films fiel seltsamerweise in die Hände der verbliebenen Mercury-Leute Moss, Cotten und Wise, die sich nun plötzlich im Zentrum dieser mißlichen Situation befanden. Obgleich sie Welles loyal verbunden waren, war jeder einzelne doch überzeugt, daß RKO wenigstens teilweise recht hatte: der Film bedurfte der Bearbeitung und konnte so, wie er war, nicht vermarktet werden. Moss wollte den Job eigentlich nicht übernehmen, der ihm hier angetragen wurde, aber da einer es ja machen mußte, beschloß er, die Änderungen so werkgetreu wie möglich auszuführen – nach Tarkington. Auch das hätte man noch akzeptieren können, wenn die wichtigsten der Szenen, um die es sich hier handelte, zum ersten Teil des Films gehört hätten, denn in diesen Abschnitten war Welles selbst erstaunlich dicht dem Original gefolgt. Aber Moss ging gerade in jenen Teilen „auf das Buch zurück", in denen Welles davon abgewichen war.

Also wurde immer mehr revidiert: noch mehr wurde geschnitten, neue Szenen geschrieben. „Da der *Amberson*-Film nun doch so etwas wie ein klassisches Werk geworden ist", sagt Wise, „ist es – glaube ich – jetzt deutlich geworden, daß wir Orsons Film nicht ‚verstümmelt' haben." Moss denkt genau so. In Wahrheit ist es sogar ein Beweis für Orsons Genie, daß der Film trotz der Unmenge von Pfuschereien, die geschehen sind, so eindrucksvoll geblieben ist. Schaut man sich die geschnittenen Sequenzen noch einmal an, so erhält man eine Vorstellung davon, wieviel man dem Film genommen hat.

Der Film ist schließlich im August 1942 angelaufen; da einige Teile nun in Szenen abgehandelt wurden, die Welles nicht geschrieben oder geleitet hatte, waren in den achtundachtzig Minuten, die der Film nun dauerte, noch weniger Meter von ihm selbst.

PB: Die Ballsaal-Szene muß ziemlich lange probiert worden sein.
OW: Das war technisch gesehen höchst anspruchsvoll. Aber nicht so schwierig, wie du vielleicht denkst, weil das Bühnenbild eigens dafür geschaffen wurde. Wir sind schließlich nicht zuerst an den Set gegangen und haben *dann* gesagt: „Jetzt wollen wir mal diese heiklen Einstellungen drehen." Wir wußten ja, daß diese Wand hierhin kommt, und die andere Wand dort war – es war alles genau geplant, ehe wir anfingen.

PB: Der wahrscheinlich albernste Schnitt, von dem ich weiß, kommt mitten in einer lang gehaltenen Totale während des Balles, wenn zwei Darsteller sich über Oliven unterhalten, die um die Jahrhundertwende offenbar neu in Amerika waren.

OW: Ja. Diese kleine witzige Bemerkung über die Olive hast du nicht zu sehen bekommen, weil irgend so ein Schwachkopf meinte: „Was haben Oliven damit zu tun?". Tja, da kann man nichts machen. Die haben zwanzig Sekunden fertigen Film herausgeschnitten und unsere Kranaufnahme dadurch in zwei Teile zerteilt, die sonst einen ganzen Akt ohne Schnitt durchgelaufen wäre. *Too bad.* Ich liebe Abschweifungen, du nicht? Denk nur an Gogol. Lies doch noch einmal die ersten paar Seiten von *Die toten Seelen,* und du wirst sehen, wie eine verrückte kleine Abschweifung einer ganz normalen Erzählung Glanz und Dichte verleihen kann.

PB: Vielleicht sind die Abschweifungen das Beste an deinen Filmen.

OW: Vielleicht habe ich darum auch soviel unter den Cuttern gelitten.

PB: Auf jeden Fall hat der Oliven-Schnitt deine ganze Aufnahme ruiniert.

OW: Vielleicht nicht völlig, aber es war doch eine Gemeinheit, wo wir so hart dafür gearbeitet hatten: vier Räume, in denen wir die Kamera auch rückwärts rollen konnten – ein absoluter Triumph technischer Konstruktion – von allen Beteiligten.

PB: Es war sicher schön zu beobachten, wie ihr das gemacht habt.

OW: Das war es auch. Das war es wirklich. [Die Schnitte sind tatsächlich viel umfangreicher als Orson in Erinnerung hatte.]

PB: In der Romanvorlage wird während des Ausflugs im Schnee „The Star-Spangled Banner" gesungen – was heute wohl ein Gejohle unter den Zuschauern auslösen würde. Warum hast du stattdessen „The Man Who Broke the Bank at Monte Carlo" genommen?

OW: Das hat etwas mit meinem Vater zu tun, der tatsächlich die Bank von Monte Carlo gesprengt hat – wie er jedenfalls immer behauptet hat. Jedenfalls liebten es seine alten Kumpels, ihm dies Lied vorzusingen, und das war mit ein Grund, weshalb ich es verwendet habe.

PB: Wo hast du diese Schnee-Szene gedreht?

OW: Komplett innen. Im „Eis-Keller" – einem tiefgekühlten Tonfilmstudio mitten in Los Angeles. Unsere Schnee-Szene im *Kane* haben wir noch mit Cornflakes auf Bühne 4 in den RKO-Studios gedreht, und es machte mir Sorge, daß man nicht den Atemhauch der Personen sehen konnte.

PB: Als Kind hast du doch einen Reihe von Stummfilmen gesehen. Ich frage mich nun, ob die wunderschöne Iris-Blende*, mit der du diese Einstellung beendest, möglicherweise eine Hommage an den Stummfilm war.

OW: Nun, wie ich schon sagte, kannten wir die „Hommage" in jenen Tagen gottlob noch nicht. Aber es ist schon eine Schande, daß die Iris-Blende nicht mehr verwendet wird. Sie ist eine wunderschöne Erfindung. Es gibt vieles aus der Stummfilmzeit, das wieder zum Leben erweckt werden sollte.

PB: Man könnte vielleicht sagen, du hast die Iris-Blende aus den unschuldigen Tagen des Films verwendet – zum Zeichen, daß die unschuldigen Tage der Personen im Film zu Ende gehen.

OW: Das könnte man sagen.

PB: Ist es wahr, daß die Küchenszene zwischen Holt und der Moorehead improvisiert war?

OW: In gewisser Weise ja – aber der Rhythmus des Ganzen war fes gelegt. Die genauen Worte waren es nicht.

PB: Klingt schwierig.

OW: So etwas muß man proben. Die Darsteller müssen daran gewöhnt werden, miteinander zu arbeiten, und es macht riesigen Spaß, wenn es dann klappt.

---

* Iris-Blende = Trickblende, bei der das Bild kreisförmig ein- oder ausgeblendet wird. (A. d. Ü.)

PB: War die Szene, in der George und Lucy mit dem Einspänner durch die Stadt fahren, ursprünglich mit Rückprojektion* geplant?

OW: Keinesfalls.

PB: Wo um alles in der Welt hast du das gedreht? Das muß der längste Dolly-Shot** der Welt gewesen sein.

OW: Das war nur das alte rückwärtige Studiogelände der RKO. Wir haben nichts gebaut – nur das Vorhandene hergerichtet.

PB: Das muß doch mindestens ein halber Akt gewesen sein.

OW: Nun, sie fahren gemächlich spazieren.

PB: Und die andere Straßenseite spiegelt sich in den Fenstern.

OW: Ja, wir nutzten die Spiegelung und versuchten nicht, sie zu vermeiden.

PB: In der zweiten langen Straßenszene mit Tim Holt und Anne Baxter fiel mir auf, daß sie an einem Filmtheater vorbeikommen, und einer der Filme, die dort gezeigt werden, ist *Explosion* mit Jack Holt.

OW: Ja, tut mir leid – ein Insider-Spaß für Tim. Sein Vater wollte an dem Tag zum Lunch vorbeikommen.

PB: Aber – das ist doch ein Anachronismus.

OW: Natürlich – Jack Holt war *so früh* noch nicht geboren.

PB: Da drüben in der Ecke hängt ein Plakat für einen Méliès-Film, der wäre richtig gewesen.

OW: Aber nicht für Indiana.

PB: In der Szene, wo der Major vor dem Kamin sitzt, sah Richard Bennett tatsächlich so aus, als würde er sterben.

OW: Ja. Ein lieber Mensch, ich liebte ihn so sehr. Ich war ein so begeisterter Fan von ihm am Theater. Er hatte die stärkste lyrische Ausstrahlung von allen Schauspielern, die ich auf der englischsprachigen Bühne gesehen habe.

---

* Rückprojektion = Tricktechnik, bei der ein gefilmter oder photographierter Hintergrund von hinten auf eine transparente Bildwand geworfen wird, vor der sich die Handlung abspielt (häufig bei Autofahrten etc./A.d.Ü.).

** Dolly-Shot = Aufnahme mit gummibereiftem Kamerawagen. (A.d.Ü.)

PB: Tatsächlich?

OW: Man *kann* einfach die Schönheit dieses Mannes auf der Bühne nicht beschreiben.

PB: Er war der Vater der drei Bennett-Girls [Barbara, Constance und Joan]?

OW: Ja, und er war großartig und berühmt auf der Bühne. Damals konnte er schon kein einziges Wort des Dialogs mehr behalten, und also sprach ich ihm jeden Satz vor, und er sprach ihn mir nach; und dann schnitten wir meine Stimme aus der Tonspur heraus. Ich hatte ihn in Catalina in einer kleinen Pension entdeckt. Vermutlich habe ich daher die Idee für die Pension am Schluß meiner Originalversion des *Amberson*-Films. Er lebte dort – total vergessen von der Welt –, dieser große, große Schauspieler. Und bedenke doch, was es für ihn bedeutete, gegen Ende seines Lebens zurückgeholt zu werden und plötzlich eine wichtige Rolle zu spielen! Und von den Leuten bewundert und respektiert zu werden, wie wir es taten – wie wir alle es taten... Gleich danach ist er gestorben.

> 11. Februar 1942
>
> Lieber Orson Boy
>
> Ich wollte Dir so gern noch so viele Dinge sagen, ehe Du mir entwischt bist. Aber: Ich bin ganz sicher, daß Du meine Dankbarkeit verstehst – dafür daß Du „einen alten Kahn" aus dem Schlick gehoben und ihm so gestattet hast, noch einmal die Sonne zu sehen.
>
> Nun aber zu Dir: Mein Junge, Dein Leben ist zu kostbar, um es ganz vor die Säue zu werfen, die Dir Deine Lebenskraft aussaugen und Dich hungrig nach Erfolg zurücklassen.
>
> Die Zukunft liegt Dir zu Füßen, nutze sie gut, aber: Schone Deine Lebenskraft vor ihr.
>
> Lückenbüßer zählen wenig. *Ich danke Dir,* Orson.
>
> Rauh aber herzlich,
>
> Richard – *für Dich* Dick – Bennett

Richard Bennett, Agnes Moorehead, Tim Holt und Ray Collins in *The Magnificent Ambersons.*

PB: Wenn George zum „letzten Mal nach Haus" geht, vor seiner „Abrechnung", wenn wir am Ende die zerstörte Stadt sehen, hast du da Miniaturmodelle verwendet?
OW: Das ist *downtown* L.A. Ich bin einfach hingefahren und habe es aufgenommen – wie es heute gängige Praxis ist. Ich bin damals ganz allein herumgelaufen und habe die Kamera in der Hand gehabt. Niemand im Schneideraum hat das Material besonders ernst genommen. Damals war es unerhört für einen Regisseur, selbst eine Kamera in die Hand zu nehmen.
PB: Was davon übriggeblieben ist, ist sehr ergreifend.
OW: Die haben daraus in der Montage eine Art Vorschau auf „Zukünftige Attraktionen" gemacht. Und, nicht zu vergessen, hier haben wir auch das Ende aller anderen Personen – nicht nur das von Tim Holt. Diese anderen Figuren waren nicht von ungefähr in der Handlung – sie hatten alle ihre Bedeutung, wie in einem Stück von Tschechow. Man begleitet Ray Collins direkt

bis zu seinem Ende. Und Cotten und die Moorehead und – noch deutlicher – Richard Bennett. Ich sage es noch einmal: was wir jetzt noch von dem Film haben, ist nur noch eine Art Zusammenfassung.

PB: Stimmt es, daß du Agnes Moorehead ihre Szene neben dem Heizkessel so oft hast probieren lassen, bis sie tatsächlich hysterisch geworden ist?

OW: Nun, sie wurde allmählich immer *realistischer.* Ich habe sie nicht hysterisch gemacht – so arbeite ich nicht mit Schauspielern.

PB: Sie war schon bemerkenswert.

OW: Ja, aber, wieder ist es nur noch halb so gut wie es war, denn die Leute lachten bei der Preview. Irgend so ein lausiges Samstagabendpublikum… Also sind die vom Studio wieder ängstlich geworden und haben die Szene gekürzt. Die ganze Länge hätte dich bei lebendigem Leibe verschmoren lassen – so gut war Aggie. Ich werde nie verstehen, warum sie für diese Leistung keinen *Academy Award* bekommen hat. [Agnes Moorehead hat allerdings in dem Jahr den Preis der New York Film Critics als beste weibliche Hauptdarstellerin gewonnen.]

PB: Jeder, der ein wenig über dein Werk Bescheid weiß, kann sofort erkennen, daß du die letzte Einstellung im *Amberson*-Film nicht selbst geleitet hast – es ist die einzige, in der die Darsteller in Großaufnahme zu sehen sind und der Hintergrund unscharf ist. Erst wenn sie aus dem Bild gehen, wird der Hintergrund scharf.

OW: Nun, das kommt jetzt wieder in Mode. Und damals hat man das immer so gemacht. Nur wir sind davon abgewichen. Und jetzt ist es wieder modern… Ist ja auch gleich – diese Szene wurde jedenfalls ohne mein Wissen und ohne meine Zustimmung gedreht.

PB: Aber es gibt noch einige Szenen von dir in den letzten beiden Akten.

OW: Lauter kleine Schnipsel – wahllos aneinandergereiht wie die Artikel in Frauenzeitschriften.

In der Pension.

> Die den Film so verstümmelt haben, verwendeten zwar
> Teile des Originaldialogs, den Welles für Eugene geschrie-
> ben hatte; da man diese Dialoge aber in diametral entgegen-
> gesetzte Zusammenhänge und sinnverkehrt plaziert hat,
> war ihre Wirkung die Antithese zu dem, was Welles
> gemacht hatte.

PB: Hattest du denn Agnes Moorehead im Sinn, als du das
Drehbuch geschrieben hast?
OW: Das steht außer Frage. Wie konnte es auch anders sein? Sie
war all die Jahre eine von uns – dies sollte nun ihre ganz große
Rolle werden, und wurde es auch, besonders in der vollständigen
Fassung. Wenn du nur hättest sehen können, wie sie die ganze
Geschichte am Ende aufrollte... Jo Cotten besucht sie nach all
den Jahren in einer billigen Pension, und es ist einfach nichts mehr
da zwischen ihnen. Es ist vorbei – ihre Gefühle und ihre Welt und
seine Welt; alles ist begraben unter Parkplätzen und Autos.
Davon handelte die Geschichte – vom Zerfall der Persönlichkeit,
davon, wie das Alter die Menschen würdelos macht, besonders

wenn sie dann mittellos sind. Vom Ende der Kommunikation zwischen den Menschen und vom Ende einer ganzen Ära. Zugegeben, das Publikum wurde ziemlich hart rangenommen, besonders für die damalige Zeit. Aber ohne Frage war das die bei weitem beste Szene in dem Film.

PB: Lief da nicht eine Schallplatte von *Two Black Crows* im Hintergrund – sozusagen als Kontrapunkt?

OW: Ja, eine von diesen berühmten komischen Aufnahmen, die sich in den Anfangstagen der Schallplatte gut verkauften. Und all diese schrecklichen alten Menschen, die in diesem Haus, halb Altersheim, halb Pensionat, wie die Hühner auf der Stange hockten. Im Hintergrund wird Karten gespielt, andere hören sich diese Schallplatte an – und die Hochbahn donnert vorüber… Ich wünschte, der Film würde wenigstens noch irgendwo existieren.

PB: Ich liebe es sehr, wie du am Schluß den Nachspann erzählst und besonders, wie du dich verabschiedest – „Mein Name ist Orson Welles".

OW: Ich habe deswegen mächtig Prügel bezogen. Die Leute denken, das sei selbstgefällig. In Wahrheit machte ich das, weil ich zu einem Publikum sprach, das mich vom Radio her kannte, und zwar so, wie wir unsere Sendungen damals eben machten. Damals hatten wir eine riesige Zuhörerschaft, es waren Millionen, die uns wöchentlich hörten, und mir schien es nicht so eitel, einen Film auf die Art zu beenden, wie wir immer unsere Sendungen beendeten.

Einige Monate später in einer Suite des Beverly Hills Hotel. Orson schaltete wie immer am Fernseher herum und hatte plötzlich eine frühe Szene aus dem *Amberson*-Film zu fassen. Noch bevor das richtig sichtbar wurde, schaltete er schnell um, aber ich hatte es bemerkt und bat ihn, es doch anzulassen. Das lehnte er lautstark ab, aber alle in dem Raum fingen an, ihn zu bedrängen, er möge uns den Film sehen lassen – einer der Anwesenden kannte ihn noch nicht; schließlich schaltete er – gereizt – zurück auf das Programm und schlich sich hinaus. Nun fühlten wir uns alle schlecht und riefen ihm hinterher, er möge doch zurückkommen; er brüllte scherzend zurück, daß er in die „schalldichte Kabine" gehe. Eine Weile schauten wir uns den Film an, und schon recht bald erschien Orson in der Tür, lehnte sich an und blickte unglücklich auf das Fernsehgerät. Wir taten alle so, als bemerkten wir ihn nicht und sahen uns weiter den Film an. Ein paar Minuten verstrichen. Orson ging wie zufällig durch das Zimmer, setzte sich auf die äußerste Kante des Sofas und betrachtete die Fernsehbilder – aufmerksam, aber mit einem Gemisch aus Verzweiflung und wahnsinniger Beklemmung.

Der Film ging weiter, und Orson beklagte lautstark bestimmte verstümmelte Szenen. Einige Minuten später stand er auf, drehte uns den Rücken zu, ging zum Fenster und begann, an den Jalousetten herumzufummeln. Wir anderen tauschten Blicke aus. Wir hatten alle bemerkt, daß er Tränen in den Augen hatte.

Dann sagte jemand aufmunternd zu Orson, wir sollten wohl am besten abschalten, weil es ihn zu belasten scheine. Er sagte, das täte es nicht, aber er drehte sich nicht um. Ich schaltete ein anderes Programm ein, und wir wechselten das Thema. Orson beteiligte sich schließlich an der Unterhaltung, und niemand erwähnte an diesem Abend nochmals die *Ambersons*.

Ungefähr ein Jahr später – wir waren gerade in Paris – fragte ich Orson nach jenem Abend. Ich sagte, vermutlich sei es für ihn schmerzlich gewesen, den Film in seiner verstümmelten Form zu sehen. „Nein", sagte er, „das war es nicht – ganz und gar nicht. *Das* macht mich nur ärgerlich. Verstehst du das nicht? Sieh mal – das ist meine Vergangenheit – das ist nun vorbei…"

4.

VAN NUYS

Charlie Chaplin • *Monsieur Verdoux* • Greta Garbo • W. C. Fields • Frank Capra • Federico Fellini • Jean-Luc Godard • Zensierte Äußerungen • Kenji Mizoguchi • Vittorio De Sica • Regiearbeit • James Cagney • Eisenstein und *Iwan der Schreckliche* • Carl Dreyer • Harry d'Arrast • Cecil B. De Mille • Sternberg und Stroheim • *It's All True* • Robert Flaherty • Der Verkauf der RKO • *Journey into Fear* • Über das Filmesehen

---

Peter Bogdanovich: Es kommt mir so vor, als sei das südamerikanische Fiasko mit *It's All True* die direkte Ursache aller deiner Schwierigkeiten seit damals.
Orson Welles: Das ist richtig, das war „der große Skandal". Kein Zweifel, alles weitere entwickelte sich daraus. Das Fundament des gesamten, enorm großen Anti-Welles-Gebäudes wurde exakt in dieser Zeit, als ich in Südamerika war, gelegt. Als ich von dort zurückkehrte, bekam ich vier Jahre lang keinen Job als Regisseur.

Abends im Garten von PB's Haus in Van Nuys, Kalifornien. Ich habe Orson hierher eingeladen in der Hoffnung, ihn überlisten zu können, sich den zweiten seiner beiden neunzigminütigen Auftritte in der *Dick Cavett Show* anzusehen. Als Köder hatte ich versprochen, ihm auch den Film *White Heat* von Raoul Walsh, mit James Cagney in der Hauptrolle, vorzuspielen. Doch das kommt später. Jetzt läuft die Cavett-Show, und Orson ist hinaus in den

Garten gegangen, um die Sendung nicht mit anhören zu müssen.

Was soll man davon halten? Die Show gilt weithin als Höhepunkt dieses Fernsehjahres. Ich war dabei, als sie in New York aufgezeichnet wurde. Produzenten und Publikum waren gleichermaßen ekstatisch – ein großer Erfolg. Also: Was macht Orson da draußen im Garten? Ist es Heuchelei? Inzwischen habe ich aber mitbekommen, daß er dazu nicht fähig ist.

Es ist ein warmer Abend, und während einige Freunde drinnen die Show sehen, liegt Orson flach auf dem Rasen und beobachtet die Blinklichter der Flugzeuge, die ihre Schleifen über dem nahegelegenen Flughafen drehen. Auftritt PB mit einem Armvoll Akten und Notizen und dem Tonbandgerät.

OW: Wir arbeiten? ... Das ist mir ein Gastgeber.

PB: Ich würde lieber die Show sehen.

OW: Die hast du schon gesehen... Wann kommt der Film?

PB: Wenn du ihn dir verdient hast.

OW: Was soll denn das alles, um Himmels willen? Du siehst aus wie ein Ein-Mann-Archiv.

PB: Meine Recherchen.

OW: Wirf das ganze Zeugs weg, Peter – es kann den feinen Geist der Phantasie nur verstümmeln.

PB: King Vidor war doch einer deiner ersten Freunde in Hollywood, als du frisch hier ankamst?

OW: Ja, er war sehr nett. Ich habe King häufig gesehen – und *seinen* guten Freund Chaplin.

PB: Aber ich dachte, du magst Chaplin nicht –

OW: Chaplin ist ein großer Künstler – das steht außer Frage. Es ist nur so, daß er meine Mundwinkel selten nach oben bewegt. Ich kann ihn leicht bewundern, aber nur schwer über ihn lachen.

PB: Auch in *City Lights?*

OW: Über die Situationskomik. Über den Betrunkenen, ja. Nicht über Charlie.

PB: Aber du hattest einige Projekte, die du mit Chaplin machen wolltest, oder nicht?

OW: Ja. In der U-Bahn hatte ich eine Inspiration – eine von diesen echten *heureka!, ich hab's*-Geschichten. Ich hatte ein großes Reklamebild für ein Mittel gegen Schuppen gesehen, auf dem ein fröhlich dreinschauender kleiner Figaro die Handbewegung macht, die der Franzose auf der Bühne macht, wenn etwas so exquisit ist, daß die menschliche Sprache dafür keinen Ausdruck hat. *„Avez-vous Scurf?"*, fragte er uns.*

PB: Und das hat dich an Chaplin erinnert?

OW: Chaplin als Landru. Ich hatte ihn damals schon kennengelernt, durch Aldous Huxley und King, so daß ich zu ihm gehen und ihm davon erzählen konnte. Er sagte: „Wunderbar." Ich ging wieder, schrieb ein Script und zeigte es ihm. Er sagte: „Wunderbar – ich werde es für dich spielen!" Aber dann, im letzten Moment, sagte er: „Nein, ich kann nicht – noch nie habe ich unter einem anderen Regisseur gespielt. Kann ich es kaufen?" Das geschah dann, und er machte den Film als *Monsieur Verdoux*. Mein Titel war *The Ladykiller*.

PB: Es sollte doch eine Mercury Produktion bei der RKO werden?

OW: Ja, für ihn die erste Rolle, in der er nicht der „kleine Mann" war. Ich hatte eine Szene drin, in der Chaplin in seiner Rolle auf eine Dame trifft, deren Beruf es ist, Ehemänner zu ermorden. Sie unternehmen eine Wanderung in den Alpen, und jeder versucht, den anderen vom Berg zu stoßen. „Komm, sieh dir die schöne Aussicht an", sagt der eine. „Komm, hol dir das Edelweiß", sagte der andere. Und aus dem Off, aus der Ferne, hört man die Leute jodeln. Aber Chaplin konnte die Szene nicht ausstehen, weil die weibliche Rolle seiner eigenen gleichwertig war. Also hat er es

---

* Avez-vous? Haben Sie? – Scurf = engl. (Kopf-)Schuppen

geändert und daraus die lustigste Szene in *Verdoux* gemacht – mit Martha Raye, die er umbringen will, aber nicht kann. Er änderte ihre Rolle und machte aus ihr – statt eines Profis wie er selbst – eine ganz normale Frau, die er einfach nicht umbringen kann. Aber es wird immer noch gejodelt in dieser Sequenz, weil das noch aus der anderen Szene übriggeblieben ist.

PB: Du hast ein vollständiges Drehbuch geschrieben?

OW: Er sagt nein, aber ich habe noch eine Kopie davon.

PB: Hat er einen großen Teil von deinem Drehbuch übernommen?

OW: Ein sehr großer Teil war von ihm. Er „aktualisierte" es. Ich hatte das Stück während des Ersten Weltkriegs angesiedelt, mit Zeppelinangriffen, denen der Ladykiller entkommen wollte und darum seine Opfer in die sicheren Vorstädte mitnahm. Charlie versetzte die Handlung nach vorn – besorgte uns Aufnahmen von Hitler und marschierenden Nazis: du weißt schon, von „gesellschaftlicher Bedeutung". Der Anfang stammte aus meiner Version: der saubere kleine Bourgeois, im Garten seiner kleinen Villa, der flott, akkurat und pingelig seine Hecke schneidet, während im Hintergrund dicker schwarzer Krematoriumsrauch aus dem Schornstein quillt. Immerhin hat Charlie *das* nicht geändert.

PB: Waren im Schluß auch Ideen von dir verarbeitet – wenn er mit dem Priester spricht, bevor er auf die Guillotine geht?

OW: Nein, nichts. Mein Schluß war der Rum. Ich hatte die stärkste Szene für ihn vorgesehen – ich bin richtig stolz darauf. Aber ich muß es dir vormachen. In meiner Geschichte trinkt Landru niemals einen Schluck Alkohol – er ist Abstinenzler. Nun gibt man in Frankreich den Leuten ein Glas weißen Rum, ehe sie ihren Kopf unter die Guillotine legen, so daß er am Schluß des Films – wie ich ihn geschrieben habe – den Rum bekommt. Nun stell dir mal Chaplin vor – nicht mich – als einen Mann, der in seinem ganzen Leben nie einen Tropfen Alkohol getrunken, aber zwanzig Frauen getötet hat. Und nun denkt er: „Warum eigentlich nicht?" *Einmal*, ja? Hebt das Glas und nimmt zum ersten Mal einen kräftigen Schluck. [Orson macht jetzt einen Mann vor, der etwas unbeschreiblich Gutes schmeckt und dann das Glas mit wehmütigem Bedauern absetzt.] Er denkt jetzt ungefähr: „Was habe ich da bloß versäumt! Nun habe ich all diese Frauen umgebracht und hatte ein wunderbares Leben – aber ich *hätte auch dies* haben können." Und geht hin zur Guillotine.

PB: Herrlich. Aber du hast nur symbolische Anerkennung für das Script bekommen.

OW: Ja. Es lief da eine Vaterschaftsklage gegen ihn, und er hatte zu mir gesagt: „Ich muß deinen Namen da raushalten, bis mein Verfahren vorbei ist – er darf überhaupt nicht auftauchen, wenn der Film in New York anläuft – ich brauche diesen Schutz, bis ich meinen Prozeß gewonnen habe, und dann setzen wir ihn mit drauf." Nun, Chaplin wurde nach der Premiere in New York heftig angegriffen, die schlimmste Verleumdungskampagne durch Kritiker aller Zeiten. Schon am nächsten Tag – weißt du, nachdem alle zu ihm gesagt hatten: *Wer hat sich denn diese schauerliche Geschichte ausgedacht?* – schwupps war mein Name mit auf dem Kinoplakat: „Nach einer Idee von Orson Welles". Das ist die einzige Erwähnung, die ich für diesen Film je bekommen habe. Und ich denke, inzwischen glaubt er es selbst. In einem Interview mit einem Londoner Kritiker habe ich dann gesagt, daß das Drehbuch von mir war, woraufhin Chaplin einen Brief an die *Sunday Times* schrieb und mich darin schlecht machte und sagte, daß wohl kaum jemand, der einen Film wie *The Trial* gemacht habe, den alle Welt lächerlich fand – einfach unglaublich. Der Redakteur von der *Times* informierte mich schriftlich darüber und legte eine Kopie von Chaplins Schreiben bei und schloß: „Wir können einen Brief wie diesen nicht drucken."

PB: Ich würde diesen Brief gern einmal sehen.

OW: Er ist zusammen mit vielen anderen Dingen in meinem Haus in Spanien verbrannt. Auch gut –. Er war wirklich sehr häßlich… Und ich hatte sogar *noch* eine tolle Idee für ihn. Für Charlie und die Garbo.

PB: Was für ein Paar!

OW: Stell dir das mal vor. Ich bin damit zu beiden hingegangen. Ein Film über die Liebesgeschichte zwischen D'Annunzio und Eleonora Duse. Die Garbo hatte ja in *Ninotchka* schon eine komödiantische Rolle gespielt, und ich dachte nun, sie könnte vielleicht noch einen Schritt weitergehen, in Richtung Lustspiel. Aber beide sagten sie – *Oh, diese wunderschöne Geschichte! Wie kann man das nur auf Lacher hin spielen!* Also ist nichts daraus geworden. Die Garbo hätte man vielleicht noch überreden können – mit Hilfe von Salka Viertel – wenn *sie* es lustig genug gefunden hätte. Aber ich vermute, D'Annunzio wäre für Chaplin etwas zu gewagt gewesen. Er war ja schon fast selbst ein Schicksalsmensch geworden... Du kennst doch die Geschichte, wie er Churchill besucht hat? Churchill fragte ihn, was seine nächste Rolle sein würde, und Chaplin antwortete: Jesus Christus. Es gab eine lange Pause, und dann sagte Churchill: „Ähh – haben Sie – äh – haben Sie sich schon um die Rechte gekümmert?"

PB: Hattest du zu dieser Zeit nicht Pläne, *The Pickwick Papers* von Dickens zu machen?

OW: Etwas früher, ja. Mit Bill [W. C.] Fields, John Barrymore und einigen anderen. Das hätte auch etwas werden können, wenn Onkel Claude [Welles' Spitzname für Fields] und Jack am Leben geblieben wären, und wenn ich nicht von der Filmgesellschaft rausgeschmissen worden wäre.

PB: Warst du mit Fields befreundet?

OW: Befreundet? Eines seiner Pseudonyme, unter denen er schrieb, war eine interne Anspielung – ganz speziell für mich: Mahatma *Kane* Jeeves. Der „Jeeves"-Teil des Namens rührte daher, daß ich ihm gesagt hatte, er müsse unbedingt P. G. Wodehouse lesen, weil der so komisch sei. Das hat Onkel Claude irgendwie gewurmt – daß jemand anders auch komisch war. Großzügigkeit war nicht seine hervorstechendste Tugend.

PB: Und was war mit Frank Capra?

OW: Sehr begabt – aber immer umgeben von dieser süßlichen *Saturday Evening Post*-Aura.

PB: Seine Filme haben ein unglaubliches Tempo.

OW: Nicht wahr? Ich habe *Mr. Smith Goes to Washington* erst kürzlich noch einmal im Fernsehen gesehen. Diese Besetzung! Man stelle sich heute eine Komödie mit solchen Schauspielern vor! Und wie du schon sagst – das Tempo! Wieviel flotter doch die Komödien waren, als die Regisseure noch unter dem grausamen Druck der Produzenten arbeiten mußten, die ihnen immerzu sagten, sie sollten „ranklotzen". Die Leistung von Jimmy Stewart ist über jedes Lob erhaben.

PB: Hattest du Spaß an den spinnerten Lustspielen der dreißiger Jahre?

OW: Ich bewundere die meisten mehr als daß ich sie liebe. Ich mochte einfachere „Witzfilme" lieber als klassische Komödien.

PB: Aber du mochtest Gregory La Cava.

OW: Sehr, sehr sogar. Aber nicht so, wie ich Bill Fields oder Laurel und Hardy mochte. Große Schauspieler in Komödien sollten höher bewertet werden als jeder Komödienregisseur.

PB: Sogar als Lubitsch?

OW: Nun ja – *Lubitsch*...

PB: Erzähl mir nicht, daß du Lubitsch nicht magst!

OW: Ich habe nur Luft geholt, um nach den passenden Superlativen zu suchen. Ich schätze Lubitsch mit der Zeit immer mehr.

PB: Was hältst du von Hitchcock? [*Kurze Pause.*] Du hast einmal gesagt, er war der erste Regisseur, der den Wunsch in dir geweckt hat, selbst Filme zu drehen.

OW: Das war, als er diese englischen Filme drehte wie *The Man Who Knew Too Much*, *The Lady Vanishes* und *The Thirty-nine Steps* – besonders *The Thirty-nine Steps*.

PB: Das ist sein bester englischer Film.

OW: Von seinen amerikanischen Filmen mochte ich den am liebsten, für den Thornton Wilder das Buch geschrieben hat. Jo [Cotten] hat mitgespielt...

PB: *Shadow of a Doubt* – das war auch *sein* Lieblingsfilm.

OW: Thorntons natürliche Herzenswärme war eine große Hilfe. Viele von Hitchs Filmen haben so etwas eiskalt Berechnendes, was mich abstößt. Er sagt, er mag keine Schauspieler, und manchmal hat man den Eindruck, er mag überhaupt keine Menschen.

PB: Und wie ist es mit Fellini?

OW: Und wie wär's mit einer kleinen Pause? Und überhaupt – was hat Fellini mit Hitchcock zu tun?

PB: Ich wollte nur mal deine Reaktion sehen. Ich weiß, daß du *La Strada* nicht mochtest.

OW: Und *Julia und die Geister* habe ich mir gar nicht erst angesehen.

PB: Und *La Dolce Vita*?

OW: Fellini ist im Grunde ein Kind der Kleinstadt, das nie richtig in Rom angekommen ist. Er träumt immer nur davon. Und wir sollten alle sehr dankbar sein für diese Träume. In gewisser Weise steht er immer noch draußen vor den Toren und schaut hindurch. Die Wirkung von *La Dolce Vita* rührt von der provinziellen Unschuld des Films her. Er wirkt so erfunden.

PB: Vielleicht liebe ich *I Vitelloni* von allen seinen Filmen gerade wegen des „Kleinstadt"-Aspekts am meisten.

OW: Das ist der beste von allen – gleich nach *The White Sheik*.

PB: Wärest du mit *8 1/2* glücklicher, wenn Fellini es selbst gespielt hätte? Irgendwie sehe ich [Marcello] Mastroianni nicht in der Rolle des Filmregisseurs.

OW: Ah, er entsprach aber haargenau Fellinis Vorstellungen... Die guten Sachen in dem Film sind nämlich wunderbar.

PB: Ich würde jetzt gern deine Meinung über Godard hören.

OW: Nun, wenn du so versessen darauf bist. Er hatte den definitiv größten *Einfluß* – wenn er nicht sogar der erste echte Filmkünstler des vergangenen Jahrzehnts war, und seine Begabung als Regisseur ist enorm groß. Nur als *Denker* kann ich ihn nicht ganz ernst nehmen – und hierin unterscheide ich mich von ihm, denn *er* hält sich dafür. Seine Message sind seine Gedanken über die heutige Zeit, aber, wie die meisten Botschaften in Filmen, paßt sie in einen Stecknadelkopf. Was man an ihm so bewundern kann, ist seine herrliche Verachtung der technischen Möglichkeiten des Films und sogar des Films selbst – eine Art anarchistischer, nihilistischer Verachtung des Mediums –, welche, wenn er dann wirklich zu seiner Bestform aufläuft, sehr aufregend ist.

PB: Welchen amerikanischen Regisseur magst du am wenigsten?

OW: [Zensiert.]

Hier folgt nun ein ganzes Band mit Orsons Attacken gegen eine Reihe von Filmemachern, deren Werk er verabscheut. Dieses Material war in der Tat sehr farbig, doch der folgende Brief von Orson, den ich kurze Zeit, nachdem ihm die Niederschrift der Gespräche zugegangen war, erhielt, läßt mir in der Sache keine Wahl:

Lieber Peter,

Wie findest Du es, wenn ein anderer Regisseur Dir dreinredet? Das tut weh, nicht wahr? Man redet sich ein, daß man sich ärgert, aber die Wahrheit ist, man ist verletzt. Ich bin es auch. Ein böses Wort von einem Kollegen kann einem den ganzen Tag verdunkeln. Wir brauchen Ermutigung viel dringender als wir zugeben, auch uns selbst gegenüber. Es fliegt jetzt schon mehr als genug Gift durch die Luft in Hollywood, warum noch mehr zur Luftverpestung beitragen?

Sicher, ich hasse die Filme, über die wir neulich sprachen, aber ich hasse nicht die Männer, die sie gemacht haben. Noch möchte ich sie betrüben, nicht im geringsten. Du sagtest zu mir am Telephon, du fandest es sehr komisch, als ich sagte, … [Name gestrichen] gehöre hinter Gitter. Nun, laß uns doch diesen Satz abmildern. Das Buch hat es nicht nötig.

Denke immer daran, das Herz ist Gottes kleiner
Garten.

Immer Dein
Louisa Mae [sic] Alcott

Es mag auffallen, daß es hier einige Ausnahmen gibt –
Michelangelo Antonioni im besonderen –, die nicht durch
Orsons Feingefühl geschützt werden. Er ist auch munter
bereit, die Toten zu attackieren. „Das verdammte Pan-
theon", sagte er einmal zu mir, „eignet sich sehr wohl für
Schießübungen."

PB: Hier ist etwas aus einem Interview mit dir, 1958 in Frank-
reich. [*Liest vor*]: *„J'admire beaucoup…"*
OW: Halte die Papiere, die hier herumliegen, näher ans Mikro-
phon. Ich möchte, daß deine Leser den ganzen Druck dieser
Inquisition genießen können…
PB: Das Band wird unseren Lesern nicht viel nützen.
OW: Das ist ein kleines technisches Problem, das du lösen
solltest, Peter.
PB [*wiederum lesend*]: *„J'admire beaucoup…"*
OW: Allein dein französischer Akzent…
PB [*fortfahrend*]: *„…Mizoguchi."*
OW: *Wen?*
PB: Mizoguchi.
OW: Welche Sprache sprichst du jetzt?
PB: Du weißt ganz gut, wer Mizoguchi ist; ich zitiere dich.
OW: Das bezweifle ich. Wie war der Name nochmal?
PB: Mizoguchi. [*Orson brüllt vor Lachen.*] Komm, Orson – er ist
ein großer Regisseur.
OW: Ich weiß nicht, *was* ich denen erzählt habe. Die haben
sowieso geschrieben, was sie hören wollten. Ich weiß nur noch,
wie das ging: *„Qu'est-ce que vous pensez de Meezagooochee?"* –
„Aah!", habe ich wohl geantwortet. *„Aah!"* Das kräftige, zustim-

mende „*Aah*", verstehst du, weil ich allmählich zu müde wurde, um noch etwas Kompliziertes oder womöglich noch einen ganzen Satz auf Kino-Französisch zusammenzubringen. „*Miz-zagoochee... Ah!*" [*Noch mehr Gelächter.*]

PB: Und die Wahrheit ist – so vermute ich –, daß du nicht einen einzigen seiner Filme gesehen hast!

OW: Du machst dir nicht klar, was solche Interviews einem Menschen antun. Ihr Experten mit den Tonbandgeräten – man gebe euch nur genügend Zeit, und ihr macht jeden fertig... Kann sein, daß ich damals Antonioni gerade einen Tiefschlag versetzt hatte und dachte, ich sollte über *irgendjemanden* auch mal etwas Gutes sagen. Aber alles, was ich dann sagte, war „*Aah!*"... Du möchtest eine Bemerkung machen? Nur keine Hemmungen.

PB: Oh, bist du schamlos – aber grundsätzlich glaube ich, dein Geschmack ist ziemlich –

OW: *schlecht!*... Die Wahrheit ist, Peter, eigentlich bin ich einer von diesen Ich-verstehe-nichts-von-Kunst-aber-ich-weiß-was-mir-gefällt-Leuten. Wenn ich keine Freude daran habe, fühle ich keine *Verpflichtung* gegenüber einem Kunstwerk. Ich verehre bestimmte Gemälde, Bücher und Filme, *weil ich mich in ihrer Gegenwart wohlfühle.* Wenn ich einen Schriftsteller nicht mit Gewinn lesen kann, fühle ich mich nicht verpflichtet, ihn zu lesen. Meine Interessen und meine Begeisterung sind recht weit gestreut; und ich bin bemüht, sie noch weiter auszudehnen. Aber nicht mit *Gewalt.* Nein. Ich bin tatsächlich relativ schamlos, wie du sagst, indem ich nicht versuche, mit Gewalt etwas zu verstehen, was mir ehrlich nichts sagt.

PB: Nun, daran ist nichts Schamloses...

OW: Das sagst du aber ohne rechte Überzeugung.

PB: Du suchst ja nur nach einer Entschuldigung für die freimütige, spießbürgerliche Schlichtheit deines Geschmacks. Aber hier in meinen Unterlagen –

OW: Oh Gott, du bist wohl Mr. Hoover...! Bitte keine weiteren Zitate von mir. Das habe ich alles so nicht gemeint.

PB: Genau das habe ich befürchtet. Hier zum Beispiel, wo du sagst, De Sica war dein Lieblingsregisseur –
OW: Davon habe ich viele.
PB: Was du nicht sagst.
OW: Irgend so ein Anti-Neorealist muß mich damals genervt haben.
PB: Und an anderer Stelle hast du De Sica hier wegen – wie war das noch? – „ziemlich seichter Schwärmerei" abqualifiziert. Du änderst deine Meinung je nach deiner Laune, habe ich recht?
OW: Ich ändere meine Antworten je nachdem, wer mir die Fragen stellt. Aber – kommt es überhaupt auf diese Meinungen an? Warum sollte ich einen großen Verehrer von Fellini verärgern, indem ich ihm sage, Satyricon sei schon bei seiner Geburt von Vogue erschreckt worden.
PB: Noch vor einer Minute hast du mir gesagt –
OW: – daß ich Fellini liebe? Nun, ich liebe ihn. Mein Punkt ist aber, daß ich die Burschen, die mich interviewen, wenn ich sie mag, glücklich machen möchte. Wenn sie mich aber ärgern…
PB: Und wie bin ich?
OW: Unerträglich – aber nur wegen deiner Hartnäckigkeit. Nein – ich war ja mit unseren Gesprächen einverstanden, um einige Dinge ein für allemal klarzustellen, und darum bin ich jetzt auch ehrlich… Okay… Also zuerst De Sica: Für meinen Geschmack ist die Pizza-Szene in Gold von Neapel das Komischste, was je in einem Tonfilm auf die Leinwand kam… Aber eigentlich willst du mich doch fertigmachen, gib's zu! Du willst, daß ich zugebe, ziemlich ausführlich über Filme gesprochen zu haben, die ich nie gesehen habe. Ich habe mir das auf diesen Filmfestivals angewöhnt. All diese endlosen Interviews mit faden Ästheten aus Albanien.

„Was halten Sie", so fragen sie dich, „von unseren albanischen Spielfilmen?" Du sagst ihnen natürlich, daß du ganz verrückt nach ihren Filmen bist. Doch dann fällt dir nichts mehr ein. „Aah", sagen sie dann, „welcher gefällt Ihnen denn am besten?"

Was also tun? Man kann nicht einfach nur sagen: „Der mit der Blondine.“ Das erinnert mich an eine Geschichte aus dem Hause Goldwyn... Damals hatte Sam eine wunderschöne Ballerina namens Vera Zorina unter Vertrag... Möchtest du vielleicht diese Goldwyn-Story hören, Peter?

PB: Okay.

OW: Er bereitete gerade *The Goldwyn Follies* vor, und es sollte ein Ballett für die Zorina darin vorkommen, und er holte sich George Balanchine für die Choreographie, ein Wort, das Goldwyn noch nicht einmal aussprechen konnte. Was jetzt kommt, ereignete sich auf einer Besprechung über die Handlung des Balletts, ein großer Tisch, umlagert von Hollywoods Gag-Erfindern und Produktionsleitern. George wird gebeten, doch zu erklären, was ihm so vorschwebe, und George – das mußt du wissen – spricht ein noch unverständlicheres Englisch als Sam. Er zieht Streichhölzer heraus, um die Bewegungen zu demonstrieren und verwendet lauter Fachausdrücke aus der Ballettsprache. Das dauert ungefähr eine gute Stunde, und als er fertig ist, breitet sich dumpfes Schweigen unter den anwesenden Produktionschefs aus. Nicht einem der leergesichtigen Autoren oder Abteilungsleitern fällt etwas dazu ein. Dann spricht Goldwyn. „Mir gefällt das“, sagt er, *„und ich habe es auch verstanden.“* In der Art habe ich auch immer mit den Albanern geredet.

Und was kommt jetzt – noch so ein Zitat, das ich erklären soll?

PB [*liest*]: „Der Autor sollte bei der Herstellung eines Films das erste und das letzte Wort haben; noch besser ist es, wenn der Autor auch der Regisseur ist – mit Betonung auf dem ersteren.“

OW: Dabei bleibe ich. Einfach nur *Regie führen* ist der einfachste Job auf der Welt.

PB: Das solltest du aber mal erklären.

OW: Peter, es gibt auf der ganzen Welt keinen zweiten Beruf, in dem ein Mann unbekümmert dreißig Jahre lang immer weitermachen kann, ohne zu merken, daß er unfähig ist. Man gebe ihm ein

gutes Drehbuch, eine gute Besetzung und einen guten Cutter –
oder auch nur eins von diesen dreien – alles, was er sagen muß ist
„Action" und „Cut", und der Film macht sich von selbst... Ich
meine das ganz ernst, Peter. Filmregisseur sein – ein perfektes
Refugium für das Mittelmaß. Wenn aber ein guter Regisseur
einmal einen schlechten Film macht, dann weiß sogleich das
ganze Universum, wer dafür verantwortlich ist.
PB: Hmm...
OW: Ein echter Autorenfilm-Regisseur muß um vieles besser
sein als jeder normale Profi. Wenn er es nicht ist, fällt es bitter auf.
Den Schreiberlingen kann nichts passieren; die Originaldreh-
buchschreiber sind in einer prekären Lage – was sich auch so
gehört.
PB: Gibt es heute mehr oder weniger Originaldrehbücher?
OW: Ist die Filmwirtschaft schon fast am Ende, oder haben wir
kaum begonnen? Wer weiß das schon? Es ist wie dieser großartige
Ausspruch von Chesterton: „Niemand weiß, ob die Welt alt ist
oder jung."

> Später am selben Abend, im Wohnzimmer; Orson ist jetzt
> in guter Verfassung. Die 16-mm-Kopie von *White Heat* ist
> soeben gelaufen.

OW: Cagney – wenn wir schon wieder bei dem Thema sind –
Cagney muß man einfach als den Leinwandfüller Nummer eins in
der Filmgeschichte bezeichnen.
PB: Leinwandfüller?
OW: Ein Luftverdränger. Darum geht es doch bei diesem
schrecklichen Ausdruck „star quality" – die Franzosen nennen es
„présence". Und es mag für dich paradox klingen – nein, ich will
es nicht paradox nennen, es ist einfach der Beweis für das, was ich
schon immer behauptet habe: daß es eben so etwas wie „Filmschauspielerei" nicht gibt.
PB: Du meinst, im Gegensatz zum Theaterspielen?

OW: Es gibt einfach nur Schauspielkunst – gute, schlechte, mittelmäßige und großartige. All das Gerede von der speziellen Spieltechnik vor der Kamera ist reiner Humbug. Bühnenschauspieler sollen angeblich dafür zu stark sein. Nun, Cagney war ein Bühnenschauspieler, und keiner war vor der Kamera stärker als er. Er kam im Film daher, als ob er für die Leute im vierten Rang eines Opernhauses spielen wollte.

PB: Größer als das richtige Leben?

OW: Nun, keinesfalls größer als die *Wahrheit*. Er holte alles aus sich heraus, aber er war immer *wahrhaftig*. Sicher, darstellendes Spiel *kann* zu *breit* sein. Breit ist weitschweifig – weich wie Butter. Cagney war *konzentriert*. Bei Gott, wie ein Laserstrahl!

PB [*liest*]: „Als ich anfing, mich mit Film zu beschäftigen, liebte ich – neben John Ford – Eisenstein."

OW: Das sieht mir wieder ähnlich, ein Allgemeinplatz wie über den albanischen Film.

PB: Das war 1958. Und wie siehst du das heute?

OW: Meine Güte, Peter, ich mochte Dutzende Regisseure: Hawks und Walsh auch, Lang und Lubitsch, Murnau, René Clair … und Jean Renoir! Den liebte ich am allermeisten…

PB: Apropos Renoir – er sagte mir, er habe Schwierigkeiten mit Produzenten gehabt, aber seine größten Probleme hatte er immer mit den Autoren.

OW: Weil er meistens in Frankreich arbeitete. Im alten Hollywood war von dem Kampfgeist der Autoren kaum noch etwas zu spüren, so sehr litten sie unter dem Gefühl der Selbsterniedrigung, weil sie überhaupt einen Drehbuch-Job angenommen hatten. Heutzutage wird ihnen wahrscheinlich das letzte bißchen Stolz von den sogenannten „kreativen" Produzenten ausgetrieben. In Paris war das immer ganz anders. Dort sind erstklassige Leute stolz darauf, Drehbücher zu schreiben, und selbstverständlich bekam Renoir verzwickte Schwierigkeiten, wie man sie eben mit selbstbewußten Mitarbeitern hat.

PB: OK. Und was war nun mit Eisenstein? Hältst du ihn für einen Poeten?

OW: „Rhetorisch" wäre kein schlechtes Wort – du kannst es ja mal nachschlagen. Eisenstein war der überragende Meister der Rhetorik im Film... Du mußt wissen, wir hatten eine umfangreiche Korrespondenz miteinander.

PB: Tatsächlich?

OW: Die aber hauptsächlich von Mr. Eisenstein aufrechterhalten wurde und – es tut mir leid, das sagen zu müssen – durch meine ziemlich unverfrorene Kritik an seinem *Iwan der Schreckliche* ausgelöst wurde.

PB: Du bedauerst, das geschrieben zu haben?

OW: Wer braucht schon miese Kritiken? Was trägt eine weitere miese Kritik zur Summe menschlicher Erkenntnis bei? Ich hätte die Schnauze halten sollen.

Aus „Orson Welles Today", 23. Mai 1945 – einer täglichen Kolumne, die Orson in der New York Post *schrieb:*

...Neulich abends lud ich meine Frau ins United Nations Filmtheater ein und ... bot ihr zwei Stunden mit Sergej Eisensteins *Iwan der Schreckliche*.

Nun, Sire, das ist wohl das Vertrackteste, was man je gesehen hat. Wie das kleine Mädchen mit der Locke auf der Stirn: wenn er gut ist, dann ist dieser neue russische Film sehr, sehr gut, ist er aber schlecht*... Es handelt sich bei diesem Film nicht um das absolute *„must"* dieser Woche, er ist hier noch nicht öffentlich angelaufen und sollte es auch nicht, bis man einige englische Untertitel angebracht hat, die einem weiterhelfen...

---

* Bezieht sich auf einen am. Kinderreim: There was a little girl, who had a little curl, right in the middle of her forehead; when she was good, she was very, very good, but when she was bad, she was horrid. (Es war 'ne kleine Dirn mit 'ner Locke auf der Stirn; war sie grad brav, war sie sehr, sehr brav, war sie aber schlimm, war sie fürchterlich.) (A.d.Ü.)

...die Künste und Künstler unserer Theater sind inzwischen schon so lange fleißig bemüht, ihrem Publikum beizubringen, alles, was überlebensgroß ist, abzulehnen – es sei denn, es würde in der besonderen Sprache von Glamour und Charme dargeboten –, so daß ich fürchte, viele brave Bürger, die ihre Comic-Serien mit feierlichem Ernst lesen, werden bei Eisensteins besten Momenten laut auflachen. Unsere Kultur hat uns so konditioniert, daß wir uns Dick Tracy mit ernster Miene einverleiben. Aber nichts bereitet uns auf *Iwan der Schreckliche* vor.

Was daran falsch ist – wenn es denn falsch ist – ist das, was im Werk eines jeden Künstlers schiefgeht, der zur Eloquenz neigt. Eisensteins ungehemmte Beschäftigung mit Bildeffekten verleitet ihn – wie schon manch andere aus unseren Reihen, die mit der Kamera arbeiten – zu sterilen Übungen, leeren Demonstrationen des rein Bildhaften.

Der Bart des Zaren beispielsweise, der wie eine mächtige Sichel durch die Hammerschläge des Dramas schneidet, ist für das Publikum nicht halb so unterhaltsam wie für den Regisseur. Und dem großen Auge der Ikone wird es gestattet, so hypnotisierend von der Leinwand herabzustarren, daß es einen am Ende in Schlaf versetzt. Meine Frau sagte jedenfalls, ich hätte geschlafen. Ich versicherte ihr, ich hätte nur der Musik gelauscht...

PB: Wo ist dieser Briefwechsel geblieben?
OW: Verbrannt, in meinem Haus in Spanien.
PB: Du hast viel verloren, nicht?
OW: Manuskripte, Briefe – einen wahrhaft wunderbaren, langen Brief von Roosevelt. Eine Tasse, die Lincoln meinem Großvater geschenkt hat, als er ein kleiner Junge war –
PB: Wie furchtbar.

OW: Ich versuche, nicht so zu denken. Über Besitz habe ich meine eigenen Ansichten. Mein ganzes Leben lang habe ich zu vermeiden versucht, daß mein Besitz *mich* besitzt.

PB: Das Haus ist bis auf die Grundmauern abgebrannt?

OW: Nur der Flügel, in dem alles, was ich besaß, lagerte – all die Sachen, die ich bis dahin noch nicht verloren hatte.

PB: Yeah, ich habe hier einen Zeitungsartikel darüber.

OW: Das habe ich mir gedacht – du hast über alles einen Zeitungsartikel!

PB: Nun, man muß doch an die Nachwelt denken.

OW: Nein. Das Thema müssen wir vermeiden. Das ist wieder so eine Sache.

PB: Du denkst nicht an die Nachwelt?

OW: Laß es mich so sagen: Das Interesse dafür halte ich für ebenso vulgär wie das Interesse an weltlichem Besitz. Oder weltlichem Erfolg. Das Andenken der Nachwelt ist nur eine andere Form von weltlichem Erfolg. Das kannst du ruhig notieren, aber bitte in Marmor!

PB: Nun gut – sollen wir noch über einige andere Regisseure sprechen?

OW: Verfluchte Wühlmaus…

PB: Carl Dreyer…

OW: Du läßt wohl nie locker, oder? … Ich halte ihn für ein enormes Talent. Nicht gerade *The Passion of Joan of Arc* – den mag ich nicht, aber die sogenannten langweiligen Dreyer-Filme, die liebe ich. Ich fand sogar den letzten gut – wie hieß er doch gleich? Der Film, den er auf seine großartigen alten Tage gemacht hat.

PB: Und *Gertrud*, aber ich wette, den hast du nie gesehen.

OW: Gelegentlich rutsche ich auf Festivals in so etwas hinein. Wie ich mich erinnere, war die *salle* [das Publikum] ziemlich ablehnend. Ich weiß nicht, ob ich sagen kann, mir *gefiel* der Film. Weißt du, wenn Dreyer viel Erfolg hätte, wie jetzt die anderen Skandinavier, wäre ich wahrscheinlich nicht so enthusiastisch,

aber alle haben gegen seinen Film gewettert; mir schien das
lanciert durch gewisse Stellen und die wohlbekannten Vorverur-
teilungen, und so etwas reicht mir dann. Man sollte ihn verteidigen.
PB: Ja. Überall, wo der Film gezeigt wurde, hat man ihn
ausgebuht. Es war sein letzter Film, und er starb … einigermaßen
traurig.
OW: Was meinst du mit „einigermaßen"? [*Kleine Pause.*] Also
gut, wer kommt als nächster – Harry D'Arrast?
PB: Er war gut.
OW: Harry D'Arrast war tatsächlich ein sehr beachtliches
Talent. Und was für ein Charmeur. Eine Art Michael Arlen-
Figur* – seine Talente waren sehr zerbrechlich, und er verbrachte
seine zweite Lebenshälfte, wie Arlen, hingelümmelt in eleganter
Ruhe und trug dabei ein leicht ironisches Lächeln im Gesicht.
Interessiert dich das überhaupt?
PB: Nun, auf Mizoguchi hatte ich dich schon festgenagelt. Du
versuchtest, mir vorzumachen, du dächtest, ich hätte ihn erfun-
den, aber hier habe ich nun einige zuverlässige Zitate von dir, in
denen du ihn in den Himmel lobst.
OW: Man kann ihn gar nicht genug loben.
  PB: Du gehst sogar ins Detail – die korrekten Titel seiner Filme
und alles. Aber noch vor kurzem…
OW: Beharrlichkeit, sagt Oscar, ist das Refugium aller Kleingeister.
PB: Wer, Oscar Wilde?
OW: Nein, Oscar Serlin – Produzent der Broadway-Aufführung
von *Gaslight*, Peter! Sieh mich nicht so an. Er übernahm die
Produktion, als Ruth Gordon mir weglief. Sie und ich waren
soweit klar, daß wir mit den Proben beginnen konnten, als ihr im
letzten Augenblick einfiel, daß ihr das Stück nicht stark genug

---

* Michael Arlen, 1895–1956, engl. Romanschriftsteller, schildert die liebenswert-
dekadente Gesellschaft der 30er Jahre in Mayfair/London; u.a. Autor von „The
Green Hat" (1924), Kombination von sexueller Farce und Melodrama. (A.d.Ü.)

war. Das ist einer der vielen Gründe, weshalb ich kein Multimillionär bin. – Sind wir zu weit vom Thema abgekommen? Ich weiß, ich weiß; unser Thema ist das Kino, und du hast dir fest vorgenommen, noch ein paar von meinen Blitz-und-Donner-Urteilen über unsere ehrenwerten Kollegen aufzunehmen. Nun, bei welchem Buchstaben sind wir denn angelangt? K wie Kazan? Sagen wir mal: er ist auf dem Theater sogar noch besser. Korda? Der eine, einzige *seigneur*. Kubrick –

PB: Hat dir *2001* gefallen?

OW: Wette, er wird mir gefallen.

PB: Du wirst ihn dir niemals *ansehen*.

OW: Werde ich doch – wenn und falls eine kürzere Version herausgebracht wird. Ich werde mir nichts ansehen, das mich länger als zwei Stunden an einen Theatersessel fesselt.

PB: Damit scheidet deine Version des *Amberson*-Films auch aus.

OW: Ja natürlich. Ich habe doch einen kranken Rücken.

PB: Hast du jemals De Mille kennengelernt?

OW: Aber sicher. Er war sehr nett. Ich mochte ihn sehr. Auf seine Weise ein faszinierender alter Hase, weißt du.

PB: Ich fand immer, er hatte ein gutes Gespür für Filmerzählungen.

OW: Plus ein wundervolles Gespür für seine eigene Persönlichkeit. Als Regisseur am Set zog er immer die größte Show aller Zeiten ab – außer den beiden *ersatz*-„vons".

PB: Wer?

OW: Stroheim und Sternberg.

PB: Ersatz?

OW: Nun, beide hatten sich ihr Adelspatent selbst ausgestellt; du wirst keinen von beiden im Gotha verzeichnet finden. Klingt das jetzt spitzfindig? Ehrlich, ich meine es nicht so.

PB: Ich bin sicher, du liebtest sie alle beide.

OW: *Von Sternberg?* Der einzige Mensch, der ihn liebte und den ich kenne, war Marlene. Und als er dann sein Buch schrieb, nannte er sie eine dümmliche Marionette – und nicht nur das.

PB: Aber als Regisseur –

OW: – hatte er ein perfektes, ja unglaubliches optisches Talent für das, was schließlich doch nur Kitsch ist.

PB: Da bin ich ganz anderer Meinung.

OW: *Well,* wir wollen uns dadurch nicht unsere Freundschaft kaputtgehen lassen. Mein liebster „*von*" ist der andere, den ich gut kannte und liebte. Er war einfach ein netter jüdischer Junge, und damit habe ich ihn immer aufgezogen – und das finde ich so großartig an ihm! [*Lacht.*] Ein Genie von einem Judenjungen, und als Typ ein großer Scharlatan, ein echter Künstler – mein Gott, hatte er Talent! Er war wirklich ein großer Schauspieler; er konnte alles. Er steht weit über allen, unerreicht.

PB: Es gibt gewisse Parallelen zwischen deiner Karriere und seiner, die –

OW: Was mache ich gerade, Peter?

PB: Was du machst? Ein komisches Gesicht.

OW: Ich zucke zurück. Wie könnte ich anders, wenn du diese Parallele ziehst? Es gibt die von Stroheim-Legende ... und es gibt meine. Er war angeblich „unverantwortlich", „kapriziös", „selbstzerstörerisch" – diese Worte kennen wir nur allzu gut, nicht wahr? Sie wurden alle in diesem Buch über mich wiederholt [Charles Higham: *The Films of Orson Welles*], und das kostete mich, wie du dich erinnern wirst, die Finanzierung eines Films. Ich möchte dir jetzt einen Vorschlag machen. Und bevor du ablehnst, laß dich an die Gründe erinnern, warum ich überhaupt unserem Projekt hier zugestimmt habe. Für mich war das Ausschlaggebende, daß wir einiges klarstellen wollten. Darum wünsche ich, daß du bitte genau hier in deinem Buch unterbrichst und diesen Brief einfügst...

PB: Orson, ich glaube nicht, daß es besonders geschmackvoll wäre, diese Kontroverse wieder aufleben zu lassen.

OW: Oh, ich weiß schon. Es gab ja Leute, die dich deswegen kritisiert haben. Einer war tatsächlich ein Kritiker – Charles Champlin von der *Los Angeles Times.* Nun, er schrieb da neulich, daß es allen meinen Filmen an *Substanz* mangelt – also weiß ich, was immer er als Kritiker sein mag, er ist kein Freund.

PB: Ja, aber er ist *mein* Freund…

OW: Er wird es dir verzeihen, Peter… Denk doch nur, wenn wir hier jetzt über von Stroheim sprechen, haben wir keine Ahnung, wie *er* die Sache sieht und noch weniger Ahnung von den Fakten. Also bitte, laß uns unwürdig sein… An dieser Stelle fängst du ein neues Kapitel an; ich gebe dir die Überschrift dazu: „Wider meine bessere Einsicht".

Zwei Monate vor diesem Gespräch hatte ich den folgenden Brief von Orson in New York erhalten:

Lieber Peter,
ich glaube, Du hast Dick Wilson bereits kennengelernt. Wenn Du erst länger mit ihm zusammen bist, was ich hoffe, wirst Du feststellen, daß er unbezahlbar ist. Er war nicht nur während jener Jahre meine rechte Hand, sondern verdient für die Zeit in Südamerika den Titel eines Produktionsleiters. Du wirst ihn als sehr gerecht empfinden, das ganze Gegenteil eines Jasagers. Vertraue ihm. Ich sage Dir sofort, warum das wichtig ist.

Ich kehre also ins Filmland zurück… Warum? Um mich nach ein paar Rollen umzusehen, darum. Und was, wirst Du fragen, ist aus meinem Film geworden? Nun, sagen wir mal (wie ich all die Jahre schon so oft sagen mußte), es ist eine vorübergehende Verzögerung eingetreten, aus Geldmangel.

Ich schreibe Dir dies, um Dich inständig um Gründlichkeit bei Deinen Nachforschungen zu bitten. Sicher, ich habe Dir auf diesem Gebiet nichts vorzuwerfen, aber bezüglich Südamerika gibt es neue und dringende Gründe für eine äußerst erschöpfende Faktensuche Deinerseits.

Du wirst mit den Zeugen dieses Falles sprechen – stürze Dich auf sie, sammle alle Beweise, die Du bekommen kannst.

Ich habe das Higham-Buch noch nicht gekauft, konnte aber neulich bei Brentano's heimlich und gratis ein paar Seiten lesen. Weiter will ich nicht gehen: es hat keinen Sinn, das, was von meiner Leber noch übrig ist, aufzuzehren... Er denkt, ich will meine Filme nicht fertigmachen, weil ich Vollendung gleichsetze mit Tod. Eigentlich müßte er sich doch vorstellen können, daß es dasselbe ist: eine Arbeit nicht fertig machen oder sie überhaupt nicht machen – das ist nicht Selbstmord, sondern Mord. Wenn er scharf nachgedacht hätte, wäre ihm klar geworden, wessen Schuld das war. Ich vermute, das ist auch der Grund, warum er mein Angebot abgelehnt hat, sein Material auf rein faktische Unstimmigkeiten hin zu prüfen: das hätte ihn nämlich der Quelle einiger ziemlich fauler Theorien beraubt. Andererseits hätte es mir aus einem Dilemma helfen können, das – nach nunmehr bald 25 Jahren – doch ernstlich anfängt wehzutun. Was Dick anlangt, so hat seine Sichtweise der Fakten etwas Dickköpfiges, beinahe Störrisches. Dabei *hat* er doch die Fakten – alle – schwarz auf weiß. Es wird Dich zwar sehr langweilen, aber wirf bitte einen langen, nüchternen, unparteiischen Blick auf die gesamte Dokumentation. Finde die Wahrheit über *It's All True* und schreibe sie auf – so, wie Du sie findest.

Die südamerikanische Episode ist die eine entscheidende Katastrophe in meiner Geschichte, und also wirst Du sie aufklären wollen. Ich für mein Teil *muß* sie aufklären – einfach um zu überleben. Neuerdings ist das für mich sehr dringlich geworden, weil die Legende, die aus dieser Affäre entstanden ist, mir wieder einmal die Chance genommen hat, einen Film zu drehen.

Wie ich schon erwähnte, ist das hübsche Sümmchen da
draußen im Mittleren Westen plötzlich hängengeblieben.
Mr. Higham scheint sie alle verhext zu haben. Ein Zitat
als Garnierung in der *Newsweek*-Kritik hat sie wohl in die
Flucht geschlagen. Wieder einmal bin ich der Mann, der
„unverantwortlich" alles hingeschmissen hat, um sich im
Karneval in Rio auszutoben, und der sich kapriziös
weigerte, den dort unten angefangenen Film zu beenden.
Alle Versuche zu erklären, daß ich nicht des *Spaßes* wegen
nach Südamerika geflogen bin, haben nichts genützt...
Für mich gibt es kein größeres Vergnügen als einen
Film zu machen, und das größte Vergnügen kommt dann
im Schneideraum, wenn die reine Drehzeit vorüber ist.
Wie kommt er nur darauf, daß ich mir im Falle *Amberson*
selbst so viel von dieser Freude versagen wollte? Ich bin
damals wie heute der Meinung, daß dieser ein weit
besserer Film als *Kane* hätte werden können. Wie kann
man nur im Ernst annehmen, daß ich etwas, das ich so
gern gemacht hätte, für das dubiose Projekt einer
Dokumentation über den Karneval in Rio aufs Spiel
gesetzt hätte? Mein Gott – ich konnte den Karneval
sowieso nicht ausstehen – ich assoziiere damit das
Verkleiden, was mich tödlich langweilt, sowie die
touristischen Banalitäten des Mardi Gras in New Orleans.
Weißt Du, warum ich überhaupt dorthin geflogen bin?
Ich habe das nur gemacht, weil Jock [John Hay Whitney]
und Nelson [Rockefeller] mir mit starken Worten
nahegelegt haben, daß dies ein bitter nötiger Beitrag zur
Verbesserung der inter-amerikanischen Beziehungen sei.
Heute klingt das höchst albern, aber im ersten Jahr nach
unserem Eintritt in den Krieg schien die Verteidigung
dieser Hemisphäre von entscheidender Wichtigkeit. Mir
wurde gesagt, der Wert dieses Projekts liege nicht so sehr
in dem Film, als vielmehr *in der Tatsache, daß er gedreht*

wird. Man hat es mir so dargestellt, daß mein Beitrag als eine Art Sonderbotschafter von wahrhaft großer Bedeutung sei. Normalerweise hätte ich das bezweifelt, aber Roosevelt persönlich hat mitgeholfen, mir einzureden, daß ich letztlich keine Wahl hätte. Warum wohl sonst hätte ich mich bereiterklärt, ohne Honorar einen Film zu machen? Jedweder Appetit auf ein wenig Highlife hätte sich durch einige Wochenendflüge nach New York stillen lassen. Vorzugsweise hätte ich mir die Mitternachtsglocken im Billingsley Club Room angehört, oder bei Dickie Wells oben in Harlem. Aber all die Kicks, die ich brauchte, habe ich auch an der Moviola bekommen. Dicks Akten werden Dir beweisen, daß ich dieser Brasilien-Dienstfahrt nur aufgrund der festen Zusage, daß mir die Moviolas und der Film sofort nachgeschickt würden, zugestimmt habe. Und was ist passiert? Der Film ist nie angekommen. Ein Verkauf der RKO brachte neue Chefs ins Haus, die aufgrund ihrer Position logischerweise meine Feinde sein mußten. So verlor ich dann schnell den letzten Rest meiner Kontrolle über den *Amberson*-Film, und meine Freunde in der Heimat brachen in Panik zusammen. Wer kann sie dafür tadeln? Selbst wenn ich geblieben wäre, hätte ich Kompromisse beim Schnitt machen müssen, aber das wären dann meine eigenen gewesen und nicht die Früchte ratloser und häufig halb hysterischer Kommissionen. Wenn ich persönlich dabei gewesen wäre, hätte ich meine eigenen Lösungen gefunden und den Film in einer Form retten können, die den Stempel meiner eigenen Arbeit getragen hätte.

Das Schlimme aber ist, daß die südamerikanische Tragödie nicht mit der Verstümmelung des *Amberson*-Films durch die RKO beendet war. Nein, sie kostete mich weit mehr als die zwei Jahre, in denen ich den Film

gemacht hatte. Sie kostete mich viele, viele andere Filme,
die ich nie mehr machte; und viele Jahre, in denen ich
überhaupt nicht mehr arbeiten konnte.

Für die neuen Männer, die bei der RKO jetzt das Sagen
hatten, war es doch nur allzu leicht, diesen gigantischen,
diesen ohne Script in Südamerika gedrehten Dokumentarfilm als eine einzige, idiotische Geldverschwendung
hinzustellen. Und um ihre Position zu untermauern, war
es durchaus ihr Interesse, wenn das auch getan wurde.
Eine wahrlich unbarmherzige Kampagne begann, und bis
ich wieder nach Amerika zurückkehrte, hatte sich mein
schlechter Ruf als kapriziöser und unzuverlässiger
Verschwender in den Köpfen der Filmindustriellen
festgesetzt. Das alles weißt Du natürlich schon, aber die
Dokumentation wird Dich vielleicht doch überraschen.
Das Ausmaß der Kampagne und ihre Bösartigkeit sind
kaum zu überbieten.

Als ich abreiste, war ungefähr das Schlimmste, was man
mir nachsagen konnte, daß ich eine Art Künstler sei. Als
ich zurückkam, galt ich als eine Art Verrückter. Keine
Geschichte über mich war zu wild – die albernsten
Behauptungen wurden geglaubt. Die freundlichste
Beurteilung war etwa so: „Sicher, er hat Talent, aber man
kann ihm nicht trauen. Er schmeißt mit dem Geld herum
wie ein Wahnsinniger; wenn es ihm langweilig wird, haut
er einfach ab. Er ist *verantwortungslos.*"

So ist die Legende entstanden – gegründet auf den
festen Fels allgemein vorherrschender Überzeugung.
Schon bald war sie so groß und lebendig, daß die Leute
nicht mehr die Realität erkennen konnten, die sie
verschleierte. Kein Mensch interessierte sich für Fakten;
die freie Erfindung war so unendlich viel amüsanter.

Ich habe diese Legende länger als ein Vierteljahrhundert
auf meinen Schultern getragen. Jetzt kürzlich schien sie

zum ersten Mal – und aus einem nicht sehr einsichtigen Grunde – an Altersschwäche zu verenden. Ich habe mich – selbst noch nicht so alt – darauf gefreut, solange meine Jahre es noch zulassen, recht eifrig als Filmemacher tätig zu sein.

Und dann kam dieses Buch... Die sehr gut gemeinte Rezension in *Newsweek* scheint mich die Finanzierung dieses neuen Films *The Other Side of the Wind* gekostet zu haben. Nachdem meine Geldgeber das im besten Nachrichtenmagazin der Welt gelesen hatten, kann man es ihnen kaum zum Vorwurf machen, wenn sie noch einmal gründlich überlegten, ob sie ihr Glück mit einem Welles-Film versuchen sollten.

So ist die Legende wieder auferstanden, Peter, und mir bleibt nichts anderes übrig, als wieder hinter Gastrollen in anderer Leute Filmen herzulaufen...

Du kannst Leute befragen, die alles miterlebt haben, und Dick hat die Unterlagen. Wenn Du zu diesem Kapitel kommst, hoffe ich, daß du auf die harten Fakten dieser Angelegenheit stößt und ehrlich eine atmosphäriche Säuberung möglich machen wirst...

Diesmal geht es nicht nur darum, die Dinge klarzustellen – ich würde ganz gerne wieder arbeiten...

Als gutes, wenn auch relativ unbedeutendes Beispiel für die Entstehung gewisser Welles-Legenden sollte man Raymond Sokolovs Reportage von den Dreharbeiten zu Catch-22 nachlesen, erschienen in Newsweek *vom 3. März 1969. Dort hieß es folgendermaßen:*

Als Meister der Kameraposition, des Schnitts, der Schärfe und sämtlicher Theaterkünste teilte Welles fortwährend selbst seine Auftritte neu ein, machte Vorschläge für Kamerastandpunkte und hatte die Unterstützung des

Cutters Sam O'Steen, als er Nichols überredete, einen
unorthodoxen Schnitt zu drehen. Einige Schauspieler
unterstellten ihm nun, er wolle seine ganze Szene auf zwei
Takes verteilen, um sich so der Mühe des Textlernens zu
entziehen und um seine egomanischen Vorstellungen
durchzusetzen, bei seinen eigenen Szenen selbst Regie zu
führen.

In einer dieser Szenen, in denen Buck Henry und
Martin Balsam ursprünglich mit fünfzig Sachen hinter
seinem Jeep herrennen sollten, improvisierte Welles eine
Möglichkeit, wie man die beiden vor einem Herzinfarkt
bewahren konnte. Er erfand eine Trick-Plattform, für die
Kamera unsichtbar, auf der Balsam und Henry verzweifelt
auf der Stelle rannten, während die Plattform hinter
Welles rasendem Jeep herfuhr. Wie die meisten von
Welles' Ideen war dies sehr hilfreich für die Dreharbeiten,
es verzögerte sie aber auch. Inzwischen waren alle anderen
Mitwirkenden schon dazu übergegangen, sich über
Welles' Großspurigkeit zu mockieren. Alan Arkin sprach
kaum noch ein Wort mit ihm...

Nichols blieb unverzagt. Er wußte, kein Schauspieler
kann einem Regisseur die Schau stehlen; der Schauspieler
reist wieder ab, der Regisseur aber bleibt und montiert
den Film. Übrigens hat Welles eine große
schauspielerische Leistung abgeliefert. Und Nichols hatte
den Weitblick zu erkennen, daß der Rat eines großen
Regisseurs für ihn sehr wertvoll war...

PB: Hast du denen wirklich gesagt, wie sie diese Jeep-Szene
aufnehmen sollten?
OW: Du warst dabei, Peter.
PB: Ich war nicht da draußen, als sie es aufgenommen haben.
OW: Sokolov auch nicht. Er hat die Geschichte aus zweiter
Hand, so daß es nicht weiter verwundert, wenn er sie falsch

verstanden hat. Der Artikel war gut gemeint, hat mir aber in Hollywood geschadet. Er hat eben wieder die Legende gespeist. „Da ist er also wieder und ist schwierig, ... gibt den Regisseuren seine ‚unorthodoxen‘ Schnittwünsche an.“ Es war ein Schnitt, der im Drehbuch stand, Peter. Mike machte sich gerade Gedanken, ob er wohl funktioniere, und ich sagte ihm, er würde funktionieren, das ist alles.

PB: Du ziehst Legenden und Mythen hinter dir her wie Johnny Appleseed*. Jemand hat mal zu mir gesagt: „War das nicht eine tolle Einstellung – am Anfang von *Touch of Evil*? Er hat aber eine ganze Woche dafür gebraucht!“ Stell dir mal vor, jemand glaubt das.

OW: Eine Nacht war dafür angesetzt, und eine Nacht hat es auch gedauert... Es wäre wirklich toll, wenn ich Howard Hughes wäre, mit all seinem Geld. Sollen sie doch Geschichten über Howard Hughes erzählen, soviel sie wollen. *Ich muß schon was tun für mein Geld*...

Richard Wilson, der schließlich ein guter Filmregisseur geworden ist, konnte dazu bewegt werden, auf das Kapitel über It's All True *aus Highams Buch* The Films of Orson Welles, *das in der Frühjahrsausgabe 1970 der Zeitschrift* Sight and Sound *nachgedruckt wurde, eine Entgegnung zu schreiben, und zwar mit der Absicht, Orson zu verteidigen. Wilson gestattete mir hier freundlicherweise den Abdruck einiger Absätze daraus, die doch ein wenig Licht in die* It's All True-*Affäre bringen können und dadurch Gewicht haben, daß er selbst dabei gewesen ist. Sein Artikel war überschrieben* „It's Not Quite All True" – „*Es ist durchaus nicht alles wahr"* (Sight and Sound, *Herbst 1970):*

---

* Johnny Appleseed (John Chapman) 1774–1845, am. Pionier und Obstbauer. (A.d.Ü.).

Bücher und Artikel, die vor allem in England, Frankreich
und Italien über Welles erschienen sind, strotzen vor
Fehlern. Eine der Hauptursachen für diese
Unrichtigkeiten, so muß ich leider sagen, ist Orson
selbst... Aber für Filmemacher ist es ganz natürlich, daß
sie ihr Versagen wegrationalisieren und ihr Unglück mit
dem Teufel austreiben wollen...
     Charles hatte auch freien Zugang zu den Akten, aus
denen ich zitieren und ihn widerlegen werde... Ich meine
die etwa fünfzehn Schubkästen mit Arbeitsunterlagen, die
hektischen Telegramme, die ausführlicheren Briefe, die
nacheinander entstandenen Drehbuchentwürfe, die bei
den Akten waren, die ich zufällig in Verwahrung hatte.
[*Anmerkung des Verfassers:* Diese Akten sind nun im
Besitz der Lilly Library an der Indiana University, die sie
im Jahre 1979 erworben hat.]
     ...Das Zahlenspiel, das ich im folgenden spiele, ...
wenn es um Flugzeuge, Menschen, Kameras und Geld
geht, mag unwichtig scheinen. Und doch, Zahlen sind der
Kern meines Widerspruchs gegen das Bild von Orson, das
Charles in seinem Artikel entworfen hat. Der Artikel stellt
Orson als verschwendungssüchtig hin und stützt sich
dabei direkt auf die Vorwürfe, die ihm schon *während* der
Drehzeit des Films im Nacken saßen, und von denen er
sich nie befreien konnte. Als Faktum anerkannt und –
offen oder verdeckt – an die Öffentlichkeit getragen,
verhinderten diese Gerüchte über *It's All True*, daß Orson
überhaupt noch Filme machen konnte – bis schließlich
1946 *The Stranger* entstand. Diese schlechte Publicity –
immer noch als Faktum anerkannt – schränkt selbst heute
seine praktischen Möglichkeiten, Filme zu machen, ein.
Durch den heimtückischen Schaden, den Charles' Artikel
mit seinem Unterton und den immer wieder
vorgetragenen, leicht verdrehten Details anrichtete, wurde

ein schlechter Ruf aufrechterhalten, den Orson nicht
verdiente.

Was wirklich und ironischerweise wahr ist über *It's All
True* – ich glaube nicht, daß jemand das schon einmal
festgehalten hat – ist doch, daß Welles erst *angeboten*
wurde, einen nicht-kommerziellen Film zu machen und
ihm dann *vorgeworfen* wurde, einen nicht-kommerziellen
Film gemacht zu haben. An dieser Stelle möchte ich
offiziell festhalten: beide – die RKO und Welles – sind in
das Projekt hineingeraten, weil beide versuchten, ihren
Beitrag zum Kriege zu leisten. Jedoch: die RKO war als
Gesellschaft ihren Aktionären verpflichtet und handelte
mit der US-Regierung ein hartes, inoffizielles Abkommen
über die Zahlung von 300 000 Dollar aus, um ihren
Beitrag zu finanzieren. Das zeigt mehr als eindrucksvoll,
daß die Gesellschaft das Projekt als nicht-kommerziell
ansah. Ich persönlich meine auch, daß Orsons Verzicht
auf jegliches Honorar für seine Arbeit sowie sein
Verzicht auf seine lukrative wöchentliche Rundfunksendung noch deutlicher für sich sprechen. Es ist doch
höchst ungewöhnlich für einen gutbezahlten, kreativen
Künstler, daß er länger als ein halbes Jahr ohne Gage
arbeitet.

…Ich möchte nun versuchen, die Kernfrage
aufzuklären, die in folgendem Satz angesprochen wird:
„Bedauerlicherweise ließ Welles sich unter Druck setzen
und willigte in die Reise zum Karneval in Rio ein…"
Hier haben wir eine Erklärung, die schlimmer ist als
falsch, nämlich lächerlich. Den „Druck" hat Orson sich
selbst auferlegt. Was man gegen ihn hätte vorbringen
können, war erstens, ob er dem Drängen, dieses inter-
amerikanische Unterfangen mitzumachen, überhaupt hätte
nachgeben sollen; und zweitens, ob der Karneval nun
unbedingt das Hauptthema des Films sein mußte.

Apropos Karneval: dieser Vorschlag ging direkt von
Brasilien aus. Dort war man wohl ein wenig trunken vor
Begeisterung über die Macht des Mediums Film. Man
kann sich leicht vorstellen, wie das brasilianische DIP
(Department of Press and Propaganda) auf die Idee kam,
sich einen der kreativsten Filmemacher der Welt zu
ködern, der ein phantastisches, touristisch wirksames
Werk (das mit Sicherheit auch noch nach Kriegsende
verwendbar sein würde) rund um ihren sagenhaften
Karneval drehen sollte. So haben sie die naiven Yankees
zu sich gelockt. Ich denke, die Zusammenhänge werden
noch deutlicher, wenn man bedenkt, daß der
brasilianische Beamte, der mit uns an dem Film arbeiten
sollte, Chef des Departamento de Turismo war. Der
Schwachpunkt des ganzen Konzepts war, daß weder
Orson noch ein RKO-Produktionsleiter oder ein für die
Handlung Verantwortlicher, daß also keiner von uns
irgend etwas über den Karneval wußte. Das einzige, was
wir erfahren konnten, war, daß er eine Art Super-Mardi-
Gras sei, etwas, das man erlebt haben mußte, um es
glauben zu können. Und das stellte sich als die reine
Wahrheit heraus.

Orson wollte nur sehr widerwillig den Jazz-Teil aus
dem Original von *It's All True* streichen; das ganze
Projekt bestand aus vier wahren Geschichten, wie Charles
schreibt. Erst als Orson dahinter kam, daß die Seele des
Karnevals die Samba war, daß diese Musik, wie der Jazz,
einen übergreifenden Einfluß auf die Volkskultur des
Landes hatte, daß sie, wie der Jazz, im wesentlichen eine
Domäne der Farbigen war, erst da schien ihm das Thema
Karneval allmählich brauchbar. Dennoch kannte er alles
nur vom Hörensagen und mußte es erst erleben (und in
Bild und Ton festhalten), ehe er es überhaupt zu einem
Film verarbeiten konnte ...

PB: Wie ist das Projekt *It's All True* überhaupt entstanden? **OW:** Ursprünglich sollten es einmal drei Filme werden, dann wurde das Konzept geändert: ein Film in drei Teilen. (Ich bin aber noch in dem Glauben nach Südamerika gereist, es sollten drei einzelne Filme werden.) Der erste sollte *My Friend Bonito* heißen, nach einer Vorlage von Robert Flaherty, die er eigens für uns geschrieben hatte, und die ich schon machen wollte, ehe man mich nach Südamerika schickte. Die Geschichte spielte in Mexiko und handelte von dem Stier, der so mutig war, daß er begnadigt wurde und am Leben bleiben durfte. Sie handelte von dem kleinen Jungen, der den Stier hat aufwachsen sehen und der sein Freund war und der mit ihm auf der Ranch lebte. Dann, als der Stier in die Hauptstadt gebracht wird, geht der Matador in die Kirche und betet für sein Leben, und der Junge geht in die Kirche und betet für das Leben des Stiers. Und der Stier kommt heraus und tötet zwanzig Pferde, bis endlich der Junge in die Arena läuft – und, all dies ist zwar Unsinn, aber es ist wahr und in den letzten einhundert Jahren ungefähr vierzig Mal vorgekommen. Der Junge sagt: „Hey, komm her", und der Stier folgt ihm hinaus wie ein kleiner Hund. Norman Foster drehte acht oder neun Wochen in Mexiko – all die schwierigen Stierkampfszenen, nicht die ganze Handlung – während wir in Hollywood an dem *Amberson*-Film arbeiteten.

All diese vielen Filmmeter sind in der Versenkung verschwunden, als ich von der RKO gefeuert wurde. Der kleine mexikanische Junge, den wir für die Hauptrolle gefunden hatten, ist heute ein kräftiger Mann von dreißig. Egal – fünfzehn Jahre später entstand ein Film mit derselben Handlung, von den Brüdern King produziert, betitelt *The Brave One* (1956), und der bekam einen Academy Award für das beste Drehbuch. Dalton Trumbo hatte es unter Pseudonym geschrieben; er konnte sich nicht dazu bekennen, weil er auf der Schwarzen Liste stand. Also kam niemand aufs Podium, um den Oscar in Empfang zu nehmen, und alle sagten: „Wie schade – armer Dalton Trumbo, ein

McCarthy-Opfer." Aber *in Wahrheit* war die Geschichte nicht von ihm oder von mir, sondern von Robert Flaherty. Die King-Brüder waren bei der RKO, und die hatte die Rechte daran – und Trumbo machte eine tiefe, unsichtbare Verbeugung. Die hätte eigentlich Flaherty zugestanden.

PB: Hast du Flaherty gut gekannt?

OW: Sehr gut. Wir haben an zwei Geschichten längere Zeit zusammengearbeitet. Die andere hieß *The Captain's Chair* – ein wunderbarer Stoff über die Arktis und die Hudson Bay Company. Ich wünschte, ich könnte das jetzt machen. Was für ein Bursche! *Oh Boy,* ein wundervoller Mann.

PB: Wie kamst du dazu, ihn zu engagieren?

OW: Ich liebte seine Filme, und er hatte keine Arbeit, und ich dachte, das wäre doch ganz schön. Damals fühlte ich mich mächtig genug, um sowas machen zu können. Ich gab auch einigen Leuten kleine Gehälter und ließ sie mit abstraktem Film* und Zeichentrick experimentieren. Und dann war da noch Flaherty. Statt daß ich ein Segen für ihn war, wurde er ein Segen für mich. Ich wollte, daß er bei *The Captain's Chair* Regie führte, aber er wollte das nicht, denn er hätte mit Schauspielern arbeiten müssen, und dazu hatte er keine Lust. Er wollte, daß ich das machte. Ich versuchte, ihn zu überreden, aber er sagte nein, und da überlegte ich mir jemand anderen für die Regie. Ich wollte anderen zum Regiestart verhelfen und lauter solche Sachen – ich dachte, ich fange jetzt etwas ganz Großes an.

PB: *It's All True* sollte doch in Zusammenarbeit mit dem Koordinationsbüro für Lateinamerikanische Angelegenheiten entstehen?

OW: Nicht mit, *für* diese Leute – nur das – und für keinen anderen Zweck.

PB: Die haben das Geld gegeben?

---

* Abstrakter Film = Nichtnarrative Filmform mit vorwiegend nicht-gegenständlichen Bildern (Streifen, Flächen, Farben, die rhythmisch angeordnet eine eigene ästhetische Qualität erhalten). (A. d. Ü.)

OW: Nein. Die RKO hat das Geld gegeben, weil Nelson Rockefeller, damals auch einer der Bosse der Gesellschaft, sie erpreßt, gezwungen, beeinflußt, überredet hat (du kannst noch beliebig viele andere Ausdrücke verwenden), dieses als ihren Beitrag zum Kriege zu leisten. Und es war nie vorgesehen, daß ich ein Honorar bekäme. Dorthin zu gehen, das war mein Kriegsbeitrag.

PB: Sechs Monate.

OW: Acht Monate – und umsonst. Aber auch die RKO und alle anderen machten es umsonst. Entwicklung der inter-amerikanischen Angelegenheiten. Ich wollte das eigentlich gar nicht machen, ehrlich nicht; ich wußte nur nicht, wie ich ablehnen sollte. Es handelte sich um einen unbezahlten Job für die Regierung, den ich annahm, weil er mir als eine Art Pflicht angetragen wurde. Und ich packte die *Bonito*-Geschichte noch oben drauf und sagte etwas wie ,Sie wollen doch etwas Lateinamerikanisches. Rein zufällig habe ich hier eine mexikanische Geschichte in der Tasche'.

PB: Und was wolltest du denn nun wirklich da unten drehen?

OW: Karneval.

*Aus „Orson Welles' Almanach", New York Post,
13. Februar 1945:*

Nun gibt es einige Menschen, die den Karneval ablehnen, weil sie ihn nur für eine Ausrede halten, um sich betrinken zu können… Ich war vor drei Jahren in Rio beim letzten großen Karneval in dieser größten aller Karnevalstädte dabei, und ich habe mit diesen, meinen Augen etwa eine Million Menschen tanzen und singen gesehen (die meisten sind drei Tage überhaupt nicht ins Bett gegangen), und keiner auf dieser Riesenfete hat das Feiern lange genug unterbrochen, als daß er überhaupt etwas trinken konnte.

Karnevalsmenge in Rio.

...Karneval ist kein religiöses Fest, aber es ist das Fest religiöser Menschen. Wo der Kommerz die Herrschaft übernommen hat, gibt es keinen Karneval mehr. Und wo die Arbeit so schwer ist, daß ein Feiertag nur zum Ausruhen genutzt wird und nicht zum Feiern, da ist Karneval nur noch ein anderes Wort für billige Unterhaltung...

OW: Ich bin buchstäblich ins kalte Wasser geworfen worden – zehn Tage vorher Bescheid bekommen, kein Drehbuch oder etwas ähnliches – nur reine Dokumentation, überhaupt keine Handlung. Ich hatte noch nie etwas vom Karneval gehört, nicht mehr als andere. Karneval war für uns weit weg, da unten in Rio,

Karnevals-Szene, gedreht in den Cinédia Studios.

und wir sind eben hingeflogen und haben gefilmt, was uns vor die Kamera kam. Wichtig waren in erster Linie unsere Tonaufnahmen und das, was unsere kleine Forschungsgruppe über die Samba zusammentragen konnte. Samba war damals eine sterbende Kunst – genau wie der Jazz, der gestorben wäre, wenn er nicht den Fluß hinauf nach Chicago gelangt wäre, wo er wieder gestorben wäre, wenn die französischen Intellektuellen und später auch die amerikanischen sich nicht seiner angenommen hätten. Die Samba ist nicht von Intellektuellen aufgefangen worden und ist nun tot. Interessanterweise ist sie als Bossa Nova wieder auferstanden, aber die reine alte Samba ist gestorben. *Das* war interessant – und die Sambaclubs in den *favelas* – all die vielen Filmmeter hätten erst einmal so geordnet werden müssen, daß deutlich würde, was der Tanz gesellschaftlich bedeutete. Das hätte interessante fünfzig Prozent eines kompletten Films ergeben und wäre damals auch ein wirtschaftliches Projekt gewesen, denn, wie sich herausstellte, überschwemmte lateinamerikanische Musik in den folgenden sechs oder sieben Jahren die Welt, und dies wäre der Film darüber gewesen. Heute ist der Film nicht mehr neu, auch nicht mehr frisch, und *Orfeo Negro* hat dieses Feld seitdem beackert.

PB: Gefiel dir der Film?

OW: Zwei Akte davon habe ich im französischen Fernsehen gesehen – die gefielen mir nicht.

PB: Übrigens denke ich, das Samba-Projekt klingt gar nicht so, als ob es dich interessiert hätte.

OW: Nein, hat es auch nicht. Ich war an der Idee, einen Dokumentarfilm zu drehen, interessiert, weil man mich darum gebeten hatte. Wie sich herausstellte, hat mich dann die Samba

Szene mit Jangadeiros.

fasziniert. Aber ich habe bei dem Gedanken, einen Karneval abzulichten, vor Grauen gestöhnt, weil ich solche Veranstaltungen hasse.

PB: Und was sollte die dritte Geschichte werden?

OW: *The Trip of the Jangadeiros.* Ich glaube, das war der wertvollste Stoff. Die Jangadeiros waren vier Seefahrer, die meinten, sie bekämen keinen guten Preis für ihren Fisch – sie waren Mittelsmänner – und also fuhren sie auf ihren Flößen aus sechs Balken und einem Segel hinaus und segelten von ihrer Heimatstadt die ganze brasilianische Küste hinunter – machten diese heroische Reise von der obersten Ecke Brasiliens bis ganz hinunter nach Rio, um sich beim brasilianischen Präsidenten über ihre Lebensbedingungen zu beklagen. Bis sie dort unten ankamen, waren sie so berühmt geworden – allein durch die Tatsache ihrer Reise –, daß der Präsident nicht anders konnte als sie empfangen; also wurden sie empfangen und haben bekommen, was sie wollten. Als wir diese Seereise neu in Szene setzten, fiel der Anführer der Jangadeiros auf halber Strecke von seinem Floß und wurde nie mehr gefunden. Und die Zeitungen schrieben, ich hätte das gemacht, um eine spannende Aufnahme zu bekommen. Wir hatten aber gar nicht gedreht.

PB: Hatte er unnötig viel riskiert?

OW: Genau – er war ein Held. Sie waren alle sehr noble Leute, sehr stolz. Er hat sich zuviel zugetraut. Sein ganzes Leben auf dem Wasser, und jetzt, so nah am Strand von Rio, Barra da Tijuca…

PB: Es gibt noch einen spektakulären Vorfall in Verbindung mit diesem Film. Offenbar hast du eines Tages Möbelstücke aus einem Wohnungsfenster geworfen. Stimmt das?

OW: Ja. Sieh mal, wenn du irgendwo im Ausland eine Wohnung oder ein Haus mietest, dann berechnen die Leute manchmal etwas für Gebrauch und Verschleiß an den Möbeln. Und ich hatte nichts gebraucht oder verschlissen – ich war überhaupt kaum in der Wohnung gewesen, sie war in einem perfekten Zustand. Und

Beerdigungs-Szene mit Jangadeiros.

ich sollte diese enorme Summe von ungefähr zwei Monatsmieten bezahlen. Eines Tages erzählte ich das dem mexikanischen Botschafter beim Mittagessen, und er sagte: „Das ist ja lächerlich." Direkt vor ihm stand ein kleiner Kaffeetisch, und er sagte: „Wenn man nun wirklich etwas kaputt macht – wir wollen doch mal sehen, was sie dazu sagen" – und er warf den Kaffeetisch aus dem Fenster. Ich nahm einen Stuhl und warf ihn hinterher, und wir fingen an, alles hinauszuwerfen. Es hat einfach so angefangen, und es war ein großer Jux, wir grölten vor Lachen. Wenn wir schon dafür bezahlten, wollten wir auch etwas kaputt machen. Das war die Pointe.

PB: Man erzählt sich, daß ein Hausmädchen mit einer Portion Karotten hereinkam, die du dann auch aus dem Fenster geworfen hast –

OW: Nein. Niemand anders war dabei – Dick Wilson war nicht da. Es gab keine Augenzeugen außer dem Botschafter von Mexiko. Dick war zutiefst schockiert. Ich fand es irrsinnig komisch, aber Dick war weiß wie Papier und ganz schmallippig deswegen.

PB: Hat das in Südamerika nicht für eine schlechte Presse gesorgt?

OW: Ein paar Zeitungen hatten es eilig, uns eins überzubraten, weil wir Amerikaner waren. Aber die Leute standen auf der Straße und jubelten uns zu. Sie fanden es toll. Es war ja auch gar nicht so eine große Sache. Gregg Toland war allerdings auch sehr schockiert. Im Jahr darauf besuchte er mich in Uniform und hielt mir lange Vorträge, wie furchtbar es sei, daß ich meine staatsbürgerlichen Pflichten nicht ernstgenommen hätte. Dabei hatten wir doch nur ein paar Möbelstücke, für die wir *bezahlt* hatten, in den kleinen Garten vor dem Haus geworfen.

PB: Nun, dieser Vorfall wird gewöhnlich dir angelastet: „wieder so eine betrunkene Orgie".

OW: Ja, ja, ich weiß, aber wir waren nicht betrunken. Es war beim Mittagessen, am frühen Nachmittag. Aber sehr temperamentvoll.

PB: Woran ist der Film endgültig gescheitert?

OW: Die RKO ist von Floyd Odlum übernommen worden. Rockefeller schied aus, und statt dessen kamen Odlum und die Atlas Film Corporation rein. Die hielten das Südamerika-Abenteuer nun wirklich für verrückt, und man kann auch einsehen, warum. Sie bekamen Bildmuster von den Samba-Teilen, und einer ihrer Geschäftsführer nannte das „einen Haufen hüpfender Sandflöhe". Tausende Meter Film! Und die fragten: „Wo ist das Script?" „Es gibt kein Script." Stell dir mal vor, was sie da gedacht haben. Ich konnte sie gut verstehen, aber es war schließlich nicht meine Idee oder mein Projekt gewesen, das war ja das Schlimme! Daß ich unter Umständen hier etwas machte, das unter Umständen interessant sein könnte – darauf sind sie nicht gekommen.

PB: Sie haben dir also nicht vertraut.

OW: Nein. Leute wie Sid Rogell [ein RKO-Geschäftsführer] quatschten ihnen die Ohren voll. Ich kann ihnen aber wahrlich keinen Vorwurf machen. Der einziger Fehler war, daß sie es für meine Idee hielten, dort unten zu sein und dieses viele Geld auszugeben. Ich konnte nichts dafür. Mir gefiel es auch nicht besonders. Ich fand Samba toll, aber nie hätte ich dorthin übersiedeln und in Südamerika leben mögen. Diesen Teil der Welt mag ich am wenigsten.

PB: Du warst im besonderen an der Jangadeiro-Story interessiert.

OW: Die fand ich gut, aber es war mehr ein Akt der Verzweiflung. Als wir von Brasilien abberufen wurden – wegen des Führungswechsels in der RKO – nahm ich das restliche Geld und machte mich zusammen mit Dick Wilson und einem Kameramann, einem Ungarn [George Fanto], der heute Eigentümer von Simpson's Department Store in London ist, auf den Weg, um die Jangadeiro-Dokumentation zu drehen. Wir waren drei oder vier, die ungefähr zwei Monate mit den Jangadeiros verbrachten und ihnen auf ihrer Reise folgten. Das war ein unglaubliches Erlebnis – lustig und schrecklich und seltsam –, und nie habe ich auch nur einen Meter von dem, was wir drehten, zu Gesicht bekommen. Kein Mensch hat sich je die Muster angesehen. Ich glaube, das ist nicht einmal entwickelt worden, und es war doch bei weitem das Beste, was wir dort unten gedreht hatten. Ein paar Leute haben sich wenigstens die Samba-Sachen angesehen – das war immerhin in Farbe, und dafür hatten die schließlich das große Geld ausgegeben.

PB: Wieviel Samba-Material war denn vorhanden?

OW: Oh Gott, woher soll ich das wissen? Ich hatte diese riesige Crew am Hals – ich wollte das gar nicht, aber die hatten mir zwei Kamerateams geschickt. Ich schickte die eine Crew auf die Straße: „Dreht mal den Zug, wie er auf und ab marschiert." Ich mußte die Leute beschäftigen, denn die lagen mir in den Ohren: „Wir wollen nach Haus – wir fühlen uns hier eingesperrt." Ich mußte sie beschäftigen, um sie bei Laune zu halten. Die müssen eine ganze Menge Ausschußmaterial gedreht haben, denn ich war nicht einmal dabei.

PB: Wie hat die RKO den Bruch herbeigeführt? Du hast das einmal so formuliert: Sie hatten ein sehr südamerikanisches Verfahren – sie wechselten ihren Präsidenten heimlich mitten in der Nacht.

OW: Ja, so war es – jedenfalls als Odlum kam. Das war typisch für eine Übernahme. Und Sid Rogell, der eine Art Strohmann war, in mancher Hinsicht ein Clown, tauchte plötzlich – leise wie ein Feind – in unserem Büro auf. Das folgende habe ich nur gehört – ich war selbst nicht dabei. Er sagte: „Ihr müßt hier ausziehen." Wir hatten uns diese Büros eingerichtet – mit einem türkischen Bad und einer eigenen Küche mit einem Küchenchef. Sieh mal, wir ließen es uns dort recht gut gehen. Und Jack Moss, Jo Cotten, Norman Foster und alle anderen, die uns dort halfen, sagten zu ihm: „Nun gut, aber wann? Nächste Woche?" Und Rogell sagte: „Ihr habt sechs Stunden." Am nächsten Abend ging er in das türkische Bad und wollte genießen, wozu er nicht eingeladen worden war. Da hatten die Kumpels ein kleines technisches Teilchen entfernt, was die ganze Anlage außer Betrieb setzte.

PB: Schwacher Trost.

OW: Jahre später zahlte ich ihm das heim. Ich war bei der Fox und drehte *Compulsion* [1959], und er war der Technische Direktor des Studios. Er kam mit einer Gruppe Bankiers ins Atelier und wollte mir beim Drehen zuschauen. Ich sah ihn und sagte – vor allen Leuten – „Mr. Rogell verläßt den Set, sonst mache ich nicht weiter." Er sagte: „Ha-ha, Orson, du bist vielleicht ein Witzbold." Ich sagte: „Raus, Sid." Und er mußte gehen. Entweder ich oder Rogell. In diesem Moment hatte *ich* das Sagen... Ich habe ihn nicht wirklich gehaßt. Es schien mir nur notwendig, ihm irgendwie eins auszuwischen. Darum demütigte ich ihn vor den Bankiers, und er mußte sich hinausschleichen. Es brachte ihn nicht um – es war nur eine Schlappe für ihn. Mir war es ein Vergnügen, es ihm zu zeigen, weil er so gemein gewesen war – nicht eigentlich zu mir, sondern zu allen in unserer kleinen Truppe. Er war grausam und nachtragend und böse.

PB: Aber rechtlich gesehen – konnte die RKO dich einfach rausschmeißen?

OW: Aber sicher. Ich war für diese Filme bezahlt worden. Als Besitzer der Filme hatten sie das Recht, sie zu montieren und zu verhunzen wie immer sie wollten. Und es gab keine Verlängerung – also raus aus den Büros, keine Arbeit mehr. Es waren auch keine weiteren Filme mehr in der Planung. Ich war stillschweigend davon ausgegangen, daß es weitere geben würde. Ich hatte keinen langfristigen Vertrag.

PB: Und so hat man denn zugelassen, daß *It's All True* ein kompletter Reinfall wurde.

OW: Und die *Ambersons* und *Journey into Fear*. Denn wenn diese Filme keine kompletten Mißerfolge geworden wären, dann hätte die Gesellschaft schön dumm dagestanden, weil sie mich nicht behalten hat. Wenn einer der Filme Erfolg gehabt hätte, wären sie ja Idioten gewesen, oder? Der Slogan für RKO-Filme in jenem Jahr, den sie auf all ihr Geschäftspapier drucken ließen, lautete *„Showmanship Instead of Genius"* – Publikumswirksamkeit statt Genie. Weil es soviel langweiliges Gerede über ein Genie gegeben hatte! In anderen Worten – sie verkauften ihre Produkte jetzt im Wissen, daß ich nicht länger dazugehörte. Und doch mußten sie noch zwei Filme von mir verkaufen – eine verrückte Situation. Deshalb sind auch die *Ambersons* und *Journey into Fear* absichtlich so schlecht vermarktet worden, daß sie Flops werden mußten. Ich will gar nicht jammern – es ist die reine Wahrheit. Der *Amberson*-Film lief überall ohne anständige Werbung, ohne Pressevorführungen – Schluß, aus, tot. Alles wurde getan, damit nichts passierte, und also passierte auch nichts. In England war der Film sowieso eine Katastrophe, wie *Kane*. Nie zuvor hatte es in der Vergangenheit so leere Kinos gegeben – es handelte sich tatsächlich um eine echte Ablehnung des Films durch die englische Öffentlichkeit. Das ist auch etwas Besonderes.

PB: Einige deiner Filme sind so vermarktet worden, daß es nur mit einer Katastrophe enden konnte.

OW: Die meisten. Vom *Amberson*-Film habe ich am Amazonas erfahren. Ich hatte eine Gruppe von Ärzten kennengelernt, eine Lepra-Kommission, von irgendeiner Stiftung finanziert, die mit dem Flugzeug in die oberen Regionen des Amazonas unterwegs waren, zu den Nebenarmen, wohin niemand sonst kommt; damals waren noch nicht einmal Flugzeuge dort gewesen. Und ich hatte dieses wunderbare Erlebnis, drei Wochen mitten unter Kopfjägern, wo man mit Blasrohren auf uns schoß und solche Dinge. Ich tat so, als sei ich auch ein Lepra-Arzt, denn es war in der Maschine noch ein Platz frei, und in einem unbeschreiblichen Dorf, wo die Eingeborenen noch in der Steinzeit lebten, kam ein Jesuitenpater – etwa so alt wie du – aus einer Hütte und sagte zu mir: „Mr. Welles, es ist wunderbar, Sie kennenzulernen. Ich habe letzte Woche die *Magnificent Ambersons* in Washington gesehen – der Film hat mir sehr gut gefallen." Das war das erste, was ich darüber hörte. Ich wußte ja nicht einmal, daß der Film überhaupt schon angelaufen war.

PB: Wie die RKO es darstellte, hattest du sehr viel Geld für *It's All True* ausgegeben.

OW: Wir haben kaum mehr als die Hälfte des eingeplanten Geldes verbraucht.

PB: Mit anderen Worten – die RKO hat eine Kampagne gegen dich inszeniert, um deine Entlassung zu rechtfertigen.

OW: Das ist korrekt.

PB: Während du nicht im Lande warst und dich nicht verteidigen konntest.

OW: Das ist korrekt.

Was Herbert Drake, Mercury-Pressechef, am 1. Juni 1942 an Welles schrieb:

Du kannst so viel reden wie Du willst, und ich kann so viel reden wie ich will (habe ich traurigerweise festgestellt) – nichts kann die Leute davon überzeugen, daß die

Expedition mindestens genauso wichtig war wie der Film selbst. Ich kann sie immer noch überzeugen, daß deine Filme hervorragend werden, aber seit ein paar Jahren haben sie von den Expeditionen ihrer Nachbarn gehört, und jetzt hat Disney von der Idee den Rahm abgeschöpft. Wenn allerdings jemand in Washington eine Dankesrede an dich hält, dann kehrst du als siegreicher Held zurück.

PB: Hast du irgendwann versucht, das Südamerika-Filmmaterial zurückzukaufen?

OW: Ja – all die Jahre habe ich immer geglaubt, daß ich *It's All True* irgendwann einmal fertigmachen kann, und man hat es mir immer versprochen. Teil meiner Abmachung bezüglich *Jane Eyre* war es doch, daß man den Film für mich kaufen würde und daß es mir gestattet wäre, ihn zu schneiden und fertigzustellen, und dann wurde nichts daraus. So etwas ist immer die Mühe wert – denn ich wußte, daß in jenen Jahren damit ein Vermögen hätte verdient werden können, als diese Art lateinamerikanischer Musik alle Leute in Ekstase versetzte. Und hier hatten wir genau das! Damals wäre das ein kommerzieller Erfolg geworden – heute nicht mehr. Es hat nicht sollen sein. Ich habe alles versucht. Ich war sehr nah dran, ganz nah, ganz nah. Und viele Jahre meines Lebens habe ich damit vertan. Hätte ich den Film doch nur vergessen – einfach fallengelassen, wie die Gesellschaft es gemacht hat, dann wäre ich heute viel weiter. Aber ich versuchte, dem Projekt treu zu bleiben, den Film fertigzumachen. Und es entwickelte sich mein Lebensmuster – immer zu *versuchen*, Filme zu beenden, was seitdem immer mein Problem geblieben ist.

PB: Solltest du bei *Journey into Fear* Regie führen?

OW: Nein, zu keiner Zeit. Ich habe den Film produziert, Jo Cotten und ich haben das Drehbuch geschrieben – nach dem Roman von Eric Ambler. Der Regisseur war Norman Foster, ein guter Freund von mir.

PB: Hast du etwas mit der Gestaltung der Szene auf dem Gebäudesims im Regen zu tun gehabt?

OW: Nun, wir hatten alle damit zu tun – wer immer der Kamera am nächsten war; es gab keine andere Möglichkeit, das zustandezubringen, wegen der Schwierigkeiten. Es war schrecklich: Wir waren allesamt vierundzwanzig Stunden auf den Beinen, um meine Szenen in den Kasten zu kriegen, damit ich nach Südamerika abreisen konnte. Alle wurden ganz schön durchgepustet, als wir da oben auf diesem Dach herumtorkelten; so wie die Szene geschnitten ist, sieht es nicht so hoch aus, aber wir waren oben auf dem höchsten Studiogebäude. Das Double für Jack Moss [der den Bösewicht spielte] stürzte am Tag nach meiner Abreise ab und kam dabei ums Leben.

Es war also sehr gefährlich, aber wir fühlten keinen Schmerz und halfen alle mit – Jo, Norman und ich selbst; Norman war oben auf dem Kran und manchmal unerreichbar. Es war eine Gemeinschaftsarbeit.

PB: Nun, es gibt nämlich Stellen, da könnte man denken, du habest etwas mit der Regie zu tun gehabt.

OW: Während des größten Teils der Dreharbeiten war ich noch nicht einmal im Lande. Ich war nur drei Wochen dabei. Allerdings bestimmte ich die Kamerastandorte und überwachte die Planung der Einstellungen. Dieser Film ist dann auch durch den Schnitt ruiniert worden. Es war fürchterlich, was man damit gemacht hat, denn eigentlich hatten wir ein recht gutes Drehbuch abgeliefert – es hätte ein ganz ordentlicher Film werden müssen. Gute Besetzung und so. Das Gegenteil von einem Action-Film, er basierte auf einer der Geschichten, die Ambler so gut schreibt – Anti-Action, anti-heroisch, du weißt schon. Man hat aber alles herausgenommen, was den Film interessant gemacht hätte – alles, nur nicht die Action – und hat verzweifelt versucht, einen Action-B-Film daraus zu machen. Geworden ist es aber ein großer Haufen Nichts. Sie lassen sogar einen Mann durch ein Bullauge blicken, der schon zwei Akte lang tot sein sollte. Man kann das

Welles in einer Drehpause bei Aufnahmen zu *Journey into Fear*.

kaum Schneiden nennen, weißt du – wie durch einen kaputten Rasenmäher.

PB: Sollte der Film denn ein reißerischer Unterhaltungs-Thriller sein?

OW: Ja, aber mit großen Strecken hervorragender Charakterdarstellung, die nun komplett herausgehackt und weggeworfen wurde. Ich bin einigermaßen schrecklich in dem Film. Ich habe zufällig letztes Jahr im französischen Fernsehen ein Stück daraus gesehen –

PB: Es wirkte, als ob du es parodieren wolltest –

OW: Und das war gar nicht meine Absicht. Das sagen die Leute immer wieder, wenn ich in den Filmen anderer Regisseure mitwirke. Die denken wohl, ich sei dieser clevere Zyniker, der sich lustig macht über das, was er da tut. Ganz und gar nicht. Nun, *diese* Rolle sollte allerdings ein wenig zynisch sein, und so habe ich sie auch gespielt – ist wohl daneben gegangen.

PB: Hast du einige der Szenenbilder entworfen, ehe du abgereist bist?

OW: „Entworfen" klingt so bombastisch. Wir haben alles zusammen geplant und mit einem Schiffsmodell gearbeitet – das schon. Wenn es gut war, gebührt der Dank anderen, war es schlecht, ist es nicht allein meine Schuld. Darauf in etwa läuft es hinaus.

Ich dachte immer, ich hätte für diesen Film etwas erfunden, was heute klischeehaft zu allen Filmen gehört – eine lange Sequenz vor dem Vorspann. Wir haben damals die Szene mit Banat – gespielt von Jack Moss, meinem Geschäftsführer – genommen, wie er seine Waffe lädt, während im Hintergrund eine Schallplatte läuft. Er geht dann zur Tür hinaus, und die Vorspanntitel beginnen. Ich habe ernsthaft geglaubt, so etwas sei im Film noch nie zuvor gemacht worden, aber inzwischen habe ich herausgefunden, daß Lewis Milestone schon drei Jahre vorher so etwas gemacht hatte: *Of Mice and Men* (1939) – ein Film, den ich nie gesehen habe. In der Londoner *Sunday Times* gab es eine große Kontroverse darüber. Ja, wenn ich sehr viel ins Kino gegangen wäre, hätte ich wahrscheinlich gezögert, es so zu machen, weil Milly es schon gemacht hatte. Heutzutage gibt es das in allen Filmen, und all die Jahre habe ich immer gedacht: Schön, das ist etwas von mir – das haben sie alle übernommen. Pustekuchen, Milly, mein alter Freund, hat es erfunden. Er ist übrigens ein wahnsinnig netter Kerl. Guter Regisseur.

PB: Ich bin nicht so begeistert von seinen Filmen.

OW: Ich habe keinen einzigen gesehen! [*Lacht.*] Doch, habe ich doch. *All Quiet on the Western Front* habe ich als Junge gesehen und gut gefunden. Aber *Of Mice and Men* nicht. Ich habe auch das Buch gehaßt. Ich bin kein Steinbeck-Freund. *Travels with Charley* hat mir aber sehr gut gefallen. Es ist das einzige von

Steinbeck, was ich wirklich mochte, außer den Tierbeschreibungen, die hier und da vorkommen.

PB: Ach übrigens, was hältst du von Rossellini? Er hat in jüngster Zeit einige sehr gute Dokumentarfilme gedreht –

OW: Oh, Peter, Peter...!

PB: Magst du ihn etwa nicht?

OW: Ich mag diese Unterhaltung nicht. Ich mag nicht über Filme reden. Mich langweilt es, über Filme zu *reden*. Ich wette, deinen Lesern geht es ebenso.

PB: Hoffen wir, daß dem nicht so ist.

OW: Ganz recht, Peter. Sicher hast du recht. Wenn unser geliebtes Kino (und wenn ich „geliebtes" sage, dann meine ich es auch, Peter, denn wir lieben es doch sehr leidenschaftlich) – also, wenn das Kino einmal nicht mehr die große zeitgenössische Faszination ist, dann wird das ganze geliebte Durcheinander den Verleihern überlassen sein. In anderen Worten: es geht vor die Hunde – und was machen wir *dann?* Aber was zum Teufel kann ich schon zu dieser kritischen Würdigung beitragen? Ich sehe doch kaum mehr als einen Film pro Jahr.

PB: Das stimmt nicht ganz.

OW: Es gibt keine „Filmkultur", Peter – nur eine ungeheure Menge Filme. Wir müssen „auf dem laufenden bleiben", gewiß, aber mit der ganzen weiten Welt, und nicht nur mit der Entwicklung des Films. Wir müssen über diesen Ort, wo wir nun mal leben, heute leben, soviel herausfinden, wie wir können, aber wir müssen auch sehr vorsichtig sein, so scheint mir, daß wir uns nicht zu perfekt anpassen. Das Modische ist ein sicheres Zeichen für Zweitrangigkeit. Am Ende werden wir nicht nach unserem Engagement für das Alltägliche beurteilt, sondern danach, wie wir individuell darauf reagieren.

Ich versuche irgendwie, daran zu glauben, daß alles irgendwann zum ersten Mal geschieht. Das meine ich mit Unschuld – wie Adam im ersten Garten dieser Welt, als er Namen erfindet für alle Tiere und Blumen. Was ich dir über den Anfang von

Journey into Fear erzählt habe – ich habe wirklich gedacht, das war neu.

PB: Siehst du dir deshalb so wenig Filme an?

OW: Ganz besonders die guten. Ich halte mich ihnen fern – aus reinem Selbstschutz, um das, was von meiner eigenen Unschuld noch übrig ist, zu bewahren... Du lächelst. Ich meine es ernst. Unschuld ist wahrlich ein ernstes Anliegen von mir. Je besser ein Film von einem andern ist, desto mehr verliere ich, indem ich ihn mir ansehe. Nein, wenn ich durch die Kamera sehe, muß ich das mit meinem ureigenen, unschuldigen Auge tun – ich muß allein sein mit jeder neuen Szene, nicht in Gesellschaft anderer Regisseure, wie immer erlaucht sie auch sein mögen. Sie drängen sich immer dazwischen, weißt du, wenn man nicht sehr aufpaßt... Bitte, Mr. Mizoguchi soll sich mir vom Leibe halten.

PB: Und du glaubst, das gilt für jeden von uns?

OW: Natürlich nicht. Nichts gilt für alle gleichermaßen. Es ist nur so – in meinem Alter ist Jungfräulichkeit schon ein gefährdetes Gut.

In meinem speziellen Fall ist es so, daß ich mich gern ein wenig wie Columbus fühle, wenn ich glücklich arbeiten will: in jeder neuen Szene möchte ich Amerika entdecken. Und ich möchte nichts über diese gottverdammten Wikinger hören. Jedesmal, wenn ich den Fuß in ein Filmatelier setze, möchte ich eine Fahne aufpflanzen. Je mehr ich über die unerschrockenen Entdecker weiß, die schon vor mir da waren, desto mehr ähnelt meine kleine Fahne einem dieser Wimpel auf dem Golfplatz, die du aus einem Loch herausnimmst, damit du einputten kannst. Ich will nicht behaupten, daß meine eigenen empfindlichen Gefühle auf diesem Gebiet als Dogma gelten sollten, aber ich will es einmal so ausdrücken: Filmemacher sollten sich vor Filmen hüten. Die sind doch wirklich ganz schlecht für die Augen, nicht wahr? Filmemacher verbringen zu viel Lebenszeit in Vorführräumen. Sie sollten öfters mal raus an die Sonne. Die Filme anderer Leute sind keine so starken Vitaminspender... Du kannst folgen?

PB: Ich denke, ich bin deiner Meinung.

OW: Die Filme anderer Männer sind voller guter Einfälle, die eigentlich immer wieder neu erfunden werden müßten. Wieder und wieder. Erfinden – nicht wiederholen. Gute Einfälle sollte man finden – *finden* –, wenn man sich so köstlich fühlt wie beim ersten Rendezvous, Bilder sollte man *entdecken,* sich nicht auf sie *beziehen.*

PB: Die heutigen Anfänger haben da aber ein großes Problem...

OW: Weil alles schon einmal gemacht worden ist, meinst du? Nein, das ist nicht das Problem. Das Problem ist, daß alles schon einmal *gesehen* worden ist. Die Regisseure sehen zu viele Filme. Sicher ist alles schon einmal gemacht worden, aber es ist viel gesünder, nichts davon zu wissen. Himmel, alles war auch schon einmal gemacht worden, als *ich* anfing...

5.

BEVERLY HILLS

The Other Side of the Wind • *The Stranger* • *Jane Eyre* • *The Mercury Wonder Show* • Zauberkünste • *Follow the Boys* • *Tomorrow is Forever* • FDR • *Duel in the Sun* • *The Lady from Shanghai* • Memo an Harry Cohn • Kamera-Standpunkte • Jacques Tati • Dummköpfe, Katzen, Martyrium

---

Peter Bogdanovich: Als du merktest, daß du als Filmregisseur nicht mehr arbeiten konntest – hast du dich da ganz bewußt entschieden, Filmstar zu werden?

Orson Welles: Ja, weißt du, ich *war* ja schon Filmstar, weil ich bereits in *einem* Film der Star gewesen war; bis ich auch andere Sachen machte, war ich als Star bekannt. Ich habe mich dazu nicht *bewußt* entschieden – nie habe ich, was Film betrifft, mich bewußt zu etwas entschieden; Filmarbeit war von Anfang meine Sache...

> Bungalow des Beverly Hills Hotels. Orson ist hier, um seinen neuen Film *The Other Side of the Wind* vorzubereiten, der in Hollywood spielt und von einem alternden Regisseur und dessen letztem Film handelt. (Siehe Einleitung.) Wieder in Guaymas, unterhielten wir uns dann über alte Regisseure wie John Ford, Fritz Lang und Jean Renoir. Heute abend erzählt mir Orson ein wenig mehr darüber:

OW: Ich konnte einmal nicht schlafen und dachte plötzlich: „Schließlich habe ich hier eine Geschichte über einen alten

John Huston, Welles und Bogdanovich während der Dreharbeiten zu *The Other Side of the Wind*.

Regisseur, an der ich schon Jahre arbeite, und jetzt bin ich ganz verrückt darauf, sie zu drehen, lieber als alles andere." Worüber wir eben gesprochen haben, das hat meinen Nerv getroffen. Meine Rolle ist der Jake Hannaford – er zählt zu den Machos, einer mit Haaren auf der Brust.

Ich werde die Geschichte von mehreren Stimmen erzählen lassen. Man wird Gespräche hören, die wie Interviews aufgenommen sind, und man wird ganz unterschiedliche Szenen sehen, die sich gleichzeitig abspielen. Man schreibt ein Buch über ihn – mehrere Bücher. Dokumentarberichte ... dazu Standphotos, Filmmaterial, Tonbänder, Aussagen von Zeitgenossen... Der Film wird aus all diesem Rohmaterial zusammengesetzt. Du kannst dir vorstellen, wie gewagt der Schnitt sein kann, und auch wie vergnüglich.

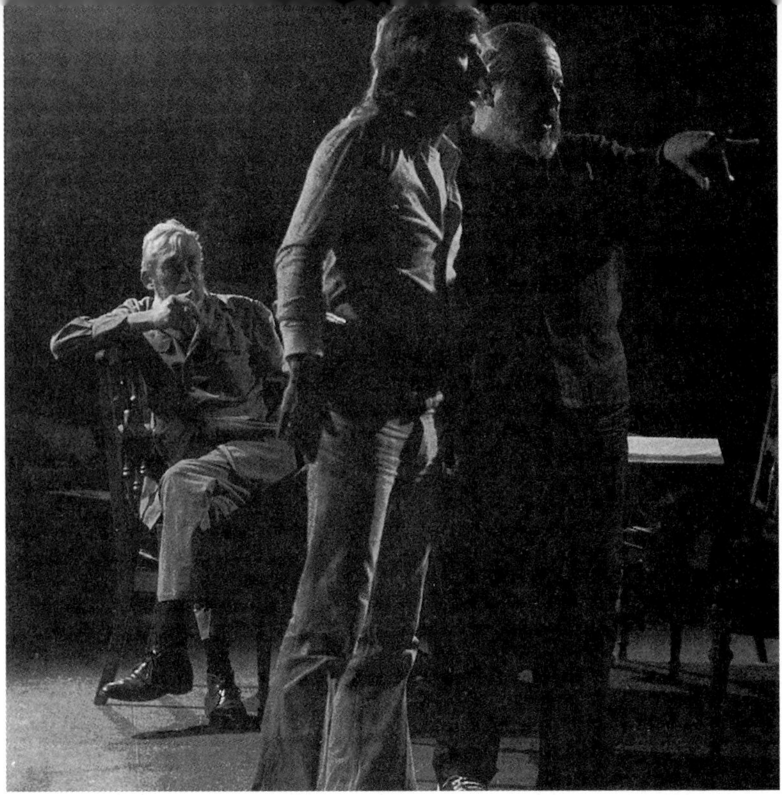

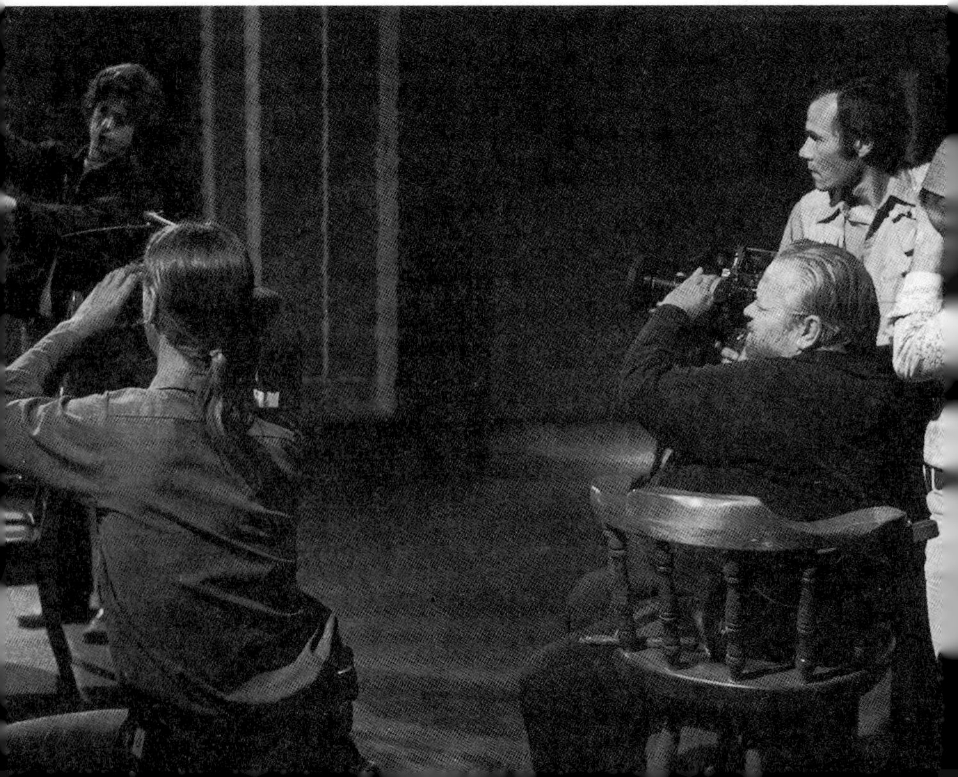

The Other Side of the Wind: Orson Welles.

S. 290 oben   *The Other Side of the Wind*: John Huston, Gary Graver, Orson Welles.

S. 290 unten   *The Other Side of the Wind*: hinten Rick Waltzer, unbe-kannt; vorn Bill Weaver, Orson Welles, Oja Kodar.

PB: Hast du ein Drehbuch geschrieben?

OW: Vier an der Zahl. Aber das meiste sollte *ad libitum* sein. Ich habe so lange daran gearbeitet – Jahre… Wenn ich ein Romancier des 19. Jahrhunderts wäre, hätte ich daraus einen dreibändigen Roman gemacht. Ich weiß alles, was diesem Mann widerfahren ist. *Und* seiner Familie – woher er kommt – alles; mehr als ich überhaupt in einen Film hineinpacken könnte. Und dann seine Familie – wie sie mit den Kennedys und den Kellys wetteifert, um aus der irischen Spitzendeckchen-Ecke herauszukommen. Ich liebe diesen Mann, und ich hasse ihn.

Später liest Orson mir eine Szene aus diesem Film vor.

JAKE (*Sein Gesicht ist blaß, seine Augen sind glasig vom Alkohol. Er ist nicht betrunken, hat aber schon etliches intus.*) Das Auge der Medusa. Du weißt, was ich meine? Was ich ansehe, stirbt am Ende unter meinem Blick. Das Auge der Medusa. Jemand hat mir davon erzählt. Vielleicht ist es ja wahr. Das Auge hinter der Kamera. Vielleicht ist es zudem ein böses Auge. Oben im Atlasgebirge traf ich einmal ein paar Berber, die erlaubten mir noch nicht einmal, die Kamera nur in ihre Richtung zu *halten*. Sie glauben, das trocknet die Seele aus. Wer weiß. Vielleicht stimmt das ja. Zu lange auf etwas zielen. Zu intensiv anstarren. Die Tugend rausziehen. Die Lebenssäfte absaugen. Die Mädchen, die Knaben – selbst die Dörfer, ich hab sie alle mit der Kamera geschossen. Hab sie mausetot geschossen. Whiskey, Mutter?

In einem Interview von 1966 hatte Orson über sich selbst gesagt:

Wenn ich Außenaufnahmen mache, ist mein Fühlen und Schauen am Drehort so gewaltig, daß mir heute diese

The Other Side of the Wind: Peter Bogdanovich, John Huston, Orson Welles.

Orte – wenn ich sie wiedersehe – wie Grabmale vorkommen, völlig tot. Es gibt Orte auf dieser Welt, die in meinen Augen Kadaver sind, weil ich dort schon gedreht habe – für mich sind sie vollkommen erledigt. Jean Renoir hat etwas gesagt, was hiermit verwandt zu sein scheint: „Wir sollten die Menschen daran erinnern, daß ein Weizenfeld, gemalt von Van Gogh, stärkere Emotionen hervorrufen kann als ein Weizenfeld in der Natur." Es ist wichtig, sich in Erinnerung zu rufen, daß Kunst die Realität übertrifft. Und Film ist noch eine andere Realität...

Inzwischen sind wir in Beverly Hills, wo Orson kleine Rollen in Filmen übernimmt und einige Fernsehauftritte absolviert, um seinen neuen Film zu finanzieren, da die Geldgeber, die er in New York umworben hatte, wieder einmal von dem alten Welles-Mythos abgeschreckt worden sind. Anders ausgedrückt arbeitet Orson wieder einmal nach einem Schema, das er sich vor Jahren zurechtgelegt hatte – zum ersten Mal bei dem Film *Othello* –, als er nämlich vom System* die Nase voll hatte.

PB: Nach *It's All True* hast du keinen Film mehr gemacht, bis vier Jahre später *The Stranger* kam, den ich aber nicht zu deinen persönlichsten Filmen zähle. Wie ist der Film denn angekommen?

OW: Sehr gut – hat viel Geld eingespielt, also alles prima. Ich hatte die Chance, weiterhin für das „System" Filme zu machen, aber das wollte ich nicht. Jemand, der nicht auch Schauspieler ist, muß das aber, um leben zu können. Ich für mein Teil wollte lieber als Schauspieler ungeliebte Rollen spielen denn als Regisseur ungeliebte Filme drehen. So konnte ich mir meine fast unbefleckte Reinheit als Mitglied der megaphonhaltenden Zunft erhalten. Ich versuche auch, als Filmschauspieler im Gespräch zu bleiben, weil das für mich als Produzent ein wichtiger Faktor ist – ich kann immer eine Charakterrolle gratis beisteuern. Aber wenn ich könnte, würde ich immer nur Regie führen. Ich war so glücklich über die *Ambersons*, weil ich keine Rolle in dem Film hatte; es ist der einzige Film, in dem es mir vergönnt war, *keine* Rolle spielen zu müssen. Vor der Kamera fühle ich mich nicht so sicher – immer schon. Das Spielen macht mir nicht so viel Spaß wie es müßte, wenn man bedenkt, daß ich damit seit dreißig

---

* Zanuck führte 1935 bei der Fox (nach dem Muster der MGM) das Studio-System ein. Der Produzent war der Leiter des Projekts, von der Idee bis zum Drehbuch. Dann erst kam der Regisseur zum Zug. Er hatte vielleicht etwas Einfluß auf das Drehbuch, auf die Drehorte, auf die Besetzung, aber es war nur ein Einfluß. (A. d. Ü.)

Jahren meinen Lebensunterhalt verdiene – es macht mir viel weniger Freude als den meisten Schauspielern. Zuviel Kummer, ehrlich – zuviel Nerven, Nöte und Nägelkauen.

PB: Du siehst dich auch nicht gern auf der Leinwand.

OW: Und ich höre meine Stimme nicht gern. Ich habe mir nie eine meiner Rundfunksendungen hinterher angehört.

PB: Wie kannst du aber deine Filme selber schneiden?

OW: Nun, da gibt es dann andere Dinge, die mich von der blanken Pein ablenken.

PB: Vielleicht trägst du deshalb immer soviel Make-up?

OW: Sicher – alles Tarnung.

PB: Wie hast du eigentlich den Regieauftrag für *The Stranger* bekommen?

OW: Der wurde mir angeboten. Es sollte zwei Produzenten geben, Sam Spiegel und Bill Goetz. Mit Goetz hatte ich bei *Jane Eyre* und *Tomorrow Is Forever* eine glückhafte Zeit gehabt, das half.

PB: Da haben sie es mal mit dir „riskiert".

OW: Ja, aber es war kein so großes Risiko, denn ich gehörte damals zum Studio-System, wo ein Regisseur beauftragt wird, einen Film nach einem Buch zu drehen, das ganz jemand anders geschrieben hat; das ist der einzige Film dieser Art, den ich gemacht habe. Und jemals machen werde.

PB: Bei *Jane Eyre* – was hattest du außer deiner Rolle sonst noch mit dem Film zu tun?

OW: Ich habe ihn produziert.

PB: Ohne deinen Namen?

OW: Ja. Ich finde nicht, daß ein Schauspieler gleichzeitig Produzent sein sollte, es sei denn, er führt auch Regie. Darum habe ich auf die Nennung verzichtet. Aber es stand in meinem Vertrag.

Ursprünglich hatte David O. Selznick den Film *Jane Eyre* vorbereitet. Als er das Projekt dann an die 20th Century-Fox verkaufte, verlieh er seinen Star Joan Fontaine gleich mit und behielt dadurch noch Einfluß auf den Vertag. Am 15. Juli 1943 gab Selznicks Anwalt in einem Brief an die Fox seine Zustimmung, daß Welles als Produzent genannt werden dürfe, wenn er es wünschte: „Wir haben soeben erst erfahren, daß Mr. Welles viel mehr für die Produktion des Films getan hat als wir ursprünglich angenommen hatten. Wir sind von Mitarbeitern Ihrer Ateliers informiert worden, daß Mr. Welles unter anderem an der Einrichtung der Sets, an Änderungen im Script und der Besetzung mitgewirkt hat und verantwortlich war für den Schnitt..."

PB: Warum hast du dir Robert Stevenson als Regisseur ausgewählt?

OW: Er war schon ausgewählt, als ich dazu kam. Und er war in Ordnung. Ich finde, er hat es gut gemacht. Der Film ist denkwürdig, weil er Elizabeth Taylor zum ersten Mal in einer Rolle zeigt.

PB: Das wußte ich gar nicht.

OW: Ja. Sie ist Jane Eyres kleine Freundin, die ihr die Haare abschneidet. Ich habe sie aus vielen kleinen Mädchen ausgesucht.

PB: Du hattest *Jane Eyre* doch schon im Rundfunk gemacht?

OW: Des öfteren. Es war unser altes Paradestück.

PB: Einige Teile des Films wirken, als ob du Regie geführt hättest.

OW: Oh, ich habe einige Einstellungen mit erfunden – das gehört dazu, wenn man diese Art Produzent ist. Ich habe kooperiert – bin aber nie hinter die Kamera gegangen, um etwa die Regie zu übernehmen. Sicher habe ich mehr gemacht, als ein Produzent sollte, aber Stevenson hat das nichts ausgemacht. Ich wollte ihm auch nicht seinen Ruhm streitig machen, den er ganz allein verdient. Für ihn war es eine unmögliche Situation, denn grundsätzlich stimmt etwas an der Organisation nicht, wenn einer der Schauspieler auch Produzent ist – so etwas sollte nicht vorkommen. Allerdings kamen wir gut miteinander aus – es gab keine Probleme.

PB: Hättest du gern bei *Jane Eyre* Regie geführt?

OW: Nein. Das war nicht meine Art Film. Es war mir ein Vergnügen, darin zu spielen, und ich war sehr glücklich, aber ich hätte mir den Film nie selbst ausgesucht. Wenn ich die Chance hätte, sechs Filme zu machen – *Jane Eyre* wäre nicht dabei.

PB: In einem Buch über jene Zeit [*Orson Welles: A First Biography* – von Roy Alexander Fowler (London: Pendulum, 1946)] hat jemand ausgerechnet, daß du in *Jane Eyre* deinen 5028. Auftritt hattest – im Film, im Rundfunk und am Theater.

OW: Es mögen wohl so viele gewesen sein, all die Sendungen und die Theateraufführungen mitgerechnet. Der Rundfunk hatte den Löwenanteil. Heute wäre dieser Anteil verhältnismäßig klein.

PB: John Houseman wird als Drehbuchautor aufgeführt.

OW: Er muß daran gearbeitet haben, als das Projekt noch Selznick gehörte. Die hatten Aldous Huxley engagiert, und vielleicht hatte Houseman mit ihm an dem ursprünglichen Entwurf für das Drehbuch geschrieben. Dann wurde das gesamte Paket an die 20th Century-Fox verkauft, wo Bill Goetz für die Produktion verantwortlich war. Als ich als Produzent hinzu kam, war Houseman schon gar nicht mehr dabei. Meine Arbeit begann mit dem Neuschreiben des Drehbuchs zusammen mit Huxley und der Vorbereitung der Sets und so weiter. Er hat sicher einen wertvollen Beitrag zum Drehbuch geliefert, aber wir hatten zu keiner Zeit Kontakt.

PB: Er sagt, er habe dich Stevenson für die Rolle des Rochester empfohlen.

OW: Laß uns nicht über Houseman sprechen; ich möchte den Nachmittag genießen, und er ist eines der ganz wenigen Themen, das mich so tief deprimiert, daß es mir wahrlich den Tag verdirbt, wenn ich an ihn denke. Es ist doch so, daß Stevenson letztlich keine Wahl hatte, ob er mich besetzt oder nicht – er war ein angestellter Regisseur; die Entscheidung kam ganz allein von der Fox – es ist weder sein Verdienst noch sein Fehler. Die Fox aber bot mir seinerzeit jede Minute eine Rolle an. Man hat mir *Anna* *and the King of Siam* angeboten, aber ich wollte das nicht mit Irene Dunne spielen – aus mehreren Gründen, alle nicht persönlich. Ich sagte, sie sollten sich um Alfred Lunt bemühen, aber den wollten sie nicht, und ich sagte, „Ihr müßt Euch einen Schauspieler aus England holen, sein Name ist Rex Harrison". Das war dann der Anfang von Rex Harrisons Karriere in Amerika.

PB: Warum war die Fox so hinter dir her – ?

OW: Ich weiß es nicht, es macht auch gar keinen Sinn – es ist wie die Geschichte von MGM, die ich dir erzählt habe. Ein paar Wochen gab es dort jemanden, der mich haben wollte.

PB: Ungefähr zu der Zeit hast du [1943] in Los Angeles *The Mercury Wonder Show* für die Bühne inszeniert – als deine Kriegsleistung?

OW: Ja. Und zu meinem Vergnügen. Das ist eins unserer großartigen Stücke, wie jeder einzelne, der dabei gewesen ist, bestätigen wird. Wir sind so stolz darauf wie wir nur sein können. Du mußt Aggie Moorehead fragen oder Jo Cotten. Und Marlene Dietrich. Und Rita Hayworth, bis man sie zwang, aufzuhören. Marlene trat an Ritas Stelle, als Harry Cohn sie nicht länger dabei haben wollte.

PB: Warum nicht?

OW: „Sie ist mein Star, und ich will nicht, daß sie da draußen am Cahuenga Boulevard für nichts und wieder nichts die Leute unterhält." Jean Gabin fungierte hinter der Bühne als unser Requisiteur. Und wir hatten eine Menge hübscher Mädchen. Sehr schnuckelige Show. Später dann trat ich in weniger glanzvollen Shows als Zauberer auf (es waren diverse gekürzte Fassungen unserer damaligen Aufführung) – in allen möglichen Army-Camps, ich allein oder mit Marlene zusammen, aber die Originalfassung gaben wir in einem Zelt am Cahuenga Boulevard; es war ein tolles Spektakel.

PB: Wie war es denn?

OW: Es war ähnlich wie Zirkus – ich wäre begeistert gewesen, wenn ich im Publikum gesessen hätte, das weiß ich. Agnes

Moorehead spielte draußen vor dem Zelt die Drehorgel. Alle Soldaten hatten freien Eintritt, und sie machten neunzig Prozent des Publikums aus. Wir hatten fünfundzwanzig oder dreißig Plätze, die nannten wir die „Sucker Section" – Plätze, die 30 Dollar kosteten und den Berühmtheiten aus Hollywood vorbehalten waren; die mußten teuer bezahlen und kriegten dafür jeden Abend von uns eins ausgewischt. Wir warfen ihnen rohe Eier an den Kopf, gaben ihnen Eiswürfel in die Hand, blamierten und erniedrigten sie vor den Soldaten. Ein bestimmter Platz kostete sogar 70 Dollar, und der war hinter einem Pfeiler, so daß man absolut nichts sehen konnte. Immer wollten alle diesen besten aller Plätze haben, und immer war es dasselbe – man mußte den Pfeiler zwischen die Beine nehmen und rechts und links daran vorbeisehen.

PB: Es traf wohl immer jemanden, der sehr reich war –

OW: – und sehr bekannt. Gewöhnlich Sam Goldwyn oder Jack Warner oder so jemand. Und immer mußte derjenige so tun, als ob er es ungeheuer lustig fand, weil unsere Jungs in Khaki dabei waren, weißt du. Wir haben es ihnen ordentlich gegeben. Wenn jemand zu spät kam, haben wir immer die Show unterbrochen und ihn zu seinem Sitz eskortiert. Ich habe immer lang und breit erklärt, was schon passiert war und die Verspäteten, peinlich, peinlich, den Soldaten vorgestellt. Neulich abends habe ich mir im Fernsehen Johnny Carson angeschaut. Er interviewte jemanden und sprach über mich und meine Zaubertricks und sagte: „Soll ich Ihnen mal sagen, wann ich zum ersten Mal auf der Bühne stand? Es war in der *Mercury Wonder Show*. Ich ging auf die Bühne und hielt die Beine von dem Mädchen, und er hat gesägt." Das war mir nicht bewußt.

PB: Du hast sehr viel gezaubert?

OW: Sogar zweimal in Las Vegas. Ich bin ein professioneller Magier geworden, weil ich nie Freunde gefunden habe, die mir zuliebe bereit gewesen wären, mal „eine Karte, irgendeine beliebige Karte" aufzunehmen. Alle meine Freunde hassen Magie,

The Mercury Wonder Show

FOR · SERVICE · MEN

PROGRAM

☞ ORSON THE MAGNIFICENT ☜

Defies the laws of science in feats of legerdemain never before presented in America. The occult secrets of antiquity and the present day reproduced for your delight and fascination in: Born in Flames, A Rabbit From a Headpiece, Le Chapeau en l'air, The Devil's Orchard, Horticulture From Hell, The Strange Aquarium, Birds From the Blue, The Fourth Dimension, Audubon's Dream, The Hindu Mango Mystery (as advertised), Fruit Under a Spell, and THE HAUNTED AVIARY with Invisible Pigeons and Transparent Doves.

THE MIRACULOUS
CHICKEN FARM

Twenty-five (25) Living Hens Manufactured as You Watch, Without the Aid of a Single Egg. DE- and RE-CAPITATION: *A Strange Feat of the Barnyard as Never Before Presented in the Western Hemisphere; Ballet of the Roosters; Chanticleer Takes It on the Lam; The Hens' Delight.*

Dr. Welles presents his
Original Experiments in Animal Magnetism
(All Nature Freezes at His Glance)

Psychic Readings

The MAGIC CRYSTAL }
Due to the unbelievable strain on the practitioner of this incredible feat the management must reserve the right to change this portion of the program without notice.

Secrets of the Sphinx

THE ANCIENT LORE OF THE DARK CONTINENT ASSEMBLED FOR THE FIRST TIME UNDER CANVAS

➤ CHAINED IN SPACE ←

WITCHES' FARMYARD

An Incredible Assortment of Sortilege Not To Be Duplicated in the Most Famous Repertoires in the History of Thaumaturgy, presenting: Bovine Obedience; At the Shooting Gallery (including "Markmanship's Reward"); Evaporation in the Mystic Dairy; The Dalai's Milk Pail (direct from Tibetan Lamaseries); The Flight of the Hare; Fowl Elusive; La Rapiere du Diable; A Voice From the Dead; Faster Than Light; THE WORLD FAMOUS "BALSAMO'S SECRET," and the CASKET OF COUNT CAGLIOSTRO.

PEKIN NIGHTS
An Interlude from Old Cathay

The Manchu Marvel; The Cages of Han Lun; Enchanted Porcelain; Rain-making "Orientale"; Drought by Witchcraft (including Feats of Dexterity — a Dazzling Display); Hungkwei's Downfall; The Fan of Fu Ling.

THE CHEF'S SURPRISE

A Fantasy in Smoke; Shampoo Sorcery; The Indestructible Playing Card (Culled from the Secret Archives of Jared Higgenbottom); Humpty Dumpty Restored; Battledore.

ARTISTS: Miss Hayworth, Mr. Cotten, Mr. Welles, Miss Agnes Moorehead Miss Linda Brent, Miss Mary Rowland, Miss Marry Hamilton, Miss Lolita Leighter, Miss Eleanor Counts and Miss Martha Norman; The Messrs. Tommy Harlan, Shorty Chirello, Jean Manifrei Gruen. ★SITE: Courtesy Metro-Goldwyn-Mayer.

STAFF: Jackson Leighter (General Manager), John Tucker Battle, Dr. M. A. Bernstein, Dr. M. A. Bernstein, Peggy Vaughn, Shifra Haran, Clemmie Galloway, Paula Millard, and Norman Thomson (Stage Manager), Pete Dameron.

DECOR: Kay Luke.

The Assistance League of Southern California.

The Mercury Wonder Show gratefully acknowledges the aid and cooperation of The Assistance League of Southern California. DECOR: Kay Luke.

THE BAND—GENTLEMEN OF THE ORCHESTRA: Professor Bill Provost, Harry Wallace, Willie Martinez, Cal Earle, Henry Apperson.

THE BAND—GENERAL OF THE ORCHESTRA: Professor Bill Provost, Harry Wallace, Willie Martinez, Cal Earle, Henry

The Mercury Wonder Show gratefully acknowledges the aid and cooperation

THE ANCIENT LORE OF THE DARK CONTINENT
ASSEMBLED FOR THE FIRST TIME
UNDER CANVAS

➤ CHAINED IN SPACE ←

WITCHES' FARMYARD

An Incredible Assortment of Sortilege Not To Be Duplicated in the Most Famous Repertoires in the History of Thaumaturgy, presenting: Bovine Obedience; At the Shooting Gallery (including "Markmanship's Reward); Evaporation in the Mystic Dairy; The Dalai's Milk Pail (direct from Tibetan Lamaseries); The Flight of the Hare; Fowl Elusive; La Rapiere du Diable; A Voice From the Dead; Faster Than Light; THE WORLD FAMOUS "BALSAMO'S SECRET," and the CASKET OF COUNT CAGLIOSTRO.

PEKIN NIGHTS An Interlude from Old Cathay

The Manchu Marvel; The Cages of Han Lun; Enchanted Porcelain; Rain-making "Orientale"; Drought by Witchcraft (including Feats of Dexterity — a Dazzling Display); Hungkwei's Downfall; The Fan of Fu Ling.

THE CHEF'S SURPRISE

A Fantasy in Smoke; Shampoo Sorcery; The Indestructible Playing Card (Culled from the Secret Archives of Jared Higginbottom); Humpty Dumpty Restored; Battledore.

$ Ten Thousand Dollars Challenged! $
(Performed Under Rigid Test Conditions)
IMPROVISATIONS
THE GOOSE, THE GUINEA PIG AND THE LADY

The Girl with the X-Ray Eyes

An Extraordinary Demonstration by Miss Rita Hayworth of Strange Powers Recognized, but Unexplained by Science. Featuring Thought Transmission and Projection, Extra-Sensory Perception, Lightning Calculation, and Second Sight.

The Great Joseph
The Wizard of the South Presents Split Second Escapology. The redoubtable J. Cotten Risks His Life at Every Performance.

The Death of the Silken Cords
FIRST TIME IN THE WEST

MILLION $ MYSTERY
Miss Hayworth and Mr. Cotten Make You Doubt Your Senses in a Bewildering Display.

═══ INTERMISSION AND CONCERT ═══

Scenes from a Hindoo Marketplace

THE FAKIRS OF INDIA OUTDONE
THE WORLD'S FASTEST CANARY
(Three Surprises and a Miracle)

Death Casket
The Flight of Time

Painless SURGERY

Doctor-Sorcerer and His Apprentices Defy Laws of Dissection

THE HUMAN SEWING MACHINE Must Be Seen To Be Believed

Princess Nephrotite
The Queen of Egypt Brought Back From the Dead. Her Materialization, Levitation, Evanishment and Lightning Reappearances.

Grand Finale

VOODOO!

A re-enactment of Mr. Cotten's Interesting Experiences Among the Witchdoctors in Dark Africa.

LIGHTING: Otto K. Olesen. ★ WARDROBE: Iola C. Willis, Alma Weintraub. ★ PRESS: Al Parmenter & Jack Kelly. ★ BANNERS: Caldwell Banner Co. ★

en, Miss Lolita Leighter, Miss Eleanor Counts and Miss Martha Millard, and Norman Thomson (Stage Manager). Pete Dameron, Manfred Gross. Norman: The Messrs. Tommy Hanlon, Shorty Chirello, James Caffery, Norman Thomson, Fred Goetz, Gil Scherer, Melvin Eicher, Dick Owen, Jack, Peggy Vaughn. ★SITE: Courtesy Metro-Goldwyn-Mayer Studios. COSTUMES: Western Costume Company, Jack, Peggy Vaughn. ★ CANVAS & BUNTING: Downie Brothers.

also kann ich schwerlich als „Amateur-Zauberer" durchgehen. Ich habe es immer nur für Geld gemacht – außer in der *Wonder Show*, und die war für die Truppe. Ich bin wahrscheinlich der höchstbezahlte Magier der Welt, wenn ich mir das so überlege. Mit Sicherheit der beste…

PB: Selbstverständlich. Und einige Teile der *Wonder Show* hast du in einen Film übernommen mit dem Titel *Follow the Boys*.

OW: Ja. In diesem Film gibt es eine kleine Kostprobe dessen, was wir da gemacht hatten. Ich habe Marlene mitten durchgesägt. Kürzlich habe ich das im Fernsehen gesehen; sie sieht wunderschön aus, ansonsten ist es ein schrecklicher Film.

PB: Viele Stars wirkten mit. Sollte es nicht ein Film über die Kriegsveranstaltungen vieler Schauspieler sein?

OW: So wurde gesagt. Aber eigentlich war es eine Charlie-Feldman-Veranstaltung – sein Versuch, Geld zu machen. Und er machte viel Geld, indem er zeigte, wie tapfer all die Hollywood-Schauspieler waren, unsere Boys zu unterhalten. Moralisch empörend. Aber ich hatte so viel Geld in diese *Wonder Show* gesteckt, daß die Chance, fünfzig Riesen damit zu verdienen – weißt du, ich konnte doch nicht nein sagen und Marlene die Chance vermasseln, das zu verdienen, was immer man ihr geboten hatte, und das muß auch ganz schön viel gewesen sein. Sie arbeitete ja sonst nicht – nur bei der Truppe – also: wie sollte ich da nein sagen? Wir brauchten es. Aber wir schämten uns, in diesem Film dabei zu sein. Sie schämte sich, und ich mich auch.

PB: Hast du bei deinen Szenen Regie geführt?

OW: Ja.

PB: Auch die Kamera-Regie?

OW: Ich denke, Eddie Sutherland war der Regisseur, aber – sieh mal, es war meine Nummer, unsere Show.

PB: Zaubern wirkt in Filmen meistens nicht, weil das Publikum annehmen muß, es seien lauter Kameratricks.

OW: Das stimmt. Und tatsächlich, der Schluß dieser Szene *war* ein Kameratrick, weil das richtige Zaubern langweilig wirkt. Also

Marlene Dietrich und Orson Welles in *Follow the Boys*.

sahen wir die halbe Marlene, und ihre Beine spazierten allein davon. Jeder *weiß*, daß man so etwas in der Show nicht machen kann, und wir haben vom Publikum gar nicht erwartet, daß es uns das glaubt. Einfach ein guter Abschluß. Alles andere war echte Magie.

PB: Denkst du, daß die Zauberei deine Filmarbeit beeinflußt hat?

OW: Nein. Übrigens richtet sich die Magie fast ausschließlich an Männer. Magie ist für sie eine Rückkehr in die Kindheit, als sie noch kleine Jungs waren. Magie ist nichts für Frauen. Frauen hassen Zaubereien – sie fühlen sich irritiert. Sie mögen nicht gefoppt werden. Männer wohl.

PB: Ich hätte nie gedacht –

OW: Alle Magier wissen das. Und das Schwierige ist, die Frauen zu erobern, indem man sie für alles mögliche andere interessiert, nur nicht für den Trick – weil es ihnen peinlich ist, nicht zu wissen, wie es geht. Sie sagen wohl: „Ach, es ist ja nur ein Trick". Aber ein Mann liebt es, *nicht* zu wissen, wie es geht – das ist der wesentliche Unterschied zwischen den Geschlechtern.

Was ich am Zaubern so liebe ist, daß es mit Zirkus zu tun hat, mit dieser kitschigen Samt-und-Goldkordel-Welt, die schon vergangen ist, die mich fasziniert und die ich liebe. Das ist der Hauptgrund. Es sind nicht die raffinierten Wunder, die man dort vollbringt, es ist das Ambiente, die Atmosphäre einer Zauber-Show, die mich begeistern. Ich habe auf dem Theater nie etwas gesehen, das mich so in Verzückung versetzt hat wie die Kunst des Zauberns – gar nicht mal die Wunder, die da passierten: es war das leicht Halbseidene, das leicht Jahrmarkthafte daran. Ich bin sowieso in alle Formen der Schaustellerei vernarrt. Kleine Jahrmarkt-Theater, kleine Zirkusunternehmen, Magie, alles dieses. Es ist nicht so sehr die Geschicklichkeit der Ausführung – daran denke ich weniger.

Magie verlangt nach einer glaubhaften Aufhebung des Unglaubens – außer wenn man Hellseherei praktiziert, was ich mehr als alles andere in den letzten fünf Jahren gemacht habe. *Das* kann man auch mit Frauen machen, weil man sie dazu kriegt zu glauben, daß man wirklich ihre Gedanken lesen kann. Das ist reine Scharlatanerie, mußt du wissen. Parapsychologie und dieser ganze Komplex: Frauen werden dir alles glauben, wenn du die richtigen Sprüche drauf hast. Magie ist für mich aber etwas ganz Bestimmtes.

Für mich ist es so, wie Robert-Houdin, der größte Magier aller Zeiten, es ausdrückte. Er definiert den Magier als „einen großen Schauspieler, der die Rolle des Magiers spielt". Für mich gehört Magie nicht zum Theater oder Film. Vielleicht gehört sie zu meinem Werk, aber ich sehe das nicht. Für mich beginnt und endet Magie bei der Figur des Magiers, der das Publikum bittet, einen Moment lang zu glauben, die Dame schwebe in der Luft. In anderen Worten: er bittet seine Zuschauer, eine Minute lang acht Jahre alt zu sein. Und das, meine ich, hat nichts mit Theater oder Film zu tun.

PB: Harry Houdini hat dir einmal gesagt, du sollst einen Trick nie vorführen, ehe du ihn nicht tausendmal geübt hast. Hast du das bei irgendeiner deiner Arbeiten eingehalten?

OW: Er hat das zwar gesagt, aber gleich danach kam Carl Brema, der solche Zaubertricks fabriziert, in seine Garderobe. Er hatte eine Wunderlampe bei sich und sagte zu ihm: „Schau dir das an, Harry, das habe ich ganz neu." Harry sagte: „Großartig! Ich werde es heute abend ins Programm nehmen." So hatten seine Worte nur sechs Minuten Wirkung – bis Carl Brema mit seiner Wunderlampe kam.

PB: Warum hast du den Film *Tomorrow Is Forever* gedreht?

OW: Wegen Geld. Was für eine alberne Frage.

PB: Hast du bei einigen Teilen Regie geführt?

OW: Nein, nicht. Ich habe mich sehr für den Film geschämt, brauchte aber das Geld.

PB: Was hieltest du von dem Regisseur, Irving Pichel?

OW: Er ist ein sehr kompetenter Mann. Ich weiß gar nicht, was man über den Film sagen könnte. Das Publikum wußte es –

glaube ich – auch nicht, obgleich es zu Millionen strömte. Es war eine sehr erfolgreiche, lächerliche, kleine Posse.

PB: Hast du deinen Text umgeschrieben?

OW: Nur in dem Umfang, wie ich immer meine Dialoge neu formuliere. Aber ich habe nicht sehr intensiv daran gearbeitet. Damals mußte ich nicht nur eine tägliche Zeitungskolumne schreiben, zwei tägliche politische Rundfunksendungen und Artikel für die Zeitschrift *Free World* [siehe 9. Kapitel] – ich war zwischen den einzelnen Aufnahmen so beschäftigt, daß ich alles nur gerade eben schaffen konnte. Ich habe nichts Eigenes dazu beigetragen. Und damals habe ich mir das schlimme frühe Aufstehen angewöhnt, was ich seither beibehalten habe. Weil ich immer diese Kolumne rausschicken mußte, ehe ich ins Atelier ging.

PB: Eine Zeile deines Textes lautet: „Vergiß die Vergangenheit, denn morgen ist die Ewigkeit." Hast du eine persönliche Meinung zu dieser Einstellung?

OW: Ich habe keine philosophischen Gedanken über das Vergessen der Vergangenheit – ich könnte daraus auch keinen schönen Leitsatz bilden. Ich mache mir so wenig wie möglich daraus. Selbstverständlich leben wir alle mit unserer Vergangenheit, aber ich versuche, es nicht zuzulassen, daß meine Vergangenheit mir Probleme macht.

PB: Hast du denn eine Theorie über Dinge, die man besitzt, oder nur eine Unfähigkeit aufzupassen, daß nichts verloren geht?

OW: Beides. Die Dinge, die du besitzt, haben die Angewohnheit, dich zu besitzen.

PB: Und wie ist es mit Briefen und Büchern?

OW: Ich stelle hier keine Regeln für andere Leute auf. Es ist nur so, daß ich das Gefühl habe, ich muß mich gegen *Sachen* absichern. Also achte ich darauf, daß ich die meisten verliere.

PB: Irgendwo habe ich gelesen, du hast ein Buch geschrieben – nur für dich, und dann hast du es weggeworfen.

OW: Sicher, ein ganz dickes, langes Buch über die Kunst des Regierens – es hat mich Monate gekostet.

PB: Und du hast es weggeworfen?

OW: Wenn es gut gewesen wäre, hätte ich es wohl aufbewahrt. Ich habe manchmal Mühe, einige Dinge zu verarbeiten, wenn ich meine Gedanken nicht fortlaufend notiere – auf diese Weise schreibe ich für mich eine ganze Menge Wegwerf-Prosa.

PB: Zum Teufel mit der Nachwelt?

OW: Zum Teufel damit. Ist das nicht ebenso vulgär wie jede andere Form weltlichen Erfolges? Ich fühle mich der Nachwelt nicht verpflichtet, nur dem, was ich von Gott habe; und ich bin gewissermaßen mit meinen Zahlungen arg im Rückstand...

> Franklin Deleano Roosevelt starb während der Dreharbeiten zu *Tomorrow Is Forever*, und Welles schrieb dazu: „Dringend brauchen wir seinen Mut, seine Weisheit und sein Geschick sowie sein großes Herz. Er marschierte uns voran und zeigte uns einen Weg in die Zukunft. Wenn wir diesen Weg aus den Augen verlieren oder davon abweichen, dann haben wir ihn wahrlich verloren. Unsere Tränen verhöhnten ihn, der niemals weinte, außer wenn er nichts anderes mehr tun konnte als weinen. Wenn wir verzweifeln, weil er uns verlassen hat – er, der sich gegen die Verzweiflung stellte –, dann ist es so, als ob er nie gelebt hätte, er, der mit soviel Größe lebte."

PB: Hast du nicht einige von Roosevelts Reden geschrieben?

OW: Oh, auf diesen Kampagnen haben wir das alle gemacht.

PB: Du bist bei den Kampagnen dabei gewesen?

OW: Sicher – ich habe dreimal mit ihm Wahlkampf gemacht.

PB: Glaubst du, es war diese letzte Kampagne, die ihn umgebracht hat?

OW: Nein, im Wahlkampf fühlte er sich gut – es war hinterher... Am Morgen, als er nach Jalta abflog, frühstückte ich noch mit ihm, aber man konnte ihm schon ansehen, daß er krank war – im Gesicht. Aber nicht während der Kampagne.

PB: Die Leute sagen, die Anstrengungen des letzten Wahlkampfes seien –

OW: Nein, er hatte eben einen Schlaganfall – wer weiß schon, warum. Ich glaube nicht, daß es die Anstrengung war; er genoß den Wahlkampf – für ihn war es eine wunderbare Zeit. Er liebte Kampagnen. Ich wünschte, ich hätte noch die Briefe, die er mir geschrieben hat. Er schickte mir drei Briefe, und ich habe sie verloren – es ist wirklich schrecklich. Einer der Briefe war drei Seiten lang, über weltweite Kooperation; dann schrieb er mir plötzlich einen langen Brief über eine Weltregierung. Glücklicherweise wurde er in der Zeitung abgedruckt. Sehr guter Brief. Ich muß ihn suchen – ich bewahre einfach nie etwas auf, obgleich – eine kleine Notiz habe ich noch, die er mir auf ein Stück von einem Briefumschlag geschrieben hat. Ich war eingeteilt, irgendwo im Westen als Hauptredner aufzutreten. Und plötzlich erhielt ich die Nachricht, Mr. Roosevelt wünschte, ich solle mich da irgendwie rauswickeln und stattdessen nach Pennsylvania fliegen, wo Henry Wallace als Kandidat für die Vizepräsidentschaft eine Rede halten sollte. Es schien mir eher lächerlich, daß ich dabei sein sollte, aber auf der Rückseite dieses halben Umschlags stand geschrieben: „Bitte paß auf, daß Harry Schuhe anzieht." Wallace stand gewöhnlich morgens sehr früh auf und joggte barfüßig einmal um den Block, was einen leicht spinnerten Eindruck machte – du weißt schon, verrückter Professor. Weil Wallace und ich nun gute Freunde waren, sollte ich hingehen und sage und schreibe aufpassen, daß er nicht ohne Schuhe lief. Das war alles. Also fuhr ich hin und paßte auf.

PB: Hat Roosevelt jemals mit dir über deine Filme gesprochen?

OW: Nein – immer nur über die Sendungen. Für ihn war ich ein Radiostar. Und Theater. Wir verstanden uns wahnsinnig gut und grölten und lachten miteinander. Er war ein sehr lustiger Mensch. Und seine Umgebung versuchte immer, mich von ihm fernzuhalten. „Er muß jetzt schlafen." – Oder: „Lassen Sie Mr. Welles nicht zu ihm – sonst wird er überhaupt nicht mehr ins Bett finden."

PB: Gab es nicht eine Zeit, wo du dich sehr für Politik interessiert hast?

OW: Ja, ich habe alles aufgegeben, um zu versuchen, in die Politik zu gehen. Und fand kein geeignetes Betätigungsfeld für meine Interessen – nichts, was mir sehr konstruktiv erschienen wäre.

PB: In der Politik?

OW: Politik und Weltregierung. Ich war ganz bereit aufzuhören. Ein anderes Mal war ich ganz bereit, das Showbusineß zu verlassen, um in die Erwachsenenbildung zu gehen. Ich versuchte, große Zuschüsse von Stiftungen zu bekommen usw. und erkannte, daß ich dadurch einer enormen Bürokratie in die Hände fallen würde, und also gab ich es wieder auf. Wenn ich nur ein wenig Zuspruch gefunden hätte, dann wärest du jetzt nicht hier mit deinem Mikrophon.

PB: Ich bin froh, daß man dich nicht ermutigt hat.

OW: Nein, ich glaube, daß es viel interessanter gewesen wäre, Filme und die Medien nicht nur zur Unterhaltung zu nutzen.

Einmal hätte ich um ein Haar für den Senat in Wisconsin kandidiert. Mein Gegner wäre Joe McCarthy gewesen – also habe ich ihn zu verantworten, doch das ist eine andere Geschichte.

PB: Wie kam es, daß du den Anfang von *Duel in the Sun* gesprochen hast?

OW: Nun, das habe ich für Selznick getan. Ich verlangte 35000 Dollar dafür, und er sagte, das sei absurd, und ich sagte, *all right*, dann also 25000. Und er sagte: „Warum machst du das? Du wirst einen Haufen Steuern zahlen. Laß dir lieber etwas Schönes von mir schenken." Also habe ich den Erzählkommentar umsonst gesprochen und wartete dann darauf, daß der eigens für mich angefertigte Rolls Royce vorfahren würde – oder was immer das Geschenk sein würde. Ich kannte David sehr gut – unsere Freundschaft war nicht ganz einfach, aber doch recht eng –, und er sagte immer: „Warte bis Weihnachten. Warte nur, du wirst schon sehen." – Was konnte es wohl sein? Zweifellos würde er nicht ganze 25 000 Dollar ausgeben, aber vielleicht war es 18 000 Dollar wert – ein Gemälde, oder was es auch sein würde. Und dann, am Weihnachtsmorgen, bekam ich eine Schachtel mit zwei Duellpistolen und einer Karte, die mir ihren Wert als Antiquität auswies, der sich auf etwa 125 Dollar belief. Das ist mein Erlebnis mit *Duel in the Sun.*

PB: Das Geschenk sollte dich wohl an den Filmtitel erinnern –

OW: Ja-ja, sentimentale Assoziation! Ich habe mir den Film nie angesehen. Aber seitdem schickte ich ihm jedes Jahr zu Weihnachten zwei von diesen Glaspistolen, die mit Bonbons gefüllt waren – ich wollte ihn das nicht vergessen lassen –, aber er fand das gar nicht komisch. Ich erzählte es allen seinen Freunden; und darunter hat er gelitten. Wir haben uns schon immer schrecklich gestritten; zwei- oder dreimal versuchte er, mich zu schlagen. Einmal betrank er sich auf einer Party von Walter Wanger in Hollywood. Wir saßen alle beim Portwein, wie es für Männer in Beverly Hills damals üblich war – die Damen waren woanders –, und er sprach davon, daß er Filme nach alten Bühnenstücken machen wollte. Ich sagte: „Warum machst du nicht *The Yellow Ticket,* David?" Und er sagte: „Wer ist *yellow**?" Er hatte noch nie von dem Stück gehört und war nun sauer, weißt du. Da sagte ich: „Oh, David, *du.*" Da stand er auf, holte seine Brille heraus, setzte sie auf und scheuerte mir eine.

PB: Um auf *The Stranger* zurückzukommen – wieviel Arbeit hast du auf das Script verwendet?

OW: Ich habe an allen Teilen mitgeschrieben, als wir mit Anthony Veiller und Spiegel eine neue Gesamtfassung machten – von mir sind alle Drugstore-Szenen und die ersten zwei oder drei Akte des Films, die fast vollständig herausgeschnitten wurden, weil sie nichts mit der eigentlichen Handlung in der Stadt in Neu-

---

* *yellow* = gelb, aber hier: *colloq.*: feige! (A. d. Ü.)

England zu tun hatten. Es war eine Entscheidung von Goetz und
Sam Spiegel, das herauszunehmen.

PB: Hattest du es denn gedreht?

OW: Ich hatte es gedreht. Es war bei weitem das Beste in dem
Film – oder wenigstens das, was mir daraus am besten gefiel,
wahrscheinlich, weil ich es geschrieben hatte. Aber ich finde ganz
ehrlich, das waren die Szenen, die man sich am besten ansehen
konnte.

PB: War das so ähnlich wie die paar Szenen am Anfang – auf dem
Boot und so weiter – sehr atmosphärisch?

OW: Ja. Eine große Hetzjagd in Südamerika, eine ganze Reihe
sehr wilder, traumähnlicher Ereignisse, die Spiegel und Goetz
Sorgen machten, weshalb sie auch herausgenommen wurden. Ich
halte das für einen Fehler. Der Film wäre optisch mit diesen
Sequenzen viel interessanter gewesen; hier war die einzige Gelegenheit, optisch interessante Aufnahmen zu machen. Sie fanden
das irrelevant. Es war schon immer so fabelhaft, wenn ein Film im
Schneideraum einem Super-Editor in die Hände fiel.

Der entscheidet immer nach der Devise: was dient der Handlung? Und dabei fällt immer alles raus, was den Film interessant
macht. Auf diese Weise hat man mindestens zwei ganze Rollen
Material geschnitten, das sicherlich origineller war als der Rest.

Ich wollte eigentlich auch, daß [Edward G.] Robinsons
Inspektor von Agnes Moorehead gespielt würde. Ich hätte es sehr
viel interessanter gefunden, wenn eine alte Jungfer diesem Nazi
auf den Fersen ist.

PB: Eine bizarre Vorstellung.

OW: Auch hier konnte ich mich nicht durchsetzen. Ich halte
Robinson für einen der besten Filmschauspieler aller Zeiten, aber
ich fand, es war zu naheliegend, ihn hier zu besetzen. Naja, ich
konnte sie dafür sowieso nicht begeistern. Ich erinnere mich, daß
Tony Veiller von der Idee ganz angetan war; Spiegel, glaube ich,
schwankte, hatte aber nicht das Sagen, und die Entscheidung lag
bei Bill Goetz. Spiegel war in dem Projekt nur geduldet, weil

Goetz den Film im Paket vermarkten wollte, wozu Spiegel auch gehörte – sehr zum Ärger von Goetz. So hatte Spiegel als Produzent einen Fuß in der Tür. Die Werbung für *The Stranger* machte er über John Huston, der den größten Teil des Drehbuchs geschrieben hatte – heimlich, denn er diente damals in der Armee und konnte es nicht unter seinem Namen machen. Also hieß es „Kein Film, kein Huston, außer Sam ist dabei".

PB: War die Rolle, die Billy House in *The Stranger* spielte – dieser „Dame"-spielende Apotheker – irgendeinem Erlebnis nachempfunden?

OW: Nein, ich habe ihn erfunden. Die meisten Stellen dieser Rolle schrieb ich direkt am Set. Hatte große Probleme mit Eddie Robinson – er beschwerte sich auf der Chefetage.

PB: Wieso denn?

OW: Du kennst das doch – „Ich bin ein Star – und wer ist dieser Billy House?"

PB: Dessen Szenen waren überhaupt das Beste an dem Film, fand ich.

OW: Also hatte Eddie vielleicht recht. Das einzige, was ich an dem Film wirklich gut fand. Ich hatte Billy an Tingel-Tangel-Theatern gesehen und wollte schon immer mal mit ihm arbeiten. Aber an den ersten drei Tagen ging es ihm wahnsinnig schlecht. Ich dachte immer nur, warum schaffe ich es eigentlich nicht, daß sich dieser hervorragende Darsteller bei mir wohlfühlt. Ich gefalle mir nämlich selbst in der Rolle des Regisseurs, der es den Schauspielern leicht macht, und hier war nun einer, dem immerfort der kalte Angstschweiß auf der Stirne stand – er zitterte. Dann kam ich dahinter, daß er sein Double gesehen hatte, das – natürlich – auch ein ziemlich dicker, kahlköpfiger Mann war. Weil Billy aber nie zuvor einen Film gedreht hatte, dachte er, dieses Double sei auch ein Schauspieler, der nur darauf wartete, seine Rolle zu übernehmen, wenn er nicht gut genug sei. Schließlich sagte er zu mir: „Also, wenn du mich nicht haben willst, dann nimm doch den anderen Scheißkerl da – gib ihm die

Billy House und Welles in *The Stranger*.

Rolle, ich kann das nicht länger ertragen!" Er war schon merk-
würdig. Er benutzte ein paar wahnsinnig gute, altmodische
Slang-Ausdrücke, die ich über die Jahre gehütet habe wie einen
Schatz.

PB: Zum Beispiel?

OW: „Fuzz castle" für Bordell. Zu schade, daß „fuzz" jetzt ein
Ausdruck für „Cops" geworden ist. Wir können es jetzt nicht
mehr benutzen.

PB: „Billy House" war wohl kaum sein richtiger Name?

OW: Nein. Offensichtlich ein Künstlername, unter dem er
herumgetingelt ist – wie „Sliding Billy Watson".

PB: Erzähl mir mal die wahre Geschichte des berühmten Streits
mit Loretta Young – wegen der Großaufnahme in *The Stranger*.

OW: Da war doch diese Klopperei, in der sie sehr gut war, und die Szene lief von Anfang bis Ende in einer Halbtotale durch. Wir sahen uns die Muster an, und alles schien in Ordnung. Sam Spiegel sagte: „Okay, aber wir brauchen noch eine Großaufnahme von Loretta." Das allerdings wäre fürchterlich gewesen. Ich sagte es ihr, und sie antwortete: „Na gut, dann machen wir eben keine." Sie war fabelhaft. Aber Spiegel spielte sich zum ersten Mal als Produzent auf. Schließlich mußten wir uns sogar an Lorettas Agenten wenden. Stell dir das mal vor! Sich an den Agenten eines Stars wenden zu müssen, um sicherzustellen, daß *keine* Großaufnahme gemacht wird… Es gibt noch eine ähnliche Geschichte. Da handelte es sich um eine Schallplatte, die ich mit Bing Crosby gemacht hatte – mit Oscar Wildes *The Happy Prince* [1946]. Ein Jahr lang kam die Platte nicht auf den Markt, weil wir beide nicht an erster Stelle genannt werden wollten. Schließlich mußte man eine Münze werfen, um die Sache zu entscheiden.

PB: Es ist irgendwie interessant, wie du die Schurken spielst – du bist immer so sympathisch. In *The Stranger* war ich plötzlich innerlich auf deiner Seite anstatt auf Robinsons, was dem Film eine gewisse Doppelsinnigkeit –

OW: Ja, ich glaube, das war sogar im Drehbuch beabsichtigt. Ich bin sowieso der Meinung, die meisten Schurken sollten sympathisch gespielt werden. Die großen Schurkenrollen auf der Bühne sind es.

PB: Es gibt da eine ungewöhnliche Einstellung mit dir und Konstantin Shayne – ein langer, langer Spaziergang außerhalb der Schule, der erst endet, wenn du ihn tötest.

OW: Ja, dafür mußte ich ganz jung aussehen. Mein Gott, das war eine körperlich sehr anstrengende Aufnahme – wir sind fast beide dabei umgekommen.

PB: Habt ihr es ohne Schnitt gedreht?

OW: Ja, alles in einer einzigen Einstellung. Er ist ein sehr guter Schauspieler. Akim Tamiroffs Schwager.

PB: Lebt er noch?

OW: Ja. Er ist Farmer. Ich hatte ihn in einem Film gesehen, der hieß *Mission to Moscow* [1943] und schrieb ihm einen Brief, um ihm zu sagen, wie gut er war, und so habe ich ihn kennengelernt. So habe ich auch Akim kennengelernt – durch ihn. Vorzüglicher Schauspieler.

PB: *The Stranger* war der erste kommerzielle Film, der Dokumentaraufnahmen von Greueltaten in Nazi-Konzentrationslagern verwendete.

OW: Tatsächlich? Ich bin prinzipiell dagegen, echtes Elend, Marter und Tod für Unterhaltungszwecke auszuschlachten. In diesem Fall allerdings finde ich, daß es immer ein Fortschritt ist, wenn man das Publikum dazu bekommt, sich so etwas – und wenn es nur ein paar Meter sind – anzusehen, ganz gleich unter welchem Vorwand. Die Leute wollen einfach nicht wahrhaben, daß diese Dinge tatsächlich passiert sind.

Ich hatte ein schreckliches Erlebnis. Ich spielte in einem recht erbärmlichen Film – er hieß *Is Paris Burning?* [1966], in welchem eine Szene vorkam, wo Juden im Bahnhof von Paris auf Viehwaggons verladen und abtransportiert werden. Es war exakt derselbe Bahnhof, auf dem sich das alles tatsächlich abgespielt hatte, vermutlich sogar dieselben Waggons, und etwa sechzig Prozent der Darsteller waren echte Überlebende dieses Ereignisses. Sie haben immer wieder ihre Ärmel geöffnet und mir die tätowierte Nummer gezeigt. Viele von denen, die Deutsche spielten, waren wirklich Deutsche – und auch wenn sie damals nicht bei dieser Sache mitgemacht hatten, so waren sie doch Mitglieder der deutschen Armee gewesen – und das war so schlimm für mich, daß ich mich kaum über den Tag halten konnte. Das ganze pirandellohafte Mysterium der Realität war auf morbide Weise in dieser Szene aufgemischt. Unerträglich.

PB: Zurück zu *The Stranger*. Woher stammte die Idee für die Schlußszene, in der du stirbst – aufgespießt von einer dieser Turmuhrfiguren. War die von dir?

OW: Ich fürchte ja. Reinster Dick Tracy. Ich mußte darum kämpfen. Alle waren sich einig: „Oh, wie geschmacklos, hier geht Orson zu weit", aber ich wollte so einen ganz gewöhnlichen Comic-Schluß.

PB: Für mein Gefühl ist *The Lady from Shanghai* ein wesentlich interessanterer Thriller als *The Stranger*.

OW: Das finde ich auch.

PB: Aber wie hat Hollywood den Film aufgenommen?

OW: Meine Freunde mieden mich. Wenn darüber gesprochen wurde, räusperten sich die Leute und wechselten schnell das Thema aus Rücksicht auf meine Gefühle. Daß man den Film gut fand, merkte ich erst in Europa. Das erste nette Wort von einem Amerikaner hörte ich von Truman Capote. Eines abends in Sizilien zitierte er seitenweise aus dem Dialog, wortwörtlich.

PB: Ich schätze, das nennt man seiner Zeit voraus sein.

OW: Das nennt man in Schwierigkeiten sein.

PB: Wie kam es zu diesem Film?

OW: Ich machte gerade *Around the World in 80 Days*, und am Abend der Premiere in Boston konnten wir die Kostüme nicht vom Bahnhof bekommen, weil 50 000 Dollar fällig waren und unser Produzent Mike Todd pleite war. Ohne dieses Geld konnten wir die Show nicht auf die Bühne bringen. Ich rief Harry Cohn in Hollywood an und sagte, „Ich habe da eine riesige Story für Sie, wenn Sie mir innerhalb einer Stunde telegraphisch 50 000 Dollar anweisen. Ich unterzeichne dann den Vertrag dafür". „Welche Story?", fragte Cohn. Ich telephonierte von einem Münzfernsprecher, direkt daneben war ein Schaufenster mit lauter Paperbacks, und ich nannte einen der Titel: *Lady from Shanghai*. Ich sagte, „Kaufen Sie den Roman, und ich mache den Film". Eine Stunde später hatten wir das Geld.

PB: In dem Buch von Peter Noble gibt es das folgende Zitat: „*Lady from Shanghai* kostete ein Vermögen, verlor ein Vermögen und beendete Welles' Karriere in allen großen Hollywood-Studios."

OW: Die Wahrheit ist, daß der Film genau so viel kostete wie seinerzeit alle Rita Hayworth-Produktionen, und wenn er auch kein so großer Kassenerfolg war wie einige der anderen, so glaube ich, daß es weder ihr noch mir wirklich geschadet hat. Ich bin anschließend nach Europa gegangen und blieb auch dort, aber ich bin nicht aus der Stadt gejagt worden. Harry Cohn sagte zu mir: „Nie wieder mache ich einen Film wie diesen." Er hatte ein gutes Argument: „Nicht wegen des Drehbuchs, verstehst du – das Drehbuch fand ich gut, es gefiel mir, und es ist mir gleich, was andere davon halten. Aber kein Mensch sollte bei einem Film gleichzeitig Regisseur *und* Produzent sein *und* auch noch die Hauptrolle spielen. Es gibt keine Möglichkeit, ihn rauszuschmeißen. Wenn jemand so einen Vertrag hat – wozu gehört mir überhaupt noch meine eigene Filmgesellschaft? Da kann ich doch gleich als Hausmeister gehen."

PB: Bei Durchsicht meiner Unterlagen fiel mir auf, daß die Verzögerungen der Dreharbeiten überhaupt nichts mit dir zu tun hatten. In den meisten Fällen waren die Erkrankungen von Rita Hayworth schuld.

OW: Das war mir ganz entfallen. Stimmt ja, darum ist auch die Zentrale so über Mexiko ausgeflippt.

PB: Laut Dick Wilson gab es auch einen Aufnahmeleiter von der Columbia, der darauf bestand, gewisse Dinge im Studio zu drehen, die man viel billiger bei Außenaufnahmen hätte machen können.

OW: Damals herrschte gegenüber sämtlichen Außenaufnahmen tiefes Mißtrauen. Zuerst ließ man uns immer ziehen. Aber dann – drei Tage, ehe wir fertig waren – zog man uns plötzlich wieder ab, zurück in die Schluchten der Gower Street. Nur drei Tage länger, und wir hätten die ganze Sache in den mexikanischen Schluchten im Kasten gehabt. Die Unterbrechung bedeutete, alle möglichen kleinen Teile mußten im Atelier auf der Trickleinwand zusammengebastelt werden, und der arme Rudy Maté mußte endlos herumfummeln, wo wir es doch am echten Drehort recht flott hätten abdrehen können. Und doch, weißt du, durch diese Improvisationen, die wir dann machen mußten, bekam der Film etwas von einem Traum, was mir ziemlich gut gefiel. Die Szenen mit Rita in der Dunkelheit und unten am Wasser...

PB: Irgend jemand hat geschrieben, du hast angefangen zu drehen und hattest nur ein sechzehn Seiten starkes Buch –

OW: Nun, du hast doch die Unterlagen darüber.

PB: Ja, ich habe verschiedene Versionen des Drehbuchs gesehen.

OW: Es gab eine Expertise über das Drehbuch, die Helen Deutsch für Cohn angefertigt hatte. Bei unserem ersten Treffen hatte Cohn dieses Schriftstück auf dem Schoß, mein Drehbuch davor, so daß ich es nicht sehen konnte – wie eine Art Spickzettel.

PB: Welcher Art war die Expertise?

OW: Sehr günstig, wie ich später von meinen Spionen erfuhr. Ich hatte einige, Harry hatte hunderte.

PB: Was sollte einer der letzten Sätze, die Rita in dem Film spricht, bedeuten: „*Give my love to the sunrise*" – grüß mir den Sonnenaufgang – ?

OW: Ich vermute mal, O'Hara, den ich spielte, war einer dieser armseligen Toren, die sich Sonnenaufgänge ansehen und Gedichte aufsagen.

PB: Siehst du dir niemals einen Sonnenaufgang an?

OW: Ich rezitiere fast nie Gedichte.

PB: Aber du liest Gedichte.

OW: Ja.

PB: Und schreibst welche?

OW: Ich versuche es.

PB: Warum läßt du Rita in dem Film singen?

OW: Wie sollte sie nicht?

PB: Du hast es auch recht liebevoll aufgenommen.

OW: Wie sollte ich nicht? [Richard Wilson zufolge wurde die Song-Szene erst auf Cohns Bitten eingefügt.]

PB: Würdest du auch sagen, der Film war eine Art trauriger Abschied von Rita Hayworth?

OW: [*Undefinierbares Grunzen.*]

PB: So hat man es interpretiert.

OW: Wir waren schon ein paar Jahre getrennt. Sie wollte den Film machen, und das hat uns für eine Weile wieder zusammengebracht. *Lady from Shanghai* war ursprünglich – wie du weißt – für eine ganz andere Schauspielerin geschrieben worden [Barbara Laage] – nicht für einen berühmten Star. Aber dann natürlich, als wir uns kurz nach den Dreharbeiten scheiden ließen, machte die Vermutung die Runde, das ganze Projekt sei nur eine Art finsterer Rache an der armen Rita gewesen. Es war aber Harrys *und* Ritas Wunsch, daß sie diese Rolle spielt. Dadurch sollte es ein großer, teurer „Hayworth A-Film" werden – und das war das Letzte, was ich wollte, wo ich doch in diesem Falle umsonst arbeitete.

PB: Umsonst?

OW: Also gut, mein ganzes Geld – sofern überhaupt vorhanden – war an diese Kostümfirma in New York gegangen: *Around the World* hatte sechs Monate vorher alles verschlungen, und alles, was ich wollte, war meine Schulden abarbeiten und einigermaßen gut da herauskommen... Wie sich dann zeigte, war es großes Glück, daß ich Rita hatte. Rita ist verdammt gut in dem Film, meinst du nicht auch? Und damals bemerkten die Leute das überhaupt nicht – sie war viel zu berühmt als Cover-Girl. Oh, die Franzosen liebten sie. Andererseits denken Franzosen nicht automatisch, daß ein hübsches Girl eine lausig schlechte Schauspielerin sein muß.

PB: Warum hast du ihr die Haare abgeschnitten und sozusagen versucht, ihr Image zu verändern?

OW: Nun, vergiß nicht, Peter, daß sie eine Art Rolle spielen sollte, die sie noch nie zuvor im Film gespielt hatte. Sie konnte einfach nicht als das sehr bekannte Pin-up-Girl daherkommen; sie brauchte einen vollkommen neuen Look. Also machten wir sie plantinblond mit sehr kurzem Haar. Du kannst dir vorstellen, wie begeistert Harry Cohn war, als er das herausbekam!

PB: Hat er je etwas zu dir darüber gesagt?

OW: Ja, und ob. Aber wir haben uns nie wirklich gezankt. Allerdings hat er mein Büro abgehört, ich glaube mit drei Wanzen – und am Anfang eines jeden Tages, wenn ich zur Arbeit kam, machte ich gewöhnlich eine Ansage: „Guten Morgen!", sagte ich etwa. „Hier meldet sich das Mercury-Büro – wir begrüßen Sie zu einem neuen Tag mit einem neuen, faszinierenden Lauscherlebnis." Abends meldeten wir uns mit Musik ab: „Schalten Sie doch bitte morgen früh wieder ein..."

Welles schneidet Rita Hayworth die Haare (für *Lady from Shanghai*).

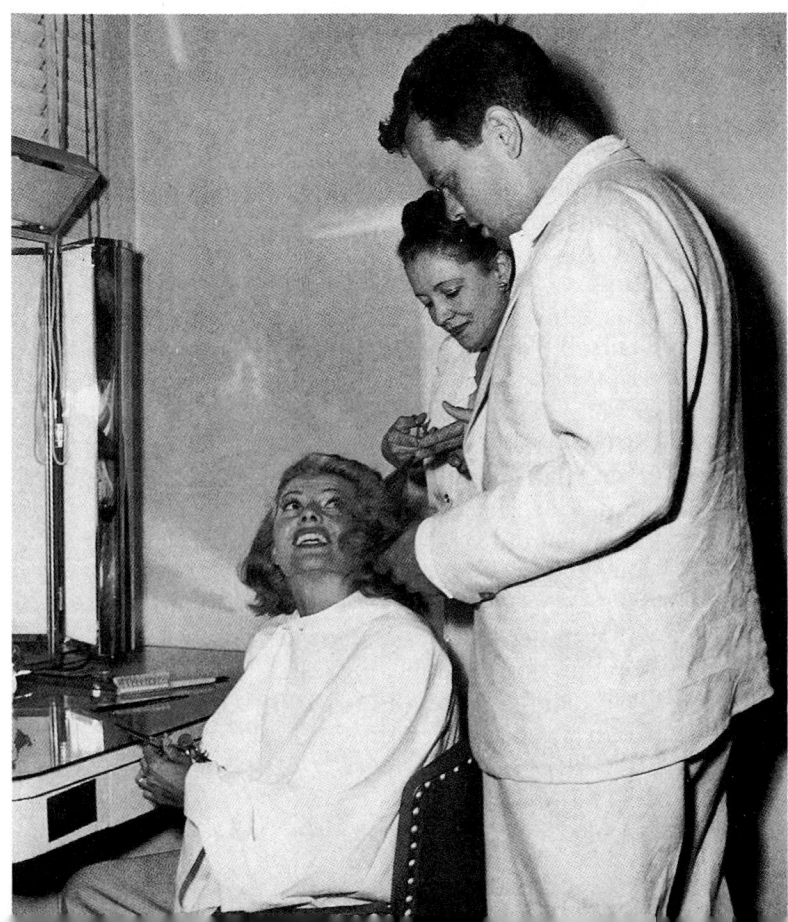

PB: Du mochtest ihn wohl sehr?

OW: Ja. Auf eine schlimme Art und Weise war er recht bewundernswert. Er hatte Schneid und wußte genau, was er wollte. Er verstellte sich nie. Er war vollkommen skrupellos und nach eigenem Bekenntnis vulgär, und ich vermute, auch grausam, aber ich habe eigentlich nicht unter ihm gelitten. Dennoch war dies ein Film, der nach meiner Meinung in erheblichem Maße dadurch ruiniert wurde, was mit der Tonspur geschah –

PB: Ach ja?

OW: Wir mußten den Film in einer Preview zeigen – es ist übrigens der einzige Film, bei dem ich das selbst gemacht habe. Hab' den Film mit nach Santa Barbara genommen. Und für diese eine Preview-Vorstellung machte ich dann ein provisorisches Musikband aus alten Archivaufnahmen. Es war recht eindrucksvoll. Ich war überzeugt, daß bei der Herstellung der endgültigen Filmmusik nichts schiefgehen könne, wenn man die Musik entsprechend dem Provisorium ein- und ausblenden würde, nach meiner Vorgabe. Ich ging davon aus, daß mein Mischplan für Musik und Geräusche klar und deutlich war. Aber letzten Endes wurde die Tonspur nur hastig zusammengeschustert. Anstatt mir einen Komponisten zu genehmigen, der mit mir arbeiten würde, schummelte Cohn so einen Pfuscher ins Team, der fürchterliche Musik unterlegte, wo immer es ihm gefiel. Ich hatte nichts gegen den Titelsong, aber die musikalische Untermalung war durchweg ungeschickt.

Zum Beispiel die Spiegel-Szene am Schluß, da sollte tödliche Stille herrschen – man sollte nichts hören außer dem splitternden Glas und den Querschlägern. So hätte man das Entsetzen gespürt. All das ging natürlich verloren bei diesem kitschigen Geigenchor, der da vor sich hin schnarchte: „Bitte küß mich nicht – aber wenn du mich doch küßt – nimm deine Lippen nicht von mir." Stell dir vor – so eine Musik, während sie sich zwischen ihren Spiegelbildern gegenseitig erschießen.

PB: Du liebst Spiegel.

OW: Ich liebe Spiegelbilder – so lange es nicht meine eigenen sind.

PB: Was hältst du selbst von dem Film?

OW: Im Leben vergesse ich meist die schlimmsten der schlechten Augenblicke. Aber in den eigenen Filmen sind die schlechten Augenblicke unvergeßlich... Diese erste Szene in dem Park zum Beispiel. Wenn ich daran denke, zieht sich mir alles zusammen. Die ganze Szene hat überhaupt kein Flair...

PB: Das ist wahr, sie wirkt optisch völlig anders als der ganze Rest.

OW: Sie wirkt wie jeder andere Film aus dem Programm der Columbia – man hätte sie in jeden beliebigen alten B-Film hineinschneiden können. Sogar Rita sieht nicht so aus wie in den anderen Teilen des Films.

Orson hat recht, diese Sequenz ist vielleicht die schlechteste in allen Filmen unter seiner Regie; er kämpfte darum, die Szene vor Freigabe des Films herausschneiden zu lassen. Es folgen Auszüge aus einem neunseitigen „Memo an Mr. Cohn von Mr. Welles", das er schrieb, nachdem er die von Cohn montierte Fassung des Films gesehen hatte:

...Die Titelmusik für die Preview war von George Antheil, einem erstklassigen Komponisten. Obgleich diese Musik ursprünglich *nicht* für unseren Film vorgesehen war, vermittelte sie als Provisorium doch eine düstere und bedrohliche Atmosphäre, gemischt mit etwas Luxus und Romantik, was sie akzeptabel machte...

Die einzige Idee für die Filmmusik, die der jetzige Komponist [Heinz Roemheld] gehabt zu haben scheint, ist ziemlich abgedroschen, nämlich die Verwendung eines populären Songs – des „Themas" – in soviel verschiedenen Arrangements wie eben möglich. Im ganzen Film haben wir musikalische Anklänge an „Please Don't Kiss Me" für fast jeden Zwischenschnitt und auch für die meiste Hintergrunduntermalung. Die Melodie ist gefällig, sie mag sich sehr wohl für die Hitparade eignen – aber *Lady from Shanghai* ist kein musikalisches Lustspiel... Mr. Roemheld ist ein glühender Verehrer einer eher altmodischen Richtung der Filmmusik, die man heute in unserem Busineß „Disney" nennt. Anders ausgedrückt: Wenn jemand die Treppe hinunter fällt, macht er im Orchester „abwärtsfallende" Klänge, usw., usw.... Wenn die Kopieranstalt Initialen und Telephonnummern in alle Negative gekratzt hätte, wäre ich auch nicht unglücklicher als über das jetzige Resultat...

Direkt vor meiner Abreise ins Ausland bat ich Vi [Viola Lawrence, die Cutterin] um einen Schnitt, bei dem der Beinahe-Unfall mit dem Taxi und etliche Zeilen Dialog herausgefallen wären. Ich bin überzeugt, das wäre ein exzellenter Schnitt gewesen..., der uns bitter benötigte Filmmeter in der langsamen Anfangsszene gerettet hätte... [*Dies wurde nicht ausgeführt und ist der Grund für die hauptsächlichen Schwächen im ersten Akt des Films.*]

...Die bloße Tatsache, daß Rita einen Kopfsprung macht, rechtfertigt noch lange kein großes Crescendo im Orchester... Worauf es ankommt, sind Ritas Schönheit, ... die bösen Untertöne, die in Grisbys Charakter mitschwingen, und Michaels Verwirrung. Jeder einzelne oder alle diese Punkte hätten die Musik inspirieren dürfen. Stattdessen wird ihr Kopfsprung so behandelt, als sei er ein größerer Höhepunkt oder eine groteske Situation in einer frivolen Programmusik: eine Bauchlandung von Pluto oder ein wilder Sprung ins All von Donald Duck.

Bei den Szenen auf dem Schiff fehlt die sogenannte „atmosphärische Geräuschkulisse". Ein wenig Wind und Wasser vermißt man schon sehr. Es macht keinen Sinn,

eine Szene auf einem echten Boot zu filmen, wenn es
hinterher doch so klingt, als habe sich alles vor einer
Trickleinwand abgespielt...
    Zu Beginn der Picknick-Szene... hatten wir in der
provisorischen Musik eine sehr witzige, sexy-
lateinamerikanische Stimmung... Die wurde jetzt durch
eine kitschig-„dramatische" Musikwahl ersetzt –
schlechtes Archivmaterial... Diese Art Musik macht
natürlich die besondere Fremdartigkeit kaputt, die genau
den Film davor hätte bewahren können, nichts weiter als
ein ganz gewöhnlicher Krimi zu sein...
    Es folgt ein großer musikalischer Ausbruch nach
Grisbys Satz „I want you to kill him". Und das ist
absurd...
    Man sollte meinen, die hawaiianische Gitarrenmusik,
die aus dem Radio kommt, ... sei kitschig genug, um
etwa den Eindruck einer Satire zu vermitteln. So wie es
jetzt ist, klingt die Musik an dieser Stelle nicht anders als
im restlichen Film. Kein Mensch im Publikum konnte auf
diese Art merken, daß wir uns einen Spaß erlaubten.
    Die Aquariums-Szene braucht mehr *Hall*. Und *„Please
Don't Kiss Me"* ist schon wieder dabei!...
    Schlechte Synchronisation und erbärmliche Filmmusik
haben den Charakter von Michaels Fluchtszene an der
Pier völlig verdorben. Von dem Pistolenschuß bis
einschließlich des Telephongesprächs war unter viel
Zeitaufwand und Mühe ein sorgfältiges Stimmengewirr
konstruiert worden. Aus irgendwelchen Gründen ist
dieser Teil der Tonspur zugunsten eines heillosen
Durcheinanders vernichtet worden. Im Ergebnis scheint
die ganze Sequenz nun ziemlich öde...
    Die Zuschauer sollten in diesem Moment – gemeinsam
mit Michael – das Gefühl haben, vielleicht verrückt zu
werden. Mit der neuen Synchronisation können die

Zuschauer aber nur das Gefühl haben, vielleicht gleich einzuschlafen...
Das Pistolenduell mit den zersplitternden Spiegeln *darf nicht mit Musik unterlegt werden*...
Die Schlußmusik klingt wiederum wie „Please Don't Kiss Me"...
Das musikalische Finale ist so vordergründig, fast schon vulgär, und fügt der Qualität des Films unermeßlichen Schaden zu.
Alle Kritikpunkte von Welles wurden ignoriert.

PB: Aber der Schnitt war doch größtenteils deine Sache...
OW: Ja, doch. Die interessanteste Sequenz, die in dem Vergnügungspark, ist aber leider fast ganz dahingeschwunden. Eine Woche lang war ich jede Nacht von abends halb elf bis fünf Uhr morgens damit beschäftigt, diese Geisterbahn zu malen. Cyril Connelly kam eines Nachts vorbei, um mir zu helfen – ich hatte viele seltsame Freunde, die mir zur Hand gingen. Das war nun *die* Glanzleistung überhaupt. Und was ist jetzt davon übrig? Jetzt sieht man nur noch eine schlechte, lange Einstellung, die *ich* eigentlich schneiden wollte, weil sie im Vergleich zum ursprünglichen Aufbau der Sequenz äußerst banal wirkt. Zu verrückt für die damalige Zeit... „Was soll der ganze Quatsch?", brüllte Harry Cohn und schmiß die Szene raus. Man hätte sich an diese gemalten Dekorationen viel deutlicher erinnert als an die Spiegel am Schluß – diese Bilder waren die eigentliche Glanzleistung.
PB: Das Sprichwort in dem Film – „Wer seiner Natur folgt, folgt am Ende seiner wahren Natur" – ist es tatsächlich chinesisch? Oder ein Orson Welles-Sprichwort?
OW: Chinesisch.
PB: Stimmt es, daß du ein Fischerdorf abgebaut und es an einem zugänglicheren Ort wieder aufgebaut hast?
OW: Wir haben gar nichts gebaut. Wir haben Acapulco so genommen, wie wir es vorfanden.

Aus den Vergnügungspark-Szenen
(in *Lady from Shanghai*).

PB: Sollte die Liebesszene im Aquarium an die Geschichte mit den Haien erinnern?

OW: Nächste Frage.

PB: Warum hast du überhaupt da drinnen gedreht?

OW: In dem Aquarium? Warum denn nicht?

PB: Und das chinesische Theater?

OW: Also, das war eine starke Szene, ehe Cohn mit seiner Schere daran ging. Dasselbe wie mit der Geisterbahn. Jetzt ist es ziemlich zerstückelt.

PB: Warum hast du Bannister so völlig zum Krüppel gemacht – beide Beine!

OW: Weil Everett Sloane in erster Linie ein Rundfunkdarsteller war; er hat nie richtig gelernt, sich zu *bewegen*. Er war wie eine Marionette. Für die Rolle des Bernstein in *Kane* war das in Ordnung. Aber es leuchtete mir nicht besonders ein, daß eine Marionette ein großer Strafverteidiger sein sollte. Also machte ich ihn zu einem vollendeten Krüppel. Und natürlich gefiel ihm das. Alle Schauspieler spielen gern Krüppel.

PB: Beide Anwälte – der in *Lady from Shanghai* und der, den du in *The Trial* spielst, sind ziemlich zwielichtige und verrufene Gestalten.

OW: Ich würde am liebsten zwanzig Filme machen, um die Anwälte bloßzustellen.

PB: Hast du denn so wenig Achtung vor dem Gesetz?

OW: Nun, wir könnten doch so sagen: man hat genügend Hochachtung für das Recht und genügend Verachtung für die Rechtsanwälte. Und die Ärzte – die meisten.

PB: Warum das?

OW: Sie sind Menschen. Es wundert mich gar nicht, daß nur einige wenige ihrer Berufung gerecht werden... Kafka natürlich haßt das Gesetz als solches. Ich hasse nur den Mißbrauch.

PB: In *Lady from Shanghai* läßt du den Richter gegen sich selbst Schach spielen. Dann kommt ein Schnitt in den leeren Gerichtssaal – eine interessante Gegenüberstellung der Bilder.

OW: Ich werde immer leicht nervös, wenn ich an die Szene denke. Wir befinden uns hier auf dem schmalen Grat zum Symbolismus, fürchte ich.

PB: Du hast in diesem Film die Verballhornung eines Prozesses inszeniert – mit einem ausgesprochen stupiden Richter.

OW: Das Richteramt ist in unserer amerikanischen Rechtsordnung ein politisches Amt. Ein Richter in einem Strafprozeß (bei dem man bekanntlich am wenigsten vom Gesetz wissen muß) ist höchstwahrscheinlich immer ein alter, abgehalfterter Politiker.

PB: Und diese schrecklichen Geschworenen, die niesen und husten die ganze Zeit. Was hältst du denn von Schwurgerichtsverfahren?

OW: Ach, ich könnte eine Menge Prozesse verfilmen und die Geschworenen alle wie Idioten dastehen lassen, aber das heißt nicht, daß ich das *System* für falsch halte.

PB: Ich dachte immer, der Advokat, den du in *The Trial* spieltest, war eine Art Inkarnation des Bösen.

OW: Ich glaube gar nicht, daß ich jemals eine Rolle gespielt habe, die eine Inkarnation des Bösen war. Nicht einmal Jago war das – er ist lediglich destruktiv und mißgünstig bis zur Sünde. Ich glaube nicht an so etwas wie die Inkarnation des Bösen.

PB: Der Rechtsanwalt ist ziemlich böse.

OW: Er ist ziemlich korrupt. Ich glaube an die Existenz des Bösen, ich glaube an Gut und Böse – ich gehöre nicht zu den Leuten, die nicht an das Böse glauben – und ich habe ja den Jake in *The Other Side of The Wind*, der sich darüber noch lang und breit ausläßt, auf seine Weise. Ich glaube wirklich nicht, daß sich das Gute oder das Böse jemals personifiziert.

PB: Der wahrscheinlich langsamste Dolly Shot, den ich je gesehen habe, findet statt, wenn Rita Hayworth und Everett Sloane vor dem Prozeß im Gerichtskorridor sitzen. Ich mußte mich an den Rändern der Leinwand orientieren, um zu sehen, ob sich die Kamera wirklich bewegt.

Welles mit Betty Leong und Mitgliedern des „Mandarin Theatre of San Francisco".

OW: Das spricht nicht besonders für den Film – wenn man anfängt, sich die Ränder der Leinwand anzusehen.

PB: Die Leute sehen manchmal Filme von dir und sagen: „Mein Gott, was für eine wahnsinnig gute Einstellung". Wenn ich dir gegenüber etwas ähnliches äußerte, zeigte mir immer dein leerer Blick, daß es für dich völlig *normal* – jedenfalls nicht *ungewöhnlich* – war, einfach so, wie du es gesehen hast.

OW: Ich finde es schön, wenn du deine Fragen selbst beantwortest.

PB: Ich habe doch recht, oder?

OW: Ich versuche nicht oft, verrückt zu sein, nein.

PB: Aber die meisten Leute denken genau das Gegenteil von deinen Arbeiten.

OW: Klar, sie denken, es ist willkürliche Exzentrik – virtuose Übertreibung. Das würde aber eine gewisse Anstrengung voraussetzen. Ich mache aber nur das, was ganz von alleine kommt. Es ist wie in diesem uralten, unappetitlichen Witz: Ein Mann kommt zum Arzt und sagt: „Wissen Sie, Herr Doktor, ich habe morgens immer diese fürchterlichen Kopfschmerzen. Jeden Morgen, wenn ich aufgestanden bin, mich übergeben habe, mir die Zähne geputzt und mein Frühstück eingenommen habe, bekomme ich diese Kopfschmerzen." Der Doktor sagt: „*Was?*" – „Ja", sagt der Mann. „Wenn ich aufgestanden bin, übergebe ich mich, putze mir die Zähne, und dann bekomme ich diese Kopfschmerzen." „Sie meinen", sagte der Arzt, „Sie übergeben sich jeden Morgen?" „Ja sicher", sagt der Mann, „tun wir das nicht alle?" Siehst du, das ist der Punkt. Das ist meine Antwort zu diesen verrückten Aufnahmen: „Tun wir das nicht alle?"

PB: Jemand sagte einmal zu Chaplin: „Sie haben überhaupt keine interessanten Kameraperspektiven." Und Chaplin sagte: „Ich brauche keine interessanten Kameraperspektiven – *ich* bin interessant."

OW: Er hatte recht.

PB: Er hat auch gesagt, Komödie ist das Leben in der Totale, Tragödie ist das Leben in Großaufnahme.

OW: Was heißt das denn?

PB: Das ist die Theorie, daß ein Mann, den du in der Totale zeigst, wie er die Straße hinunter geht und auf einer Bananenschale ausrutscht, komisch ist. Gehst du aber näher ran, ist es nicht mehr komisch, weil man den Schmerz sieht.

OW: Ziemlich einleuchtend. Aber ich meine, wenn wir wirklich genau sein wollen: Komödie ist eigentlich die Halbtotale. Die echte Totale ist auch schon wieder Tragödie.

Weißt du, es gibt Darsteller – Jacques Tati zum Beispiel –, die sind nur gut in der Totale. Geh bei Tati mal näher ran, dann ist buchstäblich nichts mehr von ihm übrig.

PB: Du magst ihn wohl?

OW: Ja. Aber ich bin immer sehr unruhig – ich sitze immer und hoffe, daß er ein kleines bißchen *professioneller* sein möge – aber es ist natürlich höchst unfair, wenn ein geborener Amateur, wie ich einer bin, diesen Wunsch äußert. Nur ein Amateur versteht den anderen... Ich finde, in bestimmten Momenten ist er fast genial, hat eine Art echter Größe, aber man weiß eben nie, was er in der nächsten Sekunde macht.

PB: Wo wir gerade von Totalen sprechen. Die letzte Einstellung von dir in *Chimes at Midnight* ist ein gutes Beispiel – diese kleine Figur, die sich davonschleppt.

OW: Das war gefährlich – der Abgewiesene, der langsam in den Sonnenuntergang davonschlurft. Es gab aber keine andere Möglichkeit. Die meisten Großaufnahmen mache ich nur, weil ich keine andere Wahl habe. Es ist immer besser, sie zu vermeiden, wo man kann... Eine lang andauernde Totale unterscheidet immer die gestandenen Männer von den Knaben. Jeder kann Filme machen mit einer Schere in der Hand und einem Standard-Objektiv.

PB: Preminger hat einmal gesagt, idealiter würde er, wenn er könnte, überhaupt nicht schneiden. Er würde gern den ganzen Film in einem Stück drehen.

OW: Das wird auch kommen, wenn die Aufzeichnungstechnik perfektioniert ist und man keinen Film mehr in die Kamera einlegen muß. Ich habe diesen irrsinnigen Geistesblitz eines Ignoranten gehabt, als ich anfing. Ich sagte zu Toland: „Ist es nicht im Grunde lächerlich, daß der Film in der Kamera ist?" Und er antwortete: „Ja. Eines Tages wird es nur noch eine Art elektrisches Auge geben. Wir werden den Film nicht mehr mit uns herumschleppen, oder den Motor – wir werden nur noch die Linse tragen."

PB: Eine Zeile aus *Lady from Shanghai* lautet so: „Wenn ich erst einmal anfange, einen Narren aus mir zu machen, dann gibt es nur wenig, was mich aufhalten kann..." Denkst du, das war auch in deinem Leben so – hat es Zeiten gegeben, wo du dachtest, du machst einen Narren aus dir?

OW: Das ist eine von diesen bohrenden, durchdringenden Fragen, die wir doch vermeiden wollten.

PB: Du möchtest nicht darüber sprechen?

OW: Es gab so viele Gelegenheiten – ich weiß gar nicht, wo ich anfangen soll.

PB: Bedauern?

OW: Millionenfach. Aber, weißt du, ich liebe Menschen, die *bereit* und *willens* sind, einen Narren aus sich zu machen – ich darf das sagen, wo ich doch ein hauptamtliches Mitglied dieser Zunft bin. Doch gibt es auch sehr viele netter Katzen, die das einfach nicht können.

PB: Katzen?

OW: Wenn du geistig zur Familie der Katzen gehörst, dann kannst du es nicht ertragen, wenn man über dich lacht. Wenn du mal hinfällst, mußt du so tun, als *wolltest* du tatsächlich da unten liegen, um nachzusehen, was unter dem Sofa ist. Wir anderen machen uns nichts daraus, wenn man uns auslacht.

PB: Dann gehörst du also zu den Hunden?

OW: Ich bin auf jeden Fall Komödiant, auch wenn ich nicht so oft mit dem Schwanz wedele.

PB: Ist diese Bereitschaft, als verdammter Idiot dazustehen, nicht auch eine Art Mut?

OW: So sind Tiere nun einmal. Genau wie Menschen mit Tonbandgeräten und bohrenden Fragen – du kannst nichts dafür, es ist deine Natur.

PB: In deinen Filmen machst du Sachen, die man nur *dir* verzeiht.

OW: Und auch nicht [*lacht*].

PB: Fühlst du dich manchmal wie ein Märtyrer, Orson?

OW: Erst wenn sie mit Pfeil und Bogen auf dich schießen, hast du das Recht, dich wie ein Märtyrer aufzuführen. Und ich meine echte Pfeile.

PB: Wie der Heilige Sebastian?

OW: Genau.

PB: Und auch, wenn du einen Tiefpunkt hast, wäre das keine Versuchung?

OW: Märtyrer zu sein? Ich habe kein Talent dazu.

6.

HOLLYWOOD

Macbeth in dreiundzwanzig Tagen • Shakespeare • Jean Renoir •
Kinopublikum • Kritiken: Europa contra Amerika • *The Third
Man* • David O. Selznick • *Othello* • *Mr. Arkadin*

Orson Welles' *Macbeth* besitzt eine rohe, respektlose
Kraft. Gewandet in Fellkleidung, mit Lederkappen wie
Motorradfahrer um die Jahrhundertwende, Hörner und
Pappkronen auf dem Kopf, verunsichern seine
Schauspieler die Gänge alptraumhafter Katakomben, ein
verlassenes Kohlebergwerk, Höhlen, in denen das Wasser
von den Wänden läuft. Nicht eine einzige Einstellung ist
dem Zufall überlassen. Die Kamera steht immer genau
dort, wo das Schicksal persönlich seinen Opfern auflauern
würde. Manchmal fragen wir uns, in welcher Epoche sich
dieser Alptraum entfaltet, und wenn wir, zum ersten Mal,
Lady Macbeth sehen, ehe die Kamera zurückweicht, um
ihr gebührend Platz zu machen, könnte es auch eine Frau
in modernem Kleid sein, die wir sehen, zurückgelehnt auf
einem fellbedeckten Diwan neben dem Telephon.
– Jean Cocteau, August 1949
(ins Englische übersetzt von Gilbert Adair)

Hollywood ist mir weggestorben, kaum daß ich dort
angekommen war. Gott weiß, wie ich mir wünsche,
früher dorthin gegangen zu sein. Der Aufstieg der
Unabhängigen war mein Ruin als Regisseur. Die alten

Studiobosse – Jack Warner, Sam Goldwyn, Darryl
Zanuck und Harry Cohn – waren Freunde, oder
freundliche Feinde, mit denen ich umzugehen wußte. Sie
gaben mir Arbeit. Louis B. Mayer wollte sogar, daß ich
Produktionschef seiner Gesellschaft werde – der Posten,
den Dore Schary hatte. Ich hatte ein großartiges
Verhältnis zu diesen Männern. Von dem Moment an, da
die Unabhängigen ans Ruder kamen, führte ich bei
keinem amerikanischen Film mehr Regie, es sei denn
durch Zufall. Wenn ich in den letzten fünf Jahren nach
Hollywood gekommen wäre, jungfräulich und
unbekannt, hätte ich die Bedingungen stellen können.
Aber ich bin keine Jungfrau mehr; ich schleppe meinen
Mythos mit mir herum, und mit den Unabhängigen hatte
ich viel mehr Probleme als mit den großen Gesellschaften.
Ich war ein Außenseiter, aber in den Gesellschaften hatte
man verstanden, was das heißt, und wenn es einmal Streit
gab, dann genossen wir ihn alle. Bei einem jährlichen
Ausstoß von vierzig Filmen pro Gesellschaft wär es auf
einen Orson-Welles-Film auch nicht angekommen. Ein
Unabhängiger hingegen ist einer, dessen Arbeit einzig und
allein auf seine eigenen, besonderen Talente fixiert ist.
In dieser Szenerie ist kein Platz für mich.
– Orson Welles, ungefähr 1970

Orson hat in den Bergen um Hollywood ein Haus gemietet. Nachdem er ein paar Dean Martin-Fernsehshows
aufgezeichnet und ein oder zwei kurze Filmrollen gespielt
hat, dreht er jetzt die ersten Aufnahmen zu *The Other Side
of the Wind*. Er macht das mit der vorstellbar kleinsten
Crew, ohne Bauten, ohne Kostüme, mit wenig Ausrüstung, aber mit fabelhaft guter Laune und unglaublicher
Erfindungsgabe. Zuerst ward mir befohlen, eine nur leicht
verkappte Parodie meiner selbst zu spielen – oder wenig-

stens mich selbst in meiner „ernsten Rolle eines Film-
Interviewers", der gerade ein Buch über Jake schreibt, die
Hauptfigur des Films. (Joseph McBride, jetzt bei *Variety*,
hat später die wesentlichen Funktionen meiner Rolle übernommen, als Orson mich in eine Hauptrolle beförderte.)
Wir drehten am Flughafen von L.A., direkt unter dem
Landeanflug der Maschinen, und improvisierten nach
genauer Instruktion den Dialog. Soeben haben wir ein paar
überschäumende Party-Sequenzen in Orsons Haus abgedreht, bei denen ich mich als Comic-Parodie produzierte,
was ich mir weder in der Intimität einer Dusche noch vor
einem Dutzend Leuten zugetraut hätte. Aber für Orson zu
spielen ist wirklich einfach – oder besser gesagt: er macht es
einem leicht. Er gehört zu jenen Regisseuren, die einen
besser machen als man eigentlich ist. Und, natürlich, tut er
das auch als Mensch.
Inzwischen sind die Crew und die wenigen anderen Darsteller gegangen, wir sind allein, trinken Frescas in den
Trümmern des Wohnzimmers. Orson hat seinen Zigarren-
konsum eingeschränkt, um jeden Dollar in den neuen Film
zu stecken. Soeben genehmigt er sich die erste dieses Tages,
und wahrscheinlich verderbe ich ihm den Genuß, wenn ich
jetzt ein altes Zitat von ihm herauskrame und ihn daran
erinnere. Ich kann mich aber nicht bremsen – so gut paßt
der Spruch zu dem Tag, den wir soeben gemeinsam verlebt
haben. Orson hat einmal gesagt: „Die große Gefahr für
einen Künstler ist Wohlbehagen. Es ist seine Pflicht, den
Punkt des größten Unbehagens aufzuspüren, ihn auszu-
kundschaften."

Peter Bogdanovich: Also gut, sprechen wir vom „größten
Unbehagen" – wie kam es, daß du *Macbeth* in nur dreiundzwanzig Tagen gemacht hast.

Orson Welles: Weil wir nicht das Geld hatten, den Film in vierundzwanzig Tagen zu machen. Übrigens dauerte die reine Drehzeit einundzwanzig Tage. Die Arbeit hielt uns ganz schön auf Trab. Ich schlief nachts zwei Stunden in einem Motel direkt neben dem Republic-Grundstück*. Unsere beste Massenszene war die Einstellung, wo Macduffs versammelte Streitkräfte das Schloß erstürmen. Die Szene war von lebendiger Eindringlichkeit, denn in Wahrheit strömten unsere Komparsen gerade an die Fleischtöpfe, weil wir soeben die Mittagspause eingeläutet hatten.

PB: Glaubst du, daß der Film darunter gelitten hat, daß er so schnell gedreht wurde?

OW: Selbstverständlich. Larry Oliviers mit großem Budget gedrehte Produktionen *Henry V* und *Hamlet* waren auch nicht gerade gut für uns. In meiner Naivität hatte ich mir vorgestellt, daß man uns unser kleines Format zugute halten würde. Ich hätte es besser wissen müssen. Zu schade. Wenn wir nur ein bißchen mehr Erfolg gehabt hätten, hätten wir noch viele andere, viel schwierigere Themen auf dieselbe Weise bearbeiten können.

PB: Ich liebe Filme mit kleinem Budget.

OW: Zu schade, daß es nicht mehr Menschen gibt wie dich.

PB: Meinen ersten Film machte ich mit einem winzigen Budget –

OW: So werde ich meinen letzten machen.

PB: Ich würde aber gerne wissen, ob du nicht –

OW: Ich hätte *Macbeth* gern noch einmal mit ganz viel Geld von [Hugh] Hefner gedreht, wie Polanski es gemacht hat. Du etwa nicht? Heutzutage kommen die Leute zu Shakespeare – wenigstens sind sie in Zeffirellis *The Taming of the Shrew* und *Romeo and Juliet* gegangen. Sogar in England, wo der Barde bekanntlich immer ein Kassenschreck war – im Kino, meine ich.

PB: Selbst von Olivier?

---

* Republic = Filmgesellschaft (A. d. Ü.)

OW: Sicher. *Henry* war sein einziger wirklich großer kommerzieller Erfolg, und es waren die nicht-englischen Einnahmen, die den Film gerettet haben. Ich für mein Teil wäre froh, wenn ich nur einen einzigen Shakespeare-Film mit einem normalen Budget hätte machen können... *Othello*, mußt du wissen, wurde in Raten gedreht, die den Geldbeutel nicht belasteten. (Von wegen „nicht belasteten"!) Und *Chimes at Midnight* konnten wir mit knapper Not bezahlen, wobei wir uns für unsere riesigen Schlachten stolze zweihundert Statisten leisten konnten.

PB: Wenn man dir ein „normales" Budget anbieten würde, welches Shakespeare-Drama würdest du heute verfilmen?

OW: Ich würde sagen *King Lear*, aber nach Peter Brooks Version... *The Tempest*, vielleicht, oder eine edwardisch-opulente *Twelfth Night*. Die Wahrheit ist, ich interessiere mich heutzutage mehr für... nun, für die heutige Zeit.

PB: Wie hast du Herbert Yates von Republic, die doch für ihre Western berühmt waren, überzeugt, dich überhaupt *Macbeth* machen zu lassen?

OW: Ich habe ihn nicht überzeugt. Das war mein Kumpel und Partner Charlie Feldman. Er hatte ein Abkommen mit Yates über mehrere Filme und hat ihm einfach mitgeteilt, einer davon wäre *Macbeth*. Yates wußte gar nicht, wer oder was *Macbeth* war.

PB: Und wie hast du Feldman das verkauft?

OW: Wir wohnten im selben Haus. Er war nicht gerade begeistert: er stöhnte nur und willigte ein.

PB: Wurde der Film tatsächlich in alten Dekorationen von Roy Rogers und Gene Autry gedreht?

OW: Es sah ganz so aus. Meine eigenen Entwürfe stellten sich in letzter Minute als doch etwas zu teuer heraus, so daß wir nur schlechte Pappe zum Filmen hatten. Wir drehten in dem alten Salzbergwerk, in dem sich immer die Cowboys verirrten – das wurde die große Halle im Schloß. Unsere Kostüme waren bedauerlicherweise sämtlich von Western Costume gemietet – außer für Mr. und Mrs. Macbeth. Meines hätte zurückgegeben

Macbeth (1948).

werden müssen, weil ich darin wie die Freiheitsstatue aussah. Aber wir hatten keinen Penny für ein anderes und nichts im Fundus von Western, das mir gepaßt hätte. Darum mußte es dabei bleiben.

PB: Waren in dem Film noch Anklänge an deine „schwarze" *Macbeth*-Inszenierung [1936] erkennbar?

OW: Ja. Wenn Macbeth in Duncans Schlafgemach geht, muß er nach meinem Gefühl – ich weiß auch nicht, warum – die Bühne von rechts nach links überqueren. Das ist alles [*lacht*].

PB: Das muß so sein?

OW: Ich hätte, glaube ich, große Probleme, wenn ich es anders herum inszenieren müßte!

PB: War Jeanette Nolan deine ursprüngliche Wahl als Lady Macbeth?

OW: Sie ist eine vorzügliche Schauspielerin – ich kenne sie noch aus unseren Rundfunktagen – aber, nein, sie wollte ich nicht.

Der *Voodoo Macbeth* (1936).

Unter etlichen anderen wollte ich gern Vivien Leigh, aber Olivier wollte nichts davon wissen.

PB: Warum nicht?

OW: Ich habe ihn nicht gefragt.

PB: Warum wolltest du sie?

OW: Ein bißchen Sex-Appeal sollte schon dabei sein, Peter, und – sie konnte den ganzen Text.

PB: Ich habe gelesen, daß du auch an Tallulah Bankhead gedacht hast.

OW: Außer an eine adlige Tragödin aus Australien haben wir wohl an alle gedacht.

PB: Du hattest das Drama auch in Salt Lake City inszeniert [1947] – vor den Dreharbeiten, nicht wahr?

OW: Ja.

PB: So ähnlich wie du auch den Film gemacht hast – als eine Art Probe?

OW: Ja, sehr ähnlich.

PB: Wie lange hast du für den Film tatsächlich geprobt?

OW: Ein paar Wochen, einschließlich der Tonaufzeichnung.

PB: Du hast den Text vorher aufgenommen?

OW: Nicht nur als Bezugsband, wie bei den *Ambersons*. Wir spielten hier tatsächlich mit Playback. So konnten die Techniker ihre Anweisungen durchs Atelier brüllen – zum Beispiel, wohin der Kran fahren sollte, und konnten außerhalb des Bildes herumtrampeln und laut rufen, während wir fleißig mit den Aufnahmen vorankamen. Eine alberne Art zu arbeiten, aber bei dem Terminplan war dies die einzige Möglichkeit, es überhaupt zu schaffen. Wir wurden alle recht gut mit unseren Mundbewegungen zu dem Band.

PB [*lacht*]: Wie bei Musicals?

OW: Musicals? Für Musicals gibt es immer Geld genug. Nun gut, wir hatten dann akustische Signale. Am Ende der Sprechpausen gab es einen Klick auf dem Band, so daß man wußte, wann man wieder die Lippen bewegen mußte.

PB: Was war das eigentlich für ein Problem mit diesem berühmten schottischen Akzent?

OW: Ein leicht rollendes Ärrr sollte es sein. Den Darstellern gefiel das nicht, also haben wir die ganze Sache schließlich ins Synchronstudio verlegt.

PB: Warum wolltest du denn unbedingt dieses Zungen-R?

OW: Wenn Shakespeare uns heute mit einer Zeitmaschine – oder einem Zeitradio – hören könnte, dächte er bestimmt, die modernen englischen Schauspieler sprechen eine Fremdsprache. Unser gesprochenes Englisch ist eine vollkommen andere Sprache geworden. Wie spricht man denn Shakespeare? Oxbridge? West End? BBC? Es gibt eine Menge recht pikanter Stellen, die sehr darunter leiden, daß sie in dieser vornehmen, Upperclass, südenglischen Sprechweise vorgetragen werden, die wir heute meistens hören. Es ist wunderbar, wenn ein redebegabter irischer oder schottischer Schauspieler Shakespeare spricht. Selbst die richtige amerikanische Stimme klingt herrlich – vorausgesetzt, die Mittelkonsonanten werden nicht verschluckt. Überhaupt – warum sollten nicht alle Schotten in *Macbeth* wie Schotten klingen? Schottische Färbung und schottischer Duktus sind genau das richtige für all das Schaudern und Grauen. Wenn ich diesen Film im Himmel noch einmal machen könnte, würde ich immer wieder den schottischen Zungenschlag wählen.

PB: Aber?

OW: Feldman war insgesamt so nett zu mir gewesen, und als er mich bat, das Schottische zu dämpfen, dämpfte ich es. Das bedeutete natürlich Nachsynchronisieren und führte mein ganzes stolzes Experiment – das Spielen nach einem Playback-Band – ad absurdum.

PB: Offenbar gab es einigen Widerstand, weil es schwierig zu verstehen war.

Die Bühnenproduktion in Salt Lake City.

OW: Tatsächlich ist es aber mit schottischem Akzent leicht zu verstehen, weil diese Sprache klarer, reiner, schärfer ist. Leute, die ohnehin Shakespeare nicht verstehen, schieben es gern auf den Akzent.

PB: Man könnte sagen, du hast Shakespeare unterhaltsam und aufregend gemacht, ganz im Gegensatz zu dem Kulturgut, als welches er gelehrt wird.

OW: Ja – und aufgeführt. Außer im alten Mercury (ich bitte um Vergebung) und von der jüngsten Regisseuren-Generation in der englischen Theaterszene.

PB: Dein Shakespeare-Buch gilt immer noch als Offenbarung.

OW: Es ist entsetzlich, was man Shakespeare in den Schulen antut. Es wundert einen, daß die Leute immer noch ins Theater gehen, nach allem, was sie im Klassenzimmer durchgemacht haben.

Es folgen einige Absätze aus Orsons Einführung zu *The Mercury Shakespeare:*

Shakespeare hat alles gesagt... Er spricht alle Menschen an, und wir alle erheben Anspruch auf ihn, aber es wäre klug, sofern wir ihn wirklich schätzen, uns zu erinnern, daß er nicht eigentlich zu uns gehört, sondern in eine andere Welt; in eine blühende und vollkommen ungewöhnliche Welt, die sehr streng roch – nach Taubendreck und Schwarzpulver und Druckerschwärze – und die sehr energisch von Elizabeth beherrscht wurde...

Etwa sechzig Jahre zuvor war Columbus auf ein paar neue Kontinente gestoßen, und die Konquistadoren waren eifrig dabei, sie zu erschließen und auszubeuten. Drunten in Italien ... hatten die Männer ihre verstaubten, verblichenen, alten, mittelalterlichen Kapuzen abgestreift und fingen an, sich umzuschauen... Bücher wurden noch mit der Hand geschrieben und nicht gedruckt; die

Menschen hatten aufgehört, Aristoteles zu glauben und schnupperten in der Welt herum, nahmen sie auseinander, um zu sehen, wie sie funktioniert. Alle möglichen etablierten Überzeugungen wurden in Frage gestellt, enorme Summen Geldes wurden verdient... Dieses geschäftige Treiben, die Ungewißheit und die allgemeine Aufbruchstimmung waren über den Kanal und in die feuchte englische Luft gelangt...

Um über Shakespeare etwas zu wissen, müssen wir etwas über das England wissen, in das er hineingeboren wurde; noch wichtiger: wir müssen etwas wissen von dem eigentümlich prüden Theater, das er in London vorfand, und für das er schrieb. Es war weder neu, noch plump. Es war auch nicht derb, sondern eher, wie die klassischen Theater mit gehobener Tradition in China und Japan, eine kultivierte Einrichtung. Englands Theater verließ den Kirchenraum, als die Schauspieler zu unterhaltsam wurden. Es trieb sich ein paar Jahrhunderte vor der Kirche herum, auf dem Marktplatz, und zog dann in den Gasthof um...

Poesie war seither weder notwendig noch möglich: solange man für die Morgendämmerung über Helsingör nur eine Laterne und einen Topf Farbe braucht, besteht keine Veranlassung, einen Darsteller mitten in der Handlung innehalten und sagen zu lassen: *But look, the morn, in russet mantle clad, walks o'er the dew of yon high eastern hill** – falls uns eine Zeile wie diese überhaupt einfiele. Man kann nicht beides haben: Schönheit sehen und Schönheit hören;... weil die Poesie selbst ihr schönstes Bühnenbild ist, und weil wir doch dem materiellen Bühnenbild huldigen und unsere Schauspieler

---

* Doch seht, der Morgen, angetan mit Purpur, Betritt den Tau des hohen Hügels dort (Schlegel/Tieck, Diogenes Taschenbuch, 1979, A.d.Ü.)

vom Publikum isoliert haben, ... sind wir der Prosa verhaftet geblieben. Vor der Restauration waren die Theater Höfe mit einem Podium in der Mitte – man ging dorthin, um zu hören und gehört zu werden. Inzwischen sind die Theater Konfektschachteln vor einem gerahmten Bild, und man geht hin, um zu sehen und gesehen zu werden...

PB: Würdest du mir zustimmen, daß Shakespeare der größte Einfluß in deinem Leben war?

OW: Gleich nach dir. Nächste Frage.

PB [*lacht*]: Nun, du hast auch mal gesagt, du hieltest Shakespeare für einen Pessimisten.

OW: Ja, aber wie viele von uns war er wenigstens zuweilen Idealist. Optimisten sind unfähig zu verstehen, was es heißt, das Unmögliche anzustreben. Shakespeare, vergiß das nicht, war den Ursprüngen seiner eigenen Kultur sehr nah: die Sprache, die er schrieb, war gerade erst entstanden; das alte England, das alte Europa des Mittelalters lebte noch in der Erinnerung der Menschen von Stratford. Er war, verstehst du, einer anderen Epoche noch sehr nah, und doch stand er auf der Schwelle zu unserer „modernen" Welt. Seine Dichtkunst, seine deftige Komik, seine Menschlichkeit rührten von diesen Bindungen an die Vergangenheit. Der Pessimismus allerdings steht unserer modernen Gemütsverfassung näher.

PB: Du sagtest auch, er hatte kein Interesse an der Bourgeoisie.

OW: Sieh mal, es war eine Zeit, da war an der Spitze viel Platz. In seinen Stücken sind die gemeinen Leute meistens sehr ungehobelt.

PB: Würdest du sagen, er war ein Snob?

OW: Er war ein Junge vom Lande, der Sohn eines Schlachters, der es bis an den Hof schaffte. Er verbrachte Jahre damit, sich ein Familienwappen zu beschaffen. Er schrieb meistens über Könige. Wir können in Amerika keine großen Shakespeare-Aufführungen mehr haben, weil es für die heutigen amerikanischen Schauspieler unmöglich ist zu begreifen, was Shakespeare unter „König" verstand. Sie glauben, ein König sei nichts anderes als ein Gentleman, der sich auf einem Thron wiederfindet, mit einer Krone auf dem Kopf.

In diesem Zusammenhang ist es vielleicht interessant, Jean Renoir zu zitieren; ich fragte ihn, was er von Orson hielt, und er sagte:

Ich habe einen Artikel von [Herbert] Marcuse gelesen. Er vertritt die Theorie, daß Stummfilme für die Angehörigen der Arbeiterklasse gemacht werden, weil sie allen Schichten gefallen, was vielleicht die große Popularität von Leuten wie Chaplin und Keaton erklärt. Aber die Menschen der Arbeiterklasse haben heute zwei Autos und schicken ihre Kinder auf die besten Schulen; tatsächlich ist die Arbeiterklasse die Mittelschicht geworden. Und fast alle heutigen Filme und die der letzten zwanzig Jahre sind für die Mittelschicht gemacht worden. Übrigens sind die meisten Regisseure – selbst die bedeutendsten – bourgeoise Regisseure. Orson Welles ist einer der wenigen Aristokraten. Und seine Filme sind aristokratische Arbeiten. Wahrscheinlich sind sie aus diesem Grunde finanziell oft nicht erfolgreich. Er ist auch ein großer Schauspieler, der so mit seinen Rollen verschmilzt, daß seine eigene Persönlichkeit solange nicht mehr existiert, wie er in der Rolle steckt. Ich liebe seine Arbeiten so sehr, daß ich ihn auch liebe, wenn er nicht gut ist, denn stets bleibt er ein Künstler.

PB: In *Macbeth* hattest du viele sehr lange Einstellungen.
OW: Die waren enorm lang: nie kürzer als fünf Minuten und häufig fast so lang wie eine ganze Rolle Film. Ich glaube, fünf Akte waren so – also ohne Schnitte.

PB: Was Hitchcock später in *Rope* [1948] auch gemacht hat.

OW: Nun, wir hatten es schon in den *Ambersons* gemacht. In der Originalfassung hatten wir einen ganzen Akt in einer einzigen Einstellung –

PB: Bei dem Ball?

OW: Ja, und dann wurde von so einem begriffsstutzigen Fachmann in der Dunkelkammer wegen ein paar blöder Sekunden da drin rumgeschnippelt.

Übrigens traf ich neulich abends Roddy McDowall, und er hat gesagt: „Wenn ich mir mal eine richtige Freude machen möchte, schnappe ich mir eine Kopie der *Ambersons* und schaue sie mir nochmal an." Und ich sagte: „Du Dummkopf! Du spielst doch *selbst* in einem ziemlich guten Film von mir – der heißt *Macbeth*. Warum siehst du dir den denn nicht an?" – „Oh?", sagte er. Ich mußte ihn daran erinnern, daß er unser Malcolm war, dabei war er sogar recht überzeugend.

PB: Gemessen an Drehplan und Budget – was ist billiger: lange Einstellungen oder viele kurze?

OW: Das hängt von dem Material ab, womit du arbeitest – deiner Ausrüstung und deiner Besetzung. Wenn du ein großes, effektives Team hast, ist eine lange Einstellung sicherlich billiger als eine kurze. Hast du ein kleines Team, ist es umgekehrt.

PB: Glaubst du, daß die Länge der Einstellungen und die Kameraperspektive unbewußt auf das Publikum wirken?

OW: Ich stelle mir nie ein Publikum für meine Filme vor. Das ist der Vorteil des Films gegenüber dem Theater – wenn ich Theater mache, dann mache ich es für ein Publikum; mache ich einen Film, mache ich ihn für mich selbst.

PB: So, daß er dir gefällt?

OW: Sieh mal, wie soll man sich überhaupt ein Kinopubikum vorstellen? Ein Haufen Sikhs; eine Schar Beduinen; eine Sippschaft Zigeuner; vierhundert verwitwete Ladies aus Ohio auf einer Bustour... Was *ist* dieses Publikum? Wie sollst du es zufriedenstellen? Du kannst dich nicht persönlich an das Publikum wenden, weil es nicht faßbar ist. Also machst du den Film für dich selbst.

PB: Also, wenn das so ist, dann ist die ganze Idee der Previews lächerlich.

OW: Genau.

PB: Wenn du nämlich eine angemessene Vorauskritik haben wolltest, müßtest du den Film in jeder größeren Stadt der Welt zeigen.

OW: Und was ist mit den Dörfern? Zugegeben, Previews bieten den Produzenten etwas, worüber sie reden können. Also nicht ganz sinnlos. Aber, ehrlich gesagt, es ist wie mit dem Bücherschreiben. Ich glaube nicht, daß sich die meisten Leute, die Bücher schreiben, *ernsthaft* Gedanken machen, wer ihre Bücher kauft.

PB: Dennoch, als wir über *The Deep* sprachen, erwähntest du, daß du bewußt etwas machen wolltest, was nach deiner Meinung attraktiver für –

OW: Du gehst mir ein wenig auf die Nerven, Peter. Meine Hoffnung ist, daß es kein Kunstfilm wird. Meine Hoffnung ist, daß der Film so sein wird, daß ich ihn selbst auch gern sehen würde. Sagen wir mal, ich bringe ein Theaterstück Off-Broadway heraus, oder im West End von London, oder im Griechischen Theater von Syrakus in Sizilien. Bis die Beleuchtung eingerichtet ist, kann ich mir ungefähr vorstellen, wer da sitzen wird. Ich kann mich in die Mitte der zehnten Reihe setzen, wo während der Proben immer mein Platz ist, und ich kann mir vorstellen, ich hätte mir eine Karte gekauft. Das kann ich aber bei einem Film nicht. Der wird in viel zu vielen verschiedenen Theatern gezeigt. Ein jeder könnte auf diesem Platz sitzen – oder ein niemand.

PB: Du hast mal geschrieben: „Film ist etwas sehr Persönliches, viel persönlicher als das Theater, weil der Film selbst nicht lebt – "

OW: Ja, weil du nichts vom Publikum zurückbekommst; ein Film kann nicht von der Reaktion des Publikums leben. Ein Film

wird nicht lebendig, weil er *vorgeführt* wird. Letzten Endes ist
ein Film so tot wie ein Buch. Aber potentiell ebenso unsterblich.

> Unsere Geschichte spielt in Schottland – dem Ur-
> Schottland, wild und halb verloren in dem Dunst
> zwischen der belegten Geschichte und der Zeit der
> Legenden... Erst kürzlich ist das Kreuz hierher
> gekommen. Es verschwören sich gegen christliches Recht
> und Gesetz die Handlanger des Chaos, die Priester der
> Hölle und Magie – Zauberer und Hexen. Ihr Werkzeug
> sind ehrgeizige Männer. Dies ist die Geschichte eines
> solchen Mannes und seiner Frau. Er ist ein tapferer
> Soldat, bis die Hexen ihm zukünftige Größe prophezeien
> und er von diesem Tage an beginnt, sich seinen Weg
> freizumorden zu des Tyrannen Thron, bis er gehaßt und
> blutig untergeht, am Ende...
>
> Die Anfangsworte der Filmerzählung *Macbeth*
> von Orson Welles

OW [*über das eben gehörte*]: Das klingt ja wie ein Vorschautext.
Ich war gezwungen, das zu schreiben, als direkt vor der Freigabe
des Films zwei Akte herausgenommen wurden. Die Leute hätten
unvorbereitet eine zu straffe Version der Tragödie zu sehen
bekommen: wir mußten ihnen ein Gerüst geben. Das Hauptthema dieser Produktion ist der Kampf zwischen den alten und
den neuen Religionen. Ich habe die Hexen als Vertreter der
heidnischen Druidenreligion gesehen, die vom Christentum
unterdrückt wird – selbst erst neu aufgekommen. Darum das
lange Gebet des Heiligen Michael (nicht bei Shakespeare enthalten) – darum die dauernd mit keltischen Kreuzen überladene
Leinwand. Diese Figuren halten nicht nur die Kräfte der Dunkelheit fern, sondern auch die alte Religion, die in den Untergrund
gezwungen wurde. Die Hexen sind die Priesterinnen. Kein
Mensch hat das je so interpretiert. Die eigentliche Intention des

Films basiert auf dem Kampf zwischen zwei Religionssystemen. Ich wünschte nur, ich hätte bei den Hexen selbst nicht derartig versagt. Sie waren einfach schlecht. Sehr bedauerlich. Bei unserer Aufführung in Harlem waren sie noch so gut, als wir sie aus Afrika importiert hatten... Ach, übrigens finde ich es ganz wichtig, daß die Hexen nicht *wirklich* etwas prophezeien – sie setzen Macbeth Ideen in den Kopf, die dann die Dinge *in Bewegung bringen*.

PB: Sie legen den Samen...

OW: Genau. Die Hexen geben das Stichwort. Sie weissagen nicht die Zukunft, sie lassen sie geschehen. Aus diesem Grunde auch beende ich den Film mit den dreien. Ich zitiere aber jetzt nicht, was sie sagen. Das bringt Unglück.

Welles und Hexen in der Salt Lake City-Bühnenproduktion.

PB: Ist das ein Aberglaube?

OW: Jedem Shakespeare-Darsteller in der ganzen Welt bekannt.

PB: Ich habe gehört, *Macbeth* bringt jedem Unglück, der es spielt.

OW: Und das hat seinen Grund. Ich habe es zweimal am Theater gespielt, ein drittes Mal für das Theater produziert und einen Film danach gedreht – also *ich* weiß es. Dieses Stück wirkt sehr bedrückend auf die Mitwirkenden. Wirklich, es macht einem Angst – es läßt einen nicht mehr los. Die Atmosphäre, die dabei entsteht, ist so grauenvoll und schrecklich, daß man leicht verstehen kann, wie sich der alte Aberglaube halten kann.

PB: Und geht auch einiges schief?

OW: Man registriert, daß einiges schief läuft, wenn man erst einmal in dieser Verfassung ist – man verschuldet sogar einige

Christopher Welles in *Macbeth* (1948).

Pannen. So vieles, was eigentlich funktionieren müßte. Das Stück ist verhext.

PB: Der Film vermittelt diese Stimmung – sehr dunkel und bedrückend –

OW: Ich halte den zweiten Teil bei uns für besser, nach dem ersten Mord. Der zweite Teil ist eine Studie über den Niedergang eines Tyrannen. Niemand kann den ersten *und* zweiten Teil spielen. Der Schauspieler, der die erste Hälfte spielt, kann unmöglich auch die zweite spielen. Da wird ein vollkommen anderer Mensch verlangt, der Mann als Opfer seiner Frau – das verängstigte Werkzeug ihres Ehrgeizes. Ich habe nie gesehen, daß dies Problem mit Erfolg gelöst worden wäre. Von mir ganz bestimmt nicht. Die Opfer des Ehrgeizes sind auf die eine oder andere Weise sämtlich Schwächlinge. Wenn Macbeth zum König gemacht wird, befinden wir uns erst in der Mitte des dritten Aktes. Es sind immer noch zweieinhalb Akte, bis Shakespeare – endlich – tief einatmet und sagt: „Jetzt bin ich fertig mit diesem verdammten Ehrgeiz; jetzt kann ich damit beginnen, über einen großen Mann zu sprechen, der guten Wein schätzt, aber den Geschmack daran verloren hat."

PB: Du hast den Film in Italien geschnitten, während du deine Rolle in *Black Magic* spieltest?

OW: Ja. Dann baten sie mich, zwei Akte herauszunehmen, und das habe ich auch gemacht. Diesmal habe *ich* die beiden Rollen Material herausgeschnitten, nicht sie. Ich wollte zwar nicht, daß es geschnitten wird, aber ich habe es wenigstens selber gemacht. Nicht so ein Schwachkopf zu Hause in Amerika.

PB: Was hast du geschnitten?

OW: Überall im Film – alles, was man herausnehmen konnte, bis es zwei Spulen waren. Das sind ganz viele Minuten. Es war ihnen egal, was.

PB: Die haben nur gesagt: „Nehmen Sie zwanzig Minuten heraus."

OW: *Yeah.* Das habe ich dann gemacht. Zwanzig Minuten länger war der Film aber besser.

PB: Das würde ich meinen –

OW: Die Geschichte ist dann besser erzählt worden. Jetzt ist es ein wenig zu gehetzt.

PB: Du hast gesagt, Shakespeare habe nie reine Tragödie geschrieben – er schrieb Melodramen.

OW: Seine Stücke haben tragische Helden. Der Rahmen freilich sind immer spannende Reißer – das elisabethanische Theater ertrank im Melodramatischen.

PB: In *The Mercury Shakespeare* schreibst du, daß Shakespeare die Handlung seiner Dramen nicht erfunden hat. Glaubst du, daß die Handlungen, was deine Filme betrifft, unwichtig sind?

OW: Peter, ich kann nun wirklich einen Filmemacher nicht mit Shakespeare vergleichen. Kein Film, der je gemacht wird, ist es wert, im gleichen Atemzug mit ihm diskutiert zu werden.

PB: Aber deine Einstellung zu den Stücken wird oft respektlos genannt.

OW: Ich schätze, weil ich Drehbücher aus den Texten mache.

PB: Deine Versionen von *Othello* [1952] und *Macbeth* besitzen nicht die „Respektabilität" von „Klassikern" – glaubst du, die Kritiker runzeln deshalb die Stirn?

OW: Nun, hauptsächlich die Kritiker in Amerika „runzelten die Stirn".

PB: Du meinst wohl, in den englisch sprechenden Ländern?

OW: Allerdings, in England auch.

Das beste, was man Welles' *Macbeth* nachsagen kann, ist:
er beweist, daß wenigstens ein Hollywood-Produzent
gewillt ist, die Tragödien von Shakespeare anzupacken. So
Welles denn hoffnungslos versagt haben sollte – gemessen
an Laurence Oliviers *Hamlet* –, so war seine Niederlage
wenigstens ehrenhaft.
Newsweek, 18. Oktober 1948

Orson Welles' *Macbeth* steht über und außerhalb jeglicher
Tradition, weist klar ersichtliche Änderungen in der
Reihenfolge bestimmter Szenen auf, hat rein imaginative
Szenenbilder und Kostüme, die aber in Wahrheit dem
Shakespeareschen Geist weit näher kommen als
[diejenigen] in Oliviers *Hamlet*... Während Olivier nur
versuchte, eine Theaterproduktion für das Kino zu
adaptieren, versuchte Welles, sich mit allen verfügbaren
dramatischen Mitteln in einer vollkommen neuen Manier
auszudrücken.

Jacques Bourgeois, in *La Revue du Cinéma*,
Paris, Oktober 1948

Shakespeare schrieb *Macbeth* als eine melodramatische
Tragödie. Mr. Welles hat diese Tragödie zu einer ziemlich
schäbigen, drittklassigen Abenteuergeschichte in Kostüm
und Maske degradiert.

Marjory Adams, im *Boston Globe*, 8. Oktober 1948

Ich liebe die natürliche Szenerie und das natürliche Licht
viel zu sehr, als daß ich nicht auch das künstliche Licht
und die Pappkarton-Kulissen in *Macbeth* lieben könnte.

Robert Bresson, zitiert in *Le Figaro*, Paris,
12. November 1948

*Als Antwort auf Dick Wilsons Vorschlag, eine Entgegnung
auf die amerikanischen Kritiken zu verfassen, schickte
Orson ihm am 19. Oktober 1948 aus Florenz das folgende
Telegramm:*

Liebster Dick... Mir fällt nichts ein, was ich den
Zeitungen schreiben könnte, außer der simplen Bitte um
Vergebung, daß ich geboren bin. Bitte um Rat. – Orson

OW: Der Film wurde zum Festival in Venedig angemeldet. Als er aber offiziell angenommen war und das Festival bereits begonnen hatte, wurde ich plötzlich vom amerikanichen Botschafter angewiesen, ihn zurückzuziehen, weil ein Komplott gegen die amerikanische Filmindustrie vermutet wurde. Die Politik hinter dieser Maßnahme habe ich nie verstanden, aber ich mußte mich vor ein verärgertes, hohnlachendes Publikum hinstellen und versuchen, den Leuten weiszumachen, die amerikanischen Filme auf dem Festival würden diskriminiert und Amerika ziehe sich folglich zurück. Die hohe Politik hinter diesem speziellen Fiasko war diesmal von – man höre und staune – Elsa Maxwell inszeniert. Resultat: wahnsinniger Protest, Zischen und Buhen.

PB: Nun, trotz der schlechten Kritiken zu *Macbeth* hast du die nächsten vier Jahre in den Filmen anderer Leute mitgewirkt, um *Othello* finanzieren und drehen zu können. Ich schätze mal, der beste aller Filme aus dieser Zeit war *The Third Man* – auch *den* hast du ja wohl für *Othello* gemacht, oder nicht?

OW: Ja, ich hätte ein Drittel vom „Dritten Mann" bekommen können, wenn ich kein Bargeld gebraucht hätte.

PB: Du spieltest den Harry Lime – was hast du noch bei dem Film gemacht?

OW: Meinen Text geschrieben.

PB: Jedes Wort?

OW: Carol Reed ist ein Regisseur, der alle Ideen aufgreift – alles, was hineinpaßt. Ich hatte Vorstellungen vom Dialog, die Carol gefielen. Abgesehen von meinem minimalen Beitrag war die Handlung natürlich von dem unübertroffenen Graham Greene. Und die Idee – obgleich er sich dessen nie rühmte – stammte von Alex Korda.

PB: Der den Film produzierte.

OW: Ja, den einzigen Film, den Alex und ich tatsächlich zusammen machten.

PB: Hattest du etwas mit dem Einrichten der Szenen und den Einstellungen zu tun?

Aufnahme der Musik zu *The Third Man.*

OW: Nur so ein paar Kleinigkeiten – wie die Finger, die sich durch das Gullygitter strecken.
PB: Und was ist mit der Einstellung, wo wir dich zum ersten Mal in dem Hauseingang sehen?
OW: Ganz allein Carol. Er hatte für diese Aufnahme extra ein kleines Zweites Team eingeteilt, und am Ende eines jeden Tages gingen wir dorthin und versuchten es immer wieder, bis er zufrieden war.
PB: Trug die letzte Szene, die Beerdigung, deine Handschrift?
OW: Nein, überhaupt nicht. Diese großartige Einstellung hatte sich Carol ausgedacht – nicht einmal Greene oder jemand anders. Eine wundervolle Idee. Ich war dabei, als sie es drehten. Ich wünschte, ich könnte von mir behaupten, ich hätte etwas dazu

beigetragen, aber ich stand nur daneben und sah zu, wie sie es drehten.

PB: Der Film scheint aber von dir beeinflußt... vielleicht, weil [Joseph] Cotten mitspielt.

OW: Peter – es war aber Carols Film, und Kordas.

PB: Dennoch – du hast die kleinste Rolle, und sie dominiert die ganze Erinnerung an den Film.

OW: Das liegt an der Rolle, weißt du. Jeder Satz, der in dem Film gesprochen wird, dreht sich um Harry Lime – zehn Akte lang spricht niemand von etwas anderem. Und dann kommt die Aufnahme in dem Hauseingang – was für ein Starauftritt! Am Theater, mußt du wissen, traten früher die großen alten Stars höchst ungern vor Ende des Ersten Aktes auf. *Mister Wu* ist dafür ein klassisches Beispiel – ich habe es selbst einmal gespielt. Ungefähr eine Stunde lang wirbeln die anderen Darsteller auf der Bühne umeinander und rufen und kreischen: „Was wird geschehen, wenn Mister Wu kommt?", „Wie ist er nur, dieser Mister Wu?" – und so weiter. Schließlich ertönt ein riesiger Gong, und langsam, über eine chinesische Brücke, schreitet Mister Wu persönlich, angetan mit der prächtigen Robe eines Mandarins. Pfirsichblüte (oder wie immer sie heißt) wirft sich zu Boden, und eine große Schar Kulis ruft: „Mister *Wuuu!!!*" Der Vorhang fällt, das Publikum rast, und alle sagen: „Ist das nicht ein fabelhafter Schauspieler, der den Mr. Wu spielt!" *Da* hast du deine typische Star-Rolle! Bei derartigen Rollen kommt es nicht darauf an, wie *viel* Text du hast, sondern wie *wenig*. Es ist wichtig, wieviel die anderen Rollen über dich sprechen. Solche Dinge sind für einen Star echte Hilfen. Man muß sich ihrer nur bedienen. Zum Beispiel Jean Gabin, in dieser letzten Phase seiner Karriere: jetzt läßt er sich immer vertraglich zusichern, daß er niemals vornüber gebeugt auftreten muß. Wörtlich!

In dem Film *The Third Man* spricht Harry Lime seine berühmtesten Worte auf dem Riesenrad. Sie stammen aus

Orsons Feder (was in dem veröffentlichten Drehbuch von
Graham Greene vermerkt ist):

Lime (zu Holly Martins, gespielt von Joseph Cotten):
...Nun sei nicht so trübsinnig ... es ist alles halb so
schlimm. Denk daran, was Mussolini gesagt hat: In den
dreißig Jahren unter den Borgias hat es nur Krieg gegeben,
Terror, Mord und Blut, aber dafür gab es Michelangelo,
Leonardo da Vinci und die Renaissance. In der Schweiz
herrschte brüderliche Liebe, fünfhundert Jahre
Demokratie und Frieden. Und was haben wir davon? ...
Die Kuckucksuhr.

PB: Deine Worte am Riesenrad – über die Schweiz und die
Kuckucksuhr – sind so überzeugend, daß der Zuschauer auf
deiner Seite ist, obgleich du doch der Böse bist.
OW: Als der Film herauskam, wiesen die Schweizer mich
überaus freundlich darauf hin, daß sie nie Kuckucksuhren hergestellt hätten – die kommen alle aus dem Schwarzwald in
Bayern!
PB: Ist es wahr, daß du unwissentlich Lady Eden aus dem Studio
rausgeschmissen hast?
OW: Nicht unwissentlich. Clarissa Churchill war damals noch
nicht mit Eden verheiratet. Sie machte die Werbung für Alex. Er
verpflichtete sich gern alle möglichen Prominenten... So
schleppte Clarissa dann eines Tages all ihre Freunde aus der
Society an, um ihnen das Studio zu zeigen, und die dachten gar
nicht daran, mal leise zu sein. Carol war viel zu nett und viel zu
britisch, um ihr zu sagen, sie sollten ruhig sein, also habe ich das
für ihn getan. Ich habe sie nicht rausgeschmissen, aber sie ist
gegangen, und das war das Ende unserer Freundschaft. Ich
bedaure das.
PB: Viele Menschen identifizieren dich immer noch mit der Rolle
des Harry Lime.

OW: Dieser Film brach in jeder Hinsicht sämtliche Rekorde, und die Leute spielten verrückt. Wo man auch hinkam, überall hörte man diese Zither. Um Cotten und Alida Valli von Selznick zu bekommen, mußte Korda ein Gegengeschäft machen und ihm dafür die amerikanischen Auswertungsrechte überlassen. Das ist der Grund, weshalb der Film in Amerika so angekündigt wurde: „David O. Selznick präsentiert / Eine David O. Selznick-Produktion / Produziert von David O. Selznick" – und so weiter und so fort. Alles, was David für den Film getan hatte, war, Alex ein paar Schauspieler auszuleihen. Alex hatte sich alles ausgedacht und es im wahrsten Sinn des Wortes *produziert*, aber David erntete den Lorbeer.

Zwei Jahre, nachdem der Film angelaufen war, saß ich mit den beiden zusammen – über ganz Europa schwebte immer noch das Harry-Lime-Thema aus „Der dritte Mann" –, und Alex sagte zu Selznick: „Weißt du, David, hoffentlich werde ich nicht vor dir sterben." „Oh!", sagte David. „Warum nicht?" Und Alex antwortete: „Ich möchte mir nicht vorstellen müssen, wie du nachts heimlich auf den Friedhof schleichst und den Namen von meinem Grabstein kratzt."

Es ist noch ein wenig zu früh, den Oscar-Preisträger für die beste männliche Nebenrolle des nächsten Jahres vorherzusagen, aber Henry King hat ihn schon gewählt – Orson Welles als Borgia in *Prince of Foxes*. Henry sagte, alle hätten ihn gewarnt, er würde Probleme mit Welles bekommen; nie würde er pünktlich sein, an manchen Tagen überhaupt nicht erscheinen. „Ich habe nie mit jemandem gearbeitet, der so kooperativ war", sagt King. „Er kam zwei Tage vor dem Termin ins Studio und war vom ersten Morgen an immer von uns beiden der erste, pünktlich um acht."
„Hedda Hopper's Hollywood",
New York Daily News, 31. März 1949

OW [*mit Bezug auf das oben gesagte*]: Ich habe mich immer versteckt und gewartet, bis er zu brüllen anfing: „Wo *ist* er? Ich weiß, der Hurensohn ist in Venedig und dreht diesen gottverdammten Shakespeare!" Da kam ich dann immer aus dem Gebüsch und war schon fertig in Kostüm und Maske und sagte: „Suchst du mich, Henry?"

PB: Wieder ein Job für *Othello?*

OW: Sicher.

PB: Wie war eigentlich Henry Hathaway bei *The Black Rose?*

OW: Hathaway ist als Regisseur ein berühmter „Schauspieler-Schinder". Ein richtiger Jekyll-und-Hyde-Typ – ein reizender, netter Mann im Privatleben, der sich am Set in diesen tobenden Maniac verwandelt. Hinterher sind die Leute reif fürs Altersheim. Also, er hat sich sehr bemüht, mich zu brechen, und mir hat es Spaß gemacht, ihm dabei zuzusehen. Aber wir sind immer noch gute Freunde.

PB: Und dann war da noch irgend so ein französischer Film mit dem Titel *Le Portrait d'un assassin* [1949], wo du als Autor mitgearbeitet hast.

OW: Großartige Besetzung: Erich von Stroheim, Pierre Brasseur, Arletty und Maria Montez. Charlie Lederer und ich wurden engagiert, um das Drehbuch zu retten. Wir schrieben ein neues, aber es wurde nicht benutzt.

PB: Etwas über einen Todesfahrer im Zirkus.

OW: Ja, das ist richtig. Wir schlossen uns ein paar Wochen in einem Zimmer im Lancaster Hotel ein und brachten etwas zustande, das war gar nicht so schlecht. Kein Mensch hat es gelesen. Der Produzent blieb die letzte Rate des Honorars schuldig und verklagte uns – nach der Devise: Angriff ist die beste Verteidigung. Ich weiß nicht, warum er uns überhaupt erst engagiert hat. Der Regisseur und er sprachen auch nicht miteinander.

PB: Hattest du schon vorher mit Lederer zusammengearbeitet?

OW: Nicht offiziell; inoffiziell hatten wir einander schon bei manchen Gelegenheiten ausgeholfen. Die gegenseitige Unterstützung bei den Drehbüchern war gang und gäbe in dem Zirkel um Ben Hecht. Die einzige Möglichkeit, alle Termine zu schaffen.

PB: Würdest du sagen, *Othello* war von allen deinen Filmen am mühsamsten, da es doch so lange dauerte, bis er fertig war?

OW: Zwischen Beginn und Ende der Dreharbeiten lagen fast zwei Jahre, wegen Geldmangels; „mühsam" ist vielleicht nicht der richtige Ausdruck – eher aufreibend, weil ich alles Geld und den Vertrag schon frühzeitig beisammen hatte. Nachdem *Cyrano* geplatzt war, ging ich nach Rom, um bei den Scalera Film Studios *Black Magic* zu drehen, der damals größten Filmgesellschaft in ganz Italien. Und Mr. Scalera, der Chef dieser ganzen riesigen Anlage, entschloß sich, mir die Herstellung von *Othello* zu finanzieren, und wir machten einen Vertrag. Ich versammelte meine Schauspieler um mich, dazu Alexandre Trauner, den Art Director, und meine italienische Crew, und weg waren wir, um in Mogador zu drehen. Wir kamen in dieser gottverlassenen Gegend an – eine wenig bekannte, abseits gelegene Hafenstadt an der Atlantikküste von Marokko – und wir suchten uns Hotels. Zwei Tage später erhielten wir ein Telegramm, daß die Kostüme nicht kommen würden, weil sie nicht fertig geworden wären. Einen Tag später kam ein Telegramm, dem wir entnahmen, daß man noch nicht einmal damit angefangen hatte. Und dann kam ein Telegramm mit der Nachricht, daß Scalera pleite war. Da hatte ich nun eine Kompanie von fünfzig Leuten in Nordafrika und kein Geld – zwar hatten wir Filmmaterial und unsere Kameras, aber wie kann man *Othello* drehen ohne Kostüme?

Da hatte ich die Idee, zwei Akte in einem türkischen Bad spielen zu lassen, denn in einem türkischen Bad braucht man keine Kleider. Also arbeiteten wir etwa drei Wochen in einem türkischen Bad, während viele kleine Dorfschneider uns Kostüme nähten. Wir hatten ihnen Reproduktionen von Carpaccio an die Wände geheftet, da die Kostüme sämtlich auf seinen Gemälden basierten. Ich hatte vorgehabt, noch viel mehr von der Korruption in der christlich-venezianischen Welt zu zeigen –

dieser Welt, die Othello „Ziegen und Affen" nennt. Aber von all diesen Ideen mußte ich mich trennen, weil ich keine Kostüme hatte.

PB: Wie wolltest du das anstellen?

OW: Wie soll ich das beschreiben: die Szenen blieben unverändert, sie sahen nur anders aus. Man kann Menschen kaum wie Ziegen und Affen aussehen lassen, wenn sie nur in einem türkischen Bad sitzen und schwitzen! Jedenfalls drehte ich solange, bis unser Geld auf der Bank alle war –

PB: Dein persönliches Geld?

OW: Ja klar. Dann mußte ich alle nach Hause schicken, bis ich wieder etwas verdienen oder sonstwie auftreiben konnte. Übrigens bekamen wir noch Unterstützung durch den Einsatz eines

Micheál Mac Liammóir und Welles in *Othello* (1952).

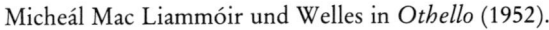

Mannes, der plötzlich auftauchte und den Verkauf des Films in so obskure Länder wie Holländisch Ostindien und die Türkei vorbereitete; alles in allem bekamen wir wohl sechs- oder siebentausend Dollar und konnten, dank seiner, dadurch ein bis zwei Wochen länger bleiben. Ich gab ihm auch eine Rolle in dem Film. Er war kein Schauspieler und konnte das auch gar nicht, aber er war uns eine große Hilfe, indem er das Geld für uns besorgte. Das war dann aber auch bald verbraucht, und alle mußten nach Hause fahren. [Micheál] Mac Liammóir, der den Jago spielte, und sein Partner Hilton Edwards [Desdemonas Vater] fuhren zur Eröffnung der Theatersaison zurück nach Dublin. Diese beiden waren nicht jederzeit für mich verfügbar – aufgrund ihrer Theaterverpflichtungen. Das bedeutete, ich mußte abwarten, bis meine Schauspieler wieder frei waren, auch als ich wieder Geld hatte – und ich mußte sehr lange warten, länger als es gedauert hatte, das Geld aufzutreiben. Als sie dann endlich frei waren, gingen wir wieder nach Afrika und anschließend nach Italien, wo wir im ganzen Land drehten, bis der Film fertig war. Daher stammt die Geschichte, wie lange ich für einen Film brauche. Du weißt doch: „Haben Sie schon gehört, sogar für seine eigenen Filme braucht er über drei Jahre."

PB: So ist also *dieser* Mythos entstanden –

OW: Ja, er lebt noch fort und hat mit *Othello* begonnen. Aber der Film war gar nicht mühsam – wir hatten bei den Dreharbeiten enorm viel Spaß, und wir haben uns alle bestens verstanden. Unsere Probleme lösten wir ausgelassen und vergnügt. Nicht diese Seelenqualen wie bei *Mr. Arkadin* [1955]. *Arkadin* war eine einzige Qual – von vorn bis hinten. Nein, diese Zeit war für mich eine sehr glückliche – trotz unserer fürchterlichen Geldsorgen.

PB: Trauner erzählte mir, er habe sehr gern mitgearbeitet und erinnere sich an die Drehzeit als ein aberwitziges Erlebnis.

OW: Er ist ein wundervoller Art Director und ein ungewöhnlicher Bursche; ich verehre ihn sehr. Hervorragend, was er leistete – natürlich hatte er kaum Spielraum, so ganz ohne Geld, aber er

Einstellung im türkischen Bad.

beschäftigte doch eine ganze Menge Leute. Du mußt dir das mal vorstellen: wir drehten den Film nicht im Atelier, sondern nutzten Originalschauplätze, die nichts kosteten, denn wir hatten nichts, außer dem, was ich zufällig noch auf der Bank hatte. Und Trauner leistete sich drei Assistenten. Wenn er sich also an ein verrücktes Erlebnis erinnert, so war niemand so verrückt wie er, der darauf bestand, seine drei Assistenten in Mogador zu halten. Die zeichneten Entwürfe, wohin wir die Badematten legen wollten, die wir gekauft hatten – mehr hatten sie nicht zu tun, denn es gab nichts zu bauen.

PB: Aber sag mal, irgend etwas muß er doch gemacht haben.

OW: Ursprünglich sollte alles in Südfrankreich gebaut werden. Alle Sets. Und er hat alles entworfen. Als wir uns dann entschlossen, in vorhandenen Bauten zu drehen, fand er Mogador für uns – er hat alle Motive für uns ausgesucht.

PB: Und das Schloß?

OW: Ja, teilweise ist es Safi und teilweise Agadir – lauter verschiedene Gebäude, die nachher so aussahen wie ein und dasselbe.

PB: Tatsächlich?

OW: In Marokko haben wir in vier verschiedenen Städten gedreht, in Italien waren es etwa fünf. Und es gibt sogar eine Dekoration von ihm – den Palast auf Zypern, den haben wir tatsächlich in einem Atelier in Rom gebaut. Armer Trauner – es blieb nur eine Andeutung seiner ursprünglichen Konzeption übrig.

PB: Stimmt es, daß Trauner dich wegen *Othello* verklagt hat?

OW: Nein. Die Arbeiten, die Trauner machte, wurden von einem französischen Koproduzenten finanziert, der ihm allerdings seinen letzten Scheck nicht gegeben hat – wie vielen anderen auch nicht. Ich glaube, Trauner klagte mit meiner Unterstützung. Zwischen uns gab es keinen Streit.

PB: Ist es richtig, daß du vor Suzanne Cloutier zuerst Lea Padovani und Cécile Aubry als Desdemona hattest?

OW: Nie habe ich Cécile Aubry vor der Linse gehabt, aber Lea Padovani – ja. Nur für ein, zwei Tage – und Betsy Blair für ungefähr eine Woche.

PB: Warum hast du Suzanne Cloutier den „Eisernen Schmetterling" genannt?

OW: Ach, das hat doch Jack Holt erfunden, und zwar über Mary Pickford, also, das hat nichts mit mir zu tun.

PB: Du hast den Ausdruck geborgt.

OW: Ich habe noch viele andere Sachen zu ihr gesagt – aber ganz freundschaftlich.

PB: Bist du gut mit ihr ausgekommen?

OW: Sehr gut, natürlich. Das war alles nur Spaß.

PB: Du mußt ziemlich viel Zeit investiert haben, Gelder aufzutreiben.

OW: Ja. Einmal habe ich in Venedig versucht, bei so einem verrückten Russen Geld locker zu machen. Wir waren im Hotel Exzelsior am Lido. Churchill, der gerade abgewählt worden war,

war auch da – mit Clemmie, seiner Frau. Die beiden saßen gerade im Restaurant, als ich hereinkam. Es gab – ich weiß nicht wieso – ein großes italienisches „Hallo" – und „Da ist er ja" …, und als ich an Churchills Tisch vorbeikam, verbeugte ich mich. Churchill – ich weiß nicht, ob aus Ironie oder um mich zu verulken, ich habe keine Ahnung – erhob sich leicht, grüßte und setzte sich wieder. Ich denke mal, es sollte ein Scherz sein. Aber der Russe sagte später zu mir: „Sie sind mit Churchill bekannt" – und unser Handel war perfekt. Am nächsten Tag gehe ich schwimmen und treffe Churchill plötzlich am Strand. Ich sage: „Mr. Churchill, Sie können nicht ermessen, wie sehr Sie mir geholfen haben. Wie Sie meinen Gruß erwidert haben – da habe ich sofort das Geld für meinen nächsten Film bekommen."

So weit, so gut. An diesem Abend beim Dinner sahen wir uns wieder. Da ist Churchill sogar *aufgestanden!* Und die ganze übrige Zeit, solange wir in Venedig waren, ist er immer *aufgestanden*, wenn ich vorbeiging! Und er dachte bestimmt: „Muß ihm etwas Geld besorgen." Ganz gleich, mit *wem* ich auch kam – auch wenn es jemand war, von dem ich sicher kein Geld bekommen würde – er stand. Und die Leute redeten: „Nanu! Jedesmal, wenn er diesen Schauspieler sieht, dann erhebt er sich, dieser große Mann, dieser bedeutende Zeitgenosse!" Und er dachte wohl: „Jedesmal wenn ich aufstehe, bekommt er ein bißchen mehr Geld – also warum nicht." Mein Gott, was für ein wunderbarer Mann er war! In diese Zeit fiel auch der große Bestigui Ball in Venedig, wohin immer Gott und die Welt eingeladen sind. Ich auch, und natürlich Churchill auch, aber er hoffte, in sein Amt zurückzukehren und konnte nicht teilnehmen, weil dieser Ball von allen Seiten als zu aufwendiger Luxus kritisiert wurde. Hier waren wir nun alle und fuhren mit den schnellen Booten zu dem Ball, und dort war Churchill, ganz am Ende des Kais, und sah zu, wie wir abfuhren, startklar – und unglücklich… Er hätte sich wer weiß wie verkleidet, aber er konnte es sich einfach nicht leisten. Der Arme!

→ S. 385/86

PB: – Weil er nicht zu dem Ball gehen konnte.

OW: Ja! Er kam zu *Othello* und –

PB: Du meinst jetzt das Bühnenstück [1951]?

OW: Ja. Kam nachher hinter die Bühne und saß in meiner Garderobe. Es gab eine lange Pause, und ich wartete – ich wußte nicht, was er sagen würde – er saß einfach nur da. Endlich sagte er: „Ehrwürdger, mächtger und erlauchter Rat, Sehr edle, wohlerprobte, gute Herrn – ..." Begann aus dem Drama zu rezitieren, lange Passagen.

PB: Er wollte dir zeigen, daß er seinen Shakespeare kannte?

OW: Ja! Ja!

PB: Ich habe von Richard Burton gehört, daß Churchill in einer *Hamlet*-Vorstellung in der ersten Reihe saß und es mit ihm zusammen rezitiert hat.

OW: Er war so freundlich, das nicht mit mir zu machen. Ein anbetungswürdiger Mann! Während des Krieges habe ich einmal dokumentarisches Filmmaterial für ihn vorgeführt, und zwar Stummfilme. Während wir alle zuschauten, hörten wir plötzlich seltsame Geräusche und merkten, daß es Churchill war, der die Toneffekte zu den Kriegshandlungen auf der Leinwand machte!

PB: Du hast *Othello* auf einundneunzig Minuten gekürzt?

OW: *Yeah*, das ist wieder typisch für mich, daß meine Filme immer zu lang sind.

PB: Und du hast vermutlich das rausgenommen, was nach abgestandener Komödie roch?

OW: Es waren sehr gute komödiantische Teile, aber in dem Film, den ich machen wollte, war kein Platz dafür, das ist alles.

PB: Und wenn dem so ist, hast du keine Hemmungen zu ändern, was du ändern willst.

OW: Ich verstehe überhaupt nicht, warum wir darüber reden: Ein Film ist ein Film, und wenn wir jetzt anfangen, Filme als seriöse Kunstform zu werten, dann sind sie es nicht weniger als eine Oper zum Beispiel. Verdi hatte auch keine Hemmungen, mit seinem *Othello* zu machen, was er wollte, und da gibt es enorme

Abweichungen vom Drama. Niemand hat ihn deswegen gescholten. Warum sollte ein Film einem Drama gegenüber werkgetreuer sein als eine Oper?

PB: Das gilt auch bei Romanen und anderen Vorlagen?

OW: Ja.

PB: Eigentlich hast du eigene Variationen zu einem Thema von Shakespeare geschaffen.

OW: Ja. Natürlich geht nichts ohne Shakespeare – aber du kannst kein Bühnenstück direkt auf die Leinwand übertragen. Ich glaube nicht daran – ich glaube auch nicht, daß Shakespeare daran geglaubt hätte. Er hätte einen großartigen Kinoschreiber abgegeben.

PB: In dem Film bringst du eine deiner besten schauspielerischen Leistungen.

OW: Auf der Bühne war ich viel besser – das habe ich erst *nach* dem Film gemacht. Genau falsch herum. Ich hätte das zuerst machen sollen.

PB: Du hast dazugelernt.

OW: Ich wußte inzwischen viel mehr darüber, hatte mehr Zeit gehabt zum Nachdenken. Obgleich – ich hatte immer schon ein starkes Faible für *Othello*. Immer schon wollte ich am liebsten *Othello* und *King Lear* verfilmen.

PB: Mir ist aufgefallen, daß deine sämtlichen Filmmusiken – mit Ausnahme von *Touch of Evil*, wo es nicht so recht gepaßt hat – auch eine klassische Qualität haben.

OW: Die Musik zu meinen Filmen ist mir auch sehr wichtig.

PB: Das kommt doch sicher von deiner frühen Liebe zur Musik.

OW: Ja, alle diese Dinge. Eine Zeitlang hatte ich das große Glück, mit Benny Herrmann arbeiten zu dürfen, und danach hatte ich dann einige gute Komponisten. Ich tendiere aber mehr und mehr dahin, Musik zu verwenden, die nicht eigens für den Film komponiert wurde, so daß ich entscheiden kann und nicht abhängig bin von dem, was der Komponist mir anbietet, wenn er den Vertrag schon in der Tasche hat.

PB: Nun gut, aber die Musik in *Othello* ist sehr einprägsam.

OW: Ja, Lavignio ist ein ungewöhnlich talentierter Mann, er hat auch die Musik zu *Chimes at Midnight* geschrieben. Die Untermalung für die große Schlacht war toll. Ich habe sie aber herauskopiert und dreimal übereinander aufgenommen und mit allen möglichen Beatles-Tricks bearbeitet. Dennoch, seine Vorlage war hervorragend. *Othello* war einfach superb. Wir setzten vierzig Mandolinen auf einmal ein. Und das Eröffnungsthema bei der Beerdigung, das Hauptthema, läßt einen erschauern. Er macht jetzt zu viele Filme – vierzig pro Jahr. Er war früher Musikprofessor in Wien mit einem großen klassischen Hintergrund. Als ich *Othello* am Theater machte, schrieb er mir eine völlig andere Partitur.

PB: Der erste Satz im Film – „Ich hasse den Mohren" – entwirft die ganze Geschichte. So etwas findet man bei dir recht häufig – am Anfang wird erzählt, worum es sich handelt. So hast du es auch in *The Trial* gemacht.

OW: Das liebe ich an elisabethanischen Dramen. Auch im volkstümlichen Theater kommt am Anfang jemand nach vorn an die Rampe und erzählt dem Publikum, wovon die Geschichte handelt. Ich habe gerade eine ebensolche Einleitung für *The Other Side of the Wind* fertig geschrieben. Wir erzählen, worum es geht, und dann – ja eigentlich könnte man dann nach Hause gehen, wenn man wollte [*lacht*].

PB: Warum hast du dich bei *Othello* entschlossen, die Beerdigung an den Anfang zu nehmen?

OW: Warum nicht? [*Lacht.*] Ich weiß es nicht. Nimm dir doch noch einen Drink.

PB: Nun, es kann ja wohl nicht nur Zufall sein, daß *Kane*, *Othello* und *Mr. Arkadin* alle drei mit dem Tod der Hauptfigur beginnen…

OW: Das beweist eine gewisse Einfallslosigkeit seitens des Autors.

PB: Du könntest mir ruhig eine bessere Antwort geben.

OW: Peter, ich bin nicht gut bei solchen Fragen. Ich werde entweder mysteriös oder philisterhaft. Ich kann nur sagen, ich hielt die Idee für gut; ob du mich nun morgens oder abends danach fragst – meine Antwort wird immer dieselbe sein [*lacht*].

PB: Mir gefiel die klassische Geschlossenheit des Films. Er beginnt mit Othellos Gesicht, geht über in die Beerdigung – und endet wieder mit seinem Gesicht und der Beerdigung. Und es wirkt nicht überladen.

OW: Nun, das Drehbuch ist ja auch äußerst gewissenhaft entwickelt worden.

PB: Damit willst du wohl einigen Kritikern entgegentreten, die vermutlich gesagt haben, das Drehbuch sei zusammengehauen. Woher hattest du eigentlich die Idee, Jago in einen Käfig zu sperren? War das vielleicht damals die Strafe für derartige Vergehen?

OW: In Museen sieht man gelegentlich Käfige der einen oder anderen Art. War es nicht Abd el-Krim, der große nordafrikanische Rebellenführer, der in einem Käfig von einem Esel durch ganz Nordafrika gezogen wurde, um ihn den Stämmen vorzuführen? Daher hatte ich die Idee.

PB: Warum hast du die ganze lange Szene am Wasser zwischen Othello und Jago in einer fortlaufenden Fahraufnahme gedreht?

OW: Weil der Film ansonsten in Einzelteilen gemacht wurde. Dreimal mußte ich die Dreharbeiten abbrechen, nach Hause fahren, Geld verdienen und neu anfangen. Das konnte bedeuten, daß man mich beispielsweise in einer Aufnahme nach links blicken sieht, aber der Blick über meine Schulter, nach dem Schnitt, war ein ganz anderer Kontinent – ein Jahr danach. Dadurch hatte der Film viel mehr Schnitte als geplant; es stand so nicht im Drehbuch, aber wir mußten es so machen, weil wir nie die volle Besetzung beisammen hatten. Jetzt aber, für *diese* Szene, war die Besetzung komplett – Jago und Othello –, und wir hatten ganz viel Platz, um es an einem Stück machen zu können. Endlich

Die Fahraufnahme.

konnten wir in dem Film eine lang gehaltene Einstellung drehen!
So simpel war der Grund.
PB: Wunderschöne Szene.
OW: Ein herrlicher Drehort. Trauner hat ihn für mich gefunden.
PB: In der folgenden Szene vor dem Spiegel, wo Jago immer
weiter Othellos Gedanken vergiftet – sollte es ein Symbol für
Othellos emotionale Schwächung sein, als Jago ihm seine
Rüstung abnimmt?
OW: Also, nicht direkt ein Symbol. Ich finde es in Ordnung,
wenn das optische Mittel so direkt und eindeutig ist, daß man
nicht lange zu grübeln braucht. Anders ausgedrückt: wenn das
gewählte Bild den Regisseur nicht zu Erklärungen vor dem
Vorhang zwingt, dann ist es schon okay. Es ist doch so klar,
was sich da abspielt – darüber braucht man doch nicht nachzu-
denken –, es ist eine Art Naturgesetz.
PB: Es wird zur Metapher.

OW: Ja, eine Metapher – du hast ein gutes Wort dafür gefunden. Metapher gefällt mir.

PB: Ein integraler Bestandteil dieser Szene.

OW: Am Ende dieser Szene kommt etwas, das über die Jahre zwischen Micheál und mir zum geflügelten Wort geworden ist. Er mußte Othellos Umhang nehmen und weggehen. Er nahm den Umhang und spielte es lang und breit aus, mit bedeutungsvoller Miene, bis ich schließlich zu ihm sagte: „Micheál, nimm einfach den Umhang und geh!" Das ist inzwischen mein Standardsatz geworden, wenn ein Schauspieler seine Darstellung zu sehr in die Länge zieht – ich sage dann immer: „Nimm den Umhang und geh!"

Ich komme dann auf die Fabel vom Frosch und dem Skorpion zu sprechen (siehe Einleitung), die Orson in der Hauptrolle in dem Film *Mr. Arkadin* vor einer Gesellschaft erzählt:

PB: Wo liegt der Ursprung dieser Fabel vom Frosch und dem Skorpion?

OW: Wer weiß? Ich hörte sie von einem Araber.

PB: Sie sagt eine Menge aus über deine anderen Filme, nicht nur *Mr. Arkadin – Othello* zum Beispiel. Glaubst du, die Welt ist in Frösche und Skorpione eingeteilt?

OW: Nein, es gibt noch viele andere Tiere.

PB: Und du könntest wahrscheinlich viele Rollen in deinen Filmen zum einen oder anderen Lager rechnen?

OW: Ich hoffe, nicht. Du sollst nicht urteilen, es sei denn, du willst, daß dein Publikum sich langweile.

PB: Warum, glaubst du, ist Othello so leicht zu zerstören? Glaubst du, er ist ein schwacher Mann?

OW: Er ist so leicht zu zerstören, weil er so einfältig ist, nicht weil er schwach ist. Er ist das Urbild eines einfachen Mannes und hat nie die Komplexität der Welt und der Menschen verstanden. Er ist Soldat; er kennt die Frauen nicht. Ein Shakespeare'sches Lieblingsthema. Das ist auch das Merkwürdige an Lear: er weiß absolut nichts über Frauen, hat nie mit Frauen gelebt. Seine Ehefrau ist tot – es konnte sie nicht geben. Denn offensichtlich hätte sich das Drama nicht ereignen können, wenn es eine Mrs. Lear gegeben hätte. Er hat keine Vorstellung, was es ist, das Frauen funktionieren läßt – er ist ein Mann, der mit seinen Rittern lebt. Er ist dieser durch und durch maskuline Mann, den Shakespeare – selbst in vieler Hinsicht sehr feminin – in tragischen Situationen als geborenen Verlierer ansieht. Othello war auch so einer. Totales Unverständnis für das, was eine Frau ausmacht. Die Art, wie er sie behandelt, wenn er sie tötet – so handelt ein Mann, der die Verbindung zur Realität verloren hat, jedenfalls was das andere Geschlecht angeht. Alles, was er kann, ist Kriegführen und mit Kannibalen fertigwerden, „Anthropophagen, Völkern, deren Kopf wächst unter ihrer Schulter".

PB: So liegt *da* seine eigentliche Tragik?

OW: Ja.

PB: Er konnte sich Menschen wie Jago gar nicht vorstellen.

OW: Nein, aber ebensowenig konnten es viele von Shakespeares Kritikern. Das Resultat ist, daß wir acht Bibliotheken voller idiotischer Erklärungen der Figur des Jago haben – so doch jeder Mensch, der ein wenig herumgekommen ist, in seinem Leben schon einmal auf einen Jago gestoßen ist.

PB: Es gibt etliche Stellen in dem Film, die den Eindruck vermitteln, Jago tut, was er tut, weil es in seinem Charakter so angelegt ist und nicht, um aus einem bestimmten Grunde eine Verschwörung anzuzetteln.

OW: Oh, er *hat* keinen Grund. Jahrelang ist doch immer heftig kritisiert worden, daß er ein Schurke ohne Motiv sei. Ich glaube, es gibt viele Menschen, die nur aus einem einzigen Grunde bösartig sind: weil sie Unheil bringen wollen und ihre Zerstörungskraft genießen. Ich habe etliche Jagos in meinem Leben kennengelernt. Ich glaube, es ist ein großer Fehler, hier nach Gründen zu suchen, die außerhalb der Handlung liegen.

PB: Könnte man sagen, er war wie der Skorpion, der seinem eigenen Charakter nicht entfliehen konnte?

OW: *Well, yup* [*lacht*].

PB: Jago ist sicher die interessanteste Rolle in dem Stück.

OW: Shakespeare ist hier ganz einzigartig, wenn seine Charaktere ein Eigenleben entfalten und ihn als Autor gegen seinen Wunsch leiten. In *Richard II* ist Shakespeare eindeutig auf Richards Seite und muß doch Bolinbroke gerecht werden. Und mehr noch, er muß ihn real erscheinen lassen, menschlich – so daß dieser Mann Bolingbroke plötzlich zum Leben erwacht und einen großen Teil des Dramas dominiert. Wir sehen Shakespeare, wie er versucht, ihn zurückzuhalten: keine Chance, wehe, wenn er losgelassen! Eine sehr interessante Theorie wurde von einigen Gelehrten entwickelt: demnach hat Shakespeare nicht nur kleine Rollen gespielt, sondern auch große. Heute glaubt man, daß Shakespeare Jago und Mercutio gespielt hat – zwei Rollen der zweiten Garnitur, die den Hauptdarstellern die Show stehlen.

Alle großen Dramatiker sind Schauspieler. Sie haben die Fähigkeit von Schauspielern, ihre Rollen ganz zu durchdringen und sie durch das, was sie von sich selbst hineingeben, zu transformieren – ob es ein Mörder ist oder sonstwer. Das führt oft dazu, daß einer der Protagonisten für den Dichter zu sprechen scheint, auch wenn er Ansichten vertritt, die der Dichter haßt.

PB: Du hast irgendwo gesagt, man konnte vermuten, dein Jago sei impotent.

OW: Ja. Ich glaube zwar nicht, daß es dem Drama entspricht, aber Jagos Impotenz war der Schlüssel zu Mac Liammóirs Interpretation. Es war nicht der zentrale Punkt, aber wir nutzten es für den Darsteller als Mittel, die Rolle zu gestalten. Im Drama kommt ziemlich klar zum Ausdruck, daß dem nicht so ist, und als ich es später auf der Bühne machte, war davon auch nichts zu spüren. Dennoch halte ich es für eine durchaus gültige Interpretation. Ich glaubte zwar nicht, daß das Publikum es verstehen würde, ohne daß man es ausdrücklich darauf stößt – aber wenn es das von selbst herausfindet, um so besser. Um in Stanislawskis Jargon zu sprechen: Es war ein Stilmittel, das der Schauspieler „benutzen" konnte. Ich mache so etwas häufig mit Schauspielern. Ich mache mich immer über seine „Methode" lustig, aber ich verwende auch vieles, was davon abgeleitet ist.

PB: Fühlt Othello am Ende Schuld – wenn Jago überführt ist?

OW: Je nachdem, wie man es spielt.

PB: In deinem Film.

OW: Das habe ich vergessen, denn ich erinnere mich an meine Darstellung auf der Bühne viel klarer als an den Film, und ich habe viele meiner Ideen, die Rolle zu spielen, inzwischen revidiert.

PB: Gut, dann also in der Bühnenproduktion.

OW: Ich glaube, „Schuld" ist nicht der richtige Ausdruck. Weißt du, Shakespeares *Othello* befindet sich haarscharf an der Grenze zur französischen Farce. Analysieren wir es! Alles, was er tun muß ist, „Zeig mir das Taschentuch" sagen, und der Vorhang könnte fallen. Die Handlung gerät hier in die Nähe des Absurden und kann nur auf einer Ebene zum Leben erwachen, die der echten Tragödie sehr nahekommt – viel näher als sonst bei Shakespeare. Und Othello ist am Ende so verblendet, daß Schuld ein viel zu schwacher Ausdruck ist. Außerdem, er ist kein Christ – das ist das Entscheidende an der Rolle. Shakespeare war sich dessen sehr, sehr bewußt, wer Christ war und wer nicht, wie ihm auch sehr bewußt war, wer Südeuropäer war und wer aus dem Norden, wer dekadent, wer der Palastmensch, wer Naturmensch war. Diese Dinge findet man immer wieder bei Shakespeare.

PB: Am Schluß unterstellst du, daß Othello Jago versteht, ihm beinahe verzeiht, was er getan hat.

OW: Er hat ihm nicht verziehen.

PB: Nun, er hat ihn verstanden.

OW: Ja, er hat auf entsetzliche Weise begriffen, wie furchtbar Jago gehandelt hat, das ließ seinen Haß versiegen. Auf etwas so Schreckliches kann man nicht auf die gleiche Weise reagieren. Er fühlt sich von ihm angewidert...

PB: Der Blick, den sie wechseln, ist vielsagend.

OW: Das ist ein sehr interessanter Augenblick in dem Drama.

PB: Hältst du Othello in seiner Eifersucht für verabscheuenswert?

OW: Eifersucht ist verabscheuenswert, nicht Othello. Er ist so sehr von Eifersucht besessen, daß er sozusagen die Personifizierung dieses tragischen Lasters wird. In diesem Sinne ist er moralisch krank. Alle großen Shakespeare-Charaktere sind gelegentlich verabscheuenswürdig – getrieben von ihrer eigenen Natur.

PB: Das sind deine Charaktere auch.

OW: Nun, ich glaube, das trifft auf alle Dramen zu, große und kleine, die versuchen, eine Tragödie als Melodrama zu gestalten. Wenn wir es mit einem Melodrama zu tun haben, ist der tragische Held immer auch ein Schurke.

PB: Warum hast du Rodrigo einen weißen Pudel beigegeben?

OW: Weil Carpaccios Bilder voll davon sind. Es ist übrigens gar kein Pudel, sondern ein *tenerife* – eine ganz besondere Rasse. Es war ganz schwierig, einen zu bekommen. Alle Dandies bei Carpaccio tätscheln genau diese Hunde – sie sind schon eine Art Erkennungsmarke, wie der Schmetterling bei Whistler. Sie kleben förmlich an diesen schrecklichen kleinen Hunden.

PB: Wo hast du dieses wundervolle Motiv gefunden mit der dünnen Wasserschicht drumherum?

OW: Das ist eine schöne portugiesische Zisterne in einer Stadt in Marokko namens Mazagan.

PB: Ist es derselbe Ort, an dem Othello stirbt?

OW: Nein, es sieht nur ähnlich aus – das war von mir beabsichtigt. Ich habe für die Beerdigung ein Bauwerk in Viterbo, Italien, gefunden, das so aussieht wie ein Teil desselben Schlosses; darum nimmst du das auch an.

PB: Stilistisch gesehen – hast du bewußt aus dem hellen Licht in den Schatten hineingedreht?

OW: Ja. Ich weiß nicht, ob es bewußt war. Aber ich glaube kaum, daß etwas Optisches, was du in einem meiner Filme siehst, *un*bewußt ist. Mit Sicherheit wohldurchdacht – ganz bestimmt. Es gibt bei mir nicht diesen typisch deutschen Gesamtplan, der vor den Dreharbeiten am Schreibtisch erstellt wird, sondern die Dinge entwickeln sich zu einem Plan. Obgleich – ich mache einen Gesamtplan und werfe ihn dann weg –

PB: Das habe ich nicht gewußt.

OW: Ja. Ich plane nicht jede einzelne Einstellung, aber ich entwerfe den ganzen Film, doch der hat dann später keinerlei Ähnlichkeit mehr damit – keine.

PB: Überhaupt keine?

OW: Eines Tages wird vielleicht einer meine Filme seinem Entwurf ähnlich sein. Aber es gibt immer Gründe, warum es nicht geht – dann haben wir plötzlich wieder kein Motiv, und ich muß in einem Bahnhof oder einem türkischen Bad drehen.

PB: Man muß also sehr flexibel sein?

OW: Ja, und ich bin es, sogar gern. Nichts deprimiert mich mehr als Rigidität beim Film. Es ist schlimm, wenn die Leute nur herumsitzen und darauf warten, daß die Wolke vorüberzieht oder der Lärm aufhört. Ich mache immer weiter.

PB: Du arbeitest dich hindurch.

OW: Ich suche mir dann etwas anderes, was ich in der Zeit drehen kann, acht Akte weiter. Man kann immer etwas machen; ich warte nie.

PB: Ungeduld?

OW: Nein. Ich denke nämlich, ein Film stirbt. Es macht mir eigentlich nichts aus zu warten – körperlich bin ich faul, ich sitze sehr gern. Aber ich denke, der Film stirbt ab, die Schauspieler, die Crew und alle. Das ist ein wichtiges Element meines Arbeitsstils mit einer Gruppe – ich mache immer weiter. Nicht weil ich ungeduldig bin, sondern weil ich um den Film fürchte, falls ich es nicht tue.

PB: Du hältst den Energiestrom aufrecht.

OW: Ja. Ich versuche, so nah wie möglich an eine Kostümprobe heranzukommen und so weit wie möglich weg von der ersten Leseprobe.

PB: Wie hast du die Szene gedreht, wo Jago Rodgrigo durch die Fußbodenbretter hindurch erdolcht?

OW: Einfach die Fußbodenbretter über die Kamera gelegt und losgelegt.

PB: Die Lichtführung ist sehr ungewöhnlich.

OW: Wir hatten einen sehr guten Kameramann – alte Schule, aber sehr gut. Hat nie das Licht abgelesen, du weißt schon... Toland hat mir erzählt, daß Chefkameraleute noch bis wenige Jahre vor unserem *Kane* auf gar keinen Fall mit einem Belichtungsmesser arbeiten wollten. Das galt als Zeichen der Schwäche. [Anchise] Brizzi war so einer. Er stammte noch aus der Zeit der Glasdach-Ateliers – ein wunderbarer alter Mann, mit dem zu arbeiten eine reine Freude war. Aber eben ganz alte Schule.

PB: Toland benutzte doch einen Belichtungsmesser, oder nicht?

OW: Oh, ja. Er war stolz darauf, einer der ersten gewesen zu sein, die diese Geräte öffentlich und ohne Scheu benutzten.

PB: Also, das erinnert mich ein wenig an deine Meinung, der Regisseur sollte keinen Sucher benutzen.

OW: Das kann man nicht vergleichen – das eine mißt präzise, das andere nicht. Man sollte keinen Sucher benutzen, weil er nicht präzise ist – ein Belichtungsmesser aber ist präzise, und darum sollte man ihn auch benutzen.

PB: Hat *Othello* denn sein Geld wieder eingespielt?

OW: Nicht für mich. Natürlich nicht.

PB: Aber es war doch dein eigenes Geld, oder nicht?

OW: Ja, aber der Typ, der dann die zusätzlichen Mittel reingeschossen hat, der hat den ganzen Profit abgesahnt. Jetzt hat er nicht länger die Rechte – der Film ist an mich zurückgefallen, und ich bin jetzt der Besitzer von *Othello*. Nein – es gibt ja noch diesen Junior-Partner, den Erben des verrückten Russen, der auch einen Teil des Geldes gegeben hatte. Aber der Film hat sich ganz gut gemacht. Und vergiß nicht, nach Oliviers *Othello* [1965] war mein Film wieder sehr gefragt.

PB: Ist dieser Film noch einigermaßen so, wie du ihn gedreht hast?

OW: Ja – ganz genau wie ich ihn gedreht habe. Niemand hat ihn angerührt.

PB: Vermutlich ganz anders als bei *Mr. Arkadin*. Wie bist du auf die Idee gekommen, das als nächstes zu machen?

OW: Ich machte gerade eine Radioserie über Harry Lime für Harry Alan Towers, und ich hatte innerhalb weniger Tage ungefähr sieben Manuskripte geschrieben. Eine der Handlungen, die ich mir in aller Eile ausdachte, war diese – und ich erkannte, daß der Clou einfach super war. Ich habe für den Film nur ein paar schlechte Rundfunkmanuskripte in einen Topf geworfen.

PB: Wurde nicht die Handlung von *Mr. Arkadin* in einem komplizierten Rückblendverfahren erzählt?

OW: Ziemlich kompliziert.

PB: Die Version, die dann in den Vertrieb gekommen ist, hat aber keine einzige Rückblende. Irgend so ein Idiot war wohl der Meinung, es war zu verwirrend. Kannst du dich an den korrekten Ablauf von *Arkadin* erinnern?

OW: Ich habe sehr genau in Erinnerung, wie der Film begann – die Kamera zeigt einen weiten, leeren Strand, und ein nacktes Mädchen wird vom Meer angespült. Aber ich habe eine geistige Sperre, was den Rest anbelangt.

PB: Weil du dich so über den nachträglichen Verschnitt geärgert hast.

OW: Ja, ich hasse schon den Gedanken daran. Das war die beste *populäre* Geschichte, die mir je für einen Film eingefallen ist, und eigentlich hätte das ein grandioser Erfolg werden müssen. Liebend gern würde ich diese Geschichte noch einmal verfilmen.

PB: Mach's doch.

OW: Ich weiß nicht, ob das ginge; ich weiß nicht, ob ich noch die Rechte habe. Ich wüßte es gern, denn es ist eine phantastische Kinogeschichte. Durch den Schnitt ist sie total, total verpfuscht.

PB: Welchen Aspekt der Handlung meinst du eigentlich – ein Mann auf der Suche nach seiner Vergangenheit?

OW: *Well,* nein, er ist nicht auf der Suche nach seiner Vergangenheit, wie sich herausstellt. Das, so denke ich, ist gerade der Punkt. Er versucht nur herauszubekommen, was ein anderer über ihn herausbekommen könnte. Er selbst kennt schließlich seine Vergangenheit, aber er will sehen, was andere über ihn in Erfahrung bringen könnten – ob es etwas gibt, das verhindern könnte, daß er das fette Waffengeschäft macht. Da wäre als einzige winzige Kleinigkeit, daß er früher Zuhälter war. Er möchte nicht, daß seine Tocher das erfährt. Das andere ist, daß er immerzu alle möglichen Leute umlegen ließ.

PB: Jedesmal, wenn dieser Van Stratten, den er losgeschickt hat, von jemanden etwas erfährt, läßt Arkadin diese Person ermorden.

OW: Ja.

Paola Mori (Mrs. Orson Welles) als Raina Arkadin.

PB: Warum begeht Arkadin aber Selbstmord?

OW: Weil seine Tochter hinter einige seiner schmutzigen kleinen Geheimnisse gekommen ist. Natürlich hat man Arkadin in meiner Fassung als sentimentalen, ziemlich weinerlichen russischen Säufer kennengelernt. Diese Szenen sind herausgeschnitten worden – es gab noch eine Party-Szene und noch eine Szene zwischen Arkadin und Van Stratten, aber beide sind jetzt nicht mehr in dem Film. Die wären aber sehr wichtig gewesen für eine Geschichte, in welcher ein Mann am Ende einen derartigen Selbstmord begeht. Arkadin, mußt du wissen, basierte zum Teil auf der Figur Stalins.

PB: Tatsächlich?

OW: Er ist Georgier, wenn du dich erinnerst – sogar sein Name sagt dir das.

PB: Man hat gesagt, er sei nach Lowenstein und Kruger gestaltet, und nach Zaharoff, diesem Kriegswaffenfritzen.

OW: Nein, die waren alle *hinterhältig*. Arkadin hat ungefähr eine Position wie sie. Aber sein Charakter ist ganz anders: kalt, berechnend, grausam, aber mit dieser fürchterlichen slawischen Neigung zu gleichzeitiger Gefühlsduselei und Selbstzerstörung. Der Bart kam vom Perückenmacher, der Charakter teils von Stalin, teils von anderen Russen, die ich kenne.

PB: Als du den Roman über *Mr. Arkadin* geschrieben hast –

OW: Peter, ich habe nicht ein Wort von diesem Roman geschrieben, noch habe ich ihn je gelesen.

PB: Wieso ist er unter deinem Namen erschienen?

OW: Jemand [Maurice Bessy] hat ihn in Frankreich als Fortsetzungsroman für eine Zeitung geschrieben. Sozusagen, um für den Film zu werben. Ich weiß bis heute nicht, wieso der Roman als Buch erschienen ist und wer das Honorar kassiert hat.

PB: In etlichen Büchern über dich loben die Verfasser deinen „wunderschönen" Schreibstil in diesem Roman.

Robert Arden und Welles in *Mr. Arkadin*.

Robert Arden und Katina Paxinou.

OW: Nun, vielleicht habe ich ihn sogar geschrieben.
PB: Die Charaktere im Film sind sehr einsam.
OW: Ja, das stimmt.
PB: Sie blicken alle auf eine seltsame, verlorene Vergangenheit zurück. Das wird sehr bewegend vermittelt in dieser bezaubern-den Szene mit Katina Paxinou, wenn sie ihr Photoalbum durch-blättert. Ich halte das für die beste Szene in dem Film.
OW: Sie ist sehr gut. Und Tamiroff als Zouk – in der vollständi-gen Fassung ist es das beste, was *er* je gemacht hat. Es war fast die Hauptrolle... Und Redgrave. War es nicht mutig von ihm, dieses Haarnetz zu tragen?
PB: In diesem vollgestopften Raum hast du hinter Tamiroff ein Photo von Hitler an die Wand gehängt – aber verkehrt herum. Warum?
OW: Oh, der Krieg ist schon vorbei, erinnere dich, und wir sind oben auf dem Dachboden. Es hatte eine sofortige Entnazifizie-

rung stattgefunden, und also waren die Dachböden in ganz Deutschland vollgestopft mit derartigen Reliquien.

PB: Woher hast du die Idee zu den Goya-ähnlichen Masken auf dem Ball?

OW: Sie sind nicht Goya-*ähnlich!* Jede einzelne ist eine exakte Nachbildung eines Stiches von Goya.

PB: Warum hast du das so gemacht?

OW: Warum nicht? Wenn man in Spanien einen Ball veranstaltet...

PB: Einige Kritiker haben Arkadin mit Harry Lime verglichen.

OW: Nicht vergleichbar. Zuerst einmal ist Arkadin Slawe und kein Angelsachse –

PB: –, was natürlich etwas völlig anderes ist –

OW: Arkadin ist ein Profitgeier, ein Opportunist, ein genialer Parasit, der sich von Korruption ernährt – und der nicht nach Wegen sucht, sich zu rechtfertigen. Er könnte Grieche sein, Russe, Georgier, Jugoslawe. Aus einem alten, halb-wilden Land kommend, etabliert er sich in der modernen europäischen Zivilisation, indem er seine ganz eigene Art von Energie und seine

Masken auf dem Fest.

barbarische Intelligenz einsetzt. Seine Moral mag hassenswert
sein, aber nicht seine Geisteshaltung. Ich finde es unmöglich,
einen leidenschaftlichen Menschen zu hassen. Harry Lime ist
nicht leidenschaftlich.

PB: Und was ist mit Van Stratten?

OW: Der Schlimmste in dieser Geschichte. Er hat keine Substanz, keine menschliche Substanz. Er ist ein seichter Schaumschläger.

In einem Interview, das in *Cahiers du Cinéma* erschien
(Nr. 87, September 1958), beleuchtete Orson die Rolle
des Arkadin sowie andere, die er gespielt hat, etwas
genauer:

Viele der großen Rollen, die ich gespielt habe, sind
verschiedene Erscheinungsformen des Faust, und ich bin
gegen jede Erscheinungsform des Faust, weil ich
überzeugt bin, daß es einem Menschen unmöglich ist,
groß zu sein, ohne zuzugeben, daß da etwas größer ist als
er, sei es nun das Gesetz oder Gott oder die Kunst... Ich
habe eine ganze Reihe Egozentriker gespielt, und ich
verachte Egotismus... Aber ein Schauspieler ist kein
Advocatus Diaboli: er muß Liebhaber sein... Wenn ich
Faust spiele, möchte ich ihm gegenüber fair und loyal
sein, ihm mein Bestes mitgeben und die besten Gründe
für seine Existenz, die ich finden kann, weil wir in einer
Welt leben, die von Faust geschaffen ist – unsere Welt ist
faustisch.
   ...Ein Schauspieler spielt nie etwas anderes als sich
selbst... Er läßt ganz einfach aus, was nicht er selbst ist.
Und also ist in all diesen Rollen natürlich auch etwas von
Orson Welles. Daran kann ich nichts ändern... Und
wenn ich jemanden spiele, den ich hasse, versuche ich,
dem Feind gegenüber ritterlich zu sein... Ich hasse alle

Dogmen, die der Menschheit ihre kleinsten Privilegien versagen; wenn ein bestimmter Glaube die Verurteilung von etwas Menschlichem fordert, dann verachte ich ihn.

Es ist ziemlich spät geworden, und Orson ist böse auf mich, weil wir nur über Filme sprechen. Während ich einpacke, stelle ich eine Reihe allgemeiner Fragen und suche nach einer Erinnerung an einen Erfolg:

PB: Was hältst du von Zynikern?
OW: Ich verachte sie.
PB: Warum?
OW: Brauche ich nicht zu erklären. Wenn sich das nicht von selbst versteht –
PB: Skeptiker?
OW: Nun, Skeptiker haben nichts gemein mit Zynikern.
PB: Nein – das ist eine andere Frage.
OW: Ich mache mir weder so noch so etwas aus Skeptikern. Zyniker sind unerträglich, denke ich.
PB: Was ist dir wichtiger – dein Instinkt oder dein Intellekt? [*OW grunzt.*] Das ist eine Schlüsselfrage.
OW: Wäre es nicht besser, derartige Schlüsselfragen Leuten zu stellen, die ihre Freude daran haben?
PB: Was hältst du denn von Psychoanalyse?
OW: Etwa so wertvoll wie – aber erheblich teurer als – eine Sitzung beim nächstbesten Astrologen. *1952*
PB: Ach übrigens, ich vergaß zu erwähnen, dein *Othello* hat den ersten Preis in Cannes gewonnen.
OW: Ja, und der russische *Othello* [1956] bekam ihn ein paar Jahre später. Es hat in Cannes zweimal den ersten Preis für *Othello* gegeben.
PB: Die mögen wahrscheinlich das Stück.
OW: Ja – in Südfrankreich ist es sehr beliebt! Habe ich dir erzählt, wie ich dahinter kam, daß ich den Preis bekommen hatte?

PB: Nein.

OW: Also, man kann doch einen Film nicht ohne das sogenannte „Ursprungszeugnis" freigeben, und dafür braucht der Film eine Nationalität. Die braucht man auch, um ihn bei einem Festival anzumelden. Die Italiener und die Franzosen, aber auch die Amerikaner – alle hätten den *Othello* melden können – wollten es nicht; die hatten ihre eigenen Filme. Weil der Film nun in Marokko gedreht war, meldete ich ihn als marokkanischen Film an. Weißt du, man bekommt es nie vorher gesagt, ob man gewonnen hat – erst am Schluß. Aber während ich in meinem Hotelzimmer saß, rief mich der Festivaldirektor Robert Favre Le Bret an und sagte: „Wie geht die marokkanische Nationalhymne?" Da wußte ich, daß ich den ersten Preis gewonnen hatte. Weil sie immer die Nationalhymne des Gewinnerlandes spielen. Natürlich *gibt* es gar keine marokkanische Nationalhymne – oder jedenfalls damals nicht, so daß sie dann irgend etwas aus *Chu Chin Chow* oder so gespielt haben, und alle Leute sind dabei aufgestanden. Es war keine marokkanische Delegation da, nichts. Ich glaube, ich bin der einzige Gewinner eines großen internationalen Preises in der arabischen Welt…

7.

PARIS

The Trial • Motivsuche • *Chimes at Midnight* • *The Immortal Story* • Isak Dinesen • Film schneiden • Film lehren • Die Perspektive des Spiegels • Rollen spielen des Geldes wegen • *Treasure Island* • Pier Paolo Pasolini • Jiddisches Theater • Träume

Peter Bogdanovich: Du hast einmal gesagt, dein Geschmack schockierte nicht den amerikanischen Bürger der Mittelklasse, sondern lediglich den amerikanischen Intellektuellen. Glaubst du wirklich, daß das stimmt?

Orson Welles: Ja.

PB: Warum?

OW: Weil ich in der intellektuellen Szene ein kompletter Außenseiter bin. Sie mögen mich jetzt nur deswegen etwas mehr, weil es noch weniger Kommunikation zwischen mir und ihnen gibt. Ich bin eine Art Exot geworden, darum fangen sie jetzt an, mich zu akzeptieren. Aber grundsätzlich war ich mit dem intellektuellen Establishment vollkommen uneins. Ich verachte diese Leute, und sie beargwöhnen und verachten mich. Ich bin ein Intellektueller, aber ich gehöre nicht zu diesem speziellen Establishment.

PB: Nun, es stimmt, Amerika wünscht, daß seine Künstler und seine Entertainer *entweder* Künstler *oder* Entertainer sind; man kann sich mit einer Kombination aus beiden nicht abfinden.

OW: Oder jeder anderen Kombination. Die Leute wollen *ein* klares Fach. Und sie wollen nicht, daß du zweierlei bist. Das irritiert und verwirrt sie.

Wir sind in einer Suite des Georges V auf den Champs-Elysées. Ich bin hierher gekommen, um Publicity für einen meiner Filme zu machen, *The Last Picture Show*, der demnächst in Europa anlaufen wird. Orson ist, seitdem ich ihn zuletzt gesehen habe, in etlichen Filmen und Fernsehshows aufgetreten, um Geld für seine eigenen Projekte zu verdienen – insbesondere für *The Other Side of the Wind* und *Don Quixote* und ein neues Projekt, an dem er schon arbeitet. Im Moment nennt er den Film *Hoax* [später wurde er umbenannt in *Question Mark* – oder *?* – und schließlich in *F for Fake*], und alles begann mit einem Dokumentarfilm von François Reichenbach über Kunstfälschungen durch die Jahrhunderte. Einer, der zusammen mit Orson interviewt wurde, war Clifford Irving, der Mann, der Howard Hughes' Autobiographie gefälscht hatte. Als der riesige Hughes-Irving-Skandal ans Licht kam, wurde Orson von der Idee gepackt, den Dokumentarfilm in einen sehr freien Versuch über Fälschung umzuwandeln, wobei die Irving-Hughes-Affäre als Aufhänger dienen sollte. Er überredete Reichenbach, ihm zu gestatten, sich in den Film einzukaufen, und hat seitdem mehrere Wochen lang neues Material gedreht und schon geschnitten; ein Ende ist abzusehen. Orson ist wegen des Projekts sehr aufgeregt und hat mir ein oder zwei kurze Ausschnitte gezeigt, die in der Tat faszinierend sind. Wir haben eben im Lucas Carton Restaurant wunderbar gespeist, was ich ihm jetzt nachträglich verderbe, indem ich ein geborgtes Tonbandgerät auspacke.

PB: Hat nicht *The Trial* hier in Paris seinen Anfang genommen?
OW: *The Trial* hat ursprünglich als *Taras Bulba* seinen Anfang genommen. Ich hatte einmal einen Tag für Abel Gance in dem Film *Austerlitz* zu tun, der von zwei Russen namens Salkind produziert wurde – Vater und Sohn. Ein paar Jahre später kamen

Orson Welles und Oja Kodar in *F for Fake*.

sie zu mir und sagten, sie wollten, daß ich in *Taras Bulba* mitspiele. Genau zur selben Zeit schickte sich eine amerikanische Gesellschaft an, einen *Taras Bulba* mit Yul Brynner und Tony Curtis zu drehen, und ich sagte: „Nun, wir werden einige Mühe haben, es mit diesem großen, teuren amerikanischen Film aufzunehmen." Sie sagten: „Wir machen's trotzdem." Da sagte ich: „Ich werde es aber nur machen, wenn ich das Buch schreiben und Regie führen darf." Sie sagten, das gehe in Ordnung. Also schrieb ich das Script für *Taras Bulba* – das richtige –, denn es ist eine herrliche Kinogeschichte, und als ich fertig war, suchte ich sie auf, und sie sagten: „Also, wir finden, Sie haben doch recht. Die Amerikaner machen das recht hübsch." Da saß ich nun mit meinem Drehbuch *Taras Bulba* – aber ich hatte jetzt einen sogenannten „Draht" zu ihnen. Und der alte Herr, der den ersten Film der Garbo außerhalb Schwedens produziert hatte – ein engelhafter, lieber Mensch –, gab mir eine Liste mit etwa einhundert Büchern und fragte mich, welches ich machen wollte.

Kafkas *Der Prozeß* stand mit auf der Liste, und als ich sagte, ich wollte *Das Schloß* machen, weil ich den Roman lieber mochte, überredeten sie mich, doch den *Prozeß* zu nehmen. Es *mußte* eine Romanvorlage sein – ich konnte sie nicht dazu bewegen, mich ein Originaldrehbuch schreiben zu lassen. Das war vollkommen ausgeschlossen.

PB: Erinnerst du dich an einige der anderen Titel auf der Liste?

OW: Nein. Fast alle russisch, sehr schwere Literatur.

PB: Alle öffentlich zugänglich?

OW: Meistens Dostojewski und Turgenjew und russische Theaterschriftsteller. Sie dachten, das Copyright für *Der Prozeß* sei schon abgelaufen und mußten doch dafür zahlen – aber das ist eine andere Geschichte. Als sie diese Gespräche mit mir führen wollten, so haben sie mir später erzählt, mußten sie sich das Geld leihen, um hinauf zum Adlerhorst, in die österreichischen Alpen zu reisen, wo ich war. Sie hatten nicht nur kein Geld für den Film, sie hatten nicht einmal das Geld, um zu mir zu kommen und über den Film zu *reden*. Aber darum sind solche Leute so großartig, man muß sie einfach lieben – sie haben Hunderte von Filmen gemacht, ohne irgendwelches Geld. Und hier waren sie also und wollten mit mir zusammenarbeiten, als kein Mensch etwas mit mir zu tun haben wollte, und dafür war ich ihnen unendlich dankbar. Und sie blieben bei der Stange und besorgten Geld aus verschiedenen Quellen, einige recht mysteriös, und gaben mir absolute Freiheit vom Anfang der Dreharbeiten an bis zum endgültigen Schnitt. Nur eins hat mich gestört: ich mußte ihren Komponisten nehmen. Ich stritt mich monatelang mit ihnen herum, bis ich endlich merkte, daß er einer der Hauptsponsoren war.

PB: Mir *gefiel* aber die Filmmusik, Jazz in der Gegenüberstellung mit Klassik.

OW: Ich ließ das von einigen guten französischen Jazz-Musikern machen. Und alles wurde erst sehr spät eingefügt, weil ich mich doch mit dem Geldgeber herumschlug, und ich mußte klassische

Musik finden, was mir auch gelang, die an Stelle seiner Partitur hineingenommen wurde. Übrigens hatten die Salkinds ein Abkommen mit Jugoslawien, und wir wollten die eine Hälfte des Films dort drehen, die andere Hälfte in Frankreich, um auf Koproduktionsbasis in den Genuß des Ursprungslands Frankreich zu kommen. Dennoch, und obgleich wir eine französische Crew hatten, einen französischen Kameramann, Madeleine Robinson, Jeanne Moreau, Suzanne Flon und lauter solche Leute, wollte Monsieur Malraux, das Waschweib von Paris, seines Zeichens Kultusminister, uns nicht das französische Ursprungszeugnis gewähren. Pech für die Franzosen.

Monate habe ich damit zugebracht, die Dekoration für die Innenaufnahmen zu entwerfen. Wir wollten eigentlich nur das große Amtsgebäude und Straßen in Prag und Zagreb drehen für K's letzten Gang mit seinen Mördern. Während wir uns in Zagreb aufhielten, sollten meine Kulissen in den Studiowerkstätten gebaut werden. Der Art Director, der meine Entwürfe realisieren sollte, hatte alle Pläne gezeichnet, alles war bereit für den Startschuß, da kam am Abend, bevor wir nach Jugoslawien abreisen wollten, Mr. Salkind der Ältere und eröffnete mir, es sei kein Geld vorhanden, um auch nur eine einzige Kulisse, gleich welcher Art, zu bauen.

Nun, das war das Herz des Films – von mir persönlich für besondere optische Effekte zentimetergenau entworfen. Was tun? Ich wohnte hier, im Hotel Meurisse, es war schon spät in der Nacht, und ich wanderte im Wohnraum meiner Suite umher und suchte nach einem Ausweg, wie man ohne Kulissen drehen konnte – besonders *diese* Geschichte. Der Mond ist für mich sehr wichtig, und als ich ans Fenster trat, sah ich draußen *zwei* große Vollmonde. Dann bemerkte ich, daß es dort an der Gare d'Orsay zwei Turmuhren gab, deren runde Zifferblätter in der Nacht leuchteten, und das war wie ein Zeichen für mich. Um vier Uhr morgens ging ich hinunter, nahm ein Taxi, fuhr zur Gare d'Orsay und ging hinein. Von vier Uhr früh bis zur Morgendämmerung lief ich in diesem verlassenen, alten Bahnhof herum und fand dort alles, was ich für den Film brauchte.

Kurz vor Vollendung des Films The Trial *entwickelte Orson in einem Interview für die BBC seine Gedanken zu dieser Entdeckung. Sein Gesprächspartner war Huw Wheldon vom Fernsehmagazin* Monitor*:*

Ich entdeckte hier Kafkas ganze Welt: die Amtsstuben des Advokaten, die Gerichtssäle, die Korridore – eine Art Jules Verne-Modernismus, der mir gut zu Kafka zu passen schien... Seine besondere Ausdruckskraft hatte dieser Drehort aber nicht allein dadurch, daß er riesengroß war und wir gut darin arbeiten konnten und daß er sich wunderschön photographieren ließ; dieser Ort war voller Kummer und Leid – die Art von Kummer, der in Bahnhöfen wohnt, wo Menschen warten... Ich weiß, das klingt jetzt sehr mystisch, aber ein Bahnhof ist wahrlich ein unheimlicher Ort. Und unsere Geschichte handelte von Menschen, die warten, warten, warten, daß ihre Papiere ausgefüllt werden. Die Geschichte ist voll der Hoffnungslosigkeit des Kampfes gegen die Bürokratie. Warten auf ein Formular, das ausgefüllt wird, ist wie das Warten auf einen Zug. Ein Bahnhof ist auch ein Ort der Flüchtlinge. Von hier wurden Menschen in die Nazi-Gefängnisse geschickt. Algerier hatten sich dort versammelt...

OW: Am selben Morgen fuhren wir nach Zagreb, und ich sagte: „Es ist alles geklärt, wenn wir zurückkommen, drehen wir ohne Kulisse – ich habe alles."
So haben wir es dann gemacht. Wir haben dort sieben Wochen lang gedreht.
PB: Alles, weil –

OW: Ja, die beiden Monde. Und irgend so ein blöder Hund, dem ich das erzählt habe – ich glaube, er war von *Réalités** – schrieb einen langen, recht guten Bericht darüber, aber er sagte, die Geschichte sei erlogen, denn er hätte bei mir Photos von der Gare d'Orsay gesehen, die lange vor Beginn der Dreharbeiten gemacht worden seien. Es war tatsächlich so gewesen, daß wir bei unserer Motivsuche für die Außenansicht des Justizpalastes, aus dem K heraustritt, seiner kleinen Nichte begegnet und anschließend nach Hause geht, unter anderem auch Photos von der Fassade der Gare d'Orsay gemacht hatten – als einem unter etwa dreißig großen, altmodischen Gebäuden in Paris, die zur Auswahl standen. Ich entschied mich dann aber dagegen und drehte diese Szene vor dem Marineministerium in Rom. Das war wieder so ein Fall, wo jemand sagt: „Ah, die Geschichte hört sich zwar gut an – aber jetzt will ich Ihnen mal sagen, wie es wirklich war." Die Wahrheit war aber, daß ich wohl von der Gare d'Orsay *gehört* und Photos *gesehen* hatte, aber nur unter dem Aspekt, daß wir die Fassade eines großen, pompösen Gebäudes suchten. Ich hatte wirklich so eine Eingebung wie damals mit dem türkischen Bad in *Othello*. In einem Fall keine Kostüme, im anderen keine Kulissen.

PB: Du wirst ja wirklich gut mit solchen Krisen fertig. Ich muß mich wundern, daß du nicht einen Raubüberfall begangen hast, um mehr Geld für Filme zu bekommen.

OW: Auf Raubüberfälle verstehe ich mich nicht so gut. Ich bin ein Entfesselungskünstler!

PB: Du hattest keine Probleme, eine Drehgenehmigung für die Gare d'Orsay zu bekommen?

OW: Nein. Nichts ist hier in Frankreich besonders einfach, aber nichts ist unmöglich. Der Bahnhof gehört nicht der Regierung – damals gehörte er einer kleinen alten Dame –, und es verkehrten nur ein oder zwei Geisterzüge am Tag. [*In den 1980ern wurde aus*

---

* Réalités = franz. Filmzeitschrift (A. d. Ü.)

der Gare d'Orsay die Musée d'Orsay, das neueste Kunstmuseum Frankreichs.]
PB: Warum sagst du, nichts sei hier einfach?
OW: Ich meine, in Paris zu arbeiten ist nicht so leicht wie zum Beispiel in Rom und Madrid oder in Zagreb, wo es himmlisch ist. Dort brauchten wir noch nicht einmal eine polizeiliche Erlaubnis für Straßenaufnahmen. Man geht einfach hin und bittet die Leute, ein bißchen Platz zu machen. Niemand sagt dort: „Wer hat Ihnen erlaubt, hier zu drehen?" Die ganze Stadt ist wie ein Ateliergelände. Man sagt einfach: „Gehen Sie bitte aus dem Weg, wir drehen hier einen Film", und das ist alles. Konnte keinen Polizisten sehen, brauchte auch keinen. Das einzige, was vollkommen in die Hose ging, war die Kathedrale. Wir mußten K durch das Eingangsportal hineingehen lassen, und der Erzbischof wollte das nicht erlauben. Ich sagte zu den guten Parteigenossen bei unseren Vertragspartnern: „Bringt uns irgendwie hinein – er muß nur einmal hineingehen." Und sie antworteten: „Wir können doch dem Erzbischof nicht dreinreden."
PB: Und das in einem kommunistischen Land...
OW: Ja. Schließlich schmierte ich ihm ein wenig Honig um den Bart und beschwatzte ihn, daß es doch nicht so schlimm sei. Natürlich war das Innere dann wieder die Gare d'Orsay.
PB: Sind die Säulen in der Kathedrale deswegen so nietenverziert?
OW: Ja sicher. Und ich habe noch einige Säulen dazugebaut und auch Nieten angebracht, weil mir das gefiel. Von diesen habe ich dann viele als Vordergrundminiaturen benutzt.
PB: Jemand hat darauf hingewiesen, daß du in *The Trial* fortwährend von einem Land ins andere schneidest.
OW: Nun, das habe ich in *Othello* schon gemacht, immer zwischen Italien und Afrika hin und her geschnitten – fünf verschiedene afrikanische Städte und fünf verschiedene italienische. Und in *The Trial* – andauernd: die Hintergrundaufnahmen sind über die Schulter der Protagonisten gedrehte Einstellungen,

die immerzu von Jugoslawien nach Frankreich wechseln. Ich denke mir gar nichts dabei; wenn ich den Drehort verlasse, sage ich noch: „Die Einstellung über die Schulter wird in drei Wochen irgendwo anders gedreht."

PB: Das stört dich nicht?

OW: Ich ziehe es sogar vor, weil ich es hasse, mich von den Gegebenheiten einschränken zu lassen. Ich liebe es, genau das herzustellen, was mir vorschwebt. Ganz besonders, weil ich mich immer an Originalschauplätzen bewege. Wenn du schon der Kulissen beraubt wirst, die du entworfen hast, dann willst du wenigstens mit dem, was du hast, frei schalten und walten können.

PB: Hast du nicht Kulissen für *Chimes at Midnight* entworfen?

OW: Wir haben nur eine Dekoration gebaut – „The Boar's Head", Falstaffs Waldschänke entstand in einer Autowerkstatt.

PB: Warum in einer Autowerkstatt?

OW: Das ist, zum Teufel, viel billiger als in einem Filmatelier.

PB: Du hast diese Dekoration selbst entworfen, nicht wahr?

OW: Was viel schlimmer ist: ich habe sie auch selbst gemalt und alles zusammengeschweißt – das ganze verdammte Ding. Ich schaffe es wohl nie mehr, die Leute dazu zu kriegen, solche Arbeiten ordentlich zu machen… Mußte auch Michael Redgraves ganzen Trödelladen eigenhändig malen.

PB: Du sprichst jetzt von *Arkadin*?

OW: Sicher. Nacht für Nacht, ganze Nächte durch, und ganz allein, nachdem die Dreharbeiten des Tages beendet waren. Mein Gott, wieviel Arbeit habe ich da investiert.

PB: Wie war es mit dem Palast?

OW: Dem Windsor-Palast aus *Chimes at Midnight*? Nun, wir drehten eine Woche in einer Kirchenruine. Danach war alles, was ich hatte, ein kleines Stückchen Mauer, angelehnt an die Werkstattwand. Die Inneneinrichtung bestand aus einem Stück verputzter Wandfläche und vielen Miniatursäulen im Vordergrund.

PB: Hast du nicht auch die Kostüme entworfen?

Beatrice Welles mit ihrem Vater während
der Dreharbeiten zu *Chimes at Midnight.*

OW: Ja, ich habe einen ganzen Sommer damit verbracht, detaillierteste Kostümskizzen zu zeichnen. Sie waren schon fast *zu*
perfekt – du weißt schon, „wie gerahmt". Und allesamt – es
waren ungefähr einhundert – sind gestohlen worden. Geschieht
mir recht – warum mache ich sie auch so schön.
PB: Wieviel hat *Chimes* gekostet?
OW: Eins-Komma-eine Million.
PB: Billig. Wie hast du das gemacht?
OW: Mit Tricks – und dann habe ich den Schnitt nochmal
umgeschnitten.
PB: Zum Beispiel?
OW: Nun, zum Beispiel Sir John Gielgud in seiner großen Rolle
als Henry IV habe ich in nur zehn Tagen abgedreht. Dann, als er
schon wieder weg war, haben wir sämtliche Gegenaufnahmen

über seinen Rücken mit einem spanischen Statisten gedreht, der ihn mit einer täuschend ähnlichen Perücke gedoubelt hat. Es gab eine Szene, in der buchstäblich keiner der sieben Hauptdarsteller, die da gefilmt wurden, derjenige war, für den er ausgegeben wurde. Gefälschte Gielguds, falsche Hotspurs – jeder einzelne ein Double!

PB: Mußtest du aus diesem Grunde wesentlich mehr umschneiden, als dir lieb gewesen wäre?

OW: Ich will nicht behaupten, daß ich nicht lieber eine durchgehend anwesende Besetzung gehabt hätte.

PB: Filme kosten so viel Geld, daß ein Filmemacher notgedrungen auch Geschäftsmann sein muß, meinst du nicht auch? Er muß sich um die Ausgaben kümmern –

OW: Und erst einmal die Knete ranschaffen. Ohne eine Filmgesellschaft im Hintergrund oder einen Promoter als Partner muß man die ganze Schinderei selber machen.

PB: Wie ich höre, hattest du finanzielle Unterstützungsangebote für *Chimes at Midnight* als Farbfilm, aber du wolltest nur Schwarz-weiß drehen. Aus welchem speziellen Grund?

OW: Nun, in erster Linie sollte es ein Schauspielerfilm werden, und Farbe, weißt du, ist ein großer Freund in der Not für den Kameramann, aber ein Feind des Schauspielers. Gesichter in Farbe sehen leicht aus wie rohes Fleisch – Kalb, Beef, Mortadella –

PB: Und Make-up hilft da nicht.

OW: Macht es nur noch schlimmer. Einzige Hoffnung ist *kein* Make-up.

PB: Du hast also deine Farbfilme bis jetzt ohne Make-up gemacht?

OW: Oh, in *Immortal Story* trug ich eine von meinen Nasen.

PB: In der Rolle hast du mir sehr gefallen.

OW: Das war, zum Teufel, gar nicht *so* gut. Ich glaube, daß alle wahrhaft großen schauspielerischen Leistungen im Film – bis heute, selbstverständlich nur – immer schwarz-weiß gewesen sind. Und außerdem kennst du ja meine Meinung über die Bedeutung von Schauspielern. Ihre Leistung ist es, die letztlich zählt. Viel mehr, als die Leute glauben.

PB: Ein Punkt für dich, aber vielleicht gab es die großen Leistungen in Schwarz-weiß, weil es die meisten bedeutenden Schauspieler in der Schwarz-weiß-Ära gegeben hat.

OW: Dieser geht an dich – guter Punkt.

PB: Wie hast du das sehr kontrastreiche, scharfe Schwarz-weiß in den Waldszenen hinbekommen?

OW: Rotfilter. Jeder Meter Film ist mit Rotfilter gedreht – einschließlich der Innenaufnahmen. Und wir haben ausschließlich Bogenlicht benutzt. Keine einzige Glühlampe in dem ganzen Film.

PB: Es wirkt beinahe wie ein Holzschnitt.

OW: „Beinahe" ist korrekt. Ich wollte eigentlich mehr *richtiges* Schwarz, *richtiges* Weiß –

PB: Wie war das mit *The Immortal Story*. Wolltest du nicht ursprünglich mehrere Geschichten von Isak Dinesen in *einem* Film verarbeiten?

OW: Ja. Eine hieß „A Country Tale" – eine großartige Geschichte, die einem durch und durch geht. Sie handelt von der Verpflichtung des Adels, besonders der Verpflichtung des Gutsbesitzers gegenüber seinem Land, und von den Gefühlen des Bauern zu dem Land. Und es ist die Geschichte eines untergeschobenen Kindes. Peter O'Toole sollte in dem Film spielen.

PB: Und das sollte das Pendant zu *The Immortal Story* sein?

OW: Sie hatte übrigens drei Stücke, die zusammenpaßten. Wir drehten einen Tag in Budapest, und dann ließ der englische Geldgeber uns im Stich, und wir mußten machen, daß wir die Stadt verließen. *The Immortal Story* sollte eigentlich *The Guinea Piece* heißen, und alle fanden diesen Titel besser, und dann haben sie den Film doch als *The Immortal Story* verkauft. Ich weiß nicht, warum.

PB: Du magst Dinesens Werk?

OW: Wer nicht. Ich traf Hemingway, nachdem er den Nobelpreis bekommen hatte. Ordoñez, der Stierkämpfer, nannte den Nobelpreis immer „den Schwedischen Preis". Ich weiß nicht, wieso, aber ich fand immer, das war ein drolliger Name dafür. Als Ernest also den „Schwedischen Preis" bekam, sagte er – nicht in seiner offiziellen Ansprache, aber zu den Journalisten bei seiner Ankunft: „Sie hätten ihn nicht mir, sondern Isak Dinesen verleihen sollen…" Er sagte das in Skandinavien, also war es sehr nett für sie. Ich wußte nicht, *wie* nett, bis ich ihm gegenüber in Paris darauf zu sprechen kam. Er ging in die Luft vor Wut. Mir schien, er haßte sie.

Der alte Baron Blixen – ihr Ehemann – war Hemingways bester Freund aus afrikanischen Zeiten, und sie hatte ihn wegen eines anderen Mannes verlassen. Finch-Hatton – war das nicht sein Name? Der weiße Jäger.

PB: Hast du sie je kennengelernt?

OW: Nein, ich habe bis vor kurzem noch nicht einmal ein Photo von ihr gesehen. Ich bin einmal nach Dänemark geflogen, um sie zu besuchen. Man hatte mir gesagt, wo ich sie finden würde, in diesem Ort, wo sie lebte, an der Straße nach Helsingör. Ich blieb aber nur drei Tage in Kopenhagen im Hotel und bin dann wieder abgereist.

PB: Warum?

OW: Ich bin nicht sicher. Ich fuhr nach Haus und fing an, ihr einen Brief zu schreiben – einen Liebesbrief, einen sehr langen. Ich arbeitete etliche Jahre daran und arbeitete immer noch daran, als sie starb.

PB: Jemand hat einmal bemerkt, die Idee des Films *The Immortal Story* komme der Intention eines Regisseurs sehr entgegen, die Dinge tatsächlich geschehen zu lassen. Ist da etwas dran? Meinst du, das hat dich daran auch interessiert?

OW: Nein.

PB: Weil ein Regisseur im Grunde genau das macht, was Charlie Clay in dem Film versucht.

Welles in dem Film *The Immortal Story*.

OW: „Charlie Clay" – der Name ist *Charles*. Sicher hat in seinem ganzen Leben niemand „Charlie" zu ihm gesagt; es hieß „Mr. Clay". Nein – er versuchte, Gott zu sein, nicht Regisseur[*].
PB: Versucht nicht jeder Regisseur in gewisser Weise Gott zu sein – ?

---

[*] *The Immortal Story* spielt in Macao. OW spielt den reichen Händler Charles Clay, der seinen Partner in den Bankrott und Selbstmord treibt. (A.d.Ü.)

OW: Nein, ich glaube, hier überziehst du dein Argument. Er versuchte tatsächlich, etwas zu bewirken – etwas im richtigen *Leben* geschehen zu lassen. Ich sehe da keine Verbindung zu mir. Das hat mich nun wirklich nicht interessiert – nur die Handlung. Und ich hatte noch zwei Drehbücher nach Geschichten von ihr; ich wollte noch mehr machen. Ich habe nur diesen einen Film gemacht, weil wir das Geld vom Französischen Fernsehen nur bekommen sollten, falls Jeanne Moreau mitspielte. In den anderen beiden Scripts, die ich nach Geschichten von Dinesen geschrieben hatte, gab es keine Rolle für sie. Es war einfach eine von drei bestens geeigneten Filmerzählungen, aber sie birgt als Geschichte für mich keinerlei zwingendes Interesse, das über ihren reinen Inhalt hinausgeht.

PB: Aber du hast dich schon für die Idee der Macht interessiert...

OW: Nein. Er hat keine Macht – man zeigt, daß seine Macht bedeutungslos ist.

PB: Er versagt –

Jeanne Moreau und Norman Eshley in dem Film *The Immortal Story*.

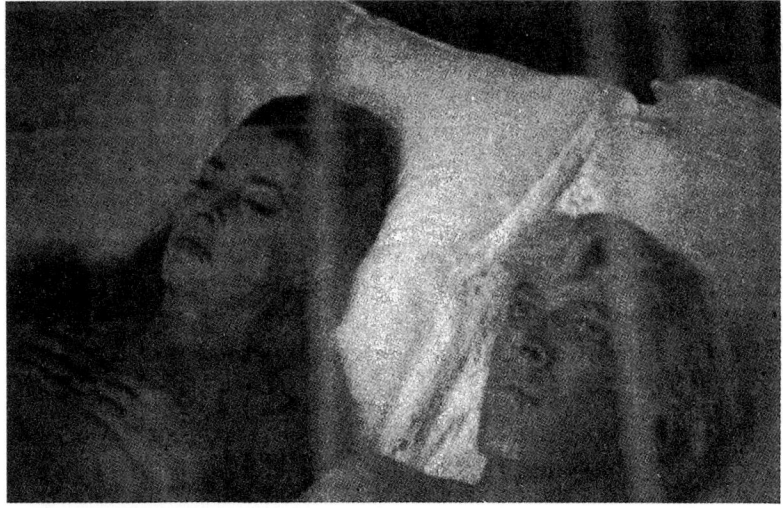

OW: Er fängt gar nicht erst an zu arbeiten – es ist ein Traum. Das ist der Kern der Geschichte. Er hat keine Macht: er hat sie nicht, sondern er tut so, als habe er sie. Es wird alles zu Asche.

PB: Warum stirbt er?

OW: Er ist schon bereit zu sterben, wenn die Geschichte beginnt. Und er stirbt, weil die Sache nicht funktionieren kann. Er stirbt aus Enttäuschung. In seinem letzten Seufzer frustrierter Lust – in der Abteilung für verstaubte Lust.

PB: Wenn du einen Film schneidest – sitzt du dann mit dem Cutter, solange –

OW: *Ich* schneide ihn.

PB: Eigenhändig?

OW: Ja, und wenn ich es nicht tue, dann markiere ich den Film, so daß meine Einzeichnungen da sind, genau auf jedem einzelnen Filmbild. Heute kann ich es gar nicht mehr anders. Das ist das Entscheidende, warum ich nicht in England arbeiten kann, wo die Gewerkschaften es einem verbieten, Hand an seinen eigenen Film zu legen. Und in Amerika gibt es diese schrecklichen Schneidetische – wie bei *Was der Butler sah* –, und die machen ein Geräusch wie eine Kaffeemühle. Ja, ich muß den Schnitt selber machen.

PB: Vielleicht auch, um nicht diplomatisch sein zu müssen?

OW: Diplomatisch beim Schneiden?

PB: Wie du mit den Ideen des Cutters umgehst.

OW: Nun, dabei kann man nicht diplomatisch sein. Es ist doch dein Werk, nicht seines. Wenn es etwas gibt, was ein anderer deinem Film hinzufügen kann oder darf, nachdem du ihn gedreht hast, dann, so scheint mir, bist du nicht wirklich Herr deiner eigenen Arbeit.

PB: Du hast dir vermutlich in Europa angewöhnt, deine Filme selbst zu schneiden. Weil dort die Schneidetische anders sind?

OW: Ja. Bei den italienischen und deutschen Tischmodellen läuft der Film nicht durch Zahntrommeln – also absolut geräuschlos.

Da brauche ich doch keinen Projektionsraum mehr. Von der Aufnahme geht es gleich an den Schneidetisch.

PB: Deutsche oder italienische...

OW: Ja, aber nie französische. Die vereinen auf sich die schlechtesten Eigenschaften aller anderen Systeme. An einem französischen Schneidetisch ist es buchstäblich unmöglich, innerhalb von fünfzehn Bildern ganz genau zu stoppen – was möglicherweise mit ein Grund für diese Frische im Stil der Nouvelle Vague sein kann.

PB: Schlechte Schneidetische!

OW: Ich habe wahnsinnig viele Stunden gearbeitet. Die Schlacht in *Chimes at Midnight* zum Beispiel: zehn Tage drehen, sechs Wochen schneiden für sechs Minuten fertigen Film. Das ist selbstverständlich ein extremes Beispiel.

PB: Macht dir das Schneiden Spaß?

OW: Es ist wie Schreiben – es ist einsam. Man muß belastbar sein, um diese ganz gewöhnliche Schinderei, diese totale Schinderei ertragen zu können – zehn Stunden am Tag, jeden Tag, Monat für Monat.

PB: Du schneidest doch mit dem Instinkt, oder nicht? Die Entscheidung, welches Filmbild genau –

OW: Ein Gefühl für Rhythmus – das ist das ganze Geheimnis. Die wahre Form eines Films ist musikalisch.

PB: Und das kann man niemandem beibringen.

OW: Oh, das kann man lehren – bis zu einem bestimmten Grad. Sollte ich je versuchen, das Filmemachen zu lehren, würde ich meine Klassen meistens um den Schneidetisch versammeln.

PB: Was hältst du von Über- und Ausblendungen, wenn eine Szene zu Ende geht, heutzutage, wo doch alle einfach hart auf die nächste Szene schneiden?

OW: Ich habe von Anfang an direkte Schnitte gemacht, sogar mitten in einem Satz, aber auch sehr lange Überblendungen. Ich glaube immer noch nicht, daß es dafür feste Regeln gibt – oder geben sollte. Es wäre schade, wenn man nur nach der Mode ginge.

PB: Viele Regisseure haben immer und zu jeder Zeit einen Cutter am Set.

OW: Die meisten Regisseure von großen und teuren Filmen haben das. Und der Cutter wird dann immer sagen: „Sollten wir nicht auf Nummer Sicher gehen – warum drehen wir nicht einen Zwischenschnitt." Natürlich – *er* braucht diesen Zwischenschnitt. Wenn jemand einem Regisseur vorschlagen kann, was ein guter Schnitt ist, dann lügt er entweder oder sollte doch gleich Regie führen.

PB: Würdest du sagen, ein Regisseur sollte im Idealfall nur das drehen, was er mit Sicherheit auch brauchen kann?

OW: Peter, ich glaube schon, daß es für einen Regisseur möglich ist, einen hochwertigen Film zu machen, ohne sich für den Schnitt oder die Kameraführung zu interessieren – ja noch nicht einmal an den Schauspielern muß er ernstlich interessiert sein. Erstklassige Filme machen sich praktisch von alleine – und zwar nach jedem erdenklichen System.

PB: Läßt du mehr als eine Aufnahme kopieren?

OW: Gewöhnlich nur eine.

PB: Dann mußt du doch ein recht sparsamer Regisseur sein, weil –

OW: Nun, ich bin da nicht dogmatisch. Ich bin bereit, einem Schauspieler jede Menge Klappen zuzugestehen; soviele er braucht. Aber ich kopiere nur eine.

PB: Und du legst die Schnitte nicht schriftlich fest?

OW: Niemals. Das ist mir zu deutsch.

PB: Nun, viele amerikanische Regisseure…

OW: Diese typisch deutsche Gründlichkeit kennt keine nationalen Grenzen.

PB: Du planst also nie.

OW: Ich mache die verdammt sorgfältigsten und detailliertesten Pläne, die du je gesehen hast, aber dann werfe ich sie alle weg. Pläne sind nicht dazu da, realisiert zu werden, ich mache sie, um mich auf die Improvisation vorzubereiten. Auf diese Weise habe ich dann eine große Menge Denkarbeit schon geleistet und bin offen für das, womit die Schauspieler mich überraschen. Die Kamera muß den Schauspielern dienen, nicht die Schauspieler der Kamera. Ich denke mir in meinem Kopf vier oder fünf vollständige Filme aus und mache nicht einmal den Versuch, sie genau nach Plan zu drehen, wenn ich am Set bin. Das sind nur Vorübungen… Dann streckt ein Schauspieler die Hand aus, die Sonne ist da, eine Wolke zieht vorüber, und die ganze Geschichte wird geändert.

PB: Ja.

OW: Man muß schon sehr deutsch sein, um dann zu sagen: „Nein, das wird nicht geändert, weil es *so* im Drehbuch steht und nicht anders."

PB: Einer, der deine Filme sehr schätzt, hat einmal geschrieben, du drehst wie ein Egomane und schneidest wie ein Zensor. Was hältst du davon?

OW: Drehen wie ein Egomane bedeutet ja wohl zu versuchen, die Aufmerksamkeit auf die Kamera zu lenken, und das hasse ich. Ich drehe, so hoffe ich, großzügig und sehe mir erst einmal an, was da geschieht. Ein Egomane ist *per definitionem* jemand, der glaubt, was *er* tut, ist großartig. Ich interessiere mich aber dafür, was alle Beteiligten machen. Ich interessiere mich dafür, *was geschieht*… Darum gefällt es mir ganz und gar nicht, wenn die Leute mir erzählen, wie sehr ihnen die Kranaufnahme am Anfang von *Touch of Evil* gefallen hat. Ich möchte nicht, daß man sich wegen „toller Einstellungen" an mich erinnert.

PB: Könnte ich nochmals auf ein Thema zurückkommen, das du vor wenigen Minuten berührt hast? Glaubst du, daß man Filmemachen an einer Schule *lehren* kann?

OW: In einigen Ländern scheint das zu funktionieren – in Polen und der Tschechoslowakei zum Beispiel – also muß es auch einige Argumente dafür geben. Man kann historische und technische Details vermitteln. Aber tatsächlich ist es nicht so einfach, jemanden zu lehren, Künstler zu sein. Man kann Kinder mit ganz vielen Gedichten vollstopfen, sie aber auch mit der Erfahrung der Poesie zu *erreichen* – das verlangt vom Lehrer soviel Begabung, daß wir es nicht als den Normalfall ansehen können.

PB: Du magst sowieso das Theoretisieren nicht.

OW: Für Menschen, denen Theorie Spaß macht, ist das in Ordnung. Diese Studierköpfe, die unbedingt Theorie *brauchen* – warum soll man sie ihnen vorenthalten? Doch wir sollten uns auf das konzentrieren, was wirklich zählt – auf die Sache selbst. Wir wollen versuchen, in die Materie einzudringen und nicht mit Zirkel und Vergrößerungsglas herumlaufen. Du weißt schon, ich meine solche Sprüche wie: Dieser Filmemacher hat sich immer wieder mit dem Wasserklosett beschäftigt; das scheint sein immer wiederkehrendes Leitmotiv zu sein.

PB: Nun, es *ist* durchaus interessant, ständig wiederkehrende Themen zu entdecken.

OW: Wenn du in allen meinen Schrankkoffern voller unproduzierter Manuskripte nachsehen würdest, könntest du Themen aller Art finden. All dies hektische Herumsuchen nach Themen für Drehbücher – es hat gar keinen Sinn, dafür Zeit zu verschwenden...

Ich habe die Theorie, daß der *Erfolg* eines Films immer von *einem* Menschen abhängt, und es kann sehr wohl der Cutter, der Schauspieler oder der Autor sein, und nicht der Regisseur.

PB: Da stimme ich dir zu – es gibt viele Beispiele dafür, aber man kann es nicht verallgemeinern; es gibt immer viele Ausnahmen, welche die Regel bestätigen.

OW: Das ist wahr. Ich spreche von Ausnahmen, das konzediere ich dir. Aber ich glaube, wir befinden uns in einer Sackgasse – oder bestenfalls auf einem ganz schmalen Torweg...

PB: Ich wollte doch nur versuchen, mit dir über deine Ungeduld bei der Themensuche zu streiten.

OW: Glücklicherweise wissen wir fast nichts über Shakespeare und sehr wenig über Cervantes. Das macht es so viel einfacher, ihre Werke zu verstehen. Je mehr wir über die Männer wissen, die sie geschrieben haben, desto größer ist die Chance für all die Herren Professoren aus dem akademischen Establishment, alles zu vernebeln und durcheinander zu bringen.

PB: In anderen Worten: Alles steckt also in dem Werk selbst, und alles, was wir über den Künstler wissen müssen, ist das, was er selbst aussagt?

OW: Es ist eine egozentrische, romantische Vorstellung des 19. Jahrhunderts, daß der Künstler interessanter und wichtiger ist als seine Kunst.

PB: Jemand hat einmal gesagt: „Es gibt keine Kunstwerke, es gibt nur Künstler."

OW: Die Überbewertung des Künstlers, seine Glorifizierung, ist eine der schädlichen Wendungen, welche die Zivilisation in den letzten zweihundert Jahren genommen hat. Oder anders: Der Sinn eines Buches wie *diesem* – das ist es doch, womit ich hadere.

PB: Also, ich glaube, du reagierst hier auf die allgemein vorherrschende Meinung, daß es immer eine ganze Industrie, eine Filmgesellschaft, ein vollzähliges Team ist, das den Film macht.

OW: Und ich glaube, du zerbrichst dir hier den falschen Kopf. Warum *nicht* über ein Team reden? Es ist doch ganz egal, ob jemand einen Atelierarbeiter oder Requisiteur anschleppt, der behauptet, ich hätte *Citizen Kane* nicht gemacht! Vielleicht ist es sogar wahr – na und? Vielleicht hat Houseman es ja geschrieben, und der Kranfahrer hat Regie geführt. Was spielt das für eine Rolle? Wichtig ist allein der Film.

PB: Aber sicher möchtest du auch versuchen, den Urheber zu ermitteln, wenn du ein verschollenes Werk findest.

OW: Das ist ein guter Punkt, aber ein ganz anderes Thema... Um noch einmal auf diese Sache mit dem Unterricht im Filmemachen zurückzukommen: Ich meine, man sollte so ziemlich alles unterrichten – *außer* Film. Ärzte müssen wahnsinnig viel lernen, nicht nur, was zu ihrer Disziplin gehört, sondern auch zu der Kultur, die sich um den Fachbereich der medizinischen Praxis herum aufgebaut hat. Und wenn das für etwas so Pragmatisches und Theoriefernes wie den Arztberuf zutrifft, wieviel mehr muß es dann auf das Lehren von Kunst zutreffen. Was der angehende Filmregisseur in seinem Studium lernen sollte, ist soviel von unserer gesamten Kultur, wie wir überhaupt zusammenfassen können. Zusammenfassen, nicht spezifizieren. Um einen Film für die Welt von heute zu machen, sollten wir uns bemühen, so viele der menschlichen Errungenschaften aus den letzten zwanzigtausend Jahren wie möglich hineinfließen zu lassen. Wir haben immerhin von dem Leben unter den Pharaonen gehört, von dem, was das elisabethanische England groß gemacht hat, wie die industrielle Revolution sich abgespielt hat, warum und wieso der Puritanismus und die Römische Kirche für die westliche Zivilisation von Bedeutung waren. Ich greife im Moment wild um mich und nenne wahllos ein paar Dinge, die man unterrichten sollte – anstatt Seminare zu veranstalten über Howard Hawks oder Orson Welles oder irgendwelche anderen. Weil jemand, der etwas taugt, Hawks oder mich oder jemand anderen direkt ansprechen wird, wenn er einige unserer Filme gesehen hat. Wer will schon wissen, wie Hawks zu seiner Mutter stand, oder was er in einem Zeitungsinterview im Jahre 1927 gesagt hat. Dafür ist keine Zeit.

PB: Du sprichst wohl nicht davon, wie man die Würdigung von Filmen unterrichten könnte, sondern über Unterricht im Filmemachen.

OW: Nun, ich wüßte nicht, wie man die Würdigung von Filmen unterrichtet. Ein großer Lehrer kann sicher Erlebnishilfen geben, wenn sein Enthusiasmus ansteckend ist. Ich vertrete die Auffassung, Lehrer sollten nicht nur Lieferanten von Informationen sein oder Meister im Formulieren von Kapitelüberschriften. Vor drei Wochen habe ich in England eine Fernsehdokumentation von Bronowsky gesehen. Zwei Stunden lang sprach er über Leonardo da Vinci. Mein Interesse an Leonardo hatte über einen Zeitraum von einem Vierteljahrhundert soweit nachgelassen und sich abgeschwächt, daß kaum noch etwas davon übrig war. Nachdem ich diesem Mann zwei Stunden lang zugehört hatte, habe ich mich sofort wieder mit Leonardo beschäftigt und ihn völlig neu gesehen. Das ist Lehren!

PB: Was würdest du jemandem raten, der dich fragt, was er einer Gruppe angehender Filmregisseure beibringen soll?

OW: Halte der Natur den Spiegel vor – das ist Shakespeares Botschaft an den Schauspieler. Wieviel mehr muß das erst für den Urheber eines Films gelten und wahr sein? Wenn du nichts über die Natur weißt, der du deinen Spiegel vorhältst, wie beschränkt muß dein Werk sein! Je mehr die Filmleute einander gegenseitig verehren, ihren *Filmen* Tribut zollen statt dem Leben, desto mehr gleichen sie der letzten Szene aus *The Lady from Shanghai* – einer Reihe von Spiegeln, die sich gegenseitig reflektieren. Ein Film ist die Reflexion der gesamten Kultur desjenigen, der ihn macht – seiner Erziehung, seiner Menschenkenntnis, der Tiefe seiner Erkenntnisfähigkeit – all das durchdringt einen Film.

PB: Ein Regisseur schafft demnach seine eigene Welt...

OW: Sicher, und bis zu welchem Ausmaß das geschehen kann, hängt davon ab, was er selbst als Rohmaterial mitbringt. Der Filmregisseur muß immer ein wenig verschwommen bleiben. Schließlich rührt so vieles, was später unter seinem Namen erscheint, woanders her, so viele seiner besten Einfälle sind nur Zufälle, die er sich zunutze macht. Oder Glück, das er erfährt. Oder Gnade.

PB: Und das rein Technische des Filmemachens –

OW: – kann einer intelligenten Person an einem Wochenende beigebracht werden.

PB: Wie Toland dich die Technik der Kamera gelehrt hat.

OW: Ja. Was darüber hinaus geht, mußt du selbst der Technik hinzufügen.

PB: Dein eigener Beitrag...

OW: Der *Winkel*, in dem du deinen Spiegel hältst. Was letztlich zählt, ist nicht so sehr ein romantischer Neigungswinkel oder

irgendeine spastische Zuckung, sondern das Bild, was der Spiegel
dir zurückwerfen soll.

PB: Also der Inhalt, nicht die Technik.

OW: Oh, ich greife nicht die Technik an...

PB: Meintest du das nicht mit dem Winkel des Spiegels?

OW: Der nach moralischen, ästhetischen und ideologischen
Gesichtspunkten bestimmt werden muß. Wir wissen doch, bis zu
welchem Grade alles ganz stark davon abhängt, aus welcher
Perspektive man es betrachtet. Ein Spiegel ist eben ein Spiegel.

PB: Deine Mercury-Inszenierung *Five Kings* [1939] war doch
eine frühe Version von *Chimes* – oder nicht? Ich meine, du hast
doch dieselben Shakespeare-Dramen verwendet.

OW: *Five Kings* war für zwei Abende geplant. Wir haben aber
nur einen gemacht, unter Verwendung von *Richard II, Henry IV,
Teil I und II,* sowie *Henry V.* Für den zweiten Abend wollten wir
die Dramen *Henry VI, Teil I, II* und *III* sowie *Richard III*
bearbeiten.

Alle englischen Historiendramen in einem Aufwasch. Peter
Hall hat später in Stratford etwas ganz Ähnliches gemacht, aber
nicht so komprimiert.

PB: Und du hast den Falstaff gespielt.

OW: Am Theater zweimal. In Dublin vor nicht allzu langer Zeit
[1960] – eine Art Vorübung für den Film. Sogar der Titel war
identisch.

PB: Hast du nicht auch einige Szenen aus *The Merry Wives of
Windsor* verwendet?

OW: Szenen nicht. Nur einige Dialogstellen von Falstaff.

PB: Und du hast Holinsheds Schriften für den Erzählkommentar
in *Five Kings* benutzt – wie auch in *Chimes at Midnight?*

OW: Richtig.

PB: Übrigens – wer war dieser Schauspieler, der nicht sprechen
kann?

OW: Walter Chiari.

PB: Ich glaube, die Rolle steht bei Shakespeare ein bißchen anders...

OW: Ja, aber sein Name ist „Stille", und es schien mir eine gute Idee, ihn mit einem ganz schlimmen Stottern fast stumm zu machen.

PB: Du wolltest, daß er komisch aussieht und hast deswegen ein Weitwinkelobjektiv benutzt?

OW: Hab' ihn auch zurechtgemacht: falsche Nase, Watte in die Wangen. Er ist übrigens ein gutaussehender Ex-Fußballer, ein exzellenter Possen-Darsteller und ein großer Star der italienischen *rivista*.

PB: In *Chimes at Midnight* ist mir wieder diese unglaubliche Sparsamkeit im Ausdruck aufgefallen; es ist ein sehr bewegender Film, aber alle emotionalen Szenen sind sehr beherrscht geraten. Man wirft dir oft vor, du seist –

OW: Oh ja: „sprachlich hervorragend, aber es fehle das rechte Maß und Ausgewogenheit..."

PB: Du spielst deine letzte Szene mit Heinz in fast spartanischer Zurückhaltung.

OW: Wie sonst? Das ist so ein großartiger Moment bei Shakespeare. Den muß man bewahren; diese Stelle ist zu empfindlich, als daß Schauspieler damit grob umgehen dürften. Der ganze Film ist sozusagen die Vorbereitung auf diese Szene.

PB: Viele andere Stellen des Films vermitteln eine Vorahnung dieses Augenblicks.

OW: Oh, ja, sicher...

PB: Dennoch werden die meisten wie eine Komödie gespielt.

OW: Viele Leute denken, wir hätten das nicht komödiantisch genug gespielt. Aber, weißt du, je tiefer ich in die Figur des Falstaff eindringe, desto weniger komisch erscheint er mir. Als ich ihn früher spielte, am Theater, da hatte er für mich hauptsächlich Witz, weniger Komik. Als ich ihn dann auf die Leinwand brachte, war er für mich nur noch gelegentlich, nur, *wenn er es so wollte,* der Clown. Diese letzte, große Szene war der zentrale

Welles in halbfertiger Maske für die Rolle des Falstaff in der Mercury-Inszenierung *Five Kings*, 1939.

Punkt unseres Films, und alles „Komödiantische" mußte unter diesem Aspekt gespielt werden.

Auszug aus *Orson Welles' Sketch Book*, BBC-Fernseh-
serie, Episode vom 7. Mai 1955. Orson spricht über
Reisepaßvorschriften:

Ein freier Bürger ist für den Polizisten immer ein
größeres Übel als ein Krimineller – bei dem Kriminellen
weiß er [der Polizist], was er zu tun hat...
Die Vorschriften häufen sich, immer neue Formulare
kommen auf den Tisch. Immer wieder werden wir
gebeten, den Namen des Vaters unserer Großmutter in
Blockbuchstaben anzugeben und in Dreifachkopie
auszusagen, ob wir den Sturz der Regierung vorschlagen
und wenn ja, warum, und lauter solches Zeug. Aber sehen
Sie, der Bürokrat – und für mich gehören Bürokraten
zusammen mit der Polizei zu einem riesigen, großen,
monströsen Wasserkopf – hat sehr viel Ähnlichkeit mit
einem Erpresser. Nie kann man ihn zufriedenstellen; je
mehr man ihm gibt, desto mehr wird er verlangen. Haben
Sie ein Formular ausgefüllt, gibt er Ihnen zehn neue dafür.

PB: Hat dir der Roman *Der Prozeß* gefallen?
OW: Ja, ich lese Kafka gern.
PB: Du hast offenbar die Reihenfolge der Kapitel geändert.
OW: Daran erinnere ich mich nicht – aber ich bin sicher, daß ich
das gemacht habe, denn ich glaube nicht, daß es – außer Conrad –
einen Schriftsteller gibt, den man direkt auf die Leinwand
übertragen kann.
PB: Eisenstein hat gesagt, er dachte, das könne man auch mit
Dickens machen – in einem langen Artikel hat er das nachge-
wiesen.
OW: Vielleicht.
PB: Viele Dickens-Szenen lesen sich wie ein Drehbuch. Eisenstein hat sich eine Seite vorgenommen und sie in Schnitte
unterteilt.

OW: Ja, und man kann sie auch direkt auf die Bühne bringen. Ach, es gibt noch ein paar außer Dickens und Conrad – aber nur ganz wenige. Aber sieh mal, Dickens war ein Schauspieler – er war kein Schriftsteller, der auch spielte, er war ein Schauspieler, der schreiben konnte. Ich glaube, das war seine eigentliche Berufung.

PB: Und darum hat er all diese großen Rollen geschrieben... Bist du ein schreibender Schauspieler?

OW: Ja, natürlich, wenn ich schreibe, und wenn ich Regie führe. Ich glaube, ein Teil des darstellerischen Prozesses drückt sich im Schreiben aus. Weil jeder Mensch ein Schauspieler ist.

PB: Meinst du das wirklich?

OW: Jeder Mensch auf der Welt ist ein Schauspieler. Konversation ist Schauspielen. Der Mensch als Gesellschaftstier ist ein Schauspieler; bei allem, was wir tun, sind wir Schauspieler. Aber der Berufsschauspieler ist demnach wieder etwas anderes. Wie ich es dir gegenüber schon ausgedrückt habe, ist der Schauspieler ein Mitglied des dritten Geschlechts. Ich mache keinen Witz – ich denke, daß es Männer gibt und Frauen – und Schauspieler. Schauspieler sind auf jeden Fall eine Gattung für sich, obgleich alle Menschen auch Schauspieler sind. Ich meine, sobald sie erst einmal Berufsschauspieler geworden sind, werden sie etwas anderes – der Unterschied liegt nicht in der Rasse, sondern im Geschlecht. Sie sind generisch anders. Zu schade, daß Mrs. Sartre [Simone de Beauvoir] den Titel schon benutzt hat: *Das dritte Geschlecht* wäre ein wunderbarer Titel für einen Film über Schauspieler. Sicherlich sind alle großen Dramatiker auf die eine oder andere Weise Schauspieler gewesen. Und alle großen und alle schreibenden Regisseure sind Schauspieler.

PB: Auch wenn sie nicht mehr spielen?

OW: Ja, genau. Oder überhaupt nicht viel gespielt haben – aber im Innersten sind sie eben Schauspieler. Ein nicht spielender Regisseur ist doch nur ein Produzent, auf dessen Stuhl das Wort „Regisseur" geschrieben steht.

PB: Glaubst du, daß ein Film unmöglich gut sein kann, wenn die schauspielerische Leistung schlecht ist?

OW: Ja – das ist es doch, worauf es ankommt, gleich nach der Handlung. Ich kann doch keine Geschichte kaufen, die schlecht gespielt ist oder denken, der Regisseur habe einen guten Film gemacht, wenn beiläufig geredet wird, er sei schlecht gespielt. Mir scheint, hier endet jede Diskussion. Ein Regisseur hat keinen Film gemacht, wenn darin schlecht gespielt wird.

PB: Ich glaube nicht, daß das unter allen Umständen so ist.

OW: Hier sind wir vollkommen verschiedener Meinung.

PB: Wenn ich einen Film machen würde, der schlecht gespielt ist, dann würde ich mich persönlich für einen Versager halten. Aber ich kann doch einige andere Filme gut finden, in denen schlecht gespielt wird.

OW: Erklär mir mal, was ein Film ist, wenn darin schlecht gespielt werden darf. Ich verstehe auch nicht, wie Filme unabhängig vom Schauspieler existieren können – ehrlich nicht. Ich bestreite, daß es das gibt. Sonst wäre der Film halt eine Übung in virtuoser Regieführung, und wer – außer einem anderen Filmregisseur – würde sich überhaupt dafür interessieren? Wie ich schon sagte, Regisseur sein ist der am meisten überschätzte Beruf der Welt.

PB: So etwas kannst auch nur *du* sagen. Obgleich – in den meisten Fällen hast du recht.

OW: Und auch in den Ausnahmefällen wird er überschätzt [*lacht*]. Nächste Frage.

PB: *Du selbst* hast in jüngster Zeit in mehr Filmen mitgespielt als je zuvor.

OW: Kleinere Rollen, aber mehr Filme. Warte nur, bis du den aus Rumänien siehst – der steht ganz oben, auf einer Stufe mit *David and Goliath*!

PB: Wie heißt der neue Film?

OW: Keine Ahnung – *Erasmus and the Forty Krauts!* Ein großes, monumentales, drittklassiges deutsches Spektakel. Ich spiele den Justinian und trage nicht sehr viel zur Handlung bei.

PB: Wer hat Regie geführt?

OW: Robert Siodmak.

PB: Der war doch immer gut.

OW: Hieran ist er unschuldig. Wir saßen alle da unten in Bukarest fest, mitten in einer schier unentwirrbaren Handlung. Wie es der Zufall wollte, war ich Experte für die Zeit, in der dieser Film spielt, weil es schon immer mein Traum war, einen Film über Justinian und Theodora zu machen. Hier gab es nun aber Figuren – Hauptrollen! – von denen ich noch nie gehört hatte. Alle auf der Basis, wie man uns sagte, gründlicher deutscher Recherchen.

PB: Hast du in *David and Goliath* bei einigen Stellen Regie geführt?

OW: Schuldig. Mit Neuschreiben war es nämlich nicht getan. Die ganze Situation war so chaotisch, daß ich sagte, ich würde die Rolle übernehmen, wenn ich bei meinen eigenen Szenen selbst Regie führen könnte – einfach um sicherzustellen, daß es – naja – irgendwie anständig anfing und endete. Ich hoffte nur, daß niemand davon etwas ausplaudern würde.

PB: Das merkt man, weil –

OW: Du meinst, du hast den Film gesehen? Um Gottes willen! Ich habe doch nicht angenommen, daß auch nur eine einzige Kopie davon nach Amerika käme!

PB: Ich konnte erkennen, daß eine Szene von dir war, weil darin dieser Kameraschwenk um die Säule vorkommt, wo du als Herodes vorbeigehst.

OW: Saul!

PB: Meinetwegen auch als Saul – oder wer auch immer.

OW: Da siehst du es, man sollte den ganzen Film am besten gleich vergessen...

PB: Wenn man sich viele Filme ansieht, in denen du nur als Schauspieler mitgewirkt hast, wird man das Gefühl nicht los, daß du auch mit der Regie etwas zu tun gehabt hast.

OW: In diesem Fall hatte ich die entsetzlichen Kulissen aus Papiermaché, einen Haufen verschlafener Statisten in schlechten

Kostümen und ein paar schwache Fackeln geerbt – und auf los ging's los.

PB: Sollten wir etwas über *Ferry to Hong Kong* sagen? Ich habe den Film noch nicht gesehen.

OW: Nun, das war das einzige Mal, daß ich es mit einem Kollegen schwer hatte.

PB: Mit Curd Jürgens?

OW: Ich war sehr geneigt, ihn sehr zu mögen und alles. Aber ich wollte den Film eigentlich nicht machen. Ich sagte, ich würde es nur machen, wenn wir das Konzept ändern und eine Komödie daraus machen könnten. Es handelte sich um einen Mann, Jürgens, der die Fähre von Hongkong nach Macao nimmt und nicht mehr von Bord gehen kann, weil die Regierungen in beiden Häfen es nicht zulassen. Das ist tatsächlich passiert; ein Mann saß auf einer Fähre fest. Ich kann einfach nicht sehen, wie man so etwas ernstnehmen will.

PB: *Yeah,* das ist eher komisch.

OW: Ich war der Kapitän der Fähre, und ich werde diesen Kerl nicht mehr los – jahrelang fährt er immer hin und her. Sieht für mich nach einer herrlichen Komödiensituation aus.

PB: Aber man hat versucht, ein Drama daraus zu machen?

OW: Ja, ein dramatisches Abenteuer, durchweg dramatisch geschrieben. Man kann viel zugunsten von Jürgens' Standpunkt sagen – er wollte es als Abenteuergeschichte, mit einem großen Sturm auf See, wo er sich der Kinder an Bord annimmt und all das, und ich sollte immer nur der Böse sein, unglücklich darüber, daß er an Bord ist. Ich habe es aber als Farce gespielt und ihn die ganze Zeit damit auf den Arm genommen, verstehst du?

PB: Na ja!

OW: Und Humor ist nicht Curds starke Seite. Er war sehr unglücklich. Aber der Film war, glaube ich, ein exzellenter Mißerfolg, und Lewis Gilbert, der Regisseur, sagte Jahre später zu mir: „Ich habe bei dem Film ganz viel gelernt – nie wieder werde ich einen Mißerfolg drehen." Und ich hatte nicht den Mut, ihn zu fragen, was er denn gelernt hätte. Ich hätte es nämlich gern gewußt.

PB: Warum?

OW: Weil er seitdem keinen Film mehr gemacht hat, der nicht Millionen eingespielt hätte! Ich aber habe mich dort bestens amüsiert – es war wunderbar, wieder einmal in China zu sein.

PB: Ist alles an Originalschauplätzen gedreht worden?

OW: In Hongkong, ja. Alle waren nett, mit Sylvia Syms habe ich mich sehr angefreundet – sie ist ein anbetungswürdiges Mädchen, aber wie so viele Filme, bei denen die Arbeit kolossal viel Spaß gemacht hat, hat er sich nicht gut verkauft.

PB: Ich habe Photos von dir gesehen. Du hattest eine drollige Nase, wie ein Clown.

OW: Es war eine Rolle wie aus einem Schmierenstück.

PB: Und du hast es auch so gespielt.

OW: Ja, wie ein Schmierenkomödiant. Und Curd Jürgens hat es todernst gespielt, siehst du. Und das hat es nur noch komischer gemacht – seine Art, es so zu spielen. Und es hat Curd nur immer noch ärgerlicher gemacht, daß es dabei blieb. Durch die Jahre hat er mich, das „kleine Genie", immer böse angefaucht. Und dann trafen wir uns hoch oben in den Bergen Jugoslawiens wieder und hatten eine lange gemeinsamen Szene zu spielen – der Film hieß *The Battle of Neretva*.

PB: Ja, und was ist passiert?

OW: Nun, bemühte Höflichkeit auf beiden Seiten, aber wir sind gut durchgekommen. Ich habe *Neretva* nur gemacht, um *The Deep* in Jugoslawien drehen zu können. Sie haben mir ihre Dienste für meine angeboten. Jürgens hat mir schließlich vergeben. Er hat lange gebraucht. Ich war nie böse auf ihn, er war nur böse auf mich.

PB: Wo stand Lewis Gilbert? Hilflos in der Mitte?

OW: Er war auf meiner Seite und erwartete, daß ich mit seinem Film einen Hit landen würde. Er dachte, sein Film sei aus dem Schneider, weil die Mitglieder der Crew sich gewöhnlich laut kreischend über mich amüsierten und sich vor Lachen kugelten. Dann lief der Film in den Kinos an, aber nicht einmal ein Lächeln huschte über die Lippen der Zuschauer. Das war typisch – ein Film, der jeden am Drehort begeisterte, aber danach hat niemand mehr darüber gelacht.

PB: Also – vielleicht hat niemand den Leuten gesagt, daß es eine Komödie sein sollte. Die Zuschauer nehmen alles sehr ernst, wenn sie denken, das wird von ihnen erwartet.

OW: Nein, vielleicht habe ich einfach übertrieben. Ich weiß nicht – ich fand es einfach komisch. Aber wir haben nie ein gutes Wort über den Film gehört – ob Freund, ob Feind. Er muß doch sehr schlecht sein. Und wir haben tatsächlich gedacht, wir machen einen ganz, ganz komischen Film. Es kann aber auch sein, daß Jürgens als alternder Romantiker (mit langen Zähnen versuchte er immer noch, der jugendliche Held zu sein) und ich als Schmieren-komödiant – daß diese beiden Stile sich gegenseitig aufhoben. Der ganze Film spielte sich nämlich zwischen uns beiden ab; wir sind ja nicht nur gelegentlich aufeinandergetroffen. Ich habe übrigens seitdem keine große Rolle mehr gespielt. Ich war in der Branche erledigt – außer für kleine Gastrollen!

PB: Und in deinen eigenen Filmen.

OW: Ja, wo ich das Sagen habe. Aber es war schon ein Schlamassel, weil die Filmgesellschaft sich gegen Jürgens stellte. Und ich empfand eine seltsame Sympathie für ihn und tue das heute noch, die nie erwidert worden ist. Und ich verstehe sogar, warum nicht. Ich habe vollstes Verständnis dafür, daß er einge-schnappt war. Aber da war nichts zu machen. Ich konnte einfach den Kapitän der Fähre, die immer hin- und herfährt und für jede Fahrt vier Stunden braucht und einen Dauerpassagier an Bord hat, nicht als bösen Schurken spielen. Das kann doch nur eine Farce sein.

PB: Erinnerst du dich an einen Film mit dem Titel *The Tartars*?

OW: Mit Victor Mature. Der hat viel Geld verdient – hat allein in New York seine Kosten eingespielt.

PB: Das ist auch ein Film von dir, den ich verpaßt habe.

OW: Nun, das ist ein sehr interessanter Film, aus folgendem Grund: Victor Mature und ich hatten einen ausgedehnten Schwertkampf, an dem ich Tag für Tag arbeitete. Und in keiner Einstellung – ob Totale, Halbtotale oder Halbnah – ist Victor Mature auch nur einen einzigen Augenblick zu sehen. Nicht einmal, wie er das Schwert hält und mich bedroht.

PB: Tatsächlich?

OW: Ja. Er sagte: „Oh, von dem Kram will ich überhaupt nichts drehen." Es war ganz eindeutig ein typischer Film fürs Autokino, Richard Thorpe führte Regie. Die Kostümabteilung hatte Victor Mature – fälschlicherweise – gesagt, ich hätte meine Schuhsohlen zwei Zoll höher machen lassen, um größer auszusehen. Da ging er hin und ließ seine Sandalen drei Zoll höher machen, aber er konnte damit kaum laufen. Es waren außerdem sehr komische Sandalen – wie sie die halbnackten *carioca*-Mädchen im Karneval haben.

Er konnte in diesen Dingern kaum über die Bühne laufen – alles nur, um größer auszusehen als ich, weißt du, und dabei hat er ganz versäumt, einen Blick ins Drehbuch zu werfen, sonst hätte er nämlich gesehen, daß ich in all unseren gemeinsamen Szenen auf dem Thron sitze! Alle seine Bemühungen, größer zu erscheinen, waren schreckliche Zeitverschwendung. Und als es dann an den Schwertkampf ging, da war sein Double *definitiv* kleiner als ich...

PB: Du bist nach Afrika gegangen, um *The Southern Star* zu drehen?

OW: Ja, in den Senegal. Ich sollte eine Rolle spielen, die als Scnwerverbrecher konzipiert war. Ich habe das als vergnügter, komischer Cockney gespielt.

PB: Komisch?

OW: Und gar nicht mal schlecht. Aber niemand hat es bemerkt. Der Film war ein totaler Reinfall.

PB: Wie war *Oedipus the King?* Den habe ich auch noch nicht gesehen.

OW: Woher soll ich das wissen? Ich war nur einen Tag dabei. Hatte diesen einen Monolog – du weißt schon, in der Art der griechischen Tragödien. Es war reichlich merkwürdig, so schien mir, *Oedipus* in einer griechischen Theaterruine zu drehen, dabei kostümiert wie zu der Zeit, da die Geschichte sich ereignet haben soll. Verwirrend.

PB: Was war mit den beiden Filmen, die du mit Sacha Guitry gemacht hast?

OW: Lieber Gott im Himmel, sie waren lausig schlecht, aber Sacha war superb. Ein wirklich großartiger Typ – aus einer anderen, glücklicheren, schmierenkomödiantischeren Welt, und über die Maßen prädestiniert für seinen Erfolg darin.

PB: Einer der Filme hieß *Napoleon*... Du warst Napoleon?

OW: Nur sein Gefängniswärter. In einem anderen [*Royal Affairs in Versailles*, 1953] war ich Benjamin Franklin – eine Rolle, für die wohl niemand ungeeigneter war als ich.

PB: Warum?

OW: Mit dieser Perücke ist es mir unmöglich, anders auszusehen als ein – sagen wir – geiler alter Mann. Und ich habe Franklin zweimal gespielt!

PB: In *Lafayette* [1961].

OW: Keine Ahnung, in welchem ich schlechter war. Beide Male sah ich genau aus wie Werner Krauss in *The Cabinet of Doctor Caligari*. Die Guitry-Filme haben aber Spaß gemacht – wegen Sacha.

PB: Ich habe keinen seiner Filme gesehen.

OW: Nun, das solltest du aber. Wenn du ihn magst, wie ich es tue, dann wirst du seine Aufschneidereien genießen. Wir saßen in seinen letzten Jahren oft lange beim Essen zusammen, und er dachte über Projekte nach, die wir beide zusammen machen könnten. Ich konnte mir allerdings nichts vorstellen, daß es funktionieren würde. Nicht weil ich ihn nicht bewundert hätte, ich war nur nicht überzeugt, daß wir das größte Team seit Abbott und Costello* sein würden.

PB: Du hattest noch einen Napoleon-Film erwähnt – *Austerlitz*.

OW: Ja, in dem Film habe ich das Dampfschiff erfunden.

PB: Und wieso?

OW: Ja, es war mal wieder schön mit dem alten Abel Gance zusammen. Er hat viele Dinge in Filmen erfunden, die jetzt wieder Mode werden... Ich werde allerdings immer gerufen, wenn ein Napoleon-Film gedreht wird. *Waterloo* war der letzte – jener große Film von Bondartschuk.

PB: Erinnerst du dich an ein italienisches Epos mit dem Titel *L'Uomo, la Bestia e la Virtù* – Der Mensch, das Tier und die Tugend – ?

OW: Pirandello. Ich war „das Tier", und „der Mensch" war ein Komödiant namens Toto, der für sich in Anspruch nahm, ein direkter Nachfahre von jemandem wie Karl der Große zu sein und immer mit „Eure Hoheit" angeredet wurde, weil er auch behauptete, ein Prinz zu sein. Vielleicht war er einer. Es war wirklich sehr komisch: „Fertig zum Auftritt, Eure Hoheit", sagten sie zu ihm, und dann trat er vor die Kamera und bekam eine Sahnetorte ins Gesicht. Viviane Romance war „die Dame". Sie hat sich so bemüht, mich mit ihren großen, langen Taschentüchern vor der Kamera zu verdecken. Eine richtig altmodische Film-Diva – so eine hatte ich noch nie aus der Nähe erlebt. Ich weiß gar nicht, wie ich den Film beschreiben soll, er war so merkwürdig.

PB: Wer war der Regisseur?

OW: Ein Typ namens Steno. Er arbeitete mit einem Autor zusammen – sie waren ein Team. Aber die Dialoge von Viviane Romance schrieb ihr Mann, ein Ägypter, und die hatten keinerlei Beziehung zu Pirandello, Prinz Toto, mir, oder irgend etwas anderem. Und sie sprach ihren Text auf Französisch. Der Prinz

---

* Bud Abbott und Lou Costello = Dick und Doof (A. d. Ü.)

und ich sprachen italienisch, und der ganze Dialog machte überhaupt keinen Sinn. Ein *non sequitur* nach dem anderen.

PB: Die Leute denken, du machst dich manchmal lustig über diese schrecklichen Filme, in denen du mitgewirkt hast.

OW: Da irren die Leute. Das habe ich nie getan. Ich bemühe mich wirklich – ganz gleich, wie peinlich es mir auch ist.

PB: Schließlich hast du noch *Treasure Island* [1972] gemacht.

OW: Als Schauspieler, ja – und man hat mein Drehbuch verwendet. Und das hätte ich selbst beinahe zweimal drehen können. Ich schrieb das Drehbuch und hatte einen Vertrag mit der 20th Century-Fox. Dann kamen die Disney-Leute, die selbst eine alte, ziemlich abgestandene Filmversion *und* eine trübselige Fernsehserie von dem Stoff produziert hatten, und schüchterten die Leute bei der Fox dermaßen ein, daß sie mich dann doch nicht an den Stoff heranließen. Das andere Mal interessierten sich die Geldgeber von *Chimes of Midnight* dafür.

PB: Du solltest Regie führen?

OW: Und die Rolle des Long John Silver spielen, sicher. Schließlich habe ich dann wenigstens die Rolle bekommen. Wir hatten ein gutes Drehbuch. Es hat Stevenson nicht vergewaltigt; meine Aufgabe war es, den Überblick zu behalten, wer sich wo auf der Insel aufhielt – Stevenson hat sich kaum darum geschert. Das merkt man nicht, wenn man den Roman liest, das merkt man erst, wenn man ein Drehbuch daraus macht. So etwas passiert immer wieder bei Abenteuergeschichten – die Erzählung reißt einen mit, ungenaue Geographie vermittelt sich nicht auf gedruckten Seiten.

PB: Du magst Stevenson?

OW: Oh ja, und *Die Schatzinsel* könnte man wunderbar verfilmen. [Roman] Polanski sagte mir, er würde es auch gern machen.

PB: Du hast es im Rundfunk aufgeführt.

OW: Viele leckere Stoffe für Schauspieler – für dich nicht so interessant, aber für Leute, die das Spielen wirklich lieben...

PB: Jetzt hör aber mal auf, ich mag die Schauspielerei sehr.

OW: Du darfst die Schauspielerei nicht nur *mögen*, Peter – du mußt sie *lieben*. Wenigstens, wenn du die *Schatzinsel* machen willst.

PB: Mir schien, in *The VIPs* hast du jemanden gespielt, den du kanntest.

OW: Hier trifft meine Behauptung nicht zu, ich hätte nie einen Film gesehen, in dem ich mitgewirkt habe. *The VIPs* habe ich gesehen (ich konnte nichts dafür, man hat ihn im Flugzeug gezeigt). Ich habe niemand anderen in mir erkannt.

PB: Ich vermutete, es könnte eine Kombination aus Korda, Ratoff und Pascal sein.

OW: In gewisser Weise, vielleicht. Nicht Korda – er war viel zu elegant, aber die Rolle hatte etwas von Gaby Pascal, ja doch, weil ich mit ungarischem Akzent sprach. Gaby, mußt du wissen, war ein wilder, intensiver, dramatisch veranlagter Ungar – nicht *fröhlich* wie die Rolle, die ich spielte.

PB: Was für ein Regisseur war Anthony Asquith?

OW: Einer der nettesten, intelligentesten Menschen, die es je beim Film gegeben hat. Sein Spitzname war Puffin. Man kann ihn nicht nach *The VIPs* beurteilen: dieser Film war von den Burtons gemacht und von Terry Rattigan für sie geschrieben – ein altmodischer Metro-Schinken, eine Art Junior-*Grand Hotel*. Rod Taylor und Maggie Smith waren darin wunderbar. Und natürlich Margaret Rutherford. Wir mochten Puffin alle sehr gern; ich kannte ihn schon etliche Jahre und war sehr glücklich, mit ihm zusammenzusein – obgleich er den Film nicht wirklich im Griff hatte.

Wie hätte er auch können? Mein Gott, er war viel zu höflich. Ich habe ihn beobachtet, einmal, als er ganz allein in der Dekoration war und über ein elektrisches Kabel stolperte. Er drehte sich um und sagte: „Ich bitte um Verzeihung."

PB: Wie war es bei dem Film *Rogopag*?

OW: Das glaube ich einfach nicht. Ich habe nie in einem Film mit diesem Titel gespielt.

PB: In einer Episode unter Pasolini. Du hast einen Filmregisseur gespielt.

OW: Oh, ja... Zensiert, jedenfalls in Italien, nach einer einzigen Aufführung in Venedig.

PB: Ich fand ihn nicht sehr gut.

OW: Nein? Warum nicht?

PB: Es war irgendwie obskur und gekünstelt –

OW [*lacht*]: „Obskur und gekünstelt". Nur weil es nicht am Ufer des Mississippi spielt, ist es obskur und gekünstelt... Dich darf man auch nur um deine Meinung bitten, wenn es sich um – na, sagen wir *Judge Shit on the Range* oder sowas handelt –

PB [*lachend*]: Also, neben ein paar anderen Dingen, die hier nicht stimmten, haben sie dich ins Italienische synchronisiert.

OW: Ich habe es in italienisch *gespielt*! Der Verleih muß wohl gedacht haben, das italienische Publikum würde meinen Akzent nicht ertragen. In Italien ist man sehr versnobt, was den Akzent angeht. So sehr, daß viele der großen Schauspieler – besonders die Damen – dort nie mit ihrer eigenen Sprechstimme gehört werden; sie werden von Radiosprechern synchronisiert.

PB: Das habe ich nicht gewußt.

OW: Ja. Wenn dein Akzent nur ganz leicht wie aus dem Norden klingt, dann johlen die Zuschauer im Süden vor Lachen. Mein leichter Anflug eines Kenosha-Akzents* wäre da wohl tödlich gewesen. Ich mußte ein Gedicht lesen, und Pasolini hat allen Leuten erzählt, nie hätte er einen italienischen Schauspieler ein italienisches Gedicht mit so viel Schlichtheit und Klarheit vortragen hören. Er versuchte vor ein paar Jahren, als ich in Wien war, mich zu bekommen, um ein Schwein zu spielen.

PB [*lachend*]: Tatsächlich, ein Schwein?

OW: Ein *deutsches* Schwein. Etwas *wirklich* Obszönes.

PB: Du magst Pasolini?

---

* Kenosha = Geburtsort von OW, Hafenstadt am Lake Michigan, Bundesstaat Wisconsin. (A. d. Ü.)

OW: Wahnsinnig intelligent und begabt. Ein verrückter, verwirrter Typ, vielleicht – aber auf höherer Ebene. Ich meine Pasolini, den Poeten, den verdorbenen Christen, den marxistischen Ideologen. Im Atelier wirkt er überhaupt nicht verwirrt. Echte Autorität und ein wunderbar freier Umgang mit der Technik.

PB: Erinnerst du dich an *Marco the Magnificent*?

OW: Belgrad, im tiefsten Winter des Jahres – wann war das?

PB [*blättert in Unterlagen*]: 'Vierundsechzig.

OW: Ein großartiges Jahr. Der Produzent war der Mann, der auch die Idee hatte, *Catch-22* zu verfilmen: Raoul Lévy.

PB: Ach ja?

OW: So hat er jedenfalls gesagt, ja, er sollte ursprünglich den Yossarian* spielen. Faszinierender Typ. Man mußte ihn mögen.

PB: Hat er nicht Selbstmord begangen?

OW: Nun, er drohte damit, vor Norm Geves' Haus, und der Schuß ging los**. Der Marco Polo-Film war auch eine Art Selbstmord gewesen. Er machte den Film zweimal. Das erste Mal, mit Alain Delon, ging er pleite und löschte damit beinahe die gesamte jugoslawische Filmindustrie aus. Dann konnte er etwas Geld auftreiben und machte den Film noch einmal, diesmal mit Horst Buchholz.

Bei beiden Versionen hatte er kein Drehbuch. Wir dachten uns alles aus, während wir drehten. Ich habe allerdings eine lange Szene für Omar Sharif geschrieben. Er stand herum und sah finster aus, weil er von Sam Spiegel zu diesem Projekt gezwungen worden war, um seinen Vertrag von *Lawrence of Arabia* vollends abzuarbeiten. Also borgte ich mir eine Schreibmaschine und tat das wenige, was ich tun konnte. Tony Quinn kam mit seinem

---

* Captain Yossarian = Hauptfigur im Roman und im Film *Catch-22*, Anti-Kriegsroman von Joseph Heller, selbst Bomberpilot im 2. Weltkrieg. (A. d. Ü.)

** Raoul Lévy, geboren 1922 in Antwerpen, beging 1966 Selbstmord in St. Tropez. (A. d. Ü.)

eigenen privaten Drehbuchschreiber an. Er spielte den Kubla Khan, der, so hatte es Tony bestimmt, freundlich sein sollte, tapfer, mildtätig und gut, schön und unwiderstehlich für die Weiblichkeit. Es gab wohl keine Tugend, die nicht in diese Rolle hineingeschrieben worden war. Und dann spielte er es wie Charlie Chan*.

PB: Wer führte Regie bei deiner Sequenz in *Casino Royale*?

OW: Joe McGrath – bis er gefeuert wurde. Um vier Uhr nachmittags wurde er abgelöst, und zwei Minuten später kam Bob Parrish zur Tür herein. Bob ist ein alter Freund, McGrath nicht, aber ich hatte mit diesem häßlichen kleinen Zwischenfall nichts zu tun.

PB: Da war Charles Feldman der Produzent?

OW: Da war Charles Feldman, der es mit der Angst bekam. Wie der Film zum Erfolg wurde, weiß ich bis heute nicht.

PB: Ich auch nicht... Wie war das mit *A Man for All Seasons*?

OW: Der kam gleich nach diesem *Casino Royale*-Ausrutscher, so daß du dir denken kannst, wie dankbar ich war für etwas Anständiges. Ich habe es genossen, mit Scofield zu spielen. Es war ein wunderbarer Tag – länger hat es nicht gedauert.

PB: Du hast auch für verschiedene Dokumentarfilme den Kommentar gesprochen –

OW: Ja, und mir nie die Filme angesehen. Das war immer meine Bedingung, wenn ich Kommentare sprach – daß ich mir nicht einen Meter Film ansehen mußte, sonst hätte ich es nicht gemacht.

PB: Wie haben sie es denn getimt?

OW: Ich fragte immer „In welcher Zeit?" – schließlich bin ich Rundfunksprecher, und ich machte es dann genau in der Zeit. Man erspare mir die Projektion... Allerdings, *Masters of the Congo Jungle* mußte ich mir ansehen, mit dem Ex-König von

---

* Charlie Chan = Name eines Seriendetektivs chinesischer Abstammung (A.d.Ü.)

Belgien zusammen. Er führte mir den Film selbst vor, und ich hatte keine Möglichkeit, Seiner Königlichen Hoheit abzusagen. Das ist der einzige, den ich je gesehen habe.

PB: Es gab einmal eine Ankündigung, daß du *The Bible* für Dino De Laurentiis machen würdest, obgleich es mir immer ein wenig unwahrscheinlich vorkam.

OW: Nun, zuerst sollten es Fellini, Bresson und ich sein – wir alle drei. Dann versuchte Dino einen Moment, mich zu überreden, den ganzen Film allein zu machen. Tja, ich konnte mir sowieso nicht vorstellen, im Garten Eden Regie zu führen, so ging es schon mal los. Und außerdem wollte ich nicht für den ganzen Film verantwortlich sein. Also bekam ich eine Art goldenen Handschlag für das Script, das ich für die Abraham und Jakob-Sequenzen geschrieben hatte, und das war's dann auch. Bresson und Fellini hatten nicht so viel Glück – sie belangen ihn heute noch, glaube ich.

PB: Hast du tatsächlich mit Bresson oder Fellini an der Vorbereitung des Films gearbeitet?

OW: Nun, wir wurden zusammen *photographiert*. Des öfteren.

Vor dem Gesetz steht ein Türhüter. Zu diesem Türhüter kommt ein Mann vom Lande und bittet um Eintritt in das Gesetz. Aber der Türhüter sagt, daß er ihm jetzt den Eintritt nicht gewähren könne. Der Mann überlegt und fragt dann, ob er also später werde eintreten dürfen. „Es ist möglich", sagt der Türhüter, „jetzt aber nicht."...

PB: Die Fabel am Anfang von *The Trial* –

OW: – ist zwar von Kafka, aber steht nicht am Anfang des Romans; sie wird gegen Ende erzählt, von dem Geistlichen in der Kirche. Es ist seine Predigt. [*Orsons Übersetzung der Geschichte ist eine weitaus dramatischere und elegantere Übertragung als die veröffentlichte englische Version.*]

PB: Solltest du nicht die Rolle des Geistlichen übernehmen?

Anthony Perkins und Orson Welles in *The Trial*.

OW: Ich habe es gedreht, aber als wir dann keinen Darsteller für die Rolle des Advokaten finden konnten, schnitt ich die Sequenzen heraus, in denen ich den Geistlichen spielte und fing von vorne an. Ich wollte eigentlich gar nicht mitspielen. Der einzige Grund, warum ich es doch gemacht habe, war, daß wir niemanden für die Rolle des Advokaten finden konnten – alle, die wir anfragten, lehnten ab. Ich wollte Jackie Gleason, aber er wollte nicht fliegen.

PB: Ich hatte keine Ahnung, daß du einen Komiker für die Rolle wolltest.

OW: Nein. Ich wollte Gleason als klassischen Schauspieler – ich halte ihn für ganz hervorragend. Als Komiker gefällt er mir gar nicht so sehr, aber er ist ein ausgezeichneter seriöser Darsteller, und ich meine, er hätte das wunderbar gemacht. Ich wollte nicht mitmachen – die Rolle des Geistlichen, ach, das war ja nichts, nur ein Tag Arbeit! Die Fabel am Anfang hätte mehr Sinn gemacht, wenn ich der Geistliche gewesen wäre.

PB: Was waren das für Illustrationen, die du für den Fabel-Prolog benutzt hast?

OW: Diese Bilder waren aus den Schatten von Stecknadeln gemacht. Tausende von Nadeln. Diese beiden vollkommen verrückten, hoch zivilisierten, eleganten, charmanten alten Russen – ein Mann und seine Frau [Alexandre Alexeijew und Claire Parker] – sitzen und stecken Nadeln in riesige Spanplatten. Und der Schatten dieser Nadeln macht dann das Chiaroscuro-Muster auf dem Bild. Die beiden sind die nettesten und glücklichsten Menschen auf der Welt. Ich finde die Bilder wunderschön.

PB: Ja, das sind sie. Wie bist du nur darauf gekommen?

OW: Daran kann ich mich gar nicht mehr erinnern. Ich muß wohl etwas im Fernsehen oder sonstwo gesehen haben. Ich glaube, sie haben sechzig Jahre damit zugebracht, einen Feature-Film zu drehen und sind nicht über die ersten drei Minuten hinausgekommen – so ähnlich war es wohl, und diese drei Minuten wurden im Fernsehen gezeigt. Ich habe die beiden dann aufgesucht und überredet, ihr eigenes Werk für bloße fünf Monate zu unterbrechen und Nadeln für mich zu stecken, was sie auch taten, und sie haben es wunderschön gemacht, finde ich.

PB: Ja, diesen Teil des Films mochte ich tatsächlich am liebsten.

OW: Wir hätten sie den ganzen Film mit Nadeln machen lassen sollen! Dann hätten wir keine Schauspieler gebraucht, und es wäre unser idealer Film geworden – genau das, was dir und Hitchcock gefällt! Filme, in denen nicht gespielt wird [*lacht*].

PB: Nein, nein, ich höre dich nur so gern Geschichten erzählen – das habe ich gemeint.

OW: Ich höre immer gern Geschichten, gleich wer sie erzählt.

PB: Würdest du sagen, daß K in dem Film stirbt, weil er sich gegen den Advokaten wehrt?

OW: Er wehrt sich gegen die Niederlage. So stirbt er. Oh, jetzt verstehe ich, du meinst, *warum* er stirbt. Wir wissen ja nicht, warum man ihn exekutiert. Es ist Mord, aber so sind Exekutionen, sie haben etwas von beidem – teils Mord, teils Hinrichtung, wie es bei Kafka ist; das ist im Buch auch so. Aber sein Aufbegehren am Schluß nicht. Der ist von mir. Im Roman liegt er am Ende dort unten, und sie töten ihn. Ich glaube nicht, daß Kafka nach dem Tod der sechs Millionen Juden hierzu noch stehen könnte. Dieses Grauen ereignete sich aber erst *nach* dem Schreiben des Romans und machte, so denke ich, Kafkas Schluß unhaltbar. Wenn man, wie ich, in K einen Juden sieht. Nicht so sehr den jüdischen Juden als vielmehr den Nicht-Christen. Mir war es moralisch einfach unmöglich, einen Mann, der vom Publikum möglicherweise für einen Juden gehalten werden könnte, am Boden liegen zu sehen und sich auf diese Weise töten zu lassen.

PB: Und du willst damit sagen, wenn Kafka das Buch nach dem Krieg geschrieben hätte –

OW: Ich hoffe, das hätte er nicht getan. Ich glaube es auch nicht. Vielleicht wäre die ganze Hinrichtung dann anders verlaufen, aber wer weiß? Jedenfalls steckt das dahinter. Ich halte meine Lösung auch nicht für besonders gut. Aber es ist die einzige, mit der ich diesen Film beenden konnte.

PB: Kämpft Israel heute noch mit dieser Vergangenheit – ich meine als Nation?

OW: Ja, sicher. Das ist bewundernswert, macht sie aber ziemlich langweilig. Alle Nationalisten sind schrecklich langweilig, wenn man mit ihnen reden muß. Natürlich bin ich im Prinzip *für* sie, dennoch wünschte ich, sie hätten ihre jiddische Kultur nicht aufgegeben, ich bin doch so pro-jiddisch.

PB: Das gefällt dir?

OW: Ich bete es an. Ich würde liebend gern jiddisches Material bearbeiten. Nicht *Fiddler on the Roof*, sondern die echten Sachen. Das ist mein Traum – eine große jiddische Rolle zu spielen.

PB: Gibt es denn große Theaterstücke?

OW: Keine Dramen, außer den Shylock. Aber es gibt die große jiddische Literatur. Das jiddische Theater ist natürlich göttlicher Nonsens, aber die jiddische Literatur ist schön. Die Theaterstücke sind sämtlich laut und turbulent – ich habe sie mir früher angeschaut, Abend für Abend. Bei Gott, ich bin ein Experte für das jiddische Theater.

PB: Kannst du einige Stücke nennen?

OW: Ach, die habe ich jetzt vergessen – *Moishe Itznik, the Village Idiot* war eins. Und große Tragödien wie der jiddische *König Lear*. Das ist eine Nacherzählung der Lear-Geschichte, übertragen auf eine jüdische Stadt im Polen des vorigen Jahrhunderts. Als Lear mit den Bettlern, die zu Cordelias Hochzeit geladen sind, zurückkehrt, erkennt man ihn nicht – nur an seinem persönlichen Verfolgungsscheinwerfer auf der Bühne! Er sitzt zwischen all den anderen Bettlern – unter einem schönen großen Spot.

PB: Wo hast du diese Stücke gesehen?

OW: Am Jiddischen Theater.

PB: In New York?

OW: Überall. Jiddische Theater gab es überall – London, Paris, Rom, Buenos Aires. Historisch gesehen war es das einzige internationale Theater. Film kommt erst an zweiter Stelle. Jiddisch war als erstes rund um den Globus verbreitet, weil es in aller Welt diese großen, jiddisch sprechenden Gemeinden gab. Maurice Schwartz und Jacob Adler und Max Gabel – Leute wie sie – reisten Theater spielend um die Welt. Und in jeder Stadt, in die sie kamen, gab es wohl noch einen unehelichen Sohn, der dann sagte: „Guten Tag, Vater. Wir haben uns zwei oder drei Jahre nicht gesehen." Das könnte ein großartiger Film werden, über das alte jiddische Theater.

PB: Warum läßt du *The Trial* mit einem Atompilz enden?

OW: Es ist *kein* Atompilz. Solche Wolken bilden sich nach jeder Explosion.

PB: Aber du hast lange draufgehalten.
OW: Es gab nichts mehr zu drehen – aber ich hatte wirklich nicht an eine große Atomexplosion gedacht. Das war ein regelrechter Fehler – ein grober Schnitzer meinerseits; ich habe nicht registriert, daß es wie eine Atombombe wirkt. Für mich symbolisierte es alle Bomben – einschließlich der Atombombe – und alle Explosionen und alle Zerstörung, nicht *die* Atombombe. Das war schlechter Stil, und ich war sehr unglücklich, daß es bei manchen Leuten so angekommen ist. Wie gern hätte ich es neu gedreht, wenn ich es mir nur hätte leisten können. Wenn das wie eine Atombombe wirkte, dann ist das ein Fehler und war ganz sicher nicht beabsichtigt. Ich gebe es ungern zu, aber wir haben es erst einen Tag vor der Premiere fertig bekommen.
PB: Warum so knapp?
OW: Weil das einzige Kino, in dem sie den Film herausbringen konnten, schon darauf wartete. Am Tag vor der Premiere habe ich einen Durchlauf gemacht – nur dies einzige Mal habe ich den Film von Anfang bis Ende gesehen. Ich hatte gerade noch Zeit, die Szene mit Katina Paxinou herauszunehmen, aber auch nicht mehr. Als die Atombombe kam, rannte ich wahrscheinlich gerade den Gang hinauf, um noch etwas anderes hinzufummeln. Es war ein peinlicher Irrtum – und ein dummer dazu. Ich kann mir das gar nicht erklären.
PB: Was war denn das für eine Szene mit der Paxinou?
OW: K hatte sich von dem Elektronengehirn die Zukunft voraussagen lassen – darauf läuft es im Grunde hinaus. Die Stelle war meine Erfindung. Das Elektronengehirn eröffnet ihm sein Schicksal.
PB: Und hat damit recht.
OW: Keiner weiß es, er auch nicht. Es ist nur ein Stück Lochstreifen...

K [*Anthony Perkins*]: ...Wahrscheinlich ist so ein Elektronengehirn etwas ähnliches wie ein Richter ... ja, warum nicht? Warum sollte ein Elektronengehirn nicht einen Richter ersetzen? Das wäre ein großer Schritt zur Perfektion. Irrtümer wären nicht mehr möglich, und alles würde ordentlich, sauber und präzise abgewickelt. Anstatt zu versuchen, uns hinter unserem Rücken zu übervorteilen, wären die Anwälte nun gezwungen, so genau wie Buchhalter oder Wissenschaftler zu arbeiten. Man stelle sich ein Tribunal vor, das so arbeitet wie ein Laboratorium ...

PB: Ein Kritiker hat die Auffälligkeit der Hände in *The Trial* hervorgehoben –

OW: Ja, diese Leute sind am glücklichsten, wenn sie über Buñuel schreiben können, und ich sage lieber gleich, daß ich ihn mag. Er bietet reichlich Material für diese Art Kritiker, auf ihn trifft das zu. Man kann nun anfangen und sagen, er hat Füße gern, und all das. *Jesus,* das ist alles richtig. Er ist dieser Typ eines Intellektuellen und dieser Typ eines Katholiken. Er ist ein durch und durch christlicher Mensch, der Gott haßt, wie es nur ein Christ kann, und außerdem ist er natürlich durch und durch spanisch. Ich sehe in ihm den wahrlich religiösesten Regisseur in der Geschichte des Films. Er muß ein hervorragender Mensch sein. Alle lieben ihn. Sein Sohn war bei *Don Quixote* eine Zeitlang mein Regieassistent.

PB: Du erzählst den Film eigentlich nicht aus der Sicht von K, oder?

OW: Es ist nicht K's Sicht, aber ich habe mich den ganzen Film über bemüht, das Publikum in seinen Standpunkt – die erste Person – hineinzumanövrieren, viele Male. K sollte hinlänglich vielschichtig sein. Manchmal ist er das Gegenüber des Publikums, manchmal ist er es selbst.

PB: Indem du die Dinge aus seiner Sicht zeigst.

OW: Nein, so stimmt es nicht ganz, aber du siehst die Dinge häufig mit seinen Augen – im optischen Sinne.

PB: Ein Kritiker hat geschrieben, da K zu Beginn des Films schläft, könnte es möglich sein, daß der ganze Film ein Traum ist, aus dem wir ihn aber nicht aufwachen sehen. [*OW schnarcht.*] Der Film beginnt mit langen Einstellungen und dann, von der Gerichtssaal-Szene an, kommen die Schnitte in kürzeren Abständen.

OW: Ja, das war beabsichtigt – keine Nebenwirkung der Sparmaßnahmen.

PB: Sollte es eine Beschleunigung der Handlung sein?

OW: Das wäre unzulässig vereinfacht. Der Schnitt bewirkt noch viele andere Dinge als nur das Tempo der Handlung. Du weißt, der Schnitt schafft Unterschiede – nicht nur in der Stimmung – er schafft beinahe eine andere Dimension. Du erzählst deine Geschichte dann auf vollkommen andere Weise.

PB: In der ersten Szene – war das von dir erfunden, wie K dem Inspektor seine eigenen Worte um die Ohren haut?

OW: Ja, die Szene ist fast vollständig neu.

PB: Ich finde es so gut, wenn er versehentlich „Pornograph" statt „Phonograph" sagt, und all dies.

OW: Ja, das ist von mir.

PB: Du hast jemandem erzählt, du habest elf Stimmen in dem Film selbst nachsynchronisiert.

OW: Ja, sogar zehn Zeilen aus Perkins' Rolle. Ich wußte genau, daß er die nicht herausfinden würde, und er hat es auch nicht geschafft... Ich habe auch ungefähr fünf verschiedene Stimmen in *Chimes at Midnight* gesprochen.

PB: Die immer wieder vorkommenden Gitter in *The Trial* erinnerten mich sehr an *Othello.*

OW: Ja, aber mir wird immer ganz heiß bei solchen Gesprächen, wenn es darum geht, wie ein Film an den anderen erinnert. Ich glaube schon, daß dem so ist, aber ich bin gar nicht glücklich, wenn ich das höre. Und wenn es denn so ist, habe ich nichts dazu zu sagen – es ist mir wahnsinnig unangenehm.

PB: Du hast in *The Trial* indirektes Licht benutzt?

OW: Ja. Ich hatte das schon bei *Kane* gemacht.

PB: Und wo da?

OW: In der Redaktions-Szene, am Morgen nach der Nachtschicht, wenn Erskine Sanford nach Hause geht. Ich sagte zu Gregg: „Hier möchte ich so ein Licht wie vor Sonnenaufgang." Er sagte: „Also, das gibt es überhaupt nicht im Film. Sollte es aber geben." Ich sagte: „Es ist ein weiches Licht, also, wenn du genügend Scheinwerfer hast und genügend Diffuser nimmst, dann müßtest du es hinkriegen." Er sagte: „Ja, das können wir versuchen. Oder wir können indirektes Licht versuchen." Ich weiß, wir haben beides ausprobiert, und es blieb dann beim indirekten Licht.

Jedenfalls war das meine erste Erfahrung damit. Dann habe ich es immer öfter angewendet, und – du hast ganz recht – in *The Trial* sind lange Sequenzen so gedreht. Die ganze erste Szene im Schlafzimmer erhält von draußen sehr starkes Bogenlicht, das von weißen Platten reflektiert wird. In diesem Film gibt es fast ausschließlich indirektes Licht. Heute ist das inzwischen große Mode geworden, besonders beim Farbfilm. Die guten Leute machen es nur noch so. Der moderne Kameramann verwendet heute überhaupt kein direktes Licht mehr.

PB: Zu welcher Tageszeit hast du die Szene gedreht, in der die Frau den schweren Schrankkoffer schleppt? Die Beleuchtung ist ungewöhnlich interessant.

OW: Wir drehten am frühen Abend, in der Sekunde, als die Straßenbeleuchtung anging, und die arme Suzanne Flon mußte den Kabinenkoffer acht Häuserblocks weit durch die Straßen ziehen.

PB: Und da steckte nicht irgendeine Symbolik dahinter?

OW: Nein. Nur das, was sich sofort mitteilt. Ich möchte nicht zu geheimnisvoll sein, aber da ist es wohl so.

PB: Du sagtest, du lehnst Symbolismus ab...

OW: Hasse ihn.

PB: Aber ich fand, in *The Trial*...

OW: Es liegt vielleicht am Thema, daß man immer das Gefühl hat, Symbole erwarten zu müssen. Das riecht nach Symbolen und sieht auch aus wie eine osteuropäische, mit Symbolen überladene Traumwelt.

PB: Ein Traum für jeden Symboljäger – vielleicht einer der Gründe, weshalb mir der Film nicht so gut gefällt.

OW: Nun, der reinste Selbstbedienungsladen. Du kannst dir deine Symbole selber machen, wenn du willst. Aber es ist kein einziges drin.

PB: Gibt es eigentlich einen Grund, warum die Kinder Perkins verfolgen, wenn er das Atelier des Malers verläßt?

OW: Die einzig mögliche Antwort auf diese Frage ist folgende jiddische Geschichte: Armer alter jüdischer Gentleman liegt im Sterben. Die Pension, in der er wohnt, wird von einer irischen Lady geführt, und er ist schon fast am Ende. Sie geht und holt einen Priester, der dann seine Gerätschaften bei ihm aufbaut und beginnt. Er sagt: „Glaubst du an den Vater, den Sohn und den Heiligen Geist?" Sagt doch der Typ: „Ich liege im Sterben, und er läßt mich Rätsel raten."

PB: Ach übrigens, wie hast du das denn nur gedreht – K, wie er durch den Lattengang rennt?

OW: Ich baute eine Art langgezogenen Hühnerverschlag aus Holzleisten, mitten auf einem Feld, und habe ihn nachts von außen mit Bogenlicht angestrahlt; die Kamera war auf einem Rollstuhl befestigt, und wir rannten und zogen den Rollstuhl rückwärts, weil kein Kamerawagen dort hineinpaßte. Ich hatte einen jugoslawischen Läufer, der den Rollstuhl zog. Das war eins der wenigen Dinge aus meinem ursprünglichen Entwurf. Dies und die kleine Kammer des Malers mit der Leiter, wo die Mädchen ihn hinaufjagen, das sind die beiden einzigen Dinge, die übriggeblieben sind. Wir haben dieses Riesending gebaut!

PB: Also, gerade in dieser Szene hat man das Gefühl, daß die Kinder, die ihn durch das Gitterwerk verfolgen, etwas symbolisieren sollen.

OW: Warum?

PB: Naja, was wäre denn sonst der Sinn?

OW: Was ist der Sinn eines Traums?

PB: Dann ist also doch der ganze Film –

OW: Ja, ein Traum – ein ganz besonderer Alptraum – inspiriert von Kafka. Surrealistisch, wenn du so willst. Aber die guten Surrealisten sind keine Symbolisten.

PB: Ja, du beginnst den Film mit den Worten, die Geschichte habe „die Logik eines Traums, eines Alptraums –"

OW: Extra für Leute wie dich, die sich alles haarklein aufschreiben, damit sie es nicht vergessen.

PB: Mir gefällt der Film allmählich besser.

OW: Nur weiter so.

PB: Aber daß er ein Traum sein soll, hatte ich schon immer verstanden.

OW: *Das* ist es wahrscheinlich, warum er dir nicht gefällt. Ich hätte dich ein wenig im Unklaren lassen sollen! [*Lacht.*]

PB: Ich sagte doch, er gefiel mir schon besser, beim zweiten Mal.

OW: Dann sieh ihn dir doch ein drittes Mal an!

PB: Und außerdem habe ich ihn auch nicht regelrecht *abgelehnt* – es ist nur so, –

OW: Aber das macht doch nichts!

PB: – daß ich ihn nicht so gern mochte wie deine anderen Filme.

OW: Also, soll ich dir sagen, warum ich ihn verteidige – vermutlich, weil es mein ureigener Film ist, der nicht durch den Schnitt oder etwas anderes verdorben wurde. Darum kann ich es nicht ausstehen, wenn man mir sagt, daß er nicht so gut sei, weil ich niemand anderem die Schuld geben kann [*lacht*]. Sieh mal, selbst bei *Chimes at Midnight* hatte ich wenig Geld, noch viel weniger als bei *The Trial*, wo ich doch einmal Madeleine Robinson zwischendurch ihre Gage auszahlen mußte, weil sie sonst nicht weiter gemacht hätte. Solche Momente sind durchaus vorgekommen. Die Produzenten waren heroisch und sorgten dafür, daß wir den Film machen konnten, und ich mußte keinerlei

Kompromisse schließen – außer daß es keine Kulissen gab. Ich wurde aber mit der anderen Lösung sehr glücklich, auch wenn ich in die Pläne, die ich vorbereitet hatte, sehr verliebt gewesen war. Dennoch fühlte ich mich gut genug, um mich umzustellen, wie immer.

PB: Apropos Träume – du sagtest einmal etwas rätselhaft – aber vielleicht möchtest du es auch so stehenlassen – „Ein Film ist ein Traum, aber ein Traum ist niemals eine Illusion".

OW: Oh, hör dir mal an, was britische Politiker sagen: „Ich verlange die Beachtung dieser Frage." Ich meine, das klingt doch absolut phantastisch, aber ich habe keine Ahnung, was es bedeutet. So ist es mir einmal ergangen, bei diesem entsetzlichen Augenblick im Rundfunk: Während ich die Werbe-Stimme von Cornstarch* war, ich brauche das nicht näher zu erläutern, hatte ich täglich um zwölf Uhr noch einen fünfzehn Minuten-Job [*Musical Reveries*] für Crisco** oder so etwas ähnliches, und zwar auf demselben Gang, gleich gegenüber der CBS. Die hatten auch ein Orchester, das spielte süße Weisen für Hausfrauen – und dann las ich zum Beispiel ein Gedicht, und dann kam wieder Musik. Jedes Mal bekam ich fünfzig Dollar, und das war sehr leicht verdientes Geld, weil ich immer erst Minuten vorher da war, das Gedicht vorlas und mit fünfzig Dollar in der Tasche das Haus verließ – ein wahrer Segen. Das ging jahrelang so. Ich gewöhnte mir an, für die Gedichte kleine Einführungen zu schreiben. Besonders, wenn sie ein wenig nebulös waren und ich meinte, die Hausfrauen am Herd brauchten ein wenig Nachhilfe, machte ich einen kleinen Kommentar, „zum besseren Verständnis", wie man das nennt. Als sich der folgende kleine Zwischenfall ereignete, hatte ich vier Tage und Nächte kein Auge zugetan. Wir probten gerade zwei verschiedene Stücke – eins in Harlem und eins unten im Maxine Elliott – und machten sechzehn Rundfunkspots in der

---

* Cornstarch = Hersteller von Speisestärke (A. d. Ü.)
** Crisco = Kokosfett zum Braten (A. d. Ü.)

Minute. Und zwischendurch – das muß ich zugeben – ließen wir auch nichts anbrennen. Ich kam also ins Studio. Als Gedicht des Tages wurde mir eines der „Sonnette aus dem Portugiesischen" von Elizabeth Barrett Browning ausgehändigt. Und damit konnte ich nun überhaupt nichts anfangen. Da erinnerte ich mich, daß ich einmal zusammen mit Miss Cornell in einem Stück gespielt hatte, das hieß *The Barretts of Wimpole Street*. Darin gab es einen Witz, der immer gut ankam, von Robert Browning persönlich – ein echtes Zitat von ihm, das in das Stück eingearbeitet war, in dem auch er nach der Bedeutung eines Gedichts gefragt wird. Er las es und las es und las es immer wieder und sagte schließlich: „Als das geschrieben wurde, haben nur Gott und Robert Browning es verstanden. Jetzt nur noch Gott." Das ist doch einfach köstlich.

PB: Allerdings.

OW: Also dachte ich mir, ich könnte diesen Witz erzählen, denn wie ich an dem Tag ein Gedicht lesen würde – ach du liebe Zeit, das wäre doch nur Kauderwelsch*. Also erzählte ich meinen Hausfrauen diese hübsche kleine Geschichte, und als ich dann zur Pointe kam, klang das so: „Als das geschrieben wurde, haben nur *Bravin Drivet Griving* – Als *Grompit Drivet* – Als das geschrieben wurde, haben nur *Gropit Drivet* – Also, als *dras geschietet wurbe* – " Ungefähr zwanzig Verantwortliche waren im Regieraum. Die winkten heftig ab, liefen dunkelrot an und – naja, ich setzte nur das Manuskript ab und sagte „Guten Morgen, meine Damen", verließ das Studio und ward nie wieder gesehen. Ich hatte nicht den Nerv, mich dort noch einmal blicken zu lassen. Das war das Ende meiner Karriere bei Cornstarch. Aber egal – ich fand nur, diese hübsche Bemerkung paßte sehr gut zu dem vorzüglichen Zitat, das du da gefunden hast. Klingt für mich wie eins von diesen Statements, wie man sie gern auf Filmfestivals abgibt.

---

* Jabberwocky = Lewis Carroll, Through the Looking Glass (A. d. Ü.)

PB: Noch etwas zu *The Trial.* Die Leute im Warteraum erinnerten mich sehr an Nazi-Opfer.

OW: Oh ja, weil sie Osteuropäer sind – sie sehen Nazi-Opfern
ähnlicher als zum Beispiel den Opfern der Russen oder anderer.

PB: Wolltest du Schuldgefühle wecken über die Folter in den
Nazi-Konzentrationslagern?

OW: In *allen* Konzentrationslagern – nicht nur denen der Nazis.
Das kommt im Roman so gar nicht vor. Ich denke, die größte
Schwäche des Films ist sein Versuch, universell zu sein. Vielleicht
verliert ein Film, der ganz bewußt universell sein will, immer
irgendwo; das kann auch der Grund für vieles sein, was du nicht
an ihm magst.

PB: Daß wir uns nicht eigentlich in einem bestimmten Land
befinden.

Anthony Perkins, Romy Schneider und „Millionen Kerzen" in dem Film
The Trial.

OW: Ja. Nun, wesentlich ist, daß wir uns mitten in Europa befinden... Aber ich habe natürlich nie aufgehört zu denken, daß es die Tschechoslowakei sein soll.

PB: In deiner Vorstellung.

OW: Ja, das mußte sein. Man kann nicht einen Film in einem *Niemandsland* spielen lassen – dann muß er ja schlecht werden. Es ist in Osteuropa – das sieht man an den Straßen und an allem. Aber wie immer bei Kafka soll es die Tschechoslowakei sein. Die letzte Einstellung wurde in Zagreb gedreht – dort gibt es alte Straßen, die sehen ganz so aus wie Prag.

PB: Was hatten all die Kerzen in der Wohnung des Advokaten zu bedeuten?

OW: Es *gibt* in diesen Räumen so viele Kerzen! [*Lacht.*] Hab' einmal angefangen, sie anzuzünden, und konnte nicht mehr aufhören [*lacht*].

PB: Aber es war optisch ein sehr starker Eindruck.

OW: Aber?

PB: Vielleicht war *das* mein Problem mit dem Film. Immer dachte ich, hinter allem stecke noch eine tiefere Bedeutung.

OW: Nichts – nur das, was du siehst. Weißt du, daß der Film seltsamerweise von den einfachsten Menschen am besten verstanden und gemocht wurde? Menschen, die nicht so gebildet waren, als daß sie schon bei dem bloßen Wort „Kafka" und bei der Art des Films hinter allem und jeden irgendwelche Verschlüsselungen vermutet hätten. Diese Menschen haben sich den Film einfach nur angesehen. Ich habe die Anzahl der „Eierköpfe" unterschätzt. Ich habe den Film für „Nicht-Eierköpfe" gemacht und dabei völlig vergessen, daß der Name „Kafka" im Blutstrom von normalerweise ganz nicht-intellektuellen Menschen gewisse Dinge aufrührt.

PB: Ich schätze, so war es auch bei *mir*.

OW: Es ist ein *Traum*.

PB: Und Träume sind unspezifisch.

OW: Nun, sie können spezifisch sein, aber einige sind es nicht, und dieser war es nicht, weil das Entsetzliche an der Geschichte ihre besondere Formlosigkeit ist. Sie soll unspezifische Angst wecken, und die Angst ist hier eine Art Traum, aus dem man schweißgebadet und winselnd aufwacht. Und das soll hier erreicht werden, und das ist alles. Der Film ist eine Erfahrung.

PB: Und der Mangel an präzisen Einzelheiten ist vergleichbar dem Mangel an präzisen Einzelheiten in einem Traum.

OW: Nun, es gibt alle möglichen präzisen Einzelheiten – wie zum Beispiel die Tausenden von Kerzen. Aber man muß eben schlicht genug oder, entschuldige bitte, intelligent genug sein und ein wahnsinnige Menge Kerzen als das akzeptieren können, was sie ist [*lacht*].

PB: Es gibt in dem Film auch ein Eifersuchtsthema.

OW: Du findest darin *alles*, wovor Menschen Angst haben.

PB: Gut, aber seine Schuld wird nie genau definiert...

OW: Vielleicht ist er ja unschuldig. Das ist vollkommen offen. Auf eine Art ist er auch das Publikum. Ich konnte den Film überhaupt nur machen, weil ich selbst mein Leben lang immer wiederkehrende Alpträume von Schuld gehabt habe: Ich bin im Gefängnis und weiß nicht, warum; ich komme vor Gericht und weiß nicht, warum. Das ist sehr persönlich. Ein sehr persönlicher Ausdruck meines Innersten, und es stimmt einfach nicht, daß ich mich hier in fernen Welten bewege, die mit mir nichts zu tun haben. Dies ist der autobiographischste Film, den ich je gemacht habe, der *einzige*, der mir wirklich so nah ist wie die eigene Haut. Daß diesmal in dem Film kein Akzent aus dem Mittleren Westen gesprochen wird, das spielt doch, verdammt nochmal, keine Rolle. Dieser Film kommt meinen eigenen Gefühlen viel näher als jeder andere, den ich gemacht habe.

PB [*nach einer Pause*]: Ich habe es immer so empfunden, als ob – im Gegensatz zu deinen anderen Filmen – *The Trial* nicht eigentlich ein Unterhaltungsfilm ist – nicht auf dieser simplen Ebene.

OW: Ich habe auch nie ernsthaft versucht, einen Film unterhaltsam zu machen.

PB: Nein, aber ich denke, du *wünschst* dir doch, daß deine Filme unterhalten.

OW: Natürlich – ich habe sonst keine Arbeit mehr. Ich stelle mir aber diese Frage nie – ob ein Film unterhaltsam ist oder nicht. Wenn ich eine Komödie drehe, hätte ich sie gern recht komisch. Drehe ich eine Horrorgeschichte, soll sie Entsetzen verbreiten. Wenn ich eine traurige Szene mache, soll sie traurig sein. Aber unterhaltsam ... ich weiß nicht so recht, das Wort beunruhigt mich irgendwie. Wahrscheinlich ist das versnobt von mir. Ich habe nicht beabsichtigt, daß der Film unterhaltsam sei – er sollte eine Erfahrung der einen oder anderen Art für das Publikum sein.

PB: *Das* ist er meiner Meinung nach auch.

OW: Nun, das würde mir schon genügen. Ich bin ein schrecklicher Banause, wie du weißt. Wenn ein Film ein Erlebnis ist, wäre ich damit sehr glücklich. Aber es müßte schon ein echtes Erlebnis sein, nicht eine Demonstration der Fähigkeiten des Regisseurs. Wenn *The Trial* das sein sollte, dann ist der Film daneben gegangen, aber wenn er als Erlebnis auf das Publikum wirkt, und nicht als Exhibitionismus meinerseits, dann ist er gelungen. Übrigens finde ich es für dieses, unser Buch sehr wichtig, daß du bei deiner negativen Einschätzung bleibst – ich schätze nämlich deine hohe Meinung von mir sehr, und um das Buch glaubwürdig zu machen, solltest du dich durchaus gegen einen meiner Filme stellen. Es ist auch unterhaltsamer so. Ich glaube sowieso, daß ein Buch wie dieses unterhaltsamer sein muß als ein Film!

PB: Ich wollte eigentlich nur sagen, mein Eindruck war, daß die Chemie zwischen dir und dem Material nicht die unterschwellige Spannung hervorgebracht hat, die in *Touch of Evil* so interessant war.

OW: Gut, aber schreibe das auch in dem Buch. Ich bin allerdings nicht interessiert, es zu *hören*. Ich habe eine viel schlechtere

Meinung von meinem Lebenswerk als du vermuten würdest, und alles Negative, was ich von einem Freund höre oder von jemandem lese, den ich auch nur halbwegs respektiere, schmälert den kleinen Schatz, den ich in mir trage. Ich will es also nicht hören. Du kannst es im Buch veröffentlichen, aber ich werde die Seiten überschlagen. Das ist kein Witz.

PB: Ich weiß, daß es keiner ist. Also, jetzt die Szene im Büro – warte mal, ich erinnere mich im Augenblick nicht, welche Szene das war...

OW: Nun, wenn du dich nicht erinnerst, geh zur nächsten Frage über. Was für ein unvergeßlicher Film! [*Lacht.*]

PB: Vielleicht liegt es an der Unzulänglichkeit der Zuschauer, die sich Kafka von Welles mit vorgefaßter Meinung ansehen und einen symbolträchtigen Film erwarten.

OW: Ich glaube übrigens, daß Kafka auch nicht an Symbolen interessiert war. Obgleich der Film meine geistige Schöpfung ist und nicht nur illustrierter Kafka, ist er doch Kafkas Geist verpflichtet, wie ich ihn verstehe. Und das ist der Geist der Verfolgung und der Angst und aller Gefühle, die sich im Blut der menschlichen Rasse regen, und die so überragend und erhaben sind, viel zu essentiell, zu nobel, als daß sie sich auf kitschigen Ufa-Symbolismus reduzieren ließen.

PB: Vielleicht war meine Reaktion auf den Film viel vordergründiger. Ich denke, der Film wirkt wie das grauenvolle Erlebnis eines Traums, und ich mochte dieses Erlebnis nicht.

OW: Oh ja, ein sehr unerfreuliches Erlebnis.

PB: Ich konnte den Film einfach nicht *genießen*...

OW: Dann großer Erfolg! Du solltest auch nur einige wenige Augenblicke genießen. Es gibt einiges zu genießen. Aber eigentlich sollst du eine unerfreuliche Zeit mit dem Film verbringen. Das ist die Idee. Mit anderen Worten: du kannst argumentieren, der Film wäre besser nicht gemacht worden, aber du mußt mir meinen Versuch, dir im Kino eine harte Zeit zu bereiten, schon zugestehen.

PB: Ich habe schon Träume gehabt, wo ich dachte, ich hätte jemanden umgebracht.

OW: Die haben wir alle. Ich hatte auch diesen einen, immer wiederkehrenden Traum, seit ich ungefähr zwölf war – daß ich jemanden ermordet und ihn unter den Fußbodendielen begraben hätte. Ich wache dann auf und denke, „Wo war doch gleich die Stelle?".

PB: Ich habe keine gravierenden Vorbehalte gegen den künstlerischen Wert des Films, aber er ist nun einmal kein Film, den ich mir wirklich gern ansehe.

OW: Du benutzt jetzt meine eigenen Argumente über das Filmesehen, um mich anzugreifen – nämlich, daß ich mir nur Filme ansehe, die ich wirklich gern sehen möchte. Und da gehe ich nun hin und mache Filme, die von den Leuten gesehen, aber nicht gemocht werden sollen. Das ist das Paradoxe an meinem gesamten Werk [*lacht*].

PB: Es trifft aber nicht für *alle* deine Filme zu. Das hier ist der einzige. Alle anderen konnte ich mir mit großer Freude immer und immer wieder ansehen.

OW: Ja, und es ist klar, daß man sich *The Trial* nicht freudig ansehen kann. Das ist vollkommen in Ordnung.

PB: Man kann eben nicht sagen „Kommt, laßt uns heute abend *The Trial* sehen und uns amüsieren".

OW: Es sei denn, du siehst den Film so wie ich. Ich muß doch sagen, daß es einige Passagen darin gibt, von denen ich erwartet hätte, daß sie mehr Freude bereiten, als sie es offenbar tun. Ich dachte, alles, was mit dem Advokaten und seiner Kanzlei und dem Mädchen und Tamiroff zu tun hat, sei vergnüglich und komisch.

PB: Doch, man kann sich amüsieren.

OW: Ich finde es komisch. Ich muß die ganze Zeit über lachen. Wir grölten förmlich, als wir es drehten – du kannst dir das hysterische Gelächter während des Drehens nicht vorstellen. Jede Kleinigkeit hat großes Gelächter ausgelöst. Das war die einzige

Akim Tamiroff in *The Trial*.

Möglichkeit für uns, nicht durchzudrehen. Ich denke immer noch an diese Szenen und muß heute noch darüber lachen.
PB: Der Film ist auch ziemlich unterkühlt.
OW: Und ich glaube, er ist voller leidenschaftlicher Gefühle – sehr menschlich. Ich will dem Zuschauer nicht eiskalt einen Schrecken einjagen. Aber die Atmosphäre ist schon eisig. Dumpfig, naßkalt, grauenvoll. Und die Erotik ist schmutzig und morbid.
PB: Irmie und Frau Grumbach sind die einzigen normalen Menschen in dem Film.
OW: Ja, das stimmt.
PB: Woher hattest du die Geschichte mit den unanständigen Photos bei dem Richter?
OW: Von Kafka. Die schmutzige Erotik in dem ganzen restlichen Film habe ich daraus entwickelt.

PB: „K ist schon von Geburt an schuldig." War das dein Gefühl?

OW: Wer hat das gesagt?

PB: Ich kann mich nicht erinnern – ich habe es gelesen.

OW: Nun, K's metaphysische Schuld, wie Kafka sie ersonnen hat, beginnt nicht mit seiner Geburt, denn Kafka war ein Jude. Die Idee der Erbsünde ist christlich.

PB: So siehst du also den K? Daß er sich schuldig fühlt, auch wenn er unschuldig ist?

OW: Es kommt nicht darauf an, ob er schuldig ist oder unschuldig. Hier geht es um eine bestimmte *Einstellung* gegenüber Schuld und Unschuld – das ist der Kern der Geschichte. Denn was ist denn seine Schuld? Wessen ist er schuldig? Kafka nähert sich diesem Problem auf die eine, und ich auf eine etwas andere Art. Und ich glaube immer noch, daß für das Buch und den Film gleichermaßen gilt: was zählt, ist die Attitüde, nicht der Fakt.

PB: Er ist nicht schuldig, aber er fühlt sich schuldig.

OW: Oder er ist schuldig und fühlt sich auch schuldig. Es ist vollkommen unerheblich, ob er schuldig ist oder nicht.

PB: Das Entscheidende ist, daß er es empfindet.

OW: Nein, nicht daß er es empfindet – das ist eine unziemliche Vereinfachung. Es ist dies eine Studie über die verschiedenen, sich wandelnden Attitüden gegenüber der Schuld, über die Art, wie man damit umgehen kann.

PB: Soll K sympathisch sein oder nicht?

OW: Ich glaube, weder noch. Ich glaube nicht, daß man sehr für ihn ist, aber auch nicht sehr gegen ihn.

PB: Nun, vielleicht ist man *auf seiner Seite*.

OW: Ja, aber Sympathie für ihn empfinden ist nicht dasselbe wie auf seiner Seite sein. Und er ist ziemlich hartgesotten in dem Roman, mußt du wissen. Er ist ein aufstrebender Bankangestellter, einer, dessen Zukunft gesichert scheint.

PB: Im Buch ist es so, daß niemand K beachtet, wenn er in den Gerichtssaal kommt. Im Film drehen sich alle nach ihm um. Warum hast du das geändert?

OW: Manch anderer Filmregisseur würde darauf jetzt abheben, und es wäre sicher sehr interessant zu hören, was er zu sagen hätte. Ich will überhaupt nicht störrisch sein, aber ich kann wirklich nichts dazu sagen – außer: nehmt es, wie es ist. Es sei denn, ich hätte filmtechnische Gründe gehabt wie „Leider hatten wir keine Kulissen" oder etwas in der Art. Im Roman sind die Menschen ihm gegenüber indifferent, wie ich mich erinnere; dann aber, später, nehmen sie doch Notiz von ihm. Ich meine, du solltest das Buch lesen. Es ist kurz. Und dann noch einmal den Film sehen.

PB: Also, jetzt bin ich überzeugt, daß der Film *The Trial* genau das geworden ist, was du beabsichtigt hast.

OW: Du bist dir nur noch nicht sicher, ob das für dich gut genug ist. Es mag sein, daß er *als Film* nicht genug hergibt.

PB: Nein, ich glaube, er ist wie ein schrecklicher Traum.

OW: Er ist aber nicht die Wiedergabe eines Traums – das ist eine sehr wichtige Anmerkung, die ich machen möchte.

PB: Er gibt dir das *Gefühl* eines Traums.

OW: Ja, dem Erlebnis des Träumens verwandt. Und, weißt du, das Magische am Träumen, das habe ich eigentlich gesucht, versucht zu gestalten. Denn Träume haben etwas mit Magie zu tun, und ich glaube an die Magie als die Hauptquelle aller Dichtung. In unseren Träumen kreieren wir ganze Welten – voller Menschen, die wir nie gesehen, Orten, die wir nie betreten haben: Widerhall und Abglanz von Welten und Erinnerungen, die wir nie erfahren haben. Und doch sind sie da, real, in Verbindung mit diesem Erlebnis Schlaf, wenn wir Bereiche berühren, worüber die Menschen gerade erst beginnen, Vermutungen anzustellen. Es wäre also eine Katastrophe gewesen, hier Symbolismus im ganz gewöhnlichen Wortsinn zu verwenden, denn ein Symbol ist meine Aussage an dich und das Publikum, und ich bin gar nicht dabei. Ich darf keine Meinung äußern. Ich muß den Betrachter denken machen, es gehen Dinge vor, im Zimmer nebenan, von denen er nichts weiß; das ist das Wesen eines Traums. Daß solche Dinge reichlich vorkommen. Und absolut mehrdeutig sind. Sie geben uns magische Signale, allerdings nie im Sinne der Eierkopf-Symbolik, einzig in der Symbolsprache der Magie. *Diese Art* Symbolik ist sehr berechtigt, aber ich ziehe es vor, nicht darüber zu reden. Darum die Kerzen – das ist Magie, weißt du. Ihre Bedeutung hat nichts zu tun mit Schuld oder Unschuld in einer Anwaltskanzlei – sie ist eine Beschwörung. Ich weiß, ich suche hier nach einem Alibi, denn wenn jemand Vorbehalte gegen einen Film hat, dann kann nichts, was man dazu sagt, den Film ändern. Ich glaube aber, daß alle, die Vorbehalte gegen diesen Film hatten, sie deshalb haben, weil sie von ihm etwas anderes erwartet haben, als ich machen wollte.

8.

CAREFREE

The Fountain of Youth • Andere TV-Pilotprojekte • „Twilight in the Smog" • Über den Adel • *Compulsion* • *Touch of Evil* • *Julius Caesar* • Howard Hughes • Mit Schauspielern arbeiten • Drogen • Marlene Dietrich • Arbeiten in Amerika

---

Orson Welles: Ich wollte für all die kleinen Granden aus dem alten Hollywood, mit denen ich befreundet war und die ich so lange nicht gesehen hatte, eine Party schmeißen. Schließlich war ich annähernd zehn Jahre in Europa gewesen und wollte ihnen zeigen, daß ich mich noch an meine Freunde erinnerte – Sam Goldwyn und Jack Warner und all diese Leute. Ich war spät dran. Den ganzen Tag war ich mit Drehen beschäftigt gewesen, *Touch of Evil*, und wollte mich nicht erst noch von dieser wahnsinnig aufwendigen Maske befreien; es hatte Stunden gedauert, bis ich alles drauf hatte – dicker unterlegter Bauch und Rücken, insgesamt fünfzig Pfund, und alle möglichen entsetzlichen Utensilien für die Rolle eines alten Mannes. Als ich mein Haus betrat, umringten mich meine Gäste und sagten, noch ehe ich Gelegenheit hatte, meinen Aufzug zu erklären, nach oben zu gehen und mich abzuschminken: „Hi, Orson! Mensch, siehst du gut aus!"

Wir befinden uns jetzt außerhalb von Carefree, einer Stadt – was sage ich da – einem Vorort von Phoenix, Arizona. Orson hat hier ein Haus am Hang gemietet, wo er ausgedehnte Sequenzen für seinen Film *The Other Side of the Wind* gedreht hat, und zwar mit derselben kleinen Crew,

die er damals in Hollywood um sich versammelt hatte.
Alles ist vollgestopft mit Gerät und zum Teil recht bizarren
Requisiten, wie zum Beispiel einem Dutzend lebensgroßer
Puppen, die allesamt einer der Hauptfiguren des Films
ähnlich sehen. Diese Puppen liegen in verschiedenen Stellungen auf dem Fußboden herum, was einen ganz schön
aus der Fassung bringt, wenn man denkt, man betritt einen
leeren Raum und dann diese Körper herumliegen sieht.
Alle anderen haben schon Schluß gemacht, und jetzt, am
frühen Abend, sind Orson und ich allein am Pool und
sprechen über den Film, den er zuletzt in Hollywood
gemacht hat, *Touch of Evil*, der 1958 herausgekommen ist.
Nach zehn Jahren der erste, den er wieder dort gedreht hat.
Und hier saßen wir nun, wiederum knapp zwei Jahrzehnte
später, und drehten einen Film über den letzten Film eines
berühmten Regisseurs. [Und es stellte sich heraus, daß
dieser Film, *The Other Side of the Wind*, dann auch Orsons
letzter war.]

Peter Bogdanovich: Was passierte, als du nach Hollywood
zurückkehrtest?
OW: Gar nichts. Das war ja das Problem. Für mich begann eine
sehr unglückliche Zeit – die schlimmste eigentlich –, weil ich
keine Arbeit fand. Ich habe ein Jahr mit fast nichts zugebracht,
saß nur zu Hause und wartete, daß das Telephon läuten würde.
Aber dann bekam ich ein paar Jobs: *The Long, Hot Summer*
[1958], was ich gehaßt habe – selten war ich so unglücklich bei
einem Film. Und denke nur an *Man in the Shadow*, ein typischer
Jeff Chandler-Western, unverbesserlicher B-Film. Jeff war ein
wahnsinnig netter, trauriger Kerl, den ich sehr mochte, aber das
war ja wohl das Letzte – ich als Boss einer großen Ranch. Und
dann kam *Touch of Evil*, eine ganz große Sternstunde – da dachte
ich, ich hätte es geschafft und würde bleiben können und eine
Reihe von Filmen mit der Universal machen.

PB: Hast du nicht ein wenig Fernsehen gemacht, während du so herumgewartet hast?

OW: Doch, zum Beispiel einen Pilotfilm für Desilu* – *The Fountain of Youth* –, der sich aber nicht verkaufen ließ.

PB: Aber später wurde er als „*Special*" herausgebracht und bekam 1958 den Peabody Award. Wirklich die beste Fernseh-Show, die ich je gesehen habe – für das Medium wie geschaffen, wie du gesagt hast. Ich fand das Ticken der Uhr während des ganzen Films so toll. Hast du in der Zeit nicht noch einen anderen Pilotfilm gemacht?

OW: Ja – und eine halbstündige Sendung über Dumas mit dem Titel *Camille, the Naked Lady and the Musketeers* [1956].

PB: Für Desilu?

OW: Nein, allein. Ich nahm mein eigenes Geld. Ich wollte eine Serie mit Halbstunden-Porträts machen. In diesem hier war ich allein und erzählte die Geschichte der drei Dumas', mit Bildern der drei und Zeichnungen von mir. In rein narrativer Form, aber dennoch sehr schön aufgemacht. Niemand wollte ein Stück aus dieser Serie haben. Ich dachte, ich könnte sie verkaufen – über eine Senderkette oder so. Keine Chance. Kein Mensch wollte das sehen. Ich weiß auch nicht, was daraus geworden ist, ich wünschte, ich könnte die Sachen wiederfinden.

Auf dieser Dinner Party, die ich schon erwähnte, habe ich meinen Gästen diese beiden Kurzfilme vorgeführt – und Sam Goldwyn verließ schon beim ersten den Raum. Er sagte: „Ich bin doch nicht hier, um mir einen Haufen Kurzfilme anzusehen." Ich weiß auch nicht, was an dem Abend in ihn gefahren war.

Danach gab ich ein Vermögen aus – ich wollte sechsunddreißig wöchentliche Folgen über das Leben von Churchill drehen, was später mit [Richard] Burton als Sprecher gemacht wurde. Ich muß wohl 12000 Dollar für Recherchen und derartige Dinge verbraucht haben, und die Steuerleute wollten mir nicht gestat-

---

* Desilu = Produktionsgesellschaft von Desi Arnaz und Lucille Ball (A. d. Ü.)

Joi Lansing in *The Fountain of Youth.*

ten, diese Summe abzusetzen. Sie sagten nur: „Wofür haben Sie recherchiert? Sie haben den Film nicht vermarktet. Sie sagen, Sie haben zu Hause gearbeitet – das sagen alle Filmstars.“
PB: Was war mit der Fernsehdokumentation, die du über Gina Lollobrigida vorbereitet hast [etwa 1958]?
OW: Die war über die römische Filmwelt. Sie war zwar die Hauptperson, aber es waren noch viele andere dabei – De Sica und so weiter. Der Film wurde als Pilot einer neuen Serie für die ABC gemacht, einer Art Magazin – ein kulturelles, keine Unterhaltung. Sie haßten es, und das war dann das Aus.
PB: Ist das je gesendet worden?
OW: Nein. Sie sagten damals, es sei technisch unzulänglich und könne nicht ausgestrahlt werden. Hatte viele neue Ideen darin – Steinberg-Zeichnungen, viele Standphotos, Gespräche, kleine

Histörchen – und das haben sie als technische Inkompetenz ausgelegt. Viel Zeit ging auch mit abgelichteten Filmplakaten drauf. Daran haben sie sich auch gestört. Es war sauber gearbeiteter Journalismus, speziell für *diesen Schirm* [TV]. Ich über ein vorgegebenes Thema, Lollobrigida, und nicht etwa, wie sie wirklich ist. Ein Essay! Ach, egal, sie haben es jedenfalls gehaßt.

PB: Wie war denn Martin Ritt als Regisseur von *The Long, Hot Summer?*

OW: Oh, er war derjenige, der zu mir gesagt hat: „Ich möchte, daß du zu diesen Fenstern da eine innere Verbindung aufnimmst", und ich sagte: „Marty, du meinst wohl, ich soll die Fenster *ansehen?"* Mir machte es großen Spaß, mit Joanne Woodward zu arbeiten – wir hatten hübsche Szenen zusammen – und mit Angela Lansbury. Ich liebe sie. Aber insgesamt war ich nicht besonders glücklich, obgleich der Film ein enormer Erfolg wurde. Das ist übrigens der Streifen, über den der Kritiker von der *New York Times* [Bosley Crowther] schrieb: „Man kann es glauben oder nicht, aber Orson Welles war recht gut" *[lacht].*

PB: Kanntest du Faulkner persönlich?

OW: Ja. Dieser Film hatte natürlich mit dem Buch [*The Hamlet*] nichts gemein – er war eher eine Tennessee Williams-Imitation unter dem Namen Faulkner. Aber ich kannte Faulkner ziemlich gut.

PB: Was für ein Mensch war er?

OW: Das weiß ich gar nicht mal – ich habe ihn über die Jahre immer nur heftig betrunken erlebt. Aber eigentlich hätte er nüchtern sein müssen, um dieses riesige Werk zu produzieren.

PB: Du magst seine Schriften?

OW: Nicht so sehr wie andere, aber ich bewundere ihn durchaus. Ich ziehe seine Kollegen innerhalb seiner Generation vor – Fitzgerald, dann Hemingway, von dem ich sehr angetan bin, und ich bin ein großer Fan von John O'Hara, einem sehr unterschätzten amerikanischen Schriftsteller.

PB: Was hältst du von Fitzgeralds Hollywood-Roman *The Last Tycoon?*

OW: Der schien mir immer für einen großen Schriftsteller zu schlecht.

PB: Nun, der Roman ist unvollendet.

OW: Aber selbst was vorliegt – ich glaube nicht, daß er Hollywood auch nur eine Minute lang verstanden hat. Ich glaube, er wußte nicht, wovon er spricht.

PB: Du hast damals einen guten Artikel für *Esquire* geschrieben – über den Tod von Hollywood.

OW: Ich erinnere mich, daß der verantwortliche Redakteur sich in seiner Kolumne noch zu der Bemerkung genötigt sah, Hollywood sei letzten Endes gar nicht *so* schlecht mit mir umgegangen.

PB: Eine Art Rechtfertigung.

OW: Ja. Ich habe nie über Hollywood geklagt, aber ich habe wirklich nicht besonders von dem System profitiert [*lacht*].

PB: Das ist ja wohl eine der gewaltigsten Untertreibungen, die ich –

OW: Auch denke ich, daß mein Artikel nicht verbittert klang. Ich hielt seinen Beschwichtigungsversuch für vollkommen überflüssig:

Hier folgen einige Auszüge aus Orsons Artikel „*Twilight in the Smog*", veröffentlicht in *Esquire*, März 1959:

…Es war Fred Allen, der in seiner aufrichtigen Art gesagt hat: „Kalifornien ist eine wunderbare Gegend – für Orangen." Ich vermute, was Fred tatsächlich meinte, war ganz generell die Region um Los Angeles, oder, wie man zu sagen pflegt, das Größere Los Angeles (größer als was?). Wie für so viele von uns war es dieser Teil des Landes, den er am besten kannte und am wenigsten mochte.

Immerhin, so geben selbst die Zitrus-Leute zu, hat der
Smog die Freude am Leben verdorben, sogar den
Orangen...
   Laut Landkarte ist Hollywood ein Distrikt, der sich an
Los Angeles anlehnt, aber nicht zur *City of Los Angeles*
gehört. Doch ist das nicht ganz korrekt: Los Angeles –
obgleich riesig, dichtbesiedelt und reich – hat es nie ganz
bis zur Metropole gebracht. Es ist ein lockerer und weit
auseinandergezogener Zusammenschluß von Vororten
und Einkaufszentren. Was nun *downtown* Los Angeles
anlangt, so ist es ungefähr so großstädtisch wie Des
Moines oder Schenectady...
   Nie hat es in der Geschichte eine echte Metropole
gegeben, die nicht als Marktplatz angefangen hätte.
Hollywood ist aber nur ein Rastplatz am Highway.
Fahren Sie so weit Sie wollen in beliebiger Richtung: wo
immer Sie sind, überall sieht es aus wie auf einer
Zubringerstraße zu einem Flughafen. Wie auf allen
Zubringerstraßen zu allen Flughäfen...
   Geht Hollywoods berühmte Sonne wirklich unter?
Allerdings gibt es einen Silberstreif in dem Smog, denn in
jüngster Zeit hat sich ein flanellgrauer Schatten über der
alten Filmhauptstadt ausgebreitet. Das Fernsehen dringt
unerbittlich nach Westen vor. Es leert die Filmtheater im
ganzen Land und füllt die Aufnahmestudios. Eine neue
Industrie baut sich eine ganz neue Stadt; und schon
werden wir gewahr, wie aus den grellbunten Ruinen des
Filmlands eine neue, tristgraue, seltsam feierliche Spielart
der alten Torheit erwächst.
   Ein starkes Stück Absurdität gehört immer zum
Funktionieren einer Traumfabrik dazu, aber jetzt gibt es
nicht mehr so viel, worüber man lachen kann, und noch
weniger, was einem gefällt. Die fieberhafte
Ausgelassenheit ist weg, die gewisse unverschämte

Vitalität wie ausgedörrt. Das Fernsehen ist schließlich eine Branche der Werbeindustrie, und Hollywood benimmt sich nun zusehends wie eine Dependence der Madison Avenue. Fernsehen – live, MAZ oder Film – ist immer noch durch die Sprachbarriere eingeengt, wo doch die bewegten Bilder naturbedingt und aus ökonomischer Notwendigkeit so vielsprachig sind. Solche Bilder zu machen, war schon immer ein internationales Geschäft. Regisseure, Autoren, Produzenten und vor allem die Stars kommen aus aller Welt nach Hollywood, und ihre Filme wenden sich an ein internationales Publikum. Die neue Industrie in der Stadt bedroht nun deren traditionelle Weltoffenheit und ersetzt sie durch einen streng nationalen Stallgeruch. Das könnte auch gar nicht anders sein, denn unser Fernsehen hat nur einen einzigen Daseinszweck: amerikanische Waren an amerikanische Konsumenten zu verkaufen...

Jetzt, wo selbst die größten Filmgesellschaften durch Sparprogramme lahmgelegt und von Not-Belegschaften verwaltet werden, ist die Goldrauschatmosphäre, die einst Hollywoods ganz eigenen, schwindelerregenden Charme ausmachte, nur noch Erinnerung.

Im goldenen Zeitalter des Films – den ersten Jahren dieses Booms – waren Stimmung und Lebensart in der Tat einem Goldrausch sehr ähnlich. Damals herrschte das wilde, freibeuterische Durcheinander des früheren Kaliforniens: es war die Zeit der unendlich großen Vermögen, die an einem einzigen Tag gewonnen und in einer einzigen Nacht wieder verloren wurden; es war die Zeit der ebenso lustvollen Gewalttätigkeit und der Halsabschneider-Anarchie. All diese Turbulenzen des Wilden Westens sind jetzt zum Schweigen gebracht...

Architektonische Phantasie ist nicht mehr gefragt, die fröhliche Protzigkeit fast ganz verschwunden; die witzigsten der alten Schandbauten sind dem Erdboden gleichgemacht oder nur noch Ruinen. In den sogenannten „besseren" Wohn- und Geschäftsvierteln hat sich ein gewisser offizieller „guter Geschmack" breitgemacht. Das Ergebnis ist standardisierte Makellosigkeit, steril und freudlos, aber geeignet, das brennende Verlangen der Gemeinde nach Achtbarkeit korrekt auszudrücken...

Bis hin zu diesem Augenblick in seiner langen, langen Geschichte, blieb das Völkchen der Schauspieler ziemlich unerbittlich von der Achtbarkeit ausgeschlossen. Bezeichnenderweise hatte der Theaterberuf keinen Kontakt zur Mittelschicht (oder besser: keine Möglichkeit, sich anzustecken). Und überhaupt verwenden wir erst seit kurzem dieses sehr mittelschichtige Wort „Beruf". Und zwar, seitdem es uns so peinlich wurde, über Kunst zu sprechen, was der Anfang unseres Sündenfalls war: plötzlich wollten wir nämlich aufsteigen – wenigstens zur einfachsten Kategorie von Ladies und Gentlemen gehören. Vorher hatten wir eines mit allen anderen Künstlern gemeinsam – nämlich gar keinen Rang – und standen, ohne uns etwas zu vergeben, außerhalb des Protokolls...

Was unsere Position so unangreifbar machte, war ja gerade, daß wir keine hatten. Solange es keinen angemessenen Platz für uns gab – weder am Kopf noch am Fuße der Tafel – hatte ein Schauspieler die Freiheit, sich zu setzen, wo immer er willkommen war, und das war nicht selten neben dem König. (Es sei hier aber angemerkt, daß unsere höchst bemerkenswerten Cousins und Cousinen vom britischen Theater heute nicht die leichtgläubigen Intimfreunde der Königlichen Hoheiten sind.) Ich behaupte, wir hatten unserer Kunst und unserem Publikum mehr zu geben, als wir noch königliche Landstreicher waren, eingehüllt in unser

eigenes kaiserliches Rot. Unsere Krone war aus Blech,
aber es war eine Krone, und wir trugen sie, mit dem
kleinen, aber feinen Unterschied, zwischen all den andern
Diademen aus reinem Gold...
[Anfänglich war das Medium Film] eine Institution, auf
die „klassische" Schauspieler mit derselben selbstgefälligen
Verachtung herabsehen konnten, die Mittelklasse-
Honoratioren früher reichlich über Schauspielbühnen
ausgeschüttet hatten. Hollywood wurde nun zu einem
Begriff, und auf diesem aussichtslosen Vorposten
produzierte – ungehindert, unverkrampft und weitgehend
unbemerkt – ein kunterbuntes Show-Völkchen, das im
Geiste dem Zirkus, der Burleske und der *commedia
dell'arte* viel näher verwandt war als der steifen
Bühnenwelt jener Tage, fröhlich eine neue Kunstform und
zelebrierte dabei eine kurze, aber aufregende Renaissance
des alten königlichen Nonsens' und Ruhms.

Dieser Ruhm war ja beinahe schon ausgestorben, als
das Theater sich selbst zum reinen Broterwerb
degradierte. Nun, da man in Hollywood begann, vom
Filmemachen als von einer reinen Industrieform zu reden
und sie auch entsprechend organisierte, gingen in
Hollywood die Ruhmeslichter aus.

Was auf der Bühne oder Leinwand Gültigkeit hat, ist
niemals nur eine berufliche Übung und ganz gewiß kein
industrielles Produkt. Alles, was überhaupt von Wert ist,
muß also – nach endgültiger Analyse – ein Kunstwerk sein.

Es sollte nicht notwendig sein zu wiederholen, daß
Originalität eines der essentiellen Merkmale eines jeden
Kunstwerks ist, und jeder Künstler ein Individuum.
Ebenso offensichtlich kann aber das industrielle System –
das liegt in seiner Natur – mit Originalität nichts
anfangen. Ein echtes Individuum ist ein absoluter
Störenfried in einer Kunst-„Fabrik".

Es gab etwas, das nannte man „den Einfluß
Hollywoods". Heute können wir eher feststellen, daß das
gesamte restliche Amerika Hollywood beeinflußt.
Wie immer bereiten uns die aktuellen Sex-Symbole sehr
viel Freude, aber Jayne und Elvis sind allzu sehr die
glänzenden Geschöpfe der Publicity-Experten – unscharfe
Kopien der alten, lebenslustigen Originale, der Vamps
und Scheikhs, die sich selbst kreierten und so wundervoll
ihre eigene Legende lebten. Die jüngst nachgewachsene
Generation der „methodischen Darsteller" und die
offiziellen Vertreter der Beatnik-Gemeinde sind doch in
ihrer Aufmachung zu trübe, als daß sie viel Farbe in diese
fade Szene bringen könnten… Sie haben ihren eigenen
Konformismus, diese Top-Absolventen des *Actors' Studio*
– ihrer Methode fehlt der schöpferische Wahnsinn.
Von den echten großen Stars sind die jüngsten, Männer
wie Mitchum und Sinatra, in ihren vierzigern. Der
Rock'n'Roll katapultiert zwar gelegentlich einen recht
unbedeutenden sonderbaren Kauz ganz bis nach oben an
die Spitze, aber solche Typen sind *„cool"* im wahrsten
Sinne des Wortes und ändern weder auf die eine noch auf
die andere Weise etwas an der lauen Temperatur des
neuen Hollywood. Ihre besondere Egozentrik tobt sich
aus in Monotonie und ohne Begeisterung. Sie halten ihrer
eigenen Generation den Spiegel vor. Das tun auch ihre
pseudo-vorstädtischen Vorfahren aus der Filmkolonie.
Diese beiden Gruppen, die T-Shirts und die Sportjacken,
sind ein genaueres Spiegelbild des heutigen Amerika, als es
jene erstaunlichen Pioniere waren, die Filmlands Grenzen
auskundschafteten.
Als er mir die Schule des Neo-Realismus im
italienischen Film erläutern wollte, erzählte mir einer
unserer Produktionsleiter, dort drüben, in Europa, würde
man anstelle von Schauspielern Menschen benutzen. Man

mag es begrüßen oder nicht, aber ganz sicher ist diese Stadt hier überlaufen mit Typen, die einigermaßen akzeptable Faksimiles heutiger Menschen sind. Mir kommt da ein düsterer Gedanke: vielleicht ist es das, was mit Hollywood nicht stimmt.

PB: Hast du dich je heimlich nach Achtbarkeit gesehnt?

OW: Nein! Du lieber Gott, nein.

PB: Von den Mitgliedern der *Academy* akzeptiert zu werden – ?

OW: Oh, wahrhaftig nicht, nein. Ich halte es für die Pflicht eines Künstlers, das so geschickt wie möglich zu vermeiden.

PB: Hast du bei einigen Szenen des Films *Compulsion* Regie geführt?

OW: Dick Fleischer ist ein Regisseur, der von mir keine Hilfe braucht und sie auch nicht annehmen würde. Außerdem war die Rolle des [Clarence] Darrow so schwierig – dieses letzte Plädoyer im Gerichtssaal hatte die Länge von zwei ganzen Akten –, daß ich damit schon ganz ausgefüllt war. Das hat schon meine gesamte Energie aufgefressen. Ich habe es ja in einem Dreh gemacht, ohne Schnitte.

PB: Wenn das so ist, haben die aber einen großen Fehler gemacht mit ihren vielen Zwischenschnitten. Jetzt weiß ich, was mit dieser Szene nicht stimmt.

OW: Die hatten damals nicht den Mut, so lange drauf zu bleiben. Ich sage das nicht, weil ich finde, daß ich so gut war, aber wenn man so eine große Rede hat, dann braucht die Kamera wirklich nicht zu all den anderen Dingen zu flüchten. Sie hätten wirklich den Mut haben und auf dem Mann draufbleiben und ihn genau beobachten sollen. Ich weiß genau, was sie gemacht haben, denn ich habe es in der Schleife gesehen – jedes einzelne Wort ist nachträglich synchronisiert.

PB: Nun, du mußtest auch alles auswendig lernen…

OW: Ich hatte einen Teleprompter.

PB: Ach, wirklich?

OW: Aber sicher. Es war allen schrecklich peinlich, und man hielt die Presse fern. Mir war das überhaupt nicht peinlich. Entschieden zu lang, um zu versuchen, es ohne Hilfe hinzukriegen [*lacht*]. Ich habe mir einen Teleprompter besorgt. Ich konnte die ganze Rede, aber das Vorhandensein eines Teleprompters nahm die schreckliche nervöse Anspannung aus der Szene. Sie haben ihn außerhalb des Bildes herumgeschoben, und ich glaube noch nicht einmal, daß ich hingeschaut habe – weil ich wußte, daß er da war, war ich entspannt.

PB: Ich habe nur bei deinem anderen Fleischer-Film gelitten – *Crack in the Mirror*, und da hast *du* mitgemacht!

OW: Ich habe immer wieder versucht, so zu tun, als hätte ich nicht. Habe meine gesamte freie Zeit geopfert und meine Textstellen herausgeschnitten. Ich konnte mich schließlich nicht ganz verstecken, aber ich habe doch meinen Text so drastisch reduziert, daß ich *beinahe* unsichtbar wurde – wenn man bedenkt, daß ich nicht eine, sondern zwei der Hauptrollen spielte.

PB: Darryl Zanuck hat den Film produziert –

OW: Nun, er war eigentlich anderweitig beschäftigt, als er den Film produzierte… Ich mag Darryl sehr. Er war bei weitem der beste und hellste von allen großen Studio-Bossen. *Crack in the Mirror* – so etwas kann jedem passieren, wenn er plötzlich feststellt, daß er mit dem falschen Mädchen im falschen Land ist.

PB: Wie hast du die Chance bekommen, bei *Touch of Evil* Regie zu führen?

OW: Ich hatte gerade den Jeff Chandler-Western für die Universal abgedreht [*Man in the Shadow*], als sie mir noch ein Script zuschickten – es war sehr schlecht, die Geschichte handelte von einem korrumpierten Kommissar und spielte in San Diego. Sie fragten mich: „Möchten Sie das spielen?", und ich sagte „Vielleicht" und überlegte immer noch, ob ich es mir leisten könnte, es *nicht* zu machen, als sie schon Chuck Heston anriefen und zu ihm sagten: „Wir schicken Ihnen ein Script – bitte lesen Sie es. Wir haben Welles." Da hat er etwas mißverstanden und geantwortet:

„Also, ich spiele in jedem Film unter der Regie von Welles, ich mache es." Da haben sie mich schnell noch einmal angerufen und gesagt: „Möchten Sie Regie führen?", worauf ich sagte: „Ja, wenn ich es neu schreiben darf." Doch, damit wären sie wohl einverstanden – vorausgesetzt, ich würde bei meiner ursprünglichen Gage als Schauspieler bleiben, also mich nicht als Regisseur oder Autor bezahlen lassen. Von da an hatte ich noch dreieinhalb Wochen Zeit, bis die Dreharbeiten begannen. Ich schloß mich mit vier Sekretärinnen ein und schrieb eine völlig neue Handlung und ein neues Script.

PB: Wie machst du das – mit vier Sekretärinnen arbeiten?

OW: Also, ich muß sehr oft alles neu schreiben. Wenn ich die Dialoge schreibe, bin ich immer allein, aber ich mache ständig Korrekturen, und ich habe gern saubere Kopien. Darum müssen sie – *bang, bang, bang* – alles herunterrattern und neu tippen, jedesmal, wenn ich etwas neu formuliere.

PB: Aber das eigentliche Schreiben besorgst du selbst – ich meine, du diktierst das nicht?

OW: Oh, nein, nein. Und das war Schwerarbeit, weil *alles* gemacht werden mußte, eine ganz neue Geschichte. Ich hatte nur eine gute Ausgangssituation. Ein Kommissar mit einwandfreier Vergangenheit schiebt jemandem falsche Beweise unter, weil er *weiß,* daß er schuldig ist, und er behält recht. Das ist vom Originaldrehbuch übrig geblieben.

PB: Hast du dir überhaupt die Mühe gemacht, den Roman zu lesen?

OW: Nein, ich habe den Roman gelesen, nachdem der Film fertig war. Erstens hatte ich kein Exemplar zur Hand, und zweitens hätte ich auch nicht die Zeit gehabt. Ich glaube, damals wußte ich nicht einmal, daß es eine Buchvorlage gab. Aber ungefähr drei oder vier Jahre später habe ich es zufällig irgendwo entdeckt und gelesen. Der richtige Titel lautet *Badge of Evil,* und so sollte der Film ursprünglich auch heißen. Ich habe keine Ahnung, wie sie auf *Touch of Evil* kamen, aber es klingt gut. Ich und Titel – du weißt doch, „Dingsda" ist wohl das einzige, womit ich aufwarten kann. Ich wünschte, ich könnte jemanden wie Tennessee Williams oder Irwin Shaw engagieren, um mir Titel zu formulieren. Jedenfalls ist der Roman besser als das Script, das man mir gegeben hat – der Roman ist gar nicht so schlecht.

PB: Du bist nicht so begeistert, daß Vargas [Heston] am Ende Menzies [Joseph Calleia] benutzt, um Quinlan [Welles] zu verraten?

OW: Nein, ich finde es schrecklich, was Menzies tut. Verrat ist für mich eine schlimme Sache, wie du von *Chimes at Midnight* weißt – für mich fast eine Todsünde.

PB: Dann muß dir auch Cottens Verrat an Harry Lime in *The Third Man* höllisch zuwider sein.

OW: Selbstverständlich... Was für ein Schauspieler – Joseph Calleia.

PB: Wie hast du ihn für dich entdeckt?

OW: Ich habe mich als zehnjähriger Junge in ihn verliebt. Ich sah ihn in einem Theaterstück in New York, ein kleines Mirakelspiel, betitelt *24 Hours to Kill* oder so ähnlich. Ein sehr gut inszeniertes Melodrama, ein enormer Hit für ungefähr ein Jahr. Später wurde es mit jemand anderem verfilmt. Er hatte damals die Hauptrolle, und ich konnte ihn nie mehr vergessen. In den folgenden Jahren sah ich ihn im Kino – kleine Rollen. Aber nie habe ich diese Sache auf der Bühne vergessen. Er hat in den Filmen immer ziemlich stereotype Rollen gehabt, aber er war einer der besten Darsteller, die ich überhaupt kennengelernt habe. Ich verehre ihn so sehr. Du stehst auf der Bühne neben ihm und hast das Gefühl, du spielst mit einem der ganz Großen – sein Dynamo läuft und läuft.

PB: Hast du die Rolle für ihn geschrieben?

OW: Nein. Meine erste Wahl für die Rolle war Lloyd Bridges, ein wunderbarer Schauspieler, den aber die Filmgesellschaft aus irgendeinem dummen Grunde abgelehnt hat. Für ihn habe ich es geschrieben, aber ich war dann mehr als glücklich mit Calleia.

Und überhaupt hatte ich Glück mit der Besetzung – niemand hat richtig versagt.

PB: François Truffaut hat geschrieben, daß am Schluß von *Touch of Evil* „der Verräter und das Mittelmaß über Intuition und Gerechtigkeit triumphieren". Hat er recht?

OW: Das ist ein faktisch unangreifbares Statement – sagt zwar nicht alles über die Szene, aber so gesehen, als Statement, ist es korrekt.

PB: Daraus müßte man aber schlußfolgern, daß Quinlan besser sei als Vargas.

OW: Ich glaube nicht, daß Truffaut das sagen will. Ich hoffe es nicht. Der Punkt ist doch, daß Quinlan verraten worden ist. Aber Quinlan hat doch seinen Beruf verraten – und ist seinerseits menschlich betrogen worden. Wir haben es hier doch überall mit Verrat zu tun, denke ich.

PB: Nun, Heston sagt: „Wer ist hier der Boß – der Polizeibeamte oder das Gesetz? Das ist doch die Frage." Und das ist in einer Hinsicht auch das Thema des Films, oder nicht?

OW: Ja, verdammt. Das wird ganz deutlich gesagt. Und dennoch bin ich überall – von der Sowjetunion bis hin nach Frankreich – wegen dieser unglaublichen Dekadenz, wegen des Faschismus und allen Übeln, die in *Touch of Evil* angeprangert werden, angegriffen worden. Dabei scheint mir dieser Film doch derartig –

PB: – antifaschistisch –

OW: Also wenn überhaupt, dann *zu deutlich* antifaschistisch. Es will mir nicht in den Kopf, wie das alles angefangen hat. Die Franzosen sind überzeugt, der Film sei der absolute Beweis, daß ich Faschist sei. Das kommt daher, daß sehr viele der Leute bei *Cahiers du Cinéma* Faschisten sind – und die *wollten*, daß der Film meinen Faschismus beweise – gar nicht mal als Angriff. Die Russen haben alles in den falschen Hals gekriegt, weil sie diese schmutzigen Dinge sahen und sagten: „Das ist ein deutliches Zeichen von Dekadenz." Sie haben nicht verstanden, daß ich *gegen* Dekadenz war – sie glaubten, ich schwelge darin. Einer ihrer führenden Filmregisseure, [Sergei] Yutkevich, schrieb einen langen Artikel gegen diesen Film.

PB: Nun, das Thema wird immer wieder aufgenommen. Jemand sagt: „Es ist ein harter Job, Polizist zu sein", und Heston sagt: „Der Job muß hart sein – der Job eines Polizisten ist nur in einem Polizeistaat einfach."

OW: Ja. Ich hatte mich entschlossen, da ich schon ein Melodrama machte, es über das Gute und das Böse zu machen – und es ist auch eine ganz klare Aussage über das, was ich unter Gut und Böse verstehe. Für jedermann verständlich.

PB: Ich verstehe gar nicht, wie die Leute darauf kommen, daß dieser Film autobiographische Züge trägt –

OW: Ja, ist das nicht öde? Immer wieder graben alle, die dich in seriös scheinenden Interviews zu deinen Filmen befragen, nach Autobiographischem. Die Leute können sich einfach nicht vorstellen, daß man sich etwas ausdenkt, weil es genau das ist, was man sich ausdenken will.

PB: Heston, der in dem Film einen im Grunde Guten spielt, ist aber mit dem Makel der Korruption behaftet, nicht wahr? Er sucht letzten Endes Zuflucht bei den falschen Mitteln.

OW: Das ist richtig. Und ich werde von meinem Freund verraten.

PB: Es wurde einiges herausgeschnitten, das Hestons Abscheu vor dem Mittel des Abhörens, zu dem er greift, erkennen ließ. Die haben sowieso etliche Szenen geschnitten, bei denen es um moralisches Verhalten ging.

OW: Soviel sie konnten. Etwas ist noch davon übrig, denn immerhin hast du daraus zitiert. Aber sie haben ganz viel Moralisches herausgenommen. Witz und Moral sind weg.

PB: Hast du darum die komplette letzte Szene durch all diese Baumaschinen hindurch gedreht – und es so für Heston noch schwieriger gemacht?

OW: Er ist ein Eindringling – in dieser Szene hat er eigentlich nichts zu suchen. Ich stellte mir vor, daß es so aussehen sollte, als grabe er dort, wie man nach Gold gräbt – und als klettere er, wie auf einen Berg. Diese Arbeit paßt ihm nicht, und er haßt sie, wie er in der herausgeschnittenen Szene zu Menzies auch sagt. Und an dieser Stelle verliert Vargas seine Integrität. Er lauscht, heimlich, hinter Türen. Ich wollte auch ein Gerät erfinden, dem er folgen müsse – so daß er eher das Opfer des Geräts denn das seiner Neugier würde. Er kann mit dem Empfänger nicht besonders gut umgehen, er kann ihm nur folgen und ihm gehorchen, weil es nicht seine Art ist. Er ist nicht zum Spion geboren.

PB: Das Ganze muß sehr schwer zu schneiden gewesen sein.

OW: Darum habe ich auch so lange daran gesessen – die sind schon ganz wütend auf mich geworden – der Schnitt hat einen Monat länger gedauert als er sollte.

PB: Hast du Sympathien für Quinlan?

OW: Ja. Selbst wenn er die Schuldigen nicht vor Gericht bringt, so ermordet er sie doch im Namen des Gesetzes. Er möchte sich das Recht zu urteilen nehmen, aber ich denke, niemand hat das Recht zu urteilen – außer durch das Gesetz. Dennoch muß ich ihn in Schutz nehmen, denn er liebte Marlene Dietrich und hat seinen Freund vor einer Kugel gerettet. Aber das, wofür er steht, ist verabscheuenswert.

PB: Wie bei Kane?

OW: Ja. Kane mißbraucht die Macht der Boulevardpresse und steht so gegen das Gesetz, gegen die Zivilisation. Er versucht, sich in einer Welt ohne Gesetz zum König zu machen. Alle diese Menschen verkörpern, jeder auf seine Weise, Dinge, die ich verachte, aber menschlich gesehen haben wir Mitgefühl mit ihnen. Er hat durchaus eine menschliche Seite, eine Sehnucht nach Moral.

PB: Wenn Heston sagt: „Ich bin hier nicht als Polizist, hier geht es um meine Frau" – und dann die Schlägerei in der Bar anfängt – verurteilst du ihn nicht dafür?

OW: Als Polizist hat er sich nicht mehr unter Kontrolle. Er sagt es, und er tut es. Was könnte klarer sein?

PB: *Julius Caesar* handelt ja auch von Verrat, nicht wahr?

OW: Nein. Der Verrat ist *historisch*, nicht aus dem Drama. Weil die Rolle des Caesar bei Shakespeare ein lachhafter, aufgeblasener Schaumschläger ist. Shakespeare kannte mit Sicherheit auch den Satz – „Et tu Brute!" – von Plutarch, das ist alles. Er hat ihn in sein Drama eingebaut, weil schließlich jeder ihn kannte. Man hätte sonst zweifellos gesagt: „Warum hast du auf dieses Zitat verzichtet?" Und man muß es wirklich nicht vorbereiten. Es besteht keine Beziehung zwischen Brutus und Caesar. Caesar ist beinahe die Karikatur eines Diktators; er muß nicht unbedingt so gespielt werden, aber keinesfalls sympathisch. Er ist entweder ein aufgeblasener Aufschneider oder ein eiskaltes Genie, aber zwischen beiden besteht keine Sympathie. Es gibt da nichts, überhaupt nichts, woraus man eine Verrätergeschichte ableiten könnte.

Im Jahre 1953 kam von König Faruk von Ägypten das Angebot zur Finanzierung einer neuzeitlichen Verfilmung des Shakespeareschen *Julius Caesar*. Welles plante und schrieb den Film, der *Caesar!* heißen sollte, im Stil einer Wochenschau, mit Richard Burton in der Titelrolle und sich selbst in der Rolle des Brutus. Die Nachricht, daß eine Hollywood-Version von John Houseman und Joseph Mankiewicz in der Planung sei, hat dieses Projekt dann im Keim erstickt.

OW: Ich wollte alles in den römischen Ruinen drehen, überall hätte man große Plakate des neuen Caesar gesehen. Ich hatte, glaube ich, ein ziemlich gutes Buch geschrieben; ich meine, ich hatte den Text gut verarbeitet – wie eine Wochenschau in ungereimten Versen, falls so etwas möglich ist. Ich dachte, die beiden würden es vielleicht nützlich finden oder sich wenigstens dafür interessieren; darum schickte ich ein Exemplar zusammen mit allen Entwürfen für Bilder und Szenerie an Houseman. Das Päckchen kam versiegelt zurück, ein Brief von Housemans

Caesar.

Anwälten war dabei: „Es ist nicht geöffnet worden – und *wird* nicht geöffnet werden…" Die hatten panische Angst, ich würde später geltend machen, daß sie etwas von mir geklaut hätten. Es sollte aber nur eine freundschaftliche Geste sein…

PB: Wie ich höre, hättest du in dem Film den Brutus gespielt, genau wie auf der Bühne.

OW: Das ist meine Rolle.

PB: Warum das? Die Rolle ist eigentlich nicht populär. Niemand wollte den Brutus wirklich gern spielen – außer dir.

OW: *Yeah.* Und vielleicht noch Paul Scofield. Er hätte es wollen sollen, denn er wäre der beste Brutus unseres Jahrhunderts gewesen.

PB: Ist Brutus – wie du ihn siehst – auch ein Adliger?

OW: Nein. Er *war* es, historisch, aber nicht bei Shakespeare. Er ist ein typischer Liberaler aus der oberen Mittelschicht.

PB: Ja, und warum spielst du ihn gerne?

OW: Weil es eine der Rollen ist, die ich spielen *kann*: denkende Menschen. Und Scofield kann das auch. Es gibt nur sehr wenige Schauspieler, die glaubhaft machen können, daß sie denken – nicht nachdenken über ihren Text, sondern daß sie auch außerhalb ihres Auftritts denken. Und Scofield ist darin sehr gut. Er wäre auch ein großartiger Brutus, vor allem weil er persönlich so reizend ist.

PB: Ich habe einige wunderbare Photos von deiner Theaterinszenierung gesehen – das wirkte sehr aufregend.

OW: Die Photos sind ganz schlecht im Vergleich zu dem, wie es wirklich war. Ich war sehr unglücklich mit diesen Photos. Sie bringen nicht rüber, wie es war, wirklich nicht.

PB: Die Beleuchtung ist so hart –

OW: *Yeah,* aber du kannst dir nicht vorstellen, *wie* es war. Mrs. Patrick Campbell hat damals gesagt: „Warum sind alle Männer wie Chauffeure angezogen?" Und sie hatte recht! Das hat es mir verdorben. Seit damals denke ich dabei immer an eine Versammlung von Rolls-Royce-Fahrern! [*Lacht.*]

PB: Was ist noch aus dem Film *Touch of Evil* herausgeschnitten worden?

OW: Ungefähr zwanzig Minuten Comedy. Eine tolle Nummer. Sie haben nicht lange gefackelt, sondern gleich ganze Passagen herausgenommen. Pikanterweise konnten sie aber von meiner Rolle nichts schneiden, denn ich gehörte zum direkten Teil der Handlung, die Comedy-Einlage nicht. Es waren Akim Tamiroff und sein Team – wirklich spitzenmäßiger Schwarzer Humor –, und es schockierte und enttäuschte sie maßlos.

PB: Einige kleine Stellen sind aber drin geblieben –

OW: – die man nicht herausnehmen konnte – aber es ist dennoch schade. Und sie haben einiges hinzugefügt. Einen halben Tag haben sie ohne mich gedreht, ach ja –

PB: Nachdem der Film schon montiert war.

OW: Ja. Und Heston rief immer wieder bei mir an und erzählte mir, was er zu machen hatte und fragte mich, ob ich einverstanden sei. Falls nicht, würde er sofort alles hinschmeißen.

In die Bildmuster waren sie alle noch verliebt gewesen, aber – es ist schon verrückt – als dann alles fertig montiert war, konnten sie es nicht mehr ausstehen. Es gab da jemanden in der Gesellschaft, der schon jahrelang die Verkäufe nach Europa unter sich hatte. Dieser Jemand meldete den Film zur Weltausstellung nach Brüssel an, wo ein Sonder-Festival veranstaltet wurde. Die Gesellschaft hatte ungefähr zehn Filme, die sie lieber dorthin geschickt hätte und sagte Nein. Er insistierte. Der Film bekam den Preis, und *er* wurde gefeuert.

PB: Unglaublich.

OW: Für ein paar Wochen ging der Film auch an ein Kino in Paris, wo er dann anderthalb Jahre lief. In der ganzen Welt war er ein enormes Geschäft, nur –

PB: Nur nicht in Amerika, da hat man ihn…

OW: Ja, in einer Doppelveranstaltung, ohne Pressevorführung, herausgebracht. Aber dennoch hat er – laut Chuck Heston, dem ein Anteil daran gehört – relativ viel Geld eingespielt.

Diese neuen Szenen waren nicht besonders umfangreich – etwa vier oder fünf kleine Szenen wurden hineingeklebt, um die Handlung zusammenzuhalten, was vorher die jetzt fehlenden Comedy-Szenen übernommen hatten... Aber die Musik, mit der ich nichts zu tun hatte, war – wie ich fand – recht gut gelungen.

PB: Hattest du [Henry] Mancini denn nicht gesagt, was du haben wolltest?

OW: Doch. Aber ich war nicht dabei, wie ich es normalerweise immer bin – wie eine Glucke, bei jeder einzelnen Note.

PB: Er sagt aber, du habest extensiv mit ihm darüber gesprochen.

OW: Ja, das habe ich auch. Aber ich bin nicht die ganze Zeit dabei geblieben. Ich finde, er hat es sehr gut gemacht.

PB: Mir sind zwei kurze Szenen zwischen Heston und Janet Leigh aufgefallen, in dem Hotel, da wirkte die Lichtführung nicht wie von dir.

OW: Es gibt noch so eine Szene mit Heston und dem Staatsanwalt, auch in dem Hotel. Eine Art Notbehelf. Die brauchten wir, weil man sonst nichts verstanden hätte, wo doch nun diese witzigen Sachen fehlten, die sie nicht leiden konnten.

PB: Ist nicht auch eine Szene weggefallen, die deinen – jetzt eher rätselhaften – Satz zu Menzies erklärt hätte – „Das ist die zweite Kugel, die ich für dich einfange, Partner"?

OW: Ja. Menzies spricht mit Janet Leigh darüber in einer Autoszene: Etliche Jahre zuvor hatte Quinlan ihn bei einer Schießerei mutig geschützt –, wurde angeschossen und rettete ihm so das Leben. Darum hinkt er auch und geht am Stock. Dann erwähne ich am Ende „die zweite Kugel". Ich erinnere ihn sadistisch daran und quäle ihn damit. Ja. Die ganze Geschichte, warum ich hinke, und die ganze Geschichte der Beziehung zwischen Calleia und mir ist völlig rausgefallen. Für das Verständnis seiner Figur war das eine sehr wichtige Szene. Sie haben sehr viel von dieser Rolle geschnitten, es ist wirklich sehr schade. Es war einfach auch dumm. Du kennst ja diese Maxime beim

Filmschnitt – „Das bringt die Handlung nicht voran" – und inzwischen weiß man überhaupt nicht mehr, warum sich einige Dinge so oder so ereignen. Aber sie haben den Film nicht vollständig gekillt. Was sie gemacht haben, tat mir schon sehr leid, aber die Geschichte war *im großen und ganzen* noch intakt, als sie fertig waren. Das trifft für *Arkadin* nicht zu. Der Film ist durch den Schnitt belanglos geworden. Und das ist in Europa passiert, nicht in Amerika.

PB: Wie war Heston als Mensch?

OW: Mit ihm Filme zu machen – der netteste Mensch auf Erden. Für mich sind Gielgud und Heston die beiden nettesten Schauspieler, mit denen ich in meinem Leben zusammengearbeitet habe.

PB: Gielgud in *Chimes at Midnight*?

OW: Ja. Sie sind wie zwei Engel. Sieben Wochen (!) mußten wir nachts drehen – von acht Uhr abends bis zur Morgendämmerung. Nie werde ich die eine Nacht mit Chuck Heston vergessen, gegen Ende der sieben Wochen. Er befand sich am anderen Ende der Brücke, und ich sagte, er möge, schnell, in einem Schwenk, die Brücke überqueren. Es war kurz vor Morgendämmerung. Und er sagte, gar nicht ironisch oder böse, sondern ganz lieb: „Kannst du mir sagen, *warum* ich die Brücke überqueren soll?" Und ich sagte zu ihm: „Nein, überquere einfach die Brücke. Wenn du hier bist, dann sage ich es dir!"

PB: Deine Beleuchtung stimmte nicht mehr –

OW: Ja – *darum* sollte er die Brücke überqueren, wie ich ihm später erklärte.

PB: Ich finde, er war in dem Film sehr gut.

OW: Wunderbar war er. Wir probierten zwei Wochen, ehe wir anfingen zu drehen. Er war ein absolut unermüdlicher Arbeiter, die ganze Zeit. Ich denke, er hat das, was einen großen Heldendarsteller ausmacht. Ich weiß zwar nicht, was Filme ihm noch alles abverlangen mögen, aber er hat alle Gaben, die man haben muß – die Stimme, den Körper, die Intelligenz und eben alles –

er ist ein großer amerikanischer Heldendarsteller. Wenn er nicht groß herauskommt, dann sind die Filme schuld oder das Theater, oder daß man ihm einfach nicht genug zu tun gibt.

PB: In diesem Film zeigt er – meiner Meinung nach – eine seiner besten Leistungen.

OW: Er hat eine Theorie über den Fehler dieses Films. Er sagte mir, *meine* Rolle hätte sich als zu gut herausgestellt. Er vergaß dabei, daß es in jedem Fall die beste Rolle gewesen wäre, auch wenn man sie mir als Darsteller im Drehbuch anderer Leute angeboten hätte. *Mehr* hätte ich nicht tun können, um seine Rolle aufzuwerten – er war einfach ein Hauptdarsteller mit einer Rolle ohne jeden Charakter. Ich mußte aus ihm einen Mexikaner machen. Ich mußte ihm zwanzig Probleme verpassen. Alles, damit er als der Gute wirke. Ich habe keineswegs *meine* Rolle aufgewertet. Aber in seiner Erinnerung ist es so, und das sei der einzige Fehler des Films.

PB: Nun, immerhin hattest du die Hauptrolle.

OW: *Yeah,* und sie ist es immer gewesen, auch schon als ich die alte Geschichte erbte. Du ahnst ja nicht, *was* ich alles unternommen habe, um seine Rolle attraktiv zu machen, um eine Charakterrolle daraus zu machen. Aber er war ein Engel in der Zusammenarbeit. Und könnte einer der ganz großen amerikanischen Darsteller sein.

PB: Die Überblendungen hat er sehr gut gemacht.

OW: Oh ja, alles. Man muß nur hinzeigen, und Chuck marschiert. Er hat eben schon viele Jahre Erfahrung als Filmstar...

Wie man in Hestons Tagebüchern nachlesen kann, begannen die Proben am 9. Februar 1957, die Dreharbeiten neun Tage später und dauerten bis einschließlich 2. April. Der Schnitt und die Synchronisation unter Welles' Leitung dauerten den ganzen Sommer. Nachdem Anfang November die Rohfassung begutachtet worden war, bat sich die Filmgesellschaft einen weiteren Drehtag aus, um gewisse

Aspekte der Handlung deutlicher zu machen (Orson spielte zu dieser Zeit eine Rolle in dem Fox-Film The Long Hot Summer)*. Etwa Mitte November wurde Heston informiert, daß die Universal nicht wollte, daß Welles die Nachaufnahmen leitete, die auf den 18. November festgesetzt waren. Am 17. November erhielt Heston von Orson den folgenden Brief:*

Liebster Chuck,

ich möchte, daß Du diesen Brief liest, bevor wir miteinander reden – ich habe Dir einiges zu sagen, das sollte so ruhig wie möglich geschehen, und leider traue ich mir nicht zu, es so kühl und klar vorzubringen, wie ich es wohl möchte...

Dein Telegramm, in dem Du sagst, Du seiest an die Filmgesellschaft „rechtlich gebunden", ist angekommen. Diese Auskunft kommt aber nicht von Deinem Anwalt, sondern von der „Rechtsabteilung der MCA"...

Selbst wenn ich nicht verfügbar wäre – meinst Du nicht, es wäre zauberhaft vernünftig von Dir, wenn Du auf einem gewissen Niveau professioneller Fähigkeiten und Reputation bei der Wahl eines stellvertretenden Regisseurs bestehen würdest?... WENN MAN DIE GESELLSCHAFT NICHT AUFHÄLT, WERDEN SIE UNSEREN FILM ZUGRUNDE RICHTEN – UND ICH MEINE ZUGRUNDE RICHTEN, WEIL ES SICH HIERBEI NICHT UM SO EIN HOPPLA-HOPP ZUSAMMENGESCHUSTERTES KOMMERZIELLES PRODUKT HANDELT, DAS MAN NUR EIN BISSCHEN RUINIEREN KANN. OHNE MEINE HILFE WIRD DAS RESULTAT NOCH SEHR VIEL WENIGER ZUFRIEDENSTELLEND SEIN ALS DIE MEISTEN GANZ GEWÖHNLICHEN FILME IM PROGRAMM. DAS ERGEBNIS WIRD NICHT NUR ETWAS WENIGER GUT SEIN

ALS DU GEHOFFT HAST, DAS RESULTAT WIRD GANZ
EINFACH MISERABEL SEIN…
Du mußt Dir klarmachen, daß dort, wo Du ein
finanzielles Interesse an dem Film hast, mein Interesse ein
professionelles ist. Würde ich gerade jetzt bei einem
anderen Film Regie führen – oder eine derartige Arbeit
bald beginnen wollen –, und wäre ich nicht so lange weg
gewesen, dann könnte ich versucht sein, mein eigenes
Engagement als schweren Verlust abzuschreiben. Wie es
aber in diesem Metier nun mal um mich bestellt ist, kann
ich mir einfach einen derartigen Schlag nicht leisten…
Mir stockt das Herz bei dem Gedanken, Dich da mit
hineinzuziehen. Aber früher oder später kannst Du Dich
dem sowieso nicht entziehen.

Falls Du geneigt sein solltest, Dich als das hilflose
Opfer finsterer Hollywood-Kräfte zu betrachten, über die
Du keine Macht hast, so muß ich Dir sagen, daß Du im
Irrtum bist. Du bist keineswegs hilflos, und es liegt
durchaus in Deiner Macht, ganz viel von Deinem relativ
großen zeitlichen und finanziellen Engagement zu retten
und von der, ja, sagen wir es ruhig, Liebe, die Du
investiert hast.

Du kannst das tun, indem Du jetzt ein wenig Härte
zeigst…

Mit viel Liebe wie immer
Orson

*Nachdem Heston diesen Brief erhalten hatte, sagte er den
für den nächsten Tag angesetzten Dreh auf eigene Kosten
ab (etwas über 8000 Dollar). Aber nach einer weiteren
Konsultation mit seinem Anwalt und einem letzten, erfolg-
losen Appell an den Chef der Filmgesellschaft Edward
Muhl, war Heston einverstanden, die Nachaufnahmen am
19. November mit Harry Keller als Regisseur zu machen.*

*Ungefähr zu dieser Zeit schickte Orson ihm noch einen
Brief:*

Liebster Chuck,
    wie man mir zugetragen hat, werdet Ihr beide, Du und
Janet, von Minute zu Minute kooperativer. Daß der
Dialog, den Ihr sprechen werdet, kein absolutes Gewäsch
ist, daß Euer Regisseur letzten Endes nun doch nicht
nachweislich inkompetent ist und – das Wichtigste – daß
nun diese zusätzlichen Einstellungen zum großen Teil
Nahaufnahmen von Euch beiden Knallköppen sein
werden – das alles macht vermutlich diesen, meinen
Galgenhumor unvermeidlich.
    Hiermit möchte ich Euch aber daran erinnern, daß das,
was sich bei denen abspielt, dennoch die Verhunzung
unseres Films bedeutet. Der Fäulnisprozeß mag vielleicht
nicht ganz so offensichtlich sein wie erwartet, aber die
Tatsache als solche bleibt bestehen, und ich bitte Euch,
nicht zuzulassen, daß die fröhliche Stimulierung durch die
Arbeit Eure renitente Haltung, die ihr
geschworenermaßen einnehmen wolltet, abschwächt.
    Da ist dieser Mann – (allseits bekannt und beliebt) –
man könnte ihn den „Kooperativen Chuck" nennen …,
der nicht nur sehr diszipliniert ist in seiner Arbeit,
sondern sich garantiert bemüht – sogar wie wild
bemüht –, seinen Kollegen am Set und den leitenden
Herren am Schreibtisch die Dinge leicht zu machen…
Mit einem Wort, er ist der Musterknabe der Gilde der
Filmschauspieler.
    Der Sinn dieses Briefes ist es, ihn zu bitten, seine
Uniform und das Fähnchen der Aufrechten an der
Garderobe abzugeben…
    Ich kann nichts gegen die Faszination von
Nahaufnahmen unternehmen, aber ich kann Euch

inständig bitten, Eure friedenstiftenden Instinkte an die Kandare zu nehmen und Euer zurückhaltendes und distanziertes Schweigen beizubehalten. Das gilt für Janet ganz genauso, verdammt nochmal. In einem Wort, haltet die Schnauze.

Viel Liebe
Orson

PB: Die vier Minuten dauernde Kranaufnahme am Anfang des Films ist eine der ganz großen der Filmgeschichte.

OW: Ich habe immer bedauert, daß man Titel darüber gelegt hat, denn eigentlich war diese Einstellung ohne Schrift geplant, die Titel sollten am Schluß des Films laufen. Es ist ein Jammer, solches Zeugs über wichtige Szenen geschrieben zu sehen – die ganze Geschichte war schon in dieser ersten Einstellung angelegt.

PB: Wie war das technisch? Gab es viele Probleme?

OW: Nein, denn ich hatte einen großartigen Kamera-Assistenten – einen der letzten wahrhaft großen. Direkt nach diesem Film wurde er Chefkameramann, und wir verloren wieder einmal einen fabelhaften Schwenker – davon gibt es nicht viele. Er heißt John Russell. Und wir hatten einen wunderbaren Studiovorarbeiter, was – wie du weißt – bei Kranaufnahmen von entscheidender Wichtigkeit ist. Darum kann man auch solche Aufnahmen nicht in Europa machen – einen Fahrer, der das kann, den bekommt man, aber niemals einen Vorarbeiter wie in Amerika.

PB: Was machen die Vorarbeiter hier, was sie drüben nicht können?

OW: Nun, der „grip" ist derjenige, der den Schwenkarm auf den Dolly-Markierungen hält; er ist genau so wichtig wie der Fahrer. Und wenn er nicht sehr feinfühlig ist und keine sichere Hand hat, dann ist man aufgeschmissen. Ein Chef-Vorarbeiter in Amerika schickt seine Kinder auf die Uni, hat zwei Autos und ist ein hochgeschätzter Techniker. In Europa ist er nichts als ein elender, armer Kulissenschieber, und bei dem Gehalt kann man auch nicht

mehr erwarten. Also kann man in europäischen Filmen derartige Aufnahmen gar nicht erst versuchen. Aber es gibt in *Touch of Evil* eine technisch noch viel schwierigere Kranaufnahme, die bislang niemand als solche erkannt hat. Sie dauert fast einen ganzen Akt, und sie spielt in dem Apartment des Mexikaners – in allen drei Räumen –, wo dann im Badezimmer das Dynamit gefunden wird und all das. In dieser Aufnahme gibt es Einblendungen, Panorama- und Halbnah-Einstellungen, einfach alles. Wir hatten verschiebbare Wände –
PB: Ohne einen Schnitt?
OW: Ohne einen Schnitt.
PB: Das muß aber Spaß gemacht haben.
OW: *Yeah*, natürlich – aber niemand nimmt davon Notiz. Das ist vielleicht ein Erfolg! Das ist eine viel bessere Aufnahme als der berühmte Anfang. Es stimmt schon, der Dank für derartige Aufnahmen gebührt natürlich dem Kranfahrer und dem Schwenker, denn schließlich kann sich jeder so etwas ausdenken – es ist schwierig, jemanden zu finden, der es ausführen kann. Das haben wir gleich am ersten Tag gedreht. Und der Aufnahmeleiter hat immer ganz leise am Telephon geflüstert: „Er hat noch nichts. Es ist halb vier, und wir haben noch nichts im Kasten... Viertel vor fünf... Sie proben noch – ich weiß nicht, *was* die da machen... Halb sechs – immer noch nichts..." Aber dann – zehn vor sechs – *vierzehn* Seiten vom Drehbuch!
PB: War es eine richtige Wohnung?
OW: Nein, Bauten im Atelier. Alles andere war echt. Nur ein Zimmer in dem Motel war Kulisse; alles andere war original. Man hat zwar Kulissen gebaut, aber wir sind nie dort eingezogen. Ich sagte, daß ich sie nicht brauche, aber man bestand darauf, sie zu bauen.
PB: Diese lange Einstellung vermittelt ein starkes Gefühl von Klaustrophobie.
OW: Ja, das ist so. Das kannst du mit Schnitten nicht erreichen – Klaustrophobie verlangt nach langen Einstellungen. Darum habe

ich einen sehr langen Dreh in Ks Zimmer gemacht – die Anfangs-
szene in *The Trial*; sie dauert ungefähr sechseinhalb Minuten.
PB: Um ein Gefühl der Beklemmung zu vermitteln.
OW: Ja, und das baut sich auf, wenn man nicht schneidet – beim
Schneiden geht unweigerlich viel verloren.
PB: Das wirkt auf das Unterbewußtsein des Publikums, nicht
wahr? Ich meine – glaubst du, dem Publikum ist bewußt, daß du
nicht geschnitten hast?
OW: Die Zuschauer bemerken immer nur das Negative, das ist
doch so, oder? Was immer ihnen auffällt, wird dem Regisseur als
Fehler angelastet.
PB: Du müßtest eigentlich ein vehementer Gegner all dieser
aktuellen modischen Techniken sein, die man jetzt sieht.
OW: Ja, genau. Die Regisseure, die ich am meisten bewundere,
sind die am wenigsten technikorientierten – also diejenigen, die
am wenigsten das verkörpern, dessen man mich so sehr beschul-
digt. Andersherum gleichen die Filme, die ich am liebsten mag,
am wenigsten solchen Filmen, wie man sie mir zuschreibt.
PB: John Ford und Jean Renoir.
OW: Nun, ja – da wären wir also wieder. Sogar Pagnol, du weißt
doch, der einfach nur die Kamera angestellt hat – und wenn der
Film alle war, kam der Schnitt. Übrigens ist das der Grund,
warum ich so ungern Komplimente über die Anfangseinstellung
in *Touch of Evil* höre – es ist eine dieser Aufnahmen, die
demonstrieren, daß der Regisseur „eine große Aufnahme" dreht.
Aber eigentlich denke ich, große Aufnahmen sollten sich lieber
ein bißchen verstecken. Bei dieser allerdings konnte es natur-
gemäß nicht ganz verborgen bleiben, weil darin die Handlung
vorweg erzählt wurde. Hier gab es nur die Möglichkeit, es virtuos
zu machen, was dann auch wirkte. Aber ich ziehe es vor, wenn es
nicht so vordergründig ist und sich diese besonderen Einstellungen ein wenig unauffällig verstecken.
PB: Du machst erst einen Schnitt, wenn Heston sich den Brand
nach der Explosion ansieht. Dann kommt etwas, das sieht aus wie

ein Zoom auf das Feuer, obgleich es zu kurz ist für einen Zoom. Erinnerst du dich an diese Einstellung?

OW: Ja. Ich glaube, es war ein Effekt, den ich durch das Herausziehen von Einzelbildern erreicht habe. Wahrscheinlich. Wenn ich für solche Sachen einen Zoom brauche, dann arbeite ich meistens mit Zeitverkürzung, weil der Kamera-Zoom für mich nicht schnell genug ist.

PB: Und wie funktioniert das?

OW: Jedes zweite Einzelbild wird beim Kopieren überschlagen, – „skip frame" ist das richtige Wort. Nach meiner Vorstellung muß es so schnell gehen, daß die Bewegung fast unmerklich ist. Es ist ähnlich wie ein Schnitt, aber eben nur beinahe ein Schnitt. Ich verwende den Einzelbild-Zoom sehr oft.

PB: Eine andere Sache, die du häufig anwendest, ist das Aufbrechen eines Satzes durch eine Reihe von Schnitten. Zum Beispiel dieser brillante Austausch gleich am Anfang von *Touch of Evil*, bei deinem ersten Erscheinen. Du sprichst mit Heston und sagst: „Darauf können Sie Gift nehmen." Währenddessen gibt es einen sehr schnellen Austausch von Blicken zwischen euch beiden, alles während dieses einen Satzes.

OW: Ich mag schnelle Schnitte sehr gern. Früher habe ich das nicht so oft gemacht. Aber je länger ich schon Filme mache, desto besser gefallen sie mir.

PB: Wie kam es zu der Entscheidung, in Venice, Kalifornien, zu drehen?

OW: Als es klar war, daß wir nicht in Tijuana drehen konnten – wegen der mexikanischen Zensur; nie hätte man uns erlaubt, die Stadt so schäbig zu zeigen. Es wäre herrlich gewesen, in Tijuana zu drehen. Ich bin gerade wieder durchgefahren und habe gedacht „Oh, mein Gott!", was für eine verpaßte Gelegenheit. Ich würde sonstwas geben, wenn ich dort einen Film drehen könnte! Vielleicht könnte man sich einmal mit einer kleinen Crew hineinstehlen. Einer der großartigsten Drehorte der Welt, meine ich.

PB: Venice war ein Ersatz.

OW: Ja – aber hergerichtet. Halbwegs gleichwertig: vieles sah aus wie in Tijuana. Allerdings hatten wir dort zusätzlich die Ölquellen, die es bei Tijuana nicht gibt; das war ein Geschenk. Und dieser wunderbare Kanal – dieser schmutzige Kanal mit Typhus drin, in den ich mich tapfer eines Morgens um fünf hineinstürzte und wie ein Boot davontrieb. *Oh Christ*, was tut man nicht alles für die Kunst!

PB: Der Film gefiel mir wirklich – der Klang, die optische Machart. Allerdings habe ich ihn die ersten fünf Male gesehen, ohne der Handlung zu folgen.

OW: Das gefällt mir gar nicht, aber ich glaube nicht, daß man dir die Schuld geben kann – wegen der Schnitte, die daran vorgenommen wurden.

PB: Nein, ich meinte nicht, daß ich der Handlung nicht folgen *konnte*; als ich den Film die ersten Male sah, schien mir die Handlung einfach am unwichtigsten.

OW: Ich weiß, du willst davon nichts hören, aber *ich* laste es immer wieder Howard Hawks an, daß ich der Handlung von *The Big Sleep* (1964) nicht folgen konnte. Ich bin wütend geworden.

PB: Nun, er sagt, daß er es auch nicht konnte. Aber es ist wahr, daß der Rhythmus deiner Szenen manchmal so aufregend ist, daß ich nicht darauf achte, was gesprochen wird – es ist dann, als wenn ich Musik höre. Man kann das auf den optischen Eindruck eines Film übertragen.

OW: Ich beurteile eine Szene danach, wie sie klingt – jedenfalls eine darstellerisch schwierige Szene. Ich ziehe es sogar vor, mich von den Schauspielern abzuwenden. Ich bin der Meinung, der Ton ist der Schlüssel zu dem, was richtig ist. Wenn es richtig klingt, wird es auch richtig aussehen.

PB: Das Tempo?

OW: Vor allen Dingen das Tempo – die äußere Form.

PB: Grandi [Akim Tamiroff] war eigentlich gar nicht so böse. Er wirkte fast komisch, zur Abwechslung.

OW: Ja, er ist ein Comedy-Schurke. Daher kommt er – die Welt ist voller Comedy-Schurken. Im Leben gibt es noch mehr von der Sorte als im Film. Ich halte die meisten Schurken für komisch [*lacht*].

PB: Aber doch spürt man eine Bedrohung.

OW: Ja, sicher, er ist ein Verbrecher, und er ist dabei komisch. Sobald du da einen Gangster hast, der in einem Melodrama eine bestimmte Funktion zu erfüllen hat, mußt du notgedrungen etwas erfinden, das ihn von jedem anderen Gangster in jedem anderen Melodrama abhebt. So einfach ist das.

PB: Das ist seltsam, denn in gewisser Weise benimmt er sich doch wie alle Gangster in Melodramen. Und Janet Leigh macht sich über diese Seite in ihm lustig.

OW: Die ja teilweise daher resultiert, daß er für die Handlung gewisse Gangster-Funktionen ausüben muß und dafür gewissermaßen vorgeführt wird. Nicht über den Darsteller machen wir uns lustig – über den Mann selbst, die Rolle, das ist das Stilmittel.

PB: Man stimmt ganz mit ihr überein, daß er wahrscheinlich in seinem Leben viel zu viele Gangsterfilme gesehen hat.

OW: Ja, diese Idee ist mir gekommen, weil ich etliche Gangster persönlich kannte. Ich kannte die meisten berühmten – einige sogar besser, als mir lieb war – und als Kinobesucher wurden sie von den Filmen sehr beeinflußt. In diesem Falle hat also das Leben die Kunst imitiert; Grandi kam ganz aus meiner Beobachtung.

PB: Welche Gangster hast du persönlich gekannt?

OW: Oh, ich kannte Luciano und Costello, sogar Capone, und kleinere Leuchten. Als Filmmensch konnte man Begegnungen mit ihnen wohl vermeiden, aber im Showbusineß – am Broadway – war das ganz unmöglich, höchstens, wenn man nie ausging, zum Beispiel in Nightclubs, oder wenn man keine Bekannten aus anderen Sparten des Showbusineß hatte. Wenn man nicht gerade Lunt hieß oder Katharine Cornell, konnte man es kaum vermeiden, diese Leute kennenzulernen – so begierig waren sie auch auf uns. Capone kaufte immer die ersten vier Reihen bei jeder Premiere in Chicago und kam dann gewöhnlich hinter die Bühne und begrüßte alle. Du konntest gar nicht in einen Nachtclub gehen, ohne daß Costello eine Flasche Champagner an deinen Tisch schickte, oder bei Lindy's sitzen, ohne daß Luciano vorbeikam. Sie waren schreckliche Menschen – ich habe sie nie für glamourös oder interessant oder so etwas gehalten – aber sie waren immer da, sie gehörten zur Szene, und so blieb es nicht aus, daß man sie kennenlernte. Während seines Exils sind Luciano und seine Gang auch immer in Rom und Neapel über mich hergefallen.

PB: Du fühltest dich nicht wohl in dieser Gesellschaft?

OW: Nein. Für mein Gefühl war er ein besonders unappetitlicher Zeitgenosse – ich mochte ihn noch weniger als die anderen. Aber da war er nun mal, und ich fand es interessant, ihn mit den Prototypen aus den alten Gangsterfilmen der Warner Brothers zu vergleichen. Die Ähnlichkeit war frappierend – er war nur ein kleines bißchen aufpolierter und ein bißchen billiger. Das hielt er für Klasse.

PB: Hast du dich ihm angeschlossen, weil du Angst vor ihm hattest?

OW: Man hat sich ihm nicht angeschlossen. Du sitzt im Excelsior Hotel in Neapel und trinkst deinen Kaffee, und Lucky Luciano setzt sich einfach dazu. So ist das, wenn man sich Luciano anschließt – bis der Kaffee ausgetrunken ist; du sagst „Hallo, Charlie, ich freue mich, Sie zu sehen" – so nennt man ihn, Charlie – und ein paar seiner Leute kommen auch noch dazu. „Möchten Sie nicht vielleicht einen Film über mich machen, Orsten?", pflegte er zu sagen. „Die echte Geschichte meines Lebens?" Er war immer publicity-geil – das ist auch einer der Gründe, weshalb er mich immer wieder durch Italien verfolgte. Und ich sagte dann immer: „Oh, ja, ja", und winkte heftig nach der Rechnung! [*Lacht.*]

PB: Es heißt, er sei in den Armen eines Filmproduzenten gestorben.

OW: Das habe ich nicht gewußt. Ich wußte nur, daß er vergiftet wurde, ganz sicher von der Mafia. Ich bin übrigens sehr gespannt, was Howard Hughes in Las Vegas mit der Mafia machen wird. Er ist eines Morgens sehr früh gesehen worden, wie er in Las Vegas herumlief und statt seiner Schuhe zwei leere Kleenex-Schachteln an den Füßen hatte – will man dem Klatsch glauben, der so unwahr sein mag wie alles andere. Aber er ist schon ein ziemlich wilder Bursche – recht eigenartig.

PB: Du kanntest Hughes recht gut, nicht wahr?

OW: Ganz gut, wenn man bedenkt, daß es eigentlich keinen Grund gab, weshalb wir uns hätten kennen sollen. Ich bin ihm eben öfters begegnet als man das erwarten konnte. Einige Male habe ich mit ihm gesprochen, an merkwürdigen Ecken der kalifornischen Szene, aber ich kann nicht sagen, daß ich ihn gut kenne, nein.

PB: Hat er dich je gebeten, einen Film zu machen?

OW: Nein. Damals war er Regisseur. Als ich schon den Schnitt von *Kane* machte, drehte er gerade *The Outlaw*, und Gregg Toland kam immer zu uns gelaufen und erzählte Geschichten über ihn. Toland war sein Kameramann und wurde manchmal nachts um vier gerufen, einen krähenden Hahn als Zwischenschnitt zu drehen. Solche Sachen sind wirklich passiert.

PB: In *Touch of Evil* gibt es eine Menge Zettel und Schildchen an Wänden und Türen, und ich habe mich gefragt, ob die zum Originaldrehort gehörten, oder ob du sie alle dort angebracht hast.

OW: Es gibt dort nichts, was wir nicht gemacht hätten.

PB: Wie zum Beispiel das Schild an der Tür, nachdem Quinlan Grandi getötet und seinen Stock vergessen hat – was der Zuschauer in diesem Moment aber noch nicht weiß: „Haben Sie auch nichts vergessen? Vergewissern Sie sich, daß Sie nichts vergessen haben."

OW: Ja, ich habe alle Schilder und Zeichnungen – die Pin-ups und alles – selbst gemalt, von Vergrößerungen. Man muß schon sehr genau hinschauen, wenn man sie alle sehen will, aber ich habe sehr hart daran gearbeitet. Genau wie Redgraves Trödelladen in *Arkadin* – jede Nacht von elf bis vier oder fünf Uhr morgens habe ich eigenhändig an diesen Kulissen gearbeitet, mit einem Assistenten. Das geht zurück auf meine Anfangszeit in Dublin am Theater, wo ich die Kulissen nicht nur entworfen, sondern auch eigenhändig gemalt habe.

PB: Warum hast du in der Szene, in der Heston mit seiner Frau telephoniert, eine blinde Frau ins Bild gebracht?

OW: Ich kann dem, was man auf der Leinwand sieht, nichts hinzufügen. Es gibt den Typ Regisseur, den es drängt, alles zu erklären, aber ich habe dazu nichts zu sagen.

PB: Warum hast du sie blind gemacht?

OW: Warum nicht? Ich weiß, das klingt jetzt ein bißchen unkooperativ, aber solche Fragen bringen mich total aus der Fassung, ich habe keine Antwort darauf. Selbst wenn ich vor der Himmelstüre stünde und sagen sollte, warum sie blind ist, wäre ich um eine Antwort verlegen. Ich wollte dem Publikum damit nichts signalisieren – das will ich nie.

An dieser Stelle las ich Orson einen Absatz aus seinem achtundfünfzig Seiten langen Memo an die Universal vor, das er geschrieben hatte, nachdem man ihm gestattet hatte, sich die Rohfassung des Films anzusehen:

In der Ladenszene mit der blinden Frau stelle ich mit Bestürzung fest, daß die Einstellung mit Vargas am Telephon so aufgepustet worden ist, als solle die blinde Frau im Vordergrund nicht beachtet werden. Sie war aber nicht rein zufällig dort. Ihre Anwesenheit ist Vargas peinlich und behindert sein Telephongespräch mit Susan.

Das sorgt für eine unterschwellige Spannung, die nun
fehlt. Susan, wie sie in dem merkwürdigen Motel mit
verträumtem Sex in der Stimme mit ihrem Mann
telephoniert, der sich in dem noch merkwürdigeren Laden
der blinden Frau aufhält; sein Unbehagen in Gegenwart
dieser stillen, seltsam aufmerksamen Figur der blinden
Frau – das waren Elemente eines ziemlich sorgfältig
ausgewogenen kleinen Plans. Es ist ein Jammer, dies
auseinanderzureißen, nur weil es jemandem eingefallen ist,
die Frau, die dort im Vordergrund sitzt, für relativ
absonderlich zu halten. Das sollte absonderlich sein.
Wenn der Dialog zwischen Susan und Mike bedeutsamer
wäre, wenn wichtige Handlungsknoten geschürzt würden,
dann, natürlich, wäre die blinde Frau als Ablenkung völlig
fehl am Platze. Wie die Dinge aber liegen, verleiht sie
einer Szene, die – wenn wir ehrlich sind – unsere
Geschichte überhaupt nicht weiterbringt und ganz normal
gespielt werden muß, eine besondere Dimension.

PB: Warum hast du nicht *mir* diese Antwort gegeben?
OW: So etwas erzählt man Eddie Muhl, nicht Pierre di Bogdano-
vich.
PB: Wie hat sich die Rolle von Dennis Weaver entwickelt?
OW: Nun, jahrelang war ich schon der Meinung, der Dennis
Weaver aus *Gunsmoke** sei einer der größten Darsteller, die wir
hierzulande haben. Und ich habe ihn für ganze drei Tage aus
Gunsmoke herausbekommen und ihm eine Rolle geschrieben –
einfach, weil ich der Meinung war, Dennis Weaver müsse
unbedingt einmal in einem Film mitwirken. Das ist der einzige
Grund für die Rolle. Und was für eine Freude, mit ihm zu
arbeiten – sie ließ mein Herz höher schlagen. Bei der Arbeit mit
ihm fühlte ich mich wie im Himmel.

* *Gunsmoke* = Fernsehserie „Rauchende Colts" (A. d. Ü.).

Dennis Weaver und Charlton Heston in *Touch of Evil*.

PB: Wie war Janet Leigh?
OW: Wundervoll. Und ich habe ihr harte Zeiten bereitet, weil sie ihre Haare immer wieder anders frisieren mußte und nicht wußte, warum. In der Motel-Sequenz drehten wir vierzig und fünfzig Einstellungen am Tag, und sie wußte nie, an welcher Stelle der Handlung sie war. Ich sagte nur: „Die Haare offen. Die Haare hoch. Geh zum Fenster – frag nicht, warum." – Siehst du, und dann ging sie. Weil wir alles sehr schnell machten.
PB: Du hast es nicht in der richtigen Reihenfolge gedreht.
OW: Ich drehe die Szenen nie der Reihe nach. Ich weiß gar nicht, wie das ist, der Reihe nach drehen. Nie im Leben gemacht.
PB: Du drehst je nachdem, wie die Beleuchtung ist –
OW: – *Das* muß ich. Ich war nie reich genug, um der Reihe nach zu drehen.

PB: Wie probierst du mit Schauspielern?

OW: Das hängt von den Schauspielern ab. Ich bin nicht der Meinung, daß ein Regisseur eine Methode haben sollte, die er den Schauspielern aufzwingt. Ich glaube, daß *Schauspieler* durch ihre Persönlichkeit, Charakteristika und alles mögliche die Methode bestimmen. Es gibt durchaus Schauspieler, die unglücklich und unsicher sind, wenn man nicht sehr stark, sehr bestimmt ist und ihnen nicht eine große Menge Informationen gibt. Andere sind viel besser als Mitglied einer Gruppe, der man Informationen nur anbietet, sie geistig einfließen läßt, heimlich, wenn keiner es merkt –

PB: Und du erkennst die Unterschiede bei den Schauspielern?

OW: Nun, man bemüht sich. Ich glaube, das trennt die Jünglinge von den Männern unter den Regisseuren. Es *gibt* gute Regisseure, die so sehr sie selbst sind, daß die Darsteller sich ihnen unterwerfen und parieren müssen. Aber ich war schon immer der Ansicht, wie du weißt, daß die Arbeit des Regisseurs leicht überschätzt und zu hoch bewertet wird. Ich meine, der Regisseur muß sich als Diener der Schauspieler und der Handlung sehen – sogar wenn er die Geschichte selbst geschrieben hat. Das wahrhaft Große ist doch das, was die Schauspieler von *sich* aus geben – nicht das, was sie tun, weil *du* es willst. Es kommt darauf an herauszufinden, was sie machen wollen und es dann aus ihnen herauszukitzeln. Und man muß es aufrichtig nachempfinden – man darf sich nicht selbst betrügen, sondern muß selbst dahinterstehen. Ich denke, man muß einen Schauspieler glaubenmachen, er sei besser als er ist. Das ist die größte Aufgabe des Regisseurs.

PB: Dem Schauspieler Selbstvertrauen geben?

OW: Mehr als Selbstvertrauen. Arroganz. Er muß wirklich denken, er habe Größe, und daß er sich über das hinaus entwickele, was er sich selbst zugetraut hat. Es gibt so viele Möglichkeiten, wie man das machen kann – das Material und der Schauspieler diktieren den Weg. Die Atmosphäre des Stückes, alle Geheimnisse der einzelnen Persönlichkeiten, die Stimmung und diese Dinge spielen eine so große Rolle. Folglich habe ich keine bestimmte Arbeitsmethode im Studio oder auf der Bühne, außer daß es immer sehr froh und munter zugeht, wir unsere Witze machen und immer irgendjemand am Klavier sitzt und spielt.

PB: Brauchst du keine Ruhe?

OW: Nun, wir haben Ruhe, wenn wir sie brauchen. Aber das ganze muß unter dem Motto stehen „Wir freuen uns, daß wir hier sind". Es sei denn, die Handlung selbst verlangt nach einer düsteren Atmosphäre, nach Verzweiflung, nach drohendem Unheil – dann natürlich müssen alle diese Stimmung mittragen. Aber grundsätzlich meine ich, die Schauspieler sollten sich jeden Tag auf ihre Arbeit freuen, keinen Bammel davor haben.

PB: Am Theater, so sagtest du, arbeitest du gern viele Stunden hintereinander.

OW: Ja, weil die Probenzeit so kurz ist. In Rußland hat man neun Monate Zeit, ein Stück einzustudieren, was viel zu viel ist. In Amerika haben wir dreieinhalb Wochen, und das ist viel zu wenig. Die vielen Stunden brauchen wir, um es überhaupt zu schaffen, das ist der Grund – nicht etwa, daß ich es besonders günstig finde, wenn alle todmüde sind. Wir haben nur gar keine andere Wahl – wenn man über die zugebilligte Zeit hinaus probiert, so sind die Vorschriften der Schauspieler-Gewerkschaft, muß man fest angestellt werden. Nichts anderes steckt dahinter.

PB: Also kommt das beim Film nicht vor.

OW: Nein. Ich probiere zwar, aber illegal. Vor Beginn der Dreharbeiten sind immer alle zu mir nach Haus gekommen, und offiziell heißt es, wir redeten über das Drehbuch. Aber in Wirklichkeit haben wir geprobt. Für *Touch of Evil* zum Beispiel haben wir etwa zwei Wochen vor Drehbeginn schon geprobt. Sogar stramm.

PB: Auch schon die szenische Einrichtung.

OW: Einige Szenen und sämtliche Überblendungen – einfach alles, was lange diskutiert werden mußte, Stunden um Stunden, ehe wir ins Atelier gingen. Das hatten wir dann schon hinter uns.

PB: Und alle fühlten sich schon viel sicherer.

OW: Das stimmt. Sieh mal, es gibt zwei große Schulen der Löwendressur, die französische und die deutsche. Die eine, die französische, hält die Tiere streng am Platz. Bei der anderen, der deutschen, scheinen sie immerzu mit dem Dompteur zu kämpfen. Man würde eher annehmen, die erste Methode sei die deutsche, die zweite die französische, aber es ist genau umgekehrt. Nun, auch bei Regisseuren gibt es zwei ganz unterschiedliche Schulen: eine, wo der Regisseur dominiert und Angst und Schrecken verbreitet: Ich gehöre zu der anderen.

PB: Mercedes McCambridge war sehr gut in dieser wirklich makabren Szene mit Janet Leigh, in dem Motel, wo sie, ein Mannweib, mit den anderen ins Zimmer eindringt und sagt: „Ich will zusehen."

OW: So habe ich den Film von Zugsmith genehmigt bekommen. Er war der Produzent. Nachdem er diese Szene gelesen hatte, hieß es: „Dann schieß man los!" [*Lacht.*]

PB: Er hat dir nie irgendwelche Probleme gemacht?

OW: Niemand hat das, bis sie die Endfassung gesehen haben.

PB: Es war vermutlich der erste Film, der eine Gruppe Drogensüchtiger und einen sehr lockeren Umgang mit Marihuana zeigte. Was hältst du übrigens persönlich von Menschen, die Drogen nehmen?

OW: Selbstmordkandidaten. Alle echt Abhängigen sind meiner Meinung nach irgendwie Selbstmörder.

PB: Und Marihuana?

OW: Nein, das ist das Bier unter den Drogen. Wenn es keine Gesetze gegen Marihuana gäbe und die Bullen nichts damit zu tun hätten, würde es sehr an Beliebtheit verlieren. Die Wirkung von Marihuana ist viel schwächer als die von Bier, und das einzige, was man davon bekommt, ist Mundgeruch. Gesellschaftlich gesehen ist das natürlich sehr unangenehm, solange nicht alle Menschen drauf sind. Aber eigentlich kann man nichts dagegen sagen. Es war ein schrecklicher Fehler, es zu verbieten, denn es ist im Grunde eine recht harmlose Sache. Auf der ganzen Welt rauchen es die Kinder zwischen acht und zehn Jahren und nehmen viel weniger Schaden als die französischen Kinder, die ihre paar Glas Wein trinken. Gerade *weil* das Konsumieren von Hasch mit dem Gefühl verbunden ist, etwas Illegales zu tun, gerade *weil* es heutzutage mit Protestbewegungen in Verbindung gebracht wird und sich generell gegen das Establishment richtet, gegen die Polizei und so weiter, gerade darum können an Marihuana gewöhnte, leicht neurotische Menschen zum Konsum harter Drogen verführt werden. Es wird als Droge unheimlich überschätzt; und außerdem ist es gar nicht so leicht, Mengen ausreichend guter Qualität zu erhalten, um sich in einen ausreichend starken Rausch zu versetzen, als daß sich das ganze Theater, was da veranstaltet wird, lohnte.

PB: Was hältst du im ganz allgemein von halluzinatorischen Drogen?

OW: Ich bin gegen einen dauerhaften Gebrauch, aber nicht gegen das Erlebnis des Ausprobierens. Ich habe nie LSD genommen, aber vor Jahren habe ich einmal diese halluzinatorischen Pilze probiert und all dies Zeug, und habe, seitdem ich es probiert hatte, nie wieder ein Verlangen danach gehabt.

PB: Hat es dir irgendwie geholfen?

OW: Natürlich nicht.

PB: Hilft es anderen?

OW: Vielleicht. Ich habe mit Aldous Huxley darüber diskutiert – nicht stundenlang, sondern tagelang, Wochen – denn wir waren dicke Freunde, und er war natürlich der Guru dieser ganzen Bewegung. Über dieses Thema kann ich mich nicht richtig streiten. Ich finde ein Engagement in der Gesellschaft gut, aber ich denke, jeder hat auch das Recht auszusteigen, wenn er es will – und ich denke, es *ist* im Grunde ein Aussteigen.

PB: Nun, das paßt doch ganz genau zu einer bestimmten Art von Filmen, die in erster Linie onanistisch sind. Vieles am modernen Film ist masturbatorisch.

OW: Er ist selbstgefällig. Wie das Gros aller modernen Kunst-werke zügellos ist – zumindest narzistisch, wenn nicht reine Selbstbefriedigung. Bis hierhin trifft alles auf Film zu, aber auch Filme sollte man im Kontext der gesamten modernen Kunst sehen, nicht für sich allein genommen – dabei bleibe ich nach wie vor.

PB: Zurück zu *Touch of Evil* – du zeigst eine sehr ungewöhnliche Einstellung, wenn Heston erfährt, daß seine Frau verhaftet wurde. Du schneidest auf eine Großaufnahme von ihm. Das Bild wird vor dem Ausblenden verschwommen.

OW: Ja, es wird unscharf. Ich mache das sehr gern. Ich habe es nicht so oft angewendet, wie ich gern gewollt hätte –

PB: Es wird sehr schnell unscharf.

OW: Wir haben wieder nur einzelne Bilder kopiert. Das ist das große Geheimnis – Bilder überspringen. Das mache ich viel, besonders, damit man den Zoom nicht sieht, und um unscharfe Aufnahmen zu bekommen.

PB: Und um den Zoom schneller zu machen?

OW: Ja, das meine ich ja. Um die Technik dahinter unsichtbar zu machen, denn ein Zoom wirkt tödlich, wenn man ihn bemerkt. Ich halte ihn sogar für einen großen Feind vieler junger Regis-seure, die einfach nicht die Finger davon lassen können – hat schon viel Unheil angerichtet. Ein so attraktives Spielzeug – man kann es ihnen kaum verdenken. Aber optisch merkwürdig tot – in den meisten Fällen. Ein Zoom kann schwindelerregend gut sein, aber nur, wenn er äußerst sparsam angewendet wird, scheint mir.

PB: Wo zum Beispiel hat dir ein Zoom gefallen?

OW: Es gibt schon ein paar gute Zooms – besonders im europäischen und englischen Fernsehen. Ich sehe überhaupt im Fernsehen sehr viel mehr interessante Technik als im Film. Und Werbespots sind wahnsinnig interessant. Wenn ich nach Amerika oder in andere Länder komme, setze ich mich sofort vor die Mattscheibe, drehe den Ton ab und schaue mir gebannt die Werbung an. Während der Shows schaue ich nicht hin, denn ich finde wirklich, daß man in der Werbung höchst interessante Filmtechniken sehen kann. Ich will nicht sagen, daß alle gut sind, aber ab und an sieht man schon ganz atemberaubende Dinge. Je mehr schnell geschnittene Werbespots produziert werden, desto anspruchsvoller wird das Auge des Publikums und desto leichter können wir solche Sachen übernehmen. Dank der Werbung ist das Publikum heute viel eher bereit, überraschende Effekte auf der Leinwand zu akzeptieren. Schnelle Übergänge auch.

PB: Ich habe die Dietrich nie wieder so gesehen wie in *Touch of Evil* – sie überragt alles und wird beinahe zur Kultfigur.

OW: Ihre ganze Rolle, mußt du wissen, wurde erst nach Beginn der Dreharbeiten geschrieben. Wir waren schon mitten drin, ehe ich mir die Rolle überaupt ausgedacht hatte. Dann rief ich erst einmal Marlene an und sagte ihr, ich hätte ein paar Tage Arbeit für sie, aber sie müsse dunkle Haare haben, denn – so sagte ich – „Sie haben mir in *Golden Earrings* als Brunette gut gefallen". Sie hat nicht gebeten, das Drehbuch zu lesen. Sie sagte einfach nur: „*Well*, dann will ich mal rüber zur Paramount gehen – die Perücke müßte eigentlich noch da sein – und dann zur Metro, wegen eines Kleides…" Unser Produktionsbüro wußte nicht einmal, daß sie mitwirken würde. Du hättest das erleben müssen, im Projektionsraum, während der ersten Bildmuster: „Hey! Ist das nicht die Dietrich?" Ich sagte „Ja." Sie sagten: „Wir haben sie aber nicht im Budget." Und ich sagte: „Nein. Kostet Euch auch nichts, solange sie nicht auf dem Plakat erscheint." Das sollte sie aber, so wurde entschieden, und sie bekam ihre Gage als offizielle Mitwirkende. Aber das war deren Sache.

PB: Die Handlung schweift durch ihre Rolle ein wenig ab.

OW: *Yeah*, hat aber dem Film enorm genützt. Denk doch nur an die Szene, wo sich die beiden plötzlich begegnen. Und wenn sie ihn in der Bucht treiben sieht – *das* macht den Film, weißt du.

PB: Der Meinung bin ich auch. Wo stammte denn das Pianola her? Es wirkt wie eine Reminiszenz aus dem *Blauen Engel* [1930].

OW: Ehrlich, daran habe ich überhaupt nicht gedacht. Ich habe den *Blue Angel* nie gesehen. Wir haben eben im Fundus ein Pianola gehabt. Ich halte die Dietrich-Stellen mit für das Beste, was ich je gedreht habe. Wenn ich noch an die Premiere in New York denke, ganz ohne Pressevorführung... Ja doch, Marlene war hervorragend. Sie war wirklich die Super-Marlene. Alles, was sie jemals war, brachte sie für vier Minuten mit in ihr kleines Haus.

PB: Du meinst, alle ihre vorherigen Filme, einfach alles –

OW: Sie war einfach ein Engel, weißt du.

PB: Meine Lieblingsstelle ist der Blick zwischen euch beiden. Ihr steht beide da und seht euch an, und es ist, als kanntet ihr euch schon jahrelang.

OW: Eine Ewigkeit. Das ist es ja.

PB: Und es schwingt alles mit aus deiner und aus ihrer Filmvergangenheit – alles, was über das hinausgeht was man normalerweise in einen Film hineinlegen kann, denke ich.

OW: Ja, ein enormes gegenseitiges Vertrauen. All die Jahre waren wir zusammen gewesen, haben uns achtmal am Tag gegenseitig in Stücke gesägt und sind überall herumgekommen. Niemals ist sie auch nur eine Minute zu spät gekommen. Du kannst nicht *wissen*, wie gut wir uns kennen.

> Wenn ich ihn gesehen und mit ihm gesprochen habe,
> fühle ich mich wie eine Pflanze, die soeben Wasser
> bekommen hat.
> Marlene Dietrich

PB: Du bist eine schillernde Persönlichkeit, und Kritiker sprechen oft von dir als einem Darsteller, der immer übertrieben spielt, wohingegen ich immer fand, daß du eine wahnsinnig schlichte Art hast. Wie du zum Beispiel den Erzählkommentar im *Amberson*-Film sprichst – das ist so wunderschön untertrieben und leise.

OW: Als Schauspieler bettele ich immer bei meinen Regisseuren, daß ich weniger machen darf. Sie aber sagen immer: „Können wir ein bißchen mehr haben? Nun zeig's uns – ein bißchen dicker auftragen bitte." Und ich sage immer: „Nein, bitte nicht." Mir werden die heißesten Rollen angeboten, und ich nehme sie an, weil ich von etwas leben muß. Aber dann versuche ich immer, sie runterzufahren – so weit wie möglich.

PB: Die Wahrheit ist doch, du bist sehr oft ein Untertreiber. *Touch of Evil* ist ein gutes Beispiel – deine Darstellung ist ein einziges Genuschel.

OW: Lee Strasberg läßt grüßen! [*Lacht.*]

PB: Noch so ein Klischee. Hast du an deiner Darstellung härter gearbeitet als sonst?

OW: Es war ganz einfach. Für die fünf Tage als General Dreedle in *Catch-22* mußte ich viel härter arbeiten als für diesen Typ. Ich sah ihn klar vor mir – ich habe ihn einfach gespielt. Und ich hatte großartige Unterstützung von Tamiroff – eine kleine Bemerkung von einem Kollegen kann enorm hilfreich sein. Ich kam also an mit meinem Hut und dem Make-up, so wie ich es mir überlegt hatte; Tamiroff sah mich und sagte: „Du bist es." So wie er es sagte, wußte ich, daß alles an mir stimmte, und das war's dann. Ich sagte mir, ich müsse mir nun keine Gedanken mehr machen. Und ich spielte es eben. Von allen Rollen, die ich im Film je gespielt habe, fühlte ich mich bei dieser am wenigsten befangen.

PB: Ich denke, es ist eine deiner besten.

OW: Wahrscheinlich aus diesem Grunde. Ich machte mir keine Gedanken, wie ich es spielen sollte, dachte, es würde schon in Ordnung sein: „Ich mache es richtig – ich habe alles im Griff." Welch seltenes Glück für mich, einmal nicht gehemmt zu sein, denn als Schauspieler leide ich doch erheblich, mache mir auch Sorgen. Und hier lief alles, wahrscheinlich, weil ich mir keine machte. Ich brauchte nur sehr wenige Takes. Ich wußte genau, was ich zu tun hatte – es *lief* ganz einfach.

PB: Die Szene, in der du Tamiroff erwürgst, ist ausgesprochen grausig.

OW: Abscheulich und gewalttätig – es ist eine sehr unerfreuliche, gräßliche Szene. Wir fühlten uns auch schlecht, als wir damit fertig waren.

PB: Es schwang auch vage etwas Sexuelles mit.

OW: Ja. Es war pervers und morbid – genau das, was ich nicht besonders liebe und auch nicht allzu häufig mache. Aber in diesem Fall konnten wir kaum zu weit gehen – die Szene gehörte in diese Ecke. Tamiroff war großartig: Als er auf diese Pistole sah, war es, als sehe er in ihr alle Schwänze der ganzen Welt. Es war wirklich grauenvoll – die Art, wie er die Pistole anblickte, machte die ganze Szene erst möglich.

PB: Du wolltest den sexuellen Beigeschmack?

OW: Selbstverständlich. Die Szene ist sehr häßlich.

PB: Wie lange hat der Dreh gedauert?

OW: Einen Tag.

PB: Und wie hast du es hinbekommen, daß seine Augen herausquellen, nachdem er stranguliert war?

OW: Kontaktlinsen. Gemalte.

PB: Grauslich.

OW: Ich habe es erlebt, daß einige Leute dies heftig als geschmacklos verurteilt haben. Viele haben zu mir gesagt, damit sei ich „zu weit" gegangen. Diese Leute haben tatsächlich in gewisser Hinsicht auch recht – in der von mir geschnittenen Fassung war das nur unterschwellig. Hier haben wir etwas, das geändert worden ist: sie haben zehn Bilder zusätzlich in diese Einstellung hineingenommen –

PB: Wodurch sie ein wenig zu lang geworden ist –

OW: Ja. In meiner Fassung wußte man nicht genau, ob man es wirklich gesehen hatte – man hatte nur diesen optischen Eindruck bekommen. In ihrer Fassung sieht man diese Augen überdeutlich. Das habe ich so nicht gewollt. Ich wollte, daß man nicht sicher ist, ob man es gesehen hat oder nicht.

1851-37

Orson Welles, Janet Leigh und Akim Tamiroff.

PB: Nun, zehn Einzelbilder machen schon einen großen Unterschied.

OW: So eine Freude, mit all diesen fabelhaften Leuten zu arbeiten – mit [John] Russell auf dem Kran und mit Tamiroff.

Die Arbeit an *Touch of Evil* war, ach ja, unvorstellbar angenehm. Jeder gab sein Bestes. Und du wußtest, daß alles, was du dir ausdenkst, auch ausgeführt wird.

Darum war ich auch so wahnsinnig enttäuscht, als sich herausstellte, daß es so nicht weitergehen würde. Ich war mir so sicher, daß ich noch viele Filme bei der Universal machen würde, als ich urplötzlich Hausverbot bekam. Ein wahnsinnig traumatisches Erlebnis. Weil ich mir so sicher war. Sie überschütteten mich förmlich jeden Abend mit Komplimenten über die Bildmuster und sagten: „Wann werden Sie einen Vertrag für vier oder fünf

Filme bei uns unterzeichnen? Bitte kommen Sie doch recht bald vorbei." Jeden Tag baten sie mich, den Vertrag zu unterschreiben. Dann haben sie die Rohschnitt-Version gesehen und mich vom Gelände verbannt.

PB: Wurde das denn nie geklärt?

OW: Nie. Der Film war ihnen einfach zu düster, zu schwarz und zu fremd.

PB: Schreckliche Geschichte.

OW: Nicht nur eine schreckliche Geschichte – ein Rätsel. Es gibt da etwas, das ich nicht weiß, was ich nie begreifen werde. Dies ist das einzige Problem in meinem Leben, das ich nie werde ausloten können. Der Film hat sie in irgendeiner seltsamen Weise geschockt. Sie verabscheuten ganz besonders den schwarzen Humor – die Art, die heute beim Publikum so gut ankommt. Die Filme waren vor zehn oder zwölf Jahren nicht annähernd so bissig. Die wußten nur nicht, worauf ich hinaus wollte. Und ich habe ehrlich gedacht, ich hätte wieder in Hollywood Fuß gefaßt, weißt du, und – „jetzt bin ich drei oder vier Jahre bei der Universal und mache Filme", so wie die geredet haben. Und dann durfte ich mit einem Mal nicht mehr auf das Gelände.

PB: Wie hat man dir das mitgeteilt?

OW: Sie hatten einen Mann am Tor postiert, der meinen Wagen aufhalten sollte. Sie waren zutiefst schockiert – sie fühlten sich auf seltsame Weise von dem Film beleidigt. Und verletzt und verwundet – ich hatte ihnen wohl etwas Schlimmes angetan. Für mich war es traurig, daß es so endete, denn ich war bereit, mich in Amerika niederzulassen.

PB: Wenn du wählen könntest, würdest du in Amerika leben?

OW: *Well,* ich würde mit Sicherheit in Amerika *arbeiten,* was auch hier leben bedeutet. Ich würde lieber hier als anderswo Filme machen...

9.

DIE KARRIERE DES ORSON WELLES
Eine Chronologie

Vorwort des amerikanischen Herausgebers: Die Daten der hier folgenden Chronologie der Karriere von Orson Welles entstammen vielen Quellen, besonders den Informationen und Aufzeichnungen, die Peter Bogdanovich Ende der sechziger und Anfang der siebziger Jahre für dieses Buch zusammengetragen hat; diese wurden inzwischen revidiert, erweitert und auf den neuesten Stand gebracht. Welles' Auftritte in Werbespots sind hier nicht aufgeführt. Aus Platzmangel war es uns leider nicht möglich, sämtliche Quellen anzugeben, aber wir haben versucht, einen Mittelweg zu wählen zwischen der Nennung der wichtigsten Namen und einigen bislang unbekannten Quellen. Wie sämtliche Daten der Welles-Forschung hat auch diese Zusammenstellung Gültigkeit für den heutigen Tag und erhebt keinen Anspruch auf Vollständigkeit.

Einige Aktivitäten waren viel schwieriger zu überprüfen als andere. Welles' vollständige Dubliner Theaterdaten während der Jahre 1931 und 1932 sowie die Urheberschaft der meisten Rundfunkmanuskripte waren besonders schwierig zu ermitteln, weil nicht genügend Aufzeichnungen darüber vorhanden sind. Um so wichtiger ist mir darum der Hinweis, daß die Manuskripte für Welles' Rundfunkserien größtenteils gemeinschaftlich geschrieben wurden. Entwürfe für die Sendungen der frühen Jahre wurden häufig von Außenstehenden verfaßt, aber Houseman oder Welles stellten gewöhnlich die Endfassung her, wobei Welles den Manuskripten fast immer den letzten Schliff verlieh. An vielen der späteren Sendungen haben diverse Autoren mitgeschrieben; Ann Froelich und Howard Koch waren wichtige Mitarbeiter bei einigen der frühen Sendungen.

Sämtliches Material über *It's All True* wurde von Catherine Benamou zur Vefügung gestellt oder überprüft, deren Dissertation über dieses Thema äußerst umfassend zu werden verspricht. Das meiste Material aus der Mitte der sechziger Jahre verdanken wir Gary Graver und Oja Kodar. Unverzichtbar war für uns die detaillierte Datensammlung der früheren Zeitabschnitte des inzwischen verstorbenen Richard Wilson.

Es ist schier unmöglich, die Rundfunk- und Fernsehauftritte von Orson Welles sowie die Vielzahl der von ihm gesprochenen Filmkommentare vollständig zurückzuverfolgen. Aus diesem Grunde erhebt die hier abgedruckte Chronologie keinen Anspruch auf Vollständigkeit.

Folgende Abkürzungen für Namen sind verwendet worden:

AA: Arthur Anderson
WA: William Alland
BB: Bea Benaderet
EB: Edgar Barrier
GB: Georgia Backus
JB: John Berry
JTB: John Tucker Battle
MB: Maurice Bessy
PB: Peter Bogdanovich
RB: Richard Baer (Barr)
GC: George Coulouris
HC: Hans Conried
JC: Joseph Cotten
RC: Ray Collins
BD: Brainerd Duffield
GD: George Duthie
KD: Kenneth Delmar
HE: Hilton Edwards
AF: Arlene Francis
AFT: Alice Frost
BF: Brenda Forbes
GF: Geraldine Fitzgerald
BG: Betty Garde
GG: Gary Graver
MG: Martin Gabel
WG: Will Geer
BH: Bernard Herrmann
JH: John Houseman

GK: Guy Kingsley
HK: Howard Koch
OK: Oja Kodar
FL: Francesco Lavignino
AM: Agnes Moorehead
HJM: Herman J. Mankiewicz
JM: Jeanne Moreau
MEM: Mercedes McCambridge
MM: Micheál Mac Liammóir
VN: Virginia Nicolson [Welles]
EP: Edgarton Paul
ER: Elliott (Ted) Reid
FR: Frank Readick
SR: Stephen Roberts
AS: Alfred Shirley
ERS: Erskine Sanford
ES: Everett Sloane
GS: Gus Schilling
GSP: Guy Spaull
HS: Hiram Sherman
PS: Paul Stewart
SS: Stefan Schnabel
WS: William Shakespeare
AT: Akim Tamiroff
HT: Howard Teichmann
EW: Eustace Wyatt
OW: Orson Welles
RW: Richard Wilson

Einige Quellen in dieser Chronologie sind wie folgt abgekürzt:

MB: Maurice Bessy, *Orson Welles* (Paris: Seghers, 1963).
MB2: Übersetzung d.o. ins Englische von Ciba Vaughan (New York: Crown, 1971).
FB: Frank Brady, *Citizen Welles* (New York: Charles Scribner' Sons, 1989).
PC: Peter Cowie, *A Ribbon of Dreams* (South Brunswick, N. J.: A. S. Barnes & Co., 1973).

RF: Richard France, *The Theater of Orson Welles* (Cranbury, N. J.: Associated University Presses, 1977).
RF2: *Orson Welles on Shakespeare: The W.P.A. and Mercury Theatre Playscripts,* Hrsg. Richard France (Westport, Conn.: Greenwood Press, 1990).
EAG: Eric A. Gordon, *Mark the Music: The Life and Work of Marc Blitz-*

stein (New York: St. Martin's Press, 1989).

CH: Charles Higham, *The Films of Orson Welles* (Berkeley, Calif.: University of California Press, 1970).

CH2: *Orson Welles: The Rise and Fall of an American Genius* (New York: St. Martin's Press, 1975).

JH: John Houseman, *Run-Through* (New York: Simon and Schuster, 1972).

BL: Barbara Leaming, *Orson Welles* (New York: Viking, 1985).

RM: Richard Maney, *Fanfare: The Confessions of a Press Agent* (New York: Harper & Brothers, 1957).

JN: James Naremore, *The Magic World of Orson Welles*, 2. Aufl. (Dallas: Southern Methodist University Press, 1989).

CV: Claudio M. Valentinetti, *Welles* (Florenz: La Nuova Stampa, 1981).

BW: Bret Wood, *Orson Welles: A Bio-Bibliography* (Westport, Conn.: Greenwood Press, 1990).

TOTI: *Theatre of the Imagination*. Criterion Laser-CD und Tonbandkassetten, veröffentlicht von Voyager, 1988.

6. Mai 1915

George Orson Welles wird in Kenosha, Wisconsin, geboren. Mutter: Beatrice Ives Welles – Pianistin, Meisterschützin und Suffragette, wegen ihrer radikalen Ansichten eine Zeitlang inhaftiert. Vater: Richard Head Welles, Gelegenheitserfinder aus wohlhabender Familie aus Virginia. Der erstgeborene Sohn Richard ist bereits zehn Jahre alt.

1918

Bühnendebüt als Kleindarsteller in *Samson und Dalila* am Opernhaus von Chicago, danach die Rolle des Kindes „Kummer" in *Madame Butterfly* am Opernhaus von Ravina, Illinois.

1920

Als Hase verkleidet preist OW im Kaufhaus Marshal Fields Waren an. Unter dem Einfluß der Mutter entwickelt sich schon früh sein großes musikalisches Talent am Klavier.

10. Mai 1924

Die Mutter Beatrice Welles stirbt mit drei-undvierzig Jahren. OW ist vor vier Tagen neun Jahre alt geworden.

1925

Im Sommer-Camp Indianola bearbeitet OW *Dr. Jekyll und Mr. Hyde* für eine Aufführung, führt Regie und spielt selbst mit. An der Washington Grade School in Madison, Wisconsin, spielt er u.a. den Scrooge in *Ein Weihnachtslied*.

26. Februar 1926

Im *Madison Journal* erscheint unter der Überschrift „Cartoonist, Actor, Poet and Only Ten" ein Artikel über OW's künstlerische Aktivitäten in dieser Zeit. Als Zehnjähriger gibt er Lesungen, veranstaltet Theateraufführungen und gibt eine Camp-Zeitschrift heraus, den *Indianola Trail*, für die er auch die Illustrationen selber macht.

Herbst 1926

OW geht auf die Todd School für Jungen in Woodstock, Illinois. Gibt dort an Halloween eine Zauber-Vorstellung; spielt die Jungfrau Maria im festlichen Christgeburtsspiel der Schule. Weitere Aufführungen an der Todd School: Christus in *The Servant in the House*, Judas Iscariot in *Dust of the Road* und Jim Bailey in *It Won't Be Long Now*, einer musikalischen Revue, die er gemeinsam mit Roger Hill und Carl Hendrikson verfaßt.

1928

Ko-Autor und Hauptdarsteller in *Finesse the Queen*, musikalische Revue an der Todd School. In den folgenden beiden Jahren entfaltet OW an der Todd School ein reiches Bühnenschaffen. Bei folgenden Aufführungen macht er die szenische Bearbeitung, die Ausstattung, führt Regie und/oder spielt selbst mit: *Wings over Europe, Der Arzt wider Willen* von Molière, *Dr. Faustus* von Marlowe sowie *Dr. Jekyll and Mr. Hyde*. Außerdem verfaßt OW ein Hörspiel nach Sherlock Holmes-Geschichten, das er aber damals noch nicht für den Rundfunk produziert.

Den Sommer verbringt OW mit seinem Vater in Grand Detour.

1929

OW inszeniert, adaptiert und spielt die Rollen des Marcus Antonius und des Cassius in WS's *Julius Caesar* an der Todd School.

Schreibt Theaterkolumne betitelt „Inklings" für die *Highland Park News*.

Bereist im Sommer mit zwei Freunden England, Deutschland, Frankreich und Italien.

1930

OW inszeniert, adaptiert und spielt die Rolle des Ferrovius in *Androklus und der Löwe* von Shaw vor dem Woodstock Women's Club – zusammen mit seinen Todd Troupers. Vor seinem Schulabschluß inszeniert, adaptiert und spielt OW Richard III. in einer von ihm geschaffenen Verschmelzung aus *Heinrich IV.* und *Richard III.* von WS, mit dem Titel *Winter of Our Discontent.*

In diesem Sommer reist OW mit seinem Vater nach Japan und China.

11. November 1930

Ashton Stevens schreibt in seiner Kolumne im *Chicago Herald American* über OW.

28. Dezember 1930

OW's Vater Richard Head Welles stirbt im Alter von achtundfünfzig Jahren. OW ist fünfzehn Jahre alt.

1. Januar 1931

Dr. Maurice Bernstein wird OW's Vormund.

Juni 1931

Nach Schulabschluß Todd (*graduation*) besucht OW das Chicago Art Institute.

August 1931

OW verläßt Amerika. Er reist mit dem Eselskarren durch Irland und auf die Araninseln, um zu malen.

September 1931

In Dublin engagiert ihn der Regisseur Hilton Edwards als Ensemblemitglied des neuen Dublin Gate Theatre, das gerade seine fünfte Spielzeit vorbereitet:

13. Oktober 1931

Jud Süß von Lion Feuchtwanger (Produktion des Dublin Gate Theatre), bearbeitet von Ashley Dukes. Regie: HE. Premiere: Gate Theatre (bis einschl. 31. Okt.). Mit HE (Süß), OW (Herzog Karl Alexander von Württemberg), Betty Chancellor (Naomi).

Nach diesem Auftritt bekommt er am Gate Theatre nur noch Charakterrollen.

3. November 1931
The Dead Ride Fast von David Sears (Dublin Gate Theatre Produktion). Regie: HE. Premiere: Gate Theatre (einschl. 14. November). Mit OW (Ralph Bentley) u. a.

20. November 1931
The Archduke von Percy Robinson (Dublin Gate Theatre Produktion). Regie: HE. Premiere: Gate Theatre (einschl. 15. Dezember). Mit OW (Marschall François Bazaine/Mexikanischer Oberst) u. a.

26. Dezember 1931
Mogu of the Desert von Padraic Colum (Dublin Gate Theatre Produktion). Regie: HE. Bühne: MM. Premiere: Gate Theatre (einschl. 9. Januar 1932). Mit HE (Ali der Bettler), OW (Chosroes, König von Persien), Betty Chancellor u. a.

12. Januar 1932
Death Takes a Holiday von Alberto Cassella und Walter Ferris (Dublin Gate Theatre Produktion). Regie: HE. Premiere: Gate Theatre (einschl. 26. Januar). Mit OW (Baron Lamberto) u. a.

2. Februar 1932
Hamlet von WS (Dublin Gate Theater Produktion). Regie: HE. Premiere: Gate Theatre (einschl. 13. Februar). Mit MM (Hamlet), HE (Claudius), OW (Der Geist/Fortinbras) u. a.

März 1932
Der Kreis von W. Somerset Maugham. Premiere: Abbey Theatre, Dublin. Mit OW (Lord Porteus) u. a.

Während seiner Dubliner Zeit bringt OW auch einige eigene Inszenierungen heraus, darunter *The Chinese Bungalow* von Matheison Lang, Ibsens *Die Frau vom Meer*, *Weekend* (Hay Fever) von Noel Coward, OW's eigene Bearbeitung *Alice im Wunderland USA* nach Lewis Carroll, *Mr. Wu* von Harry M. Vernon und Harold Owen sowie *The Only Way*.

Außerdem entwirft OW das Bühnenbild für *Drei Schwestern* von Tschechow und spielt selbst in diversen Inszenierungen des Theaters mit. U. a. in *The Chinese Bungalow, Mr. Wu;* Ibsen: *Peer Gynt;* Strindberg: *Der Vater;* Sheridan: *Die Nebenbuhler;* O'Neill: *Kaiser Jones;* Goldoni: *Mirandolina;* Molnár: *Spiel im Schloß;* Shaw: *Mensch und Übermensch;* Romains: *Knock oder der Triumph der Medizin;* Hodges und Percival: *Grumpy;* Capek: *Aus dem Leben der Insekten;* Milne: *The Dover Road;* Ben Jonson: *Volpone;* Patrick Hamilton: *Rope* (die Rolle des David Kentley); und vier Shakespeare-Produktionen: *Richard III., Macbeth, Timon von Athen* und *König Johann.*

Während dieser Zeit schreibt OW unter dem Pseudonym Knowles Noel Shane eine regelmäßige Kolumne unter der Überschrift „Chitchat and Criticism" (etwa: Klatsch, Tratsch und Kritik) in einer irischen Wochenzeitung der Boulevardpresse. Darin beschäftigt er sich hauptsächlich mit Theater, nicht ohne seine eigenen Auftritte in den höchsten Tönen zu loben.

März 1933
OW geht nach London und möchte dort Theater spielen. Da er keine Arbeitserlaubnis erhalten kann, kehrt er in die Vereinigten Staaten zurück.

Twelfth Night – „Was ihr wollt" – an der Todd School.

Mai 1933

OW führt Regie bei einer Aufführung von WS *Was ihr wollt oder Dreikönigsabend* (Twelfth Night) an der Todd School, unter Verwendung eines Bühnenkonzepts von Kenneth Macgowan. Ein riesiges „Buch" wird auf der Bühne aufgeblättert. Die Bilder auf den einzelnen Seiten des Buches sind die Bühnenbilder für die verschiedenen Szenen. OW hat die Bilder selbst gemalt und die Kostüme entworfen. Diese Inszenierung gewinnt den ersten Preis beim jährlichen Wettbewerb der „Drama League", der im Bezirk Chicago für Oberschul- und Jugend-Theatergruppen stattfindet. Roger Hill leiht OW eine Stummfilm-Kamera, mit der dieser von einem festen Standort im Saal aus einen Farbfilm von der Kostümprobe dreht.

Frühling – Sommer 1933

Etwas später reist OW nach Marokko und Spanien, schreibt Kriminalgeschichten für Schundblätter, tritt nebenbei gelegentlich als Stierkämpfer auf und kehrt ungefähr im August in die USA zurück. Dort verbringt er eine kurze Zeit in New York (wo er keine Arbeit finden kann) und lebt dann die meiste Zeit bei Dr. Bernstein in Chicago und bei Roger Hill in Woodstock. Mit Roger Hill zusammen schreibt er einige Lehrbücher über WS und arbeitet mit an einem Bühnenstück in fünf Akten mit dem Titel *Marching Song*, welches auf der John Brown-Story* basiert, aber nie auf-

---

* John Brown („Old Brown of Osawatomie"), 1800–1859, Führer im Kampf gegen die Sklaverei in Amerika. (A.d.Ü.)

geführt oder veröffentlicht worden ist. Ungefähr zur gleichen Zeit schreibt OW ein autobiographisch gefärbtes Theaterstück in drei Akten über sich selbst, *Bright Lucifer*, das von einem dämonischen Teenager handelt (siehe JN und BL). Ein anderes frühes Stück von OW, das auch in dieser Periode entstanden sein könnte und anscheinend nicht überliefert ist, heißt *Last Stand* und wird kurz in einem Brief von OW an PB beschrieben, den dieser in seinem Artikel „The *Kane* Mutiny" (*Der Kane* war sein Schicksal) erwähnt.

18. September 1933

OW geht wieder nach New York. Durch Thornton Wilder, der von seinen Dubliner Erfolgen gehört hatte, wird OW mit Alexander Woollcott bekannt gemacht, der seinerseits den Regisseur Guthrie McClintic und die Schauspielerin Katharine Cornell auf ihn aufmerksam macht. Diese beiden engagieren OW für ihre sechsunddreißigwöchige Tournee mit zwei Stücken:

29. November 1933

The Barretts of Wimpole Street von Rudolf Besier. Regie: Guthrie McClintic. Mit Katharine Cornell (Elizabeth Barrett), OW (Octavius Moulton Barrett), BF u. a. – im Wechsel mit:

Candida von George Bernard Shaw. Regie: Guthrie McClintic. Mit Katharine Cornell (Candida), OW (Eugen Marchbanks) u. a.

Die Tournee beginnt in Buffalo, New York, und führt mit weit über zweihundert Vorstellungen quer durchs ganze Land.

1934

Everbody's Shakespeare (Shakespeare für jedermann) – eine Reihe von Lehrbüchern von Roger Hill und OW, erschienen im Verlag der Todd Press in Woodstock. Jeder Band enthält die gleichen Einführungs-Essays von Hill und Welles sowie jeweils „eine spielbar gemachte Version" eines Dramas von WS – *Was ihr wollt, Der Kaufmann von Venedig* oder *Julius Caesar* – mit Illustrationen von OW.

Durch den Schauspieler und Regisseur Paul Stewart lernt OW den Rundfunkregisseur Knowles Entrikin kennen, der ihm sein erstes Rundfunk-Engagement verschafft:

School of the Air of the Americas (The American School of the Air) – eine Art Schulfunkprogramm der CBS. Regie: Knowles Entrikin. Kleine Hörspiele über Geschichte, aktuelle Politik und Literatur, für den Unterricht in amerikanischen Schulklassen empfohlen.

Sommer 1934

OW überredet HE und MM, von Dublin nach Amerika zu kommen und bei seinem sechswöchigen „Summer Festival of Drama" mitzumachen, das in der Todd School in Woodstock stattfindet.

Trilby von Gerard du Maurier. Regie: OW. Mit MM (Little Billie), HE (Taffy), OW (Svengali).

Hamlet von WS. Regie: HE. Mit MM (Hamlet), OW (Claudius) u. a.

The Drunkard von William H. Smith. Regie: OW.

Tsar Paul von D. S. Merejkowski. Regie: HE. Mit HE (Zar Paul), OW (Graf Pahlen), VN (Elizabeth).

Während dieses Festivals dreht OW seinen ersten Film:

Hearts of Age. Regie: OW, William Vance. Prod./Kamera: Vance. Buch: OW. Mitwirkende: OW (der Tod), VN (Alte Frau), William Vance. Dauer: 5

Minuten (16 mm, stumm). Gedreht in der alten Feuerwache in Woodstock.

Herbst 1934
Sechswöchige Tournee mit *Romeo und Julia* von WS. Regie: Guthrie McClintic. Mit Katharine Cornell (Julia), Maurice Evans (Romeo), OW (Mercutio), Tyrone Power (Balthasar, später Tybalt) u. a.

14. November 1934
OW heiratet Virginia Nicolson, die Hauptdarstellerin seines ersten kleinen Films (s. o. *Hearts of Age,* Woodstock, Sommer 1934).

21. Dezember 1934
Überarbeitete Version von *Romeo und Julia*, Premiere im Martin Beck Theatre in New York. Mit Katharine Cornell (Julia), Basil Rathbone (Romeo) Brian Aherne (Mercutio), OW (Tybalt), John Emery (Benvolio), Edith Evans (Amme), George Macready (Graf Paris) u. a. (Beschreibung dieser Inszenierung: siehe JH.)

1935
Fortgesetzte Rundfunktätigkeit. OW wirkt – meist ungenannt – in folgenden Hörfunk-Serien mit:
America's Hour (CBS). Regie: Knowles Entrikin.
Cavalcade of America (NBC). Regie: PS, Homer Fickett u. a.
Columbia Workshop: Hamlet (CBS), nach WS eingerichtet von OW. Regie: Irving Reis. Musik: BH. Sprecher: OW (Hamlet) u. a.
The March of Time (NBC-Blue). Redaktion: Arthur Pryor, Jr. Regie: Homer Fickett u. a. OW tritt vier Jahre in dieser Nachrichtensendung auf und bringt in seinem Film *Citizen Kane* eine Parodie dieser besonderen Art Wochenschau.

Während dieser Zeit liest OW auch Gedichte in der Sendung von Alexander Woollcott (NBC).

15. März 1935
Panic von Archibald MacLeish (eine Präsentation der Phoenix Theatre Group). Regie: James Light. Prod.: JH, Nathan Zatkin. Bewegungschor: Martha Graham. Premiere: Imperial Theatre, New York (nur drei Vorstellungen. Mit OW (McGafferty), Zita Johann (Ione), Harold Johnsrud (blinder Mann), Abner Biberman, Vincent Sherman, Bernard Zanville [später bekannt als Dane Clark] u. a. Drama in ungereimten Versen über den Wall Street Crash, in welchem OW einen intriganten Manipulator spielt; erste Zusammenarbeit mit John Houseman.

22. März 1935
In *The March of Time* trägt OW eine Szene aus *Panic* vor. In derselben Sendung spricht er alle fünf Dionne-Fünflinge in einer Reportage über diese damals sehr berühmten Babys.

April 1935
In den folgenden Wochen plant, besetzt und probt OW eine Inszenierung von *'Tis a Pity She's a Whore* (Schade, daß sie eine Dirne ist) von John Ford (engl. Lyriker und Dramatiker, 1586–1640, A. d. Ü.), die von JH mit Miriam Batista, Alexander Scourby sowie Hiram Sherman in den Hauptrollen produziert werden soll. Doch die Finanzierung klappt nicht.

20. Januar 1936
Musical Reveries (CBS). Musiksendung. OW liest Gedichte zwischen den einzelnen Stücken.

14. April 1936

Macbeth von WS. (Federal Theatre Produktion als Arbeitsbeschaffungsmaßnahme für arbeitslose Schauspieler.) Bearbeitung, Choreographie und Regie: OW. Produktionsleiter: JH, im Auftrag der Negro Division of the Federal Theatre. Musik: Virgil Thomson, gespielt vom Negro Orchestra. Premiere: Lafayette Theatre, Harlem, New York (64 Aufführungen bis zum 20. Juni); Wiederaufnahme im Adelphi Theatre am Broadway am 2. Juli, weitere zwei Monate; danach nationale Tournee an sieben Häusern, die dem Arbeitsbeschaffungsprogramm (WPA) angeschlossen sind. Mit Jack Carter (Macbeth), Edna Thomas (Lady Macbeth), Canada Lee (Banquo), Service Bell (Duncan) u.a. In Indianapolis spielt OW die Titelrolle mit schwarz geschminktem Gesicht. „Die Idee, die Tragödie mit einer farbigen Besetzung aufzuführen, stammte von Mrs. Welles. Weil Christophe, der berühmte schwarze Kaiser von Haiti, ein Mann ganz nach Macbeths Geschmack gewesen wäre, wurde die Handlung von Schottland nach Haiti verlegt. Der Birnams-Wald, der zum Schloß Dunsinan emporstieg, war ein Dschungel aus Palmen und Bananenstauden. Die drei Schicksalsweiber wurden in sechs schwarze Medizinmänner umgewandelt."

Herbst 1936

Durch Vermittlung von PS tritt OW regelmäßig in *The March of Time* auf, seitdem die wöchentliche Sendung dieses Programms in eine tägliche umgestellt wurde.

26. September 1936

Horse Eats Hat (Federal Theatre Produktion, Projekt Nr. 891 der WPA) von OW

und Edwin Denby, frei nach der Komödie *Der Florentinerhut* von Eugène Labiche und Marc-Michel. Regie: OW. Produktionsleiter: JH. Musik: Paul Bowles. Orchestrierung: Virgil Thomson. Premiere: Maxine Elliott Theatre, New York (bis einschl. 5. Dezember). Mit JC (Freddy), OW [alternierend mit EP] (Mugglethorp), GD (Endwhistle) u.a. (OW zu PB: „Die Komödie *Horse Eats Hat* war die beste aller Mercury-Inszenierungen und teilte – obgleich erfolgreich – die Stadt in zwei Lager. Die Pressestimmen waren gemischt, dennoch war es immer ausverkauft und hatte enorm viele Zuschauer. Einige Leute sind jede Woche einmal hingegangen, solange es lief.") (Vergl. auch JH, RF und FB.)

23. Oktober 1936

Ten Million Ghosts von Sidney Kingsley. Regie/Prod.: Sidney Kingsley. Premiere: St. James Theatre, New York. Mit OW (André Pequot, Dichter und Bauer), GC (Zacharey), Barbara O'Neill (Madeleine), MG u.a. Dieses Antikriegsdrama über Zaharoff und den Rüstungsskandal wird von Kingsley selbst finanziert; nur elf Vorstellungen.

Herbst 1936

Gegen Ende des Jahres beginnt OWs Mitwirkung bei *The Wonder Show* (Mutual Broadcasting System). Sprecher: OW (Erzähler und Der Große McCoy) u.a. OW fliegt für sechs Wochen nach Chicago, um in dieser Rundfunkshow aufzutreten; es werden in erster Linie altmodische Wanderbühnen-Melodramen aufgeführt, z.B. *The Birth of the Sewing Machine Girl, Sweeney Todd* oder *The Relief of Lucknow*.

8. Januar 1937

Die tragische Historie vom Doktor Faustus von Christopher Marlowe (Federal Theatre Produktion, Projekt Nr. 891 der WPA). Regie: OW. Produktionsleiter: JH. Marionetten: Bil Baird. Musik: Paul Bowles. Beleuchtung: A. H. Feder. Premiere: Maxine Elliott Theatre, New York (bis einschl. 9. Mai). Mit Charles Peyton (Papst), J. Headly (Kardinal von Lorraine), OW (Faustus), Joseph Wooll [Pseudonym für JC] (2. Student), Jack Carter (Mephisto) u. a. Aufgeführt auf dem Proszenium, ohne Dekoration, Karten zu 25, 40 und 55 Cents.

OWs Rundfunkauftritte in dieser Zeit schließen auch Gastrollen in einer Serie klassischer Dramen der Rundfunkabteilung des Federal Theatre-Programms ein: *Living Dramas of the Bible* (CBS); *Standard Brands Presents* (NBC); *Roses and Drums* (NBC), eine wöchentliche Serie über den am. Bürgerkrieg; *Parted on Her Bridal Tour* (Mutual); die *Peter Absolute*-Serie (NBC); *Streamlined Shakespeare*; weiterhin ist OW bei *Musical Reveries* sowie bei *The March of Time* engagiert. Und er tritt regelmäßig auf bei:

März 1937

The Shadow (Mutual Broadcasting System). Regie: Dana Noyes, Harry Ingram u. a. Buch: Peter Barry, Max Ehrlich u. a.; Bearbeitungen der Bildergeschichten von Walter B. Gibson. Ansager: André Baruch. Sprecher: OW (Lamont Cranston/The Shadow), AM (Margot Lane), Dwight Weist (Commissoner Weston), Keenan Wynn (Shrevie, Taxifahrer), ES, Ted de Corsia u. a.

Während der folgenden zwei Jahre spielt OW regelmäßig den Lamont Cranston (eine Rolle, die er nicht selbst kreiert hat, die aber heute noch mit ihm identifi-

ziert wird). Lamont Cranston (siehe auch Anmerkungen zu Kapitel 1) ist ein „wohlhabender junger Lebemann", der „vor einigen Jahren im Orient... ein seltsames und mysteriöses Geheimnis erworben hat..., die hypnotische Kraft, den Geist der Menschen so zu vernebeln, daß sie ihn nicht sehen können".

(Im folgenden werden nur einige Sendungen mit ihrem Titel gesondert aufgeführt.)

11. April 1937

Columbia Workshop: The Fall of the City (CBS). Hörspiel in Versen von Archibald MacLeish. Prod./Regie: Irving Reis. Musik: BH. Sprecher: House Jameson (Regisseur), OW (Ansager in schalldichter Kabine), Burgess Meredith (Sprecher der Pazifisten) u. a.

Eine Polemik gegen den Totalitarismus, speziell für den Rundfunk geschrieben. (Siehe auch FB.)

21. April 1937

The Second Hurricane von Aaron Copland (Musik) und Edwin Denby (Libretto). Eine Produktion der Music School of the Henry Street Settlement. Regie: OW. Dirigent: Lehman Engel. Premiere: Henry Street Settlement Playhouse, New York (drei Vorstellungen sind vorgesehen). Mit Vivienne Block (Queenie), Estelle Levy (Gwen), AA (Gyp) u. a.

Mai 1937

In dieser Zeit nimmt OW den Kommentar von Ernest Hemingway zu Joris Ivens' Dokumentarfilm *This Spanish Earth* auf (Premiere am 20. August); später allerdings wird seine Stimme durch Hemingways eigene Stimme ersetzt, der nun seinen Text selber spricht. Beide Versionen existieren noch.

Orson Welles in *The Tragical History of Doctor Faustus.*

16. Juni 1937
The Cradle Will Rock (Federal Theatre
Produktion, Projekt Nr. 891 der WPA).
Ein Spiel mit Musik von Marc Blitzstein.
Eine OW-Produktion. Produktionslei-
ter: JH. Mit Olive Stanton (Moll), George
Fairchild (Gent/Gus), Guido Alexander
(Dick), Howard da Silva (Larry) u. a.
Blitzsteins radikale, für die Arbeiterbewe-
gung engagierte Oper in zehn Szenen (die
in Steeltown, USA, während eines Streiks
spielt) sollte ursprünglich am 16. Juni ihre
groß aufgezogene öffentliche Vorpremiere im Maxine Elliott Theater haben. Am
15. Juni wird das Theater durch etwa ein
Dutzend WPA-Wachposten unter dem
Vorwand behördlich geschlossen, Welles
und Houseman hätten sich nicht an die
Regierungsorder gehalten, „wegen dro-
hender finanzieller Kürzungen und inter-
ner Umorganisation" vor dem 1. Juli keine neuen Stücke herauszubringen. Nach
anfänglich großer Verwirrung wird ein
anderes, einundzwanzig Blocks entfern-
tes Theater, das „Venice", angemietet und
das Publikum gebeten, die Entfernung
dorthin zu Fuß zurückzulegen und die
Show dort anzusehen, allerdings ohne
Bühnenbild und Kostüme. Eine Verfügung der Gewerkschaft verhindert dann,
daß die Mitwirkenden auf der Bühne erscheinen. Daraufhin setzt sich Blitzstein
an ein dort vorhandenes Klavier, rezitiert
die Regieanweisungen und spielt die Partitur. Die Darsteller sprechen und singen
ihre Rollen vom Saal aus, unterstützt von
einem Scheinwerfer, den A. H. Feder
bedient.
   Dieser Abend wird ein derartiger Erfolg, daß die Show in genau derselben
improvisierten Fassung am 18. Juni im
„Venice" offiziell Premiere hat, wo sie
dann bis einschl. 1. Juli zu sehen ist.
Während dieser Zeit findet noch eine zu-

sätzliche Sonntagsvorstellung in einem
Vergnügungspark in Bethlehem, Pennsyl-
vania, statt, sowie eine Vorstellung in
Uncasville, New York. Danach geht die
Show auf Tournee durch die Stahlbezirke
von Pennsylvania und Ohio. Siehe auch
EAG, JH und OW: *The Cradle Will
Rock: An Original Screenplay.*

24. Juni 1937
Mitternachts-Sondervorstellung von *The
Cradle Will Rock.*

27. Juni 1937
Der New Yorker Rundfunksender
WEVD (benannt nach dem Sozialisten
Eugene V. Debs) überträgt um 20.30 Uhr
The Cradle Will Rock.

23. Juli 1937
Les Misérables, Kapitel 1: Der Bischof.
Rundfunkbearbeitung und Regie: OW,
nach dem Roman von Victor Hugo.
Sprecher: OW (Jean Valjean), MG (Javert), AFT (Fantine), VN (die erwachse-
ne Cosette), RC, AM, ES, BG, HS, FR,
Richard Widmark, RW, WA u. a. (OW
zu PB: „Meinen ersten Job als Hörspiel-
autor und -regisseur hatte ich bei Mutual.
Damals entwickelte ich die Idee, in der
Ich-Form Geschichten zu erzählen, und
das erste Werk, das ich so bearbeitete,
war *Les Misérables*; ich machte daraus
eine über sieben Wochen laufende Hörspielreihe.")

30. Juli 1937
Les Misérables, Kapitel 2: Javert.

6. August 1937
Les Misérables, Kapitel 3: Der Prozeß.

13. August 1937
Les Misérables, Kapitel 4: Cosette.

15. August 1937
Columbia Workshop: The Escape (CBS), Teil 1, nach John Galsworthy. Sprecher: OW u. a.

20. August 1937
Les Misérables, Kapitel 5: Das Grab.

22. August 1937
Columbia Workshop: The Escape (CBS), Teil 2.

27. August 1937
Les Misérables, Kapitel 6: Die Barrikade.

29. August 1937
Ein Artikel mit der Überschrift „Plan for a New Theatre" von OW und JH erscheint in der Sonntagsausgabe der *New York Times.*

30. August 1937
Twelfth Night/Was ihr wollt (CBS), nach dem Schauspiel von WS. Sprecher: OW (Orsino), Tallulah Bankhead (Viola), Cedric Hardwicke (Malvolino), Helen Menken (Olivia).

3. September 1937
Les Misérables, Kapitel 7: Finale.

26. September 1937
The Shadow: The Hypnotized Audience.

Oktober 1937
Gegen Ende des Monats wird das ursprüngliche, autobiographische und OW gewidmete halbstündige „song-play" *I've Got the Tune* von Marc Blitzstein auf CBS gesendet. (Siehe EAG.)

2. Oktober 1937
The Shadow: The Black Abbott.

24. Oktober 1937
The Shadow: The Temple Bells of Neban. Diese Sendung ist zusammen mit vielen anderen der im folgenden aufgeführten im Jahre 1979 auf Schallplatte herausgekommen.

11. November 1937
Caesar (Eine Präsentation des Mercury Theatre), *Julius Caesar* von WS in der Bearbeitung von OW. Regie: OW. P: JH. Musik: Marc Blitzstein. Premiere: The Mercury Theatre (ehemals The Comedy Theatre), New York. Mit Joseph Holland (Caesar), GC (Marcus Antonius), JC (Publius), OW (Marcus Brutus), MG (Cassius), HS (Casca), SS, ER, GD, AA, JB u. a. Inszeniert in moderner Straßenkleidung mit zeitgenössisch-politischen Anspielungen (z. B. Faschistengruß und Reichsparteitag-Fackelzug), ohne Bühnenbild und ohne Pause. Dies war die erste Produktion des Welles-Houseman Mercury Theatre und vielleicht beider größter Einzelerfolg, der *Variety* zu einem Artikel mit der Überschrift „BARD BOFFOLA" veranlaßte. Originaltextbuch siehe RF2.

John Mason Brown schreibt in der *New York Post* am 13. November 1939: „Das Ganze findet auf kahler Bühne mit blutroten, nackten Wänden statt. Mehr ist nicht da. Und mehr wird auch nicht benötigt. In ihrer klaren Schlichtheit erreicht diese Inszenierung die herrliche uneingeschränkte Freiheit einer elisabethanischen Bühne. Es ist dies ein Bühnenbild mit soviel Weite, daß sowohl die Stürme wie die Opfer der Demagogie über sie hinwegfegen können wie ein Hurrikan...

In fließenden, kraftvollen, virtuosen Gruppenszenen, wie man sie sonst nur in Rußland zu sehen bekommt, erweist sich Mr. Welles als brillanter Erfinder neuer

Positionen für seine Hauptakteure und neuer Massenbewegungen auf der Bühne... Immerfort hämmert er die Aussage seines Stücks in unsere Köpfe – durch das rhythmische Schlurfen seiner im Schatten herumschleichenden Massen, oder durch das Donnern der Füße, wenn diese Massen wie eine Herde, bedrohlich, und wie *ein* Mann auf der Bühne herumrennen. Ein Stilmittel, das man sich merken sollte. Wie die Umgebung, in der es angewendet wird, ist es reines Theater: vibrierend, hemmungslos und überaus wirkungsvoll."

18. November 1937
OW als Haile Selassie in *The March of Time*.

25. November 1937
OW als amnesischer französischer Soldat in *The March of Time*.

5. Dezember 1937
The Cradle Will Rock, Wiederaufnahme in neuer „oratorischer Fassung" am Mercury Theatre. Vorstellungen: Sonntagabends – im Bühnenbild von *Caesar*, bestehend aus zwei Reihen Stühlen auf der Bühne, und dem auf zwölf Mitglieder reduzierten Bewegungschor. Ferner: WG, Howard da Silva, HS, John Hoysrad. Blitzstein persönlich sitzt am Klavier und spricht und spielt etliche kleinere Rollen. Im darauffolgenden Jahr veröffentlicht Random House das Blitzstein-Stück mit einem kurzen Vorwort von OW (datiert vom 10. Januar 1938).

1. Januar 1938
Das Fest der Schuster, eine Präsentation des Mercury Theatre, Bearbeitung von OW nach der Komödie von Thomas Dekker. Regie: OW. Prod.: JH. Premiere:

The Mercury Theatre (im Wechsel mit *Caesar* bis 1. April, 64 Vorstellungen). Mit GC (König), Frederic Tozere (Sir Hugh Lacy), JC (Rowland Lacy), Vincent Price (Meister Hammond), GD, HS, ER, SS, AA, WA, AFT, JB, RW u. a. Wiederum einstimmig überschwengliches Lob. Aufführungsdauer 69 Minuten, keine Pause. Ausführliche Beschreibung siehe JH und RF.

4. Januar 1938
The Cradle Will Rock, Präsentation des Mercury Theatre in Zusammenarbeit mit Sam H. Grisman, Wiederaufnahme am Windsor Theatre in New York. Laufzeit dreizehn Wochen (bis zum 2. April), Eintrittspreise von 55 Cents bis 2.20 Dollar.

6. Januar 1938
Im Rahmen der Hörfunkreihe *The March of Time* widmet OW den zehn besten Filmen des Jahres 1937 ein Feature und verkörpert darin Paul Muni (in seinen beiden Filmen *The Life of Emile Zola* und *The Good Earth*), Fredric March in *A Star Is Born* und Spencer Tracy in *Captains Courageous*.

9. Januar 1938
The Shadow: The League of Terror.

16. Januar 1938
The Shadow: Sabotage.

20. Januar 1938
In Providence, Rhode Island, beginnt eine Tournee mit *Caesar*. Zur neuen Besetzung gehören auch Tom Powers (Brutus) und Edmond O'Brien (Marcus Antonius). Nächste Stationen der Tournee sind Boston, Hartford, Washington, D.C., Cleveland, Chicago und Toronto – exzellente Kritiken, aber nur mäßiger Besuch.

24. Januar 1938

Caesar verläßt das Mercury Theatre und wandert zwei Straßen weiter, in das National Theatre, das eine wesentlich größere Bühne und einen größeren Saal hat; zwei Tage darauf geht auch *Das Fest der Schuster* an das National Theatre und läuft dort bis einschl. 28. April. JH: „Also hatte das Mercury während der Monate Februar und März 124 Schauspieler, die in vier verschiedenen Aufführungen an drei verschiedenen Theatern auftraten. Unsere drei Stücke in New York liefen nur zwei Blocks voneinander entfernt, an der West 41st Street. Diese tauften wir einfach um in Mercury Street und stellten sogar an den Kreuzungen mit der 6th und 7th Avenue und dem Broadway ohne Genehmigung der Stadt neue Straßenschilder auf. Und wir beauftragten einen jungen Graphiker, uns ein elegantes Plakat zu entwerfen. Oben drüber stand WELCOME TO MERCURY STREET, darunter wurden unsere drei Produktionen durch kleine stilisierte Figuren symbolisiert: Militärischer Faschismus, Komik der Renaissance und eine Wiege in einer Baumkrone bei aufkommendem Wind."

6. Februar 1938

The Shadow: The Phantom Voice. Anschließend an seine Rundfunkshow fungiert OW für *The Masses* in einem Theater an der 46th Street bei einem Wohltätigkeitskonzert als Conférencier und stellt alle Nummern vor. Blitzstein, Virgil Thomson, Alex North, Paul Bowles, Hanns Eisler, Harold Rome, Earl Robinson und Lehman Engel präsentieren dort ihre Werke. Blitzsteins *I've Got the Tune* (siehe Oktober 1937), bislang nur im Rundfunk aufgeführt, erlebt seine Bühnenpremiere, Count Basie wirkt in einem

Teil mit. OW setzt dieses „song-play" in diesem Monat noch zweimal auf den Spielplan, und zwar als Doppelvorstellung zusammen mit *Plant in the Sun* von Ben Bengal, Sonntagabends im Mercury. (Siehe EAG.)

Etwa zu dieser Zeit werden Auszüge aus *The Second Hurricane* mit einem Kommentar von OW im Rundfunk gesendet. Das Programm wird von *New Masses* gesponsert.

28. Februar 1938

Columbia Workshop: Air Raid (Luftangriff), CBS, von Archibald MacLeish. Regie: William N. Robeson. Musik: BH. Sprecher: OW, BG, RC.

17. März 1938

In Chicago beaufsichtigt OW die dortige Premiere von *Caesar* am Erlanger Theatre. Stellt sich in einer Podiumsdiskussion den Fragen von dreizehnhundert Oberschülern zum Thema „The Modern Approach to Shakespeare" (Eine moderne Annäherung an Shakespeare.)

10. März 1938

The March of Time: OW als Fiorello La Guardia. (F. La Guardia war Bürgermeister von New York 1933–45, „La Guardia" = heute einer der Flughäfen von New York. A. d. Ü.)

11. März 1938

OW nimmt mit Blitzstein und anderen an einem Symposion im Hotel Center New York teil. Thema: „The Culture of the People's Front" (Die Kultur der Volksfront).

17. März 1938

The March of Time: OW als Sigmund Freud.

20. März 1938
Letzte live-Sendung von *The Shadow*, *The Silent Avenger* (Der stille Rächer).

27. März 1938
OW wird zum ersten Mal Vater: Virginia Welles bekommt ein Mädchen, das Mädchen bekommt den Namen Christopher.

April 1938
OW hält auf dem Workers Bookshop Symposion eine Reihe von Vorträgen für den „Workers Bookshop Mural Fund", darunter „Culture and the People's Front" und „Theatre and the People's Front". Der letztere erscheint im Wortlaut am 15. April im *Daily Worker*.

In diesem Monat erscheint eine nur leicht gekürzte Fassung von *The Cradle Will Rock* mit Blitzstein als Erzähler – die erste vollständige Broadway Show, die je auf Schallplatte aufgenommen wurde.

29. April 1938
Haus Herzenstod von George Bernard Shaw (eine Mercury Theatre Präsentation). Regie: OW. Prod.: JH. Premiere: The Mercury Theatre (sechs Wochen *en suite*, letzte Vorstellung am 11. Juni). Mit GF (Ellie Dunn), BF (Schwester Guinness), OW (Kapitän Shotover), Vincent Price (Hector Hushabye), ERS, GC, EW u. a. Shaw verbietet es OW, das Stück zu kürzen (was diesen nicht hindert, heimlich einige Striche zu machen); die Aufführung erhält ausgezeichnete Kritiken.

Noch am selben Abend tritt OW als einer der Hauptredner auf dem „American Student Peace Ball" im Mecca Temple Saal auf.

9. Mai 1938
In der Maske des achtzigjährigen Kapitän Shotover erscheint OW auf dem Titelbild des Nachrichtenmagazins *Time*. Die Bildunterschrift lautet: „From Shadow to Shakespeare, Shoemaker to Shaw" (von seiner Rolle in der Sendung „The Shadow" bis zu Shakespeare, von dem „Fest der Schuster" bis hin zu Shaw).

Mai – Juni 1938
Von Mitte Mai bis zur letzten Vorstellung am 11. Juni läuft *Caesar* ohne OW und GC; für sie springen Mitglieder des Tournee-Ensembles ein.

Juni 1938
In einem Vortrag auf einer Tagung von Englischlehrern in New York vertritt OW die These, das Theater habe nachgelassen und sei inzwischen „dem Film weitaus unterlegen".

12. Juni 1938
„The Summing Up" – ein Resümee über das erste Jahr des Mercury Theatre von OW und JH erscheint in der Sonntagsausgabe der *New York Times*.

11. Juli 1938
THE MERCURY THEATRE ON THE AIR – Das Mercury Theatre macht Hörspiele für den Rundfunk (CBS). Regie/ Prod./Erzähler: OW. Prod'leiter und Einstudierung: PS. Redaktion: OW, JH. Buch: JH, OW, HK u. a. Musik: BH (mit dreißig Mann Orchester). Toningenieur: John Dietz. OW konnte den Sender CBS für folgende Idee begeistern: Als Ersatz für Cecil B. De Milles *Lux Radio Theatre*, das in die Sommerpause geht, soll jede Woche ein Hörspiel gesendet werden – ein Werk der Weltliteratur, für den Rundfunk bearbeitet von OW, der auch selbst den Erzählkommentar spricht. OW und das Mercury Theatre werden engagiert, die Sendereihe wird parallel zur populären

Sendung des Bauchredners Edgar Bergen und seiner Puppe Charlie McCarthy ausgestrahlt. Der Untertitel der Sendereihe lautet *First Person Singular*, was sich auf OWs Eigenart bezieht, die Geschichten in der Ich-Form zu erzählen. Der redaktionelle Stab bleibt während der Laufzeit der Hörspielreihe zum großen Teil unverändert und wird deshalb im folgenden nicht immer wieder aufgeführt; Änderungen und zusätzliche Mitwirkende siehe unter dem jeweiligen Titel. Die meisten Textbücher für diese erste Serie wurden von JH in Abstimmung mit OW verfaßt.

The Mercury Theatre on the Air (CBS): *Dracula*, nach dem Roman von Bram Stoker, Hörspielbearbeitung von OW und JH. Sprecher: OW (Dr. Seward/Graf Dracula), Elizabeth Farrell (Lucy Westenra), GC (Jonathan Harker), AM, MG, RC u. a. Auf Schallplatte erschienen in der Reihe *The Great Radio Horror Shows*, 1975, und als *Dracula*, 1976.

Mitte Juli 1938
Als Vorbereitung auf eine geplante Freiluft-Produktion der Farce *Too Much Johnson* dreht OW eine filmische Einleitung zu dem Bühnenstück:
Too Much Johnson (unvollendet), frei nach dem Bühnenstück von William Gillette. Eine Mercury Theatre Produktion. Regie und Buch: OW. Prod.: OW, JH. Prod. und Aufnahmeleitung: RW. Kamera: Harry Dunham, Paul Dunbar. Schnitt: OW, WA, RW. Regieass.: JB. Besetzung: JC (Augustus Billings), EB (Dathis), EW (Faddish), VN, GD, Marc Blitzstein, GK, JH, JB, AF u. a.
Dieser zweiteilige, im Stil einer stummen Slapstick-Komödie gedrehte Film, sollte als Prolog zu dem Bühnenstück einen Teil der schwierigen und langatmigen Exposition verdeutlichen und, an

einem späteren Punkt der Handlung, eine Menschenjagd durch den kubanischen Dschungel zeigen. (Siehe auch CH.) Das Freilufttheater, wo die Aufführung stattfand (siehe 16. August), hatte jedoch nur ungenügende Projektionsmöglichkeiten, so daß es unmöglich war, den Film zu zeigen. Diese Produktion sollte danach die neue Mercury Saison in New York eröffnen, aber unter den gegebenen Umständen beschließen OW und JH, mit *Dantons Tod* zu eröffnen und die Farce anschließend herauszubringen. *Danton* ist eine sehr aufwendige Produktion und stößt auf so große Schwierigkeiten, daß später kein Geld mehr für *Too Much Johnson* übrig ist. (Die einzige Kopie des filmischen Prologs wird im August 1970 bei einem Feuer in Welles' Haus in Spanien zerstört.)

18. Juli 1938
The Mercury Theatre on the Air (CBS) :
Die Schatzinsel, nach dem Roman von Robert Louis Stevenson, Hörspielbearbeitung von OW und JH. Sprecher: OW (Long John Silver), AA (Jim Hawkins), GC (Kapitän Smollett), RC, AM, EW, AS, WA, RW u. a. Auf Schallplatte erschienen, 1978.

25. Juli 1938
The Mercury Theatre on the Air (CBS): *Eine Geschichte aus zwei Städten*, nach dem Roman von Charles Dickens, Hörspielbearbeitung von JH. Sprecher: OW (Sidney Carton/Dr. Manette), Mary Taylor (Lucie Manette), EW, EB, MG, FR, BG, ERS, RC, KD, RW, WA u. a. Beginn der Ich-Erzählung auf Schallplatte *Bette Orson Ingrid*, 1982; komplett bei TOTI.

1. August 1938
The Mercury Theatre on the Air (CBS):

The 39 Steps, nach dem Roman von John Buchan, Hörspielbearbeitung von JH. Sprecher: OW (Richard Hannay/Marmaduke Jopley) u. a.

8. August 1938
Mercury Theatre on the Air (CBS): *My Little Boy / The Open Window / I'm a Fool*, nach drei Kurzgeschichten von Carl Ewald, Saki und Sherwood Anderson, Hörspielbearbeitung von JH. Sprecher: OW, EB, RC u. a.

15. August 1938
The Mercury Theatre on the Air (CBS): *Abraham Lincoln*, nach dem Bühnenstück von John Drinkwater und anderen Quellen, Hörspielfassung von JH. Sprecher: OW, RC, GC, Carl Swenson, AM.

16. August 1938
Too Much Johnson von William Gillette. Eine Mercury Theatre Produktion. Regie: OW. Prod.: JH. Premiere: Stony Creek Summer Theatre, Stony Creek, Connecticut, läuft zwei Wochen *en suite*. Darsteller siehe Eintrag Mitte Juli 1938.

22. August 1938
The Mercury Theatre on the Air (CBS): *Affairs of Anatol*, nach dem Einakterzyklus „Anatol" von Arthur Schnitzler, Hörspielfassung von JH. Sprecher: OW, AFT, AF, Helen Lewis, RC.

29. August 1938
The Mercury Theatre on the Air (CBS): *Der Graf von Monte-Christo*, nach dem Roman von Alexandre Dumas, père. Hörspielbearbeitung von JH. Sprecher: OW (Edmond Dantes), RC (Abbé Faria), GC (Monsieur Morrel), EB, EW, PS, RW, VN, WA, JB u. a. Auf Schallplatte erschienen, 1983.

5. September 1938
The Mercury Theatre on the Air (CBS): *Der Mann, der Donnerstag war*, nach dem Roman von G. K. Chesterton, Hörspielbearbeitung von OW. Sprecher: OW (Gabriel Syme), EW (Präsident Sonntag), RC (Professor), GC, EB, PS, JC, ERS, VN. Die Hörspielserie hat so große Resonanz beim Publikum, daß sie nach nunmehr neun Folgen neu aufgelegt wird.

11. September 1938
The Mercury Theatre on the Air (CBS): *Julius Caesar*, nach der Tragödie von WS, mit Erzählkommentar nach Plutarchos *Lebensbeschreibungen* von H. V. Kaltenborn. Sprecher: aus den Reihen der Bühnendarsteller, siehe 11. November 1937. Auf Schallplatte erschienen.

18. September 1938
The Mercury Theatre on the Air (CBS): *Jane Eyre*, nach dem Roman von Charlotte Brontë. Die erste von mehreren Rundfunkfassungen des Romans von OW; 1944 entsteht der Spielfilm *Jane Eyre* (Die Waise von Lowood) unter der Regie von Robert Stevenson. Buch: Aldous Huxley, Robert Stevenson, JH. Besetzung: Joan Fontaine, OW u. a.

25. September 1938
The Mercury Theatre on the Air (CBS): *Sherlock Holmes*, nach Geschichten von Arthur Conan Doyle und dem Bühnenstück von William Gillette. Sprecher: OW (Holmes), RC (Watson), Mary Taylor (Alice Faulkner), BF, EB, RW, EW, AA, WA u. a. Erschienen auf Schallplatte 1975 unter dem Titel *The Immortal Sherlock Holmes*.

2. Oktober 1938
The Shadow: The Black Abbot (Charles

Greelay Abbot, amerik. Astrophysiker, 1872–1973, A.d.Ü.). Und am selben Abend noch:

The Mercury Theatre on the Air (CBS): *Oliver Twist*, Hörspielbearbeitung von OW, nach dem Roman von Charles Dikkens. Sprecher: OW (Oliver/Fagin) u.a.

8. Oktober 1938
In der Zeitschrift *The New Yorker* erscheint ein Artikel über OW von Russell Maloney. Titel: „This Ageless Soul" – Diese ewig junge Seele.

9. Oktober 1938
The Mercury Theatre on the Air (CBS): *Hell on Ice*, nach dem Buch von Commander Lincoln Edward Ellsberg, Hörspielbearbeitung von HK.

16. Oktober 1938
The Mercury Theatre on the Air (CBS): *Seventeen*, nach dem Roman von Booth Tarkington, Hörspielbearbeitung von HK. Sprecher: OW (William Sylvanus Baxter), BG (Mrs. Baxter), RC (Mr. Parcher), Mary Wickes, JC, Ruth Ford, ER u.a.

23. Oktober 1938
The Mercury Theatre on the Air (CBS): *Around the World in 80 Days* (In achtzig Tagen um die Welt), nach dem Roman von Jules Verne, Hörspielbearbeitung von HK. Sprecher: OW (Phileas Fogg), RC (Kommissar Fix), EB (Jean Passepartout), EW, FR, AF, SS, Al Swenson.

30. Oktober 1938
The Mercury Theatre of the Air (CBS): *The War of the Worlds* (Der Krieg der Welten), nach dem Roman von H. G. Wells, Hörspielbearbeitung von HK. Sprecher: OW (Professor Pierson), FR (Carl Phillips), RC (Letzter Ansager), KD, Carl Frank, William Hern, SS, Howard Smith, PS, ES, RW. Höchstwahrscheinlich die berühmteste aller Rundfunksendungen. Von den geschätzten neun Millionen Hörern bekommen es ungefähr 1.750.000 derartig mit der Angst, daß sie etwas zu ihrer Rettung unternehmen. Sechsunddreißig Stunden vor der ersten Probe war HK noch dafür gewesen, das Hörspiel ausfallen zu lassen, weil er es für langweilig hielt; als sich aber als einzig verfügbare Alternative „eine extrem trübselige Version von *Lorna Doone*, die ich im Sommer erarbeitet und dann fallengelassen hatte" (JH) anbot, wandte sich das Ensemble zähneknirschend wieder dem Mars-Thema zu. Das Hörspiel ist selbstverständlich in zahllosen Versionen auf Schallplatte und Tonbandkassette erschienen.

2. November 1938
Dantons Tod, Drama von Georg Büchner (englische Übersetzung von Geoffrey Dunlop), eine Präsentation des Mercury Theatre. Einrichtung und Regie: OW. Prod.: JH. Musik: Marc Blitzstein. Premiere: The Mercury Theatre (21 Vorstellungen). Mit Anna Stafford [VN] (Julie), MG (Danton), EB (Camille Desmoulins), OW (Saint-Just), ERS, GK, GD, AF, RW, EW, JC, JB, WA, EP, RB, SR u.a. JH: „Wir probten ... in einem Bühnenbild, das aus einer riesigen, geschwungenen Mauer aus menschlichen Gesichtern bestand, die den Bühnenhintergrund vollkommen ausfüllte, vom Keller bis hinauf zum Schnürboden... Jean Rosenthal war losgezogen und hatte fünftausend unbearbeitete Halloween-Masken gekauft, die alle einzeln von Hand bemalt und von unserer Crew auf einen geschwungenen, gestärkten Leinwand-Hintergrund ge-

klebt wurden – pausenlos, rund um die Uhr... Als alles fertig und beleuchtet war, hatten wir ein wirksames und ausdrucksstarkes Bühnenbild, das jedem Betrachter ganz unterschiedliche Eindrücke vermittelte: Bei einer Beleuchtung war es ‚der hydra-köpfige Mob...‘, bei anderem Licht sah es aus wie ein hohes Firmament aus glotzenden Gesichtern, seltsam unheilvoll, wie ein erstarrter Totentanz‘.“

6. November 1938
The Mercury Theatre on the Air (CBS): *Heart of Darkness / Life with Father / The Gift of the Magi*, Hörspiele nach Vorlagen von Joseph Conrad, Clarence Day und O. Henry von OW und HK. Mit OW u. a.

13. November 1938
The Mercury Theatre on the Air (CBS): *A Passenger to Bali*, Hörspiel nach Ellis St. Joseph von HK. Mit OW u. a.

20. November 1938
The Mercury Theatre on the Air (CBS): *The Pickwick Papers*, Hörspiel nach Charles Dickens von OW. Mit OW u. a.

27. November 1938
The Mercury Theatre on the Air (CBS): *Clarence*, Hörspiel nach Booth Tarkington von HK. Mit OW u. a.

3. Dezember 1938
OW engagiert sich für die Demokratie in Spanien und hält eine Rede auf einer Benefizveranstaltung von Künstlern: „Stars for Spain“.

4. Dezember 1938
The Mercury Theatre on the Air (CBS): *The Bridge of San Luis Rey*, Hörspiel nach Thornton Wilder von HK. Nach

seinem großen Erfolg mit *War of the Worlds* hat das *Mercury Theatre on the Air* jetzt seinen ersten Sponsor gefunden: Campbell's Soup. Nach dieser, seiner 21. Sendung bekommt das Mercury einen neuen Sendetermin und heißt ab jetzt *The Campbell Playhouse*.

9. Dezember 1938
The Campbell Playhouse (CBS): *Rebecca*, Hörspiel von HK nach Daphne du Maurier. Mit Margaret Sullavan, OW u. a.

16. Dezember 1938
The Campbell Playhouse (CBS): *Call It a Day*, Hörspiel von HK nach Dodie Smith. Mit Beatrice Lillie, Jane Wyatt, OW, Ensemble.

23. Dezember 1938
The Campbell Playhouse (CBS): *Ein Weihnachtslied*, Hörspiel von HK nach Charles Dickens. Mit OW, Ensemble.

30. Dezember 1938
The Campbell Playhouse (CBS): *A Farewell to Arms*/In einem andern Land, Hörspiel von HK nach Ernest Hemingway. Mit Katharine Hepburn, OW, Ensemble.

1939
Im Verlag Harper & Brothers erscheint eine korrigierte Neuauflage von *Everybody's Shakespeare* (1934) von OW und Roger Hill, mit Zeichnungen von OW. Das Werk heißt jetzt *The Mercury Shakespeare*.

6. Januar 1939
The Campbell Playhouse (CBS): *Counsellor-at-Law*, Hörspiel von HK nach Elmer Rice. Mit Aline MacMahon, Gertrude Berg, OW, Ensemble.

13. Januar 1939
The Campbell Playhouse (CBS): *Meuterei auf der Bounty*, Hörspiel von HK, JH und VN nach Charles Nordhoff und James Norman Hall. Mit OW, JC, Ensemble u. a.

20. Januar 1939
The Campbell Playhouse (CBS): *Chicken Wagon Family*, Hörspiel von HK nach Barry Benefield. Mit Burgess Meredith, OW, RC, Ensemble u. a.

27. Januar 1939
The Campbell Playhouse (CBS): *I Lost My Girlish Laughter*, Hörspiel von HK nach Jane Allen. Mit George S. Kaufman, Ilka Chase, Tamara Geva, OW, Ensemble u. a.

3. Februar 1939
The Campbell Playhouse (CBS): *Dr. med. Arrowsmith*, Hörspiel von HK nach Sinclair Lewis. Mit Helen Hayes, OW, Al Swenson, Ensemble u. a.

10. Februar 1939
The Campbell Playhouse (CBS): *The Green Goddess*, Hörspiel von HK nach William Archer. Mit Madeleine Carroll, OW, Ensemble u. a. Später im Jahr spielt OW dieses Stück als Vaudeville-Komödie (siehe Juli-August).

17. Februar 1939
The Campbell Playhouse (CBS): *Burlesque*, Hörspiel von HK nach Arthur Hopkins und James Manker Watters. Mit Sam Levene, OW, Ensemble u. a. Interview mit Hopkins.

24. Februar 1939
The Campbell Playhouse (CBS): *State Fair*, Hörspiel von HK nach Philip Duf-field Stong. Mit OW, Effie Palmer, Ensemble u. a. Interview mit Stong und dem Komiker-Duo Amos 'n' Andy.

27. Februar 1939
Five Kings/Teil I. Theatre Guild/Mercury Theatre. Von OW nach WS: *Richard II., Heinrich IV., Teil I und II, Heinrich V.* Regie: OW. Prod.: JH und The Theatre Guild. Musik: Aaron Copland. Premiere: Colonial Theatre, Boston. Spieldauer: Fünf Stunden, zwei Pausen. Mit Robert Speaight (Chorus), Morris Ankrum (Bolingbroke, später Heinrich IV.), Burgess Meredith (Prinz Heinz, später Heinrich V.), OW (Brary/Falstaff), RB, GK, EW, John Emery, EB, GD, ERS, GS, JB, WA, EP, SR, RW u. a. Trotz Vorpremieren in drei Städten schafft OW es nicht, seine Monumentalinszenierung nach New York zu bekommen. Dieser zweite Entwurf wird später zu dem Film *Chimes at Midnight* (1966) entwickelt. Originalfassung siehe RF2.

2. März 1939
The Campbell Playhouse (CBS): *Royal Regiment*, Hörspiel nach Gilbert Frankau. Mit Mary Astor, OW, Ensemble u. a. Interview mit Frankau.

10. März 1939
The Campbell Playhouse (CBS): *The Glass Key*, Hörspiel von HK nach Dashiell Hammett. Mit OW, Ensemble u. a. Interview mit Warden Laws of Sing Sing.

13. März 1939
Five Kings Premiere am National Theatre, Washington, D.C.

17. März 1939
The Campbell Playhouse (CBS): *Beau*

Geste, Hörspiel von HT nach Percival Christopher Wren. Mit Laurence Olivier, Noah Beery, OW, Ensemble u.a. Interview mit Legionär Alphonse de Redenat.

20. März 1939
Five Kings Premiere am Chestnut Opera House in Philadelphia (letzte Vorstellungen). Diese Inszenierung markiert das Ende des ursprünglichen Mercury Theatre, obgleich OW den Namen noch öfters wiederverwendet.

24. März 1939
The Campbell Playhouse (CBS): Twentieth Century, Hörspiel von HT nach Charles MacArthur und Ben Hecht. Mit Elissa Landi, Sam Levene, OW, Ensemble u.a. 1953 spielt OW wiederum die Rolle des Oscar Jaffe in einer Fernsehinszenierung des Stückes. Interview mit Richard Maney.

31. März 1939
The Campbell Playhouse (CBS): Show Boat, Hörspiel nach Edna Ferber. Mit Margaret Sullavan, Helen Morgan, Edna Ferber, OW, Ensemble u.a. Interview mit Ferber.

7. April 1939
The Campbell Playhouse (CBS): Les Misérables/Die Elenden, Hörspiel nach Victor Hugo. Mit Walter Huston (Valjean), OW (Erzähler und Javert), Ensemble u.a.

14. April 1939
The Campbell Playhouse (CBS): The Patriot/Land der Hoffnung, Land der Trauer, Hörspiel nach Pearl S. Buck. Mit Anna May Wong, OW, Ensemble u.a. Interview mit Buck.

21. April 1939
The Campbell Playhouse (CBS): Private Lives/Intimitäten, Hörspiel nach Noel Coward. Mit Gertrude Lawrence, OW, Ensemble u.a. Interview mit Lawrence.

28. April 1939
The Campbell Playhouse (CBS): Black Daniel, Hörspiel nach Honoré Morrow. Mit Joan Bennett, OW, Ensemble u.a. Nacherzählung von The Devil and Daniel Webster.

5. Mai 1939
The Campbell Playhouse (CBS): Wickford Point, Hörspiel nach John P. Marquand. Mit OW, Ensemble u.a. Interview mit Marquand.

12. Mai 1939
The Campbell Playhouse (CBS): Our Town/Unsere kleine Stadt, Hörspiel nach Thornton Wilder. Mit OW (Stage Manager), Ensemble u.a.

19. Mai 1939
The Campbell Playhouse (CBS): The Bad Man, Hörspiel nach Porter Emerson Browne. Mit Ida Lupino, OW, Ensemble u.a. Interview mit Lupino.

26. Mai 1939
The Campbell Playhouse (CBS): American Cavalcade, historische Hörspieldokumentation von OW und Mercury-Ensemble. Untertitel: Things We Have. Mit Cornelia Otis Skinner, OW, Ensemble u.a. Interview mit Skinner.

2. Juni 1939
The Campbell Playhouse (CBS): Victoria Regina, Hörspiel nach Laurence Houseman. Mit Helen Hayes, OW, Ensemble u.a. Interview mit Hayes. Letzte Sendung

mit OW, ehe er nach Hollywood geht. Auf Schallplatte unter dem Titel *Orson Welles and Helen Hayes at Their Best.*

Juni – Juli 1939
The Green Goddess (RKO Vaudeville Circuit) von William Archer. Bearbtg. und Regie: OW. Inspizient: JB. Premiere: Chicago, dann Pittsburgh und div. andere Orte der RKO Vaudeville-Theaterkette. Mit OW (Rajah), Susan Fox (Lucilla), John Barrymore (gelegentl. Gast-Star), WA, JB u. a. OW dreht einen Prolog für diese stark gekürzte Fassung des Melodramas von Archer von nur zwanzig Minuten Dauer.

Wie bei *Too Much Johnson* soll die filmische Einleitung die mühsame Exposition der Handlung ersetzen und abkürzen. Barrymore, der gerade in Chicago in einem anderen Stück spielt, schaut gelegentlich vorbei und tritt als Gast in einer der Nachmittagsvorstellungen auf (vier Vorstellungen pro Tag).

20. Juli 1939
OW trifft in Hollywood ein. Er erhofft sich einen Vertrag mit RKO Pictures über zwei Filme, die er eigenverantwortlich als Produzent, Regisseur, Autor und Schauspieler machen will. Ein Vorvertrag wird zwei Tage später unterzeichnet.

21. August 1939
OW unterzeichnet einen dreiundsechzig Seiten langen Filmvertrag mit der RKO.

Während der zweiten Saison der *Campbell Playhouse*-Hörspielsendungen muß OW anfänglich jeden Donnerstagabend nach New York fliegen und nach den beiden Sonntagssendungen zurückfliegen (die zweite Sendung ist für die Westküste). Die Redaktion siedelt ca. Mitte November nach Los Angeles über,

wohin inzwischen die meisten Mitglieder des Stabes umgezogen sind.

10. September 1939
The Campbell Playhouse (CBS): *Peter Ibbetson*, Hörspiel nach George du Maurier und John Nathaniel Raphael. Mit Helen Hayes, OW, Ensemble u. a.

17. September 1939
The Campbell Playhouse (CBS): *Ah, Wilderness!*/O, Wildnis, Hörspiel nach Eugene O'Neill. Mit OW, Ensemble u. a. Interview mit George Jean Nathan, Kritiker, Freund von O'Neill.

24. September 1939
The Campbell Playhouse (CBS): *What Every Woman Knows*, Hörspiel nach James M. Barrie. Mit Helen Hayes, OW, Ensemble u. a.

1. Oktober 1939
The Campbell Playhouse (CBS): *Der Graf von Monte-Christo*, Hörspiel nach Alexandre Dumas. Mit OW, Ensemble u. a.

8. Oktober 1939
The Campbell Playhouse (CBS): *Algiers*, Hörspiel von OW nach dem Roman *Pépé le Moko* von Kommissar Ashelbé (Henri La Barthe) und dem Buch von John Howard Lawson und James Cain. Mit Paulette Goddard, OW, Ensemble u. a. Interview mit Goddard über ihren in Arbeit befindlichen, noch nicht betitelten Chaplin-Film (*Der große Diktator*). Eine der aufwendigsten und teuersten Campbell-Sendungen (Geräusch-Effekte, Atmosphäre).

15. Oktober 1939
The Campbell Playhouse (CBS): *The Escape*, Hörspiel nach John Gals-

worthy. Mit Wendy Barrie, OW, Ensemble u. a.

22. Oktober 1939
The Campbell Playhouse (CBS): *Liliom*, Hörspiel von JH nach Ferenc Molnár. Mit Helen Hayes, OW, Ensemble u. a.

29. Oktober 1939
The Campbell Playhouse (CBS): *The Magnificent Ambersons*/Der Glanz des Hauses Amberson, Hörspiel von OW nach Booth Tarkington. Mit OW (Erzähler), Walter Huston, Nan Sunderland, Ensemble u. a. Interview mit Mr. und Mrs. Walter Huston (Nan Sunderland). Erhältlich auf Voyager Laser Disc mit dem zwei Jahre später gedrehten Film von OW.

5. November 1939
The Campbell Playhouse (CBS): *The Hurricane*, Hörspiel nach Charles Nordhoff und James Norman Hall. Mit Mary Astor, OW, Ensemble u. a.

8. November 1939
OW tritt jetzt selbst als Gast in vielen Comedy- und Varieté-Vorstellungen auf. Unter den ersten: *Town Hall Night* (*The Fred Allen Show*, NBC). Regie: Victor Knight, Buch: Fred Allen u. a.

12. November 1939
The Campbell Playhouse (CBS): *The Murder of Roger Ackroyd*, Hörspiel von HJM nach Agatha Christie. Mit Edna May Oliver, OW, Alan Napier, Ensemble u. a. Hier spielt OW beide Hauptrollen – den Mörder und den Kommissar. Erstes von mehreren Hörspielen von HJM (unter Mitarbeit von JH und OW).

19. November 1939
The Campbell Playhouse (CBS): *The*

Garden of Allah, Hörspiel nach Robert Hichens. Mit Madeleine Carroll, OW, Ensemble u. a.

26. November 1939
The Campbell Playhouse (CBS): *Dodsworth*, Hörspiel von HJM nach Sinclair Lewis und Sidney Howard. Mit Fay Bainter, OW, Ensemble u. a.

30. November 1939
Heart of Darkness/Das Herz der Finsternis (nicht realisiertes Filmprojekt). Drehbuch ist vollendet und vervielfältigt, sollte erste Produktion bei der RKO sein. Planung schreitet voran: Dekorationsentwürfe, Recherchen, Besetzung. Probeaufnahmen mit Robert Coote, Everett Sloane, Gus Schilling und OW. Das Projekt wird schließlich auf Eis gelegt; finanzielle Probleme, vermutete Bedenken seitens RKO wegen experimenteller Ich-Erzähler-Kameraführung. Geplante Besetzung: OW (Marlow/Kurtz [kurz vor Stornierung des Projekts entschied sich OW, nur den Marlow zu spielen], Vladimir Sokoloff (Doktor), EB (Strunz), Norman Lloyd (Adalbert Butz), ES (Ernest Stitzer), Dita Parlo (Elsa Gruner), Robert Coote (Eddie), GS (Frank Melchers), ERS (Schulman), GC (Carba de Arriaga), RC (Blauer), Jack Carter (Steersman), John Emery (von Tirpitz), FR (Meuss). Siehe auch Kapitel 1.

3. Dezember 1939
The Campbell Playhouse (CBS): *Lost Horizon*, Hörspiel nach James Hilton. Mit Sigrid Gurie, OW, Ensemble u. a.

10. Dezember 1939
The Campbell Playhouse CBS): *Vanessa*, Hörspiel nach Hugh Walpole. Mit Helen Hayes, OW, Ensemble u. a.

16. Dezember 1939

Nach einem heftigen Streit über finanzielle Angelegenheiten zwischen OW und Houseman verläßt letzterer das Mercury und kehrt nach New York zurück. Die nächste *Campbell Playhouse*-Sendung ist die letzte, die JH geschrieben hat:

17. Dezember 1939

The Campbell Playhouse (CBS): *There's Always a Woman*, Hörspiel von JH nach Gladys Lehman. Mit OW, Marie Wilson, Ensemble u. a.

24. Dezember 1939

The Campbell Playhouse (CBS): *A Christmas Carol*/Ein Weihnachtslied, Hörspiel nach Charles Dickens. Mit OW (Erzähler/Charles Dickens), Lionel Barrymore (Scrooge), Ensemble u. a.

Ungefähr zu dieser Zeit unterhält sich OW auf einer Weihnachtsparty mit D. W. Griffith (siehe Kap. 1). OW spricht Erzählkommentar für RKO-Spielfilm *The Swiss Family Robinson* (Premiere 1940).

31. Dezember 1939

The Campbell Playhouse (CBS): *Come and Get It*, Hörspiel nach Edna Ferber. Mit ES, Frances Dee, OW, Ensemble u. a.

1940

In diesem Jahr werden OW und VN (Pseudonym Anna Stafford) geschieden; sie heiratet später OWs guten Freund, den Schriftsteller Charles Lederer.

OW entwickelt weiterhin Filmideen für die RKO. Unter den bei der Motion Picture Producers Association angemeldeten Projekten sind: *The Pickwick Papers* (nach Dickens, mit W. C. Fields und John Barrymore), *Cortez* (über den berühmten Entdecker), *The Borgias and Their Time*, *Around the World in 80 Days* und *The Invasion from Mars* (auf Drängen einiger RKO-Leute, die sich davon eine Fortsetzung des Erfolgs von *War of the Worlds* erhoffen). OW schreibt für Dolores del Rio eine Filmversion des Romans von Federico Gamboa *Santa* (zweisprachige, kommentierte Ausgabe National University of Mexico, 1992).

7. Januar 1940

The Campbell Playhouse (CBS): *Vanity Fair*/Jahrmarkt der Eitelkeit, Hörspiel von HJM nach William Makepeace Thackeray. Mit Helen Hayes, OW, Ensemble u. a.

9. Januar 1940

The Smiler with a Knife (unrealisiertes Filmprojekt). Comedy-Thriller nach Nicholas Blake (C. Day Lewis) von OW (erster korrigierter Drehbuchentwurf). Mitarbeit: HJM (laut OW). Besetzungsprobleme (OW wollte Lucille Ball) und andere Schwierigkeiten verantwortlich für das Scheitern des Projekts.

Mexican Melodrama (unrealisiertes Filmprojekt). Während dieser Zeit entwickeltes und 1941/42 reaktiviertes Werk ohne Titel, locker angelehnt an den politischen Roman *The Way to Santiago* von Calder-Marshall. Drehbuch, Regie und Produktion: OW, der neben Dolores Del Rio auch eine Rolle spielen will (ursprünglich vorgesehener Regisseur: Norman Foster). Kamera: Gregg Toland, größtenteils Außenaufnahmen in Mexiko. Ein Thriller, dessen Handlung – wie bei *Heart of Darkness* und *The Smiler with a Knife* – sich um eine charismatische, faschistische Persönlichkeit dreht (in diesem Fall ein propagandistischer Rundfunkkommentator). Einzelheiten siehe JN.

14. Januar 1940
The Campbell Playhouse (CBS): *Theodora Goes Wild*, Hörspiel nach Mary McCarthy und Sidney Buchman. Mit Loretta Young, OW, Ensemble u. a.

20. Januar 1940
Erster von drei Artikeln über OW von Alva Johnston und Fred Smith erscheint in *The Saturday Evening Post* (Forts. 27. Januar und 3. Februar), Überschrift: „How to Raise a Child: The Disturbing Life – to Date – of Orson Welles". CH2 und BW berichten, OW hielt die Artikel für äußerst fehlerhaft, aber im April 1969 sagt OW zu PB, alles sei wahr, die Autoren hätten bei der Vorbereitung der Artikelserie eng mit ihm zusammengearbeitet.

21. Januar 1940
The Campbell Playhouse (CBS): *The Citadel*/Die Zitadelle, Hörspiel nach A. J. Cronin. Mit GF, OW, Ensemble u. a.

28. Januar 1940
The Campbell Playhouse (CBS): *It Happened One Night*, Hörspiel nach Samuel Hopkins Adams „Night Bus" und Robert Riskin. Mit William Powell, Miriam Hopkins, OW, Ensemble u. a.

4. Februar 1940
The Campbell Playhouse (CBS): *Broom Stages*, Hörspiel nach Clemence Dane. Mit Helen Hayes, OW, Ensemble u. a.

11. Februar 1940
The Campbell Playhouse (CBS): *Mr. Deeds Goes to Town*, Hörspiel nach Clarence Budington Kelland „Opera Hat" und Robert Riskin. Mit Gertrude Lawrence, OW, Ensemble u. a.

18. Februar 1940
The Campbell Playhouse (CBS): *Dinner at Eight*, Hörspiel nach Edna Ferber und George S. Kaufman. Mit Lucille Ball, Hedda Hopper, Marjorie Rambeau, OW, Ensemble u. a.

19. Februar 1940
HJM läßt sich vom Mercury fest engagieren und arbeitet an einem Drehbuch für ein Welles-Filmprojekt. Schreibt von Ende Februar oder Anfang März bis Anfang Mai zusammen mit JH und einer Sekretärin in Victorville, Kalifornien, an einem Originaldrehbuch; erster Arbeitstitel *Orson Welles # 1*, dann *American*, endlich *Citizen Kane*.

25. Februar 1940
The Campbell Playhouse (CBS): *Only Angels Have Wings*, Hörspiel nach Howard Hawks und Jules Furthman. Mit Joan Blondell, OW, Ensemble u. a.

3. März 1940
The Campbell Playhouse (CBS): *Rabble at Arms*, Hörspiel nach Kenneth Roberts. Mit Frances Dee, OW, Ensemble u. a.

10. März 1940
The Campbell Playhouse (CBS): *Craig's Wife*, Hörspiel nach George Kelly. Mit Ann Harding, OW, Ensemble u. a.

17. März 1940
OW als Gaststar in Jack Bennys *The Jell-O Program* (NBC).
Am selben Abend:
The Campbell Playhouse (CBS): *Huckleberry Finn*, Hörspiel von JHM nach Mark Twain. Mit Jackie Cooper (Huckleberry Finn), OW (Erzähler, Dauphin, Huckleberry Finn), Ensemble u. a. Eine der spielfreudigeren Sendungen von OW,

teilweise wegen des Tauziehens zwischen Cooper und OW, wer denn nun die Rolle des Huck sprechen darf.

24. März 1940
The Campbell Playhouse (CBS): *June Moon*, Hörspiel nach Ring Lardner und George S. Kaufman. Mit Jack Benny, OW, Ensemble u. a.

31. März 1940
The Campbell Playhouse (CBS): *Jane Eyre*, Hörspiel nach Charlotte Brontë. Mit Madeleine Carroll, OW, Ensemble u. a. Letzte Sendung des *Campbell Playhouse*.

1. April 1940
Von April bis Mai Vortragsreise „The New Actor" nach Pasadena, Kansas City, Missouri, Spokane, Portland, Tacoma und Wenatchee, Washington.

17. April 1940
Veröffentlichungen: *Macbeth* in der *The Mercury Shakespeare*-Serie (Harper & Brothers) sowie Schallplatteneinspielung (Columbia). Bearbeitung OW nach WS. Musik BH. Mit OW und Mercury-Ensemble.

Mai 1940
Kurzgeschichte „Pat Hobby und Orson Welles" von F. Scott Fitzgerald erscheint in *Esquire*. (Siehe Kap. 1.)

16. Juli 1940
Fertigstellung der dritten und letzten Drehbuchfassung *Citizen Kane*.

22. Juli 1940
OW beginnt „Test"-Aufnahmen für *Citizen Kane* auf dem RKO-Gelände. Diese dauern bis einschl. 29. Juli, als die Leute

vom Produktionsbüro der RKO endlich dahinterkommen, daß es sich bei den „Tests" bereits um die richtigen Dreharbeiten handelt.

30. Juli 1940
Offizieller Beginn der Dreharbeiten zu *Citizen Kane*. Toland drängt OW, während der Filmarbeit bereits Aufnahmen für den Trailer zu drehen – fast vier Minuten, die Hauptdarsteller in Straßenkleidung, in den Tonstudios der RKO, mit verschiedenen Requisiten des Films, aus dem Off von OW kommentiert. (Trailer auf Voyager Laser Disc *Citizen Kane*.)

30. August 1940
OW Gaststar in einstündiger Rundfunksendung über die Geschichte des Radios: *This Is Radio*.

23. Oktober 1940
Ende der Dreharbeiten zu *Citizen Kane*. Den Rest des Jahres verwendet OW auf den Schnitt, Überwachung der Spezialeffekte von Vernon Walker, usw.

25. Oktober 1940
Neuerliche Vortragsreise, wiederum mit „The New Actor", diesmal nach Lincoln, Nebraska, Toledo, Fort Worth, Dallas, San Antonio, Houston, Detroit und Des Moines. Während Aufenthalt in Texas Auftritt bei *KTSA Texas News Show* und in einer Sondersendung:

28. Oktober 1940
H. G. Wells Meets Orson Welles (KTSA). Sendung im Rahmen der Charles Shaw-Interviews aus San Antonio; siebeneinhalb Minuten Diskussion, einziges Zusammentreffen dieser beiden Männer. Themen: *War of the Worlds*-Hörspiel, Auswirkungen des Krieges auf die Auffas-

sung von der Kunst, der bald anlaufende Film *Citizen Kane*.

1941

In diesem Jahr:

Comedy-Serie im Rundfunksender Mutual (*The Great Gunns*): die Rolle des Schauspielers und Produzenten Lorson Snells (Marvin Miller) ist eine Parodie auf Orson Welles.

Neuerliche Vortragsreise von OW in der Zeit vor Freigabe des Films *Citizen Kane*, arrangiert vom Columbia Lecture Bureau.

The Life of Christ (unrealisiertes Filmprojekt). OW, Gregg Toland und Perry Ferguson suchen Drehorte in Mexiko und Baja California. Das Leben Christi soll als „eine Art primitiver Western" zur Zeit der Jahrhundertwende erzählt werden, Dialog im Drehbuch von OW ausschließlich aus den Evangelien Markus, Matthäus und Lukas. (OW zu PB: „Jedes Wort in dem Film sollte mit der Bibel übereinstimmen – nicht wortwörtlich, aber als einfache amerikanische Geschichte, angesiedelt im Grenzland zur Zeit der Jahrhundertwende. Maler haben schließlich auch bis vor kurzem alle biblischen Szenen so gemalt wie zu ihrer Zeit. Ich wollte die Schriftgelehrten und Pharisäer als schmallippige Fundamentalisten auftreten lassen. Die Jünger sollten Blumenkinder sein – sogenannte Aussteiger. Wir haben es hier mit dem größten Drama zu tun, das je geschrieben wurde, aber es wird erdrückt von fließenden Roben und der schrecklichen Last all der schlechten religiösen Lithographien.")

16. Januar 1941

The Sealtest Program (NBC). Gastgeber: Rudy Vallee. Gäste: OW, John Barrymore, Lurene Tuttle. Buch: Abe Burrows

u. a. In dieser Rundfunkreihe treten OW und Barrymore häufig zusammen auf und sprechen Shakespeare.

Februar 1941

In *Stage* erscheint ein Artikel von OW: „Orson Welles Writing About Orson Welles".

14. Februar 1941

In *Friday* erscheint ein Artikel von OW: „*Citizen Kane* Is Not About Louella Parson's Boss"/*Citizen Kane* handelt nicht von Louella Parsons Boss. (Nachdruck in *Focus on Citizen Kane*.)

22. Februar 1941

George Washington, American (WNEW). Mit OW (George Washington) u. a.

24. März 1941

Native Son (Mercury Theater-Produktion) nach Richard Wright und Paul Green. Regie: OW. Prod.: OW, JH, Bern Bernard (und ungenannt Jack Moss). Inspiz.: RW. Premiere: St. James Theatre, New York. Mit Canada Lee (Bigger Thomas), Evelyn Ellis (Hannah Thomas), Helen Martin, Ensemble u. a. Ohne Pause, Anweisung an die Türschließer: Programmverkauf erst nach der Vorstellung. Diese starke, ergreifende Inszenierung des düsteren Wright-Romans über einen Schwarzen, der eine weiße Frau umbringt, bekommt ausgezeichnete Kritiken und bringt es auf 114 Vorstellungen. Die letzte gemeinsame Arbeit von OW und JH.

6. April 1941

His Honor – the Mayor (*The Free Company*, CBS). Originalhörspiel von OW. Manuskript, Regie, Erzähler: OW. Moderator: James Boyd. Mit RC (Bill Knaggs),

Regisseur Welles bei der Probenarbeit zu *Native Son*.

AM (Mary Knaggs), Ensemble u. a. Über einen Bürgermeister in einer mexikanischen Grenzstadt, der das Recht seiner rassistischen Feinde auf Versammlungs- und Redefreiheit verteidigt. (Die ungesponserte Sendung gilt als Public Service und wird – ohne Honorar für die Mitwirkenden – der Bill of Rights gewidmet.) OWs Hörspiel wird – wie andere *Free Company*-Manuskripte – als Pamphlet zu 10 Cents veröffentlicht und später in einen Sammelband *The Free Company Presents…* (New York: Dodd & Mead) aufgenommen. Es wird von Mitgliedern der „American Legion" und der „California Sons of the Revolution" in der Hearst-Presse als subversiv und kommunistisch attackiert. Die Nicht-Hearst-Presse verteidigt OW, der selbst eine Presseerklärung herausgibt (siehe FB). Der Erzählkommentar unterbricht gelegentlich die Handlung und erinnert den Zuhörer daran, daß die Handlung frei erfunden sei und keine „Message" habe; es sei noch nicht einmal sicher, ob der Bürgermeister das Problem richtig anpacke. Dadurch ist dies eines der am wenigsten moralisierenden Hörspiele von OW, das vielleicht am meisten an Brecht erinnert.

14. April 1941
J. Edgar Hoover, Chef des FBI, schreibt ein „Memorandum an den Stellvertr. General-Bundesanwalt Mr. Matthew F.

McGuire", worin es heißt: „Zu Ihrer Information: Das *Dies Committee** hat Daten gesammelt, die besagen, daß Orson Welles mit folgenden Organisationen in Verbindung gebracht wird, die als kommunistisch gefärbt gelten: Negro Cultural Committee, Foster Parents' Plan for War Children, Medical Bureau and North American Committee to Aid Spanish Democracy, Theatre Arts Committee, Motion Picture Artists Committee, The Coordinating Committee to Lift the Embargo, Workers Bookshop, American Youth Congress, New Masses, People's Forum, Workers Bookshop Mural Fund, League of American Writers [und] American Student Union..." (Siehe James Naremore „The Trial: The FBI vs. Orson Welles", in *Film Comment*, Januar/Februar 1991.)

1. Mai 1941**
Citizen Kane (Mercury Productions – RKO Radio Pictures). Regie und Prod.: OW. Gesamtleitung: George J. Schaefer. Prod.-Leitung: Richard Barr (ehem. Richard Baer). Originaldrehbch: HJM, OW (und JH, ungenannt). Kamera: Gregg Toland. Musik: BH. Art Dir.: Perry Ferguson, Van Nest Polglase. Maske: Maurice Seiderman, Mel Burns. Ton: Bailey Fesler, James G. Stewart. Schnitt: Robert Wise. Dauer: 119 Minuten. Besetzung: OW (Charles Foster Kane), JC (Jedidiah Leland/Wochenschaureporter), Dorothy

Comingore (Susan Alexander), AM (Mary Kane), Ruth Warrick (Emily Norton Kane), RC (Jim Gettys), ERS (Mr. Herbert Carter/Wochenschaureporter), ES (Mr. Bernstein), GC (Walter Parks Thatcher), WA (Jerry Thompson/"News on the March"-Sprecher), PS (Raymond), Fortunio Bonanova (Matisti), GS (Oberkellner), Philip Van Zandt (Rawlston), GB (Bertha Anderson, Kuratorin der Thatcher-Bibliothek), Harry Shannon (Jim Kane), Buddy Swan (Kane als achtjähriger Knabe), Guy Repp (Reporter) u. a. (An einigen Stellen sind auch Gregg Toland [Interviewer in der Wochenschau], HJM [Journalist], Alan Ladd und RW [Reporter] sowie RB [Hillman] zu sehen. Susan Alexanders Gesang ist die Stimme von Jean Forward. Der Drehplan (vom 16. Juli 1940) und die Schnittliste sind zusammen mit dem ausführlichen Essay „Raising Kane" von Pauline Kael in dem Band *The Citizen Kane Book* (Boston: Atlantic/Little Brown, 1971) erschienen.

8. Mai 1941
OW Gaststar mit John Barrymore *The Sealtest Program* (siehe auch 16. Januar).

28. Mai 1941
Rundfunkinterview mit OW anläßlich der Premiere von *Citizen Kane* im Gary Theatre in San Francisco (die dritte, an der er teilnimmt).

20. Juni 1941
Vier themenverwandte Filme werden von Mercury Productions bei der Motion Picture Producer's Association angemeldet: *The Ladykiller, The Life of Desire, Landru* und *Bluebeard*. OW schreibt ein Drehbuch und schlägt vor, Charlie Chaplin solle die Hauptrolle spielen. Doch

---

* Ausschuß des Repräsentantenhauses für Unamerikanische Aktivitäten, nach Martin Dies, US-Politiker, 1901–72, 1. Vorsitzender des Komitees. (A. d. Ü.)

** Die im folgenden genannten Filmdaten bezeichnen entweder den Tag der ersten öffentlichen Aufführung oder den Tag der allgemeinen Freigabe.

dieser beschließt, einen eigenen Film zu dem Thema (Frauenmorde) zu machen: *Monsieur Verdoux* (siehe 11. April 1947).

Sommer 1941
Mit Dolores Del Rio als Assistentin tritt OW in Sacramento zum erstenmal als professioneller Magier auf; anschließend Tournee durch ländliche Jahrmärkte und kleine Theater.

29. Juli 1941
It's All True (unvollendetes Filmprojekt). Unter diesem Datum meldet OW den Titel seiner filmischen Anthologie an, die schließlich im Herbst (Mexiko) und im Februar '42 (Rio de Janeiro) in die Produktion geht. In diesem Stadium der Planung sind es allerdings (bis auf eine) noch völlig andere Geschichten als die später tatsächlich realisierten: 1) *Jazz Story*, die Geschichte des amerikanischen Jazz, erzählt durch die Lebensgeschichte des Louis Armstrong. Buch: Elliot Paul und Duke Ellington (Musik und Arrangement). 2) *Love Story*, Idee und Buch von John Fante, siehe auch JN. 3) *My Friend Bonito*, von Norman Foster und Fante nach Robert Flaherty. 4) *The Captain's Chair*, nach einer Kurzgeschichte von Flaherty.

Herbst 1941
Eine wirtschaftlich erfolgreichere Produktion von *Native Son* (JB als Stage Manager und Boris Max) kommt in New York heraus und geht für den Rest des Jahres auf Tournee.

September 1941
Kurzer Aufenthalt OW in Mexiko, Motivsuche für Mercury-RKO-Produktion *My Friend Bonito*, Regie Norman Foster, Dreharbeiten bis Anfang Dezember.

15. September 1941
Orson Welles Show (CBS). „Almanac". Regie/Prod./Moderation: OW. Buch: OW, Roger Quayle Denny, Carl Glick u.a. Musik: BH. Mit OW, Blanche Yurka, Conrad Binyon, BF, HC, Dolores Del Rio u.a. Programm:
1. „Sredni Vashtar" nach Saki.
2. „Hidalgo" Originalhörspiel über mexikan. Geschichte.
3. „An Irishman and a Jew" von Geoffrey Household.
4. „Boogie Woogie" (Meade Lux Lewis, Klavier).
Hier handelt es sich um den ersten Abend einer neuen Radio-Unterhaltungsserie, deren Folgen immer in derselben Besetzung gesendet wurden. Literarische Bearbeitungen, Lyrik, Geschichte, Musik, Comedy und Kommentare (genannt „Almanac") von OW. In vielen Sendungen tritt Disney-Figur Jiminy Cricket (Stimme von Cliff Edwards) zwischen den einzelnen Beiträgen auf und veranstaltet Wortgeplänkel mit OW.

22. September 1941
Orson Welles Show (CBS). „Almanac" und Jiminy Cricket. 1) „The Right Side" mit Elliot Lewis (Faust), RC (Teufel). 2) „The Sexes", Dorothy Parker-Story mit Betty Field, Richard Carlson. 3) „Murder in the Bank" mit Ruth Gordon. 4) „Golden Honeymoon", Ring Lardner-Story mit Ruth Gordon (Mutter), OW (Vater).

29. September 1941
Orson Welles Show (CBS). „Almanac" und Jiminy Cricket. 1) „The Interlopers", Originalhörspiel mit Elliot Lewis, RC, OW. 2) „Song of Solomon" (Das Hohelied Solomos), gelesen von OW. 3) „I'm a Fool", Sherwood Anderson-Story mit OW, Nancy Gates.

6. Oktober 1941
Orson Welles Show (CBS). Mit OW, Dorothy Comingore, JC, Rc, PS, EB, ERS.
1) „The Black Pearl", Original-Story von Norman Foster. 2) „There's a Full Moon Tonight." 3) „Annabel Lee", Gedicht von Poe, gelesen von OW.

13. Oktober 1941
Orson Welles Show (CBS). „Almanac".
1) „If in Years to Come" von Earle Reed Silvers, mit OW, Marsha Hunt, AM. 2) „Noah Webster's Library", Satire mit Lucille Ball, JC, Marsha Hunt. 3) Lucille Ball liest vier Gedichte von Dorothy Parker.

20. Oktober 1941
Orson Welles Show (CBS). „Almanac".
1) „Romance" von Ellis Parker Butler, mit JC, Tim Holt, Anne Baxter, AM, RC. 2) „The Prisoner of Assiout" von Grant Allen, mit OW, ES, RC, ERS, EB, Marlo Dwyer. 3) Shakespeare-Sonett, gelesen von OW.

28. Oktober 1941
The Magnificent Ambersons/Der Glanz des Hauses Amberson: Beginn der Dreharbeiten.

3. November 1941
Orson Welles Show (CBS). „Almanac".
1) „Wild Oranges" von Roger Quayle Denny nach Joseph Hergesheimer, mit Frances Dee, RC, PS, Gale Gordon, John Woodfolk.

10. November 1941
Orson Welles Show (CBS). 1) „That's Why I Left You" von John Nesbitt, mit RC, Stuart Erwin, June Collyer, JC, AM. 2) „The Maysville Minstrel" von Ring Lardner, mit JC, RC, Stuart Erwin, June Collyer.

OW moderiert eine Wohltätigkeitsveranstaltung für das American Committee to Save Refugees, das Exiled Writers' Committee und United Spanish Aid.

17. November 1941
The Hitch Hiker (*Orson Welles Show*, CBS), Originalhörspiel von Lucille Fletcher (Mrs. Bernard Herrmann), mit OW u. a.

24. November 1941
A Farewell to Arms/In einem andern Land (*Orson Welles Show*, CBS) nach Ernest Hemingway, mit Ginger Rogers (Catherine), OW (Frederick Henry).

1. Dezember 1941
Orson Welles Show (CBS). 1) „Something's Going to Happen to Henry" von Wilma Shore und Louis Solomon, mit Janet Gaynor, JC, RC, Glenn Anders. 2) „Wilbur Brown, Habitat: Brooklyn" von Arthur Stander, mit OW, RC, Glenn Anders.

7. Dezember 1941
Orson Welles Show (CBS). 1) „Symptoms of Being 35" von Ring Lardner, bearb. von Vera Eikel, vorgetragen von JC. 2) OW liest aus *Leaves of Grass*/Grashalme von Walt Whitman.

15. Dezember 1941
President's Bill of Rights/Grundrechtekatalog des Präsidenten (*We Hold These Truths*, CBS/NBC/MBS). Regie/Prod./Buch: Norman Corwin. Musik. BH.

Präsident Roosevelt spricht die Schlußworte der Sendung. Mit Lionel Barrymore, James Stewart, OW, Edward G. Robinson, Walter Huston, Rudy Vallee, Edward Arnold, Walter Brennan, Marjorie Main.

Vorher ist OW noch als Gaststar in einer anderen Sendung aufgetreten: *The Great Man Votes (Cavalcade of America,* NBC), von Peter Lyon nach John Twist und Gordon Malherne Hillman.

22. Dezember 1941
Orson Welles Show (CBS). 1) OW liest die Weihnachtsgeschichte aus dem Lukas-Evangelium. 2) „Der glückliche Prinz" von Oscar Wilde, mit OW, RC, AM, JC, EB, ERS, GS, Tim Holt. 3) OW liest Weihnachtsgedicht von G. K. Chesterton.

29. Dezember 1941
There Are Frenchmen and Frenchmen (Orson Welles Show, CBS), von JC nach Richard Connell. Mit Rita Hayworth, OW, Lurene Tuttle, JC. Bei dieser Produktion lernen sich OW und Rita Hayworth kennen, die seine zweite Frau wird.

5. Januar 1942
The Garden of Allah (Orson Welles Show, CBS), nach Robert Hichens. Gaststars: Merle Oberon, Cedric Hardwicke.

6. Januar 1942
Journey into Fear, Beginn der Dreharbeiten, Regie Norman Foster (der aus Mexiko von *My Friend Bonito* zurückgerufen wird). OW spielt in diesem Film den Oberst Haki, und zwar an einigen Abenden, nachdem er tagsüber noch an dem *Amberson*-Film gearbeitet hat.

12. Januar 1942
The Apple Tree (Orson Welles Show, CBS) von Roger Quayle Denny nach John Galsworthy, mit OW (Frank), GF (Megan), RC (Phil).

19. Januar 1942
My Little Boy (Orson Welles Show, CBS)

von Carl Ewald, mit Dix Davis, OW, Ruth Warrick, RC, Barbara Jean Wong. Dieser Stoff ist auch für *The Mercury Theatre on the Air* bearbeitet worden und war, wie Orson in der Einleitung sagt, das populärste Hörspiel, das je von Mercury gesendet wurde.

22. Januar 1942
Abschluß der Dreharbeiten des *Amberson*-Films.

26. Januar 1942
Nachaufnahmen für *Ambersons.* An diesem Tag tritt OW außerdem gemeinsam mit Alexander Woollcott und Ethel Barrymore als Gaststar in der Sendung des Roten Kreuzes (CBS) auf und liest das Gedicht „American Laughter" von Kenneth Robinson.

Ebenfalls an diesem Tag: *The Happy Hypocrite (Orson Welles Show,* CBS), nach May Beerbohm, mit OW, John Barrymore, Maureen O'Sullivan, AM, EW, ES.

29. Januar 1942
Weitere Nachaufnahmen *Ambersons.*

31. Januar 1942
Letzter Tag der *Ambersons*-Nachaufnahmen mit OW. (Alle folgenden Wiederholungsaufnahmen und neuen Szenen werden im März, April und Mai gedreht, wenn OW in Südamerika ist.)

1. Februar 1942
Journey into Fear: Letzter Drehtag für OW.

Am selben Abend letzte *Orson Welles Show:*
Wiederholung *Between Americans* von Norman Corwin (Erstsendung 7. Dez. '41). OW beendet die Sendung mit folgen-

den Worten: „Eine Zeitlang werde ich jetzt nicht mehr von Amerika aus zu Ihnen sprechen. Morgen reist das Mercury Theatre nach Südamerika. Der mehr oder weniger offizielle Grund für diese Reise ist, daß ich vom Leiter des Koordinationsbüros für Inter-Amerikanische Angelegenheiten gebeten worden bin, einen Film ganz speziell für Amerikaner in den verschiedenen Amerikas zu drehen, einen Film, der auf seine besondere Weise mithelfen könnte, die guten Beziehungen noch zu verstärken, die jetzt die Kontinente der westlichen Hemisphäre miteinander verbinden..."

2. Februar 1942
OW reist zu einem Briefing nach Washington und weiter nach Miami, wo er sich mit dem Cutter Robert Wise trifft, mit dem er drei Tage und Nächte in einem Cartoon-Studio an Rohschnitt und Synchronisation des *Amberson*-Films arbeitet, einschließlich des Erzählkommentars von OW. Es ist vorgesehen, daß Wise OW mit dem Material nachreist, um in Rio mit ihm gemeinsam den Schnitt fertigzustellen. Dieses Vorhaben ist nie durchgeführt worden.

4. Februar 1942
OW verläßt Miami und kommt vier Tage später in Rio de Janeiro an.

8. Februar 1942
Testaufnahmen in Technicolor für Karneval-Vorbereitungen beginnen in Rio. (Die Lichtausrüstung trifft erst im März dort ein.)

13. Februar 1942
Technicolor- und Schwarz-weiß-Aufnahmen der Karnevalsfeiern beginnen und dauern bis einschl. 17. Februar, Bilder der

Tage danach (nur Schwarz-weiß) vom 20. bis 25. Februar. Wichtigste Titel: Regie: OW. Prod.-Leiter: RW. Buch: OW, Robert Meltzer. Schwarz-weiß-Kamera: Joseph Biroc. Mit Grande Otelo, Linda Batista u. a.

6. März 1942
Lichtausrüstung trifft ein. OW auf Motivsuche nach Fortaleza über Salvador und Bahia (8. und 9. März).

10. März 1942
Robert Wise dreht Nachaufnahmen zu *Ambersons*.

12. März 1942
In Hollywood Ende der Dreharbeiten zu *Journey into Fear*.

14. April 1942
Pan American Day (NBC-Blue). Sprecher: OW, Oswaldo Aranha (brasilianischer Außenminister).

17. April 1942
Freddie Fleck dreht Nachaufnahmen zu *Ambersons*. (Weitere Einstellungen dreht er am 18., 20. und 22. April; die Schlußszene in der freigegebenen Fassung wird am 20. April gedreht.)

18. April 1942
President Vargas' Birthday (NBC-Blue). Sprecher: OW, Linda Batista u. a.

20. April 1942
OW reist nach Buenos Aires, um einen Preis für *Citizen Kane* entgegenzunehmen.

4. Mai 1942
Neu geschnittene Fassung *Ambersons*: Preview in Inglewood.

12. Mai 1942
Neu geschnittene Fassung *Ambersons:* Preview in Long Beach.

19. Mai 1942
Jack Moss leitet die letzten *Amberson-*Nachaufnahmen. In Brasilien geschieht bei den Dreharbeiten zu *It's All True* ein Unglück: Jacaré, der Anführer der Jangadeiros, ertrinkt bei den Aufnahmen, als die Ankunft der Fischer in Rio im November 1941 nachgspielt wird.

13. Juni 1942
OW und seine fünfköpfige Crew reisen nach Fortaleza, um die Episode *Four Men on a Raft* mit den Jangadeiros zu drehen. Regie und Buch: OW, Recherche: Edmar Morel.

Sommer 1942
Peter und der Wolf (im Rahmen eines russisch-amerikanischen Festivals der CBS), Erzähler: OW.

1. Juli 1942
Der Stab der Mercury Productions wird aus seinen Räumen bei RKO Radio Pictures hinausgeworfen.

10. Juli 1942
The Magnificent Ambersons (Mercury Productions, RKO Radio Pictures). Am Ende des Films spricht OW persönlich den Nachspann des Films zu einer Bildmontage wie folgt: „Die Geschichte der Ambersons basiert auf einem Roman von Booth Tarkington. Stanley Cortez war der Kameramann. Bernard Herrmann schrieb und dirigierte die Musik. Mark-Lee Kirk entwarf die Dekoration – Al Fields die Kostüme. Der Cutter war Robert Wise, Freddie Fleck der Regieassistent. Edward Stevenson schuf die Kleider

der Damen. Spezialeffekte von Vernon L. Walker. Für den Ton sorgten Bailey Fesler und James G. Stewart. Es spielten: Eugene Morgan: Joseph Cotten; Isabel Amberson Minafer: Dolores Costello; Lucy Morgan: Anne Baxter; George Amberson Minafer: Tim Holt; Fanny Minafer: Agnes Moorehead; Jack Amberson: Ray Collins; Roger Bronson: Erskine Sanford; Major Amberson: Richard Bennett... Ich habe das Drehbuch geschrieben und Regie geführt. Mein Name ist Orson Welles... Es handelt sich um eine Mercury Produktion."

Folgende Mitarbeiter blieben also ungenannt: Regie (neue Szenen, nicht von Welles): Robert Wise, Freddie Fleck, Jack Moss. Produktionsleiter: George Schaefer. Produktion und Sprecher: OW. Herstellungsleiter: Jack Moss. Buch (neue Szenen): Moss, JC. Kamera (mit OW): Harry J. Wild (etwa die Hälfte des Films), Russell Metty, Jack McKenzie; (neue Szenen und Nachaufnahmen): McKenzie, Nicholas Musuraca, Russ Cully. Zusätzliche Musik: Roy Webb. Ursprüngliche Vorführdauer: 132 Minuten. Dauer des freigegebenen Films: 88 Minuten. Der Film läuft ohne großes Aufsehen in zwei Kinos in Los Angeles an: in einer Doppelvorstellung mit *Mexican Spitfire Sees a Ghost.*

14. Juli 1942
OW und Crew fahren für zwei Tage von Fortaleza nach Recife, um dort zu drehen, danach für eine Woche nach Salvador, Bahia.

22. Juli 1942
OW kehrt nach Rio zurück und reist bald für kurze Aufenthalte nach Argentinien, Bolivien, in etliche andere südamerikanische Länder und Mexiko.

22. August 1942
OW kehrt in die USA zurück. Er macht kurze Gastauftritte in diversen Rundfunksendungen, darunter *The Kate Smith Show* und:

2. September 1942
The Hitch Hiker (*Suspense*, CBS) von Lucille Fletcher. OW Ehrengast bei Benefizveranstaltung zugunsten „Russian War Relief".

11. September 1942
Men, Machines and Victory (NBC-Blue). Sprecher: W. C. MacFarlane, Erzähler: OW.

18. September 1942
Information Please (NBC). Moderator: Clifton Fadiman. Gast auf dem Podium: OW. Bei dieser, seiner ersten Teilnahme an dieser Sendung mit Hörerfragen, die von einem Panel behandelt werden, kann OW alle Fragen korrekt beantworten und sogar den Moderator in drei Punkten berichtigen.

25. September 1942
Crime Without Passion (*The Philip Morris Playhouse*, CBS), nach dem Bühnenstück (1934) von Ben Hecht und Charles MacArthur. Erster Gastauftritt von OW in dieser Sendung, der viele weitere folgen.

28. September 1942
Juarez: Thunder from the Hills (*Cavalcade of America*, NBC). Stück in Versen von Arthur Miller, nach *Juarez: Liberator of Mexico* von N. B. Baker. Erzähler/Juarez: OW. BW berichtet, hier habe OW zum ersten Mal kreativ an der Sendung mitgestaltet: Historisches Drama über das Leben des mexikanischen Revolutionärs

Benito Juárez gegen Ende des 19. Jahrhunderts, das ihn mit Lincoln vergleicht; Hörspielaufführung vor Publikum. (Vergleiche Arthur Millers Memoiren *Timebends*, New York: Harper & Row, 1987).

5. Oktober 1942
Passage to More than India (*Cavalcade of America*, NBC). Gaststar: OW.

11. Oktober 1942
Radio Reader's Digest (CBS). OW liest das Gedicht „High Flight".

12. Oktober 1942
Admiral of the Open Sea (*Cavalcade of America*, NBC), von OW, Robert Meltzer und Norris Houghton nach Samuel Eliot Morison. Regie/Erzähler: OW. Gedenksendung zum Columbus-Tag. Diese Sendung über Christopher Columbus wird ins Spanische und Portugiesische übersetzt und vom Koordinationsbüro für Inter-Amerikanische Angelegenheiten in Südamerika verbreitet.

16. Oktober 1942
Zusammen mit Charlie Chaplin, Sam Jaffe, Lillian Hellman, Joris Ivens, I. F. Stone, Rockwell Kent u. a. spricht OW in der Carnegie Hall in New York für die „Artists' Front to Win the War". Am selben Abend noch Gastauftritt im *Philip Morris Playhouse*.

18. Oktober 1942
Texaco Star Theatre (NBC; Wiederholungssendung im Armed Forces Radio Service). Moderator: Fred Allen. Regie: Victor Knight, Howard Reilly. Buch: Fred Allen u. a. Gaststar: OW. OW und Allen erzählen Witze aus OWs frühreifer Kindheit und geben eine Verballhornung

von *Les Misérables* zum Besten. Diese Sendereihe hält sich lange im Programm und wird später *The Fred Allen Show* genannt.

20. Oktober 1942
Vor Filmstudenten an der New York University hält OW aus dem Stegreif einen Vortrag; Robert Gessner stellt ihn als den „originellsten, kreativsten Geist aller Filmschaffenden seit D. W. Griffith" vor.

26. Oktober 1942
In the Best Tradition (Cavalcade of America, NBC). Buch: Peter Lyon. Regie/Erzähler: OW. Eine Verherrlichung der US-Kriegsmarine. OW „interviewt" Kommodore Perry und John Paul Jones und liest Gedichte von Carl Sandburg.

Herbst 1942
RKO gestattet OW, einige Teile von *Journey into Fear* neu zu schneiden und eine kurze Schlußszene mit JC neu zu drehen sowie JCs Stimme dem Erzählkommentar hinzuzufügen. (Weder OW noch JC werden dafür bezahlt.)

November 1942
OW bekommt einen Vertrag über zwei Sendungen pro Woche bei der CBS.

9. November 1942
The Flying Fortress (Ceiling Unlimited, CBS). Regie/Moder./Erz.: OW. Mit OW, ES, RC, Patrick McGeehan u. a. Musik: BH. Buch: Ranald MacDougall, Norman Rosten. Kriegspropaganda-Serie präsentiert verschiedene Darstellungen und Aspekte des Fliegens; heute abend: Leonardo da Vinci. Arthur Miller, einer der Chefautoren, hilft mit, der Serie ihr Format zu geben.

15. November 1942
Brazil (Hello Americans, CBS). Prod./Regie/Moder.: OW. Mit OW, Carmen Miranda, Mercury-Ensemble. Buch: Robert Meltzer. Musik: Lucien Moravec. Ein Teil dieser Sendung beschäftigt sich mit den Ursprüngen der Samba.

16. November 1942
Ceiling Unlimited, CBS: *Air Transport Command*.

22. November 1942
Hello Americans, CBS: 1) *Die Anden* mit Edmond O'Brien (Bolivar), AM, RC, ER, Barbare Jean Wong, HC u. a. 2) Zwei Musikstücke von Justin Erlie und Carlos Gomes. 3) Gedichte von Norman Rosten.

23. November 1942
Ceiling Unlimited, CBS: *The Navigator* von OW und Milton Geiger. Mit OW, JC, RC, AM, ER.

29. November 1942
Hello Americans, CBS: *The Islands*, mit dem Chor von Haiti, RC, HC, ER. Eine Sendung über die Abschaffung der Sklaverei in Haiti unter Toussaint-L'Ouverture und die Herrschaft von Henri Christophe.

30. November 1942
Ceiling Unlimited, CBS: *Wind, Sand und Sterne*, von OW nach Antoine de Saint-Exupéry. Mit OW und Burgess Meredith.

6. Dezember 1942
Hello Americans, CBS: *The Alphabet: A to C*. Gastsänger: Miguelito Valdez. Sendung über den venezolanischen Revolutionär Bolivar mit Hinweisen auf Christo-

phe, den haitianischen König vom Anfang des 19. Jahrhunderts.

7. Dezember 1942
Ceiling Unlimited, CBS: *The Ballad of Bataan*. OW liest ein Gedicht von Norman Rosten.

10. Dezember 1942
Charles Koerner, Chef der RKO, ordnet die Vernichtung sämtlichen aus dem *Amberson*-Film herausgeschnittenen Materials an.

13. Dezember 1942
Hello Americans, CBS: *The Alphabet: C to S*.

14. Dezember 1942
Ceiling Unlimited, CBS: *War Workers*. Buch: HC. OW „interviewt" viele Mitarbeiter einer Flugzeugfabrik, darunter auch ein blindes Mädchen und einen Liliputaner.

20. Dezember 1942
Hello Americans, CBS: *The Alphabet: Slavery (Abednego) to End of Alphabet* von OW, JTB. Mit OW (Sir Barnaby Finch), ER (Abednego) Norman Field (Toussaint-L'Ouverture), Gerald Mohr (Henri Christophe).

21. Dezember 1942
Ceiling Unlimited, CBS: *Gremlins* von Lucille Fletcher Herrmann. Mit OW, JC, AM, Lou Merrill. Weihnachtsprogramm.

27. Dezember 1942
Hello Americans, CBS: *The Bad-Will* von Richard Brooks. Mit Norman Field, Pedro de Cordoba, JTB, HC, Martin Stone, OW.

28. Dezember 1942
Ceiling Unlimited, CBS: *Pan American Airlines* von Milton Geiger.

1943
Der kleine Prinz (unrealisiertes Filmprojekt). OW erwirbt die Rechte an der Erzählung von Antoine de Saint-Exupéry und schreibt einen ersten Drehbuchentwurf mit OW als Erzähler und der Flieger, interplanetarische Reisen durch Animation. Außerdem erste Gespräche mit Alexander Korda über eine Verfilmung von Tolstois *Krieg und Frieden* in Rußland.

Ein Drehbuch wird von OW geschrieben, das Projekt aber etwa 1946 aufgegeben.

In diesem Jahr spricht OW die Rolle eines kreuzzüglerischen Redakteurs in einer Episode von *Nazi Eyes on Canada* für die Canadian Broadcasting Company.

3.–4. Januar 1943
OW ist krank und wird bei *Hello Americans* von Lud Gluskin, bei *Ceiling Unlimited* von Edward G. Robinson vertreten.

10. Januar 1943
Hello Americans, CBS: *Mexico*. Die Geschichten von Montezuma und Benito Juárez.

11. Januar 1943
Ceiling Unlimited, CBS: *Finger in the Wind* von Myron Dutton.

17. Januar 1943
Hello Americans, CBS: *Feed the World* von Milton Geiger. Mit FR (Erzähler), Eddie Jerome (Gaucho), OW (Hungersnot), Carl Swenson, Joseph Cheshire, Jack Moss, Louis Solomon.

18. Januar 1943
Ceiling Unlimited, CBS: *Letter to Mother*, von John Steinbeck. Mit BG (Mutter), OW.

24. Januar 1943
Hello Americans: Wiederum springt Lud Gluskin für OW ein.

25. Janhuar 1943
Ceiling Unlimited, CBS: 1) *Flyer Come Home with Your Wings* von John Steinbeck. 2) *Mrs. James and the Pot of Tea* von JTB.

31. Januar 1943
Hello Americans, CBS: *Bolivar's Idea*. Letzte Sendung dieser Serie.

1. Februar 1943
Ceiling Unlimited, CBS: *The Future*. Letzte Sendung dieser Serie, spielt drei Jahre in der Zukunft auf dem La Guardia Airport.

12. Februar 1943
Journey into Fear (Mercury Productions, RKO Radio Pictures). Regie: Norman Foster (und ungenannt: OW). Prod.: (ungenannt) OW. Prod.-Leiter: (ungenannt) Jack Moss. Buch: JC (und ungenannt OW), nach dem Roman von Eric Ambler. Kamera: Karl Struss. Schnitt: Mark Robson. Originale Spieldauer: 91 Min. Dauer der vermarkteten Fassung: 69 Min. Mit OW (Oberst Haki), JC (Howard Graham), Dolores Del Rio (Josette Martel), ES (Kopeikin), Ruth Warrick (Stephanie Graham), AM (Mrs. Mathews), Jack Durant (Gogo), EW (Dr. Haller) , FR (Mathews), EB (Kuvietli), Jack Moss (Banat), SS (Zahlmeister), HC (Oo Lang Sang, der Magier), Richard Bennett (Kapitän), Robert Meltzer, Shifra Haran u. a.

6. März 1943
OW hält auf der Jahrestagung der California Association for Adult Education einen Vortrag über „New Techniques in Mass Education" im Hotel Ambassador, Los Angeles.

14. März 1943
Während einer vier Wochen dauernden Erkrankung von Jack Benny übernimmt OW als Moderator das *Jack Benny Program* (NBC). Regie: Robert Ballin. Buch: Bill Morrow, Ed Beloin. Mit Mary Livingston, Dennis Day, Eddie Anderson (Rochester) u. a. Halbstündige Comedy-Sendung, live.

11. April 1943
Jack Benny ist wieder gesund, OW ist sein erster Gaststar.

23. Mai 1943
Free World Theatre, NBC-Blue: *Something About Joe*. Gaststars: OW, Lena Horne, Rex Ingram, Hazel Scott. OW liest eine Kriegsballade.

3. August 1943
The Mercury Wonder Show (Mercury Productions). Regie: OW. Prod.: OW, JC. Aufführungsdauer: 150 Min. Premiere: Mercury Wonder Show-Zelt, 9000 Cahuenga Boulevard, Hollywood. Mitwirkende: OW, Rita Hayworth (später ersetzt durch Marlene Dietrich) – spielen sich selbst. JC: Jo-Jo der Große. AM (Calliope Aggie) u. a. Eine Zauber- und Varieté-Show mit dreiundzwanzig Kostümwechseln für OW. Für Angehörige der Streitkräfte Eintritt frei. Regulärer Kartenverkauf für normales Publikum und solche, über die man sich lustig machen will („suckers", siehe 5. Kapitel). Jede Vorstellung findet vor elfhundert

Soldaten und vierhundert Zivilisten statt. Diese Inszenierung läuft länger als einen Monat. Danach tourt OW mit einer gekürzten Fassung zu verschiedenen Army Camps im ganzen Land. Im Oktober dreht er einen kurzen Ausschnitt aus seiner Zauber-Nummer für den Film *Follow the Boys* (siehe 5. Mai 1944).

7. September 1943
OW heiratet Rita Hayworth. Am selben Abend werden er, Rita Hayworth, Marlene Dietrich, JC, OWs Chauffeur „Shorty" Chirello und etliche Zuschauer in der Pause der *Mercury Wonder Show* von dem Sender KMPR interviewt. OW erklärt, sie hätten die Show inzwischen vor annähernd 48000 Soldaten aufgeführt.

11. September 1943
OW hält im Chicago Stadium eine Rede über Rassismus auf einer Massenkundgebung für den Frieden.

23. September 1943
Suspense, CBS: *The Most Dangerous Game* nach Richard Connell. Regie: William N. Robeson. Gaststars: OW, Keenan Wynn. Weitere Gastauftritte in dieser populären Sendung folgen.

27. September 1943
Gastauftritt OW mit Bob Hope in *The Pepsodent Show* (NBC).

30. September 1943
Suspense, CBS: *The Lost World* von Harry Julian Finke nach Arthur Conan Doyle. Gaststar: OW.

Oktober 1943
Leitartikel „Moral Indebtedness" von OW in der Zeitschrift *Free World*. Innerhalb der nächsten zwei Jahre folgen noch

mehrere Leitartikel von OW in dieser von Louis Dolivet herausgegebenen Monatszeitschrift.

7. Oktober 1943
Suspense, CBS: *The Philomel Cottage* nach Agatha Christie. Gaststars: OW, GF.

12. Oktober 1943
NBC-Blue: *Duffy's Tavern*, wöchentliche Comedy-Serie, spielt in einem New Yorker Restaurant, wo „sich die Elite trifft, um zu speisen". Gastauftritt OW, mit Ed Gardner, Shirley Booth, Charlie Cantor u. a.

14. Oktober 1943
Suspense, CBS: *Lazarus Walks* von Robert Richards. Gaststar: OW.

25. Oktober 1943
Free World Dinner im Hotel Pennsylvania in New York. Redner: OW.

28. Oktober 1943
Vortrag vor dem Free World Congress.

2. November 1943
Rede vor dem Overseas Press Club. Auszüge nachgedruckt in Elsa Maxwell-Kolumne am 4. November.

8. November 1943
Rede vor dem Soviet American Congress im Shrine Auditorium.

11. November 1943
Rede „Moral Indebtedness" bei Massendemonstration in Chicago für „United Nations Committee to Win the Peace".

14. November 1943
New York Philharmonic Symphony,

CBS: Dirigent Bruno Walter, Sprecher OW.

We, the People, CBS: Populäre Serie mit allgemein-menschlichen Geschichten. Gastauftritt OW.

21. November 1943
New York Philharmonic Symphony, CBS: Dirigent Arthur Rodzinski. Sprecher OW.

Take It or Leave It, Quiz-Show, später bekannt als *The $ 64,000 Question*. Gaststar: OW.

27. November 1943
Inner Sanctum, CBS. Regie/Prod.: Himan Brown. Erster von vielen Gastauftritten in dieser Mystery-Show. Erkennungszeichen: eine quietschende Tür (siehe auch 23. September 1944 und 16. April 1946).

28. November 1943
New York Philharmonic Symphony, CBS: Dirigent Arthur Rodzinski, Sprecher OW.

Dezember 1943
Leitartikel in *Free World*: „The Unknown Soldier", Nachdruck in *Treasury for The Free Press*.

24. Dezember 1943
Jane Eyre (20th Century-Fox). Regie: Robert Stevenson. Prod.: Kenneth Macgowan (und ungenannt OW). Prod.-Leiter: William Goetz. Buch: Aldous Huxley, Robert Stevenson, JH, nach Charlotte Brontë. Kamera: George Barnes. Musik: BH. Aufführungsdauer: 96 Min. Besetzung: OW (Edward Rochester), Joan Fontaine (Jane Eyre), Peggy Ann Garner (Jane als kleines Mädchen), Henry Daniell (Mr. Brocklehurst), Margaret O'Brien

(Adele), AM, EW, Elizabeth Taylor (erste Filmrolle als Kind, siehe Kap. 5) u. a.

Januar 1944
OW tritt eine von der William Morris Agency arrangierte Vortragsreise an. Titel: „The Nature of the Enemy". Thema: Faschismus.

Verhandlungen mit Broadway-Produzent Billy Rose über Inszenierung *Emily Brady* von Donald Ogden Stewart in San Franciso und New York. Arbeitet mit José Noriega am Schnitt des Films *My Friend Bonito* (wird 1946 aufgegeben).

OW wird für eine weitere Saison halbstündiger Rundfunk-Shows (live) unter Vertrag genommen: gemischtes Programm mit Gaststars, Drama, Gedichten, Comedy, Musik und persönlichen Kommentaren.

Die Sendereihe erhält den Titel *Orson Welles Almanac* und läuft bei CBS.

26. Januar 1944
Orson Welles Almanac, CBS. Regie/Moder.: OW. Prod.: Harry Essman. Buch: Bud Pearson, Les White, Lou Quinn. Mit AM, Arthur Q. Bryant, RC, Cliff Edwards u. a. 1) Gast: Groucho Marx. 2) OW liest Tom Paine.

2. Februar 1944
Orson Welles Almanac, CBS: 1) Gast: Lionel Barrymore. 2) Musik: Swing. 3) „The Kiddie Show" (Satire). 4) Hommage für Victor Herbert von Lud Gluskin. 5) Barrymore liest einen Text von George Washington.

9. Februar 1944
Orson Welles Almanac, CBS: 1) Gast: Ann Sothern. 2) „Abraham Lincoln's Prairie Years", nach der Biographie von Carl Sandburg.

16. Februar 1944
Orson Welles Almanac, CBS: 1) Gast: Robert Benchley (Vortrag über „die Liebe der Eskimos"). 2) „Colloquy to the States" von Archibald MacLeish.

23. Februar 1944
Orson Welles Almanac, CBS: 1) Gast: Hedda Hopper. 2) „The Sword in the Stone", nach dem Roman von T. H. White. Mit AM, HC.

März 1944
Leitartikel in *Free World*: „The Bolivian Dilemma: The Good Neighbor Policy Reconsidered". („Die Politik der guten Nachbarschaft spielte sich zu häufig vor den Portalen der Präsidentenpaläste ab und zu selten vor den Hintertüren von Mr. und Mrs. America.")

1. März 1944
Orson Welles Almanac, CBS: 1) Gast: Victor Moore. 2) „Sacre du Printemps", Geschichte von Ludwig Bemelmans.

8. März 1944
Orson Welles Almanac, CBS: 1) Gast: Lucille Ball. 2) OW liest „No Man Is an Island", Gedicht von John Donne.

15. März 1944
Orson Welles Almanac, CBS: 1) Gast: Charles Laughton. 2) Zelt-Szene aus WS *Julius Caesar*, mit Laughton (Cassius), OW (Brutus). 3) Dixieland Jazz.

22. März 1944
Orson Welles Almanac, CBS: 1) Gast: Betty Hutton. 2) OW liest „Ballad of Bataan", Gedicht von Norman Rosten.

29. März 1944
Orson Welles Almanac, CBS: Cyrano de

Bergerac nach Edmond Rostand. Mit OW, Mary Boland.

April 1944
Leitartikel in *Free World* „Democracy in Latin America".
Beginn der Dreharbeiten zu *Tomorrow Is Forever*, OW spielt eine der drei Hauptrollen.
An Wochenenden fliegt er nach San Francisco und nimmt an den Sitzungen des UN-Sicherheitsrats teil.

2. April 1944
The Chase and Sanborn Hour (NBC): OW ist Gast bei Edgar Bergen und seiner Puppe Charlie McCarthy. Weitere Auftritte: 28. Mai, 29. Oktober, 5. November. Früher Konkurrenz zu seiner Sendung *Mercury Theatre on the Air*.

5. April 1944
Orson Welles Almanac, CBS: 1) Gast: Dennis Day. 2) OW liest Hamlet-Monolog „O welch ein Schurk und niedrer Sklav bin ich!"

12. April 1944
Orson Welles Almanac, CBS: 1) Gast: Monty Woolley. 2) OW liest zwei Psalmen aus der Bibel.

13. April 1944
The Marvelous Borosco (*Suspense*, CBS) von Ben Hecht. Buch: Harry Julian Finkle. Mit William Spier, OW u. a.

19. April 1944
Orson Welles Almanac, CBS: 1) Gast: George Jessel. 2) OW liest aus der Bibel.

24. April 1944
Rede vor dem Council for Civic Unity (Philharmonie, Los Angeles).

26. April 1944
Orson Welles Almanac, CBS: 1) Gast: Carole Landis. 2) OW liest Szene aus *Macbeth,* letzter Akt.

27. April 1944
Suspense, CBS: OW als Gast.
Three of a Kind (U.S. Treasury Show, CBS): Mit OW, Bert Lahr, Reginald Gardiner, Shirley Mitchell.

Mai 1944
Leitartikel in *Free World* „The Habits of Disunity".

3. Mai 1944
Orson Welles Almanac, CBS: 1) Gast: Lucille Ball. 2) OW liest Ehrenmonolog aus *Henry V.*

4. Mai 1944
Suspense, CBS: *The Dark Tower* von Alexander Woollcott und George S. Kaufman. Mit HC, OW u. a.

5. Mai 1944
Follow the Boys (Universal Pictures). Regie: A. Edward Sutherland. Prod.: Charles K. Feldman. Buch: Lou Breslow, Gertrude Purcell. Aufführungsdauer: 122 Min. Besetzung: George Raft, Vera Zorina, OW, Marlene Dietrich, Dinah Shore, W. C. Fields u. a. Kriegsrevue. Hierin sägt OW Marlene Dietrich in der Mitte durch wie in der *Mercury Wonder Show.* (Für diese Szene fünf Tage Drehzeit im vorangegangenen Herbst.)

10. Mai 1944
Orson Welles Almanac, CBS: 1) Gast: Jimmy Durante, Aurora Miranda. 2) „Woodrow Wilson", Sendung aus dem U.S. Army Air Force Redistribution Center, Santa Monica.

17. Mai 1944
Orson Welles Almanac, CBS: 1) Gast: Ann Sothern. 2) OW und HC lesen aus *Romeo und Julia.*

18. Mai 1944
Donovan's Brain, Teil I (*Suspense,* CBS). Prod./Regie: William Spier. Nach dem Roman von Curt Siodmak. Ansager: Joe Kearns („der Mann in Schwarz"). Hörspiel-Glanzleistung, in welchem OW als Gaststar den Dr. Patrick Cory spricht, einen fanatischen Wissenschaftler, der ein vom Körper getrenntes Gehirn am Leben erhält, das ihn allmählich seiner Persönlichkeit beraubt. OW stellt die Verwandlung dar, indem er die beiden Persönlichkeiten mit zwei verschiedenen Stimmen spricht und dabei manchmal innerhalb eines Satzes hin- und herwechselt.

20. Mai 1944
OW eröffnet die fünfte Kriegsanleihen-Sammelaktion mit einer einstündigen Rundfunksendung über die amerikanische Demokratie mit Texten von Thomas Paine bis Thomas Wolfe*. Gäste u. a. Charles Laughton, Lionel Barrymore, John Huston, Leopold Stokowski, Oscar Hammerstein II., BH. (Siehe CH2.)

24. Mai 1944
Orson Welles Almanac, CBS: 1) Gäste: Die Wilden Zwillinge (Lyn und Lee), Lois Collier. 2) OW liest einen Offenen Brief von einem Missionar aus dem Jahre 1890, abgedruckt in einer australischen Zeitung. Sendung vom Air Service Command Training Center, Fresno.

---

* Thomas Paine, 1737–1809, in England gebürtiger, am. Patriot und Schriftsteller (über Staat und Religion). Thomas Wolfe, 1900–1938, am. Romanautor. (A. d. Ü.)

25. Mai 1944
Donovan's Brain, Teil II (*Suspense*, CBS).
Siehe 18. Mai.

31. Mai 1944
Orson Welles Almanac, CBS: 1) Gast:
Marjorie Reynolds. 2) Parodie auf *Donovan's Brain*. 3) OW liest „High flight", Gedicht von John Gillespie Magee.

3. Juni 1944
The Texarkana Program. OW tritt in einem live-Rundfunkprogramm aus Texas zusammen mit Walter Huston, AM, JC, Danny Kaye und Joe E. Brown auf, um zu weiteren Kriegsleistungen aufzurufen. (Siehe CH2.)

5. Juni 1944
Jane Eyre (*Lux Radio Theatre*, CBS), Hörspiel nach dem Roman von Charlotte Brontë. Regie/Prod./Moder.: Cecil B. De Mille. Gäste: OW, Loretta Young. Erster von mehreren Auftritten in dieser berühmten, über Jahre laufenden Sendereihe (Beginn 1936), in der aktuelle Filme als Hörspiel vor Publikum in Hollywood aufgeführt und gesendet werden.

7. Juni 1944
Orson Welles Almanac, CBS: Sondersendung zum D-Day; Darstellung der Lebenssituationen verschiedener Amerikaner, als sie von der Invasion in der Normandie erfahren. Mit OW, AM u. a.

12. Juni 1944
The Summing UP: Fifth War Loan Drive/ Ergebnisse der fünften Kriegsanleihen-Sammelaktion (CBS). Manuskript: OW. Gastredner: Finanzminister Henry Morgenthau, Jr. Übertragung aus Texarkana. Mit OW, Keenan Wynn, Walter Huston, EB, AM u. a.

14. Juni 1944
Orson Welles Almanac, CBS: Fortsetzung der o. g. Sendung. „Prayer for the U.N." (Gebet für die Vereinten Nationen) von Stephen Vincent Benét wird in den Mittelpunkt gestellt.
Balance Sheet: Fifth War Loan Drive/ Bilanz der fünften Kriegsanleihen-Sammelaktion (CBS). Prod./Regie: PS. Manuskr.: Peter Lyon. Gastredner: Henry Morgenthau, Jr. Sprecher: Fredric March. Übertragung aus der Hollywood Bowl. Stars: OW, Lionel Barrymore u. a.

19. Juni 1944
Fifth War Loan Drive (CBS): Gastredner: Henry Morgenthau, Jr. Übertragung von Soldiers Field, Chicago. Stars: OW, Lana Turner, Jack Benny, Ray Bolger, Paul Lukas. OW (ungenannt) liest „You and Me" von Walt Whitman und gemeinsam mit Mercury-Schauspielern ein kurzes Stück über die Amerikaner in Kriegszeiten.

21. Juni 1944
Orson Welles Almanac, CBS: 1) Gast: Martha O'Driscoll. 2) Ethel Waters, Gesang. 3) OW liest aus WS *Richard II*. Übertragung aus dem Wrigley Building, Chicago.

28. Juni 1944
Orson Welles Almanac, CBS: 1) Gast: Lynn Bari. 2) Jazz. 3) OW liest aus der Bibel. Übertragung aus Camp Haan, Riverside, Kalifornien, mit Soldaten-Publikum.

Juli 1944
Leitartikel in *Free World*: „Race Hate Must Be Outlawed"/Rassenhaß muß gesetzlich verboten werden.

5. Juli 1944
Orson Welles Almanac, CBS. Sondersendung mit der „Mercury Wonder Show No. 1", Übertragung aus dem Einschiffungshafen von Los Angeles, Wilmington, vor Soldaten-Publikum. Gäste: Lana Turner, Keenan Wynn. OW besingt Lana Turner: „You Made Me Love You".

12. Juli 1944
Orson Welles Almanac, CBS. Gast: Susan Hayward. 1) Comedy. 2) OW liest Monologe aus *Richard II.* Übertragung aus Camp Cooke in der Nähe von Sacramento, mit Soldaten-Publikum.

19. Juli 1944
Orson Welles Almanac, CBS. Gast: Ruth Terry. 1) „With Your Wings" von John Steinbeck. 2) Szenen aus WS *Hamlet.* Übertragung aus dem Camp der Küstenwache in Long Beach, Kalifornien, mit Soldaten-Publikum. Sechsundzwanzigste und damit letzte Sendung in dieser Reihe.

August 1944
Leitartikel in *Free World:* „War Correspondents" / Kriegsberichterstatter.

13. August 1944
Gastauftritt in *The Gracie Fields Show* (NBC).

September 1944
Leitartikel in *Free World:* „The American Leadership in '44"/Die amerikanische Führungskraft 1944.

1. September 1944
Erste von vielen Wahlkampfreden von OW für Roosevelt. Hier: Shrine Auditorium, Demokratische Parteiversammlung. In dieser Zeit verteidigt OW auch

FDR in einer Debatte mit Thomas Dewey im Hotel Astor.

11. September 1944
Break of Hearts (Lux Radio Theatre, CBS), Hörspiel nach dem Bühnenstück von Sarah Y. Mason und Victor Heerman nach Lester Cohen. Gaststars: OW, Rita Hayworth. Am Schluß der Sendung wird Rita Hayworth gefragt, wie sie mit ihrem Mann fertig wird. Sie antwortet: „Er geht seiner Wege, und ich folge ihm."

21. September 1944
Im Madison Square Garden übernimmt OW die Ankündigung des Vizepräsidenten Henry Wallace auf einer Wahlveranstaltung für Roosevelt.

23. September 1944
The Dream (Inner Sanctum, CBS). Regie/Prod.: Himan Brown. Buch: Milton Lewis. Gaststar: OW (Richter Robert Branscome).

2. Oktober 1944
Let Yourself Go (NBC). Sondersendung aus Chicago. Gaststar: OW.

6. Oktober 1944
„Now Is the Time": A Soliloquy for Election Year"/Jetzt ist die Zeit: Ein Selbstgespräch zum Wahljahr. Wahlkampfrede für Roosevelt, Sendung aus der Carnegie Hall in New York City.

8. Oktober 1944
Philco Radio Hall of Fame (ABC). Gastmoderator: OW. Gäste: Milton Berle, Mary Martin, Burl Ives. Kriegs-Unterhaltungssendung.

9. Oktober 1944
Zwei Reden für Roosevelt: Bei einem

Lunch zu Ehren von Eleanor Roosevelt (Hotel Commodore, New York City); Wahlveranstaltung im War Memorial Auditorium in Trenton, New Jersey.

10. Oktober 1944
OW hält Ansprache bei „Registration Week Luncheon" (eine Lunch-Veranstaltung, um freiwillige Kriegsteilnehmer zu werben).

11. Oktober 1944
Labor Party Broadcast (CBS). Redner: Franklin Roosevelt, OW.
Noch am selben Tag hält OW eine Wahlkampfrede in Saint Petersburg, Florida.

13. Oktober 1944
Orson Welles for Roosevelt (NBC). Rundfunksendung.

15. Oktober 1944
The Dark Hours (*The Kate Smith Show*, CBS). Moderator: Ted Collins. Star: Kate Smith. Gaststar: OW. Ein Hörspiel von Edgar Allan Poe als Sondersendung.

16. Oktober 1944
Wahlkampfrede für Roosevelt in Newark, New Jersey.

17. Oktober 1944
Wahlkampfrede in Wheeling, West Virginia.

18. Oktober 1944
Herald-Tribune Forum (NBC-Blue). Redner: Thomas E. Dewey (pol. Führer 1902–71) und OW (als Ersatz für FDR).

27. Oktober 1944
Welles for Roosevelt (CBS).

30. Oktober 1944
Welles for Roosevelt (Mutual).

1. November 1944
NBC-Blue: Politische Sondersendung für Demokratischen Parteikonvent. Redner: OW, Quentin Reynolds, John Gunther.

4. November 1944
Wahlkampf mit FDR in Fenway Park, Boston.

6. November 1944
OW kauft die Rechte an dem Roman *Don't Catch Me* von Richard Powell und schreibt danach mit Bud Pearson und Les White (Autoren des *Orson Welles Almanac*) ein „possenhaft-melodramatisches" Filmdrehbuch, das er jedoch nie losgeworden ist. Einzelheiten siehe BW.
Rundfunkübertragung Demokratischer Parteikonvent. Rede von OW.

Dezember 1944
Leitartikel in *Free World*: „Liberalism – Election's Victor"/Liberalismus – der Wahlsieger.

1. Dezember 1944
Vortrag über Grundrechtekatalog der am. GIs für American Youth for Democracy, Roosevelt Hotel, Hollywood.

4. Dezember 1944
Vortrag „The Survival of Fascism"/Das Überleben des Faschismus, vor dem Modern Forum, Wilshire Ebell Theatre, Los Angeles.

17. Dezember 1944
Rita Hayworth Welles bekommt ihr erstes Kind, Rebecca, OWs zweite Tochter.
Etwa zu dieser Zeit beginnen neue Rundfunkverpflichtungen, z. B. *This Is*

My Best, live-Sendung mit Publikum aus Hollywood. Motto: „Amerikas beste Stars in den besten Stücken der Welt." Prod./Regie/Star: Whit Burnett. OW tritt in *Willow Walk* von Sinclair Lewis in einer Doppelrolle auf und wirkt außerdem mit bei:

19. Dezember 1944
This Is My Best, CBS: *The Plot to Overthrow Christmas*, Hörspiel in Versen von Norman Corwin. Mit RC (Santa Claus), OW (Nero), John Brown (Teufel).

24. Dezember 1944
Philco Hall of Fame, NBC-Blue: *The Happy Prince* von OW nach Oscar Wilde. Gaststars: Bing Crosby, OW.

25. Dezember 1944
The Happy Prince (AFRS). Gekürzte Fassung vom Vorabend.

1945
Etwa zu dieser Zeit schreibt OW acht Sendungen und zeichnet sie auch auf, die aber nie ausgestrahlt werden. In jeder Folge spricht er in erster Linie über soziale und politische Themen, vergleichbar einer Sendereihe, die er im Herbst (siehe 16. September) unter dem Titel *Orson Welles Commentaries* herausbringt. Die ersten, nicht gesendeten, Versuche tragen die Überschriften *Lobbying, G.I. Bill of Rights, New Year's, Post War, Epiphany, Shut-eye, Grable* und *Inauguration* und können als Versuche für die spätere Sendereihe gewertet werden.

Januar 1945
Leitartikel in *Free World*: „G.I. Bill of Rights". Der Dezember-Leitartikel erscheint als Nachdruck in der französischen Zeitschrift *Le Monde libre*.

19. Januar 1945
Ankündigung auf der letzten Seite der *New York Post*: OW wird an dieser Stelle am Montag eine regelmäßige Kolumne schreiben.

Zitat OW: „Selbstverständlich liebe ich die Bühne und die Leinwand, aber heutzutage geschehen Dinge in der Welt, die sind wichtiger als das Theater."

22. Januar 1945
Vortrag „The Nature of the Enemy"/Das Wesen des Feindes, mit Argumentation für eine „aktive Einmischung in die Angelegenheiten Argentiniens" im New York City Center. Kurz danach hält OW denselben Vortrag in Baltimore und Washington, D.C.

Erste Kolumne in der *New York Post* erscheint unter dem Titel „Orson Welles' Almanac". Wird fast das ganze Jahr über an Wochentagen fortgesetzt, häufig in verschiedene, thematische Abschnitte unterteilt, nach dem Muster der gleichnamigen Sendung. Beschäftigt sich mit fast allem – von Astrologie und Haushaltstips bis hin zu Politik und Film. Diese erste Kolumne beschäftigt sich mit den Amtseinführungen der am. Präsidenten, enthält aber auch Sätze wie: „Byron hat heute Geburtstag und D. W. Griffith, der bedeutendste aller Filmregisseure".

Weitere Beschreibungen der Kolumne siehe JN.

28. Januar 1945
Gaststar in der *Kate Smith Show* (CBS).

7. März 1945
Special V-E Day Broadcast (AFRS). Mit Bob Hope, Bing Crosby, OW, Frances Langford, Dinah Shore, Judy Garland, Clark Gable, Loretta Young, Charles Boyer u. a.

13. März 1945
This Is My Best, CBS: *Heart of Darkness*, Hörspiel von OW nach Joseph Conrad. Regie/Prod.: OW. Mit OW (Marlow/ Kurtz) u. a.

20. März 1945
This Is My Best, CBS: *Miss Dilly Says No*, Hörspiel von Robert Tallman nach Theodore Pratt. Mit OW (Produzent), Ann Sothern (Miss Dilly), Rita Hayworth (Miss Dillys Freundin), Francis X. Bushman (Mr. Flagstone). Diese Satire spielt in einem Hollywood-Studio, wo eine unauffällige Sekretärin einen Bestseller geschrieben hat und händeringend gesucht wird.

26. März 1945
Lux Radio Theatre, CBS: *A Tale of Two Cities*, Hörspiel nach Charles Dickens. Regie: Earl Ebie. Mit OW (Sydney Carton), Rosemary De Camp (Lucie Manette), Dennis Greene (Charles Darnay), Verna Felton.

27. März 1945
This Is My Best, CBS: *Schneewittchen und die sieben Zwerge*, Hörspiel von Robert Tallman nach dem Märchen der Brüder Grimm und dem Walt Disney-Film von 1937. Lieder aus dem Film. Erzähler: OW. Mit Jane Powell (Schneewittchen), Jeanette Nolan (böse Königin), Bill Daves (Prinz), John McIntire (Zauberspiegel). OW erwähnt in seinem Text, dieses Hörspiel sei zur Sendung in Übersee ausgewählt worden und widmet es seiner Tochter Christopher an ihrem siebten Geburtstag.

3. April 1945
This Is My Best, CBS: *The Diamond as Big as the Ritz*, Hörspiel von Robert

Tallman nach F. Scott Fitzgerald. Erzähler: OW. Mit OW (Braddock Washington), David Ellis (John T. Unger), Sheila Ryan (Kismine Washington).

10. April 1945
This Is My Best, CBS: *The Master of Ballantrae*, Hörspiel von Robert Tallman nach Robert Louis Stevenson. Mit OW, Am, RC, Alan Napier.

12. April 1945
CBS-Sondersendung in memoriam Präsident Roosevelt, der soeben verstorben ist. Unter den Rednern auch OW.

13. April 1945
Zweite CBS-Sondersendung zum Tode von Roosevelt.

17. April 1945
This Is My Best, CBS: *I'll Not Go Back*, von Milton Geiger (Originalhörspiel). Gaststar: Joan Loring. Diese Sendung ist Roosevelt gewidmet und „der Zukunft Amerikas".

23. April 1945
Erste Zeitungskolumne seit Roosevelts Tod, von jetzt an nicht mehr als „Orson Welles Almanac", sondern unter der Überschrift „Orson Welles Today".

24. April 1945
This Is My Best, CBS: *Anything Can Happen*, Hörspiel von Robert Tallman nach George und Helen Papashvily. Mit EB, Konstantin Shayne, Peg La Centra. Obgleich die nächste Sendung bereits angekündigt ist, kommt es nicht mehr dazu, weil sich OW und die Sponsoren zerstreiten.

Folglich ist dies die letzte Sendung dieser Reihe.

25. April 1945
OW beginnt in San Francisco mit der Herausgabe eines täglichen Nachrichtendienstes in englisch, französisch und spanisch für die United Nations Conference on International Organization. Etwa zur gleichen Zeit hat er eine kurzlebige eigene Sendung, genannt *The Free World Forum*, in der er Teilnehmer der UN-Konferenz vorstellt.

Mai 1945
Leitartikel in *Free World*: „In Memoriam: Mankind Grieves for Our Late President" – In memoriam: Die Menschheit trauert um unseren verstorbenen Präsidenten.

7. Mai 1945
Sondersendung V-E Day, OW unter den Rednern.

27. Mai 1945
Vortrag über die Konferenz der Vereinten Nationen an der California Labor School, San Francisco.

31. Mai 1945
Vortrag über die Konferenz der Vereinten Nationen vor dem National Citizens Political Action Committee, Los Angeles.

6. Juni 1945
Letzte der täglichen Kolumnen von OW in der *New York Post*. Am 4. September wird die Kolumne wieder aufgenommen, aber nur noch einmal wöchentlich, da OW seit vier Jahren zum ersten Mal wieder Regie führt: *The Stranger*.

Juli 1945
Leitartikel in *Free World*: „World Citizenship and Economic Problems" – Weltbürgertum und wirtschaftliche Probleme.

10. Juli 1945
Columbia Presents Corwin, CBS: *New York: A Tapestry for Radio*. Regie/Prod./ Buch: Norman Corwin. Erzähler: OW, MG. Der erste von vielen Auftritten in dieser Reihe von Originalhörspielen von Corwin.

17. Juli 1945
NBC: *French Press: The Liberation of Paris*. OW spricht den Kommentar einer Dokumentation über den französischen Untergrundrundfunk während der Okkupation.

19. Juli 1945
CBS/AFRS: *Command Performance*. Mit OW, Peggy Lee, Larry Adler, den King Sisters, Danny Thomas, Alfred Drake.

9. August 1945
America's Town Meeting, NBC-Blue: *Town Meeting of the Air*. Regie: Wylie Adams. Ansager: Ed Herlihy. Thema: „Was bedeuten die britischen Wahlen für uns?" Moderator: George V. Denny, Jr. Gastredner: OW, Manchester Boddy u. a. Später als Broschüre veröffentlicht.

14. August 1945
Columbia Presents Corwin, CBS: *14 August*. Erzähler: OW. Regie/Buch: Norman Corwin. Thema: „Die Japaner und die Bombe". Gekürzte Fassung von *God and Uranium* von Corwin (siehe 21. August).
CBS/AFRS: *Command Performance*: Gäste: OW, Ernst Lubitsch, Jack Benny, Ken Carpenter, Greer Garson.

21. August 1945
Columbia Presents Corwin, CBS: *God and Uranium*/Gott und das Uran. Erzähler: OW. Gaststar: Olivia de Havilland.

September 1945
Leitartikel in *Free World:* „Now or Never". Dies ist der letzte von OWs Leitartikeln für *Free World.*

2. September 1945
Command Performance, Alle Sender: *Victory Extra.* Eine Sondersendung zum V-J Day. Mit Bing Crosby, Frank Sinatra, Dinah Shore, OW, Bob Hope, Präsident Truman u. a. OW rezitiert ein Gebet.

4. September 1945
„Orson Welles Today" – Beginn der wöchentlichen Kolumne von OW in der *New York Post.* Heute: „Says Bill: Blame Us All for Pearl Harbor"/Sagt doch Bill: Uns alle trifft die Schuld an Pearl Harbor. (Über den Karikaturisten Bill Mauldin).

11. September 1945
„Orson Welles Today": „Bey of Beverly Meets His Match".

16. September 1945
OW beginnt eine Reihe von wöchentlichen Kommentaren unter der Rubrik *Orson Welles Commentaries* (meistens über soziale und politische Themen), die dreizehn Monate auf ABC laufen wird. (Nur wenige Sendetermine sind aufgeführt.)

18. September 1945
„Orson Welles Today": „What's in a Name? Poetry or Legend Perhaps."/Was steckt hinter einem Namen? Dichtung oder Legende, vielleicht.

2. Oktober 1945
„Orson Welles Today": „Aunt Lou in the Labor Crisis."

9. Oktober 1945
„Orson Welles Today": „An Open Letter to Mr. Secretary"/Offener Brief an den Minister.

21. Oktober 1945
CBS: *Request Performance.* Regie: William N. Robeson. Mit OW, Eddie Brakken, Virginia O'Brien.

23. Oktober 1945
„Orson Welles Today": „Die Rolle des Schauspielers in der Gesellschaft".

30. Oktober 1945
„Orson Welles Today": „Wie es ist, Mr. Truman zuzuhören".

6. November 1945
„Orson Welles Today": „Ich bekomme meinen Führerschein". Die letzte der OW-Kolumnen.

21. November 1945
Ende der Dreharbeiten *The Stranger.*

Noch in derselben Woche geht OW nach New York und setzt die *Orson Welles Commentaries* von dort aus fort (siehe Beginn und 16. September 1945).

27. Dezember 1945
Schallplattenaufnahmen: *In the American Tradition.* Lesungen von OW: Berühmte Reden von Jefferson, Lincoln, Wilson, Roosevelt. (Decca.)

1946
In diesem Jahr erscheinen weitere Lesungen von OW bei Decca:
Perikles, John Donne, Thomas Paine, Patrick Henry, Lazare Carnot, Daniel Webster, John Brown, Abraham Lincoln, Emile Zola. Ferner: *The Happy Prince* (nach Oscar Wilde) und ein kurzes Vorwort von OW zu *Jazz Cavalcade: The Inside Story of Jazz.*

Januar 1946
Rede vor Eleanor Roosevelts Komitee „for Yugoslav War Relief" in New York.

16. Januar 1946
NBC: *All American Jazz Concert*. Gast: OW. Stars: Duke Ellington, das Nat „King" Cole Trio und Woody Herman.

18. Januar 1946
Tomorrow Is Forever (International Pictures/RKO Radio Pictures). Regie: Irving Pichel. Prod.: David Lewis. Buch: Leonore Coffee nach Gwen Bristow. Mit Claudette Colbert (Elizabeth MacDonald Hamilton), OW (John MacDonald Kessler), Natalie Wood u. a.

1. März 1946
NBC: *The Danny Kaye Show*. Regie: Goodman Ace. Buch: Goodman Ace, Sylvia Fine. Gaststar: OW. Mit Kaye, KD u. a.

3. März 1946
Gastauftritt in der *Fred Allen Show* (NBC).

15. März 1946
Gastauftritt in der *Kate Smith Show* (ABC).

20. März 1946
Ellery Queen (CBS). Regie: Phil Cohen u. a. Mit Hugh Marlowe (Ellery Queen) u. a. „Armchair Detective" diese Woche: OW. Rateserie, in der jede Woche eine andere berühmte Persönlichkeit versuchen muß, den Täter zu erraten.

31. März 1946
OW liest „Back for Christmas" für *Radio Reader's Digest* (CBS).

1.–2. April 1946
New York City Center: *Airborne Symphony* von Marc Blitzstein unter der Leitung von Leonard Bernstein. Ausführende: OW (Erzähler) und der Chor des Robert Shaw Collegiate.

27. April 1946
OWs gigantische Musical-Produktion *Around the World in 80 Days* hat in Boston am Opernhaus Vorpremiere und läuft dort bis einschl. 4. Mai.

Während dieser Zeit kommt B. Brecht nach einer Nachmittagsvorstellung hinter die Bühne (siehe Kap. 3) und bittet Welles, bei der Verfilmung seines *Galileo* Regie zu führen. Wegen der Schulden, die durch *Around the World* entstehen, kommt es nicht dazu, auch nicht, als Charles Laughton OW darum bittet, der dann später den Galileo unter der Regie von Joseph Losey spielt. (OW zu PB: „Brecht hatte einen scharfen Verstand. Man konnte spüren, daß er von Jesuiten erzogen war – er hatte diese disziplinierte Art zu denken, die charakteristisch ist für jesuitische Erziehung. Vom Instinkt her war er eher Anarchist als Marxist, aber er hielt sich für einen perfekten Marxisten. Als wir einmal über *Galileo* sprachen, sagte ich zu ihm, er habe ein absolut antikommunistisches Werk geschrieben. Da reagierte er fast aggressiv. Ich sagte: ‚Aber diese Kirche, die Sie beschreiben, muß Stalin sein, nicht der Papst. Sie haben etwas ganz entschieden Anti-Sowjetisches gemacht!'")

7. Mai 1946
Around the World kommt auf der Voraus-Tournee an das Shubert Theatre in New Haven und läuft dort bis einschl. 11. Mai. Hier übernimmt OW die Rolle des Dick Fix und spielt diese auch in Philadelphia und New York.

31. Mai – 3. August 1946
Around the World in 80 Days (Eine Mercury Produktion). Bühnenrevue von OW nach dem Roman von Jules Verne. Regie: OW. Prod.-Leiter: RW. Musik, Texte, Hintergrundmusik: Cole Porter. Filmschnitt: Irving Lerner. Premiere: Adelphi Theatre, New York. Mitwirkende: BD (Bankräuber/Mr. Benjamin Cruett-Spew/Zweiter arabischer Spion/Mr. Oka Saka, Zirkusbesitzer/Sol, Stationsvorsteher von San Francisco), GSP (Polizeikommissar/Mr. Ralph Runcible/Maurice Goodpile, Dirigent auf der Großen Indischen Halbinsel R.R.), OW (Dick Fix, Polizeispitzel), Nathan Baker (Londoner Bobby/Finsterer Chinese/Vater Clown/tanzender Gentleman), Jack Pitchon (Londoner Bobby/Roustabout/singender Gentleman), Arthur Margetson (Dr. Phileas Fogg), Mary Healy (Mrs. Aouda, indische Prinzessin) u. a.

Von allen seinen Bühneninszenierungen ist dies seine liebste. Inspiriert durch Filme von Georges Méliès. Nach der Premiere gemischte Kritiken – einige völlig unbeeindruckt von der Extravaganz, einige überwältigt. Lewis Nichols schreibt in der *New York Times*: „Die Behörden sollten ein Gesetz erlassen, das es Mr. Welles untersagt, das New Yorker Theater wieder zu verlassen."

Wieder einmal setzt OW Filme ein, um Szenen zu überbrücken und wortreiche Expositionen zu vermeiden. Diese Stummfilmmeter, vollständig untertitelt, sind seitdem verschwunden. Obgleich das anwesende Publikum die Aufführungen liebt, und obgleich OW viel eigenes Geld investiert, besitzt er nicht genug – oder kann nicht genug auftreiben, um die Show über die traditionell ruhigen Sommermonate hinweg am Laufen zu halten. Darum, und wegen der unzureichenden

Klimaanlage des Theaters, sieht er sich schließlich gezwungen, die Produktion nach 75 Vorstellungen abzusetzen. Er verliert persönlich daran 320 000 Dollar, die er – weil anwaltlich schlecht beraten – steuerlich nicht geltend machen darf. Noch viele Jahre wird er diesen Betrag abzahlen müssen.

Um zu versuchen, die sechsunddreißig Musiker aus *Around the World* auch weiterhin beschäftigen zu können, plant OW eine Kantate aus dem König Lear-Stoff zu machen und dreimal wöchentlich in Nachmittagsvorstellungen aufzuführen. Gegen dieses Projekt legen sechs verschiedene Gewerkschaften ihr Veto ein. (Siehe RM.)

Juni 1946
Vertrag mit CBS über Hörspielreihe *Mercury Summer Theatre of the Air* aus New York.

Wiederaufnahme einiger alter Mercury-Inszenierungen und einiger neuer, halbstündiger Stücke.

7. Juni 1946
Mercury Summer Theatre, CBS: Regie/Prod./Moder.: OW. Prod.-Leiter/Probenregisseur: RW. Musikal. Leitg.: BH. (Dieser Stab bleibt bei allen Sendungen dieser Reihe unverändert und wird nicht mehr gesondert aufgeführt.)
Around the World in 80 Days, mit OW (Fix), Arthur Margetson (Phileas Fogg), Larry Laurence (Passepartout), Mary Healy (Prinzessin Aouda), Julie Warren (Molly Muggins), GSP, SS, BD.

14. Juni 1946
Mercury Summer Theatre, CBS: *Der Graf von Monte Cristo*, nach Alexandre Dumas. Mit OW (Edmond Dantes), Julie Warren (Mercedes), SS, GSP, BD.

21. Juni 1946
Mercury Summer Theatre, CBS: *The Hitchhiker* von Lucille Fletcher. Mit OW, AFT.

28. Juni 1946
The Colgate Sports Newsreel mit OW und Bill Stern.

Mercury Summer Theatre, CBS: *Jane Eyre,* Hörspiel von Norman Corwin nach Brontë. Mit OW (Rochester), AFT (Jane Eyre), GSP, SS, Mary Healy, Abby Lewis.

30. Juni 1946
Orson Welles Commentaries, ABC: OW protestiert gegen das Ende der Miet- und Preisbindung (OPA) und gegen den für den Abend geplanten Atombomben-Test auf dem Bikini-Atoll.

2. Juli 1946
The Stranger (Haig Corporation/International Pictures/RKO Radio Pictures). Regie: OW. Prod.: S. P. Eagle (Sam Spiegel). Prod.-Leiter: William Goetz. Buch: Anthony Veiller (und ungenannt OW, John Huston). Story: Victor Trivas, Decla Dunning. Kamera: Russell Motty. Ausstattung: Perry Ferguson. Schnitt: Ernest Nims. Ursprüngl. Spieldauer: 115 Min. Aufführungsdauer: 95 Min. Besetzung: OW (Charles Rankin/Franz Kindler), Edward G. Robinson (Inspektor Wilson), Loretta Young (Mary Longstreet), Philip Merivale (Richter Longstreet), Richard Long (Noah Longstreet), Byron Keith (Dr. Lawrence), Billy House (Mr. Potter), Konstantin Shayne (Konrad Meinike) u.a. Arbeitstitel: *Date with Destiny/ Rendezvous mit dem Schicksal.*

Juli 1946
Der Sponsor von *Orson Welles Commentaries,* Lear Radios, beschließt, seine Option nicht zu verlängern, da die Sendung sich nicht für ein breites Publikum eignet. ABC erklärt sich bereit, die Sendereihe fortzusetzen, bis ein neuer Sponsor gefunden ist (wozu es nicht kommt). OWs wöchentliche Gage wird von $ 1.700 auf $ 50 gekürzt. (Siehe BL.)

5. Juli 1946
Mercury Summer Theatre, CBS: *A Passenger to Bali,* nach Ellis St. Joseph.

12. Juli 1946
Mercury Summer Theatre, CBS: *The Search for Henri Le Fevre* von Lucille Fletcher. Mit OW, MEM, Julie Warren, BD.

19. Juli 1946
Mercury Summer Theatre, CBS: *Life with Adam* von Hugh Kemp. Moderator: OW. Regie: Fletcher Markle. Mit Fletcher Markle (Adam Barneycastle), Grace Mathews (Eve), John Drainie (Chester), BG (Jenkins), Hedley Rainie (Kellner/ Produzent/andere Rollen), Patricia Loudry, MEM.

26. Juli 1946
Mercury Summer Theatre, CBS: *The Moat Farm Murder* von Norman Corwin. Mit OW (Dougal), MEM (Cecile). Originalhörspiel nach einer wahren Begebenheit in England.

28. Juli 1946
Orson Welles Commentaries (ABC). Erste von mehreren Sendungen über Isaac Woodward, Jr., ein schwarzer Kriegsveteran, der fünfzehn Monate im Südpazifik gedient und eine Auszeichnung erhalten hatte. In South Carolina wurde er am 12. Februar von Polizisten so brutal

zusammengeschlagen, daß er auf beiden Augen erblindete. In seiner Sendung verspricht OW, dafür zu sorgen, daß der verantwortliche Polizist ermittelt wird, was im August (siehe 4./11./18./25.) gelingt. Der Schuldige wird im September zu einem Jahr Gefängnis verurteilt. (Weitere Einzelheiten siehe BL.)

2. August 1946

Mercury Summer Theatre, CBS: *The Golden Honeymoon* nach Ring Lardner. Mit Julie Warren, BD, MEM, Mary Healy, Ted Osborne, SS, Santos Ortega. OW bringt außerdem Ausschnitte aus *Romeo and Juliet.*

4. August 1946

Orson Welles Commentaries (ABC). Über die Weltfriedensverhandlungen, den am. Kongreß und den Woodward-Fall.

9. August 1946

Mercury Summer Theatre, CBS: *Hell on Ice* nach Lincoln Ellsworth. Mit OW, John Brown, ER, Byron Kane, Norman Field, Earle Ross, Lurene Tuttle.

11. August 1946

Orson Welles Commentaries (ABC). OW liest aus seinem Leitartikel über Rassenhaß (Juli '44) und verfolgt den Woodward-Fall.

12. August 1946

The Stranger: In Aiken, South Carolina, verbietet die Polizei die Aufführung des Films.

16. August 1946

Mercury Summer Theatre, CBS: *Abednego the Slave* von OW und JTB. (Vgl. 20.

12. 42). Mit OW, Norman Field, Earle Ross, Joe Granby, Barbara Jean Wong, Carl Frank, Byron Kane, John Brown, William Jonstone, ER, WA.

18. August 1946

Orson Welles Commentaries (ABC). Der für Woodwards Erblindung verantwortliche Polizeichef ist ausfindig gemacht.

Am selben Abend Wohltätigkeitsveranstaltung für Woodward (zwanzigtausend Menschen im Lewisohn Stadion, siehe CH2).

23. August 1946

Mercury Summer Theatre, CBS: *I'm a Fool/The Tell-Tale Heart* nach Geschichten von Sherwood Anderson und Edgar Allan Poe. Mit OW, WA, Joe Granby, ER, Norman Field, Carl Frank u. a.

25. August 1946

Orson Welles Commentaries (ABC). Über Isaac Woodward, die Gouverneurswahlen in Texas, den Ku-Klux-Klan, Palästina.

30. August 1946

Mercury Summer Theatre, CBS: *Moby Dick* von BD nach Herman Melville. Mit OW (Ahab), WA, Byron Kane, John Brown, Earl Ross, ER.

September 1946

In Providence, Rhode Island, springt OW als Redner für Henry Wallace ein (National Citizens' Political Action Committee). Siehe auch CH2.

6. September 1946

Mercury Summer Theatre, CBS: *The Apple Tree* nach John Galsworthy. Mit OW, Norman Field, Mary Lansing, Lurene Tuttle, Jerry Faber u. a.

13. September 1946

Mercury Summer Theatre, CBS: Szenen aus *König Lear* nach WS. Erz.: John Brown. Mit OW (Lear), Lurene Tuttle, EB, AM, ER, WA u.a. Außerdem: OW liest Gedicht von Ernest Dawson „Cynara". Dies ist die letzte Sendung des *Mercury Summer Theatre*.

September 1946

Nachdem *Around the World* vom Spielplan abgesetzt ist, kehren OW und seine kleine Truppe nach Hollywood zurück und bereiten einen Film für Columbia Pictures vor – später unter dem Titel *The Lady from Shanghai* in den Kinos. Während er bei der Columbia ist, entwickelt OW einige weitere Filmprojekte:

Geplantes Projekt *Salome*, Drehbuch von Fletcher Markle, sehr frei nach Oscar Wilde, mit zeitgenössischer Rahmenhandlung. Farbig. Prod.: Alex Korda. Regie: Georges Perinal. Ausstattung: Christian Bérard. OW als Wilde und Herodes. (Siehe auch BW; Auszüge aus einem späteren *Salome*-Drehbuch von OW siehe MB.) OW hofft, anschließend *The Happy Prince* von Wilde verfilmen zu können.

Geplantes Projekt *The Master of Ballantrae* nach R. L. Stevenson (fallengelassen, da nicht die Rechte bekommen).

Geplantes Projekt *Cyrano de Bergerac* nach einem Drehbuch von Ben Hecht, später neu geschrieben von Charles Lederer. Kontakt zu Alexandre Trauner (Ausstattung) und Jean Simmons (Roxanne).

Geplantes Projekt *Carmen* mit Paulette Goddard, Prod.: Harry Cohn. Cohn allerdings verpflichtet Charles Vidor als Regisseur eines Carmen-Films mit Rita Hayworth und Glenn Ford, der 1948 – nur fünf Monate nach *The Lady from Shang-hai* – unter dem Titel *The Loves of Carmen* in die Kinos kam.

2. Oktober 1946

Beginn der Dreharbeiten zu *The Lady from Shanghai* in Hollywood (die Central Park-Szene am Anfang); Fortsetzung in Acapulco (Mitte Oktober bis Anfang Dezember) und San Francisco. Reine Drehzeit 98 Tage. Arbeitstitel u.a. *Black Irish*, *Take This Woman* und *The Girl from Shanghai*.

6. Oktober 1946

Orson Welles Commentaries (ABC). Letzte Folge dieser Reihe und gleichzeitig die letzte eigene Rundfunksendung von OW.

1947

OW versucht in diesem Jahr, ein Oratorium nach *Moby Dick* als Theaterproduktion in New York herauszubringen. Buch: BD, Musik BH. Das Projekt scheitert. (Siehe JN.)

22. Januar 1947

Unterbrechung der Dreharbeiten zu *The Lady from Shanghai* wegen Erkrankung von Rita Hayworth.

17. Februar 1947

Dreharbeiten werden fortgesetzt. OW bekommt die Filmrechte an Isaac Asimovs Science-fiction-Story „Evidence", aber das Projekt kommt nicht weiter voran.

27. Februar 1947

Ende der Dreharbeiten zu *The Lady from Shanghai*; nach zwei endgültig letzten Drehtagen (10. und 11. März) verwendet OW die nächsten Wochen auf den Schnitt des Films.

11. April 1947
Premiere des Films *Monsieur Verdoux* von Charles Chaplin, „nach einer Idee von Orson Welles" (siehe Kap. 4).

7. Mai 1947
Premiere des Films *Duel in the Sun*, Erzähler: OW.

28. Mai 1947
Als Vorbereitung für seinen *low-budget-*Film *Macbeth* inszeniert OW das Drama in fast derselben Besetzung in Salt Lake City:
Macbeth (Mercury Production/Utah Centennial Commission and University Theatre in Zusammenarbeit mit dem American National Theatre and Academy). Prod. und WS-Bearbeitung: OW. Regie: RW. Inspizient: WS. Koordinator: Emerson Crocker. Premiere: Utah Centennial Festival, University Theatre. Mit OW (Macbeth), Jeanette Nolan (Lady Macbeth), Dan O'Herlihy (Macduff), ERS (Duncan), Roddy McDowall (Malcolm), EB (Banquo), BD, WA u.a. Aufführungen bis einschl. 31. Mai, danach Fortsetzung der Proben für den Film.

23. Juni 1947
Beginn der Dreharbeiten zu *Macbeth* in Hollywood.

17. Juli 1947
Ende der Dreharbeiten zu *Macbeth* (23 Drehtage). Kurz danach geht OW nach Europa, wo er den Film schneidet und die Dreharbeiten zu *Cyrano de Bergerac* und *Around the World in 80 Days* vorbereitet, ein weiteres Filmprojekt für Korda. OW macht einige Tage Außenaufnahmen für diesen Film in Marokko; das Material ist nie verwendet oder geschnitten worden.

In dieser Zeit spielt OW in Italien den Grafen Cagliostro in Gregory Ratoffs Film *Black Magic* (führt auch bei einigen Szenen Regie) und bereitet die Finanzierung und Produktion seines eigenen Films *Othello* vor. OW hat die Idee, den Filmton auf Tonband aufzunehmen – was später von der Filmindustrie übernommen wurde – und bittet RW, ihm ein transportables Aufnahmegerät für diesen Zweck zu schicken; RW beschafft sich den Recorder von einem ehemaligen Mitarbeiter der Columbia Pictures, dem Tonmann Lodge Cunningham.
Außerdem schreibt OW noch ein Script für Korda, das auf *Henry IV.* von Pirandello basiert. (OW: „Ich habe Monate darauf verwendet. Wenn ich je ein Script von mir herausbringen wollte, dann dieses. Es war eine völlige Neufassung des Pirandello-Stoffes – nicht nur eine Filmversion des Bühnenstücks. Es spielt in Europa, aber handelt von einem Amerikaner. Tennessee Williams hat es mir nachträglich vermiest, indem er später in *Suddenly Last Summer* Lobotomie eingebaut hat. Bei mir lebte der Vater des Mannes, der glaubt – oder vorgibt zu glauben –, er sei Heinrich IV., auf einer Insel vor der Küste Italiens; er ist entschlossen, den Bluff seines Sohnes zu beenden und ihn bloßzustellen...")

11. November 1947
OW und Rita Hayworth werden geschieden.

30. Mai 1948
The Lady from Shanghai (Columbia Pictures). Regie: OW. Buch: OW (und ungenannt William Castle, Fletcher Markle, Charles Lederer u.a.), nach dem Roman von Sherwood King *If I Die Before I Wake*. Prod.-Leiter: RW, William Castle.

Produzent: Harry Cohn. Kamera: Charles Lawton, Jr. (und ungenannt Rudolph Maté, Joseph Walker). Ursprüngliche Spieldauer (Rohfassung): 155 Min. Aufführungsdauer: 86 Min. Besetzung: Rita Hayworth (Elsa Bannister), OW (Michael O'Hara), ES (Arthur Bannister), Glenn Anders (George Grisby), Ted de Corsia (Sidney Broome), ERS (Richter), GS (Goldie), Carl Frank, RW u. a.

September 1948
Macbeth wird für das Filmfestival in Venedig erst gemeldet, dann doch vom Wettbewerb zurückgezogen. Etwa zur gleichen Zeit beginnt OW in Venedig mit den Dreharbeiten zu *Othello* mit Lea Padovani als Desdemona; dieses Material wird später mit Suzanne Cloutier neu gedreht.

1. Oktober 1948
Macbeth (Mercury Productions/Literary Classics Productions/Republic Pictures). Regie/Prod.: OW. Buch: OW, nach dem Drama von WS. Prod.-Leiter RW. Produzent: Charles K. Feldman. Kamera: John L. Russell. Musik: Jacques Ibert. Schnitt: Louis Lindsay. Dialogregie: WA. Ursprüngliche Spieldauer: 107 Min., später von OW auf 86 Min. gekürzt. Besetzung: OW (Macbeth), Jeanette Nolan (Lady Macbeth), Dan O'Herlihy (Macduff), Peggy Webber (Lady Macduff/Hexe), Lurene Tuttle (Hexe/Kammerfrau), BD (Hexe/erster Mörder), EB (Banquo), John Dierkes (Ross), George Chirello (Seyton), ERS (Duncan), Roddy McDowall (Malcolm), Charles Lederer (Hexe), WA, GS u. a. Gedreht in den Republic Studios. Geschnitten in Europa – während der Dreharbeiten zu *Black Magic*.

1949
Invasion from Mars, eine Sammlung von „interplanetarischen Geschichten", darunter auch das Hörspielmanuskript *The War of the Worlds*, erschienen bei Dell in New York. OW, als Herausgeber genannt, unterzeichnet auch die Einleitung („Can a Martian Help It If He's Colored Green?" – Kann ein Marsmensch etwas dafür, daß er grün ist?), obgleich es Grund zu der Annahme gibt, daß seine Beiträge in diesem Band von einem Ghostwriter verfaßt sind.

Die folgenden drei Jahre verbringt OW damit, seinen Film *Othello* zu drehen und Rollen in anderen Filmen anzunehmen, um Geld für dessen Herstellung zu verdienen. Der erste dieser Filme, der in die Kinos kam, war:

April 1949
The Third Man (London Film Production/Selznick Releasing Organization). Regie/Prod.: Carol Reed. Produzent: Alexander Korda. Präsentiert von David O. Selznick. Buch: Graham Greene (und ungenannt Reed, OW). Idee: Graham Greene, Alexander Korda. Kamera: Robert Krasker. Zithermusik: Anton Karas. Aufführungsdauer: 104 Min. Weltpremiere: Cannes Film Festival (Sieger, Grand Prix). Angelaufen in USA: Februar 1950.
Besetzung: JC (Rollo „Holly" Martins), Alida Valli (Anna Schmidt), OW (Harry Lime), Trevor Howard (Major Calloway) u. a.

17. April 1949
New York Times: Artikel von OW „Out of a Trance" (über Hypnose).
Während dieser Zeit arbeitet OW mit Charles Lederer an dem Drehbuch zu einem französischen Film, *Portrait d'un assassin* (1949); der Film wird gedreht, mit Erich von Stroheim, Arletty und Maria

Montez, Regie Bernard Roland, aber das Drehbuch wird nicht verwendet. Auch schreibt OW Lederer zu Gefallen, der indisponiert ist, eine kleine Verfolgungsszene für den Howard Hawks-Film *I Was A Male War Bride* (Ich war eine männliche Kriegsbraut) mit Cary Grant und Ann Sheridan.

19. Juni 1949
Nach zweiwöchiger Probenzeit beginnen in Mogador, Marokko, die Aufnahmen zu *Othello*; auch in Safi wird gedreht.

24. Juli 1949
Wegen Geldmangels werden die Dreharbeiten vorübergehend ausgesetzt.

19. August 1949
Black Magic (Edward Small Productions/ United Artists). Regie: Gregory Ratoff (und ungenannt OW). Prod.: Ratoff. Buch: Charles Bennett, Richard Schayer, nach Alexandre Dumas' *Memoirs of a Physician*. Besetzung: OW (Cagliostro/ Josef Balsamo), Nancy Guild (Marie Antoinette/Lorenza), AT (Gitano) u. a.

24. August 1949
Wiederaufnahme der Dreharbeiten für *Othello* in Venedig, Italien.

6. September 1949
Nach einem Reisetag werden die Dreharbeiten in den Scalera Film Studios in Rom fortgesetzt.

17. September 1949
Dreharbeiten werden wegen Geldmangels ausgesetzt.

18. Oktober 1949
Wiederaufnahme der Dreharbeiten in der Toskana, Italien.

23. Oktober 1949
Fortsetzung der Deharbeiten in Viterbo, Italien.

1. November 1949
Fortsetzung der Dreharbeiten in Rom.

18. November 1949
Unterbrechung der Dreharbeiten wegen Geldmangels.

Während der Herstellung des Films *Othello* macht OW den Vorschlag einer zeitgenössischen Verfilmung von *Julius Caesar*: HE sollte Regie führen, er selbst und MM die Hauptrollen spielen. Ein weiteres Projekt, das in dieser Zeit angedacht wird, ist eine Bearbeitung der *Odyssee* (Homer), Drehbuch von Ernest Bornemann, OW in der Titelrolle, finanziert von einem ägyptischen Flüchtling. Dieser Film sollte in der Manier der historischen Romane von Robert Graves gehalten sein, die OW sehr bewunderte.

Dezember 1949
Prince of Foxes (20th Century-Fox). Regie: Henry King. Prod.: Sol C. Siegel. Buch: Milton Krims, nach dem Roman von Samuel Shallabarger. Besetzung: Tyrone Power (Orsini), OW (Cesare Borgia), Wanda Hendrix (Camilla), ES (Belli), Katina Paxinou (Mona Zoppo) u. a. Gedreht in Italien.

1950
In Taormina, Sizilien, schreibt OW ein Vorwort zu Kenneth Tynans erstem Buch *He That Plays The King* in Form eines Briefes an ihn. Das Buch erscheint später im Jahr in London bei Longmans, Green.

Außerdem schreibt OW das Vorwort zu *Extérieurs en Venise*, Autobiographie von Frédéric O'Brady (Gallimard, Paris).

Januar – Februar 1950
OW erscheint als Comic-Figur in *Superman* (die Episode heißt „Black Magic on Mars!").

31. Januar 1950
Die Dreharbeiten zu *Othello* werden in Mogador wieder aufgenommen und dauern bis Anfang Mai in Safi und Mazagan. Kleinere zusätzliche Einstellungen werden mit Unterbrechungen während der nächsten Monate gedreht. Der Schnitt des Films wird den größten Teil des folgenden Jahres in Anspruch nehmen, neben Auftritten in anderen Filmen und einigen Bühneninszenierungen (um die Fertigstellung von *Othello* zu finanzieren).

15. Juni 1950
The Blessed and the Damned (La Compagnie „Les Pleiades"). Ein Abend mit zwei Stücken von OW. Regie/Bühne/Kostüme: OW. Prod.: Georges Baume, Pierre Beteille.
1) *The Unthinking Lobster*, „eine Hollywood-Fabel". Besetzung: Suzanne Cloutier (Miss Pratt), Jamie Schmitt (Roland Zitz), OW (Jake Behoovian), George Lloyd (Leander Plaice), Frédéric O'Brady (Erzherzog), HE (Erzbischof) u. a.
2) *Time Runs...*, „eine neue Variante der alten Legende unter Mitwirkung vieler Autoren, darunter Milton, Dante und Marlowe". Musik: Duke Ellington. Beleuchtung: HE. Besetzung: OW (Dr. John Faustus), HE (Mephistopheles), Eartha Kitt (Helen/Chorus), Lee Zimmer (erster Mann), Jennifer Howard (Frau) u. a. Premiere: Théâtre Edouard-VII, Paris.
Trotz der guten Kritiken ist die Show kein finanzieller Erfolg – wahrscheinlich auch wegen der sprachlichen Probleme. OW beschließt, das Programm auf der Deutschland-Tournee leicht abzuwandeln, indem er und MM die Szenen, die in den einzelnen Städten gespielt werden, individuell zusammenstellen.

7. August 1950
Ein Abend mit Orson Welles (La Compagnie „Les Pleiades"). Regie/Beleuchtung: HE. Programm:
1) „*Time Runs...*" Mit OW, MM, Eartha Kitt u. a.
2) *The Importance of Being Earnest*, Zusammenfassung des 1. Aktes des gleichn. Stücks von Oscar Wilde. Mit OW, MM, Lee Zimmer.
3) Eartha Kitt singt internationale Songs.
4) *Henry VI*, letzte Szene a. d. Drama von WS. Mit OW, MM.
5) Zaubernummer von und mit OW. Premiere um 20.30 Uhr im Franz-Althoff-Bau im Zoo, Frankfurt am Main. (Das Theater existiert heute nicht mehr; wurde zugunsten eines Bärengeheges im Juni 1956 abgerissen. A. d. Ü.)

15. August 1950
Vorstellungen in Hamburg (im Saal des Gewerkschaftshauses Besenbinderhof, damals provisorische Spielstätte Hamburger im Krieg zerstörter Theater, A. d. Ü.).

21. August 1950
Vorstellungen in München.

30. August 1950
Am Geiselgasteig, München, dreht OW die Vignetten zu *Importance* und *Henry*. Kameramann ist George Fanto. OW ist mit dem Ergebnis unzufrieden und rangiert das Material aus.

September 1950
The Black Rose (20th Century-Fox).

Regie: Henry Hathaway. Prod.: Louis D. Lighton. Buch: Talbot Jennings, nach Thomas B. Costain. Mit Tyrone Power (Walter von Gurnie), OW (General Bayan), Cécile Aubry (Miriam) u. a. Gedreht in Nordafrika.

4. September 1950
Ein Abend mit Orson Welles, Tourneevorstellung vor englischen Soldaten in Bad Oeynhausen.

9. September 1950
Letzte Vorstellung der Deutschlandtournee im Titania-Palast, Berlin. Danach zehn Tage Brüssel. Dann Wiederaufnahme der Arbeit an *Othello.*

1951
Abraham Lincoln. Produktion einer Schallplatte mit Reden und Gedichten mit OW, Carl Sandburg, Walter Huston und AM. (Decca)

März 1951
„Thoughts on Germany"/Gedanken über Deutschland. Ein Artikel in *The Fortnightly,* London. (Siehe JN.)

OW beginnt in London eine neue Rundfunksendung bei der BBC, eine Serie von neununddreißig Halbstundenprogrammen unter dem Titel *The Adventures of Harry Lime* (nach seiner Rolle in dem Film *Der dritte Mann*). Regie: Tig Roe. Redaktion.: Harry Alan Towers. Manuskr.: OW, Ernest Borneman u. a. Musik: Anton Karas. Aufgenommen in den IBC-Studios, London, eine Sendung der BBC. Mit OW (Harry Lime), Agnes Bernelle, Dana Wynter, Sebastian Cabot, Robert Arden u. a. Später wird die Sendereihe unter dem Titel *The Third Man: The Lives of Harry Lime* in Amerika wiederholt.

In diesem Jahr hat OW noch eine weitere Halbstunden-Sendereihe, in der er berühmte Fälle aus den Akten von Scotland Yard erzählt und darstellt. Titel: *The Black Museum.* Regie: Tig Roe. Redaktion: Harry Alan Towers. Diese Sendungen werden 1952 bei Mutual in USA wiederholt.

Einige (wenige) Leute können OW dieses Jahr in zwei Kurzfilmen bewundern:

Désordre (Unordnung). Regie/Buch: Jacques Baratier. Spieldauer: 18 Min. Eine Erkundung der Pariser Rive gauche mit kurzen Blicken auf OW, Jean Cocteau, Simone de Beauvoir, Juliette Greco. OW wird auf den Champs-Elysées gezeigt. (OW: „Ich wußte nicht, daß es für einen Kurzfilm war. Immerzu werde ich gefilmt – da weiß man nie, wofür. Gewöhnlich ist es ja fürs Fernsehen…")

Return to Glennascaul (Dublin Gate Theatre Productions). Regie/Buch: HE. Prod.: T. R. Royle. Erzähler: OW. Mit Michael Laurence, Shelah Richards, Helena Hughes und OW (als OW). Gedreht in Irland 1951.

1. Oktober 1951
Othello. Regie/Prod./Bearb.: OW. Präsentiert von Laurence Olivier und S. A. Gorlinsky. Musik: FL. Mit OW (Othello), Gudrun Ure alias Ann Gaudrun (Desdemona), Basil Lord (Rodrigo), Peter Finch (Jago), John Van Eyssen (Cassio), Edmund Purdom u. a. Premiere: Theatre Royal, Newcastle, England. Bis einschl. 7. Oktober.

18. Oktober 1951
Dieselbe Inszenierung hat am Saint James Theatre in London Premiere, wo sie sechs Wochen läuft (bis einschl. 15. Dezember). Während dieser Zeit gibt OW eine Mitternachtsvorstellung mit seinen Zauber-

Nummern im London Coliseum. Die damalige Prinzessin Elizabeth und der Herzog von Edinburgh sind anwesend. OW sagt: „Ich komme gerade vom St. James Theatre, wo ich Desdemona ermordet habe – oder Shakespeare, je nachdem, welche Zeitung Sie lesen." (Siehe CH2.)

1952
Als Buch erscheinen: MMs *Put Money in Thy Purse*, Tagebuch der Dreharbeiten zu *Othello*, Vorwort von OW (Methuen, London). *The Lives of Harry Lime* und andere Radiogeschichten von OW u. a., Taschenbuch bei News of the World, London.
Rundfunkauftritt in der letzten Folge von *Sherlock Holmes* (BBC). Prod.: Harry Alan Towers. Regie: Tig Roe. Mit John Gielgud (Holmes), Ralph Richardson (Watson), OW (Moriarty).

10. Mai 1952
Othello (Mercury Productions/Marceau Films/United Artists). Regie/Prod.: OW. Buch: OW nach WS. Prod.-Leiter: Giorgio Pappi, Julien Derode, mit Walter Bedone, Patrice Dali, Rocco Facchini. Kamera: George Fanto, Anchise Brizzi, G. R. Aldo, mit Obadan Troiani, Alberto Fusi. Musik: FL, Alberto Barberis. Dirigent: Willy Ferraro. Schnitt: Jean Sacha, John Shepridge, Renzo Lucidi, William Morton. Art Dir.: Alexandre Trauner. Spieldauer: 91 Min. Erzähler: OW. Mit OW (Othello), MM (Jago), Suzanne Cloutier (Desdemona), Robert Coote (Rodrigo), HE (Brabantio), Fay Compton (Emilia), Nicholas Bruce (Ludovico), Doris Dowling (Bianca), Jean Davis (Montano), Michael Laurence (Cassio), JC (Senator), Joan Fontaine (Page), Abdullah Ben Mohamet (Page der Desdemona). Aufgenommen in den Scalera Studios

(Rom), in Marokko (Mogador, Safi, Mazagan) und Italien (Venedig, Toskana, Rom, Viterbo, Perugia und Torcello). Weltpremiere: Cannes Film Festival (Sieger, Goldene Palme).

5. Juni 1952
Zwei Theaterstücke von OW kommen in Frankreich in einem Band als Buch heraus (La Table Ronde, Paris), übersetzt von Serge Greffet.
Miracle à Hollywood (The Unthinking Lobster – siehe 15. Juni 1950) und *À bon entendeur (Fair Warning*, ein Stück in zwei Akten).

2. September 1952
BBC-Rundfunksendung mit OW: *Portrait of Robert Flaherty*.

Dezember 1952
Artikel in *La Démocratie Combattante*: „La Jeunesse décidera". (Paris; Nachdruck in MB, gekürzt in MB2.)

1953
König Faruk von Ägypten macht ein Finanzierungsangebot für eine zeitgenössische Verfilmung von *Julius Caesar*, betitelt *Caesar!*. OW plant und schreibt den Film für Richard Burton (Caesar) und sich selbst (Brutus). Die Nachricht von der Planung eines Hollywoodfilms von JH und Joseph Mankiewicz macht das Projekt zunichte (siehe Kap. 8).
In diesem Jahr noch zwei Aufgaben bei der BBC: OW als Erzähler in Walt Whitmans *Song of Myself* sowie eine Rolle in *Pique Dame* (Sendereihe *Theatre Royale*).

23. März 1953
In Rom beendet OW den Drehbuchentwurf *Masquerade* nach seinem Hörspiel *Greek Meets Greek* (für *The Adventures*

of Harry Lime); daraus entsteht später der Film *Mr. Arkadin.*

April – Mai 1953
Artikel von OW in *La Démocratie Combattante* (Paris, Nachdruck in MB): „Il n'y a pas d'art apprivoisé".

6. Juni 1953
In New York präsentiert Dick Himber auf der Bühne einen Kartentrick, den er mit OW, der auf einer Leinwand erscheint, ausführt, und geht damit auf Tournee. Dieser lange verschollene Film wurde 1991 von Himbers Witwe wiederentdeckt und 1992 in einem CBS-TV-Special mit David Copperfield zum ersten Mal wieder aufgeführt.

Juli 1953
Eine filmische Abhandlung von OW, die er unter dem Titel *V.I.P.* für Korda geschrieben hat (nach seinem Hörspiel *Buzzo Gospel* für *The Adventures of Harry Lime).* Sie wird mit seiner Hilfe ins Französische übersetzt, von MB bearbeitet und als Roman von Gallimard in Paris veröffentlicht. Titel *Une Grosse Légume,* Vorwort von MB. Die Geschichte spielt auf einer Phantasie-Insel im Mittelmeer, am Rande einer Revolution, und behandelt die Mißgeschicke eines amerikanischen Soft-Drink-Händlers, der fälschlicherweise für einen Geheimagenten gehalten wird.
Andere nicht realisierte Filmprojekte aus dieser Zeit sind:
Operation Cinderella. OW: „Die beste Komödie, die ich je geschrieben habe..."
Paris by Night. Für Alexander Korda geschrieben, eine Reihe von lose miteinander verbundenen Szenen, die alle in Paris spielen und – bis auf eine Dinesen-

Bearbeitung – sämtlich Originalgeschichten von OW sind.
Two by Two. Moderne Nacherzählung der Geschichte von der Arche Noah, ebenfalls von OW für Korda geschrieben.
In diesem Jahr wirkt OW in drei europäischen Spielfilmen mit:
L'Uomo, la Bestia e la Virtù (Man, Beast and Virtue), Rosa/Paramount. Regie: Steno (Stefano Vanzina). Prod.: Carlo Ponti. Buch: Steno, Italiano Brancati, nach Pirandello. Mit OW (Captain Perrella), Viviane Romance (Mrs. Perrella), Toto (Professor Paolino) u. a.
Trent's Last Case, British Lion/Republic. Regie/Prod.: Herbert Wilcox. Buch: Pamela Bower nach E. C. Bentley. Mit Michael Wilding (Philip Trent), Margaret Lockwood (Margaret Manderson), OW (Sigsbee Manderson) u. a.
Si Versailles m'était conté (Royal Affairs in Versailles/Versailles – Könige und Frauen), Regie/Prod./Buch: Sacha Guitry. Mit Sacha Guitry (Louis XIV.), Claudette Colbert (Madama de Montespan), OW (Benjamin Franklin), Jean-Pierre Aumont, Edith Piaf, Gérard Philippe, Micheline Presle, Jean Marais, Daniel Gélin u. a.

August 1953
Vortrag beim Edinburgh Festival: „The Third Audience".

7. September 1953
The Lady in the Ice (Ballet de Paris). Ein Ballett nach einer Idee von OW. Libretto/Kostüme/Bühne: OW. Choreographie: Roland Petit. Musik: Jean-Michael Damase. Weltpremiere: Stoll Theatre, London. (Später von Petit als *Une Femme dans la glace* in Paris herausgebracht.) Mit: Colette Marchand, George Reich, Joe Milan, Ballet de Paris de Roland Petit.

18. Oktober 1953
Erster Fernsehauftritt in USA: *King Lear* (*Omnibus*, CBS-TV). Nach WS. Regie/Buch: Peter Brook. Prod.: Fred Richey. Musik/Dirigent: Virgil Thomson. Moderator der Fernsehreihe: Alistair Cooke. Besetzung: OW (Lear), Alan Badel (Narr), MM (Edgar), Beatrice Straight (Goneril) u. a.
Während dieser Zeit schreibt OW ein längeres Buchmanuskript über eine Weltregierung und Finanzen, das er später wieder vernichtet (siehe Kap. 5).

1954
Anfang des Jahres beginnt OW mit den Dreharbeiten zu *Mr. Arkadin*, die sich über acht Monate in Madrid, an anderen Orten in Spanien sowie München, Paris und Rom erstrecken. Von Spanien aus kehrt OW für die Synchronarbeiten nach Paris zurück und macht dann in Rom den Schnitt des Films.

25. August 1954
Artikel von OW erscheint in *Arts* (Paris): „Je combats comme un géant dans un monde de nains pour le cinéma universel" – Ich kämpfe wie ein Riese in einer Welt der Kleingeister für ein universelles Kino".
Nachdruck in englisch: *Film Culture*, 1. Januar 1955.

25. Dezember 1954
OW hält den Termin Weihnachten für die Endfassung *Mr. Arkadin* nicht ein. Daraufhin entzieht der Produzent Louis Dolivet den Film seiner Kontrolle. Der Feinschnitt wird dann von Renzo Lucidi ausgeführt, obgleich OW immer noch Instruktionen schickt.
In drei europäischen Spielfilmen hat OW in diesem Jahr mitgewirkt:

Three Cases of Murder (Wessex Films/London Films/British Lion). Prod.: Alexander Korda. Regie: George More O'Ferrall (*Lord Mountdrago*), Wendy Toye (*In the Picture*), David Eady (*You Killed Elizabeth*). Buch: Ian Dalrymple, Donald Wilson, Sidney Carroll, Brett Halliday. Die „Lord Mountdrago"-Episode nach W. Somerset Maugham. Kamera: Georges Perinal. Besetzung nur für „Mountdrago"-Episode: OW (Lord Mountdrago), Alan Badel (Owen), Helen Cherry (Lady Mountdrago) u. a. Spieldauer: 99 Min. Gedreht in den Shepperton Studios (London). US-Freigabe: 15. März 1955. Inoffiziell führte OW bei seinen eigenen Szenen Regie.

Trouble in the Glen (British Lion/Republic). Regie: Herbert Wilcox. Buch: Frank S. Nugent nach Maurice Walsh. Mit Margaret Lockwood (Marissa), OW (Sanin Cejador y Mengues), Forrest Ticker, Victor McLaglen u. a.

Napoléon (Filmsonor/CLM/Francinex). Regie/Buch: Sacha Guitry. Mit Sacha Guitry (Talleyrand), Michèle Morgan (Josephine), Daniel Gélin (Junger Bonaparte), Raymond Pellegrin (Kaiser Bonaparte), OW (Hudson Lowe), Erich von Stroheim (Beethoven), Maria Schell, Jean Gabin u. a.

Außerdem drei Tage Drehzeit in London für die Rolle des Vater Mapple in John Hustons Film *Moby Dick* (siehe 30. Juni 1956).

Februar 1955
OW arbeitet an einer Bühnenfassung von *Moby Dick* für Paris; der Schriftsteller Wolf Mankowitz will helfen, das Stück auch in London herauszubringen. Mankowitz organisiert auch finanzielle Hilfe, indem er die *Arkadin*-Rechte an eine französische Zeitung verkauft, die daraus

einen Fortsetzungsroman machen will. Später wird der Roman, an dem MB als Ghostwriter mitgearbeitet hat, vom Verlag Gallimard als Buch herausgebracht; OW wird als alleiniger Verfasser geführt. 1956 folgen eine englische und eine amerikanische Ausgabe, 1958 und 1987 Paperback-Ausgaben.

März 1955

Mr. Arkadin (Mercury Productions/Filmorsa [Paris]/Cervantes Films/Sevilla Film Studios [Madrid]). Regie/Idee/Buch/Art Dir./Kostüme: OW. Prod.-Leiter: Louis Dolivet. Kamera: Jean Bourgoin. Musik: Paul Misraki. Schnitt: Renzo Lucidi. Weltpremiere in Madrid. Vorführdauer: 95 Min. Erzähler: OW. Mit OW (Gregory Arkadin), Paola Mori (Raina Arkadin), Robert Arden (Guy Van Stratten), Patricia Medina (Mily), AT (Jakob Zouk), Michael Redgrave (Burgomil Trebitsch), Mischa Auer (Flohzirkusbesitzer), Katina Paxinou (Sophie), Jack Watling, Gregoire Aslan, Peter van Eyck, Suzanne Flon, Frédéric O'Brady, Tamara Shane, Gert Fröbe u. a. (OW hat einige Schauspieler selbst synchronisiert und war auch die Stimme des Ansagers am Flughafen München.) Eine spanischsprachige Fassung des Films wurde gleichzeitig aufgenommen. Hierfür wurde ein anderer Cutter (Antonio Martinez) engagiert und einige andere Schauspieler, darunter Irene Lopez Heredia (Sophie) und Amparo Rivelles. (Diese Fassung wurde vermutlich auf der Premiere in Madrid gezeigt.)

24. April 1955

Wolf Mankowitz vermittelt OW Engagement mit wöchentlicher TV-Serie in London:

Orson Welles Sketch Book (BBC-TV). Prod.: Huw Wheldon für die Drama-Redaktion der BBC-TV. Kommentare: OW. Erster von sechs fünfzehnminütigen Beiträgen, in denen OW ein breites Spektrum von Themen und Ereignissen kommentiert und mit eigenen Zeichnungen und Entwürfen illustriert. Großer Erfolg in England. Thema des Abends: Die frühen Tage des Theaters.

31. April 1955

Orson Welles Sketch Book (BBC-TV). Heute: Kritik.

7. Mai 1955

Orson Welles Sketch Book (BBC-TV). Heute: Die Polizei.

8. Mai 1955

In Caxton Hall, Westminster, London, heiratet OW (zwei Tage nach seinem vierzigsten Geburtstag) zum dritten Mal: Paola Mori, die Hauptdarstellerin aus *Mr. Arkadin.*

14. Mai 1955

Orson Welles Sketch Book (BBC-TV). Thema: Soufflieren, Houdini, John Barrymore.

21. Mai 1955

Orson Welles Sketch Book (BBC-TV). Thema: *Der Krieg der Welten.*

28. Mai 1955

Orson Welles Sketch Book (BBC-TV). Thema: Stierkampf und die Geschichte „Bonito und der Stier" (siehe 29. Juli und Sept. 1941).

16. Juni – 9. Juli 1955

Moby Dick – Rehearsed Bühnenstück von Orson Welles, nach dem Roman von Herman Melville. Regie: OW. Prod.: Wolf Mankowitz, Oscar Lowenstein, in Zusammenarbeit mit MG, Henry Margolis. Prod.-Leiter: Herbert Chappel. Premiere: Duke of York's Theatre, London. Mit OW (Schauspieler-Manager/Vater Mapple/Ahab), Gordon Jackson (junger Schauspieler/Ishmael), Joan Plowright (junge Schauspielerin/Pip), Patrick McGoohan (seriöser Schauspieler/Starbuck) u. a. (Verlegt von Samuel French, 1965.) OW dreht in zwei Theatern (Hackney Empire und Scala) etwa 75 Minuten dieser Inszenierung. Besetzung s. o., Produzent Henry Margolis, Kamera Hilton Craig. Die Filmfassung soll an die US-Fernsehreihe *Omnibus* verkauft werden. OW bricht die Filmarbeiten ab, weil er mit den Ergebnissen nicht zufrieden ist.

Sommer 1955
Hoffnung auf Gründung einer neuen Theatertruppe mit fester Spielstätte. Geplant sind Bühnenfassungen von Hemingways *The Sun Also Rises* (Fiesta) mit Marlene Dietrich und einer Novelle von Wolf Mankowitz.

Nach *Moby Dick – Rehearsed* längerer Aufenthalt auf Torcello/Venedig. Dort Vorbereitung einer Reihe von „Reise-Essays" für eine TV-Serie, die später für das Britische Werbefernsehen produziert wurden:
Around the World with Orson Welles (Gemeinschaftsprod. Rédiffusion/ITA-TV). Regie/Buch/Moder.: OW. Prod.: Louis Dolivet. Länge: 26 Min. pro Folge.
1) *The Basque Countries*, 2) *La Pelote basque*, 3) *The Third Man in Vienna*, 4) *St.-Germain-des-Près*, 5) *The Queen's Pensioners*, 6) *Bullfighting in Spain* (mit Kenneth Tynan), 7) *The Dominici Affair* (unvollendet). OW: „Die Machart ist wie Heimkino – wie private Ferienfilme..."

11. August 1955
Premiere *Mr. Arkadin* in London unter dem Titel *Confidential Report*.

15. September 1955
Othello-Filmpremiere in New York in leicht abgewandelter Fassung (siehe Anmerkungen zu Kap. 6).

Oktober 1955
OW kehrt in die USA zurück und stürzt sich auf seine Inszenierung von *König Lear*. Hofft wieder einmal, eine feste Spielstätte zu bekommen, wo er seine Pläne verwirklichen kann. Besonders *Volpone* von Ben Jonson, idealiter mit Jackie Gleason.

(Weitere Vorhaben: Neuinszenierung *Moby Dick – Rehearsed* und zeitgenössisch *Was ihr wollt*.) Da fünf britischen Schauspielern die Einreise verweigert wird, muß OW *Volpone* aufgeben und sich für *König Lear* eine amerikanische Besetzung suchen.

13. November 1955
Rebecca Judith Welles, OWs dritte Tochter, wird in New York geboren (von Paola Mori).

22. November 1955
Bürgermeister Robert Wagner begrüßt OW in der New York City Hall und verkündet OWs zukünftiges Engagement an das City Center.

25. November 1955
Gastauftritt OW in *Person to Person* (CBS-TV). Moderator: Edward R. Murrow. OW wird in seiner Suite im Sulgrave Hotel interviewt. Er stellt seine Frau vor und zeigt ein Photo von seiner 12 Tage alten Tochter, die nebenan schläft. (Siehe RM.)

1956
Out of Darkness (Continental Classroom,
CBS-TV News). Buch und Regie: Albert
Wasserman. Prod.: Irving Gitlin. Erzäh-
ler: OW.

8. Januar 1956
Artikel von OW in der *New York Times*:
„Tackling *King Lear*" – Wie ich *König
Lear* angepackt habe.

12. Januar – 29. Januar 1956
King Lear (New York City Center Theatre Company), nach WS bearbeitet von
OW. Regie: OW. Prod.: Jean Dalrymple
(für das City Center), MG, Henry Margolis. Prod.-Leiter: Emerson Crocker.
Musik und Cembalo: Marc Blitzstein. Mit
OW (Lear), Alvin Epstein (der Narr), GF
(Goneril), Sylvia Short (Regan), Viveca
Lindfors (Cordelia) u.a. Aufführungsdauer 140 Min., keine Pause.
    Während einer Voraufführung in der
Woche vor der Premiere bricht sich OW
einen Fußknöchel. Nach der Premiere,
die er humpelnd einigermaßen gut durch-
steht, verletzt er sich auf den Treppen zu
seiner Garderobe am anderen Bein den
Meniskus. Am Abend der zweiten Vorstellung – nach schlechten Kritiken – sitzt
OW bei leerer Bühne an einem Tisch und
bittet die 2800 Zuschauer, vom City
Center (arbeitet ohne Profit) nicht ihr
Eintrittsgeld zurückzuverlangen, sondern zu bleiben und seinen Ausführungen über das Drama zuzuhören, einigen
der wichtigsten Textstellen zu lauschen
und ihm Fragen zu stellen. Etwa Drei-
viertel der Zuschauer bleiben, und am
folgenden Abend nimmt OW die Aufführung des Stückes wieder auf und spielt
seine Rolle bis zum Ende des Engagements im Rollstuhl. Insgesamt 21 Vorstellungen.

Februar 1956
Zwei Gastauftritte in der „Ed Sullivan
Show" (CBS-TV).

März 1956
OW und seine Familie ziehen ins Riviera
Hotel in Las Vegas. Dort vierwöchiges
Engagement für 25-Minuten-Show: Ma-
gie und Rezitationen aus *Julius Caesar,
König Lear* und *Der Kaufmann von Vene-
dig*. Wird um zwei Wochen verlängert.

April 1956
Nach Jahren kehrt OW zum ersten Mal
nach Hollywood zurück und lebt dort
eine Weile.

7. April 1956
CBS-TV: *Ford Star Jubilee: Twentieth
Century*, von Robert Bruckner nach Ben
Hecht und Charles MacArthur. Regie:
Paul Nickell. Prod.: Arthur Schwartz.
Mit OW (Oscar Jaffe), Betty Grable (Lily
Garland), Keenan Wynn (O'Malley), RC
(Webb), Harry Shannon u.a.

8.–11. Mai 1956
Für Desilu Productions dreht OW einen
Pilotfilm für eine Serie von Halbstunden-
Shows (Regie, Prod., Buch, Moderation:
OW).
    Kein Sponsor oder Sender kauft die
Serie, der Pilotfilm wird erst am 16. Sep-
tember 1958 im Fernsehen gezeigt (Mitw.
s.u.).
    Kurze Zusammenarbeit mit Charles
Lederer, Drehbuch zu *Tip on a Dead
Jockey*, geplant bei MGM; tatsächlich
führt später Richard Thorpe Regie
(1957).

2. Juni 1956
Mr. Arkadin, Erstaufführung in Frankreich.

30. Juni 1956
Moby Dick (Moulin Productions/Warner Brothers). Regie/Prod.: John Huston. Buch: Ray Bradbury, Huston, Spielfilm nach Herman Melville. Besetzung: Gregory Peck (Kapitän Ahab), Richard Basehart (Ishmael), Leo Genn (Starbuck), OW (Pater Mapple) u. a.

August 1956
Ellery Queen's Mystery Magazine: „Diplomatic Crisis; or Fifi and the Chilean Truffle", eine Geschichte von OW.

15. Oktober 1956
I Love Lucy, CBS-Fernseh-Show: *Lucy Meets Orson Welles*. Regie: James V. Kern. Buch: Madelyn Martin, Bob Carroll, Bob Schiller, Bob Weiskopf. Mit Lucille Ball (Lucy), Desi Arnaz (Ricky), OW (als er selbst), Vivian Vance (Ethel Merth), William Frawley (Fred Mertz).

Mit den 55 000 Dollar, die er bei seinem Gaststar-Auftritt verdient, produziert OW einen weiteren halbstündigen TV-Pilotfilm, den ihm auch niemand abkauft: *Camille, the Naked Lady and the Musketeers* (*Orson Welles and People*/Orson Welles Enterprises). Regie, Prod., Buch, Ausstattung, Musik-Arrangements, Sprecher: OW. (Nach dem Leben von Alexandre Dumas, Länge: 27 Min.) (Siehe Kap. 8.) – Ebenfalls mit seinem eigenen Geld recherchiert und plant OW eine TV-Serie über Winston Churchill, die auch nie zustande kam.

Gegen Ende des Jahres spielt OW eine Rolle in dem Hollywoodfilm *Pay the Devil*, später umbenannt in *Man in the Shadow* (siehe 11. Jan. 1958); Auftritt in „The Herb Shriner Show" (CBS-TV).

25. Dezember 1956
OW schenkt seiner Tochter Rebecca zu Weihnachten ein selbstgemachtes Bilderbuch: *The Bravades*, über einen mittelalterlichen, französischen Festumzug. (Am 22. März 1990 wurde das Buch in den New Yorker Swann Galleries in einer Auktion verkauft.)

26. Dezember 1956
OW wird von der Universal für die Hauptrolle eines Thrillers angefragt. Charlton Heston schlägt vor, OW solle auch Regie führen. Zwei Wochen später wird der Vertrag abgeschlossen; binnen fünf Tagen schreibt OW in neues Drehbuch. (Der Film wird später *Touch of Evil* heißen; siehe Febr. 1958.)

1957
„The Scenario Crisis", Artikel von OW in *International Film Annual* No. 1.
The Fall of the City von Archibald MacLeish. Fernsehproduktion. Sprecher: OW.
CBS-TV: Kurzfassungen von *Der Kaufmann von Venedig*, *Macbeth* und *Othello*.

22. Januar 1957
Filmdrehbuch *Badge of Evil* abgeschlossen. Wird bearbeitet und zum Drehen freigegeben.

9. Februar 1957
Probenbeginn *Badge of Evil*.

18. Februar 1957
Badge of Evil (später *Touch of Evil*). Drehbeginn.

2. April 1957
Letzter Tag der Dreharbeiten *Touch of Evil*; in den folgenden zwei Monaten schneidet OW den Film, hauptsächlich mit Virgil Vogel.

6. Juni 1957
OW fliegt nach New York. Auftritt in Steve Allens Fernsehshow. Bei seiner Rückkehr ist ein neuer Cutter mit dem Filmschnitt beauftragt: Aaron Stell. OW wird gebeten, ihn allein arbeiten zu lassen.

29. Juni 1957
OW geht nach Mexiko, um *Don Quixote* zu drehen. Während OWs Abwesenheit begutachtet Ed Muhl (Studioboss) die von Stell geschnittene Fassung des Films *Touch of Evil* und protestiert gegen die schnellen Umschnitte in den ersten fünf Akten. Ernest Nims, der mit OW bei *The Stranger* zusammengearbeitet hat, wird engagiert, diese Akte neu zu montieren.

28. August 1957
OW kehrt aus Mexiko zurück und begutachtet die von Nim geschnittene Fassung von *Touch of Evil*. Reist wieder nach Mexiko und arbeitet dort im September und Oktober an *Don Quixote*.

19. November 1957
Ein Tag Nachaufnahmen für *Touch of Evil;* OW wird davon ausgeschlossen.

Dezember 1957
OW fliegt nach Chicago und nimmt an der Hochzeit seiner Tochter Christopher mit Norman R. De Haan teil.

1958
Man in the Shadow (Universal-International). Prod.: Albert Zugsmith. Regie: Jack Arnold. Buch: Gene L Coon. Mit Jeff Chandler (Ben Sadler), OW (Virgil Renchler), Colleen Miller (Skippy Renchler) u. a.
Anfang des Jahres kehrt OW mit seiner Familie nach Italien zurück und läßt sich in Fregene bei Rom nieder. Reist weiter

nach Paris, hat dort eine Rolle in dem Film *The Roots of Heaven* (s. Dez.-Eintrag).

Februar 1958
Touch of Evil (Universal-International). Regie: OW (und ungenannt Harry Keller). Prod.: Albert Zugsmith. Buch: OW nach dem Script von Paul Monash, nach dem Roman *Badge of Evil* von Whit Masterson. Kamera: Russell Metty. Kamera-Assist./Schwenker: John Russell, Phil Lathrop. Musik: Henry Mancini. Schnitt: Virgil Vogel, Aaron Stell, Edward Curtiss, Ernest Nims. Länge: 93 Min. (Eine Fassung mit 108 Min. ist Mitte der siebziger Jahre entdeckt und freigegeben worden.) Besetzung: Charlton Heston (Ramon Miguel „Mike" Vargas), Janet Leigh (Susan Vargas), OW (Hank Quinlan), Joseph Calleia (Pete Menzies), AT („Onkel Joe" Grandi), Valentin De Vargas („Pancho"), Joanna Moore (Marcia Linnekar), RC (D. A. Adair), Dennis Weaver (Motelangestellter), Mort Mills (Schwartz), Marlene Dietrich (Tanja), MM (Anführer der Gang), Joi Lansing (Zita), Harry Shannon, Billy House, Zsa Zsa Gabor, GS, JC u.a. Dies war OWs letzter Hollywood-Film.
Portrait of Gina, TV-Pilotfilm (ABC). Regie/Buch/Moder.: OW. Prod.: Leonard H. Goldenson. Mit Vittorio De Sica, Rossano Brazzi, Gina Lollobrigida, Anna Gruber, Paola Mori. Länge: 27 Min. Gedreht in Rom sowie bei Lazio und Subiaco. Heutiger Titel *Viva Italia*. Laut Goldenson und Marvin J. Wolf *Beating the Odds* hat OW 200000 Dollar für eine Serie mit dem Titel *Orson Welles at Large* erhalten, aber der ABC nur einen Akt 16-mm-Film abgeliefert. (Siehe Kap. 8.)
The Method (ABC-TV, London). Dokumentarfilm über das Actors Studio (Lee Strasberg), mit OW.

April 1958

The Long, Hot Summer (Jerry Wald Productions/20th Century-Fox). Regie: Martin Ritt. Prod.: Jerry Wald. Buch: Irving Ravetch, Harriet Frank, Jr., nach dem Roman *The Hamlet* von William Faulkner. Mit Paul Newman (Ben Quick), Joanne Woodward (Clara Varner), Anthony Franciosa (Jody Varner), OW (Will Varner), Angela Lansbury (Minnie) u. a. Außenaufnahmen teilweise in Louisiana.

6. April 1958

What's My Line? (CBS). OW Gast auf dem Podium.

20. Mai 1958

The Vikings (Bryna Productions/United Artists). Regie: Richard Fleischer. Sprecher: OW.

8. Juni 1958

Touch of Evil gewinnt auf der Weltausstellung in Brüssel den ersten Preis. OW gibt eine Pressekonferenz (siehe Kap. 8).

Juli 1958

South Seas Adventure (Stanley Warner). Film in Cinerama. Sprecher: OW.

12. Juli 1958

OW beteiligt sich an einer Debatte über Kunst und Politik zwischen Kenneth Tynan, Eugene Ionesco, Philip Toynbee und anderen im Londoner *Observer* (später übernommen in *Notes and Counter Notes/Notes et contrenotes/Argumente und Argumente* von Ionesco, 1964).

16. September 1958

The Fountain of Youth (Welles Enterprises/Desilu). Regie/Buch/Design/Musik-Arr.: OW, nach „Youth from Vienna"

von John Collier. Prod.-Leiter: Desi Arnaz. Kamera: Sidney Hickox. Art Dir.: Claudio Guzman. Schnitt: Bud Molin. Make-up: Maurice Seiderman. Fernsehsponsor: *The Colgate Palmolive Theatre* (NBC-TV). Mit OW (Moder./Erzähler), Dan Tobin (Humphrey Baxter), Joi Lansing (Carolyn Coates), Rick Jason (Alan Brody), Billy House (Albert Morgan), Nancy Kulp (Mrs. Morgan), Marjorie Bennett (Journalistin). Länge: 25 Min. 1956 gedreht als Pilotfilm, jetzt Gewinner des Peabody Award (Spezial).

Dezember 1958

The Roots of Heaven (20th Century-Fox/ Darryl F. Zanuck Productions). Regie: John Huston. Buch: Romain Gary, Patrick Leigh Fermor, nach dem Roman von Gary. Mit Errol Flynn (Forsythe), Juliette Greco (Minna), Trevor Howard (Morel), OW (Cy Sedgewick), Grégoire Aslan u. a.

1959

Von OW gesprochene Filmkommentare in diesem Jahr u. a.: *High Journey (Vu du ciel)* und *Masters of the Congo Jungle (Les Seigneurs de la forêt)*. Anfang des Jahres Reise nach Asien, dreht Hauptrolle *Ferry to Hong Kong* (mit Curd Jürgens, siehe Kap. 7).

März 1959

Artikel „Twilight in the Smog" in *Esquire* (Auszüge siehe Kap. 8).

April 1959

Compulsion (20th Century-Fox/Darryl F. Zanuck Productions). Regie: Richard Fleischer. Prod.: Richard D. Zanuck. Buch: Richard Murphy nach dem Roman von Meyer Levin. Mit OW (Jonathan Wilk), Diane Varsi (Ruth Evans), Dean

Stockwell (Judd Steiner), Bradford Dillman (Artie Straus) u. a.

Mai 1959
OW erhält gemeinsam mit seinen Kollegen Stockwell und Dillman aus *Compulsion* den Preis als bester männlicher Hauptdarsteller beim Filmfestival in Cannes.

August 1959
OW dreht zusätzliche Szenen für *Don Quixote* in Rom und Manziana.
David è Golia (David and Goliath). Regie: Richard Pottier, Fernando Baldi (und ungenannt OW). Mit OW (Saul), Ivo Payer (David), HE (Prophet Samuel) u. a.
OW führt bei seinen Szenen selbst Regie. Gedreht in Rom und an Originalschauplätzen in Jerusalem und Jugoslawien. Freigabe in USA 1961.
Ferry to Hong Kong (Rank Organization). Regie: Lewis Gilbert. Prod.: George Maynard. Buch: Vernon Harris, Lewis Gilbert, nach dem Roman von Simon Kent. Mit Curd Jürgens (Mark Conrad), OW (Kapitän Hart), Sylvia Syms (Liz Ferrers) u. a. Freigabe in USA im April 1961.
OW macht in diesem Jahr zwei Schallplatten: *A Lincoln Treasury* und *Compulsion.*

1960
OW spricht in diesem Jahr den Erzählkommentar zu *An Arabian Night* für ATV (in England) und spielt in drei weiteren Filmen mit:
Crack in the Mirror (20th Century-Fox/Darryl F. Zanuck Productions). Regie: Richard Fleischer. Buch: Mark Canfield (Pseudon. für Zanuck), nach Marcel Haedrich. Mit OW (Hagolin/Lamorciè-

re), Juliette Greco (Eponine/Florence), Bradford Dillman (Larnier/Claude) u. a. Freigabe in USA im Mai.
Austerlitz (Lyre / Galatea / Dubrava Films). Regie: Abel Gance. Prod.: Alexander und Michael Salkind. Buch: Gance, Nelly Kaplan. Kamera (Dyaliscope und Farbe): Henri Alekan, Robert Julliard. Mit Pierre Mondy (Napoleon), Martine Carol (Josephine), Claudia Cardinale (Pauline), Jean Mercure (Talleyrand), OW (Fulton), Leslie Caron, Vittorio De Sica, Rossano Brazzi u. a. In USA verspätete Freigabe nur auf Video.
Während der Dreharbeiten macht der Produzent Alexander Salkind den Vorschlag zu einem anderen Film mit OW; das wird dann der Film *The Trial*.
I Tartari (The Tartars) (Lux Films/ MGM). Regie: Richard Thorpe. Mit: OW (Burundai), Victor Mature (Oleg), Folco Lulli (Togrul) u. a. Freigabe in USA Juni 1962.
In dieser Zeit weitere Aufnahmen und Schnitt von *Don Quixote*. OW akzeptiert Auftrag von RAI-TV für Dokumentarfilm in Spanien. Hierdurch finanzielle Mittel für Fortsetzung der Arbeiten an *Don Quixote.* (Siehe Dez. 1964.)
Don Quixote (unvollendet). Regie: OW. Prod.: OW, Oscar Dancigers. Buch: OW, nach Miguel Cervantes. Erzähler: OW. Herstellungsleiter: Alessandro Tasca di Cuto. Kamera: Jack Draper. Kamera-Ass.: Giorgio Tonti, Ricardo Navarete. Regieassist.: Juan Luis Buñuel. Regieassist./Scriptgirl: Paola Mori, Mauro Bonanni, Maurizio Lucidi. Schnitt: Renzo Lucidi, Mauro Bonanni. Mit Francisco Reiguera (Don Quixote), AT (Sancho Pansa), OW (als er selbst), Patty McCormack (Dulcinea) u. a. Gedreht seit 1957 in Mexiko (Mexiko, Puebla, Tepozlan, Texcoco, Rio Frio), Spanien (Pam-

plona, Sevilla), Italien (Rom, Manziana, Civitavecchia) und anderswo.*

13. Februar 1960

Chimes at Midnight (Dublin Gate Theatre). Bearbeitung von OW nach fünf Dramen von WS: *Heinrich IV., Teil I und II, Heinrich V., Richard III.* und *Die lustigen Weiber von Windsor.* Regie: HE. Prod.-Ass.: Michael Lindsay-Hogg. Mit OW (Falstaff), Keith Baxter (Heinz), Reginald Jarman (König Heinrich IV.), Thelma Ruby (Frau Hurtig), HE (Erzähler) u. a. Premiere: Grand Opera House, Belfast. Fünf Vorstellungen.

20. Februar 1960

Die Inszenierung wechselt an das Gaiety Theatre in Dublin. Während das Stück dort (bis Ende März) auf dem Spielplan steht, präsentiert OW auch *An Evening with Orson Welles* am Gaiety (*Moby Dick – Rehearsed* und Fragen aus dem Publikum). HE und OW hatten gehofft, *Chimes at Midnight* auch in London spielen zu können, aber da der Mangel an Erfolg in Irland dies unwahrscheinlich machte, akzeptierte OW ein Angebot von Laurence Olivier, in London bei einem anderen Stück Regie zu führen.

28. April 1960

Rhinoceros (English Stage Company)

---

* Eine von Jesus Franco hergestellte Fassung des Films wurde zum ersten Mal auf der Expo '92 in Spanien gezeigt. Ein großer Teil des erhaltenen Materials, inklusive der 40 Minuten, die OW selbst geschnitten und synchronisiert hat, ist jetzt dauerhaft in der Filmoteca Española in Madrid untergebracht. Bei Drucklegung der Originalausgabe dieses Buches befand sich das restliche bearbeitete und unbearbeitete Material im Besitz von Mauro Bonanni in Rom.

von Eugene Ionesco, englisch von Derek Prouse. Regie/Bühne/Kostüme: OW. Prod.: Oscar Lewenstein, Wolf Mankowitz. Mit Monica Evans (Bessie/Die Hausfrau), Laurence Olivier (Berenger/Behringer), Duncan MacRae (John/Hans), Henry Woolf (Der Kolonialwarenhändler), Joan Plowright [später Maggie Smith] (Daisy/Die Kolonialwarenhändlerin), Alan Webb (Duddard) u. a. Premiere: Royal Court Theatre, London. OW verlegt die Handlung des Stücks nach England und integriert Filmaufnahmen von Nashörnern in die Inszenierung. Das Stück läuft fünf Wochen am Royal Court und wechselt dann zum Strand.

1961

Taras Bulba (nicht realisiertes Projekt). OW schreibt Drehbuch nach Gogol für die Produzenten Alexander und Michael Salkind (siehe Kap. 7).

OW verbringt die meiste Zeit des Jahres mit dem Schreiben des Drehbuchs und dem Entwurf der Kulissen für *The Trial.* Außerdem dreht er *Nella Terra di Don Chisciotte* (siehe Dez. 1964) und schneidet den Film in seinem Haus bei Rom.

11. Juni – 12. August 1961

Museum of Modern Art in New York: Erste Retrospektive mit Filmen von OW, organisiert von PB. (Gleichzeitig Monographie von PB: *The Cinema of Orson Welles*, im Verlag Doubleday.)

13. Oktober 1961

King of Kings (MGM). Regie: Nicholas Ray. Prod.: Samuel Bronston. Buch: Philip Yordan. Sprecher: OW (ungenannt).

29. November 1961

Orson Welles on the Art of Bullfighting

(*Tempo*, wöchentliche Sendereihe von ABC-TV). Regie/Buch/Sprecher: OW.

Lafayette (Copernic/Cosmos Productions). Regie: Jean Dréville, Prod. Maurice Jacquin. Buch: Jean-Bernard Luc, Suzanne Arduini u. a. Mit Jack Hawkins (General Cornwallis), OW (Benjamin Franklin), Vittorio De Sica (Bancroft), Edmund Purdom u. a. Gedreht in Frankreich, US-Freigabe 10. April 1963.

1962
OW schreibt Vorwort zu *Memories of a Bullfighter* von Conchita Cintrón.

OW spricht Kommentar zu *Rivers of the Ocean* (Der große Atlantik).

Später im Jahr tritt OW in *Monitor* auf (BBC-TV) und spricht über seinen Film *Der Prozeß*, der Ende des Jahres anläuft.

26. März 1962
Beginn der Dreharbeiten *Der Prozeß* im Studio de Boulogne, Paris. Außenaufnahmen folgen in Zagreb, Rom und Paris (in der Gare d'Orsay).

Während der Dreharbeiten in Zagreb lernt OW eine junge Bildhauerin, Schauspielerin, Fernsehmoderatorin und Schriftstellerin kennen: Olga Palinkas, die später (als Oja Kodar) seine Lebensgefährtin und Mitarbeiterin bei vielen Projekten wird; diese Verbindung hält bis an sein Lebensende.

5. Juni 1962
Ende der Dreharbeiten *Der Prozeß*. Die Arbeit am Schnitt dauert bis kurz vor der Premiere im Dezember in Paris.

12. Oktober 1962
Premiere *Mr. Arkadin* in New York (New Yorker Theatre). Gezeigt wird eine von PB 1961 in Hollywood wiedergefundene Fassung, die mehr OWs ursprünglichen

Intentionen entspricht und die Geschichte in Rückblenden erzählt.

28. November 1962
Broadway-Premiere von *Moby Dick – Rehearsed* (Ethel Barrymore Theatre). Regie: Douglas Campbell. Mit Rod Steiger.

21. Dezember 1962
The Trial (Paris-Europa Productions [Paris]/Hisa Films [München]/FI-C-IT [Rom]/Globus-Dubrava [Zagreb]). Regie: OW. Buch: OW, nach dem Roman von Franz Kafka. Prod.: Alexander und Michael Salkind. Kamera: Edmond Richard. Prolog in Bildern: Gestaltung der Dia-Vorlagen von Alexandre Alexeieff und Claire Parker. Musik: Jean Ledrut, *Adagio für Orgel und Streicher* von Tommaso Albinoni (und ungenannt Jazz von Martial Solal, Daniel Humair). Schnitt: Yvonne Martin, Fritz H. Müller. Weltpremiere: Vendôme, Paris. Aufführungsdauer: 120 Min. Erzähler: OW. Mit Anthony Perkins (Joseph K), JM (Fräulein Bürstner), OW (Hastler, der Advokat), Elsa Martinelli (Hilda), Romy Schneider (Leni), Suzanne Flon (Fräulein Pittl), Madeleine Robinson (Frau Grumbach), AT (Block), Arnoldo Foà (Kommissar), Fernand Ledoux (Vorgesetzter), William Chappell (Titorelli), Paola Mori (Bibliothekarin), Thomas Holtzmann u. a.

1963
ABC-TV: *Wide World of Entertainment*. Regie/Redaktion/Buch: Barry Shear. Mit OW, Michael Redgrave, Shirley Bassey, Douglas Fairbanks, Jr. u. a. Unterhaltungsshow (Farbe), gedreht in Paris.

Während OW die Arbeit an *Don Quixote* fortsetzt, denkt er über folgende andere Filmprojekte nach: *Verbrechen und Strafe* nach Dostojewski für Vater und Sohn Salkind; *King of Paris* nach Guy Endore (Roman über Alexandre Dumas), *Catch-22* nach Joseph Heller, *Julius Caesar*, zeitgenössisch, für das italienische Fernsehen, *König Lear* und *Die Schatzinsel*.

20. Februar 1963
Premiere *Der Prozeß* in New York.

September 1963
The VIP's (MGM). Regie: Anthony Asquith. Prod.: Anatole de Grunwald. Buch: Terence Rattigan. Mit Elizabeth Taylor (Frances Andros), Richard Burton (Paul Andros), Louis Jourdan (Marc Champselle), OW (Max Buda), Elsa Martinelli, Margaret Rutherford, Maggie Smith, Rod Taylor, Robert Coote u.a. Gedreht in London.

25. September 1963
Rogopag (Laviamoci il Cervello) – (Arco Film/Ceneriz/Lyre Film). Prod.: Alfredo Bini. Regie/Buch: Roberto Rossellini, Jean-Luc Godard, Pier Paolo Pasolini, Ugo Gregoretti. Besetzung der Pasolini-Episode *La Ricotta:* OW (Filmregisseur), Laura Betti (Star), Mario Cipriani (Stracci) u.a. Länge: 125 Min.

1964
Lord Jim (unrealisiertes Projekt). OW schreibt ein Drehbuch nach dem Roman von Joseph Conrad, kann den Film aber nicht machen, weil Columbia Pictures und Richard Brooks ihre Produktion des Stoffes für das nächste Jahr ankündigen.
Marco the Magnificent (La Fabuleuse Aventure de Marco Polo) – (ITTAC/SNC / Prodi Cinematografica / Avala Films). Regie: Denys de la Patellière, Noel Ho-ward. Prod.: Raoul Lévy. Buch: Jacques Rémy, J.-P. Rappeneau, Denys de la Patellière, Lévy (und ungenannt OW). Mit Horst Buchholz (Marco Polo), Grégoire Aslan (Achmed), Robert Hossein (Nayam), OW (Akerman), Elsa Martinelli, AT, Omar Sharif, Anthony Quinn. US-Freigabe September 1966.
The Finest Hours, November 1966 angelaufen. Erzähler: OW.

September 1964
Beginn der Dreharbeiten *Chimes at Midnight* in Spanien. Werden kurz vor Weihnachten fortgesetzt.

Dezember 1964
Nella Terra di Don Chisciotte (In the Land of Don Quixote) – (RAI-TV). Prod./Schnitt/Nachaufnahmen: OW. Prod.-Leiter: Alessandro Tasca di Cuto. Redaktion: Roberto Perpignani. Präsentiert von Enrico Ghezzi und Marco Melani. Ausgedehnte Fernsehserie, für das italienische Fernsehen in Spanien produziert. Ausgestrahlt zwischen Ende 1964 und Anfang 1965.

Februar 1965
Fortsetzung der Dreharbeiten *Chimes at Midnight* nach Verzögerung durch Erkrankung OW und Budgetprobleme. Gleichzeitig in Spanien Vorarbeiten für Verfilmung der *Schatzinsel*. OW schreibt das Drehbuch und spielt den John Silver unter der Regie von Jesus Franco; Jahre später wird der Film von John Hough beendet (siehe 12. Sept. 1973).

April 1965
Ende der Dreharbeiten *Chimes at Midnight*; den Rest des Jahres bis nach 1966 hinein verbringt OW mit dem Schnitt des Films in Paris.

OW schreibt Neufassung des Drehbuchs *Beware of the Greeks* aus dem Jahre 1950.

OWs Bühnenstück *Moby Dick – Rehearsed* erscheint im Verlag Samuel French (New York und London).

10. September 1965
Erstes *National Geographic Special* (CBS-TV): OW spricht den Kommentar zu *Americans on Everest*.

7. November 1965
The Profile of Orson Welles (*Tempo*, ABC-TV). Fernsehporträt. Regie: James Goddard. Ausstrahlung in England.

22. Dezember 1965
Miss Godall and the Wild Chimpanzees, Dokumentarfilm BBC-TV. Sprecher: OW.

1966
Artikel von OW „Il mio caro Falstaff" in *Cinema nuovo*, Mailand (siehe CV).
Bloopers from „Star Trek" and „Laugh-In" (NBC). Einer der Moderatoren: OW.

Mai 1966
Chimes at Midnight (International Films Escolano [Madrid]/Alpine [Basel]). Regie/Kostüme: OW. Buch: OW nach Auszügen aus *Heinrich IV., Teil I und II, Heinrich V., Richard III* und *Die lustigen Weiber von Windsor* von WS sowie Holinshed: *The Chronicles of England*. Prod.-Leiter: Alessandro Tasca di Cuto, Harry Saltzman. Prod.: Emiliano Piedra, Angel Escolano. Zweites Team: Jesus Franco. Regieass.: Tony Fuentes, Juan Cobos. Kamera: Edmond Richard. Schnitt: Fritz Müller. Musik: FL. Sprecher: Ralph Richardson. Spieldauer: 119 Min. Mit OW (Sir John Falstaff), Keith

Baxter (Prinz Heinz), John Gielgud (König Heinrich IV.), JM (Dortchen Lakenreißer), Margaret Rutherford (Frau Hurtig), Norman Rodway (Henry Percy, genannt Heißsporn), Marina Vlady (Kate Percy), Alan Webb (Richter Schaal), Walter Chiari (Stille), Fernando Rey (Worcester), Beatrice Welles (Page) u. a. Weltpremiere: Filmfestival Cannes. Gedreht in Avila, Barcelona, Schloß Cardona, Calatanazor (Dorf), Colmenas Viejo, Guipuzcoa, Madrid (einschl. des Parks Casa de Campo), Pedraza, Puerta de San Vincente, Soria Kathedrale, Spanien.

Juni 1966
Albert und David Maysles drehen einen achtminütigen Dokumentarfilm über OW in einer Madrider Stierkampfarena (später im französischen Fernsehen gezeigt). OW beschreibt einer Gruppe von Amerikanern einen Spielfilm, den er zu drehen beabsichtigt. Das wird später der Film *The Other Side of the Wind* sein, die Geschichte eines alternden amerikanischen Filmregisseurs, der ein „Macho" ist, und einer Gruppe stierkämpfender Freunde.

September 1966
In Paris und Madrid beginnen die Dreharbeiten zu *The Immortal Story*.
Die Bibel (Dino de Laurentiis/20th Century-Fox). Regie: John Huston. Buch: Christopher Fry (und ungenannt OW) [die Jakob- und Abraham-Sequenzen]). Kamera: Giuseppe Rotunno. Spieldauer: 174 Min. Mit George C. Scott (Abraham), Ava Gardner (Sarah), John Huston (Noah), Michael Parks, Richard Harris, Peter O'Toole, Franco Nero u. a. OW weigert sich, als Ko-Autor genannt werden, als der Schluß seiner Abraham-Sequenz geändert wird.

November 1966

Ende Dreharbeiten *The Immortal Story*. *Is Paris Burning?/Paris brûle-t-il?* (Marianne Transcontinental Films/Paramount-Seven Arts). Regie: René Clément. Prod.: Paul Graetz. Buch: Gore Vidal, Francis Ford Coppola, Marcel Moussy, nach dem Buch von Larry Collins und Dominique Lapierre. Spieldauer: 173 Min. Mit Jean-Paul Belmondo (Morandat), Charles Boyer (Monod), Leslie Caron (Françoise Labe), OW (Nordling), Kirk Douglas (Patton), Glenn Ford, Simone Signoret, Alain Delon u. a.

Dezember 1966

A Man for All Seasons (Highland/Columbia). Regie/Prod.: Fred Zinnemann. Buch: Robert Bolt nach seinem gleichn. Theaterstück. Mit Paul Scofield (Thomas More), Wendy Hiller (Alice More), Robert Shaw (König Heinrich VIII.), Leo McKern (Thomas Cromwell), OW (Kardinal Wolsey) u. a. Gedreht in England.

1967

Einen Teil dieses Jahres verbringt OW mit Dreharbeiten zu *The Deep* in Jugoslawien. Dieses Projekt wird allein von ihm und OK finanziert.

OW erneuert seine Pläne, einen zeitgenössischen *Julius Caesar* zu drehen, diesmal mit Christopher Plummer als Marcus Antonius, Paul Scofield als Brutus und ihm selbst als Caesar.

Einstündiges Fernseh-Special: OW als Moderator bei *Revenge of TV Bloopers*.

März 1967

OW wird von Kenneth Tynan im *Playboy* interviewt.

19. März 1967

Premiere *Chimes at Midnight* in New York. Geänderter Titel: *Falstaff*. Gemischte Kritiken.

14. April 1967

Casino Royale (Famous Artists/Columbia). Regie: Robert Parrish, Joe McGrath, John Huston, Ken Hughes, Val Guest. Prod.: Charles K. Feldman, Jerry Bresler. Buch: Wolf Mankowitz, John Law, Michael Sayers, nach Ian Fleming. Musik: Kurt Bacharach. Mit Peter Sellers (Evelyn Tremble/James Bond), Ursula Andress (Vesper Lynd/007), OW (Le Chiffre), David Niven, Joanna Pettet, Woody Allen, Deborah Kerr, John Huston u. a.

24. April 1967

The Sailor from Gibraltar (Woodfall Films). Regie: Tony Richardson. Prod.: Oscar Lewenstein, Neil Hartley. Buch: Christopher Isherwood, Don Magner, Richardson, nach Marguerite Duras. Mit JM (Anna), Vanessa Redgrave (Sheila), OW (Louis von Mozambique), Ian Bannen. John Hurt, Hugh Griffith u. a. Gedreht in England.

14. September 1967

The Dean Martin Show (NBC-TV). Regie/Prod.: Greg Garrison. Gäste: OW, James Stewart, Juliet Prowse. (OWs erster von vielen Auftritten in dieser aufgezeichneten Unterhaltungs-Show.)

1. Dezember 1967

OW spricht den Kommentar zu *Ten Days That Shook the World*/Zehn Tage, die die Welt erschütterten (NBC-TV) [Fünfzig Jahre Oktoberrevolution (A. d. Ü.)].

1968

Die meiste Zeit des Jahres verbringt OW in Europa mit Dreharbeiten für ein CBS-Fernseh-Special, zuerst betitelt *Around the World with Orson Welles*, dann *Orson's Bag* (Orsons Reisetasche). Außerdem Restaufnahmen zu *The Deep* und zwei kleine Drehbücher nach Edgar Allan Poe, vorgesehen für die Anthologie *Spirits of the Dead*.

25. Januar 1968
The Dean Martin Show (NBC-TV). Gäste: OW, Joey Heatherton. OW zeigt Zaubertrick und Monolog aus *Julius Caesar*.

April 1968
I'll Never Forget What's 'is Name (Scimitar). Regie/Prod.: Michael Winner. Buch: Peter Draper. Mit OW (Jonathan Lute), Oliver Reed (Andrew Quint), Carol White (Georgina), Harry Andrews, Michael Hordern, Marianne Faithfull u. a.

24. Mai 1968
The Immortal Story (ORTF/Albina Films). Regie: OW. Buch: OW, nach Isak Dinesen. Prod.: Micheline Rozan. Kamera (Eastman Color): Willy Kurant. Schnitt: Yolande Maurette, Marcelle Pluet, Françoise Garnault, Claude Farny. Musik: Klavierstücke von Erik Satie, gespielt von Aldo Ciccolini und Jean-Joel Barbier. Erzähler: OW. Mit OW (Mr. Charles Clay), JM (Virginie Ducrot), Roger Coggio (Elishama Levinsky), Norman Eshley (Paul, der Seefahrer), Fernando Rey (Kaufmann). In der französischen Fassung wird OW von Philippe Noiret synchronisiert.

Weltpremiere im französischen Fernsehen und gleichzeitig als Kinofilm in Frankreich unter dem Titel *Une Histoire immortelle*. Spieldauer: 58 Min. Ursprünglich geplant als Teil einer Anthologie nach Dinesen-Geschichten.

Juni 1968
Oedipus the King (Crossroad). Regie: Philip Saville. Prod.: Michael Luke. Buch: Philip Saville, Michael Luke nach der Sophokles-Übersetzung von Paul Roche. Mit Christopher Plummer (Oedipus), OW (Tiresias), Lilli Palmer (Jokaste) u.a. US-Freigabe Dezember 1968.

Orson Welles (ORTF). Regie/Prod.: François Reichenbach, Frédéric Rossif. Buch: MB. Sprecherin: JM. Dokumentarfilm für das franz. Fernsehen, Gewinner des Goldenen Bären bei seiner ersten Aufführung bei den Berliner Filmfestspielen.

8. September 1968
Around the World of Mike Todd (ABC-TV). Regie: Saul Swimmer. Einstündiger Dokumentarfilm. Sprecher: OW.

26. September 1968
The Dean Martin Show (NBC-TV). Gäste: OW, Edgar Bergen, Patricia Crowley, Jack Gilford.

5. Oktober 1968
The Jackie Gleason Show (CBS-TV). Gäste: OW, Milton Berle, Gene Kelly.

November – Dezember 1968
Beginnt mit PB, an diesem Buch zu arbeiten. Das dauert, mit Unterbrechungen, bis 1975.

19. Dezember 1968
Kampf um Rom/The Last Roman (CCC [West-Berlin]/Studioul Cinematographic [Bukarest]). Regie: Robert Siodmak. Buch: Ladislas Fodor, nach dem Roman von Felix Dahn. Mit Laurence Harvey (Cothegus), OW (Justinian), Sylvia Koscina (Theodora), Honor Blackman, Harriet Andersson u.a. Gedreht in Rumänien.

1969

In diesem Jahr Dreharbeiten und lange Phasen am Schneidetisch für *Orson's Bag* und *The Deep*, unterbrochen von Bühnenverpflichtungen.

Drehbücher aus dieser Zeit: *Soldier, Soldier*, Komödie über weibliche Piraten, für Pearl Bailey, Jane Fonda und OK; *No Flowers for a Duchess*, über einen mordenden Arzt auf einer einsamen Insel; *Con Man; Because of the Cats*, verfaßt mit OK in Rom, nach einer Geschichte von Nicholas Freeling.

OW spricht den Dokumentarfilm *Barbed Water* von Adrian J. Wensley-Walker; Koautor und Darsteller des Winston Churchill in dem jugoslawischen Film *Sutjeska*, Regie Stipe Delic.

OW spielt den General Cascorro in dem Film *Viva la Revolución (Tepepa)* (Filmamerica/SIAP/PEFSA). Regie: Guilio Petroni. Prod.: Alfredo Cuomo, Richard A. Herland, Nicolo Pomilia. Buch Franco Solinas, Ivan della Mea. Mit OW, Tomas Milian (Tepepa) u. a. Gedreht in Spanien.

The Begatting of the President. Satirische Schallplatte über Richard Nixon. Sprecher: OW. Prod.: Ben Brady, Alan Livingston. Buch: Myron Roberts, Lincoln Haynes, Sasha Gilien. Dieses Album mag der Grund für OWs Steuerprüfung gewesen sein. Text veröffentlicht bei Ballantine Books, New York.

9. Januar 1969

The Dean Martin Show (NBC-TV). Gäste: OW, Ben Blue, Nancy Ames.

März 1969

Spielfilm *House of Cards* (Westward). Regie: John Guillermin. Prod.: Dick Berg. Buch: Irving Ravetch, Harriet Frank, Jr., James P. Bonner, nach dem Roman von Stanley Ellin. Mit George Peppard (Reno), Inger Stevens (Anne), OW (Leschenhaut) u. a.

31. Mai 1969

Spielfilm *The Southern Star*/Stern des Südens (Euro-France/Capitole/Columbia). Regie: Sidney Hayers. Prod.: Roger Duchet. Buch: David Purcall, Jack Seddon, Paul André, nach Jules Verne. Mit George Segal (Dan Rockland), Ursula Andress (Erica Kramer), OW (Plankett) u. a. Gedreht im Senegal. (Laut CH2 hat OW bei den Anfangsszenen Regie geführt.)

21. Juli 1969

OW ist der Sprecher der CBS-Rundfunksendung *How Science Fiction Viewed the Moon*, Teil der Berichterstattung über die 1. Landung der Amerikaner auf dem Mond (Apollo-11-Mission). Am selben Tag wird OW in London von Mike Wallace dazu und zu seiner Mars-Sendung von 1938 live interviewt.

20. Oktober 1969

The Joey Bishop Show (ABC-TV). Interview mit Kartentricks und OW.

November 1969

12 + 1 (Una su tredici). (COFCI/CEF). Regie: Nicholas Gessner. Buch: Mino Guirrini, Marino Onorati (und ungenannt OW, der seine eigene Szene selbst geschrieben hat). Mit Vittorio Gassmann, Sharon Tate, Terry-Thomas, OW (Markan) u. a. Bearbeitung derselben Vorlage wie Mel Brooks *The Twelve Chairs*.

28. November 1969

The Battle of Neretva (Jadran/Bosna/ Eichberg/Commonwealth United). Regie: Veljko Bulajic. Buch: Stevo und Veljki Bulajic u. a. Musik: BH. Mit Yul Brynner (Vlado), Hardy Krüger (deutscher Captain), Franco Nero (italienischer Captain), OW (Tschetnik-Senator), Curd Jürgens (deutscher General) u. a.

18. Dezember 1969
The Dean Martin Show (NBC-TV). Gäste: OW, Gina Lollobrigida, George Gobel, Charles Nelson Reilly.

1970
Besondere Aktivitäten in diesem Jahr:
Sprecher einer BBC-Fernsehbearbeitung „To Build a Fire" von Jack London, Regie David Cobham.
Auftritte in *ABC Comedy Hour* und *A Horse Called Nijinsky* (englischer Dokumentarfilm).
Vertrag für Memoiren mit *McCall's* (siehe Dez. 1982).
Entwicklung des Filmprojekts *Midnight Plus One* für Jack Nicholson und Robert Mitchum.
Weitere Arbeiten an *Orson's Bag* in Italien (CBS-TV; *The Merchant of Venice*, nicht gesendet; vgl. Anm. zum 1. Kap. über OWs Dreharbeiten in Rom). Regie/Prod./Buch: OW. Prod.-Leiter: Alessandro Tasca di Cuto. Musik: FL. Kamera: Giorgio Tonti, Ivica Rajkovic, Tomislav Pinter. Schnitt: Fritz Müller, Mauro Bonanni. Mit OW (englische Clubherren/Shylock/andere), Mickey Rooney, Senta Berger, Arte Johnson, Charles Gray (Schneider/Antonio), Jonathon Lind (zweiter Schneider), Irina Maleva (Jessica), PB u. a. Spieldauer: 79 Min. Gedreht in Farbe an Originalschauplätzen in London, Wien, Trogir, Zagreb, Venedig, Rom, Ansolo und Los Angeles. (Letzten Endes stoppt die CBS das Projekt aus steuerlichen Gründen.)
The Deep (unvollendet). Regie/Prod.: OW. Buch: OW nach *Dead Calm* von

Charles Williams. Kamera (Farbe): Willy Kurant, Ivica Rajkovic. Mit Laurence Harvey (Hughie Warriner), JM (Ruth Warriner), OW (Russ Brewer), OK (Rae Ingram), Michael Bryant (John Ingram). Gedreht vor der dalmatinischen Küste, 1967–69. Arbeitstitel: *Dead Reckoning*.
Waterloo (Mosfilm/Dino De Laurentiis). Regie: Sergei Bondartschuk. Buch: H. A. L. Craig, Sergei Bondartschuk, Vittorio Bonicelli. Spieldauer: 132 Min. Mit Rod Steiger (Napoleon), Christopher Plummer (Herzog von Wellington), OW (Louis XVIII.), Dan O'Herlihy (Marschall Ney) u. a. Gedreht in Italien und Rußland.

22. Januar 1970
The Dean Martin Show (NBC-TV). Gäste: OW, Virna Lisi, Lou Rawls, Rocky Graziano.

Februar 1970
The Kremlin Letter/Der Brief an den Kreml (20th Century-Fox). Regie: John Huston. Prod.: Carter De Haven, Sam Wisenthal. Buch: Huston, Gladys Hill, nach dem Roman von Noel Behn. Mit Bibi Andersson (Erika), Richard Boone (Ward), OW (Aleksei Bresnavich) u. a.

7. Februar 1970
Start the Revolution Without Me (Tandem). Regie/Prod.: Bud Yorkin. Prod.-Leitung: Norman Lear. Buch: Fred Freeman, Lawrence J. Cohen. Mit Gene Wilder (Claude/Philippe), Donald Sutherland (Charles/Pierre). Hugh Griffith (König Louis XVI.), OW (Geschichtenerzähler), Jack MacGowran, Billie Whitelaw u. a.

14. Mai 1970
The Dick Cavett Show (ABC-TV). Gäste: OW, Jack Lemmon.

Juni 1970

Catch-22 (Filmways/Paramount). Regie: Mike Nichols. Prod.: John Calley, Martin Ransohoff. Buch: Buck Henry nach Joseph Heller. Mit Alan Arkin (Captain Yossarian), Art Garfunkel (Captain Nately), OW (General Dreedle), Bob Newhart, Anthony Perkins, Paula Prentiss, Martin Balsam, Richard Benjamin u. a.

4. Juni 1970

The David Frost Show (Group W). Gast: OW. Ein 90-Minuten-Interview.

8. Juni 1970

The David Frost Show (Group W). Gastmoderator: OW. Gäste: Norman Mailer, Duke Ellington, Elly Stone.

9. Juni 1970

The David Frost Show (Group W). Gastmoderator: OW. Gäste: Louis Armstrong, Teilnehmer eines New Yorker „Teach-in" über Probleme der Stadt.

10. Juni 1970

The David Frost Show (Group W). Gastmoderator: OW. Gäste: Darryl F. Zanuck, Tiny Tim.

Kurz nach den Dreharbeiten zu *Catch-22* lernt OW den Kameramann Gary Graver kennen, der von nun an in allen möglichen Funktionen bei OWs Filmprojekten mitarbeitet.

27. Juli 1970

The Dick Cavett Show (ABC-TV). Gast: OW.

August 1970

Während seiner Abwesenheit bricht in OWs Haus in Spanien ein Feuer aus, das einen großen Teil seiner persönlichen Habe sowie Drehbücher, Korrespondenzen und Filme zerstört.

17. August 1970

Mit GG macht OW erste Testaufnahmen für *The Other Side of the Wind* in Los Angeles. Die Dreharbeiten beginnen etwa am 30. August.

28. August 1970

Upon This Rock (Marstan/American Continental). Regie/Buch.: Harry Rasky. Prod.: Stanley Abrams. Kamera: Aldo Tonti. Spieldauer: 90 Min. Mit OW (Michelangelo), Ralph Richardson (Fremdenführer), Dirk Bogarde, Edith Evans. Dokumentarfilm über den Petersdom, ursprünglich als Fernsehfilm konzipiert.

31. August 1970

Mit GG dreht OW sechs halbstündige Videos für Sears & Roebuck. Im Programm: Rezitationen *The Happy Prince*, Geschichten von Chesterton und Wodehouse, Reden von Sokrates und Clarence Darrow.

September 1970

Fortsetzung der Arbeiten (Drehen und Schneiden) an *The Other Side of the Wind*, bis nach Weihnachten.

14. September 1970

The Dick Cavett Show (ABC-TV). Gast: OW.

17. September 1970

The Dean Martin Show (NBV-TV). Gäste: OW, Petula Clark, Joey Bishop.

16. Oktober 1970

The Enemy Before Us (*The Name of the Game*, NBC-TV). Regie/Prod.: Barry Shear. Buch: Joseph Cavelli. Länge: 75

Min. Mit Tony Franciosa (Jeff Dillon), Susan Saint James (Peggy Maxwell), OW (spricht den Text von Thomas Wolfe), Katina Paxinou (Filomena Coria) u. a.

26. Oktober 1970
Rowan & Martin's Laugh-In (NBC-TV). Prod.: George Schlatter, Ed Friendly. Gast: OW.

November 1970
Is It Always Right to Be Right? – gesprochen von OW. Oscar-Nominierung als bester Zeichentrickfilm.

3. November 1970
„But Where Are We Going" – Artikel von OW in *Look*.

1971
Fortsetzung der Arbeiten an *The Other Side of the Wind* mit GG während der ersten vier Monate des Jahres, in Carefree, Arizona, später in Beverly Hills.
La Décade prodigieuse/Der zehnte Tag (Films La Boétie). Regie: Claude Chabrol. Prod.: André Génovès. Buch: Paul Gégauff, Paul Gardner, Eugene Archer, nach dem Roman von Ellery Queen. Mit Marlène Jobert (Helene), Anthony Perkins (Charles), OW (Theo), Michel Piccoli (Paul) u. a.
Während der Arbeiten an diesem Film dreht OW mit GG in Straßburg ein 16-mm-Solo-Stück (30 Min.), in welchem er die *Moby Dick*-Geschichte erzählt.
Zu folgenden Filmen hat OW in diesem Jahr die Kommentare gesprochen: *Secreta of the African Baobab, Kelly Country, Sentinels of Silence* (Oscar-Gewinner für den besten *live-action* Kurzfilm), *Happiness in Twenty Years (Prague 48–68), National Geographic* (NBC-TV, gesendet am 9. Oktober), *Silent Snow, Secret Snow*

(*Night Gallery*, NBC-TV, 20. Oktober) und *Freedom River* (20. Dezember).

14. Januar 1971
The Dean Martin Show (NBC-TV). Gäste: OW, Charles Nelson Reilly, Don Rice.

26. Januar 1971
ABC Comedy Hour (ITV/ABC-TV). Regie: Dwight Hemion. Gastmoderator: OW (mit Ron Moody).

11. März 1971
The Dean Martin Show (NBC-TV). Gäste: OW, Petula Clark, Norm Crosby, Leonard Barr, Eubie Blake.

Mai 1971
Malpertuis (SOFIDOC) [Brüssel]/Artemis [Berlin]/Société Expansion du Spectacle [Paris]). Regie: Harry Kümel. Buch: Jean Ferry, nach einem Roman von Jean Ray. Mit Susan Hampshire, Mathieu Carrière, Jean-Pierre Cassel, OW (Onkel Cassavius) u. a. Ein belgischer Film mit surrealistischen Einschlägen.

3. Mai 1971
Rowan & Martin's Laugh-In (NBC-TV). Gäste: OW u. a.

5. Juli 1971
The Tonight Show (NBC-TV). Gastmoderator: OW.

6. Juli 1971
The Silent Years/Stummfilmretrospektive (PBS). Prod.: Ricki Franklin. Moderator: OW. An 12 Dienstagen laufende Sendereihe von Stummfilmklassikern, zu denen OW jeweils eine Einführung spricht (in London aufgenommen mit GG): *Goldrausch, Son of the Sheik, Intolerance, Im*

Zeichen des Zorro, Der General, Beloved Rogue, The Extra Girl, Der Dieb von Bagdad, Zwei Waisen im Sturm, Sally vom Jahrmarkt, Der König der Toreros und *Der Glöckner von Notre-Dame.*

15. September 1971
Directed by John Ford/Über Filme des Regisseurs John Ford (California Arts Commission/AFI). Regie/Buch/Interviewer: PB. Prod.: George Stevens, Jr., James R. Silke. Prod.-Leiter: David Shepard. Sprecher: OW. Länge: 90 Min.

Oktober 1971
A Safe Place (BBS/Columbia). Regie/Buch: Henry Jaglom. Prod.-Leiter: Bert Schneider. Mit Tuesday Weld (Noah), OW (Zauberer), Jack Nicholson, Gwen Welles u. a.

17. November 1971
Offener Brief von OW über das *Kane*-Drehbuch in der *London Times.*

Etwa zu dieser Zeit verfaßt OW zusammen mit OK sein Drehbuch *Surinam* für die Directors Company (nach dem Roman „Sieg" von Joseph Conrad), mit Rollen für Ryan O'Neal, PB, OK und OW.

Weitere Filmprojekte in dieser Zeit sind u. a. ein Spielfilm über die Schriftsteller Dumas (entwickelt mit OK; mit PB als junger Dumas und PW als Dumas père).

Ein neuer Titel für den *Quixote*-Film wird gefunden: *When Are You Going to Finish Don Quixote?*/Wann glauben Sie, Ihren Film Don Quixote beenden zu können? (Siehe 3. Kapitel.) OW beginnt, seine Konzeption des Films zu ändern, um ihn in einen Filmessay über das heutige Spanien einzubauen.

1972
In diesem Jahr beginnt OW die Arbeit an einem Filmessay, der letzten Endes den Titel *F for Fake* erhalten wird.

Von OW gesprochene Filme sind: *The Crucifixion* (TV), *To Kill a Stranger* (Regie: Peter Collinson), *Salvador Dali par Jean Christophe Averty, The Last of the Wild Mustangs* (ABC-TV).

Necromancy (The Witching) (Zenith International). Regie/Prod./Buch: Bert I. Gordon. Mit OW (Mr. Cato), Pamela Franklin (Lorie), Harvey Jason (Jay) u. a.

22. April 1972
Marty Feldman Comedy Machine (ABC-TV). Gast: OW.

14. Juni 1972
Get to Know Your Rabbit (Warner Brothers). Regie: Brian De Palma. Buch: Jordan Crittenden. Mit Tom Smothers (Donald Beeman) John Astin (Mr. Turnbull), OW (Mr. Delassandro) u. a.

15. September 1972
Future Shock (ABC-TV). Regie/Prod.: Alex Grasshoff. Buch: Ken Rosen. Gastgeber u. Sprecher: OW. Länge: 60 Min.

29. November 1972
The Man Who Came to Dinner (Hallmark Hall of Fame, NBC-TV). Nach George S. Kaufman und Moss Hart. Regie: Buzz Kulik. Mit OW (Sheridan Whiteside), Lee Remick, Don Knotts, Mary Wickes u. a.

Gegen Ende des Jahres machen OW und OK aus der Geschichte „Crazy Weather" von OK ein Drehbuch. Außerdem Vorarbeiten zu einer Bearbeitung von *Saint Jack* von Paul Theroux (Jahre später von PB verwirklicht).

1973
F for Fake/F wie Fälschung (SACI [Te-

heran]/Les Films de l'Astrophore [Paris]/ Janus Film und Fernsehen [Frankfurt]). Präsentiert von François Reichenbach. Regie: OW. Prod.: Dominique Antoine. Prod.-Leiter: Richard Drewett. Buch: OW, OK. Kamera: Christian Odasso (Frankreich und Ibiza), GG (USA und Toussaint). Musik: Michel Legrand. Ton: GG u.a. Kostüme/Requisiten: OK. Schnitt: Marie-Sophie Dubus, Dominique Engerer. Mit OW, OK, Elmyr de Hory, Clifford Irving, Edith Irving, François Reichenbach, JC, Richard Drewett, Laurence Harvey, Jean-Pierre Aumont, Nina Van Pallandt, RW, PS, Howard Hughes, den Stimmen von PB und WA u.a.

Dieser facettenreiche Film, in den Ausschnitte aus einer BBC-Dokumentation von François Reichenbach über Elmyr de Hory eingearbeitet sind, hat noch etliche andere Titel: *Hoax, ?, Fake* und, französisch *Vérités et mensonges*. Der Film wird im Frühherbst fertig, es dauert aber noch ein Jahr, ehe er endlich aufgeführt wird (siehe Sept. 1974).

Laut Dominique Villain, die den Cutter des Films interviewt hat, dauerte der Schnitt etwa ein Jahr, bei sieben Tagen Arbeit die Woche (abgesehen von der Zeit, die Legrand für seine Filmmusik benötigte), und es wurden drei Schneideräume gleichzeitig benutzt.

Januar 1973
Power and Corruption (The Learning Corporation of America). OW moderiert und spricht einen 34-Minuten-Lehrfilm über *Macbeth* von WS.

Juni 1973
Aufnahmen zu *The Other Side of the Wind* mit GG in Frankreich (Orvilliers und Paris), bis Mitte September.

12. September 1973
Orson Welles' Great Mysteries (von mehreren Sendern übernommen). Moderator: OW. In England produzierte Fernsehserie von 26 halbstündigen Folgen. Im Juli hatte GG kurze Einführungs-Clips mit OW gedreht. Serie läuft bis Ende 1974.

GG dreht Aufnahmen mit dem Zweiten Team für *Don Quixote* in Spanien.

Treasure Island/Die Schatzinsel (National General Pictures). Regie: John Hough. Prod.: Harry Alan Towers. Buch: Wolf Mankowitz, O. W. Jeeves [OW], nach Robert Louis Stevenson. Mit Kim Burfield (Jim Hawkins), Walter Slezak, OW (Long John Silver), Lionel Stander u.a. (Siehe auch Febr. 1965.)

1974
The Other Side of the Wind, drei Monate Dreharbeiten in Carefree. John Huston, nachträglich als Hauptdarsteller besetzt, kommt für die letzten sechs Wochen dazu. PB, Ersatz für Rich Little als Brooks Otterlake, ist ebenfalls häufig anwesend.

21. Juli 1974
In einem Pariser Hotel beginnen OW und GG mit den Aufnahmen zu *Filming „Othello"* mit HE und MM. Kurz danach weitere Arbeiten an *The Other Side of the Wind* in Orvilliers, einschließlich der Rückpro-Aufnahme für eine Auto-Szene im Regen.

Une Légende, une vie: Citizen Welles/ Eine Legende, ein Leben, Citizen Welles, 90-Minuten-Dokumentarfilm von Monique Lefebvre und Claude-Jean Philippe, Sendung im Zweiten Fernsehprogramm in Frankreich.

September 1974
F for Fake läuft an auf Filmfestivals in San Sebastian und in New York.

November–Dezember 1974
OW schneidet in Paris und Rom seinen Film *The Other Side of the Wind*.

1975
In diesem Jahr moderiert und spricht OW folgende Filme: *Challenge of Greatness* (auch *The Challenge*, Regie: Herbert Kline), *Bugs Bunny Superstar*, *Magnificent Monsters of the Deep* (*Survival* [Anglia/NBC]) und *The World Was Watching* (WMAQ-TV, 3. Okt.). Er spricht den Kommentar zu dem Film *The Other Side of the Mountain* (Regie: Larry Peerce) und *Ten Little Indians* (Regie: Peter Collinson).

9. Januar 1975
Rikki-Tikki-Tavi (Chuck Jones Enterprises/ABC-TV). Regie/Prod./Buch: Chuck Jones. OW spricht in diesem Zeichentrickfilm nach dem *Dschungelbuch* von Rudyard Kipling den Titelhelden.

9. Februar 1975
Zum dritten Mal erhält OW in Hollywood vom American Film Institute den Life Achievement Award. Er zeigt zwei Ausschnitte aus *The Other Side of the Wind*. Die 90-minütige Feier wird im Rundfunk (CBS) übertragen, OWs Rede erscheint in *Films in Review* im Mai 1975.

Danach setzt OW seine Arbeit an *The Other Side of the Wind* in PBs Haus in Los Angeles fort (Party-Sequenzen). Bis Mitte Mai.

8. April 1975
Tomorrow (NBC-TV). Moderator: Tom Snyder. Gast: OW. Wiederholung 1. Mai.

Mai 1975
OW zieht nach Beverly Hills um. Dreharbeiten *The Other Side of the Wind* bis in den Juni hinein. Juli und August verbringt OW in Europa, im Herbst setzt er den Schnitt seines Films fort.

Januar 1976
Ende der Dreharbeiten und fast vollständige Montage von *The Other Side of the Wind* (SACI [Teheran]/Les Films de l'Astrophore [Paris]). Regie: OW. Prod.: Dominique Antoine. Buch: OW, OK. Prod.-Manager: Frank Marshall, Larry Jackson.

Prod.-Leiter: Neil Canton. Kamera: GG. Mit John Huston (Jake Hannaford), PB (Brooks Otterlake), Lilli Palmer (Zarah Valeska), Susan Strasberg (Juliette Rich), OK (Schauspielerin), Bob Random (John Dale), Howard Grossman (Charles Higham), Joseph McBride (Mr. Pister), Tonio Stellwart (Baron), Cathy Lucas (Marvis Hensher), Norman Forster (Billy), Dan Tobin (Lehrer), Edmond O'Brien (Pat), Cameron Mitchell (Matt), MEM (Maggie), Gene Clark (Vorführer), Curtis Harrington, Henry Jaglom, Paul Mazursky, PS, RW, Benny Rubin, John Carroll, Dennis Hopper, Claude Chabrol, Stéphane Audran, GG u. a. Gedreht in Los Angeles; Flagstaff und Carefree (Arizona); Paris und Orvilliers (Frankreich), in den Jahren 1970–1976.

26. Januar 1976
The Tonight Show (NBC-TV): Auftritt OW. Weitere Daten sind der 3. und 25. März, 9. April, 7. Mai, 16. Juli, 23. September, 27. Oktober, 2. und 30. Dezember 1976.

Juni 1976
OW fliegt nach Atlanta und beginnt Dreharbeiten zu *The Magic Show*. Darsteller: Abb Dickson und OK (auch Regieass.). Kamera: GG.

21. November 1976
Jubiläumssendung zum fünfzigjährigen Bestehen der NBC: *NBC – The First Fifty Years* (NBC-TV). Regie: Greg Garrison. Moderator: OW. Länge: 150 Min.

Dezember 1976
Voyage of the Damned (Associated General). Regie: Stuart Rosenberg. Prod.: Robert Fryer. Buch: Steve Shagan, David Butler, nach einem Buch von Gordon Thomas und Max Morgan-Witts. Mit Faye Dunaway, Max von Sydow, Oskar Werner, Malcolm McDowell, James Mason, OW (Raoul Estedes) u. a. Ursprüngl. Spieldauer: 158 Min.

1977
Great American Documents mit OW, Henry Fonda, Helen Hayes und James Earl Jones kommt bei der CBS heraus und gewinnt einen Grammy für das Beste Gesprochene Wort.

OW spricht den Kommentar zu *The World of Franklin and Jefferson, Tut: The Boy King*, den Trickfilm von Larry Jordan *The Rime of the Ancient Mariner, The Late, Great Planet Earth* und *The Greatest Battle*.

Unter den Drehbüchern von OW aus dieser Zeit sind *The Other Man* (mit OK, nach Graham Greenes Roman *The Honorary Consul*) *Dead Giveaway* (eine Bearbeitung des Romans *A Hell of a Woman* von Jim Thompson, zusammen mit OK und GG) sowie *The Assassin* (Bearbeitung des Buches von Donald Freed über Sirhan Sirhan, zusammen mit OK).

7. Januar 1977
Bei der Premiere des Films *F for Fake* in Boston zeigt OW auch seinen Film *Othello*, und GG zeichnet die anschließende Diskussion mit dem Publikum auf, um sie später in *Filming „Othello"* zu verwenden.

28. Januar 1977
The ABC Comedy Hour. Gäste: OW, Frank Gorshin, Rich Little.

3. Februar 1977
The Tonight Show (NBC-TV) mit OW.

1. April 1977
The Merv Griffin Show (Metromedia). Der größte Teil der 90-minütigen Sendung ist einem Gespräch mit OW gewidmet.

13. April 1977
The Tonight Show (NBC-TV) mit OW.

Juli–August 1977
Dreharbeiten für *The Magic Show* – meistens an Wochenenden.

27. August 1977
Am heutigen Tage und am 8. September dreht OW in seinem Haus in der Nähe von Beverly Glen die Szenen am Schneidetisch für *Filming „Othello"*.

11. Dezember 1977
It Happened One Christmas (ABC-TV/ Daisy Productions/Universal Television). Regie: Donald Wyre. Buch: Lionel Chetwynd nach der Geschichte „The Greatest Gift" von Ph. Van Doren Stern. Kamera: Conrad Hall. Mit Marlo Thomas (Mary Bailey Hatch), Wayne Rogers (George Hatch), OW (Henry F. Potter), Cloris Leachman (Clara) u. a. Länge: 150 Min. Ein für das Fernsehen gedrehtes Remake von *It's a Wonderful Life* mit einem Geschlechterwechsel in der Hauptrolle.

1978
In diesem Jahr schreibt OW das Bühnen-

stück *Da Capo*, das auf zwei Geschichten von Isak Dinesen basiert und später in *The Dreamers* umbenannt wird.

12. Januar 1978
Wiederaufnahme der Dreharbeiten zu *The Magic Show*; ziehen sich mit Unterbrechungen den ganzen März und Juni hin.

18. März 1978
Mysterious Castles of Clay (NBC-TV). Sprecher: OW.

19. Mai 1978
The Merv Griffin Show mit OW und GG.

9.–12. Juni 1978
In Sedona, Arizona, dreht OW Gespräche mit Roger und Hortense Hill für ein schon lange von ihm geplantes Selbstporträt *Orson Welles Solo* (Kamera: GG). Andere Teile (einschl. eines gekürzten *Julius Caesar*, ohne Brutus, in dem OW alle Rollen spielt, und einer Erzählung von Isak Dinesen, die er später mit Video-Kameramann Frank Beacham auf Betacam aufnimmt) werden von ihm zwar geschrieben, aber nie gedreht.

August 1978
Dreharbeiten zu *The Magic Show* im Ivar Theatre, Lustspielhaus in Hollywood.

7. September 1978
OW dreht mit GG einen 90-minütigen Pilotfilm für eine Talk-Show. Gäste: Burt Reynolds und später (1. Okt.) Angie Dickinson, die Muppets, Lynn Redgrave und Patrick Terrail. Wie alle früheren, kann OW auch diese Reihe nicht verkaufen.

November 1978
„Working with Welles" – eine Hommage des American Film Institute an OW in der Directors Guild in Hollywood. Außer OW sind als Gäste anwesend: Roger Hill, Dan O'Herlihy, Kenneth Tynan, Norman Lloyd und John Berry.

11.–12. Dezember 1978
A Woman Called Moses (NBC-TV/Henry Jaffe Enterprises). Regie: Paul Wendkos. Buch: Lonne Elder III., nach einem Roman von Marcy Heidish. Sprecher: OW. Mit Cicely Tyson, Will Greer, Robert Hooks u. a.

1979
In diesem Jahr überarbeitet OW noch einmal *Filming „Othello"*. Regie/Buch/Moder.: OW. Prod.: Klaus und Jürgen Hellwig. Kamera (Farbe und 16 mm): GG. Musik: FL, Alberto Barbaris. Schnitt: Marty Roth. Mit OW, HE, MM. Länge: 84 Min. Hergestellt für das Westdeutsche Fernsehen. (Der Film lief unter dem Titel *Erinnerungen an Othello* am 10. 7. 1978 im Ersten Deutschen Fernsehen/ARD. A. d. Ü.) Außerdem:
Never Trust an Honest Thief. Regie: George McCowan. Mit OW (Sheriff Paisley), Michael Murphy (Jason) u. a. Wurde nie vermarktet. (Siehe FB.)
The Muppet Movie. Regie: James Frawley. Gaststar: OW (Lew Lord).
The Eleven Powers. Sprecher: OW.
The Double McGuffin. Regie: Joe Camp. Mit Ernest Borgnine, George Kennedy, Elke Sommer u. a. OW erscheint am Anfang und erläutert den Titel des Films.
Blood and Guns. Mit OW u. a.

18. Februar 1979
Artikel von OW in der *Los Angeles Times*: „Jean Renoir: ‚The Greatest of All Directors'" (ein Nachruf).

31. August 1979
The Merv Griffin Show. Gast: OW.

1980
The Orson Welles Story (Arena, BBC-TV). Leslie Megahey, Alan Yentob. Sprecher: Leslie Megahey. Mit OW, PB, Charlton Heston, John Huston, JM, Anthony Perkins, Robert Wise u. a. Länge: 210 Min.

Das längste und (in vieler Hinsicht) beste aller Fernsehinterviews mit OW; aufgezeichnet in Las Vegas; Schwerpunkt: die Filme von OW. Zehn Jahre danach wird eine um eine Stunde gekürzte Fassung (am 5. Februar 1990) auf dem Kabelkanal TNT in Amerika gesendet. Neuer Titel: *With Orson Welles: Stories from a Life in Film.*

Tajna Nikole Tesle (Das Geheimnis von Nikola Tesla). Regie: Krsto Papic. Buch: Papic, Ivo Bresan, Ivan Kusan, John Hughes, John English (und ungenannt OW). Mit Peta Bozovic (Tesla), OW (J. P. Morgan), Strother Martin (George Westinghouse), OK u. a.

The Shah of Iran. Sprecher: OW.

26. August 1980
OW beginnt in seinem Haus in Hollywood mit Dreharbeiten zu *The Dreamers* (siehe Eintrag 1978). Farbfilm. OK als Pellegrina, OW als Marcus Kleek; Kamera: GG.

Weitere Aufnahmen folgen im September und Oktober.

1981
In diesem Jahr spricht OW den Kommentar zu folgenden Filmen: *Real Heroes,* Kurzfilm für den Öffentlichen Dienst, *Greatest Adventure* (PBS-TV, 8. März), *Genocide, The Greenstone* und *History of the World, Part I* von Mel Brooks.

Butterfly. Regie: Matt Cimber. Mit Stacy Keach, Pia Zadora, OW (Richter Rauch), Ed McMahon u. a.

circa März 1981
Der Regisseur Henry Jaglom drängt OW, gemeinsam mit OK ein Originaldrehbuch zu schreiben: *The Big Brass Ring.* Nach anderthalb Jahren findet Jaglom einen Produzenten, Arnon Milchan, der ein Budget von acht Millionen Dollar bereitstellen will, falls ein zugkräftiger Star für die Hauptrolle gefunden werden kann. Aber alle sechs Schauspieler, an die man herantrat, haben die Rolle abgelehnt. (Siehe 22. Juni 1982.)

26. April 1981
Weitere Aufnahmen für *The Dreamers,* danach dann Schneiden und Synchronisieren.

14. Juli 1981
The Merv Griffin Show. Mit OW und Pia Zadora.

14. November 1981
OW diskutiert *The Trial* mit einem Publikum der University of Southern California. GG dreht diese Diskussion für einen möglichen Film mit dem Titel *Filming „The Trial".*

18. Dezember 1981
Zehn Tage Wiederaufnahme der Dreharbeiten *The Dreamers* und *The Magic Show.*

16. April 1981
J. Digger Doyle (Magnum, P. I., CBS-TV). OW ist die Stimme von Robin Masters in dieser Reihe von einstündigen Kriminalfilmen (siehe auch 25. Februar 1982, 10. Februar und 7. April 1983).

1982

The Muppets Take Manhattan. Regie: Frank Oz. Gaststar: OW.

    Donovan's Brain (siehe 18. und 25. Mai 1944) erscheint auf Schallplatte und gewinnt einen Grammy für das Beste Gesprochene Wort.

    OW spricht *Slapstick (of Another Kind).*

    The Films of Burt Reynolds von Nancy Streebeck, Einleitung von OW.

Januar 1982

Magic with the Stars (NBC-TV). Ko-Moderator: OW.

23. Februar 1982

OW bekommt in Paris den französischen Orden *Légion d'Honneur.*

24. Februar 1982

Cinémathèque Française: Vortrag von OW und Diskussion mit franz. Filmstudenten. Einstündiger Dokumentarfilm über dieses Ereignis: *Orson Welles à la Cinémathèque* von Pierre-André Boutang.

8. März 1982

Night of 100 Stars (ABC-TV). OW ist einer der Moderatoren dieser Benefizveranstaltung zugunsten von Altersheimen für alte Schauspieler. Aufzeichnung aus der Radio City Music Hall.

12. April 1982

Barischnikow in Hollywood (CBS). Moderator: OW.

12. Juni 1982

Rede OW auf massiver Anti-Atom-Demonstration im Central Park New York. (Aufzeichnung in Dokumentarfilm *In Our Hands*, 1984.)

22. Juni 1982

The Big Brass Ring (siehe März 1981). OW vervollständigt seinen letzten Drehbuchentwurf. (Veröffentl. 1987 Santa Teresa Press in Santa Barbara.)

August 1982

The Dreamers, weitere Dreharbeiten im August und am 1. September.

Dezember 1982

OW schreibt einen Beitrag für eine Weihnachts-Sonderausgabe von *Vogue* über Georges Méliès.

1983

Shogun (ABC-TV). Regie: Jerry London. In seinem Erzählkommentar erläutert OW die japanischen Dialoge. Außerdem spricht er die Texte zur kanadischen Fernsehserie (CBC) *Tales from the Klondike* und erscheint kurz in dem britischen Dokumentarfilm *It's All True* von Julien Temple.

    OW setzt seine Bemühungen fort, einen Film *King Lear* zu drehen.

7. April 1983

The Big Blow (Magnum, P.I., CBS-TV). OWs letzter Auftritt als die Stimme von Robin Masters.

    The Merv Griffin Show. Gäste: OW, JH. (Das einzige Zusammentreffen von OW und JH seit den vierziger Jahren.)

3. Juni 1983

Pleine Lune (INA-TV). Regie: Philippe Grandrieux, in Zusammenarbeit mit Jérôme Prieur. Ausgedehntes Interview mit OW für das französische Fernsehen über Medien. OW: „[Das Fernsehen] verlangt vom Publikum weniger als jedes andere Medium. Die stärksten Medien sind diejenigen, die dem Publikum das meiste abverlangen. Als wir im Kino nur Schwarz-weiß-Filme hatten, haben wir etwas von den Zuschauern verlangt. Als wir noch keinen Ton hatten, haben wir etwas verlangt. Je mehr wir uns mit unseren Filmen dem echten Leben angeglichen haben, desto weniger haben wir von unserem Publikum verlangt, und desto weniger Wirkung hatten wir auf die Öffentlichkeit. Darum hat auch das Theater einen stärkeren Einfluß als das Kino – weil das Publikum so tun muß, als sei es nicht das Publikum. Es nimmt an der Aufführung teil. Die Franzosen benutzen dafür das Wort *assister*, also einer Aufführung *assistieren* – ein Ausdruck, den wir im Englischen nicht verwenden. Ein wunderbares Verb. Man unterstützt eine Vorstellung, indem man ihr beiwohnt. Man unterstützt nicht das Fernsehen; die Sendung läuft eben... Sadat wird ermordet, die Seife ‚Lux‘ wird benutzt, die Menschen sitzen beim Essen, während ein Soldat im Libanon verblutet, und es wirkt überhaupt nicht echt.“

1984

In diesem Jahr tritt OW in zwei Fernseh-Specials auf: *Natalie – A Tribute to a Very Special Lady*/(Hommage an eine sehr besondere Dame: Natalie Wood, gest. 21. 11. 81) und *Dom De Luise and Friends* (Teile I und II, Film- und Fernsehkomiker). Außerdem spricht OW den Kommentar zu zwei Dokumentarfilmen (TV): *King Penguins – Stranded Beyond the Falklands* und von Jacques-Yves Cousteau *Snowstorm in the Jungle*.

Zwei Schallplatten: „I Know What It Is to Be Young“ mit den Ray Charles Singers und dem Orchester Nick Perito; als Sprecher ist er mit der Heavy-Metal-Band Man-o-War auf der Platte *Battle Hymns* zu hören.

Where Is Parsifal? Regie: Henri Helman. Mit Tony Curtis, OW (Klingsor) u. a. Gedreht in London.

Seven Days to Eternity. Regie: Yan Regin. Sprecher: OW.

Revenge of the Nerds. OW spricht den Trailer-Text zu diesem Film.

Juni 1984

OW wird ein Originaldrehbuch von Ring Lardner, Jr., vorgelegt: *Rocking the Cradle*, über die Bühneninszenierung von *The Cradle Will Rock* aus dem Jahre 1937, das Michael Fitzgerald produzieren will. Fitzgerald bietet OW die Regie an, und OW schreibt das Drehbuch völlig um. Der Produktionsplan wird ausgearbeitet, Kulissen werden gebaut, einige Rollen sind schon besetzt (Rupert Everett als OW und versuchsweise Amy Irving als Virginia Welles). Anfang November schreibt OW nochmals das Drehbuch um, aber drei Wochen vor dem geplanten Drehbeginn bricht die Finanzierung zusammen. (Drehbuch als *The Cradle Will Rock* veröffentlicht bei Santa Teresa Press in Santa Barbara, 1993.)

30. September 1984

Scene of the Crime (NBC-TV). Moderator: OW. Pilotsendung einer neuen Fernsehreihe, die OW im folgenden Jahr moderiert (siehe 14. April 1985).

1985

Michael Fitzgerald bemüht sich immer noch, Geld für die Produktion von *The Cradle Will Rock* aufzutreiben. Das 6-Millionen-Dollar-Budget ist schon auf 3 Millionen gekürzt, aber immer noch finden sich keine Träger.

Anfang des Jahres zeichnet OW die Worte einer neu gemischten und verbesserten Version eines 1976 erschienenen

Pop-Albums des Alan Parsons Project auf: *Tales of Mystery and Imagination: Edgar Allan Poe* (1987 bei Polygram).

9. März 1985
OW erhält das Special Fellowship der Academy of Magical Arts.

13. März 1985
OW dreht einen schwarz-weißen Probefilm für seine geplante Produktion *King Lear*.

14. April 1985
Scene of the Crime (NBC-TV). Moderator: OW. Diese Serie läuft bis einschl. 26. Mai.

Mai 1985
OWs Pläne, in Frankreich seinen *King Lear* zu drehen, scheitern endgültig wegen eines künstlich überhöhten Budgets, wegen unmöglicher Produktionsbedingungen und nicht gehaltener Zusagen.

Für den japanischen Markt bearbeitet OW eine Reihe von 20 bis 30 literarischen Werken und zeichnet seine halbstündigen Lesungen auf Audiokassette auf. Er greift dabei auf die Stücke seiner Lieblingsautoren zurück, mit denen er sich im Laufe seines Lebens immer wieder beschäftigt hat.

Sommer 1985
OW schreibt ein neues Drehbuch: *Mercedes* nach der Originalgeschichte „Blind Window" von OK.

Someone to Love. Regie/Buch/Schnitt: Henry Jaglom. Mit Jaglom (Danny Sapir), Andrea Marcovicci (Helen Eugene), Michael Emil (Michey Sapir), Sally Kellerman (Edith Helm), OW (als er selbst), OK (Yelena) u.a. Länge: 105 Min. Der Film ist 1987 angelaufen mit einer Wid-

mung: „*Dedicated with love to Orson Welles*".

August 1985
Almonds and Raisins. Regie: Russ Kavel. Sprecher: OW. Dokumentarfilm über das jiddische Kino.

September 1985
Bill Krohn berichtet in *Cahiers du Cinéma*, es seien 314 Filmbüchsen mit Material im Zusammenhang mit *It's All True* aufgefunden worden, einschließlich etwa 80 Prozent des Materials von *Four Men on a Raft*.

21. September 1985
Weitere Arbeiten an *The Dreamers*.

5. Oktober 1985
Moonlighting (ABC-TV). OW macht die Einführung zu einer einstündigen *film-noir*-Sendung mit Cybill Shepherd und Bruce Willis: „Dream Sequences Always Ring Twice" – Traumsequenzen läuten immer zweimal.

The Transformers. Regie: Nelson Shin. Trickfilm. OW spricht die Rolle eines bösen Planeten.

7. Oktober 1985
An der University of California in Los Angeles (UCLA) plant GG Aufnahmen für *Orson Welles Solo* (*Julius Caesar* und *The Magic Show*, siehe 10. Okt.).

9. Oktober 1985
Burt Reynolds regt an, OW solle bei einer Episode seiner TV-Serie *Amazing Stories* Regie führen.

The Merv Griffin Show (von anderen Sendern übernommen). Gäste: OW, Barbara Leaming, Meredith Salenger. OW tritt mit seinem Biographen Leaming auf, führt Zaubertricks vor und erzählt über seine Karriere.

10. Oktober 1985

In den frühen Morgenstunden stirbt OW in seinem Haus in Hollywood an einem Herzinfarkt, während er an seiner Schreibmaschine sitzt und Regieanwei-sungen zu dem Material schreibt, das er an diesem Tage mit GG an der UCLA drehen will (siehe 7. Okt.).

Seine Asche ist auf einem einsamen spanischen Bauernhof beigesetzt, drei Busstunden von Sevilla entfernt, wo er einen Sommer lang lebte, als er achtzehn Jahre alt war.

•

Anmerkungen

zu den Kapiteln 1 – 8

von Jonathan Rosenbaum

1. Rom

In seinem ganzen Leben war Orson Welles in seiner Theater- und Rundfunktätigkeit am produktivsten; eine umfassende, chronologische Aufstellung seiner Engagements und Aktivitäten findet sich in Kapitel 9. Zusätzliche Literatur über das legendäre Hörspiel *War of the Worlds* aus dem Jahre 1938: Hadley Cantril, *Invasion from Mars* (New York: Harper & Row, 1966) und Howard Koch *The Panic Broadcast* (Boston: Little, Brown and Co., 1970); Nachdruck, New York: Avon Books, 1971).

Über die Sendereihe *The Shadow* berichtet Frank Brady in seinem Buch *Citizen Welles* (New York: Charles Scribner's Sons, 1989) wie folgt: Als Orson Welles in das Team eintrat, hatte er einige Schwierigkeiten, das Erkennungs-Lachen von „Lamont Cranston" (seine Rolle) am Anfang der Sendung so eiskalt zu bringen, daß es bei den Hörern eine Gänsehaut hervorrufen könnte. Darum verwendete man, auch als Welles „Lamont Cranston" war, weiterhin das Einleitungslachen von Frank Readick, „und niemand hat etwas gemerkt". Eine sehr lebendige Schilderung dieser Zeit findet sich in Welles' autobiographischem, nie aufgeführten Bühnenstück *The Cradle Will Rock* aus dem Jahre 1984 (Santa Barbara, Cal.: Santa Teresa Press, 1993).

Unter den vielen Schauspielern, die Welles im 1. Kapitel erwähnt, sind folgende besonders hervorzuheben: Rod La Rocque (1896–1969), berühmtes Idol aus der Stummfilmzeit, Filmrollen Anfang der vierziger Jahre; Werner Krauss (1884–1959), Bühnenschauspieler in Deutschland und Österreich, Star des deutschen Stummfilms, Hauptrolle in *Das Cabinet des Dr. Caligari* (deutscher Stummfilm von 1919); Wassili I. Kachalow (1875–1948), Schauspieler am Moskauer Kunst-Theater, einziges erhaltenes Film-Dokument *The White Eagle* (1928), ein Film von Jakow Protasanow, in dem er zusammen mit seinem Mentor Wsewolod Meyerhold spielt. Eine Hommage an den Schauspieler und Dichter Eduardo de Filippo (1900–1984) von Orson Welles ist in der französischen Weihnachtsausgabe (1982) von *Vogue* erschienen.

Was D. W. Griffith betrifft, so gab dieser im Jahre 1947 dem Journalisten Ezra Goodman ein Interview, in dem er sagte: „Ich liebte den Film *Citizen*

Kane sehr und besonders die Ideen, die er [Welles] von mir übernommen hat. Die verschiedenen Zyklen, diese verdammten deutschen Filme, ich liebte sie alle" (Ezra Goodman, *The Fifty Year Decline and Fall of Hollywood;* New York: Macfadden Books, 1962). Zu erwähnen wäre noch, daß Filmfachleute heute durchweg die Ansicht vertreten, Griffith habe die Nahaufnahme und die bewegte Kamera eigentlich nicht erfunden, sondern diese Stilmittel und andere Techniken als erster Regisseur mit so starker Wirkung dramatisch umgesetzt, daß ein sehr großes Publikum davon beeindruckt war.

The Merchant of Venice (1969) – wahrscheinlich der am wenigsten bekannte von allen beendeten Welles-Filmen und die letzte seiner tatsächlich realisierten Shakespeare-Verfilmungen, an der er übrigens damals gerade arbeitete, als die Gespräche zwischen ihm und Bogdanovich in Rom aufgenommen wurden – dieser Film hat eine Länge von vierzig Minuten und ist eine komprimierte Fassung des Dramas, unter Verzicht auf die Rolle der Porzia. Ursprünglich war dieser Film als „Special" für die CBS-Fernsehreihe mit dem Titel *Orson's Bag* (etwa: Orsons Reisetasche) vorgesehen, ist aber nie gesendet worden (siehe Eintrag 1970, Kapitel 9/Chronologie). Kurz nachdem der Film fertiggestellt war – geschnitten, vertont und gemischt – wurde die Tonspur von zweien der drei Akte in Rom gestohlen und ist bis heute nicht wieder aufgetaucht. Welles vermachte diesen Film (wie auch *The Deep* und andere unveröffentlichte Werke) seiner Lebensgefährtin und Mitarbeiterin Oja Kodar, die den einen komplett erhaltenen, also vertonten, Akt schon bei verschiedenen Anlässen zu Ehren von Orson Welles gezeigt hat und immer noch hofft, die verschwundenen Teile zurückzuerlangen.

The Deep (1967–69) ist ein Film, den Welles selbst finanziert und unvollendet hinterlassen hat; ein Thriller nach dem Roman *Dead Calm* von Charles Williams. (1989 ist ein australischer Film des gleichen Titels und nach der gleichen Romanvorlage herausgekommen: Regisseur Philip Noyce, aber nur drei statt fünf Rollen.) *The Deep* von und mit Orson Welles wurde in Jugoslawien von Kameramann Willy Kurant als Farbfilm gedreht. Außer Orson Welles spielten Jeanne Moreau, Laurence Harvey, Oja Kodar und Michael Bryant. Der kommerziell angelegte Film ist aus einer ganzen Reihe von Gründen nicht fertiggestellt worden, als da waren Schwierigkeiten mit der Besetzung und finanzielle Probleme, und die wenigen Menschen, die ihn in seiner unvollendeten Form gesehen haben, beschreiben ihn als einen seiner schwächeren Filme, obgleich interessant wegen seiner eigenen schauspielerischen Leistung.

Etwa drei Jahre nach Aufzeichnung dieser Gesprächsteile wurde ich ganz überraschend von Welles zum Lunch eingeladen – in Paris, wo ich damals lebte, und zwar am 3. Juli 1972. Es war das einzige Mal, daß ich ihn persönlich gesehen habe. Ich hatte soeben meine Recherchen über *Heart of Darkness*, seinen ersten Hollywoodfilm, abgeschlossen, die ich für meinen Artikel „The Voice and the Eye" benötigte (veröffentlicht zusammen mit der Eingangsszene aus dem Drehbuch in *Film Comment*, November–Dezember 1972). Als ich erfuhr, daß Welles gerade in Paris war und am Schnitt eines neuen Films (der später *F for Fake* hieß) arbeitete, schrieb ich ihm einen Brief mit einigen Fragen zur Konzeption und Besetzung dieses neuen Projekts. Ich staunte nicht schlecht, als mich einer seiner Assistenten zwei Tage später anrief und fragte, ob es mir Spaß machen würde, mit Welles zu Mittag zu essen.

Meine erste Frage an ihn lautete, warum er mich eingeladen hätte. „Weil ich keine Zeit habe, Ihren Brief zu beantworten", erwiderte er herzlich. Obgleich unsere Unterhaltung viele Fragen zu *Heart of Darkness* (Das Herz der Finsternis) behandelte, die auch hier diskutiert werden, gab es doch einige zusätzliche Einzelheiten, die es lohnt festzuhalten. Welles hatte Carol Reeds Conrad-Adaptation *The Outcast of the Islands* (Der Verdammte der Inseln) und Richard Brooks' *Lord Jim*-Verfilmung gesehen und betrachtete beide mit Verachtung; er hatte selbst Drehbücher nach *Lord Jim* und *Sieg* geschrieben, fand aber die filmischen Möglichkeiten bei *Nostromo* weniger interessant. Es gab einen Punkt, da dachte er ernsthaft daran, *Heart of Darkness* in Afrika zu drehen und betonte den zeitgenössischen Bezug, den der Stoff für ihn hatte, indem er speziell auf Otto Skorzeny (1908–1975) anspielte (den Österreicher, der SS-Offizier wurde und für Welles eines der Vorbilder für die Gestaltung der Rolle des Kurtz war) und einige der damals erst kurz zuvor geschehenen Ereignisse in Belgisch-Kongo. (Ich habe erst nach unserer Begegnung nachgeschlagen, wer Skorzeny war; eingedenk der Tatsache, daß er erst in den Meldungen auftauchte, als er Mussolini 1943 vor der Verhaftung gerettet hatte, halte ich es für durchaus möglich, daß Welles ihn mit einem anderen Nazi aus den dreißiger Jahren verwechselt hat.) Als ich Welles fragte, zu welchem Zeitpunkt er sein Projekt *Heart of Darkness* fallengelassen habe, antwortete er, er habe es nie aufgegeben – er wolle es immer noch machen, was er auch ständig wiederholte, als wir darüber sprachen, wer eventuell den Kurtz spielen sollte. (Er betonte, daß er nur daran gedacht habe, die Rolle selbst zu spielen, weil er niemand anderen dafür gefunden hatte und fügte hinzu: „Ich suche immer noch.") Sieben Jahre nach unserer Unterhaltung wurde der Film *Apocalypse Now* von Francis Ford Coppola (Drehbuch John Milius, Coppola und Michael Herr), der die Handlung von Conrads Novelle aktualisiert und nach Vietnam verlegt hatte und sehr wohl von Welles' Filmprojekt inspiriert gewesen sein mag, unter großem Beifall der Öffentlichkeit vorgestellt.

Wie Brady in seinem Buch *Citizen Welles* schreibt, hat nicht Roger Hill, sondern William Vance die Filmkamera zur Verfügung gestellt, die Orson

Welles dann für sein jugendliches Erstlingswerk *Hearts of Age* benutzte (siehe Chronologie-Eintrag Sommer 1934, William Vance hat mitgewirkt, OW war 19 Jahre alt). Außerdem war Welles' ursprünglicher Vertrag mit der RKO über zwei Filme doch restriktiver als andere Darstellungen besagen, einschließlich der in diesem Buch. Wir sollten aber nicht übersehen, daß auf der Grundlage dieses Vertrages die Gesellschaft Turner Entertainment daran gehindert wurde, den Film *Citizen Kane* in den achtziger Jahren zu kolorieren.

Keine Welles-Forschung hat bis heute auch nur eine der Geschichten wiederentdeckt, die Welles als Teenager in Sevilla für die Boulevardpresse geschrieben hat und die ganz offensichtlich unter mehreren Pseudonymen veröffentlicht wurden. Wie gern er sich seiner Jugendzeit in Spanien erinnerte, können wir daran ermessen, daß er seine Asche dort begraben wissen wollte. Berichte über das eine Jahr, das Welles in Irland zugebracht hat, finden sich in Micheál Mac Liammóirs Buch *All for Hecuba* (London: Methuen, 1950), in *Citizen Welles* von Frank Brady sowie im 9. Kapitel/Chronologie dieses Buches.

2. Guaymas

Da der Film *Citizen Kane* in Welles' Karriere buchstäblich den Charakter einer Legende hat, verwundert es nicht, daß er auch der meistdiskutierte aller seiner Filme ist. Zwei Publikationen sollten wohl besonders hervorgehoben werden: der Aufsatz „Raising Kane" von Pauline Kael, ursprünglich in zwei Ausgaben des *New Yorker* (20. und 27. Februar 1971) erschienen, später im selben Jahr, als relativ lange Einleitung zu dem als Buch unter dem Titel *The „Citizen Kane" Book* (Boston: Atlantic/Little, Brown & Co.) veröffentlichten Script abgedruckt; und *The Making of „Citizen Kane"* von Robert L. Carringer (Berkeley, Cal.: University of California Press, 1985). Bogdanovich und Welles verfaßten eine lange Antwort auf den Essay von Pauline Kael, in der sie Punkt für Punkt einzeln widerlegen; unter der Überschrift „The *Kane* Mutiny" (Der *Kane* war sein Schicksal) wurde diese Replik, aus der einige Absätze im 2. Kapitel dieses Buches enthalten sind, im Oktober 1972 in *Esquire* veröffentlicht. Außerdem waren in *Sight and Sound* (Frühjahr 1972) Interviews erschienen, die Ted Gilling mit George Coulouris und Bernard Herrmann geführt hatte und die ebenfalls zur Entkräftung der Kael'schen Behauptungen beitrugen; ferner Polemiken von Joseph McBride (in *Film Heritage*, Herbst 1971) und mir (in *Film Comment*, Frühjahr 1972 und Sommer 1972), sowie Anmerkungen in den Welles-Biographien von Barbara Leaming (*Orson Welles*, New York: Viking, 1985) und Frank Brady.

Hier noch einmal einige zentrale Daten, die das Verständnis für Welles' Aussagen über seine Kindheit erleichtern können. Er wurde am 6. Mai 1915 geboren. Seine Mutter Beatrice Ives Welles starb am 10. Mai 1924, sein Vater Richard Head Welles am 28. Dezember 1930. Seine Eltern trennten sich, als er sechs Jahre alt war, und seine Beziehung zu Dr. Maurice Bernstein, der seiner Mutter sehr verbunden war und nach seines Vaters Tod sein Vormund wurde, reicht tatsächlich bis in die Kindheit zurück. Orson Welles besuchte vier Jahre lang die Todd School, von 1926 bis 1930. Die meisten Einzelheiten aus dieser Zeit finden sich in dem Buch *Orson Welles* von Barbara Leaming.

Das erste Theaterstück von Preston Sturges hieß *The Guinea Pig* (64 Vorstellungen); danach kam *Strictly Dishonorable*, Premiere etwa acht Monate später (1929, 557 Vorstellungen).

Thornton Wilder, den Welles 1933 kennenlernte, vermittelte ihm sein Tournee-Engagement mit Katharine Cornell, indem er ihn mit Alexander Woollcott bekannt machte; die Tournee dauerte von 1933 bis 1934.

Rashomon (1951) von Akira Kurosawa ist der erste Film des japanischen Regisseurs, der weltweit Beachtung fand. Er spielt im 18. Jahrhundert in der Nähe von Kyoto und beschreibt Vergewaltigung und Mord aus der Sicht der vier Augenzeugen, wobei jeder den anderen dreien in bezug auf das Geschehene widerspricht.

In der Zeitschrift *Life* vom 26. Mai 1941 erscheint in einem Artikel über Welles zum ersten Mal der Ausdruck „pan-focus" (als Zitat von OW), kurz nachdem der Film *Citizen Kane* angelaufen ist. Für diesen illustrierten Artikel stellte Toland drei Photos zur Verfügung, auf denen die Unterschiede zwischen „pan-focus" (etwa: alles scharf), der „althergebrachten" Technik und einer „konventionellen Großaufnahme" demonstriert werden.

Dorothy Comingore kam nach einiger Bühnenerfahrung an Repertoire-Theatern als Linda Winters zum Film und spielte Mitte der dreißiger Jahre in einigen Kurzfilm-Komödien der Columbia mit. Sie hatte Rollen in Filmen mit den „Three Stooges" (Slapstick-Komödianten) und einigen *low-budget*-Western und kleinere Auftritte in einigen anderen Filmen gegen Ende der dreißiger Jahre (z.B. *Scandal Sheet* und, 1939, *Mr. Smith Goes to Washington*), ehe sie die weibliche Hauptrolle in *Citizen Kane* bekam.

Bemerkungen von Welles über das Nichtfunktionieren von Produzenten und Agenten finden sich in seinem verärgerten und kontroversen Artikel „Orson Welles schreibt über Orson Welles" für die Februar-Ausgabe 1941 der Zeitschrift *Stage*, Nachdruck in *Hollywood Directors, 1941–1976*, hrsg. von Richard Koszarski (New York: Oxford University Press, 1977).

Über Welles' Vorliebe für Vögel und seinen Papagei in Spanien ist zu sagen, daß man ihn in dem Film *Treasure Island* (1972), zu dem er das Drehbuch schrieb, und in dem er mitwirkte, mit diesem Papagei und seinem Hausaffen Mimi bewundern kann.

Targets (1968), der erste Spielfilm von Peter Bogdanovich mit einem von ihm selbst (mit ungenannter Unterstützung von Samuel Fuller) verfaßten Drehbuch, basiert auf einer Geschichte von Bogdanovich und Polly Platt: Zwei alternierende Handlungsfäden, beide spielen in Los Angeles und fließen in der Schlußszene zusammen: ein Horror-Darsteller (Boris Karloff) beschließt aufzuhören, weil er meint, seine Filme könnten mit den Schrecken des wirklichen Lebens in der heutigen Zeit nicht konkurrieren; ein Vietnam-Veteran (Tim O'Kelly) dreht durch, tötet seine Familie, klettert auf einen Turm und erschießt die Menschen auf der Straße.

Mehr Informationen über die geschnittene Bordellszene in *Citizen Kane* in Mankiewicz' und Welles' Drehbuch, veröffentlicht in *The „Citizen Kane" Book*; Bildmaterial in Carringer: *The Making of „Citizen Kane"*.

3. New York

Einzelheiten über einen Teil der Dreharbeiten zu *Don Quixote* finden sich in einem Artikel von Audrey Stainton, 1958 bis 1959 Welles' Sekretärin, veröffentlicht in der Herbstausgabe der Zeitschrift *Sight and Sound*, 1988. (Vgl. 9. Kapitel/Chronologie, Eintrag 1960). Weitere Informationen über *The Deep* siehe Anmerkungen zum 1. Kapitel. Über *Chimes at Midnight* ist der 1988 erschienene Band von Bridget Gellert Lyons in der Reihe „Rutgers University Press Films in Print" unverzichtbar.

Der vielleicht wichtigste Unterschied zwischen der Rundfunkadaption von *The Magnificent Ambersons* und der nachfolgenden Verfilmung des Romans ist das vollständige Fehlen der Rolle der Tante Fanny in der Hörspielfassung. (Die Sendung vom 29. Oktober 1938 ist komplett erhältlich auf Laser-Disk in der Voyager-„deluxe"-Edition *Amberson*.) Außer Ray Collins ist die Besetzung des Hörspiels eine völlig andere als die des Films (vgl. 9. Kapitel/Chronologie: 29. Okt. 1939). Wer nun denkt, Welles hätte den George Minafer lieber selber spielen sollen als ihn mit Tim Holt zu besetzen, könnte möglicherweise seine Meinung ändern, wenn er Welles in dem Hörspiel als George hört.

Die Daten der verschiedenen Welles-Projekte mit Alexander Korda siehe 9. Kapitel/Chronologie.

Joseph Cotten schreibt in seiner Autobiographie „Mein unbescheidenes Leben" (Lambda Edition Hamburg, 1988), Frank Lloyd Wright sei skeptisch gewesen, ob sich ein Roman wie „Der Glanz des Hauses Amberson" für eine

Verfilmung eigne, bis Welles eine einstündige Vorführung mit Rohschnitt-
maerial für ihn arrangierte. Danach war er anderer Meinung.

Ich halte es für erwähnenswert, daß einige der Änderungen im *Amberson*-
Film, die von der RKO während Welles' Abwesenheit gemacht wurden, mit
der Szenenfolge in dem ursprünglichem Drehbuch übereinstimmen. Wie in
vielen anderen seiner Filme hatte er auch hier während des Drehens und
Schneidens vieles revidiert: zum Beispiel findet sich die Schlußszene in der
Altenpension nicht im ursprünglichen Drehbuch; ursprünglich endet der Film
so, daß Eugene seinem Tagebuch einen „Brief" an Isabel anvertraut, dessen
Worte von ihm aus dem Off gesprochen werden.

Die vielleicht wichtigste Szene, die Welles für seinen *Amberson*-Film
geschrieben und auch gedreht hat, wurde von ihm selbst vor seiner Abreise
nach Rio herausgenommen. Es handelte sich dabei um eine virtuose, lange
Sequenz mit der „Subjektiven Kamera" (das Objektiv der Kamera ist das Auge
des Ich-Erzählers, A.d.Ü.) ohne Schnitt, in der sich die Kamera, in einem
einzigen Dreh, vor dem Ausblenden, durch das ganze, inzwischen leerge-
räumte Haus bewegt. Diese lange Kamerafahrt sollte direkt vor der sich
zuspitzenden Einstellung des an Isabels Bett knienden George kommen.
Diese Szene sollte von einem Erzählkommentar über das Schicksal „des
Raumes, der heute abend immer noch Isabels Zimmer" war, begleitet werden,
und Welles beschreibt das in seinem Drehbuch folgendermaßen:

Während der Erzähler die Worte „sind inzwischen ausgezogen" spricht,
öffnet sich die Haustür und die KAMERA GEHT HINDURCH, in das
Haus hinein.
FAHRAUFNAHME, KAMERA WANDERT LANGSAM durch das
ausgeräumte Haus – vorbei an der kahlen Eingangshalle; vorbei am
Eßzimmer, wo nur noch ein Küchentisch und zwei einfache Stühle stehen;
die Stufen hinauf, dicht vorbei am glatten Holzgeländer der Balustrade.
Hier einen Augenblick KAMERASTOPP, dann SCHWENK abwärts auf
die schweren Türen, welche die dunkle, leere Bibliothek verdecken.
KAMERA VERWEILT hier, macht eine kurze Pause, dann SCHWENK
zurück und KAMERA FÄHRT, jetzt noch langsamer, die Treppe hinauf
in die Halle vom zweiten Stockwerk, NÄHERT sich der verschlossenen
Tür von Isabels Zimmer. Die Türe öffnet sich, und wir sehen, daß Isabels
Zimmer noch so ist, wie es immer war; nichts ist verändert worden.

Als ich Welles im Jahre 1972 in Paris aufsuchte, gab er mir gegenüber zu, daß er
nach dieser Sequenz – in der er seine längste Einstellung mit der Subjektiven

Kamera gedreht hatte, was er eigentlich in *Heart of Darkness* hätte machen wollen – von dieser Technik irgendwie enttäuscht war. Dennoch möchte ich hinzufügen, daß verblüffende, weniger lang gehaltene Einstellungen mit der Subjektiven Kamera in die Trauerszene beim Tod von Wilbur Minafer als auch an den Anfang der Altenpensions-Szene am Ende der Welles'schen Original-fassung eingebaut wurden, wie zum Beispiel, als Eugene an der Haustür eintrifft.

Schließlich möchte ich darauf verweisen, daß die Verwendung einer Comedy-Schallplatte als ironischer Kontrapunkt in dieser Sequenz Peter Bogdanovich inspirierte, in der letzten Szene seines zweiten Spielfilms *The Last Picture Show* (1971), ebenfalls eine Comedy-Schallplatte („It's in the Book") laufen zu lassen; das hat er mir persönlich bestätigt.

4. Van Nuys

Nach der negativen Kritik, die Welles in seiner Zeitungskolumne über Eisensteins *Iwan der Schreckliche, Teil I* verfaßt hatte, die übrigens in diesem Kapitel fast vollständig wiedergegeben ist, zog er in seiner nächsten Kolumne (25. Mai 1945) einen ausführlichen Vergleich dieses Films mit dem damals gerade angelaufenen Hollywoodfilm *Wilson* (Filmbiographie über den 28. amerikanischen Präsidenten Woodrow Wilson, 1856–1924, Regie: Henry King; A.d.Ü.). Dieser Artikel von Welles endet folgendermaßen:

> Der Star in einem russischen Filmatelier ist der Regisseur. Wenn seine Kamera sich wie der Hauptdarsteller aufführt, wird uns großes Kino geboten. Wenn aber diese Kamera die Handlung auf Kosten der anderen Darsteller dominiert, dann wirkt das ebenso ermüdend wie bei jedem anderen Star, der rücksichtslos nach Großaufnahmen giert oder verzückt der eigenen Stimme lauscht.
>
> Wegen der Minderwertigkeit russischen Filmmaterials, der Objektive und anderer Ausrüstungsteile muß die Kamera sich durch die Auswahl des Gezeigten behaupten und durch die Besonderheit der Selektion. Die Hollywood-Kamera schaut mit dem Auge eines reichen Händlers und nimmt sich liebevoll Zeit, Luxus vorzuführen, wodurch die Leinwand wie die Dekoration eines Schickeria-Kaufhauses wirkt.
>
> Es gibt viel, was wir voneinander lernen können.

Welles Beschreibung von Erich von Stroheim als eines „netten Judenjungen" bezieht sich auf die Entdeckungen, die Denis Marion einige Jahre nach

Stroheims Tod im Jahre 1957 gemacht hat: daß nämlich das „von" in seinem Namen, seine angebliche militärische Vergangenheit, seine Verbindung zum österreichischen Adel sowie sein familiärer Hintergrund im wesentlichen erfunden waren (siehe Marion: „Stroheim, the Legend and the Fact", *Sight and Sound*, Winter 1961–62; vgl. auch Richard Koszarski: *The Man You Loved to Hate*, New York, Oxford University Press, 1983). Welles' vorausschauende Vermutungen in dieser Angelegenheit können anhand eines französischen Interviews nachgewiesen werden, das in *L'Express* vom 5. Juni 1958 erschienen ist, und in dem er Stroheims Kunst als „jüdischen Barock" beschreibt.

Einige der negativen Bemerkungen, die Welles über andere Regisseure gemacht hat und die ursprünglich aus dem Manuskript gestrichen worden waren, wurden in den Fällen, wo die Personen, um die es sich handelt, nicht mehr leben, wieder hineingenommen. (Einige ganz wenige dieser Regisseure sind noch unter uns.) Welles' Brief in dieser Angelegenheit an Bogdanovich habe ich dennoch, und weil er für sich spricht, in das Buch aufgenommen und bin dann seinem darin zum Ausdruck gebrachten Wunsch gefolgt. (Weitere Beurteilungen über zeitgenössische Regisseure von Welles finden sich in den *Interviews with Film Directors*, hrsg. von Andrew Sarris, Avon Books, New York, 1969.)

Über die Angelegenheit *It's All True* ist zu sagen, daß die jüngste Entwicklung – einerseits die Wiederentdeckung bestimmter, vorher verloren geglaubter, unbearbeiteter Bildmuster, andererseits entscheidende Fortschritte in der Filmforschung – die Hauptstoßrichtung Welles'scher Vorwürfe bestätigt haben, aber gleichzeitig einige Zweifel an individuellen Details aufkommen ließen. Festzuhalten ist, daß Welles' Behauptung, *It's All True* sollte ursprünglich aus drei einzelnen Filmen bestehen (und nicht ein dreiteiliger Film sein), aus der detaillierten Dokumentation in den Mercury-Akten nicht belegt werden kann, sondern daß er sich vielmehr einige Abschnitte des Rohmaterials angesehen und dann, nach seiner Rückkehr in die USA, versucht hat, finanzkräftige Unterstützung für sein Projekt zu finden (obgleich – das sollte man unbedingt betonen – das meiste Material erst nach seinem Tod entwickelt wurde).

Wegen weitverbreiteter Mißverständnisse um den Film *It's All True*, die bis zum heutigen Tage fortbestehen, habe ich mich entschieden, eine ansonsten in diesem Buch angewandte Regel zu durchbrechen und Teile eines vor Drucklegung erschienenen Artikels von Richard Wilson („It's Not *Quite* All True") in das 1. Kapitel hineinzunehmen. Allerdings wird hier nur ein kleiner Absatz vom Anfang dieses Stücks zitiert, und interessierten Lesern wird dringend empfohlen, den ganzen Essay nachzulesen, eines der wichtigsten und akribisch genauesten Stücke der Welles-Forschung, die wir haben.

Das Wiederauftauchen von etwa zwei Dritteln des unbearbeiteten Materials, das Welles am Ende seines Brasilien-Aufenthalts in Fortaleza gedreht hatte (das meiste davon hatte noch kein Mensch, nicht einmal Welles selbst, je zu Gesicht bekommen, ja es war bis zu seiner kürzlichen Entdeckung, Mitte der achtziger Jahre, noch nicht einmal entwickelt worden), gibt uns die Möglichkeit zu einer zeitgemäßen Neuauswertung. (Ausschnitte aus diesem Material sind in Richard Wilsons Kurzfilm *Four Men on a Raft* von 1986 zu sehen, der eventuell zu einem dokumentarischen Spielfilm erweitert werden soll.) Hinzu kamen die ergebnisreichen Recherchen von Robert Stam und Catherine Benamou in Brasilien, Mexiko und den Vereinigten Staaten – Recherchen, die noch nicht abgeschlossen sind, aber bereits einige faszinierende Ergebnisse gezeigt haben. Unter Heranziehung eines stattlichen Aufgebots an Dokumenten aus Hollywood und Brasilien, einschließlich der massiven Recherchen, die damals im Auftrag und unter der Leitung von Welles gemacht worden waren, beweist Robert Stam beispielsweise überzeugend, daß die meisten Beschwerden über Welles' Verschwendungssucht in Brasilien seiner radikalen pro-schwarzen Einstellung zuzuschreiben sind, einschließlich der Tatsache, daß er sich gern in Gesellschaft von Schwarzen aufhielt und gern mit ihnen arbeitete. So hatte er auch darauf bestanden, die wichtigsten Rollen in beiden brasilianischen Episoden mit Nicht-Weißen zu besetzen. Auf der Basis dieser Lektüre, die Stam sehr detailliert aufschlüsselt, wird man ermutigt, die meisten biographischen Aufzeichnungen über Welles' „brasilianisches Abenteuer" neu zu lesen und als unbewußt, aber unmißverständlich rassistisch zu interpretieren. (Vgl. hier im besonderen „Orson Welles, Brazil, and the Power of Blackness" von Robert Stam und Artikel von Catherine Benamou und Susan Ryan, in *Persistence of Vision* [Sonderheft über Welles], No. 7, 1989; Benamou bereitet derzeit ein Buch zu dem Thema vor.)

In ihrer Welles-Biographie weist Barbara Leaming in dem Film *The Lady from Shanghai* zwei wichtige Anspielungen auf *It's All True* nach: die Rolle des Grisby (Glenn Anders) als Parodie auf Rockefeller und die Erwähnung der Stadt Fortaleza in Michael O'Haras Geschichte über die Haie, die sich gegenseitig und letztendlich selbst fressen.*

In seinem Band *Celebrity Circus* (New York: Delacorte Press, 1970) bestreitet Charles Higham, daß Welles ihm jemals angeboten habe, die Fakten

---

* Diese längere Geschichte, die OW als Michael O'Hara an Bord der Yacht erzählt, war bis 1994 in der deutsch synchronisierten Fassung nicht enthalten. Erst jetzt, nachdem die Szene im Original wiederentdeckt wurde, ist sie – unsynchronisiert, aber mit deutschen Untertiteln versehen – vom Zweiten Deutschen Fernsehen in die Sendekopie eingearbeitet worden. (A.d.Ü.)

in seinem Buch *The Films of Orson Welles* (Berkeley, Cal.: University of California Press, 1970) zu überprüfen, fügt aber hinzu, „selbst wenn er es getan hätte, würde ich ganz sicher das Buch nicht ruiniert und in seiner frisierten Fassung der Öffentlichkeit präsentiert haben". Es muß hier deutlich gesagt werden, daß Highams nachfolgendes Buch *Orson Welles: The Rise and Fall of an American Genius* (New York: St. Martin's Press, 1985) zwar klammheimlich viele Fehler aus *The Films of Orson Welles* korrigiert, aber insgesamt eine noch größere Schmähschrift ist und zahlreiche neue faktische Unrichtigkeiten enthält.

In seinem Artikel für die „Arts & Leisure"-Seiten der Sonntagsausgabe der *New York Times* unter der Überschrift „Is It True What They Say About Orson?" (30. August 1970) wendet sich Peter Bogdanovich sowohl gegen Highams erstes Buch über Welles, als auch gegen Raymond Sokolovs positive Rezension desselben in *Newsweek*; Erwiderungen von Higham und Sokolov erschienen daraufhin in der Ausgabe der „Sunday *Times*" vom 17. September 1970.

5. Beverly Hills

Die erste von Bogdanovichs Hollywood-Kolumnen für *Esquire*, auf die zu Beginn dieses Kapitels Bezug genommen wird, ist unter der Überschrift „Over the Hill" in der revidierten und erweiterten Ausgabe der Artikel von Peter Bogdanovich enthalten (*Pieces of Time*, New York: Arbor House, 1985). Als dieser Artikel geschrieben wurde, im Januar 1972, war Josef von Sternberg drei Jahre zuvor, im Alter von fünfundsiebzig Jahren, nach sechzehnjähriger beruflicher Inaktivität, gestorben; Fritz Lang war zweiundachtzig und hatte seit 1961 nicht mehr gearbeitet; King Vidor, vier Jahre jünger, war dreizehn Jahre lang nicht mehr beschäftigt worden; John Ford, damals siebenundsiebzig, hatte 1966 seinen letzten Film gedreht; und Raoul Walsh hatte seinen letzten Film 1964, im Alter von siebenundsiebzig Jahren, gemacht.

Laut *The Film Encyclopedia* von Ephraim Katz war *Jane Eyre* keineswegs Elizabeth Taylors erster Film, sondern ihr dritter. Vorausgegangen waren *There's One Born Every Minute* und *Lassie Come Home*.

Über das Thema Magie wäre noch nachzutragen, daß Orson Welles zum Zeitpunkt seines Todes immer noch an einem Film arbeitete, der *The Magic Show* heißen sollte. Darin wollte er seine besten Taschenspielertricks zeigen, sämtlich ohne Kameratricks. Mit Unterbrechungen hatte er daran zwischen 1976 und 1985 schon gedreht. (Siehe 9. Kapitel/Chronologie, Juni 1976.) Eine Welles-Biographie, die sich auf sein Engagement auf dem Gebiet der

Magie konzentriert, wird derzeit von dem Zauber-Spezialisten Bart Whaley verfaßt.

Weitere Einzelheiten über Welles' Interesse an Politik und einer Weltregierung Mitte der vierziger Jahre siehe Barbara Leamings Welles-Biographie und *The Magic World of Orson Welles*, 2. Aufl. (Dallas: Southern Methodist University Press, 1989). Diese überarbeitete Ausgabe enthält auch zusätzliche Informationen über Welles' Originalfassung des Films *The Stranger*, die annähernd eine halbe Stunde länger war als die veröffentlichte Version und eine expressionistische Traumsequenz enthielt.

Nur zur Klarstellung: die lange Einstellung in dem Film, die mit dem Mord endet, und um die es hier geht, dauert vier Minuten und zehn Sekunden.

Obwohl ich Welles' Standarderklärung über das Zustandekommen des Filmprojekts *The Lady from Shanghai* in den Gesprächen übernommen habe, eine amüsante Geschichte, die er bei vielen Gelegenheiten erzählt hat, ist es doch notwendig, darauf hinzuweisen, daß sie nicht stimmt. Ein Blick in die Autobiographie eines der beiden Produktionsleiter, die William Castles nämlich [New York: G. P. Putnam's Sons, 1976], liefert einige wichtige Hinweise. Castles Memoiren sind in vielem nicht zuverlässig – so läßt er Welles und Rita Hayworth 1945 heiraten und nicht zwei Jahre früher –, und es liegt nahe, daß die Wahrheit irgendwo zwischen beider Versionen liegt. Die folgende Darstellung der Entstehungsgeschichte des Films wurde jedenfalls von dem anderen, inzwischen verstorbenen, Produktionsleiter Richard Wilson noch kurz vor seinem Tode bestätigt.

Welles befreundete sich mit Castle im Jahre 1938, als die Bühnenproduktion *Too Much Johnson* für zwei Wochen (die einzigen beiden Wochen überhaupt!) am Stony Creek Theatre in Stony Creek, Connecticut, lief, einem Theater, das William Castle gehörte. Sechs Jahre später – kurz nachdem er den Gruselfilm *The Whistler* gedreht hatte, der eine ganze Reihe solcher Filme nach sich zog – erwarb Castle die Filmrechte an einem *Inner Sanctum*-Thriller (CBS-Hörfunk-Grusel-Serie, siehe Chronologie, A. d. Ü.) von Sherwood King, betitelt *If I Die Before I Wake*, den er in seine Filmreihe aufnehmen wollte und zahlte lediglich 200 Dollar, wobei weitere 400 Dollar bei Beginn der Dreharbeiten fällig wurden.

Im darauffolgenden Jahr empfahl Welles den Lesern seiner Zeitungskolumne wärmstens Castles B-Film *When Strangers Marry*. („Er ist nicht so raffiniert wie *Double Indemnity* und nicht so brillant wie *Laura*, aber besser gespielt, und von William Castle besser inszeniert als die beiden anderen.") Dankbar für diese Empfehlung rief Castle, der zur Eröffnung des Films gerade in New York war, Welles in Hollywood an, und – wie Castle berichtet – dieser machte daraufhin einen Vorschlag: „Laß uns einen Film zusammen machen, Bill. Du führtst Regie, und ich produziere – oder ich führe Regie und du produzierst." Castle war zu der Zeit als Regisseur bei der Columbia unter Vertrag, „aber Welles versicherte mir, er käme mit [dem Chef der Gesellschaft] Harry Cohn schon klar und würde mir einige Bücher und Scripts zusenden, aus denen man seiner Meinung nach große Filme machen könnte. Wenn ich auch etwas hätte, sollte ich es ihm schicken."

Daraufhin schrieb Castle sofort ein zehnseitiges Treatment (Vorstufe des Drehbuchs, A.d.Ü.) nach dem Roman von Sherwood King; als er hörte, daß Harry Cohn für mehrere Wochen auf Urlaub war, zeigte er es einem Redakteur bei der Columbia, der es mit der Begründung ablehnte, Cohn würde es nicht mögen, weil die weibliche Hauptrolle eine Mörderin sei. Daraufhin schickte Castle Buch und Treatment spontan an Welles, der einen Monat später enthusiastisch reagierte (bei Castle findet sich der kurze Brief im Original) und vorschlug, daß er und Rita Hayworth die Hauptrollen spielen. („Das Drehbuch sollte umgehend geschrieben werden. Kannst Du nachts schon mal damit anfangen?")

Zu einem späteren Zeitpunkt (Castle macht keine genauen Angaben darüber, ob oder wie er Welles' Brief beantwortet hat) wurde Castle in Cohns Büro bestellt. Dort überreichte man ihm ein Treatment nach dem Roman von King (offensichtlich von Welles) und teilte ihm mit, daß Welles, der den Film für die Columbia machen würde, ihn, Castle, als Produktionsleiter angefordert habe. „Wütend erreichte ich Orson in New York. Er war ganz aufgeregt und erzählte mir, wie er *If I Die Before I Wake* für 150000 Dollar an Harry Cohn verkauft habe. Es war ein ‚Package Deal' – Orson würde Produzent, Regisseur und Autor sein und selbst eine Hauptrolle spielen. Ich hatte 200 Dollar gezahlt, und die Columbia hatte es abgelehnt.

‚Wir machen es zusammen, Bill', sagte Orson. ‚So hatten wir es doch geplant. Komm so schnell wie möglich nach New York, damit wir mit den Vorbereitungen beginnen können.'"

Obgleich er sehr enttäuscht war, daß er nicht Regie führen konnte, entschied Castle für sich, daß „mit Orson zu arbeiten, gleich in welcher Funktion, ein großes Lernerlebnis sein würde" und war einverstanden, sich als Produktionsleiter verpflichten zu lassen; die erste seiner vielen Aufgaben, an die er sich erinnert, war die Anmietung von Errol Flynns Yacht, der *Zaca*, für Aufnahmen zu dem Film.

Zwei weitere Quellen verkomplizieren aber diese Geschichte ein wenig: Erstens findet sich in den Mercury-Akten die Kopie eines Vertrages vom 20. September 1945 (worin der „Beginn der Übereinkunft" auf den vorangegangenen 13. August festgelegt ist), in welchem Welles die Rechte an dem King-Roman erwarb und sie an die Columbia Filmgesellschaft weiterverkaufte;

Castle wird in diesem Dokument nicht erwähnt, so daß es wahrscheinlich erst nach dem Auslaufen seiner Option zustande kam. Zum zweiten erinnerte sich der inzwischen verstorbene Fletcher Markle, mit dem ich vor seinem Tod im Jahre 1991 diverse Male sprach, daß er – während *Around the World in 80 Days* am Adelphi Theatre lief – in New York mit beiden, Castle und Welles, an dem Treatment für den Film gearbeitet habe. Später hätten er und Castle außerdem während der Außenaufnahmen in Acapulco weiterhin am Drehbuch gearbeitet; Markle erinnerte sich in diesem Zusammenhang sowohl an die ausgedehnte Nachtszene auf der Yacht sowie an die Aquariums-Sequenz und ergänzt, daß eine Reihe von anderen Autoren, die er nie kennengelernt hat, gemeinsam mit Welles an dem Drehbuch arbeiteten. (Wie Welles selber in einer Passage seiner Gespräche mit Bogdanovich, die in diesem Buch nicht enthalten ist, sagte, hat ihm Charles Lederer später, während der Nachbereitung des Films, bei dem Erzählkommentar geholfen.)

Eine faszinierende, spekulative Diskussion darüber, wie der Film *The Lady from Shanghai* vor seiner Freigabe, in seiner ursprünglichen, eine Stunde längeren Fassung, war, findet sich im letzten Kapitel von Naremores Buch *The Magic World of Orson Welles* (erweiterte Neuauflage), unter Heranziehung einiger Drehbücher und anderer Materialien, die jetzt in der Lilly Library an der Indiana University untergebracht sind.

6. Hollywood

Die *Macbeth*-Diskussion hatte schon einige Jahre vor 1980 stattgefunden, dem Jahr der Wiederentdeckung des feinkörnigen Original-Umkehrfilm-Materials der 107-minütigen Fassung des Films. Diese Original-Version des *Macbeth*-Films ist dann von den „UCLA Film Archives" und der „Folger Shakespeare Library" in Washington D.C., restauriert worden. Diese ursprüngliche Fassung, einundzwanzig Minuten länger als die in den Kinos angelaufene Kopie, enthält die ursprüngliche (vorab aufgezeichnete) Tonspur (mit dem schottischem Akzent), eine längere musikalische Ouvertüre und eine der zehn Minuten (also einen ganzen Akt) dauernden Einstellungen, die Welles in dem Gespräch mit Bogdanovich hervorhebt und die alle Geschehnisse enthält, die sich unmittelbar vor, während und nach Duncans Ermordung ereignen. Diese Zehn-Minuten-Aufnahme war, wie Bogdanovich vermerkt, etwa ein Jahr vor Hitchcocks Film *Rope* (der fast ausschließlich aus sehr langen Einstellungen besteht) gedreht worden, und davor hatte es schon den Zehn-Minuten-Dreh im *Amberson*-Film gegeben. Diese restaurierte Fassung ist inzwischen sowohl als Film als auch auf Videoband erhältlich (wobei das Videoband von NTA

Home Entertainment auf die lange musikalische Einleitung verzichtet); die vermarktete Kinofassung mit dem erzählten Prolog ist immer noch als Film, aber nicht als Videoband erhältlich.

Berichte über die Dreharbeiten zu *The Other Side of the Wind* finden sich in folgenden Aufzeichnungen von Mitwirkenden: John Huston: *An Open Book* (New York: Alfred A. Knopf, 1980); Joseph McBride *Orson Welles*, 2. Kapitel (New York: Viking Press, 1972) sowie McBrides Artikel „The Other Side of Orson Welles" in *American Film*, Juli–August 1976; Mercedes McCambridge *The Quality of Mercy* (New York: Times Books, 1981). Barbara Leaming gibt in ihrem Buch *Orson Welles* eine detaillierte Beschreibung der rechtlichen Probleme, die eine Vollendung und Freigabe des Films verhindert haben.

Zeffirellis bekannte Shakespeare-Verfilmungen *Der Widerspenstigen Zähmung* und *Romeo und Julia* sind 1967 bzw. 1968 angelaufen.

Welles' Aussage, in seinem *Macbeth*-Film gebe es absolut keine Gemeinsamkeiten mit seiner „schwarzen" *Macbeth*-Theaterinszenierung (1936 in Harlem, die Handlung war nach Haiti verlegt), ist nicht ganz korrekt. In *Filming „Othello"* sind Ausschnitte aus einer Publikumsdiskussion in einem Bostoner Theater eingearbeitet, worin ein junger Mann auf gewisse Ähnlichkeiten in beiden Bühnenbildern verweist, und Welles stimmt dem zu: „Der Ausstattung lag dieselbe Konzeption zugrunde... Es waren nicht genau dieselben Kulissen, aber es war dieselbe Konzeption; die hatte vorher schon gut funktioniert, und wir waren doch in so großer Eile."

Bezüglich der „diversen anderen" Schauspielerinnen, die für die Rolle der Lady Macbeth in Erwägung gezogen worden waren, ist anzumerken, daß man hier Geraldine Fitzgerald erwähnen sollte (und nicht Agnes Moorehead, die in einigen Berichten genannt wird und die Rolle im Rundfunk gesprochen hat); die „eine adlige Tragödin aus Australien", von der Welles sagt, daß sie die Rolle *nicht* bekommen habe, war Dame Judith Anderson (die die Rolle als Partnerin von Maurice Evans in einer 1959 für das Fernsehen produzierten Inszenierung – wie auch 1937 und 1941 auf der Bühne – gespielt hat).

Die Hexen, über die Welles sich unzufrieden äußert, wurden von drei Schauspielern dargestellt, die in dem Film auch noch andere Rollen hatten (Peggy Webber: Lady Macduff; Lurene Tuttle: Kammerfrau; Brainerd Duffield: Erster Mörder) und von Charles Lederer, Welles' Drehbücher schreibender Freund. Die Worte, mit denen die Hexen den Film beenden, sind nicht die letzten Worte in dem Theaterstück, sondern stehen in der Dritten Szene des Ersten Aufzugs: „Peace! the charm's wound up" – Halt! Der Zauber ist gezogen.

Das vorsichtige Interesse, einen *King Lear*-Film zu machen, das Welles hier äußert, entwickelte sich in den achtziger Jahren allmählich zu einem ausgereiften Projekt. Er wollte diesen Film in Schwarz-weiß und hauptsächlich in Großaufnahmen drehen und selbst die Titelrolle spielen, mit Oja Kodar als Cordelia und dem Magier Abb Dickson (oder, zu einem früheren Zeitpunkt, Mickey Rooney) als Narr. Welles zeichnete in seinem Haus in Hollywood ein sechsminütiges Konzept für potentielle Produzenten auf und erklärte darin direkt in die Kamera hinein, wie er das Schauspiel adaptieren wollte. Der Text dieser Filmaufzeichnung wird hier im Anschluß in voller Länge zitiert (wobei Interpunktion und Paragraphierung von mir sind). Dabei sollte nicht übersehen werden, daß die vermeintliche Schnoddrigkeit von Welles' abschätziger Bemerkung auf die Frage von Bogdanovich, ob er noch einmal einen Shakespeare verfilmen würde ("Die Wahrheit ist, ich interessiere mich heutzutage mehr für … nun, für die heutige Zeit") tatsächlich ein neu erwachtes Interesse an der Gegenwart signalisiert, vermutlich stimuliert durch seine aktuelle Arbeit an *The Other Side of the Wind*, das sein *Lear*-Film – nach dem Vorschautext zu urteilen – mit Sicherheit zum Ausdruck gebracht hätte.

König Lear ist Shakespeares Meisterwerk; entledigt man es seiner Fesseln aus der Klassik und von der Bühne, ist es heute ebenso stark, rein und zeitlos wie jede andere erzählte Geschichte. Das Reine an der Geschichte des *König Lear* – das wahrhaft Wichtige – ist nicht, daß der tragische Held ein alter König, sondern ein alter Mann ist. Genau so ein liebenswerter, egozentrischer Familientyrann, wie er selbst heute noch die häusliche Szene beherrscht. Ja, wir haben uns so fabelhaft vom Reiz des Verbotenen befreit, daß nichts mehr als wahrhaft obszön gelten kann. Aber es gibt eine Ausnahme: den Tod.

"Tod" ist unser einziger unanständiger Begriff. Und *König Lear* handelt vom Tod und vom Nahen des Todes und von Macht und dem Verlust von Macht; und von Liebe. In unserer Konsumgesellschaft werden wir ermutigt zu vergessen, daß wir sterblich sind, und das Alter kann mit der richtigen Gesichtscreme hinausgezögert werden. Und wenn es endlich doch kommt, das Alter, dann werden wir ermutigt, uns auf einen langen, lieblichen Lebensabend zu freuen.

"Das Alter", sagte Charles de Gaulle, "das Alter bedeutet Schiffbruch" – und er wußte, wovon er sprach. Ältere Menschen blicken noch intensiver auf die eigene Person als die Jungen. Von denen, die von ihnen abhängig sind, fordern die Älteren lautstark Liebe, mehr Liebe, als sie vermutlich gebrauchen können und mehr, als sie zurückgeben wollen oder können. Wenn das Alter einen Menschen verleitet oder zwingt, die wahre Quelle seiner Überlegenheit über die Jugend, nämlich seine Macht, abzugeben, dann sind sie, die Jungen, die Tyrannen, und er, der allmächtig war, wird zum Pensionär.

Von allen Schmerzen der Älteren ist der Verlust der Macht am schwersten zu ertragen. Der starke alte Mann, der Führer des Stammes – der Stadt, der Kirche, des Staates, einer politischen Partei oder einer Körperschaft – fordert Liebe, wie ein Tyrann Tribut verlangt; und, erst einmal seiner Macht beraubt, muß er, wie Lear, darum flehen wie ein Bettler. Wenn so ein Mensch – durch freiwillige Abdankung oder erzwungenen Ruhestand – plötzlich seiner für ihn lebenswichtigen Gewaltherrschaft verlustig geht, kann er sich nur noch bis ins Grab quälen und vergeblich versuchen, von denen, die bislang Opfer seiner Willkür waren, ein Stückchen erstickenden Mitleids einzuklagen, wie er es nun für sich selbst empfindet. Ohnmächtig schwingt er nun hin und her, wie der Klöppel in der Glocke, tonlos tönend. Er ist nun ein Ausgestoßener, verbannt auf die verlassene Insel seiner Einsamkeit, ausgestoßen sogar aus seiner persönlichen Identität. „Kennt mich hier jemand?", schreit der alte König Lear. „Wer kann mir sagen, wer ich bin?" Er hat nicht nur seine Krone aufgegeben, sondern auch sich selbst.

Nun, ich bitte zu entschuldigen, wenn ich Ihnen hier erzähle, wovon unser Film handeln wird. Ihnen zu erzählen, wie der Film sein wird, ist nicht so einfach. Ich kann etwas, das zu diesem Zeitpunkt nur in meinem Kopf existiert, eigentlich gar nicht beschreiben. Selbst wenn ein Film schon auf der Leinwand wäre, käme man hier mit Worten nicht sehr weit. Was ich Ihnen aber sagen *kann* ist, wie dieser Film *nicht* sein wird. Es wird auf keinen Fall ein sogenannter „Kostümfilm" im weitesten Sinne des Wortes sein. Das wiederum bedeutet noch lange nicht, daß die Darsteller Blue Jeans tragen werden; es soll bedeuten, daß eine Geschichte, die in ihrer Relevanz so überaus modern ist, die in ihrer einfachen, erbärmlichen Menschlichkeit eine derartige Allgemeingültigkeit besitzt, daß so eine Geschichte nicht mit dem abgedroschenen Ballast der Theatertradition belastet werden soll. Sie wird gleichermaßen frei sein von den verschiedenen Formen filmischer Rhetorik – meiner eigenen wie der von anderen –, deren es schon zuviele gibt in der Geschichte dieser Shakespeare-Übertragungen auf die Leinwand. Was wir Ihnen anbieten wollen, ist also etwas Neues: Shakespeare, ausschließlich und direkt zugeschnitten auf das Bewußtsein unserer ganz speziellen, eigenen Zeit.

Die Kamera wird keine grandiose, sondern eine eher intime, äußerst intime Sprache sprechen. Der Ton wird von epischer Schlichtheit sein und gleichermaßen wild-realistisch. Mit einem Wort: nicht nur eine neue Art Shakespeare, sondern eine neue Art Film. Ich beabsichtige, mein Versprechen zu halten, und die Tatsache, daß ich schon so viel Zeit, Energie und Liebe in die Vorbereitungen investiert habe, verschafft mir einigen Grund für meinen Optimismus. Nicht zu vergessen, daß die Vorlage, nach der wir dieses Projekt realisieren wollen, schlicht und ergreifend das größte Drama ist, das je geschrieben wurde.

Bitte verzeihen Sie meinen frevelhaften Mangel an Bescheidenheit, und lassen Sie mich Ihnen danken für das hohe Maß Ihrer geschätzten Aufmerksamkeit.

Über die Beziehung zwischen Welles und Jean Renoir – dem Regisseur, den Welles in seinen späteren Jahren vermutlich am meisten verehrte – scheint es angemessen, aus Welles' Nachruf auf Renoir aus der *Los Angeles Times* vom 18. Februar 1979 zu zitieren, weil er mit seiner eigenen Beziehung zu Hollywood in seinen letzten Lebensjahren zu tun hat:

Für die hochherrschaftlichen Bosse der Filmindustrie bedeutet ein Renoir an der Wand soviel wie ein Rolls-Royce in der Garage. Nichts dergleichen hat man über den *anderen* Renoir gedacht, der in Hollywood lebte und hier vergangene Woche gestorben ist.

Wenn wir einmal von islamischen und japanischen Neulingen absehen, können wir gefahrlos behaupten, daß alle Besitzer von Pierre Auguste Renoir-Gemälden in Bel-Air und Beverly Hills irgendwie etwas mit Film zu tun haben. Und ebenso gefahrlos kann man behaupten, daß nicht einer von ihnen jemals – und sei es noch so entfernt – mit einem Film etwas zu tun hatte, der den Meisterwerken von des Malers Sohn, Jean Renoir, vergleichbar wäre.

Er machte seinen ersten Film im Jahre 1924, seinen letzten 1969. Hier sind seine bekanntesten: *Der Drückeberger* (1928), *Boudu – aus den Wassern gerettet* (1932); *Toni* (1934); *Das Verbrechen des Herrn Lange* (1935); *Eine Landpartie* (1936/46); *Die große Illusion* (1938); *La Marseillaise* (1938); *Bestie Mensch* (1938); *Die Spielregel* (1939); *Der Mann aus dem Süden* (1945); *Der Strom* (1951); *French Can Can* (1955); *Das Frühstück im Grünen* (1959); *Der Korporal in der Schlinge* (1962); *Der König von Yvetot* (1969).

Einige dieser Filme waren wirtschaftliche und sogar – zu ihrer Zeit – künstlerische Mißerfolge. Einige hatten Erfolg. Keiner war sensationell. Viele sind unsterblich.

…Etliche seiner frühen Stummfilme hat er aus eigener Tasche finanziert, und wenn dieses Geld verbraucht war, verkaufte er einige Gemälde seines Vaters, um mehr Filme machen zu können. Der Preis für einen

Renoir ist seitdem gestiegen. Wer weiß denn, ob nicht einige eben jener Bilder heute in den gepflegten Behausungen der reichen Leute in Bel-Air hängen. Für den Preis eines oder zweier dieser Bilder hätten sie sich ein „bewegtes Bild" kaufen können – einen echten *Jean Renoir*, der nur ihnen ganz allein gehört.

Es wäre aber ungerecht, Hollywood für diese schlechte Behandlung zu tadeln, ohne zu sehen, daß Renoirs Sorgen während seiner Jahre mit der französischen Filmindustrie genau so schmerzhaft waren...

Ein langatmiger, nebulöser Disput hat sich über die Jahre an der Frage festgemacht, welche Filme „echte" Renoirs seien und welche – wenn schon keine „Fälschungen" – eventuell „Täuschungen" sein könnten, wie viele französische Ästheten vermuten. Von seinen frühesten Anfängen an – und immer wieder während seiner langen Karriere – warf man ihm vor, den sozialen Realismus verlassen, sich von der „Natur" ab- und zu einer unvoreingenommenen Theatralik hingewendet zu haben, was alle diejenigen in Rage brachte, die sein Werk mit dem Impressionismus seines Vaters verknüpfen oder seine Filme nach ihrem jeweiligen ideologischen Inhalt beurteilen wollten...

Was Jean Renoir selber anlangt, so sagte er: „Die Sorge jedes einzelnen, der versucht, etwas im Film zu kreieren, ist der Konflikt zwischen äußerlichem Realismus und innerlichem Nicht-Realismus." Was das Arbeiten „nach der Natur" anlangt, so ruft er uns ins Gedächtnis: „Die Natur, das sind Millionen verschiedene Dinge. Und es gibt Millionen von Möglichkeiten, ihre Bestimmung zu verstehen..."

Es gibt keine einfachen Bezeichnungen für so einen Mann. Die Geldmenschen haben ihn mindestens so falsch eingeordnet wie die Kritiker. „Produzenten", so sagte er zu der Kritikerin Penelope Gilliatt, „wollen, daß ich die Filme mache, die ich schon vor zwanzig Jahren gemacht habe. Nein, ich bin jemand anderer. Ich stehe nicht mehr da, wo sie mich vermuten..."

Er hat auch gesagt, jeder Künstler muß seiner Zeit zwanzig Jahre voraus sein. Und das war für einen Filmkünstler viel schwieriger, „weil das Kino darauf pocht, zwanzig Jahre hinter seinem Publikum zurück zu sein..."

Zu dem Film *The Third Man* ist anzumerken, daß die Hand, die sich durch das Gullygitter streckt, laut einer Aussage von Carol Reed, seine eigene ist (Interview in: *Encountering Directors* von Charles Thomas Samuels [New York: G. P. Putnam's Sons, 1972]). Diese Aufnahme sei noch vor Welles' Ankunft in Wien vor Ort gemacht worden; die dieser Einstellung im Film vorausgehende Aufnahme mit Welles, so sagt Carol Reed, sei im Atelier gedreht.

Der Film *Othello* – viele Jahre in Amerika nicht verfügbar – ist Anfang 1992 von Michael Dawson und Arnie Saks im Auftrag von Beatrice Welles-Smith, welche die Rechte besitzt, restauriert worden, und zwar vom Original-Negativ der ersten Aufführung in den Vereinigten Staaten. Das war eine gewaltige Aufgabe, einschließlich der Neuaufnahme von Filmmusik und Geräuschen in Stereo sowie der Nachsynchronisation eines großen Teils des Dialogs. Der Film wird jetzt von der Firma Castle Hill Productions vertrieben. Die zweite – auch von Welles geschnittene – Fassung unterscheidet sich in vieler Hinsicht von der Originalfassung: Das Original hat nach der Einleitungs-Sequenz von Welles gesprochene Titel, aber keinen Erzählkommentar, und darüber hinaus gibt es viele Abweichungen, was Einzelaufnahmen und Montage anlangt. Die Castle-Hill-Version stimmt (abgesehen vom Hell und Dunkel gewisser Aufnahmen) im optischen Eindruck präzise mit der zweiten Fassung überein. Der Ton allerdings unterscheidet sich von beiden früheren Fassungen, weil Musik und Geräusche modernisiert wurden, wobei man zwar einige Nachteile in Kauf nahm, wie z. B. den Verzicht auf die lateinischen Mönchsgesänge am Ende der ersten Sequenz, aber auch große Verbesserungen erreichen konnte.

Die vielleicht detaillierteste *und* unterhaltsamste aller Schilderungen von Welles-Dreharbeiten, ein Schlüssel zum Verständnis der Welles'schen Arbeitsmethoden ab seinem Film *Othello*, findet sich in dem wundervollen Buch von Micheál Mac Liammóir *Put Money in Thy Purse* (London: Eyre Methuen, 1952; überarbeitete Neuauflage, 1976). Es handelt sich hier um ein Tagebuch vom 27. Januar 1949 in Dublin bis zum 7. März 1950 in Mogador, zu dem Welles selbst das Vorwort geschrieben hat. (Nicht zu vergessen Welles' eigene Dokumentation *Filming „Othello"* aus dem Jahre 1978.)

Leider war ich nicht in der Lage zu klären, ob die beiden fehlenden Szenen aus *Mr. Arkadin*, die Welles erwähnt, noch existieren. In den verschiedenen in Umlauf befindlichen Kopien oder dem Arbeitsmaterial des Produzenten, das jetzt in der Cinémathèque de Luxembourg lagert, sind sie nicht enthalten. Es gibt aber mindestens vier verschiedene Fassungen des Films. Diejenige, die Welles' Intentionen am nächsten kommt, wird in den Vereinigten Staaten von Corinth Films vertrieben; diejenige, die von seinen Intentionen am weitesten entfernt ist, ist – leider – die auf Video (verschiedene Firmen) am weitesten verbreitete und am häufigsten im Fernsehen gezeigte Fassung, obgleich auch die „Corinth"-Fassung auf Video überspielt und öffentlich zugänglich ist. Die beiden anderen *Arkadins* sind erstens die Originalfassung für den europäischen Vertrieb mit dem Titel *Confidential Report* und zweitens die spanisch synchronisierte Fassung, in die ich leider nur einmal kurz hineinschauen konnte. Mehr darüber im 6. Kapitel dieses Buches. Vgl. dazu auch meinen Artikel „The Seven *Arkadins*" in *Film Comment* Januar/Februar 1992 sowie Artikel von Tim Lucas in *Video Watchdog*, Ausgaben Nr. 10 und 12/1992.

7. Paris

Der erwähnte Artikel in der Zeitschrift *Réalités* stammt aus der Feder von Jean Clay und steht in der Nr. 201/1962.

Die herausgeschnittene Szene mit Katina Paxinou als Wissenschaftlerin steht in der in englischer Sprache veröffentlichten Drehbuchfassung (London: Lorrimar, 1970, US-Vertrieb über Frederick Ungar), pp. 119–122 (es handelt sich hier um eine Rückübersetzung der französischen Fassung aus *L'Avant-Scène du Cinéma* und nicht um das englische Original).

Kafkas unvollendeter Roman *Der Prozeß* wurde von ihm als ein Manuskript mit mehreren Deutungsmöglichkeiten hinterlassen, einschließlich der präzisen Reihenfolge der letzten sieben von den insgesamt zehn vollendeten Kapiteln, so daß Welles' sogenannte Neuordnung der Kapitelreihenfolge als nur eine von vielen möglichen Interpretationen des originalen Textes verstanden werden kann. Eine interessante und detaillierte Rechtfertigung des Films als eine im wesentlichen werkgetreue Literaturadaptation findet sich in einem Aufsatz von Noël Carroll in *Film Reader* Nr. 3, 1978.

Wie der Produktionsleiter von *Chimes at Midnight*, Alessandro Tasca di Cuto, mitteilt, betrugen die Kosten des Films 800000 Dollar und nicht 1.1 Million. Das steht im Gegensatz zu den meisten anderen Berichten, in denen diese Zahl höher angesetzt wurde.

Etliche Jahre, nachdem die Gespräche dieses Buches stattgefunden hatten, nämlich 1978, schrieb Welles ein Drehbuch nach zwei Dinesen-Geschichten: „The Dreamers" (aus *Seven Gothic Tales*) und „Echoes" (aus *Last Tales*), welches ihm das liebste all seiner späteren unrealisierten Projekte wurde – anfänglich betitelt *Da Capo*, dann umbenannt in *The Dreamers*. In dem ersten von acht Drehbuchentwürfen, die Welles schrieb, während er versuchte, Geld für das Projekt aufzutreiben, begann er mit einer von ihm selbst gesprochenen Einleitung, in der er noch einmal von seinen mißlungenen Plänen, Dinesen (Tania Blixen) in Dänemark zu besuchen, und von seinem nicht abgeschickten Brief an sie erzählte, und gab eine halbwegs einleuchtende Erklärung, warum er davor zurückschreckte, sie kennenzulernen oder mit ihr Verbindung aufzunehmen:

Ich war in Isak Dinesen verliebt, seitdem ich das erste Buch von ihr aufgeschlagen hatte… Was könnte ein zufälliger Besucher hoffen, ihr bieten zu können, außer seinem gestammelten Dank? Der Besucher würde sie langweilen, und dafür war der Liebende zu demütig und zu stolz. Ich brauchte doch nur zu schweigen, und unsere Affäre würde – als höchst intimes Verhältnis – andauern, solange ich Augen hätte zu lesen.

Hier möchte ich anfügen, daß Welles' erster Versuch, einen Stoff von Dinesen für den Film zu adaptieren, ungefähr 1953 stattgefunden hat, als Alexander Korda die Rechte an ihrer Geschichte „The Old Chevalier" (aus den *Seven Gothic Tales*) für Filmskizzen gekauft hatte, die Welles unter dem Titel *Paris by Night* drehen wollte. In dem Film, den Welles vorbereitete, als er starb (*Orson Welles Solo*, siehe 9. Kapitel/Chronologie 9.–12. Juni 1978), wollte er dieselbe Geschichte erzählen. Die drei anderen Dinesen-Geschichten, die er bearbeiten wollte, um sie zusammen mit „Die unsterbliche Geschichte" (aus *Schicksalsanekdoten*) zu verfilmen, waren „A Country Tale" (aus *Last Tales*), „Die Heldin" (aus *Wintergeschichten*), worauf er mit Oja Kodar bereits einen Drehtag in Budapest verwandte, und „Die Sinflut von Norderney" (wiederum aus den *Seven Gothic Tales*), in welchem Film er den Kardinal von Sehestedt spielen wollte.

Über Welles Arbeitsstil am Schneidetisch berichtet Dominique Antoine, der französische Koproduzent von *The Other Side of the Wind*, daß dieser Mitte der siebziger Jahre beim Rohschnitt des Films elf, in einem Halbkreis angeordnete, Moviolas gleichzeitig benutzt hat.

Wenn Bogdanovich hier ein Zitat von „jemandem, der [Welles-]Filme sehr schätzt", erwähnt, so stammt der Satz, den er nicht ganz korrekt in Erinnerung hatte, aus dem Tagebuch von François Truffaut, das unter dem Titel „The Journal of *Fahrenheit 451*" in *Cahiers du Cinéma* Nr. 180, Juli 1966 und *Cahiers du Cinéma in English* Nr. 7, Januar 1967 veröffentlicht wurde. Dort heißt es unter dem Datum des 17. Juni: „Orson Welles' Werk ist die Prosa, die auf dem Schneidetisch zu Musik wird. Seine Filme sind von einem Exhibitionisten gedreht und von einem Zensor geschnitten."

Der erwähnte Aufsatz von Sergei Eisenstein über die Möglichkeiten, Dickens direkt auf die Leinwand zu übertragen, trägt die Überschrift „Dikkens, Griffith and the Film Today" und ist in seinem Kompendium *Film Form* (New York: Meridian Books, 1967) enthalten.

Der Film von Robert Siodmak, auf den hier angespielt wird, ist das zweiteilige Historiengemälde *Kampf um Rom* (1968/69), das in den USA – heftig zusammengestutzt – als einteiliger Spielfilm unter dem Titel *The Last Roman* lief.

Der Italiener, der Welles' Stimme in der von Pasolini gedrehten Episode in dem Film *Rogopag* synchronisierte, war der hochangesehene Schriftsteller Giorgio Bassani; der Film, in dem Pasolini Welles in der Rolle eines deutschen Hausschweins auftreten lassen wollte, war *Porcile* (*Pigpen*, deutsch: *Der Schweinestall*).

„Ufa-Symbolismus" bezieht sich auf die Machart der deutschen Spielfilme, die in den zwanziger und dreißiger Jahren von dieser großen Filmgesellschaft in Berlin gedreht wurden.

8. Carefree

Ein unschätzbares Dokument, das ursprünglich in diesem Buch enthalten war, ist nur herausgenommen worden, weil es inzwischen veröffentlicht und somit anderweitig zugänglich gemacht wurde. Es handelt sich um eine Auswahl von Eintragungen aus Charlton Hestons Tagebuch während der Dreharbeiten zu *Touch of Evil*. Interessierten Lesern empfehle ich die Lektüre von Hestons *The Actor's Life: Journals 1956-1976*, hrsg. von Hollis Alpert (New York: E. P. Dutton, 1976; Nachdruck New York: Pocket Books, 1979). Als einfühlsamer und aufmerksamer Beobachter und Beteiligter liefert Heston wertvolle chronologische Aufzeichnungen. Noch mehr nützliches Material findet sich in der Reihe „Films in Print" der Rutgers University Press (hier: der 1985 erschienene Band über *Touch of Evil* von Terry Comito), der u. a. ein *continuity*-Drehbuch enthält (nach dem das Script-Girl die Anschlüsse der verschiedenen Aufnahmen überprüft, A. d. Ü.), das auf der 108-minütigen Fassung des Films basiert, die 1975 von dem UCLA-Filmarchivar Bob Epstein entdeckt worden war – der einzigen Version des Films, die gegenwärtig in Umlauf ist.

Obgleich diese Version nicht exakt Welles' ursprünglicher Fassung entspricht und sogar von Harry Keller – nach Welles Ausschluß von dem Projekt – zusätzlich gedrehtes Material enthält, kommt sie dennoch seiner Konzeption näher als die 93-minütige Fassung, die ursprünglich von der Universal vertrieben und hier diskutiert wurde.

Welles' Vorwurf, daß „sehr viele der Leute bei *Cahiers du Cinéma* Faschisten sind", scheint irgendwie überzogen, selbst für die damalige Zeit, da *Touch of Evil* herauskam und die rechtsgerichteten Tendenzen dieser Zeitschrift am schärfsten ausgeprägt waren. Aber es lohnt sich doch, André Bazin hier einmal zu zitieren, der normalerweise einer der liberalsten Kritiker im Stab der *Cahiers* war. Er schrieb 1958 über den Film: „Quinlan ist physisch ein Ungeheuer, aber ist er auch moralisch ein Ungeheuer? Die Antwort lautet ja und nein. Ja, weil er eines Verbrechens schuldig ist, das er zu seiner eigenen

Verteidigung begangen hat; nein, weil er von einer höheren moralischen Warte aus, jedenfalls in gewisser Hinsicht, über dem ehrlichen, gerechten, intelligenten Vargas steht, dem immer dieses Lebensgefühl fehlen wird, das ich shakespearisch nenne. Diese beiden ungewöhnlichen Wesen sollte man nicht nach gewöhnlichen Maßstäben messen. Sie sind beide schwächer und stärker als andere. Schwächer ... [aber] auch so viel stärker, weil sie direkt in Verbindung stehen mit der wahren Natur der Dinge, oder vielleicht sollte man sagen: mit Gott.“ (*Orson Welles: A Critical View*, aus dem Französischen ins Englische übersetzt von Jonathan Rosenbaum [Los Angeles: Acrobat Books, 1991].)

Juri Tsiwian, ein zeitgenössischer russischer Filmwissenschaftler, vertritt die Meinung, die Angriffe von Sergei Jutkewitsch gegen *Touch of Evil* sollten nicht unbedingt als repräsentativ für die russische Reaktion auf diesen Film genommen, sondern heute aus dem Zusammenhang mit der damals herrschenden Ideologie des Kalten Krieges verstanden werden.

Die vielleicht erstaunlichsten Abweichungen zwischen dem *Touch of Evil*-Drehbuch vom Februar 1957 und dem danach gedrehten Film in seinen beiden Fassungen sind die Rollen der Tanja (Marlene Dietrich) und des Motel-Angestellten (Dennis Weaver); die erstere kommt im Drehbuch überhaupt nicht vor, und die Rolle des letzteren wurde während des Drehens erweitert und aus der eines „alten Mannes“, der nur in einer Szene vorkommt (wenn nämlich Vargas, nach Susans Verschwinden, in dem Motel ankommt), entwikkelt. Das verblüffendste Detail aus dem Drehbuch, das nicht im Film vorkommt, hat mit der Flasche Salzsäure zu tun, die draußen vor dem Strip-Lokal auf Vargas geworfen wird. Im Film trifft die Säure eine Plakatwand, laut Drehbuch trifft sie eine Katze in einer „SEHR NAHEN GROSSAUF-NAHME“: „Ein Schwall von Flüssigkeit ergießt sich über die Katze, die im Halbschlaf neben einem Abfallhaufen liegt, und die Flasche schlägt neben dem Gesicht der Katze auf. In Sekundenschnelle verwandelt sich die Katze in eine rasende, kreischende Furie. Taumelnd vor brennendem Schmerz scheint das Tier zu versuchen, sich aus seiner eigenen Haut zu winden.“

Ein detaillierter, dreigleisiger Vergleich zwischen Whit Mastersons Roman *Badge of Evil*, dem danach verfaßten Drehbuch von Paul Monash und dem Film, den Welles nach dem Drehbuch von Monash gemacht hat, findet sich in dem Artikel von John Stubbs, Nachdruck im Sammelband von Terry Comito.

Weitere Einzelheiten über die Streitigkeiten, die zwischen Welles und der Universal über dem Schnitt von *Touch of Evil* entbrannten, vgl. Barbara Leaming *Orson Welles* und Charlton Heston *The Actor's Life*.

Der letzte TV-Pilotfilm, den Welles gemacht hat, war eine 90-minütige Talk-Show (etwa Ende 1978 bis Anfang 1979), die ich nicht gesehen habe; wie all die anderen wurde er nie verkauft; soviel ich weiß, ist er auch nie gezeigt worden, außer in privatem Kreise. (Vgl. 9. Kapitel/Chronologie, 7. September 1978.)

Der Ursprung des Films *The Fountain of Youth* war Welles' Freundschaft mit Lucille Ball und Desi Arnaz (vgl. 9. Kapitel/Chronologie 16. September 1958). Im Gegensatz zu fast allen veröffentlichten Berichten über die Herstellung dieses außerordentlichen Fernseh-Pilotfilms, waren die Dreharbeiten weder besonders lang noch ungewöhnlich kostspielig; aus den Akten der Produktionsgesellschaft Desilu, die daraufhin kürzlich von dem Welles-Forscher Bill Krohn durchgesehen wurden, geht hervor, daß die Aufnahmen nur fünf Tage dauerten und insgesamt 54 896 Dollar kosteten – fast 5000 Dollar mehr als ursprünglich veranschlagt waren ($ 49 832); insgesamt war die Produktion aber nur wenig mehr als halb so teuer wie die ersten Episode aus *I Love Lucy* (Gesamtkosten etwa 95 000 Dollar).

In einem Telephon-Interview mit Krohn für *Cahiers du Cinéma* vom Februar 1982, das noch nicht in englischer Sprache erschienen ist, sagte Welles über *The Fountain of Youth*: „Ich war auf dem besten Wege, der allgegenwärtige Star zu werden – nicht ein Conférencier wie Ronnie Reagan, der am Anfang und am Schouß von *Death Valley* einmal kurz auftritt, oder wie Hitchcock, sondern die ganze Zeit eng mit der Show verbandelt; diesen Stil mag ich und würde gern darauf zurückkommen. Es hat mir sehr gefallen, wie wir das gemacht haben. Wir arbeiteten nur mit Rückprojektion, es gab keinerlei Bühnenbild. Wir haben nur die Requisiten aus dem Fundus genommen und sie hinter den Schirm gestellt, und ein paar kleinere Sachen davor. Jeder machte es so, wie er es für richtig hielt... Man darf nicht vergessen, es ist die einzige Komödie, die ich je als Film gemacht habe. Am Theater und im Rundfunk habe ich jede Menge Komödien gemacht, aber im Film war ich immer ziemlich ernst. Höchstens manchmal komödiantische Szenen in tragischen Filmen... Ich war wirklich froh, einmal befreit zu sein."

Der TV-Pilotfilm „über Dumas" – *Camille, the Naked Lady and the Musketeers*, der anscheinend nicht erhalten ist – wurde mir von Fletcher Markle, während dieser Zeit ein guter Freund von Orson Welles und einer der wenigen, die diesen Film gesehen haben, in einem Brief vom 10. Februar 1987 als ein Pilotfilm für eine biographische Serie beschrieben, die sich theoretisch mit so grundverschiedenen Figuren wie P. T. Barnum und Winston Churchill beschäftigen sollte. Der Dumas-Film wurde mit einem Mini-Budget gedreht – unter Verwendung der 5000 Dollar, die Welles für seinen Auftritt als er selbst mit einer kleinen Zaubernummer in der Episode *I Love Lucy* bekommen hatte; die Aufnahmen dauerten einen einzigen Tag und wurden „in einem billigen, nicht gewerkschaftlichen 16-mm-Studio gedreht; es war eine umfunktionierte

Garage, wie ich mich erinnere, in einer Nebenstraße des Hollywood Boulevard". Welles war der Erzähler und hatte sich mit „Unmengen von Photos und Zeichnungen aus der Zeit von Dumas und dem Paris seiner Zeit" bewaffnet, die „vergrößert und von einer Staffelei aus eingeblendet wurden". Nach Markles Bemerkungen zu urteilen, der übrigens den Titel *Orson Welles and People* für die Serie und zuvor schon den Titel *The Fountain of Youth* erfunden hatte, handelte es sich nicht um ein größeres Werk, das aber doch bezeichnend war als einer von Welles' vielen Vorstößen in Richtung Film-Essay, die dann Werke zeitigten wie *F for Fake* und *Filming „Othello"*. (Zu diesem Thema siehe meinen Artikel „Orson Welles' Essay Films and Documentary Fictions: A Two-Part Speculation" in *Cinematograph* Nr. 4, 1991, Seiten 169–179.)

Ein weiterer Vorstoß in filmisches Neuland ist *Portrait of Gina**, der kleine, drei Akte umfassende Pilotfilm, den Welles offenbar 1958 in Italien gedreht hat. In dem oben erwähnten Interview mit Bill Krohn sagte Welles: „Der Film war für die CBS. Als ich ihn dorthin geschickt hatte, gab es dort Schreie des Entsetzens und des Abscheus von Aubrey [James Aubrey, Jr., später Produktionschef der MGM], dessen Spitzname, wie du dich vielleicht erinnerst, ‚The Smiling Cobra' war. Ich fand den Film nicht sehr gut. In dem Fall hatte ‚Die lächelnde Cobra' einmal recht. Ich hatte sehr hart daran gearbeitet, und das Ergebnis war ein Film, der wirkte, als habe man sehr hart daran gearbeitet… Schätze, er war besser als die meisten."

In den späten fünfziger Jahren ließ Welles in seinem Zimmer im Hotel Ritz in Paris die wahrscheinlich einzige überlieferte Kopie dieses Films liegen. Da die Büchsen unbeschriftet waren, landeten sie im Fundbüro des Hotels und wurden irgendwann in einen anderen Lagerraum transferiert. Annähernd drei Jahrzehnte später, nämlich 1986, als der Film wiederentdeckt war, wurde im französischen Fernsehen ein Ausschnitt daraus gezeigt (das einzige, was ich von dem Film gesehen habe); dann wurde er im September in ganzer Länge auf dem Filmfestival Venedig vorgeführt. Gina Lollobrigida war anwesend und augenscheinlich wenig glücklich über den Film (der zeigt, wie Welles sie in ihrer Villa in Subiaco besucht, wo die beiden dann über ihre, Ginas, Steuerprobleme sprechen), weshalb sie umgehend eine einstweilige Verfügung erwirkte, der jegliche weitere öffentliche Aufführung des Films untersagte. Nach dem Ausschnitt zu urteilen, den ich gesehen habe, ist es kein sehr ehrgeiziges Werk, sondern eindeutig ein sehr exzentrischer und persönlicher Film, der viele der Taktiken und Techniken vorwegnimmt – einschließlich der sehr raschen Schnittfolge –, die Welles später in *F for Fake* anwendet.

---

* Im Zweiten Deutschen Fernsehen läuft dieser Film gelegentlich unter dem Titel „Viva Italia", 27 Min. (A. d. Ü.)

Glücklicherweise ist der bemerkenswerte Film *The Fountain of Youth* auch erhalten, aber unglücklicherweise ist es aus rechtlichen Gründen nicht gestattet, ihn öffentlich zu zeigen, und man kann nur hoffen, daß diese Situation nur temporär gegeben ist und sich bald ändern wird. Zwischenzeitlich ist der Film in einer Video-Edition erschienen, und zwar im Verleih der Hollywood Video Library im Anschluß an Peter Brooks *Omnibus*-Produktion von *King Lear* aus dem Jahre 1953.

Register

Die halbfett gesetzten Seitenzahlen weisen auf die Besetzungen der Filme hin.

8 1/2 243
Ade, George 139 f.
Adler, Jakob 432
Adventures of Harry Lime, The 560
Alan Parsons Project, The 589
Alexeijew, Alexandre 430
Algiers 49, 523
Alland, William 124, 147, 151
All That Money Can Buy 176
Alphabet, The 538
A Man for All Seasons 427
Ambler, Eric 281
America's Hour 508
Annekov, George 197
Antheil, George 322
Antonioni, Michelangelo 245 f.
Apocalypse Now 593
Arden, Robert 381 f.
Arkin, Allen 263
Arletty 359
Armstrong, Louis 531
Around the World in 80 Days
– Bühnenfassung 198, 202, 206, 316,
  551, **552**
– Filmversion 201, 556
– Hörspielfassung 519, 552
Around the World with Orson Welles 565
Asquith, Anthony 424
Aubry, Cécile 364
Aubrey, James 616
Austerlitz 388, 422, **570**
Autry, Gene 337

Badge of Evil siehe *Touch of Evil*
Balanchine, George 248
Ball, Lucille 95, 615
Balsam, Martin 263
Barrymore, John (Jack) 80 ff., 97 f., 209,
  241

Battle of Neretva, The 418, 577 f.
Baxter, Anne 208 f., 223, 229
Bazin, André 129
Beerbohm, Max 44
Benamou, Catherine 599 f.
Bennett, Richard 193, 222, 229 ff.
Benny, Jack 68
Bergman, Ingmar 199
Bernhardt, Sarah 56
Bernstein, Dr. Maurice 140 ff.
Bessy, Maurice 381
Bible, The (Film) 428, **574**
Big Brass Ring, The 14, 586 f.
Big Sister 65
Big Sleep, The 483
Birth of a Nation, The 36, 101, 115,
  172 f.
Black Magic 156, 197, 351, 360, 556 ff.,
  558
Black Rose, The 359, 360
Blaue Engel, Der 495
Blair, Betsy 364
Blood of a Poet 107
Bogdanovich, Peter 116, 289, 293, 594,
  596, 601
– in *The Other Side of the Wind* 335
– OWs Gründe, sich interviewen zu las-
  sen 19 ff.
Bonanova, Fortunio 150
Bond, Ward 109
Bondartschuk, Sergej 201, 422
Boutang, Pierre-André 587
Boyer, Charles 49
Brando, Marlon 97
Brasseur, Pierre 359
Brave One, The 268
Brasilien (siehe *It's All True*)
Brecht, Bertolt 206, 529, 551
Breen, Joe 113

Brema, Carl 305
Bresson, Robert 428
Bridges, Lloyd 465
Brizzi, Anchise 377
Brook, Peter 337, 563, 617
Brooks, Richard 573, 593
Browning, Robert 440
Bryant, Michael 186
Brynner, Yul 389
Buchholz, Horst 426, 573
Buñuel, Luis 107, 434
Burton, Richard 366, 453, 469

Caesar (erste Inszenierung des Mercury Theatre) 469, 471, 513 f.
Caesar! 469, 471, 558, 561
Cagney, James 67, 215, 236, 249 f.
Caligari 107
Calleia, Joseph 465
Camille 198
Camille, the Naked Lady and the Muske-teers 453, 567, 615 f.
Campbell Playhouse 520 ff.
Capone 484 f.
Capote, Truman 316
Capra, Frank 79, 89, 241 f.
Captain's Chair, The 269
Carmen 555
Carnival in Flanders 197
Carson, John 299
Casino Royale 427, 575
Castle, William 602 ff.
Catch-22 23, 114, 262, 426, 497, 579
Cavalcade of America 536 ff.
Cavett, Dick 30, 182
Ceiling Unlimited 537 ff.
Céline, Louis-Ferdinand 35
Cervantes, Saavedra 198, 406
Cézanne, Paul 115
Champlin, Charles 256 f.
Chandler, Jeff 452
Chaney, Lon 101
Chaplin, Charlie 97 f., 104, 237 ff., 330, 345

Chiari, Walter 410 f.
Chien Andalou, Un 107
Chimes at Midnight (Film) 23, 184, 186, 188 f., 193, 331, 337, 368, 395 ff., 403, 410 f., 423, 435, 438, 465, 474, 573, 574, 575, 596
Chimes at Midnight (Bühnenfassung) 521, 571
Churchill, Clarissa 357
Churchill, Winston 364 ff., 453
Citizen Kane 11, 31, 37, 41, 65, 88 f., 94, 96, 113 ff., 139 ff., 195, 209, 214, 216, 222, 224, 228, 259, 279, 368, 377, 407, 436, 468, 486, 526 ff., 530, 534, 594, 596
City Lights 237
Clair, René 250
Cloutier, Suzanne 364
Cobbs, Juan 76
Cobbley, Tom 201
Cocteau, Jean 45, 107, 333
Cohn, Harry 298, 316 ff., 325, 327, 334, 603
Cole, Nat „King" 127
Collins, Ray 65, 137, 222, 231
Comingore, Dorothy 117, 124, 149, 179, 595
Compulsion 278, 462, 569
Conrad, Joseph 32, 93 f., 413 f.
Connelly, Cyril 325
Cooper, Gary 68, 176
Coote, Robert 93
Coppola, Francis Ford 593
Cornell, Katharine 55, 150, 156, 440, 484
Corrado, Gino 148
Cortez, Stanley 195
Corwin, Norman 173
Costello (Gangster) 484 f.
Costello, Dolores 208, 222
Costello, Maurice 208 f.
Cotten, Joseph 61, 64 f., 105 f., 242, 278, 298, 356 ff.
– in Citizen Kane 56, 64, 118, 125 f., 138

Cotten, Joseph
– in *Journey into Fear* 281
– in *Magnificent Ambersons* 35, 187 f.,
 209, 217, 219, 222, 225, 232 f.
– in *The Third Man* 356
Coulouris, George 65
Crack in the Mirror 463, **570**, 588
Cradle Will Rock, The 512, 514, 516,
 591
Crosby, Bing 314
Cukor, George 80
Curtis, Tony 389
Cyrano de Bergerac 199 ff., 360, 542,
 555 f.

D'Annunzio, Gabriele 241
Dantons Tod 56, 82, 519 f.
D'Arrast, Harry 254
David und Goliath 415 f., 570
Davies, Marion 117
Décade prodigieuse, La **580**
Deep, The 70 f., 142, 186, 347, 418,
 575 ff., 592
De Filippo, Eduardo 69, 591
De Laurentiis, Dino 428
Delon, Alain 426
De Mille, Cecil B. 255
De Sica, Vittorio 69, 247, 454
Désordre 560
Dickens, Charles 241, 413 f., 517, 519 f.
Dietrich, Marlene 250, 298, 302 ff., 468,
 495 f., 539, 565
Dinesen, Isak (alias Karen Blixen) 42,
 398 ff., 611 f.
Doktor Schiwago 193
Donat, Robert 201
Dolce Vita, La 243
Don Juan 80
Donohue, Edward 92
Donovan's Brain 543 f.
Don Quixote 17, 68, 185 f., 194, 388,
 434, 568, **570**, 573, 581 f., 596
Don't Catch Me 546
Dracula 65

Drake, Herbert 123, 280
Dreamers, The 585 f., 586 ff., 611
Dreyer, Carl 253
Duel in the Sun 309 f., 556
Dumas, Alexandre, père 453, 518
Dunne, Irene 298
Duras, Marguerite 575
Duse, Eleonora 241

Easy Rider 25
Edwards, Hilton 112, 362
Eheschließungen
– mit Rita Hayworth 540, 556
– mit Virginia Nicolson 508
– Paola Mori 564
Ehrlich, Max 510
Eisenstein, Sergei 250 f., 598
el-Krim, Abd 369
Eshley, Norman 401
Evans, Maurice 99
Everybody's Shakespeare (Lehrbuch von
 OW) 597, 520

Fairbanks, Douglas, sen. 101
Falstaff (die Rolle) 410 ff.
Falstaff siehe *Chimes at Midnight*
Fanto, George 277
Faruk, König von Ägypten 469
Faulkner, William 455
Faust 384
Fay, Frank 68
Feldman, Charles 302, 337, 341, 427
Fellini, Federico 243 f., 428
Ferguson, Perry 129, 151
Ferry to Hong Kong 417 ff., 569, **570**
F for Fake 12, 32, 388, **581–582**, 584
Fields, W. C. 102 f., 241 f.
Filming „Othello" 12, 582, 584 f.
Fitzgerald, F. Scott 108, 455 f.
Fitzgerald, Geraldine 605
Five Kings 410, 412, 521 f.
Flaherty, Robert 268 f.
Flaubert, Gustave 187
Fleischer, Dick 462 f.

Flon, Suzanne   391, 436
Flynn, Errol   108 f.
Follies   102
Follow the Boys   302 f., 540, **543**
Fontaine, Joan   295
Ford, John (Jack)   20 f., 38, 40, 79, 82 f., 85 ff., 133, 159, 176, 191, 208, 215, 250, 288, 481
Foster, Norman   268, 278, 281 f.
Fountain of Youth, The   453, 569, 615, 617
Four Men on a Raft   535, 589
Fowler, Roy Alexander   297
Fox, Susan   83
Foy, Bryan   225
Francis, Arlene   64
Free World (Leitartikel von OW)   549 f.
Frost, David   30, 182
Fuller, Samuel   596

Gabel, Max   432
Gabin, Jean   298, 356
Galileo   551
Gance, Abel   388, 422
Garbo, Greta   42, 198, 240, 389
General, The   103
Gertrud   253
Gestern, heute, morgen   69
Get to Know Your Rabbit   581
Gibbons, Cedric   151
Gide, André   182
Gielgud, John   192, 396, 474
Gilbert, Lewis   417 f.
Gleason, Jackie   429
Glöckner von Notre Dame, Der   101
Godard, Jean-Luc   243 f., 573
Goetz, Bill   295, 297, 311 f.
Gogol, Nikolai   202, 227
Gold von Neapel, Das   69, 247
Golden Earings   495
Goldwyn, Samuel   78, 248, 299, 334, 451 f.
Gordon, Ruth   254
Grapes of Wrath, The   40, 88, 215
Graver, Gary   16, 290, 579

Green Goddess, The   83 f., 108, 521, 523
Green Hat, The   150
Greene, Graham   354 ff.
Griffith, D. W.   24, 43, 76 ff., 115, 525, 591 f.
Guitry, Sacha   421

Hall, Peter   410
Hamlet   507
Hardy, Oliver   242
Harrison, Rex   298
Hart, Moss   59 f.
Harvey, Laurence   71, 186
Hathaway, Henry   359
Hawks, Howard   75, 121, 176, 250, 483
Hayworth, Rita   298, 317 ff., 328, 533 f., 540, 545, 556
Hearst, William Randolph   113, 116 ff., 141, 168, 170 f.
Heartbreak House (Haus Herzenstod)   516
Heart of Darkness   91 ff., 108, 524
– Filmfassung   91, 593
– Rundfunkfassung   91, 548
Hearts of Age   106 f., 507
Hecht, Ben   49 f., 201, 360, 522
Hefner, Hugh   336
Hello Americans   537 ff.
Hemingway, Ernest   87, 399, 455, 510, 532
Henry, Buck   116, 263
Henry IV   201, 396, 410, 556
Henry V   336 f.
Henry VI   410
Herlie, Eileen   202
Hepburn, Katharine   520
Herrmann, Bernard   127 f., 176, 367
Heston, Charlton   463 ff., 472 ff., 613
Higham, Charles, *The Films of Orson Welles*   29, 256 ff., 265, 600 f.
Hill, Roger   107, 137, 142 f.
His Honor – the Mayor   528 f.
Hitchcock, Alfred   20, 89, 135, 242 f., 346, 430

Hoax 388
Holliday, Judy 149
Holt, Jack 229, 364
Holt, Tim 187f., 207ff., 223, 228ff.
Holtzmann, Thomas 573
Hopper, Hedda 116, 358
Horse Eats Hat 64, 509
Houdini, Harry 305
House, Billy 110, 312f.
Houseman, John (Jack) 29, 64, 124f.,
  297, 407, 469, 525
How Green Was My Valley 40, 176
Huckleberry Finn (Hörspiel) 526
Hughes, Howard 122, 388, 486
Huston, John 13, 26, 34, 290, 312
Huxley, Aldous 238, 297

Immortal Story, The 23, 397ff., 574,
  576
Informer 88
I'll Never Forget What's 'is Name 576
Invasion from Mars, The 525
Ionesco, Eugene 571
Irving, Clifford 388
Irving, Henry 66
Is It Always Right to be Right 580
Is Paris Burning? 315
It's All True 176, 210, 223f., 228, 257f.,
  264ff., 294, 531, 589, 599f.
I Vitelloni 243
Iwan der Schreckliche 251
I've Got the Tune 515
I Was a Male War Bride 558

Jane Eyre
– Film 281, 295ff., 518, 527, 541
– Hörspiel 544, 553
Jannings, Emil 69
Jiddische Kultur 431f.
Johnston, Alva 145
Journey into Fear 210, 279, 281ff.,
  533f., 537, 539
Judge Priest 89
Jud Süss 112, 504

Julia und die Geister 243
Julius Caesar (siehe Caesar)
Jürgens, Curd 417ff.

Kael Pauline 29
Kafka, Franz 327, 392, 413, 428, 431,
  438, 442, 445, 447f.
Kampf um Rom 576
Kaufman, George S. 59f.
Keaton, Buster 103, 345
Keller, Harry 477
Kent, Molly 195
Kindheit und Jugend (Orson Welles)
  89, 143ff., 503ff.
– Anfänge als Schauspieler 106f.
– Einflüsse 143ff.
– Erziehung und Bildung 143ff.
– Grand Detour 179f.
– Heimweh nach der Kindheit 144
– ins Kino gehen 89, 101f.
– ins Theater gehen 56
– Reisen 101f.
King, Henry 238, 358f.
King Lear 372, 605ff.
– Bühneninszenierung 55, 566
– Fernsehfassung 563
– Film 589
– Hörspiel 555
– jiddischer Lear 432
– Kantate 552
King of the Kings 571
Kingsley, Sidney 158, 509
Kodar, Oja 13f., 26, 39f., 71, 290, 572,
  592
Koerner, Charles W. 212, 225
Korda, Alex 200ff., 354, 356ff., 424
Krauss, Werner 56, 107, 421
Kremlin Letter, The 578
Krohn, Bill 16
Kubrick, Stanley 255
Kurosawa, Akira 595

Laage, Barbara 319
La Cava, Gregory 174, 242

Ladd, Alan 158 f.
Ladies' Man, The 103
Lady from Shanghai, The 44, 95, 147, 316 ff., 409, 555, **556**, **557**, 600, 602 ff.
Lady in the Ice, The **562**
Lady Vanishes, The 242
Lafayette 421, **572**
Lamarr, Hedy 49
Lang, Fritz 24, 89, 101, 164, 250, 288
Lansbury, Angela 455
Lansing, Joi 454
Lardner, Ring, Jr. 588
LaRocque, Rod 591
Last Hurrah, The 87
Last Picture Show, The 388, 598
La Strada 243
Last Tycoon, The 456
Laughton, Charles 101
Laurel, Stan 242
Lavignino, Angelo Francesco 368
Lawrence von Arabien 426
Leaming, Barbara 594, 600, 602, 605, 614
Lean, David 193
Lederer, Charles 359, 525, 605
Leigh, Janet 473, 478 f., 489, 492
Leigh, Vivien 201, 339, 499
Leong, Betty 329
Lévy, Raoul 426
Lewis, Jerry 103
Life of Christ, The 528
Little Prince, The (Der Kleine Prinz) 538
Lloyd, Harold 102 f.
Lollobrigida, Gina 454 f.
Lombard, Carole 96
Long Hot Summer, The 452, 455, 476, **569**
Long Christmas Dinner, The (Th. Wilder) 120
Long Voyage Home 133
Lord Jim 94, 573
Losey, Joseph 64
Lubitsch, Ernst 242, 250

Luce, Henry und Clare 152 f.
Luciano, Lucky 484 ff.
Lunt, Alfred 298
Lux Radio Theatre 544 ff.

Macbeth
– Bühneninszenierungen 153, 350, **556**
– Film 333, 335, 337 ff., 345 ff., 556, **557**, 604 f.
– „schwarzer" *Macbeth* 338, 509
McBride, Joseph 335, 605
McCambridge, Mercedes 26, 492
McCarey 121
McCarthy, Joe 309
McClintic, Guthrie 507
McDowall, Rod 346
McGoohan, Patrick 52
McGrath, Joe 427
Macgowen, Kenneth 506
Mac Liammóir, Micheál 44, 361 f., 371, 374, 594, 610
MacManus, George 140
Magic Show, The 586
Magnificent Ambersons, The
– Film 35, 37, 41, 93, 138, 170 f., 180 ff., 207 ff., 235, 259 f., 268, 279 f., 294, 340, 346, 496, 532 ff., **535**, 538, 596 f.
– Rundfunkadaptation 524, 596
– Vernichtung von Material 41
Mailer, Norman 30, 146
Malraux, André 391
Malpertuis 580
Mancini, Henry 473
Man for All Seasons, A **575**
Man in the Shadow 452, 463, 567, **568**
Mankiewicz, Herman J. 96, 121 ff., 147 f., 167, 176 f., 469
Man Who Knew Too Much, The 242
March of Time, The 153 f.
Marco the Magnificent 426, **573**
Markle Fletcher 615
Mastroianni, Marcello 243
Masters of the Congo Jungle 427

Mature, Victor   419 f.
Maxwell, Elsa   354
Mayer, Louis B.   49 f., 334
Mansfield, Jayne   461
Méliès, Georges   203
Merchant of Venice, The (Der Kaufmann
   von Venedig)   80, 90, **578**, 592
Mercury Shakespeare (s. Everybody's
   Shakespeare)
Mercury Summer Theatre   552 ff.
Mercury Theatre on the Air, The   516 ff.
Mercury Wonder Show, The   298 ff.,
   539 f.
Mexican Melodrama   525
Midsummer Night's Dream   145
Mifune, Toshiro   67
Milestone, Lewis   79, 284
Miller, Arthur   537
Misérables, Les   512 f., 522
Mission to Moscow   315
Mr. Arkadin   11, 21, 36 f., 94, 151, 362,
   368, 371 f., 378 ff., 384, 395, 474 ff.,
   561 ff., **564**, 565 f., 610 f.
Mr. Smith Goes to Washington   242
Mister Wu   356, 505
Mizoguchi, Kenji   245 f., 254
Moby Dick
 − Bühnenfassung   53, **564**
 − Film   563, 565, **567**
 − Hörspiel   554
 − Oratorium   555
Moby Dick − Rehearsed   52, **565**, 571 f.,
   574
Monsieur Verdoux   238, 556
Montgomery, Robert   93
Moorehead, Agnes   65, 209, 222, 228,
   231 ff., 298 f., 311
Moreau, Jeanne   391, 401
Morgan, J. P.   154
Mori, Paola   39, 380, 564
Moss, Jack   212, 217, 221, 224 ff., 278,
   282, 284
Moviolas (Schneidetische)   402 ff.
Muhl, Edward   477, 488

Musik
 − in The Third Man   355, 358
 − in The Trial   368
 − in Othello   367 f.
 − in The Stranger   322 ff.

Napoléon   421, 563
Native Son   529, 531
Nichols, Mike   23, 114, 263
Nicholson, Jack   26
Nicolson, Virginia, siehe Welles, Virginia
   Nicolson
Ninotchka   198, 241
Niven, David   206
Noble, Peter   89, 158, 316
Nolan, Jeanette   338

Odlum, Floyd   170 f., 276, 278
Odyssey   558
Oedipus the King   421, **576**
Of Mice and Men   284
O'Hara, John   445
Olivier, Laurence   68, 90, 101, 201, 336,
   339, 378, 522
Operation Cinderella   562
Orson's Bag   576 ff., **578**
Orson Welles Almanac   541 ff.
Orson Welles Commentaries   554 f.
Orson Welles' Great Mysteries   582
Orson Welles Show   531 ff.
Orson Welles' Sketch Book   564
Orson Welles Story   586
Orson Welles Today   250 f., 550
Othello (Bühnenfassung)   366, 368,
   560
Othello (Film)   17, 44, 79, 93, 139, 294,
   337, 352, 354, 359 ff., 385 f., 393, 395,
   435, 556 ff., **561**, 565, 584, 610
Other Side of the Wind, The   12 f., 17,
   19 f., 26, 33 f., 183, 262, 288 ff., 328,
   334, 368, 388, 451 f., 574, 579 f., 582,
   583, 605
O'Toole, Peter   398
Outlaw, The   486

OW über Schauspielerei 250, 414 f., 490 ff.
OW über Zaubern 299 ff.

Pabst, G. W. 68
Padovani, Lea 364
Palmer, Lilli 26
Palinkas, Olga (siehe Kodar, Oja)
Panic 508
Paris by Night 562
Parker, Claire 430
Parsons, Louella 116
Pascal, Gaby 424
Parrish, Bob 427
Pasolini, Pier Paolo 425 f., 573, 613
Paxinou, Katina 382, 433
Perkins, Anthony 41, 433, 435, 437, 441
Pichel, Irving 305
Pickford, Mary 208, 364
Pickwick Papers, The 241
Pirandello, Luigi 422
Platt, Polly 596
Plowright, Joan 52
Polanski, Roman 336, 423
Polglase, Van Nest 151 f.
Politik und pol. Aktivitäten 307 f., 309, 532, 539, 541 ff., 551 f., 553 ff., 563, 587, 602
Porter, Cole 202
Portrait d'un assassin, Le 359, 557
Portrait of Gina 568
Power and the Glory, The 119
Preminger, Otto 331
Prince of Foxes 358, **558**

Question Mark 388
Quiet Man 88
Quinn, Anthony 427

Rashomon 122, 595
Rattigan, Terry 424
Ratoff, Gregory 197 f., 424
Raye, Martha 239

Readick, Frank 65
Redgrave, Michael 382, 395, 572
Redgrave, Vanessa 575
Reed, Carol 354 ff.
Regie führen 402 ff., 490 ff.
Reichenbach, François 388
Reiguera, Francisco 185
Renoir, Jean 24, 250, 288, 293, 345, 481, 608 f.
Return to Glennascaul 560
Reynolds, Burt 589
Rhinoceros (Die Nashörner) **571**
Richard II 373, 410
Richard III 410
Richardson, Ralph 201
Ritt, Martin 455
Robert-Houdin 305
Robinson, Edward G. 311 f.
Robinson, Madeleine 391, 438
Rockefeller, Nelson 259, 270
Rocking the Cradle 588
Roemheld, Heinz 322 f.
Rogell, Sid 276, 278
Rogopag 424, **573**
Romance, Viviane 422
Romeo and Juliet 336
Roosevelt, Franklin Delano 65, 75, 252, 260, 307 f., 545 f.
Roots of Heaven, The **569**
Rossellini, Roberto 273, 285
Royal Affairs in Versailles 421
Russell, John 479, 499
Russell, Rosalind 96
Rutherford, Margaret 424

Safety Last 102
Safe Place, A **581**
Sailor from Gibraltar, The **575**
Salkind, Vater und Sohn 388 ff.
Salome 201 f., 555
Sanford, Erskine 65
Sarris, Andrew 172, 191
Satyricon 247
Scalera Film Studios 360

Schaefer, George   159, 164, 169f., 183, 211f., 216, 223ff.
Schaljapin, Fjodor   68
Schary, Dore   334
Schneider, Romy   441, 572
Schwarz-weiß contra Farbfilm   160, 397f.
Scofield, Paul   427, 471
Sergeant York   176
Second Hurricane, The   510
Seiderman, Maurie   146
Selznick, David O.   295ff., 309f., 358
Serlin, Oscar   254
Seventh Seal, The   199
Shadow, The   62f.
Shadow of a Doubt   243
Shakespeare, William   77, 142, 190ff., 340ff., 350ff., 367, 373ff., 406, 409, 411, 469, 471
Sharif, Omar   426
Shaw, George Bernard   43
Shayne, Konstantin   314
Shoemakers' Holiday, The   57
Shor, Toots   203
Silvera, Darrell   152
Sinatra, Frank   86f., 461
Siodmak, Robert   416
Si Versailles m'était conté   562
Sjöström, Victor   199
Sloane, Everett   65, 124, 147, 327f.
Smiler with a Knife, The   95f., 153, 525
Smith, Maggie   424
Sokolov, Raymond   262f., 601
Someone to Love   589
Southern Star, The   420, 577
South Seas Adventure   569
Spiegel, Sam   295, 310ff., 426
Stagecoach   88f., 208
Stam, Robert   600
Stanislawski, Konstantin   84, 374
Start the Revolution Without Me   **578**
Sternberg, Josef von   24, 40, 255f.
Stevens, Ashton   141
Stevens, George   33, 141

Stevenson, Robert   297, 518
Stevenson, Robert Louis   423, 517
Stewart, Paul   60f., 507
Stoker, Bram   66
Stranger, The   265, 294f., 310ff., 549f., **553**, 554, 602
Strasberg, Lee   497
Stratten, Dorothy   14
Stroheim, Erich von   255ff., 359, 598f.
Sturges, Preston   119f.
Superman   559
Surinam   581
Suspense   540, 542f.
Sutherland, Eddie   302
Syms, Sylvia   418

Tajna Nikole Tesle   **586**
Tales of Mystery and Imagination   589
Taming of the Shrew, The   336
Tamiroff, Akim   69, 314f., 382, 446, 472, 483f., 497f.
Taras Bulba   388f., 571
Targets   174, 596
Tarkington, Newton Booth   184, 187, 193, 226, 519f.
Tartars, The   419f., **570**
Tati, Jacques   330
Taylor, Elizabeth   296, 601
Taylor, Rod   424
Ten Million Ghosts   158, 509
Third Man, The   38, 354ff., 383f., 465, 557, 609f.
This Is My Best   546ff.
Thirty-nine Steps   242
Thorpe, Richard   420, 566
Thoughts of Germany   560
Three Cases of Murder   563
Time Runs...   **559**
Todd, Michael   202ff., 316
Toland, Gregg   130ff., 176, 195, 276, 377f., 409, 436, 486, 595
Tomorrow Is Forever   295, 305, 307, 542, **551**
Too Much Johnson   104, 106, 517f.

Toten Seelen, Die (Gogol) 227
Touch of Evil 11, 22, 264, 367, 405, 444, 451 f., 463 ff., 472 ff., 486 ff., 567, **568**, 613 f.
Tracy, Dick 252, 316
Tracy, Spencer 87
Tragical History of Doctor Faustus, The 510
Trauner, Alexandre 199 ff., 350 ff., 370
Treasure Island (Die Schatzinsel) 423, **582**
Trent's Last Case **562**
Trial, The 20 ff., 40 f., 240, 327 f., 368, 388 ff., 428 ff., 481, 570 ff., **572**, 573, 611
Trip of the Jangadeiros 274
Trip to the Moon 203
Trouble in the Glen 563
Truffaut, François 187, 466, 612
Trumbo, Dalton 268
Tschechow, Anton 202, 231
Turgenjev, Ivan 202
Twain, Mark 184
Twelfth Night (Was ihr wollt)
– Bühnenfassung 506
– Hörspiel 513
Two by Two 563
Two-Faced Woman, The 198
Tynan, Kenneth 54, 90 f.

Überblendungen 403
Ufa 445
Unthinking Lobster, The **559**
Uomo, la Bestia e la Virtù, L' 422, **562**

Valli, Alida 358
Van Dyke, W. S. 79
Veiller, Anthony 310 f.
Velázquez, Diego 77
Verbrechen und Strafe 202
Verdi, Giuseppe 366
Vidor, King 24, 79, 81, 89, 195, 237
Viertel, Salka 198, 241
Vikings, The 569

V. I. P. 562
VIPs, The 424, 573
Viva Italia (s. *Portrait of Gina*) 568, 616
Voyage of the Damned 584

Wallace, Henry 308
Walsh, Raoul 236, 250
Waltzer, Rick 290
Wanger, Walter 310
War and Peace 201
Warner, Jack 78, 299, 334, 451
War of the Worlds, The 72 ff., 175, 178, 519, 591
Was der Butler sah 402
Waterloo 422, **578**
Weaver, Bill 290
Weaver, Dennis 488 f.
Welles, Beatrice (Tochter) 17, 39, 396, 574
Welles, Beatrice Ives (Mutter) 35 ff., 51, 101, 140, 178 f., 503
Welles, Christopher (Tochter) 350, 516, 568
Welles, Rebecca (Tochter) 546, 565
Welles, Richard Head (Vater) 35 f., 81, 101, 140 ff., 179 f., 187, 228, 503 f.
Welles, Virginia Nicolson 106, 516, 525
White Eagle 591
White Heat 236, 249
White Sheik, The 243
Whitney, John Hay 259
Wilde Erdbeeren 199
Wilde, Oscar 202, 254
Wilder, Thornton 120, 242 f., 595
Williams, Guinn 108
Williams, Kenneth 52
Wilson, Richard 16, 29, 206, 257 ff., 264, 275 ff., 317 f., 353
– bei *It's All True* 257
Wise, Robert 210, 217, 221 f., 225
Wonder Show, The 509
Woodward, Joanne 455
Woollcott, Alexander 72
Wright, Frank Lloyd 208

Wyler, William   225

Yates, Herbert   337
Young, Loretta   313f., 337
Young, Robert   49
Young Mr. Lincoln   89
Yutkevich, Sergei   467

Zanuck, Darryl   176, 198, 215, 294, 334,
    463
Zeffirelli, Franco   336, 605
2001   255
12 + 1 (Una su tredici)   **577**
Zugsmith   492

Filmographie

(Die Filme von und/oder mit Orson Welles erscheinen kursiv.)

Air Force (USA 1943), Regie: Howard Hawks (Airforce)

Algiers (USA 1938), Regie: John Cromwell

All that Money Can Buy (USA 1941; auch: The Devil and Daniel Webster), Regie: William Dieterle (Der Teufelsbauer)

Anna and the King of Siam (USA 1946), Regie: John Cromwell (Anna und der König von Siam)

Apocalypse Now (USA 1979), Regie: Francis Ford Coppola (Apocalypse Now)

Around the World in 80 Days (USA 1956), Regie: Michael Anderson (In achtzig Tagen um die Welt). Produzent: Michael Todd. 1947 wollte Orson Welles mit Korda einen Film nach seiner Bühneninszenierung des Stoffes, die ihm selbst am besten von allen seinen Theaterproduktionen gefiel, drehen. Siehe Chronologie 17. Juli 1947 und 3. Kapitel/New York.

Austerlitz (F/It. 1959/60), Regie: Abel Gance (Austerlitz – Glanz einer Kaiserkrone)

Battle of Neretva, The (Yu/D/It. 1969), Regie: Veljko Bulajić. Orig.-Titel: BITKA NA NERETVI (Die Schlacht an der Neretva)

Bible, The (It. 1965), Regie: John Huston. Orig.-Titel: LA BIBBIA (Die Bibel)

Big Sleep, The (USA 1946), Regie: Howard Hawks (Tote schlafen fest)

Birth of a Nation, The (USA 1915), Regie: D. W. Griffith

Black Magic (USA 1949), Regie: Gregory Ratoff (Graf Cagliostro)

Black Rose, The (USA 1950), Regie: Henry Hathaway (Die schwarze Rose)

Blood of a Poet, The (F 1930/31), Regie: Jean Cocteau. Orig.-Titel: LE SANG D'UN POÈTE (Das Blut eines Dichters)

Brave One, The (USA 1956), Regie: Irving Rapper (Roter Staub)

Cabinet of Doctor Caligari, The (D 1919), Regie: Robert Wiene. Orig.-Titel: DAS CABINET DES DR. CALIGARI

Caine Mutiny, The (USA 1954), Regie: Edward Dmytryk (Die Caine war ihr Schicksal)

Camille (USA 1936), Regie: George Cukor (Die Kameliendame)

Captain's Chair, The (siehe *It's All True*)

Carnival in Flanders (F 1935), Regie: Jacques Feyder. Orig.-Titel: LA KERMESSE HÉROÏQUE (Die klugen Frauen)

Casino Royale (GB 1966), Regie: John Huston, Ken Hughes, Val Guest, Robert Parrish, Joseph McGrath (Casino Royale)

Catch-22 (USA 1970), Regie: Mike Nichols (Catch 22)

Chien Andalou, Un (F 1928), Regie: Luis Buñuel (Ein andalusischer Hund)

Chimes at Midnight (E/CH 1965/66), Regie: Orson Welles. Orig.-Titel: CAMPANA-DAS A MEDIANOCHE (Falstaff)

Citizen Kane (USA 1941) Regie: Orson Welles (Citizen Kane)

City Lights (USA 1931), Regie: Charles Chaplin (Lichter der Großstadt)
Compulsion (USA 1959), Regie: Richard Fleischer (Der Zwang zum Bösen)
Crack in the Mirror (USA 1960), Regie: Darryl F. Zanuck (Drama im Spiegel)
Cyrano de Bergerac (USA 1950), Regie: Michael Gordon (Der letzte Musketier). Auch
    nach diesem Stoff wollte Welles einen Film mit Korda drehen; siehe Chronologie
    17. Juli 1947 und 3. Kapitel.

Daisy Miller (USA 1974), Regie: Peter Bogdanovich (Daisy Miller)
David and Goliath (It. 1959), Regie: Richard Pottier, Ferdinando Baldi. Orig.-Titel:
    DAVID E GOLIA (David und Goliath)
Deep, The (unvollendet; gedreht 1967 bis 1969 in Jugoslawien; allein finanziert von
    Orson Welles und Oja Kodar; Regie: Orson Welles; Arbeitstitel: DEAD RECKON-
    ING (siehe auch 1. Kapitel/Rom und Anmerkungen dazu)
Disorder (F 1951), Regie: Jacques Baratier. Orig.-Titel: DÉSORDRE (18 Min. Siehe
    Chronologie März 1951)
Doctor Zhivago (GB 1965), Regie: David Lean (Doktor Schiwago)
Dolce Vita, La (It. 1959), Regie: Federico Fellini (Das süße Leben)
Donovan's Reef (USA 1963), Regie: John Ford (Die Hafenkneipe von Tahiti)
Don Quixote (unvollendet), Regie: Orson Welles. Erste Aufnahmen 1955. Gedreht von
    1957–60 in Mexiko, Spanien, Italien; 1963 Wiederaufnahme der Dreharbeiten; 1971
    neuer Titel für den Film: *When Are You Going to Finish Don Quixote?* (siehe 3.
    Kapitel und Chronologie.)
Duel in the Sun (USA 1946), Regie: King Vidor (Duell in der Sonne)

Easy Rider (USA 1969), Regie: Dennis Hopper (Easy Rider)

Ferry to Hong Kong (GB 1959), Regie: Lewis Gilbert (Fähre nach Hongkong)
F for Fake (F/Iran/BRD 1973–75), Regie: Orson Welles. Orig.-Titel: VÉRITÉS ET
    MENSONGES (F wie Fälschung)
Filming „Othello" (USA 1977), Regie: Orson Welles. Orig.-Titel: FILMING
    „OTHELLO" BY ORSON WELLES (Erinnerungen an Othello)
Fleet's In, The (USA 1942), Regie: Victor Scherzinger
Follow the Boys (USA 1944), Regie: A. Edward Sutherland. (Kriegs-Revuefilm, siehe
    5. Kapitel und Chronologie 5. Mai 1944.)
Fountain of Youth, The (USA 1958), Regie: Orson Welles (siehe Chronologie 16. Sept.
    1958)
Four Men on a Raft (USA 1942), Regie: Orson Welles. Vgl.: *Trip of the Jangadeiros,
    The*. Beide Filme Ergebnis des Brasilien-Aufenthalts 1941/42 von Orson Welles und
    Richard Wilson. Zum Brasilien-Abenteuer sowie zur Wiederentdeckung des ver-
    schollenen Materials und dessen Bearbeitung durch Richard Wilson Mitte der
    achtziger Jahre, siehe 4. Kapitel und Anmerkungen dazu sowie Chronologie Septem-
    ber 1985.

General, The (USA 1926), Regie: Buster Keaton (Der General)

Gertrud (DK 1964), Regie: Carl Th. Dreyer (Gertrud)
Golden Earrings (USA 1947), Regie: Mitchell Leisen
Gold of Naples (It. 1954), Regie: Vittorio de Sica. Orig.-Titel: L'ORO DI NAPOLI
(Das Gold von Neapel)
Goldwyn Follies, The (USA 1938), Regie: George Marshall
Grand Hotel (USA 1932), Regie: Edmund Goulding (Menschen im Hotel)
Grapes of Wrath, The (USA 1940), Regie: John Ford (Die Früchte des Zorns)
Guinea Pig, The (GB 1948), Regie: Roy Boulting

Hamlet (GB 1948), Regie: Laurence Olivier (Hamlet)
Heart of Darkness (USA 1939; unrealisiertes RKO-Filmprojekt), Regie: Orson Welles
(siehe 1. Kapitel und Anmerkungen dazu, Chronologie 30. Nov. 1939)
Hearts of Age (USA 1934), Regie: Orson Welles (erster 5 Min. 16-mm-Stummfilm des
Neunzehnjährigen; gedreht in Woodstock; OW heiratet am 14. Nov. desselben
Jahres seine Hauptdarstellerin Virginia Nicolson; siehe Chronologie)
Henry V (GB 1944), Regie: Laurence Olivier (Heinrich V.)
How Green Was My Valley (USA 1941), Regie: John Ford (Schlagende Wetter)

Immortal Story, The (F 1968), Regie: Orson Welles. Weltpremiere 1968 ORTF-TV und
franz. Kinos. Orig.-Titel: UNE HISTOIRE IMMORTELLE (Stunde der Wahrheit)
Informer, The (USA 1935), Regie: John Ford (Der Verräter)
In the Land of Don Quixote (It. RAI-TV 1964–65), Regie: Orson Welles. Orig.-Titel:
NELLA TERRA DI DON CHISCIOTTE (neun ca. halbstündige Episoden für das
it. Fernsehen, in Spanien gedreht, siehe Chronologie Dez. 1964).
Iron Horse, The (USA 1924), Regie: John Ford (Das eiserne Pferd)
Is Paris Burning? (F 1966), Regie: René Clément. Orig.-Titel: PARIS BRULE-T-IL?
(Brennt Paris?)
It's All True (USA 1942, unvollendet), Regie: Orson Welles, Norman Foster. Deutsche
Erstaufführung: 12. Filmfest München, Juli 1994. (Siehe Chronologie 29. Juli 1941,
Beginn der Planung und Dreharbeiten des Episodenfilms: 1) *Jazz Story;* 2) *Love
Story;* 3) *My Friend Bonito;* 4) *The Captain's Chair.* Chronologie 13. Juni 1942:
Aufbruch nach Fortaleza, Dreharbeiten zur Jangadeiro-Sequenz *Four Men on a Raft.*)
Ivan the Terrible (UdSSR 1944–46), Regie: Sergei Eisenstein. Orig.-Titel: IVAN
GRONZNYI (Iwan der Schreckliche)
I Was A Male War Bride (USA 1949), Regie: Howard Hawks (Ich war eine männliche
Kriegsbraut), siehe Chronologie 17. April 1949.

Jane Eyre (USA 1943), Regie: Robert Stevenson (Die Waise von Lowood)
Journey into Fear (USA 1943), Regie: Norman Foster (Von Agenten gejagt)
Judge Priest (USA 1934), Regie: John Ford
Juliet of the Spirits (It. 1965), Regie: Federico Fellini. Orig.-Titel: GIULIETTA
DEGLI SPIRITI (Julia und die Geister)

Ladies' Man, The (USA 1961), Regie: Jerry Lewis (Ich bin noch zu haben)

Lady from Shanghai, The (USA 1948), Regie: Orson Welles (Die Lady von Shanghai)
Lady in the Lake, The (USA 1947), Regie: Robert Montgomery (Die Dame im See)
Lady Vanishes, The (GB 1939), Regie: Alfred Hitchcock (Eine Dame verschwindet)
Lafayette (F/It. 1961), Regie: Jean Dréville. Orig.-Titel: LA FAYETTE (Der junge General)
Last Picture Show, The (USA 1971), Regie: Peter Bogdanovich (Die letzte Vorstellung)
Lassie, Come Home (USA 1943), Regie: Fred M. Wilcox (Heimweh)
Last Hurrah, The (USA 1958), Regie: John Ford (Das letzte Hurra)
Last Roman, The (BRD/It. 1968), Regie: Robert Siodmak. Orig.-Titel: KAMPF UM ROM, Teil 1 und 2.
Laura (USA 1944), Regie: Otto Preminger (Laura)
Lawrence of Arabia (GB 1962), Regie: David Lean (Lawrence von Arabien)
Long, Hot Summer, The (USA 1958), Regie: Martin Ritt (Der lange, heiße Sommer)
Long Voyage Home, The (USA 1940), Regie: John Ford (Der lange Weg nach Cardiff)
Lord Jim (GB 1964), Regie: Richard Brooks (Lord Jim)

Macbeth (USA 1947/48), Regie: Orson Welles (Macbeth). Gedreht in 23 Tagen, „weil wir nicht das Geld hatten, den Film in vierundzwanzig Tagen zu machen" (Welles); siehe 6. Kapitel, Anmerkungen dazu sowie Chronologie 28. 5. und 17. 7. 1947.
Magnificent Ambersons, The (USA 1942), Regie: Orson Welles (Der Glanz des Hauses Amberson)
Man for All Seasons, A (GB 1966), Regie: Fred Zinnemann (Ein Mann zu jeder Jahreszeit)
Man in the Shadow (USA 1957), Regie: Jack Arnold
Man Who Knew Too Much, The (USA 1956), Regie: Alfred Hitchcock (Der Mann, der zuviel wußte)
Marco the Magnificent (F/It./Yu 1964), Regie: Denys de la Patellière, Noël Howard. Orig.-Titel: LA FABULEUSE AVENTURE DE MARCO POLO (Im Reich des Kublai Khan)
Merchant of Venice, The (1969 für CBS-TV), Regie: Orson Welles; vollendet, aber nie aufgeführt (siehe Anmerkungen zum 1. Kapitel)
Mission to Moscow (USA 1943), Regie: Michael Curtiz (Botschafter in Moskau)
Monsieur Verdoux (USA 1947), Regie: Charles Chaplin (Monsieur Verdoux/Der Heiratsschwindler von Paris)
Mr. Arkadin (E/CH 1953–55), Regie: Orson Welles (Herr Satan persönlich). Weltpremiere 1955 in Madrid; ein Jahr später Frankreich; Herbst 1962 New York, in einer von Bogdanovich entdeckten Fassung; siehe Chronologie.
Mr. Smith Goes to Washington (USA 1939), Regie: Frank Capra (Mr. Smith geht nach Washington)
My Friend Bonito (siehe *It's All True*)
Naked and the Dead, The (USA 1958), Regie: Raoul Walsh (Die Nackten und die Toten)
Napoleon (F 1954), Regie: Sacha Guitry. Orig.-Titel: NAPOLÉON (Napoléon)
Nickelodeon (USA 1976), Regie: Peter Bogdanovich (Nickelodeon)
Ninotchka (USA 1939), Regie: Ernst Lubitsch (Ninotschka)

Nostromo (USA 1926), Regie: Rowland V. Lee. Orig.-Titel: THE SILVER TREA-
SURE

Oedipus the King (GB 1967), Regie: Philip Saville (König Oedipus)
Of Mice and Men (USA 1940), Regie: Lewis Milestone (Von Mäusen und Menschen)
Othello (USA 1948–52), Regie: Orson Welles (Othello). Weltpremiere Cannes 1952,
US-Premiere New York 1955, siehe Chronologie.
Othello (GB 1965), Regie: Stuart Burge, mit Laurence Olivier. (Othello)
Othello (UdSSR 1955), Regie: Sergei Yutkevich. Orig.-Titel: OTELLO (Der Mohr von
Venedig)
Other Side of the Wind, The (F/Iran 1970–76), Regie: Orson Welles
Outcast of the Islands, The (GB 1951), Regie: Carol Reed (Der Verdammte der Inseln)
Outlaw, The (USA 1940), Regie: Howard Hughes (Geächtet)

Paper Moon (USA 1972), Regie: Peter Bogdanovich (Paper Moon)
Passion of Joan of Arc, The (F 1928), Regie: Carl Th. Dreyer. Orig.-Titel: LA
PASSION DE JEANNE D'ARC (Die Passion der Jungfrau von Orleans)
Pépé le Moko (F 1937), Regie: Julien Duvivier (Pépé le Moko)
Portrait d'un assassin, Le (F 1949), Regie: Bernard Roland (siehe Chronologie 17. April
1949).
Portrait of Gina (USA 1958), Regie: Orson Welles (Viva Italia) 27 Min., siehe
Chronologie Febr. 1958.
Power and the Glory, The (USA 1933, mit Spencer Tracy), Regie: William K. Howard,
nicht zu verwechseln mit zwei Filmen nach dem gleichnamigen Roman von Graham
Greene (1940): The Fugitive (USA 1947, mit Henry Fonda), Regie: John Ford (Befehl
des Gewissens); The Power and the Glory (USA 1961, mit Laurence Olivier), Regie:
Marc Daniels (Die Kraft und die Herrlichkeit)
Prince of Foxes (USA 1949), Regie: Henry King (In den Klauen der Borgia)

Quiet Man, The (USA 1952), Regie: John Ford (Der Sieger)

Rashomon (Japan 1950), Regie: Akira Kurosawa (Rashomon – Das Lustwäldchen)
Return to Glennascaul (Irland 1951), Regie: Hilton Edwards (23 Min. Geister-
geschichte, siehe Chronologie März 1951)
Rogopag (1962/63), Episodenfilm von Roberto Rossellini, Jean-Luc Godard, Ugo
Gregoretti und Pier Paolo Pasolini. Orson Welles in LA RICOTTA (Der Weichkäse)
Roots of Heaven, The (USA 1958), Regie: John Huston (Die Wurzeln des Himmels)
Rope (USA 1948), Regie: Alfred Hitchcock (Cocktail für eine Leiche)
Royal Affairs in Versailles (F 1953), Regie: Sacha Guitry. Orig.-Titel: SI VERSAILLES
M'ÉTAIT CONTÉ (Versailles – Könige und Frauen)

Safety Last (USA 1923), Regie: Fred Newmeyer, Sam Taylor (Ausgerechnet Wolken-
kratzer)
Sailor from Gibraltar, The (GB 1966), Regie: Tony Richardson (Nur eine Frau an Bord)

Satyricon (It. 1962), Regie: Federico Fellini. Orig.-Titel: FELLINI SATYRICON (Die Degenerierten)

Sergeant York (USA 1941), Regie: Howard Hawks (Sergeant York)

Seventh Seal, The (Schweden 1956), Regie: Ingmar Bergman. Orig.-Titel: DET SJUNDE INSEGLET (Das siebte Siegel)

Shadow of a Doubt, The (USA 1942), Regie: Alfred Hitchcock (Im Schatten des Zweifels)

Sheik, The (USA 1921), Regie: George Melford

Southern Star, The (FR/GB 1968), Regie: Sidney Hayers. Orig.-Titel: L'ÉTOILE DU SUD (Stern des Südens)

Stagecoach (USA 1939), Regie: John Ford (Ringo/Höllenfahrt nach Santa Fé)

Star 80 (USA 1983), Regie: Bob Fosse (Star 80)

Stranger, The (USA 1946), Regie: Orson Welles (Die Spur des Fremden)

Taming of the Shrew, The (USA 1929), Regie: Sam Taylor (Pickford/Fairbanks), (Der Widerspenstigen Zähmung)

Taming of the Shrew, The (USA/It. 1966), Regie: Franco Zeffirelli (Taylor/Burton), (Der Widerspenstigen Zähmung)

Taras Bulba (USA 1961), Regie: J. Lee Thompson (Taras Bulba)

Targets (USA 1967/68), Regie: Peter Bogdanovich (Bewegliche Ziele)

Tartars, The (It./Yu 1960), Regie: Richard Thorpe. Orig.-Titel: I TARTARI (Die Tataren)

They All Laughed (USA 1981), Regie: Peter Bogdanovich (Sie haben alle gelacht)

Thin Man, The (USA 1934), Regie: W. S. van Dyke („Dünner Mann" 1. Fall)

Third Man, The (GB 1949), Regie: Carol Reed (Der dritte Mann)

Thirty-nine Steps, The (GB 1935), Regie: Alfred Hitchcock (39 Stufen)

Three Cases of Murder (GB 1954), Regie: George More O'Ferrall, Wendy Toye, David Eady; (Mord ohne Mörder). Episode „Lord Mountdrago" mit OW, siehe Chronologie Dez. 1954.

Tomorrow Is Forever (USA 1945), Regie: Irving Pichel (Morgen ist die Ewigkeit)

Too Much Johnson (USA 1938), Regie: Orson Welles (unvollendet). Kleiner Film als Exposition für eine Freilicht-Theaterinszenierung in Stony Creek, Connecticut. Siehe Chronologie Mitte Juli und 16. August 1938.

Touch of Evil (USA 1957/58), Regie: Orson Welles (Im Zeichen des Bösen)

Treasure Island (GB/F/D/E 1972), Regie: John Hough (Die Schatzinsel)

Trent's Last Case (GB 1953), Regie: Herbert Wilcox (siehe Chronologie Juli 1953)

Trial, The (F 1962), Regie: Orson Welles. Orig.-Titel: LE PROCÈS (Der Prozeß)

Trip of the Jangadeiros, The (USA 1942), Regie: Orson Welles (Brasilien-Material). Siehe *Four Men on a Raft.*

Trouble in the Glen (GB 1955), Regie: Herbert Wilcox

Two-Faced Woman, The (USA 1941), Regie: George Cukor (Die Frau mit den zwei Gesichtern)

Uomo, la Bestia e la Virtù, L' (It. 1953), Regie: Stefano Vanzina

V.I.P.s, The (GB 1963), Regie: Anthony Asquith (Hotel International)
Vitelloni, I (It./F 1953), Regie: Federico Fellini (Vitelloni – Die Müßiggänger)

War and Peace (USA 1956), Regie: King Vidor (Krieg und Frieden)
Waterloo (It./SU 1970), Regie: Sergei Bondartschuk (Waterloo)
What's Up, Doc? (USA 1972), Regie: Peter Bogdanovich (Is' was, Doc?)
White Heat (USA 1949), Regie: Raoul Walsh (Sprung in den Tod)
White Sheik, The (It. 1952), Regie: Federico Fellini. Orig.-Titel: LO SCEICCO
   BIANCO (Die bittere Liebe)
Wild Strawberries (Schweden 1957), Regie: Ingmar Bergman. Orig.-Titel: SMUL-
   TRONSTÅLLET (Wilde Erdbeeren)

Yellow Ticket, The (USA 1931), Regie: Raoul Walsh
Yesterday, Today and Tomorrow (It. 1963), Regie: Vittorio de Sica. Orig.-Titel: IERI,
   OGGI, DOMANI (Gestern, heute und morgen)
Young Mr. Lincoln (USA 1939), Regie: John Ford (Der junge Mr. Lincoln)

8 1/2 (It. 1962), Regie: Federico Fellini (Achteinhalb)
2001: A Space Odyssey (GB 1968), Regie: Stanley Kubrick (2001: Odyssee im
   Weltraum)

Bildvermerke

Alle Photos aus dem Nachlaß von Orson Welles, mit Ausnahme von:
Seite 48: Pavelle-Jacobs;
Seite 63: Gene Lester;
Seite 73: Acme Photos;
Seite 83: Candid Illustrators;
Seite 126: Copyright 1941, RKO Radio Pictures, Inc.;
Seite 130: Copyright 1940, RKO Radio Pictures, Inc./Alex Kahle;
Seite 144: RKO Radio Pictures Inc./Alex Kahle;
Seite 183: Copyright 1941, RKO Radio Pictures/Alex Kahle;
Seiten 189, 338: mit freundlicher Genehmigung von James R. Silke;
Seite 204 unten, Richard Tucker – Graphic House;
Seiten 231, 272: Copyright 1942. RKO Radio Pictures, Inc.;
Seiten 289, 389: © Gary Graver
Seiten 290, 291, 293: © 1974 Kevin C. Brechner, Time River Productions;
Seiten 313, 363: The Museum of Modern Art/Film Stills Archive;
Seiten 320, 355: Larry Edmunds/Cinema Bookshop;
Seiten 326 oben links, und 329: Columbia Pictures – Aufnahme von Cronewith/mit freundlicher Genehmigung von James A. Silke;
Seite 339: WPA Federal Theatre Photos; Seiten 341, 349 Boyart Commercial Photography;
Seite 412: Richard Tucker;
Seite 489: © Universal Pictures;
Seite 529: Eileen Darby – Graphic House.

Umschlagphoto: © Michael O'Neill

Biographien bei Beltz Quadriga

Edward Z. Epstein/Joe Morella
Mia Farrow · Biographie
Mit einem Vorwort von Hellmuth
Karasek. Aus dem Amerik. von
H. Sommer und O. Ziemer.
296 Seiten mit zahlreichen
Abb., gebunden
ISBN 3-88679-211-0

Lawrence Grobel
Gespräche mit Marlon Brando
Aus dem Amerik. von B. Jakobeit.
188 Seiten mit Abb., Broschur
ISBN 3-88679-214-5

Matilde Hochkofler
**Marcello Mastroianni ·
Das süße Leben**
Mit einem Vorwort von
Federico Fellini. Aus dem Ital.
von Monika Lustig.
336 Seiten mit zahlreichen
Abb., gebunden
ISBN 3-88679-216-1

Inge Meysel
Frei heraus – mein Leben
375 Seiten, ca. 180 Abb., gebunden
ISBN 3-88679-195-5

Egon Netenjakob
Eberhard Fechner
Lebensläufe dieses Jahrhunderts
im Film. Eine Biographie.
243 Seiten, 32 Abb., Leinen
ISBN 3-88679-181-5

Vanessa Redgrave
Autobiographie
Aus dem Engl. von Heide
Sommer und Range R. Cloyd jr.
455 Seiten, 96 Abb., gebunden
ISBN 3-88679-200-5

Enzo Siciliano
Pasolini. Leben und Werk
Aus dem Ital. von Christel
Galliani. Mit einem Vorwort
von Christoph Klimke.
544 Seiten, gebunden
ISBN 3-88679-224-2

Herbert Spaich
Rainer Werner Fassbinder
Leben und Werk.
421 Seiten, ca. 50 Abb., gebunden
ISBN 3-407-85104-9

Gisela Uhlen
Meine Droge ist das Leben
232 Seiten, ca. 80 Abb.,
gebunden
ISBN 3-88679-199-8

Odette Ventura
Lino
Das Leben des Lino Ventura.
Unter Mitarbeit von Ch. Brin-
court und G. Lambert. Aus dem
Franz. von B. Restorff.
256 Seiten mit zahlreichen Abb.,
gebunden
ISBN 3-88679-217-X

BELTZ
Quadriga

8539 5.8.94